中公新書 2796

老川慶喜著

堤 康次郎

西武グループと20世紀日本の開発事業

中央公論新社刊

はじめに

強烈な個性とたくましい商魂

堤康次郎《つつみやすじろう》（１８８９～１９６４）は、箱根土地《はこねとち》株式会社（のちの国土計画興業《こくどけいかくこうぎょう》、コクド。２００６年、プリンスホテルに吸収合併）による土地開発を中心に、鉄道、デパート、遊園地、ホテル、観光などの「都市型第三次産業」を創出し、国土計画興業、西武《せいぶ》鉄道、西武百貨店、西武化学などを中核とする西武グループを一代でつくり上げた実業家である。

同時に、郷里の滋賀県を地盤とする大物代議士で、当選回数は13回に及び、１９５３（昭和28）年から54年にかけて衆議院議長を務めた。大日本帝国憲法が発布された１８８９（明治22）年に生まれ、明治・大正・昭和の激動の時代を生き抜き、日本の戦後復興を世界に示した東海《とうかい》道《どう》新幹線の開業や東京オリンピックの開催を半年後に控えた１９６４年4月、75歳で波瀾万《はらんばん》丈《じょう》の生涯を閉じている。その死は突然のことで、4月24日に東京駅で心筋梗塞《しんきんこうそく》を発症して倒れ、その2日後には永遠の眠りにつくというものであった。

康次郎が死去すると、経済雑誌『ダイヤモンド』（１９６４年5月4日）は「堤康次郎氏逝く——強烈な個性とたくましい商魂《しょうこん》」という追悼記事を載せ、「堤さんの全生涯をふり返ってみた時、そこに一貫して流れる強烈な個性——堤カラーというものに、われわれは、あらためて

堤康次郎　1960年（写真・中央公論新社）

目をみはらざるをえない。これほど強烈な個性で、事業を推進し、生きぬいた人はいない」と述べ、安藤《あんどう》楢六《ならろく》、根津《ねづ》嘉一郎《かいちろう》（２代）による追悼の辞を掲載している。安藤楢六は戦後まもなく、康次郎と箱根開発をめぐって激しい競争（いわゆる「箱根山《はこねやま》戦争」）を演じた小田急《おだきゅう》電鉄の社長であるが、「ウチは、箱根のいたるところで堤氏と争ったが、いまふり返ってみると、堤氏のたくましい商魂、用意周到さには、実業人としてやはり敬意を表さざるをえない」と、康次郎の実業家としての才能を高く評価している。そして、東武《とうぶ》鉄道の社長根津嘉一郎も、「人使いのウマさ、スケールの大きさ、個性の強さという点で、堤氏ほどの人は、もう現われないのではないか」と述べている。

このように、康次郎は強烈な個性をもった実業家として注目を浴び、ジャーナリズムなどでさまざまに取り上げられてきた。雑誌に掲載された論考まであげると枚挙《まいきょ》にいとまがないが、主な単行本だけでも筑井《つくい》正義《まさよし》『堤康次郎伝』（東洋書館、１９５５年）、富沢《とみさわ》有為男《ういお》『雷帝《らいてい》 堤康次郎』（アルプス、１９６２年）、野馬《のま》剛《つよし》編『巨星 堤康次郎』（若樹出版、１９６６年）などをあげることができる。また、康次郎自身も、『人を生かす事業』（有紀書房、1958年）、『苦闘三十年』（三康《さんこう》文化研究所、1962年）、『太平洋のかけ橋』（同、1963年）、『叱る』（有紀書房、1964年）などの回想録を刊行している。さらには、獅子文六《ししぶんろく》『箱根山』（新潮社、1962年）、石川達三《いしかわたつぞう》『傷だらけの山河』（新潮社、1964年）、梶山季之《かじやまとしゆき》『悪人志願』（講談社、1966年）など、康次郎をモデルとした小説も多くみられ、そのうちのいくつかは映画やテレビで放映されている。またかわぐちかいじの漫画「ライオン」（『コミックバンバン』徳間書店、1985～87年）のモデルにもなっている。

1990年代から2000年代にかけて、由井常彦《ゆいつねひこ》編著『堤康次郎』（リブロポート、1996年）、大西健夫《おおにしたけお》・齋藤憲《さいとうさとし》・川口浩《かわぐちひろし》編『堤康次郎と西武グループの形成』（知泉書館、2006年）など、「堤康次郎関係文書」（早稲田《わせだ》大学・大学史資料センター所蔵）を用いた学術的な歴史研究も現れるようになった。筆者も由井常彦編著『堤康次郎』の一部を執筆している。しかし、これらをもってしても、なお康次郎の事業活動の全容が明らかにされたとはいえない。

「土地の堤」

康次郎の事業は、別荘地・住宅地の開発、鉄道（交通）、流通、レジャー、観光など広範囲にわたっているが、基軸となるのは軽井沢《かるいざわ》や箱根の別荘地開発、目白《めじろ》文化村・国立大学町《くにたちだいがくまち》に代表される東京市およびその郊外での住宅地開発など、箱根土地会社による開発事業であった。

箱根土地会社というのは、今日でいうデベロッパー（開発業者）で、土地の取得、開発、販売、管理を主な事業とする不動産会社である。当時は、このような事業を営む会社を土地会社と呼んでいた。

関東大震災後の１９２６（大正15）年に出版された東京朝日新聞経済部編『経営百態』（日本評論社）によれば、当時の土地会社は経営手法によって「旧式の大地主《おおじぬし》主義」をとるものと「新式の分譲地主義」をとるものに分類できる。前者は、「金融中心で行く土地経営の方法」で、「将来地価が騰貴する可能性の多い土地を、一まとめに見切って買ふ」か、「高利の金融をして担保流れを待」って、数年あるいは数十年後に「地価が数倍又は数十倍に騰貴してから」売り放つか賃貸しをするというもので、「自然に依《よ》る地価騰貴で不労増収を計る経営方法」をとっていた。いってみれば、「人の褌《ふんどし》で角力《すもう》をとる」ようなもので、「成績は概して良好」であった。個人銀行で相当資力のある広部《ひろべ》銀行（銀行主の広部清兵衛《せいべえ》は東京土地会社の専務取締役であった）、安田《やすだ》系の不動産金融機関である東京建物、丸《まる》の内《うち》の三菱《みつびし》地所部などが「旧式の大地主主義」の土地会社であった。

康次郎が創業した箱根土地会社は、田園都市会社、東京土地住宅会社、その他群小の土地会社とともに、後者の「新式の分譲地主義」をとる土地会社に分類される。これらの土地会社は、「土地の分割売《ぶんかつうり》中心で経営」しており、関東大震災（１９２３年）前にはもっぱら東京市内の大名屋敷を買って、「之《これ》に道路其他《そのほか》の市街地設備を施し分割売りを実行」していた。しかし、土地の買い入れや土木工事に多額の資金を必要とするので、「短期間に売り捌《さば》きが完了する」か、「低利の大資本を有する土地会社」でなければ収支を償《つぐな》えなかった。

関東大震災後は、東京の中心から鉄道などで１時間ないし１時間30分ほどの武蔵野《むさしの》の山村原野数十万坪を一まとめに買い入れ、道路、停車場、電車、自動車、給水、電灯、電話、郵便局、日用品マーケット、運動場などを整備して分譲するようになった。購入土地の原価は坪６～７円から14～15円見当と安価で、将来的には地価騰貴も見込めるので、「実用的価値に投資的価値が加わ」り、不景気でも収支は償えるのであった。康次郎の事業の中心であった箱根土地会社は、典型的な「新式の分譲地主義」をとる土地会社であった。

このように、康次郎の事業の中心は「土地」であって、同じく都市型第三次産業の開拓者として知られる阪急《はんきゅう》コンツェルンの創業者小林一三《こばやしいちぞう》が「鉄道」を起点に事業を展開していくとは対照的であった。[1] 康次郎が、しばしば「土地の堤」と呼ばれる所以《ゆえん》である。

ところで、康次郎が死去してからほぼ１年後の１９６５（昭和40）年６月14日に刊行された『ダイヤモンド』は「西武鉄道・その異色経営の限界をつく」という記事を掲載し、首都圏の他の私鉄と比較しながら西武鉄道の経営の特徴をとらえている。首都圏大手私鉄の資本金、営業収入、借入金および金利負担を比較すると表０―１のようで、西武鉄道の営業収入は94億１０００万円で東武、東急《とうきゅう》に次ぐ地位にありながら資本金は32億円と過少で、首都圏大手私鉄のなかで最少である。その一方で、借入金は３９２億円、支払利息・社債利息は18億円と、東

表0—1　首都圏大手私鉄の資本金・営業収入・借入金と金利負担（1965年3月期）

	資本金	営業収入(a)	借入金	支払利息・社債利息（b）		正味の金利負担額（c）	
	（億円）	（百万円）	（百万円）	（百万円）	b／a(%)	（百万円）	c／a(%)
西武	32	9,410	39,200	1,801	19.1	1,654	17.6
東急	105	10,130	55,558	2,387	23.5	1,306	12.9
東武	102	11,376	29,532	1,162	10.2	688	6.0
京成	90	5,443	29,312	738	13.6	407	7.5
京王帝都	80	3,990	24,106	801	20.1	743	18.6
小田急	45	4,086	24,166	829	20.3	563	13.8
京浜	45	4,579	25,157	797	17.4	777	16.9

出典：「西武鉄道・その異色経営の限界をつく」（『ダイヤモンド』1965年6月14日）

急に次いで多くなっている。支払利息・社債利息の営業収入に占める割合は19・1%で、東急（23・5%）には及ばないが小田急や京王帝都《けいおうていと》（現・京王電鉄）と肩を並べている。さらに受取利息および配当収入を差し引いた正味の金利負担額をみると17億円で東急をしのぎ、首都圏の大手私鉄のなかではもっとも多くなっている。正味の金利負担率も17・6%で東急を上回り、京王帝都に次ぐ高さとなっている。このように、西武鉄道は過少資本、過大借金を特徴としていた。

西武鉄道の営業利益を部門別にみると、鉄道部門6億2400万円、兼業部門13億9300万円で、兼業部門が7割近くを占めており、本業の鉄道ではなく兼業で稼いでいたことがわかる。兼業部門は、ホテル業（東京プリンス、赤坂《あかさか》・麻布《あざぶ》・横浜各プリンス、大磯《おおいそ》ロングビーチなど）、旅客誘致施設業（西武園《せいぶえん》、ゴルフ場など）、不動産賃貸売買業（西武百貨店、高輪《たかなわ》プリンス、品川《しながわ》スケートセンター、ボウリング場などの建物賃貸と土地分譲）などからなるが、その収支内訳をみるとホテル業は4億200万円の赤字で、旅客誘致施設業が1800万円、不動産賃貸売買業が17億7800万円の利益を出している。何のことはない。西武鉄道の経営は、不動産業に大きく依存していたのである。「土地の堤」の面目躍如たるものがあるといえよう。猪瀬《いのせ》直樹《なおき》『ミカドの肖像——プリンスホテルの謎』（小学館、1986年）は、康次郎の事業を皇室ブランド（天皇制）と関連させて理解しようとしているが、康次郎の事業の根底を支えていたのはまぎれもなく「土地」であった。

「サクセス・ストーリー」の真偽

ところで康次郎は、戦後、みずからの事業活動をふり返り、次のようなサクセス・ストーリーをつくり上げている。政治家志望であった康次郎は、政治家になるには金が必要であると考え、米相場や株式投資から始めて、鉄工所、雑誌社、ゴム会社、真珠養殖などさまざまな事業を試みたが、ことごとく失敗に終わった。その原因は金を儲《もう》けようという気持ちが強すぎたからであると反省し、「感謝と奉仕」という人生観・事業観を獲得した。そして、「この世の中のために少しでもできるだけのことをしようという奉仕の心」から「最初に考えたのが不毛地の開発事業」で「箱根と軽井沢の開発にとりかかり」、箱根土地会社を創業したというのである。[2]

あまりにもできすぎていて、にわかには信じがたいが、康次郎はこのサクセス・ストーリーをいたるところで繰り返し述べている。西武鉄道が1973（昭和48）年に社員教育用に発行した『堤康次郎会長の生涯』もこれをそのまま取り上げ、康次郎を「日本財界史の中でも稀《まれ》に見る英傑」であるともちあげ、その事業活動を「「感謝と奉仕」を信条として天命とする仕事に対して堅実そのもので、着実から一歩も踏み外しがなく、黙々として仕事にはげみ、他人の気付かないところに富を見出《みいだ》し、価値を生み出してきました」と高く評価している。

しかし、康次郎がつくったサクセス・ストーリーは事実に反している。まず、康次郎が土地開発に着手する前に試みた事業がすべて失敗に帰したわけではなかった。東京護謨《ゴム》の経営は第一次世界大戦後の不況のなかでも堅調に推移しており、今なお西武ポリマ化成株式会社として存続している。また、康次郎が軽井沢で土地開発に着手し、沓掛《くつかけ》遊園地株式会社を設立するのは１９１７（大正６）年12月であったが、大日本円形真珠株式会社を設立して真珠の養殖事業に参入するのは18年６月なので、あらゆる事業に失敗したのちに「感謝と奉仕」という人生観・事業観を獲得して土地開発事業に取り組んだというわけではなかった。康次郎が、開発事業に取り組んでいくのは、「感謝と奉仕」の精神に目覚めたからではなく、そこに新たな商機を見出したからと考えるほうが自然であるように思われる。

なお、本書では康次郎の政治家としての側面や家族関係には立ち入った言及をしていない。というのは、康次郎の旺盛な事業活動の全容をできるだけ実証的に明らかにし、彼の生きた時代のなかに位置づけ、堤康次郎という稀有《けう》な実業家の実像に迫ってみたいと考えているからである。

目次

・引用文は読みやすくするために、カタカナをひらがなに、旧字を新字に、拗促音を小書きに改めた。また、適宜読点を付し、明らかな誤字は修正した。

・表中の利益率・配当率は年利に換算した。

図版制作・関根美有

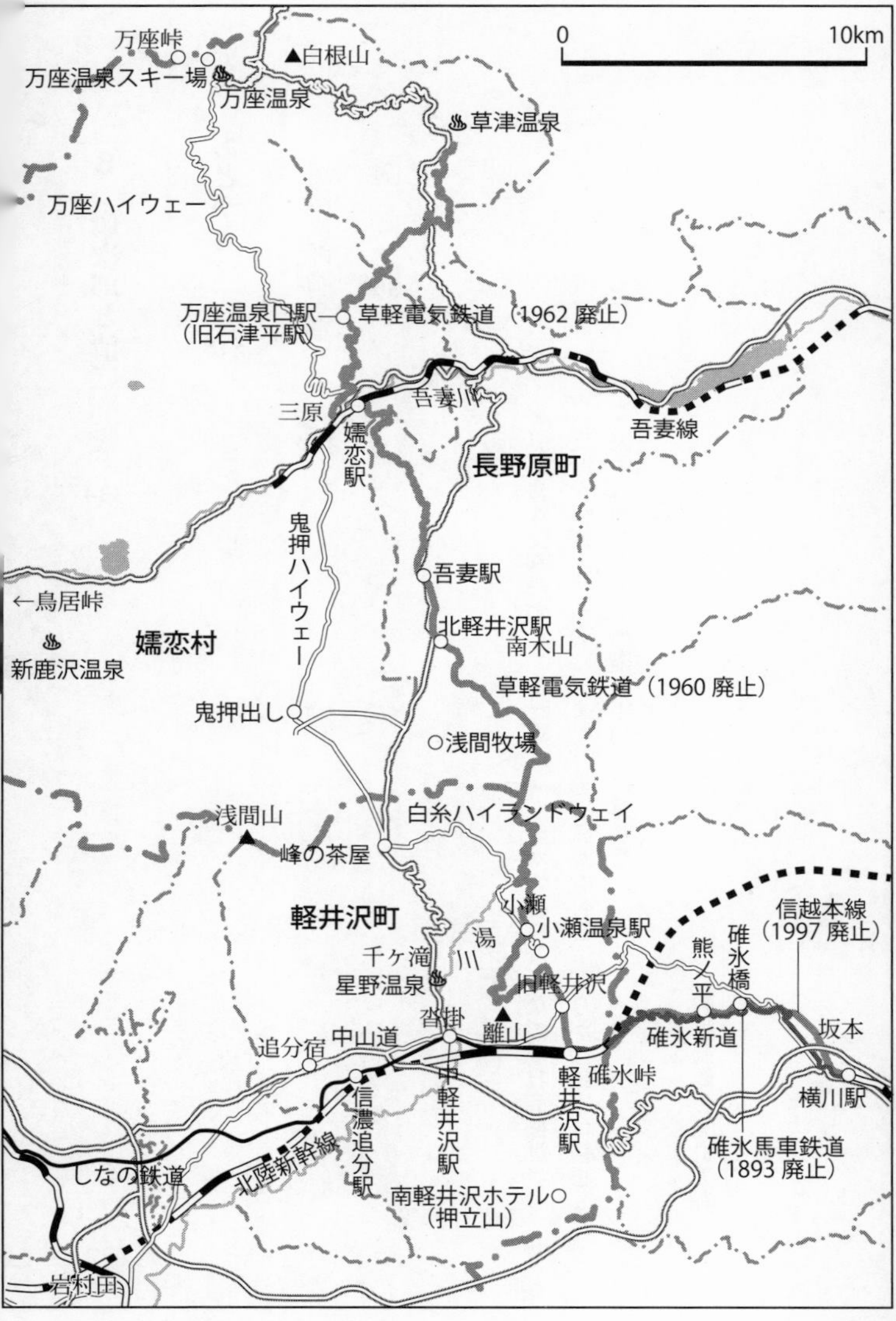

0
10km
万座峠
白根山
万座温泉スキー場
万座温泉
草津温泉
万座ハイウェー
万座温泉口駅
（旧石津平駅）
草軽電気鉄道（1962 廃止）
三原
吾妻川
嬬恋駅
吾妻線
長野原町
鬼押ハイウェー
吾妻駅
←鳥居峠
北軽井沢駅
南木山
嬬恋村
新鹿沢温泉
草軽電気鉄道（1960 廃止）
鬼押出し
浅間牧場
白糸ハイランドウェイ
浅間山
峰の茶屋
小瀬
小瀬温泉駅
軽井沢町
湯川
信越本線
（1997 廃止）
熊ノ平
碓氷橋
千ヶ滝
星野温泉
旧軽井沢
沓掛
離山
坂本
碓氷新道
追分宿
中山道
軽井沢駅
碓氷峠
中軽井沢駅
横川駅
信濃追分駅
碓氷馬車鉄道
（1893 廃止）
しなの鉄道
北陸新幹線
南軽井沢ホテル
（押立山）
岩村田

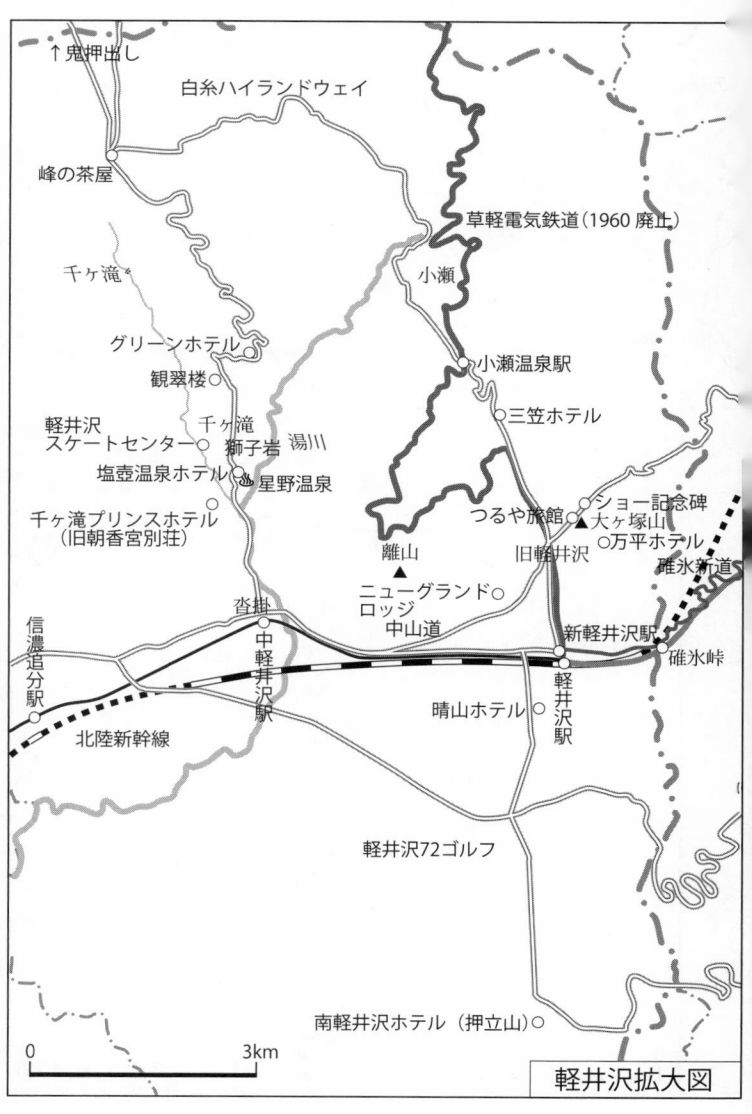

↑鬼押出し
白糸ハイランドウェイ
峰の茶屋
草軽電気鉄道（1960 廃止）
千ヶ滝
小瀬
グリーンホテル
小瀬温泉駅
観翠楼
三笠ホテル
軽井沢
スケートセンター
千ヶ滝
獅子岩
湯川
塩壺温泉ホテル
星野温泉
ショー記念碑
つるや旅館
大ヶ塚山
千ヶ滝プリンスホテル
（旧朝香宮別荘）
万平ホテル
離山
旧軽井沢
碓氷新道
ニューグランド
ロッジ
沓掛
中山道
新軽井沢駅
信濃追分駅
中軽井沢駅
碓氷峠
軽井沢駅
晴山ホテル
北陸新幹線
軽井沢72ゴルフ
南軽井沢ホテル（押立山）
0
3km

軽井沢拡大図

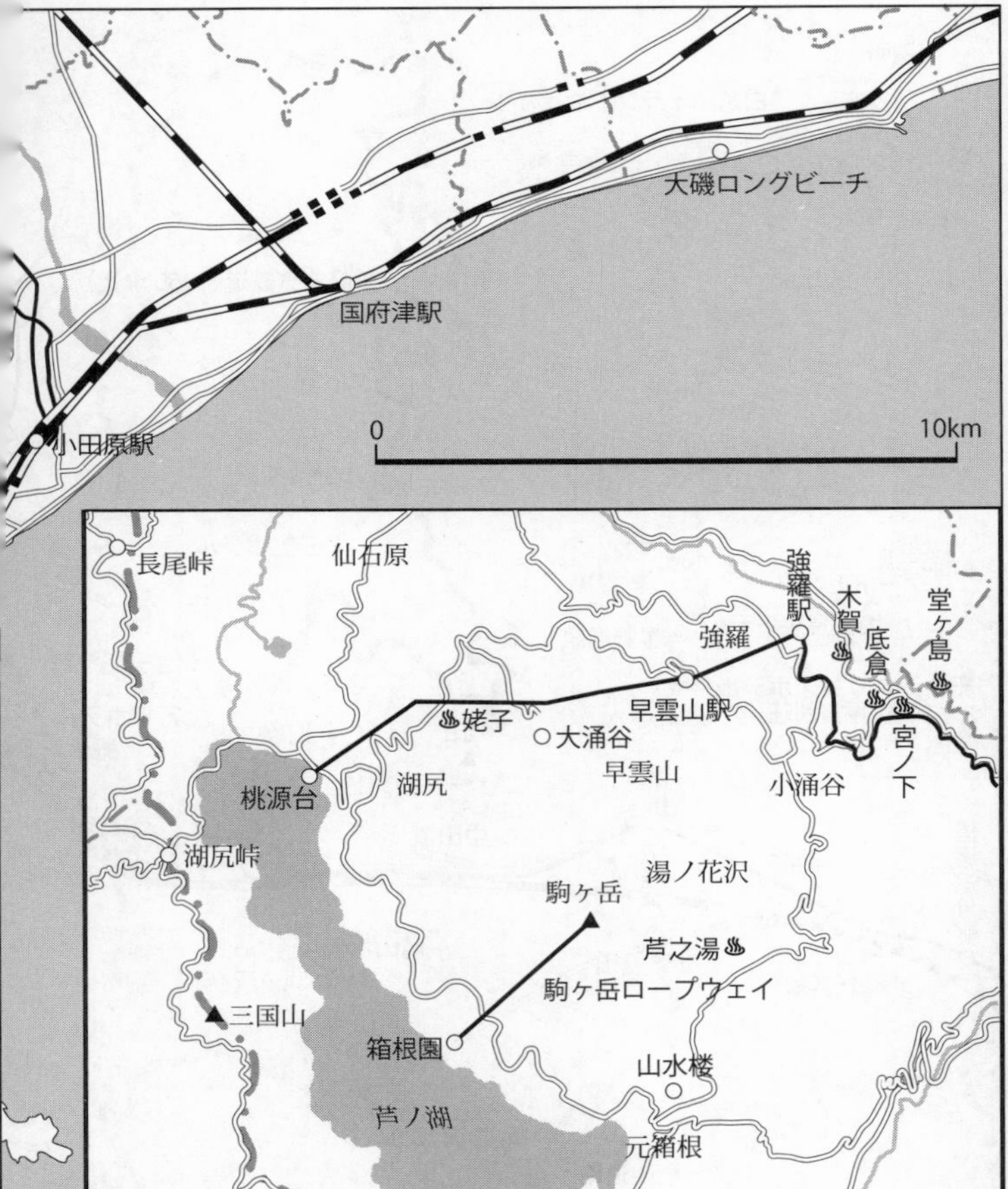

大磯ロングビーチ
国府津駅
小田原駅
0
10km
長尾峠
仙石原
強羅駅
木賀
底倉
堂ヶ島
強羅
早雲山駅
姥子
大涌谷
宮ノ下
桃源台
湖尻
早雲山
小涌谷
湖尻峠
湯ノ花沢
駒ヶ岳
芦之湯
駒ヶ岳ロープウェイ
三国山
箱根園
山水楼
芦ノ湖
元箱根
山伏峠
箱根
箱根峠
0
3km
鞍掛山
芦ノ湖周辺拡大図

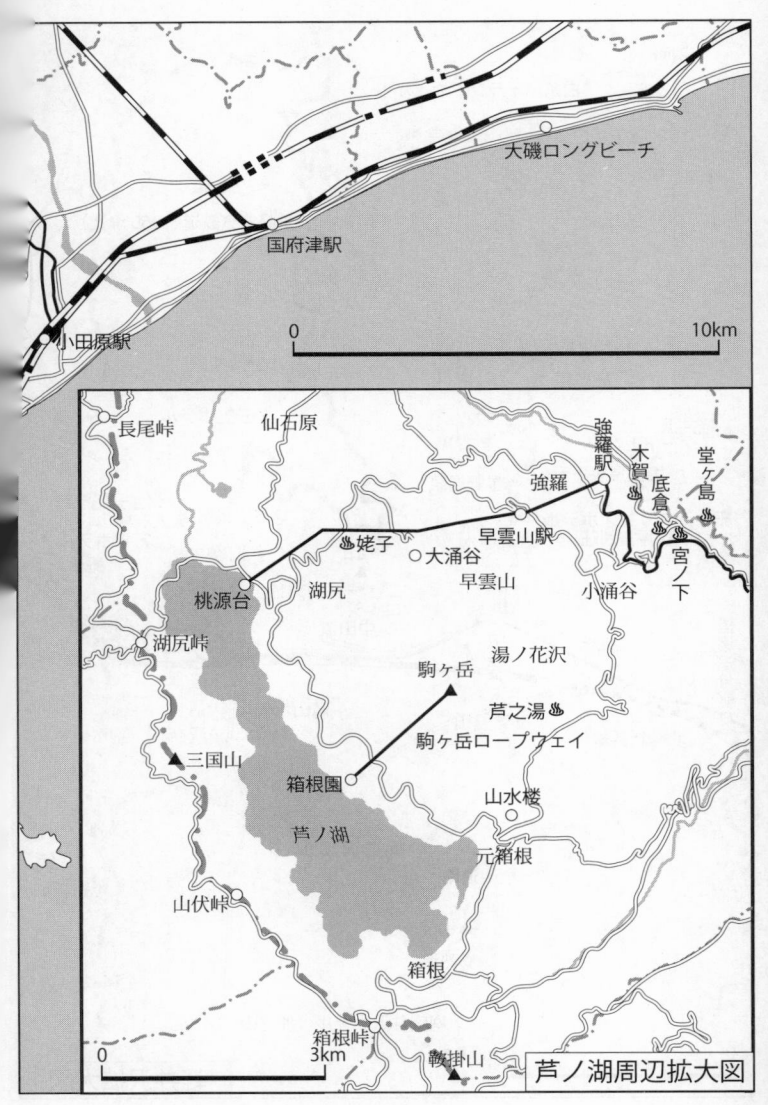

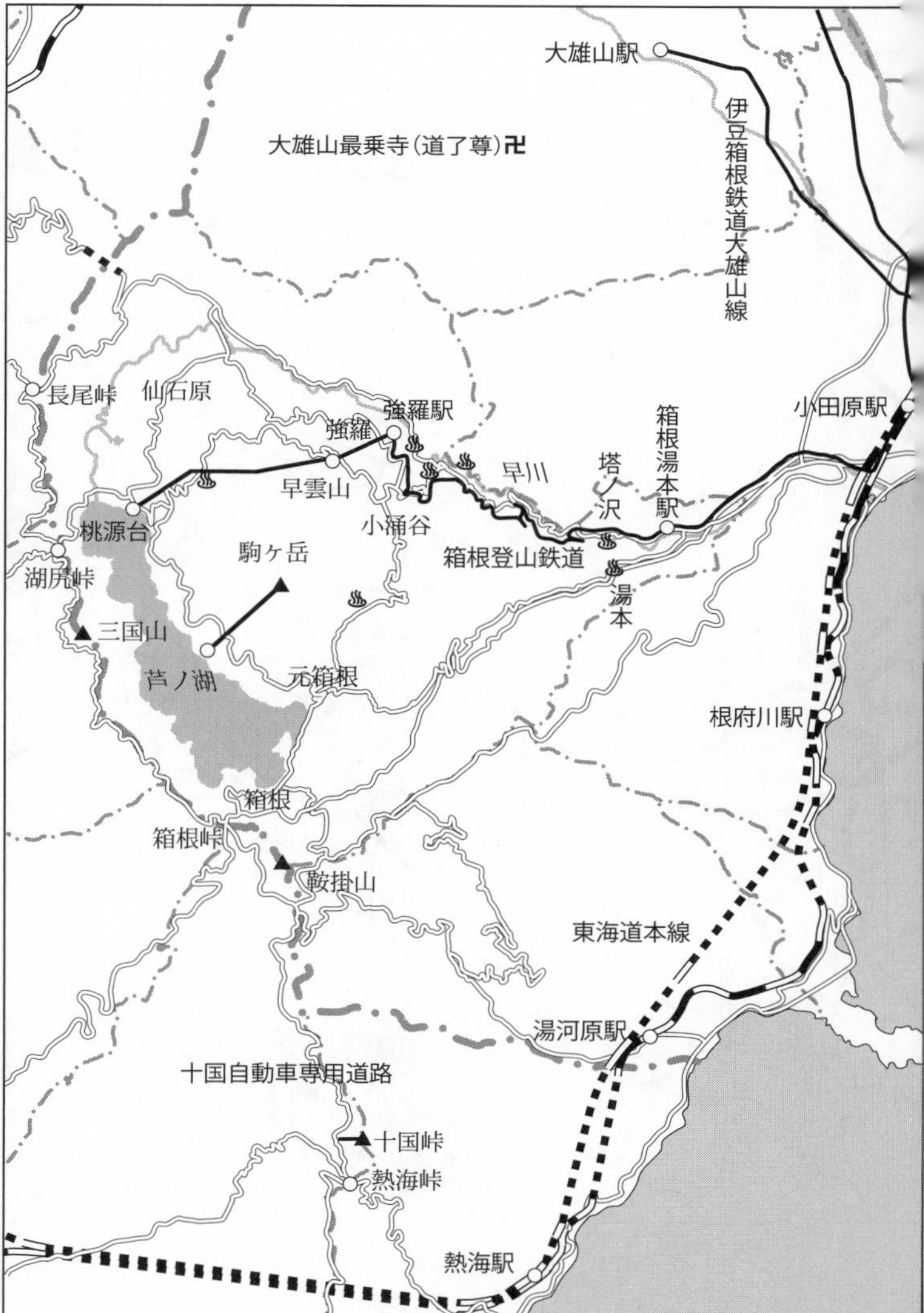
大雄山駅
伊豆箱根鉄道大雄山線
大雄山最乗寺(道了尊)卍
長尾峠
仙石原
強羅駅
強羅
早雲山
早川
塔ノ沢
箱根湯本駅
小田原駅
桃源台
小涌谷
駒ヶ岳
箱根登山鉄道
湖尻峠
湯本
三国山
芦ノ湖
元箱根
根府川駅
箱根
箱根峠
鞍掛山
東海道本線
湯河原駅
十国自動車専用道路
十国峠
熱海峠
熱海駅

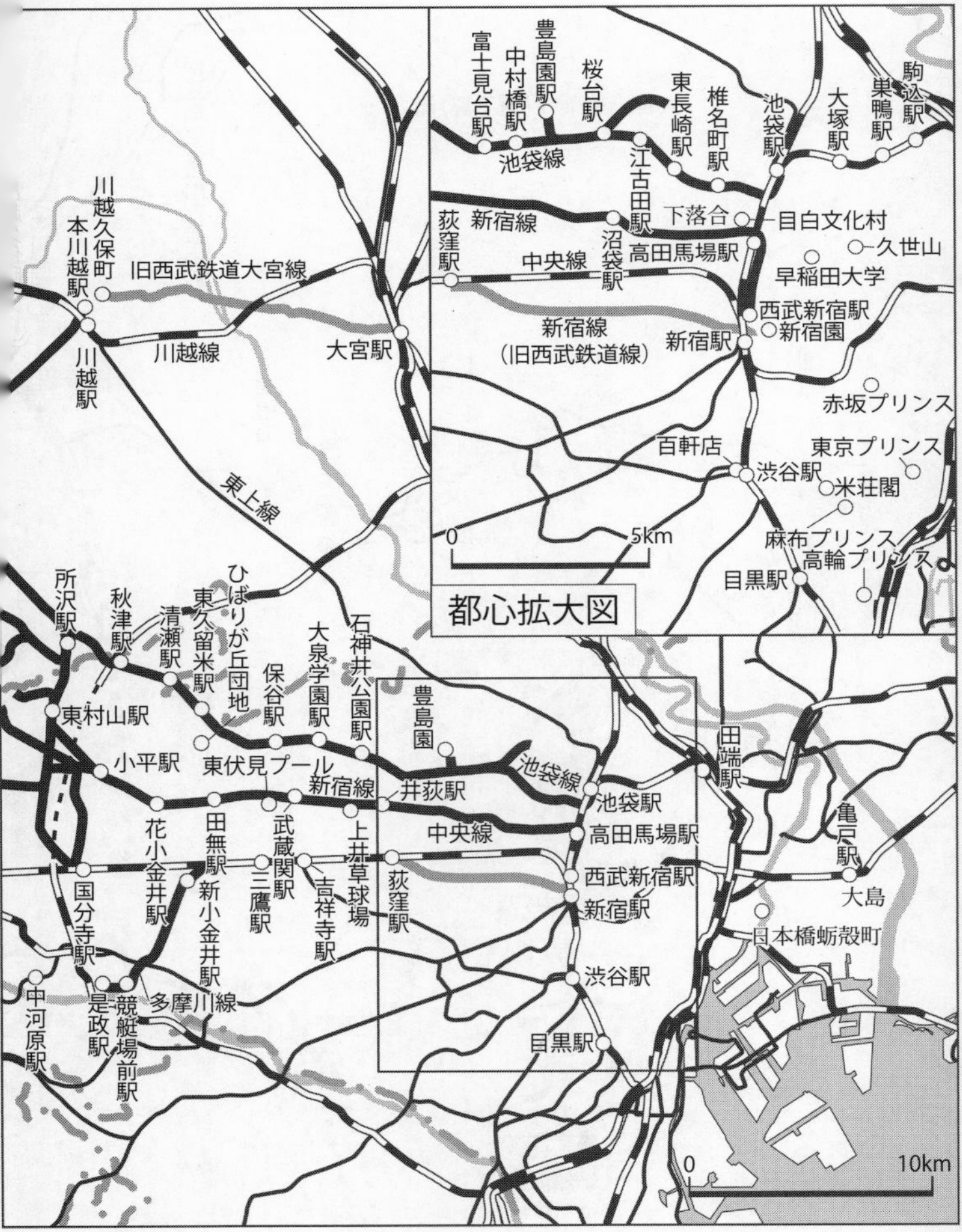

富士見台駅
中村橋駅
豊島園駅
桜台駅
東長崎駅
椎名町駅
池袋駅
大塚駅
巣鴨駅
駒込駅
池袋線
江古田駅
下落合
目白文化村
荻窪駅
新宿線
久世山
中央線
沼袋駅
高田馬場駅
早稲田大学
西武新宿駅
新宿園
新宿線
（旧西武鉄道線）
新宿駅
赤坂プリンス
百軒店
東京プリンス
渋谷駅
米荘閣
麻布プリンス
高輪プリンス
0
5km
目黒駅
都心拡大図
川越久保町
本川越駅
旧西武鉄道大宮線
川越駅
川越線
大宮駅
東上線
所沢駅
秋津駅
清瀬駅
東久留米駅
ひばりが丘団地
保谷駅
大泉学園駅
石神井公園駅
豊島園
東村山駅
小平駅
東伏見プール
新宿線
井荻駅
池袋線
池袋駅
田端駅
花小金井駅
田無駅
武蔵関駅
上井草球場
中央線
高田馬場駅
亀戸駅
国分寺駅
新小金井駅
三鷹駅
吉祥寺駅
荻窪駅
西武新宿駅
新宿駅
大島
日本橋蛎殻町
中河原駅
是政駅
競艇場前駅
多摩川線
渋谷駅
目黒駅
0
10km

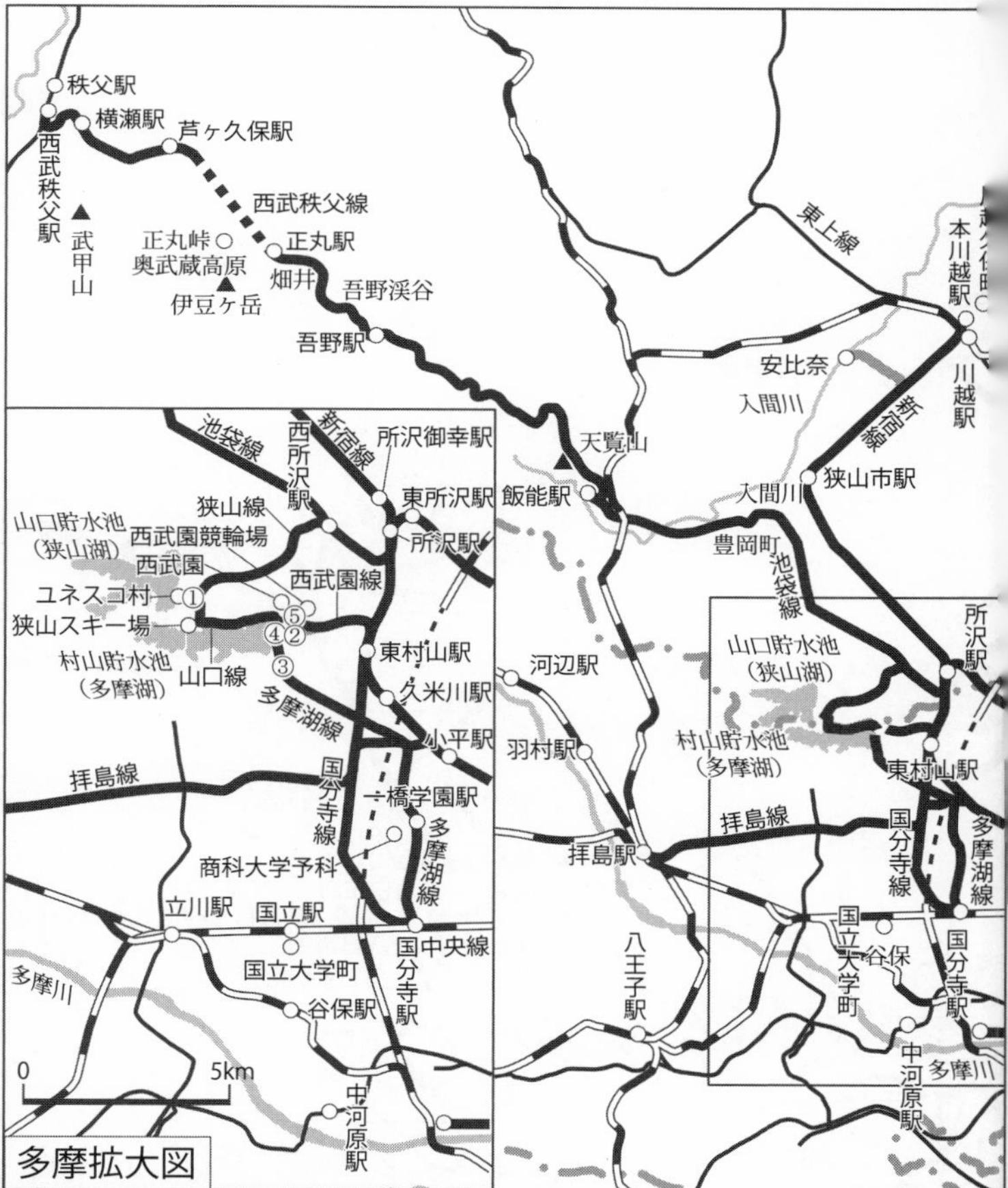

①村山公園駅→村山貯水池際駅→村山駅→（移転）→狭山湖駅→（移転）→狭山湖駅→西武球場前駅／②村山貯水池前駅→狭山公園駅→村山貯水池駅→（廃止）／③村山貯水池駅（仮）→武蔵大和駅／④村山貯水池駅→狭山公園前駅→多摩湖駅→（移転）→多摩湖駅→西武遊園地駅→多摩湖駅／⑤西武園駅

北陸トンネル
奥琵琶湖マキノ
プリンスホテル
（現奥琵琶湖マキノ
グランドパークホテル）
賤ヶ岳
箱館山スキー場
海津大崎
箱館山
近江今津駅
伊吹山
伊吹山スキー場
長浜市
琵琶湖
江若鉄道（1969 廃止）
米原駅
彦根市
湖西線
霊仙山
犬上川
宇曽川
高宮駅
多賀大社
近江舞子
愛知川
堤康次郎生家
（八幡村）
斧磨
旧愛知郡役所
鶴翼山
安土山
五個荘駅
近江八幡市
八日市駅
御園（新八日市～御園 1948 休止）
東海道本線
新八日市駅
近江鉄道
八日市線
近江鉄道本線
甲津畑
草津市
三条京阪
旧大津駅
竜王ゴルフコース
日野町
日野駅
新幹線
貴生川駅
瀬田ゴルフコース
0
30km

第1章　八木荘村から早稲田大学へ

1　郷里

滋賀県愛知郡八木荘村

堤康次郎は、１８８９（明治22）年３月７日、滋賀県愛知《えち》郡八木荘《やぎしょう》村（現・愛荘町《あいしょうちょう》）大字下八木《しもやぎ》で、農業のかたわら麻仲買商《あさなかがいしょう》を営む堤猶次郎《なおじろう》・みを夫妻の長男として生まれた。ほぼひと月前の2月11日には大日本帝国憲法が発布され、４か月後の７月には大津《おおつ》～長浜《ながはま》間の湖東《ことう》線が開通し、新橋《しんばし》～神戸間の官設鉄道東海道線が全通した。日本も、ようやく近代国家としての体裁を整えつつあった。

愛知郡は、１８７９年５月、滋賀県による郡区町村編成法の施行によって発足した。琵琶湖《びわこ》東岸の近江《おうみ》地方に位置し、康次郎の生まれた１８８９年の戸数は９２４２戸、人口は４万９１

堤康次郎生家に残る土蔵（著者撮影）

１５人で、滋賀県内の他の諸郡と比較して必ずしも多いほうではなかったが、90年の他府県に寄留する出寄留者《できりゅうしゃ》は２１３８人にのぼり、その割合は４・３％で蒲生《がもう》郡、滋賀郡に次いでいる。また、全体としては農業者の比率が高いが、商業者の割合も神崎《かんざき》郡、蒲生郡には及ばないものの、10％近くを占めていた。(1)

八木荘村は１８８９年４月、町村制の施行によって成立した。八木荘村は、愛知郡のほぼ中央に位置する小さな農村で、90年の戸数は５８１戸、人口は本籍人口３４２２人、現住人口３２７７人であった。(2)西北方は琵琶湖に面し、北に犬上川《いぬかみがわ》、南に愛知川《えちがわ》があり、東には高野《こうや》街道、西には中《なか》山道《せんどう》および官設鉄道湖東線が通っていた。愛知川と犬上川の中間には宇曽川《うそがわ》があり、愛知郡の中央を縦に流れていた。主要な物産は米、麦、菜種、粟《あわ》、豆、綿、黍《きび》などで、これに次ぐものは大根《だいこん》、蕪《かぶら》、茄子《なす》、瓜《うり》、芋《いも》、牛蒡《ごぼう》、煙草《たばこ》、茶、麻布《あさふ》などであった。近江地方の米は品質が良く、「江州米《ごうしゅうまい》」として知られていた。愛知郡では年に５０９３石ほどの米を産出するが、犬上郡産の米とともに品質の良さで他郡産の米を圧倒しており、とくに「愛知米」と呼ばれた。(3)

八木荘村の村民の多くは農業で生計を立てていたが、なかには農間余業として商工業を営む者もあり、「婦女子は一般に麻布を織り以《もっ》て家計を補充」していた。[4] 麻布は「近江麻布」として名声を誇っていたが、幕末維新期に彦根《ひこね》藩の支配が緩むと粗製乱造に流れたため、松方《まつかた》デフレ期（１８８１～85年）には製造家の倒産がみられ、生産量も落ち込んだ。

なお、康次郎の次男・堤清二《せいじ》の率いるセゾングループは、１９９０（平成２）年に東京都港《みなと》区南麻布《みなみあざぶ》の康次郎の自宅跡地に建設した同グループの迎賓館を、八木荘村の「八木」を重ね合わせると「米」となることから「米荘閣《べいそうかく》」と名づけている。米荘閣は美しいバラ園が有名で、園遊会などが催されてきたが、セゾングループの不動産開発会社西洋環境開発の負債返済にあてるため、２００１年に土地と建物が約60億円で大手商社ニチメンに売却された。[5]

近江商人発祥の地

近江地方の琵琶湖東岸部は、近江商人を輩出した地域として知られている。近江商人とは、江戸時代に近江に本拠を置きながら他国に出て店を開いて商売を営んだ商人で、「売り手よし、買い手よし、世間よし」の「三方よし」を経営理念としていた。近江商人を多く輩出したのは近江中郡と呼ばれる神崎郡・蒲生郡・愛知郡で、なかでも有力商人を数多く輩出したのは、蒲生郡の八幡町《はちまんちょう》（現・近江八幡《おうみはちまん》市）と日野町《ひのちょう》、神崎郡の南五個荘《みなみごかしょう》村（現・東近江《ひがしおうみ》市）などで、[6] 八木荘村を含む愛知郡は犬上郡とともに近江商人の輩出地としては周辺的な地域であったといわ

れている。(7)
1890（明治23）年の八木荘村の出人口は263人（郡内58人、郡外84人、県外108人など）、入人口は118人（郡内64人、郡外42人、県外12人）で、出人口が入人口を145人も上回っていた。そして、八木荘尋常小学校が1893年に刊行した『滋賀県愛知郡八木荘村誌全』（1893年）によれば、八木荘村には、「東北は北海道より西南は九州に至るの諸国に支店を設け」て、布帛《ふはく》・蚊帳《かや》・米穀・味噌《みそ》・魚獣《ぎょじゅう》・昆布《こんぶ》などを商《あきな》う商人がおり、近江商人と呼ばれていた。八木荘村からもそれなりの数の近江商人が輩出し、滋賀県外で活躍していたのである。(8)

八木荘村で生まれ、実業家・政治家として大成した康次郎も近江商人の一人に数えられることがある。早くも、1931（昭和6）年に近江人協会が編輯《へんしゅう》・発行した『近江人要覧』で取り上げられ、「早稲田大学を卒業するや、直に実業界の人となり、大正十一年箱根土地株式会社を創立其《その》専務取締役となる」「大正十三年衆議院総選挙に滋賀県第四（五）区より選ばれて当選し、第一次第二次普選に際しても再選の栄を担《にな》ひ、現に衆議院少壮代議士の一人にして民政党に属す」「曽《かつ》て大隈《おおくま》侯主宰の雑誌『新日本』を経営したる事あり」と、箱根土地会社の専務取締役で少壮政治家、さらには大隈重信《しげのぶ》の主宰する雑誌『新日本』を出版する新日本社を経営したことがあるとされている。(9)また、滋賀《しが》日出《ひので》新聞社が第二次世界大戦後の1954年に出版した『県外に活躍する滋賀県人 上巻』は、功成り名を遂げた康次郎を「政界、実業界両刃使いの雄闘志満々で円熟した人格者」と紹介している。(10)近江商人の研究で多くの業績を残した小倉榮《おぐらえい》一郎《いちろう》も、『近江商人の系譜――活躍の舞台と経営の実像』（現代教養文庫、１９９０年）において康次郎を近江商人の一人に数えている。しかし、これらは出身地が近江であるという事実に立脚しているだけで、康次郎の実業家としての活動を詳しく検討しているわけではない。

一方、ジャーナリストで評論家の青地晨《あおちしん》は、「彼等が通ったあとには草も生えぬ」という言葉を用いて、近江商人の本質を商魂のたくましさと「ケチン坊」に見出し、康次郎を「徹頭徹尾、近江商人の嫡出の子」であると評した。(11)また、評論家の大宅壮一《おおやそういち》は、早稲田大学に「入学早々、株で六万円もうけ、三等郵便局の権利を買った」ことをもって、康次郎を「近江商人としては狂い咲き」と評している。大宅は、また「箱根、軽井沢、国立などで、彼（康次郎――引用者）に土地をとられて泣いているものが、どれだけいるかしれない。長谷川如是閑《はせがわにょぜかん》門下で早大教授の市村今朝蔵《いちむらけさぞう》などもその一人で、彼は軽井沢の大地主だったが、広大な土地を争って、弁護士の費用などで、泣くに泣けぬ状態におとしいれられた」と、康次郎の巧みな経営手法を批判していた。(12)康次郎は、土地の買収にあたって、売却でき次第代金の全額を支払うと約束しながら、手付金ではなく内渡金としてその一部を支払うという方法をとっていた。手付金として支払うと、代金の全額を支払わない場合、地主から手付金を没収されたうえ売買契約を解除されるおそれがあったからである。(13)

そして、長年近江商人研究を手がけてきた末永國紀《すえながくにとし》は、「三方よし」の経営理念を掲げる近江商人の真骨頂《しんこっちょう》は、企業の社会的責任の側面を強調した「世間よし」にあるのだから、公共性の高い鉄道経営に従事しながら徹底して納税を回避し、「家憲《かけん》」ではひたすら堤家の存続のみを謳《うた》いあげ、土地を収益の対象としていた康次郎を近江商人と呼ぶわけにはいかないと断じた。近江商人は土地を収益の対象として、そこに住む人びとの生業《なりわい》の手段を奪うようなことはなかったというのである。[14]

父母との離別

堤家では、１８９０（明治23）年に康次郎の妹のふさが、そして93年には弟の淳二郎が生まれた。淳二郎が生まれてまもなくの１８９３年9月30日、父の猶次郎は流行病《はやりやまい》の腸チフスにかかり、29歳という若さで急逝した。このとき康次郎は4歳で、まだ就学前であった。

それからほぼ半年後の１８９４年4月、康次郎が八木荘尋常小学校に入学すると、清左衛門・きりの祖父母は、弟の淳二郎を広田家（猶次郎の姉すまの嫁ぎ先）へ養子に出し、康次郎と妹のふさの2人を自分たちで育てることにした。猶次郎の妻みをはまだ20代半ばという若さだったので、実家に帰し再婚の機会を与えたほうがよいとの判断であった。みをは、神崎郡八幡《やはた》村（現・東近江市）で松前屋という屋号で水産物問屋を営む上林《かんばやし》家の長女であった。康次郎は、父を失ったうえ、母のみをとも生別することになった。

小学校時代の康次郎の何よりの楽しみは、年に数回、妹のふさとともに2里ほど離れた生母の実家の上林家に泊まりに行くことであった。上林の家の近くには東海道線が通っており、康次郎は土手に登って腹ばいになり、黒煙を吐きながら通り過ぎる汽車をいつまでも眺めていた。生母のみをは、まもなく神崎郡南五個荘村（現・東近江市）で呉服商を営む塚本金兵衛《つかもときんべえ》と再婚した。みをは、塚本家に嫁いでからも康次郎たちをしばしば同家に招いたので、塚本家は上林家とともに康次郎にとってはもっとも身近な親戚となった。

　祖父の清左衛門は、勤労・不屈の精神と創意工夫をもって朝早くから夜遅くまで製麻業《せいまぎょう》に精を出し、傾いた家産を立て直した。しかし、近江地方の製麻業は１８８１年から始まる松方デフレの影響を受け、著しい不振に陥っていた。[15] そこで清左衛門は、製麻業に見切りをつけて農業で生計を立てることにした。また、清左衛門は浄土真宗《じょうどしんしゅう》の熱心な信者で、康次郎に対しても神仏への畏敬《いけい》、五倫《ごりん》の道、勤労と倹約などを説いた。康次郎は、優しさと厳格さを兼ね備えた祖父母のもとですくすくと育った。

過燐酸石灰の販売

　康次郎は、１９０２（明治35）年3月に八木荘尋常高等小学校の高等科を卒業した。成績が抜群によかったので、滋賀県立第一中学校（のち彦根中学校、現・彦根東高校）には無試験で入学する資格があった。康次郎は、祖父の清左衛門に連れられて第一中学校の入学手続きに出かけたが、いざ入学となると清左衛門が反対した。彦根町（現・彦根市）の１９０１年の戸数は

３０９６戸、人口は1万９０７１人で、滋賀県では大津市に次いで多く、戸数・人口とも八木荘村の約5倍もあった[16]。第一中学校に入学すれば、当然単身で彦根に暮らすことになるが、清左衛門は堤家の大切な跡継ぎを彦根のような繁華な都会に下宿させて悪い風儀に染まりはしないか心配だというのである。康次郎は、清左衛門の気持ちを察して中学への進学をあきらめ、清左衛門とともに農業に従事することを決意した[17]。

　野良仕事に精を出しながらも、康次郎は農業に関する勉強を怠らなかった。燐酸《りんさん》は、窒素やカリウムとともに肥料の３要素といわれているが、八木荘村ではまったく使われていなかった。康次郎は、１９０３年4月、大阪市の天王寺《てんのうじ》公園で開催されていた第5回内国勧業博覧会（開催期間は3～7月）に出かけてみると「人造肥料」のコーナーがあり、そこに過燐酸《かりんさん》石灰が出品されていた。すでに日本では、東京人造肥料（のちの大日本人造肥料。現・日産《にっさん》化学）や多木《たき》肥料（現・多木化学）などが設立されていて、人造肥料の生産が本格化していた。大阪でも１８９２年9月に資本金20万円の大阪硫曹《りゅうそう》が設立され、天王寺公園で開催された第５回内国勧業博覧会に各種硫酸肥料、酸類、アルカリ製品を出品し、各種硫酸肥料が名誉銀杯賞を受賞した。受賞の理由は、「農業の開進《かいしん》と共に過燐酸石灰の如《ごと》き人造肥料の前途大《おおい》に必要あるを察し、巨資を投じ完全なる設備によりて該業を創始し、奮進《ふんしん》之が供給の普及を図る、今回出陳の製品共に精良なり、且《かつ》製額歳を逐《お》ひて倍々《ますます》増加し販路遠く海外に及ぶ、その成績甚だ偉《い》なり」とされていた[18]。

康次郎が第5回内国勧業博覧会でみたというのは、大阪硫曹が出品したこの過燐酸石灰に違いない。社長の阿部《あべ》市三郎《いちさぶろう》が近江商人阿部市太郎《いちたろう》家の一族でもあったので、康次郎は社長の阿部と面会して、過燐酸石灰の滋賀県下における一手販売を申し込んだ。阿部は14歳の少年の申し出に当惑したが、馬車で2台分の過燐酸石灰を分けてくれた。康次郎は、「硫曹肥料一手販売　堤清左衛門」の看板を掲げて過燐酸石灰を販売し、地元への普及をはかった。[19] しかし、康次郎の思惑ははずれ、過燐酸石灰はまったく売れなかった。康次郎の最初の事業であった肥料商は、失敗に終わったのである。

なお、１９０８年の大阪硫曹の『営業案内』に「硫曹肥料各地大取扱販売所」が掲載されているが、そこには康次郎の名前も清左衛門の名前もなかった。康次郎が祖父の清左衛門の名前を冠して過燐酸石灰の一手販売を始めたのは事実かもしれないが、大阪硫曹の「大取扱販売所」としては公認されていなかったようである。

二毛作と耕地整理

売れ残りの過燐酸石灰が、思わぬ効果をもたらすことになった。愛知郡の田んぼは、一年中水を張っておく、いわゆるみず田であった。康次郎はこのみず田による農法を改め、レンゲを裏作とする二毛作を始めた。そのレンゲ栽培に過燐酸石灰がよく効き、レンゲが豊作となった。愛知郡では、それからレンゲを裏作とする二毛作を行う農家が増え、滋賀県内務部による１９

１９（大正8）年5月から20年3月にかけての調査によれば、八木荘村の水田の総面積は３３４０反であったが、そのうちの97・5％にあたる３２５６反の水田で二毛作が行われていた。[20]

康次郎は耕地整理事業にも熱心に取り組んだ。耕地整理とは、土地の農業上の利用を増進するために、耕地の交換分合、区画形状の変更、さらには道路・畦畔《けいはん》・溝渠《こうきょ》の変更などを行うことで、１８９９（明治32）年に耕地整理法が制定された。康次郎は、耕地整理事業について「他人と話合い、説得し、時には私の方が土地を損してまでも、この耕地整理を進めた」と述懐している。そして、「この話を人にするたびにさすがに土地の堤の少年時代だと、ひやかされたりする」[21]とも述べている。これを「土地の堤」の片鱗《へんりん》とみるかどうかは別にしても、康次郎が郷里の農業の改良をめざし、過燐酸石灰の導入、二毛作の奨励とともに、耕地整理に取り組んでいたことは注目に値する。ちなみに、滋賀県内務部編『農業水利及土地調査書　第壱輯（蒲生、神崎、愛知郡ノ部）』（１９２０年11月）では、八木荘村の「田区画配列」は「大字香《こ》ノ庄《しょう》以下は大体に於《お》て良好」で、とりわけ康次郎の居住地であった大字下八木については「地勢平坦《へいたん》区画良好なり」と報告されている。

祖父・清左衛門の死

康次郎は小学校を卒業してから4年間、祖父の清左衛門とともに百姓仕事に励んできたが、日露《にちろ》戦争後の１９０６（明治39）年、祖父の「これからは少し学問をしなければ世の中に出られない。学校へ行ってはどうか」という勧めもあって進学することにし、京都の海軍予備学校に入学した。この学校は海軍兵学校受験者の予備校で、英語・漢文・数学などの中学校程度の教科を速成で教えていた。海軍兵学校には旧制中学校からだけでなく、実業学校や師範学校からも受験できた。また、小学校しか出ていなくても、予備校で勉強して受験することもできた。

海軍予備学校で学んでも、海軍兵学校に進学せずに一般の大学に進学する者も多くいたので、康次郎が海軍兵学校を受験するつもりであったのかどうかはわからない。事実、康次郎は海軍予備学校での勉学を終えると、１９０７年3月に愛知郡役所の雇員となった。郡役所は、八木荘村の自宅からは約３kmの距離にあり、康次郎は徒歩で通った。

郡役所の勤務とはいっても仕事は給仕のようなもので、月給は6円であった。康次郎は、滋賀県知事になるために郡役所に入ったという説もあるが、当初から京都の海軍予備学校で中学校卒業程度の学歴を身につけ、愛知郡役所に勤務しようと考えていたのかもしれない。というのは、郡役所勤務は農作業を続けながらでもできる数少ない仕事の一つで、しかも安定した収入を得ることができたからである。

こうして康次郎の、愛知郡役所に勤務しながら祖父の清左衛門とともに農作業に従事する生活が始まった。しかし、そうした平穏な生活も、わずか1か月ほどで終わりを迎えた。１９０7年4月4日、祖父の清左衛門が突然脳溢血《のういっけつ》でこの世を去ったのである。73歳であった。康次郎は悲嘆にくれ、まだ祖父の「ぬくもりが残っている蒲団《ふとん》にもぐりこんで寝た」という。幼くして父母と離別した康次郎にとって、祖父の清左衛門は絶対的な存在で、厳格ではあったが、両親にかわって慈愛をもって育ててくれた。[22]

上京を決意

すでに祖母のきりは１９０３（明治36）年６月13日に57歳で他界しており、祖父の清左衛門も亡くなった。祖父母が他界した今、康次郎にはこのまま八木荘村で農業を続ける意味がなくなった。そこで、康次郎は「これを一つの転機として（略）上京して勉強」しようと考えるようになったのである。[23]

康次郎は、祖父の清左衛門が死去した１９０７年の暮れに愛知郡役所を辞した。そして、翌１９０８年３月には周囲の勧めもあって、愛知郡秦川《はたかわ》村（現・愛荘町）斧磨《よきとぎ》の西沢ことと結婚した。康次郎は数え年で20歳の成人になったばかりであった。そして、１９０９年１月に長女の淑子《よしこ》が生まれたが、ほぼ２か月後の同年３月にはみずからの資産を処分して上京した。資産の処分について、康次郎は「田地を担保に入れて五千円のお金をこしらえた」と述べているが、[24]由井常彦によれば、当時康次郎が相続した５反程度の農地を売却しても１０００円前後にしかならなかったという。したがって、田地のみで５０００円を調達するのは難しく、祖父以来の預金など、堤家の田地以外の資産も処分して東京の大学への遊学費をこしらえたのではないかと考えられる。[25]妻のこと、妹のふさ、そして生まれたばかりの娘・淑子を郷里に残しての旅立ちであった。

問題は、なぜ康次郎が祖父の死を契機に東京に出ることを決意したかである。内海孝《うつみたかし》は、そのときの康次郎の心情を「郡役所に勤めても満たされない、あるいは結婚して在地で農事についても満たされない、鬱勃《うつぼつ》たる曲折した想《おも》いが康次郎の胸中にたえず去来し、それにしたがうかのように行動」したのではないかと推測している。(26)

また、既述のように康次郎の郷里の八木荘村は琵琶湖東岸に位置し、江戸時代から近江商人発祥の地として知られていた。八木荘村は１９５５（昭和30）年に秦川村と合併して秦荘町《はたしょうちょう》（現・愛荘町）となるが、小倉榮一郎の整理によれば、その秦荘町からは田中源治《たなかげんじ》広次《こうじ》（田源《たげん》、呉服・毛皮・宝石。１８１６〔文化《ぶんか》13〕年創業、東京日本橋堀留町《にほんばしほりどめちょう》）、栗田直太郎《くりたなおたろう》（金亀《きんかめ》、糸業・縫糸卸小売、１８９３年創業、東京日本橋富沢町《とみざわちょう》）らが東京に出て、実業家として成功をおさめていた。(27)こうした環境のなかで育った康次郎が、祖父が亡くなって郷里にとどまる必然性が失われたときに、青雲の志を抱いて上京を決意したとしても不思議ではないだろう。

２　早稲田大学時代

早稲田大学に入学

康次郎は、上京後の１９０９（明治42）年４月に早稲田大学高等予科の政治経済学科に入学した。高等予科とは早稲田大学の「大学部に入る予備門」で、高等学校を卒業していない康次郎のような者が、大学部に進学するための教育機関である。修業年限は1年半で、中学校およびそれと同程度の学校の卒業生には無試験入学が許されていた。京都の海軍予備学校で、中学校卒業程度の教育を受けた康次郎は、無試験で入学したものと思われる[28]。

康次郎は、これからの5年間を早稲田大学周辺で過ごすことになった。下宿も、早稲田大学から３km、省線高田馬場《たかだのばば》駅（現・ＪＲ高田馬場駅）から１・５kmほどの下落合《しもおちあい》に構えた。早稲田大学の前身は１８８２年に創立された東京専門学校であるが、１９０２年9月に早稲田大学と改称して大学部と専門部を新設し、大学部に政治経済学科、法学科、文学科を開設した。そして、その後１９０４年４月に専門学校令に準拠する大学に昇格し、大学部に商科を新たに設置した（大学令準拠の大学となるのは１９２０年2月）。

康次郎は早稲田大学に入学すると、柔道部と雄弁会に所属した。柔道に接したのは早稲田大学に入学してからであったが、もともと骨太でがっしりした体つきであったうえ、農作業で身体を鍛《きた》え「十五歳のときには、十七貫（約64kg）の米俵を両手で頭上に差しあげるほどの力自慢」になっていたので興味をもったのではないかと思われる[29]。

康次郎にとって、柔道は単なる趣味に終わるものではなかった。康次郎は１９２４（大正13）年5月の第15回衆議院議員総選挙に滋賀県第5区（愛知郡・犬上郡）から立候補して初当選し、28（昭和3）年2月には2回目の当選を果たした。その直後の同年4月、講道館《こうどうかん》柔道の創始者で当時貴族院議員でもあった嘉納治五郎《かのうじごろう》が、康次郎ら柔道有段者の衆議院議員を帝国ホテルに招いた。当時講道館出身の代議士は17名にのぼり、衆議院の「一勢力」となっていた。柔道は、康次郎の政治家としての活動にもひと役買っていたといえよう(30)。

早稲田大学雄弁会は、単に事実を説明したり思想を叙述したりする能弁家や達弁家ではなく、世論を喚起し一世をも動かすような雄弁家をつくるという理念を掲げ、総裁大隈重信、顧問高《たか》田《た》早苗《さなえ》、会長安部磯雄《あべいそお》という豪華な布陣で１９０２年12月に設立され、諸大学の弁論部のなかで精彩を放っていた。雄弁会に入会した康次郎は、１９１２年の衆議院議員総選挙に大阪市選挙区から立候補した中橋徳五郎《なかはしとくごろう》の応援演説に駆けつけた。中橋は、大阪商船の社長などを歴任する実業家として著名であるが、当選７回を数える大物代議士でもあった。会場となったのは大阪千日前《せんにちまえ》の焼け跡で、当時雄弁家として知られた三宅雪嶺《みやけせつれい》（評論家、雑誌『日本人』を創刊）や市村光恵《いちむらみつえ》（法学者、京都大学教授）と並んで堂々たる演説を行った。また、１９１３年の雄弁会主催の学内懸賞雄弁大会では１等に入賞している(31)。康次郎は、雄弁会の活動を通して桂《かつら》太《た》郎《ろう》、後藤新平《ごとうしんぺい》、大隈重信、永井柳太郎《ながいりゅうたろう》らの知遇を得ることになり、のちの事業活動や政治活動のうえで大いに役立った。

『日露財政比較論』を執筆

康次郎は１９１０（明治43）年７月に高等予科を修了し、大学部の政治経済学科に進学した。

もともと政治家を志望していたので、大学部に進学すると8歳年長の新進気鋭の教授永井柳太郎に師事した。永井は１８８１年4月、石川県金沢で小学校の教員をしていた永井《ながい》登《みのる》（石川県士族）の長男として生まれた。石川県尋常中学校（のちの金沢第一中学校、現・金沢 泉丘《いずみがおか》高校）に進学したが、父の仕事の関係で京都に転居し、同志社《どうししゃ》および関西学院《かんせいがくいん》の中等部を経て早稲田大学の予科・政治経済学部で学び、１９０５年に卒業した[32]。

早稲田大学では、大隈重信、安部磯雄、大山郁夫《おおやまいくお》らの影響を受け、とくに安部からは同志社中学部時代から多くの薫陶《くんとう》を受けていた（安部は早稲田大学に赴任する前、同志社中学部の教頭をしていた）。大学卒業後は3年間にわたって英国オックスフォード大学に留学するが、これも安部の推薦によるものであった。１９０９年10月に帰国すると、安部の世話で早稲田大学教授に就任し、11月から「植民政策」、のちには「社会政策」の講義を担当した[33]。このとき永井は29歳という若さであったが、やがて「大山郁夫と並び称せられた人気教授」となった[34]。

永井によれば、日本は日露戦争に勝利はしたものの、欧米先進国と比べればなおあらゆる面で劣っていた。したがって、これからは民主主義を発展させ、中産階級を成長させなくてはいけない。また、日本海を隔てて対峙《たいじ》し、満蒙《まんもう》をめぐる利害で対立しているロシアとの関係についても、敵視するのではなく友好関係を築いていかなければならないと主張していた。

康次郎はこのような永井の考え方に共鳴し、１９１３（大正2）年7月に早稲田大学を卒業すると『日露財政比較論』の執筆にとりかかり、翌14年12月に博文館《はくぶんかん》から出版した。同書において、康次郎は財政を国力の基礎と位置づけ、日本のほうがロシアよりも脆弱《ぜいじゃく》であると論じた。そして、ロシアの国土は日本とは比較にならないほど広く、資源も豊かで産業や貿易もはるかに発達していると述べた。しかし、この年の7月には第一次世界大戦が勃発し、日本は空前の好景気を享受するが、ロシアでは戦禍が甚大で財政は破綻に向かっていた。

『日露財政比較論』は大日本国防義会《だいにほんこくぼうぎかい》の目にとまり、康次郎は招かれて１９１５年２月12日に「支那の将来と日露の関係」と題する講演を行った。[35] 国防義会は、「国防に関する各般の事項を調査研究し且汎《あまね》く国民の間に其知識思想の普及涵養《かんよう》を計るを目的」とし、１９１４年11月に結成された。初代会長に中野武営《なかのたけなか》、二代会長に渋沢栄一《しぶさわえいいち》が就任し、事務局を東京商業会議所に置いていることからもわかるように、主として財界人を会員としていたが、政治家や学者も参画していた。[36]

この講演で、康次郎は「財政においても軍備においても我が日本が遠く露国《ろこく》に及ばざる」ことを強調し、「吾人《ごじん》は今次の戦乱において、露国が中央亜細亜《アジア》に進路を得《う》ることに成功せんことを切望せざる能《あた》はず」と論じた。そして、日本は「露国を援《たす》けて地中海に向はしむべきか、英国と親しんで満洲《まんしゅう》を防ぐべきか」の岐路に立っているが、「今直ちに日露の衝突を惹起《じゃっき》して迄《まで》日英同盟を締結すべしとは思はず」と、日英同盟の締結ではなくロシアとの協調の道を探るべきであると主張した。[37]

この講演は、自著『日露財政比較論』の内容を要約したもので、いうまでもなく早稲田大学で永井柳太郎から学んだものである。康次郎は、８歳年長の永井について、のちに「私と永井との交渉は、過去二十年来の知己である。殆《ほと》んど全《す》べての事について、真に赤裸々の露骨な交際である。然《しか》しどんなに赤裸々になっても、露骨になっても、飽くまで尊敬すべき先輩として、親愛の情を増すのみで、此《この》男の為《ため》ならば一肌脱いで見ようと云《い》ふ気になるのであります」と語っている。(38)

後藤毛織の株式投資と三等郵便局の経営

早稲田大学時代の康次郎は、政治活動に積極的に取り組む一方で、商品取引や株式取引に熱中し、１９１０（明治43）年には後藤毛織《ごとうけおり》の株価の値上がりによって６万円ほどの利益を得た。後藤毛織の前身は、播磨《はりま》国揖東《いっとう》郡網干《あぼし》村（現・兵庫県姫路《ひめじ》市）出身の後藤恕作《じょさく》が、１８８０年に東京市芝《しば》区（現・港区）白金台《しろかねだい》に起こした個人事業で、「我が毛織物界に第一鞭《だいいちべん》を着け」ることになった後藤毛織製造所である。同製造所は、日清《にっしん》戦争後の不況に加え、東京製絨《せいじゅう》（１８９３年６月）や日本毛織（１８９６年12月）の設立によって競争が激しくなり、「一時其の仕事を休止するの已《や》むべからざる状況」となった。しかし、日露戦争の開戦とともに「再び芽を吹き」、１９０７年４月には組織を改め、資本金３００万円（75万円払込み）の株式会社となった。(39)後藤毛織の第１回株主総会は、１９０７年４月に東京市京橋《きょうばし》区（現・中央区）築地《つきじ》３丁目の同気倶楽部《どうきクラブ》で開催された。取締役には朝山信平、後藤恕作、島田鉄蔵、小川又右衛門、石井《いしい》清秀《きよひで》が選出され、朝山が取締役会長、後藤が専務取締役、島田が常務取締役となった。[40]　1914（大正3）年9月には、取締役に鈴木《すずき》商店の藤田謙一《ふじたけんいち》や金子直吉《かねこなおきち》が名を連ねるが、「依然後藤氏が専務取締役として一切を経営し」ていた。[41]

　後藤毛織は、その後1915年10月に東洋毛織と改称し、専務取締役も後藤から藤田謙一に代わった。そして、1917年2月には東京毛織物や東京製絨と合併して東京毛織と社名を変更し、資本金1100万円の「本邦最大の毛織会社」となった。[42]なお、専務取締役の藤田謙一は青森県弘前《ひろさき》市の生まれで、日本商工会議所の初代会頭として活躍するなど大物実業家として知られている。1894年に明治法律学校（現・明治大学）を卒業して大蔵省に出仕するが、のち同省を辞して煙草商岩谷松平《いわやまつへい》の経営する岩谷商会の支配人となった。そしてさらに、日韓《にっかん》印刷社長、台湾《たいわん》塩業専務取締役などを歴任するとともに、鈴木商店の最高幹部として金子直吉を補佐した。[43]藤田は、康次郎とはのちに千代田護謨《ちよだゴム》、東京護謨、箱根土地会社などで事業活動をともにする。

　康次郎は後藤毛織の株価の値上がりで儲けたお金で郵便局の権利を買い、1911年3月に日本橋蛎殻町《かきがらちょう》の三等郵便局長となった。当時、三等郵便局には、郵便局の経営を安定させるため、逓信《ていしん》省から渡切《わたしきり》経費が支給されていた。渡切経費とは、「実費精算の方法によらず、事務費の全部または一部を当該局長または主務の官吏に渡切りで交付し、実際上過不足があっても、これを追給したり返納させたりしな」かったので、[44]やり方によってはうま味のある事業であった。(45)このとき、康次郎は郵便局員の岩崎そのと特別な関係になり、１９１３年6月に長男の清《きよし》をもうけた。岩崎そのは、その後まもなく死亡し、清は１９３３（昭和8）年に康次郎のもとに入籍した。

同じころ、康次郎は渋谷《しぶや》で鉄工所の経営にも手を出した。バルブコックを製造する鉄工所の売り物が出たので、百余名の工員ぐるみ引き受けたのである。しかし、鉄工所の経営は郵便局のようにはいかなかった。職工を使うのは容易ではなく、次第に経営も傾いた。編み物機械の注文を引き受けて経営を建て直そうとしたが、肝心の注文主が倒産していた。康次郎は機械も建物も二束三文で売り払った。(46)

１９１３年9月には、小樽《おたる》木材の解散にあたって、大倉《おおくら》喜《き》八郎《はちろう》の推薦により清算人となった。大倉が、康次郎を清算人に推薦した理由はわからないが、康次郎は「小樽木材の株を相当持っていた」ようである。(47)

小樽木材は１９０６年9月、渋沢栄一、馬越恭平《まこしきょうへい》、大倉喜八郎らの財界有力者によって天《て》塩《しお》木材を継承する形で設立され、資本金は２４０万円であった。枕木、角材、丸太、挽材《ひきざい》などを製造・販売する会社で、１９０６〜07年には15％の配当を実施していたが、08〜09年には無配となり、10年には株価が暴落した。(48)そこで、大倉喜八郎が社長に就任して改革に努め、「会社内部の紛乱は略々《ほぼ》整理せられ、木材の販路も亦《ま》た三井《みつい》物産の手で開かれ、遠く海外にまで輸出せられるといふ好成績を挙げ」た。しかし、その後は減資を余儀なくされ、１９１３年9月に解散した。[49]

『公民同盟叢書』の編集と新日本社の経営

康次郎は、早稲田大学卒業後も大隈重信の公民同盟《こうみんどうめい》という組織にとどまって政治活動を続け、１９１３（大正2）年12月に桂太郎が立憲同志会《りっけんどうしかい》を結成すると、そこにも積極的に参加した。

また、１９１４年11月からは、『公民同盟叢書《そうしょ》』という小冊子の編集と発行にかかわった。『公民同盟叢書』は、１９１５年1月から16年4月までの間に第15巻まで刊行され、そのうち大隈重信が『最近外交論』（第1巻）、『帝国国防論』（第2巻）、『帝国財政論』（第3巻）、『日本民族性論（前編）』（第6巻）、『日本民族性論（後編）』（第7巻）、『我国体の精髄』（第10巻）、『中心勢力移動論』（第15巻）を執筆した。大隈以外では、永井柳太郎が『対支外交論』（第5巻）、後藤新平が『日本植民論』（第8巻）、貴族院議員の村田保《むらたたもつ》が『政治道徳論』（第4巻）、報知《ほうち》新聞主筆の上島長久《うわじまながひさ》が『日支親善論』（第9巻）および『財政刷新論（上・中・下）』（第11〜13巻）、高田早苗が『模範国民の養成』（第14巻）を執筆した。第14巻以外はいずれも口述されたものを康次郎が筆記して刊行した。

『公民同盟叢書』に続いて、康次郎は大隈重信の主宰する雑誌『新日本』の編集と刊行をまかされることになった。『新日本』は１９１１年4月に冨山房《ふざんぼう》から発刊されたのであるが、大隈によれば同誌発刊の趣旨は「将来の日本は外国思潮との接触が愈々《いよいよ》急を加へる事と思はれる、従って今日に於て博《ひろ》く精確な世界的知識を養ふと共に、国民としての自覚を明かにし、何者に触れても惑はない根柢《こんてい》を養ふことが必要だ。私が今回の雑誌発行は自分一個の機関とするのではない。国民一般のため、その代弁者たるべき機関を提供せんとする」ことにあった[50]。

こうして『新日本』は、「一党一派に偏しない公論の機関」として誕生し、有賀長雄《ありがながお》（社会学者、法学者）、青山胤通《あおやまたねみち》（医学者）、加藤弘之《かとうひろゆき》（思想家、明六社《めいろくしゃ》の一員）、桜井錠二《さくらいじょうじ》（化学者）、澤柳政太郎《さわやなぎまさたろう》（教育者、文学博士）、渋沢栄一（実業家）、坪内逍遥《つぼうちしょうよう》（小説家）、坪井九馬三《つぼいくめぞう》（歴史学者）、富井政章《とみいまさあきら》（民法学者）、横井時敬《よこいときよし》（農学博士）、渡辺渡《わたなべわたる》（鉱山学者）など、政治、経済、科学、文学、社会の各分野にわたる専門家を顧問とした[51]。また、早稲田系から永井柳太郎、帝大系から樋口龍峡《ひぐちりゅうきょう》（反自然主義の文芸評論家）が主筆となって大隈を補佐した。

大隈は、毎号必ず巻頭に論文を掲げた。それは、1914年4月に内閣総理大臣となってからも変わらなかった。『新日本』には尾崎行雄《おざきゆきお》、犬養毅《いぬかいつよし》、島田三郎《しまださぶろう》、改進党《かいしんとう》系の政治家も多く寄稿し、同誌は立憲国民党《りっけんこくみんとう》や立憲同志会の準機関誌的な雑誌でもあったが、文芸や絵画などについても取り上げられており、「半ば学術雑誌のごとく、半ば政論雑誌のごとく」という性格をもつ総合雑誌となり[52]、それなりの読者を獲得していた。

しかし、出版元の冨山房の業務が繁忙になり、次第に『新日本』の編集と刊行に力を注ぐ余裕がなくなってきた。また、『新日本』は「大いさからいっても、紙数からいっても、将《ま》た品位からいっても、当時に群を抜いた優良な雑誌であって、それだけ経費は非常に掛《かか》ったもので

あった」ので、「冨山房としては少からざる負担を余儀なくされ」ていた。(53)
１９１６年10月には、大隈や永井の推薦もあって康次郎が冨山房から雑誌『新日本』の編集と経営を一手に引き受けることになった。１９１６年12月発行の『新日本』（第6巻第12号）に折り込まれた「社告」によれば、社長堤康次郎、主宰大隈重信、顧問高田早苗・坂本《さかもと》嘉治馬《かじま》（冨山房社長）、編輯局永井柳太郎・相馬《そうま》由也《よしや》・溝口《みぞくち》駒造《ごまぞう》・佐藤元郎《もとお》という陣容のもとに「独立自営の新組織」として新日本社を創設し、１９１７年1月発行の第7巻第1号から雑誌『新日本』の「第二次の発展」をはかったのである。(54) それにともない、公民同盟出版部も新日本社に吸収合併された。

もう一つ、康次郎が『新日本』の編集と経営を引き受けるにいたったのには、１９１７年に起こった早稲田大学の学長天野《あまの》為之《ためゆき》の後任をめぐる学内紛争（いわゆる「早稲田騒動」）が深くかかわっていたといわれている。永井柳太郎は、主筆兼編集長として『新日本』で「縦横無尽に思う存分の筆陣を張っ」ていたが、早稲田騒動に巻き込まれて大隈重信の養嗣子の信常《のぶつね》や妻の綾子《あやこ》の不信を買い、まず『新日本』の主筆を降ろされ、さらには早稲田大学教授も免職となった。そこで、『公民同盟叢書』の編集・発行で実績をあげていた康次郎を社長にしたというのである。(55) ただし、永井は康次郎が『新日本』の編集と経営を引き受けてからも顧問にとどまっているので、早稲田騒動を『新日本』の編集と刊行が冨山房から康次郎（新日本社）に移る決定的な要因とみるのには、やや無理があろう。

康次郎は1916年5月、2歳年上の川崎文《ふみ》と2度目の結婚をした。文は東京府豊多摩《とよたま》郡落《おち》合《あい》村（現・新宿区）在住の医師川崎幸次郎とさととの間に生まれた娘で、日本女子学校（現・日本女子大学）を卒業し、大隈の主宰する雑誌『新日本』の編集に携わっていた。康次郎も、同じく大隈が主宰する『公民同盟叢書』の編集・発行という事業を担っていたので、2人はおそらく大隈を介して知り合ったものと思われる。なお、康次郎は上京のさいに妻のことと長女の淑子、そして妹のふさを郷里に残してきたが、こととは1913年1月に離婚している。

千代田護謨・東京護謨の経営

康次郎は、雑誌『新日本』の編集と経営を引き受ける少し前の1916（大正5）年7月、藤田謙一の斡旋《あっせん》で千代田護謨の専務取締役となった。千代田護謨は、1913年に藤田謙一、村田健二、辰沢延次郎《たつざわのぶじろう》、新谷真次郎の発起人が、12（明治45）年に東京府下の日暮里《にっぽり》から同南葛飾郡《みなみかつしか》亀戸《かめいど》に移転してきた杉井説造《すぎいえつぞう》の個人経営になる杉井護謨製造所の工場一切を継承して設立したもので、資本金は60万円であった。

千代田護謨は人力車や自転車のタイヤ、医療器械用・工業用の各種ゴムを製造し、「護謨製造業は本邦に在りて未《いま》だ発達の余地多く、各種工業の発達に連れ其需要増大し、年々外国より多額の製品を輸入しつつあるなれば、同社が大規模の工場を以て、最新の科学的知識に依《よ》り、これが製造に当るは機を得たるものといふべく、前途の隆盛予言するを憚《はばか》らず」と、将来性が高く評価されていた[56]。

その後、千代田護謨の社長には藤田に代わって尾高次郎《おだかじろう》が就任した。尾高は渋沢栄一の娘婿で、東京高等商業学校（のちの東京商科大学、現・一橋《ひとつばし》大学）を卒業後、第一銀行（のちの第一勧業銀行、現・みずほフィナンシャルグループ）に入行して活躍し、1918年には武州《ぶしゅう》銀行（のちの埼玉銀行、現・埼玉りそな銀行）の初代頭取となった。この年の6月の千代田護謨の決算書をみると、社長は尾高で、康次郎は専務取締役であった[57]。藤田は、千代田護謨の経営を尾高と康次郎に托《たく》したのである。康次郎によれば、千代田護謨の専務取締役になったことが「私が実業界に出たはじまり」であったという[58]。

康次郎は、藤田謙一の働きかけもあって、東京護謨の設立にかかわった。東京護謨は、1917年4月に資本金10万円（2万5000円払込み）をもって設立され、本店を東京府南葛飾郡大島町《おおじままち》（現・江東区）、工場を東京府豊多摩郡落合村に置いた[59]。東京護謨は著しい発展をとげ、1918年には資本金を50万円に増やし、本店を東京市淀橋《よどばし》区（現・新宿区）上落合《かみおちあい》に移転した。役員は、社長藤田謙一、専務取締役斎藤芳房《さいとうよしふさ》、取締役吉村鉄之助《よしむらてつのすけ》、監査役近藤四郎という陣容であった。康次郎は東京護謨の役員ではなくわずか200株の株主にすぎなかったが、1919年9月の増資にともなって発行された新株970株を購入し、1270株の大株主となった。また、康次郎の早稲田大学時代の恩師であった永井柳太郎の従弟《いとこ》で、妹のふさと結婚した永井外吉《そときち》、父の死後広田家の養子となった実弟の広田淳二郎、生母みをの再婚相手の塚本金兵衛、滋賀県の川島与右衛門、そのほか配下の東方友次郎、小高義一らも株主となり、[60]その後永井外吉は常務取締役に就任し経営陣に加わっている。[61]このように、康次郎は役員にこそならなかったが、所有株式数を増やすとともに取締役や監査役の経営陣にみずからの関係者を送り込み、東京護謨の設立と経営に一定の影響力をもつようになっていた。[62]

東京護謨について、康次郎はのちに「東京ゴムというのは、人生観がちがうといって（千代田護謨の――引用者）共同経営者と分れた私が、大正六年に下落合に創立した会社だ」と語っている。[63]この「共同経営者」とは千代田護謨取締役社長の尾高次郎のことだと思われるが、前述のように1918年6月末の時点でも康次郎は千代田護謨の専務取締役にとどまっていたので、千代田護謨の経営を退いて東京護謨の設立にかかわったというわけではなかった。

東京護謨は、1918年に資本金を50万円に増資して同年末に大日本護謨を買収し、第二工場とした。そして、1919年9月には資本金を250万円とし、増資額の200万円のうちの50万円で第三工場を設けて自転車や人力車のタイヤ、ゴムホース、エボナイト、板ゴムなどを製造するとともに、残りの150万円で南洋のゴム園を買収し「原料の自給と販売」の策を立てた。[64]

200万円の増資のさい、東京護謨は額面50円の株式にプレミアムを付けて公募したので申込株数は公募株数の数倍に達し、はからずも「同社事業の確実にして将来益々《ますます》有望」であることを実証した。東京護謨の第一工場で製造する玩具、ゴム毬《まり》、水枕などは、「製品の優良と価格の低廉」によって日本国内ばかりでなく、インド、中国、オーストラリア、南米などに輸出されていた。第二工場では、靴踵《くつかかと》、靴底、足袋底《たびぞこ》なども製造していたが、いずれも「好評多大」であった。また、自動車や人力車のタイヤを製造していたが、「割れの来らざること」「一般製品に比して二倍の耐久力あること」「色合の純ゴム色なること」などが歓迎され、「斯界《しかい》の第一等品として推奨」されていた。また、得意先の選択に厳しい基準を設け、代金の収受に間違いがないようにしていたので、滞貨や手形の不渡りもなかった。職工数は男女合わせて280名ほどであったが、待遇がよかったので離職者が少なく、作業能率も高く「廉価を以て優秀にして均一なる製品を市場に供給」していた。[65]こうして東京護謨は、「総《すべ》ての点に於て卓越し本邦斯界の代表的権威を有し、拡張発展実に旭日昇天《きょくじつしょうてん》の趨勢《すうせい》を示し停止する処《ところ》を知らざるべし」と評価されていた。[66]

そのほか康次郎は、海運業や人造真珠の養殖、石炭の採掘なども行ったが、いずれも失敗に終わった。まず、1600トンの木造船を2隻造って名古屋と室蘭《むろらん》の間で石炭輸送を試みたが、2隻とも沈没してしまった。第一次世界大戦期の船舶需要を当て込んで、トロール船を買って北海道の江差《えさし》沖で沈没した船の機関を引き上げて取り付けたが、大戦が終わってしまい大きな損害をこうむった。また、ある男を信用してお金をつぎ込み、御木本幸吉《みきもとこうきち》をまねて三重県で真珠の養殖もやったが、まったく採取できなかった。そして、篠《しの》ノ井《い》線の西条《にしじょう》駅と麻績《おみ》駅（現・聖高原《ひじりこうげん》駅）の中間の奥にある山清路《さんせいじ》というところで石炭を掘りあてた。このあたりは西条炭の産地として知られ、岡谷《おかや》の製糸工場などで使われていたのであるが、炭層が浅く、しかも最寄りの駅まで馬車で4里（15・7㎞）も行かなければならないという具合で、事業にはならなかった。

株式熱から土地熱へ

康次郎は、新日本社の経営を引き受けて最初に発刊した雑誌『新日本』第6巻第12号（1916年12月）に、野澤組《のさわぐみ》頭取の野澤源次郎《のざわげんじろう》が執筆した「株式熱より土地熱へ——最も確実にして有利なる投資法」という論説を掲載している。この論説で野澤は第一次世界大戦期の好況のなかで「株式熱」が高揚しているが、「今日既に一部の健実（ママ）なる底流は、株式熱より漸《ようや》く土地熱に変ぜんとしつつある」と述べ、「これからは土地の時代」で土地への投資こそが「最も有利であり確実」であると論じた。

それでは、どこの土地に投資をすればよいのか。野澤は、渋谷、大塚《おおつか》、目白、目黒《めぐろ》、田端《たばた》、

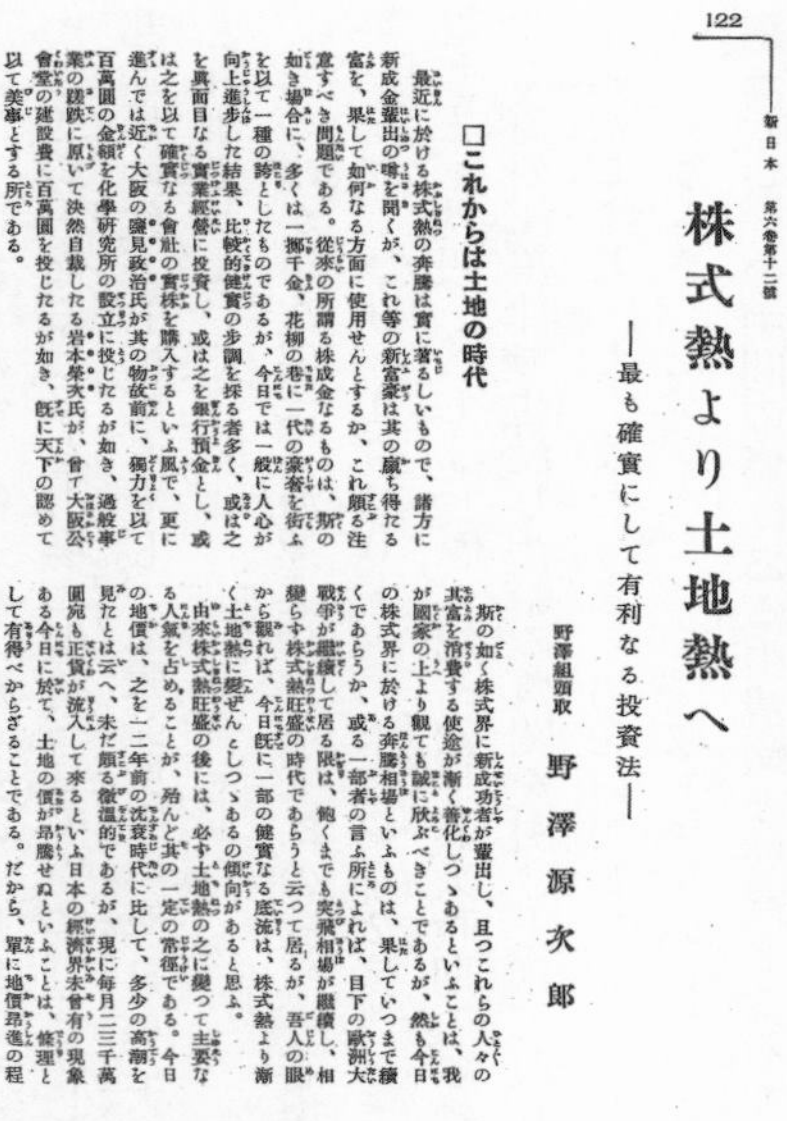
122 新日本 第六卷第十二號

株式熱より土地熱へ

—最も確實にして有利なる投資法—

野澤組頭取 野澤源次郎

□これからは土地の時代

最近に於ける株式熱の奔騰は實に著るしいもので、諸方に新成金簇出の噂を聞くが、これ等の新富豪は其の贏ち得たる富を、果して如何なる方面に使用せんとするか、これ頗る注意すべき問題である。從來の所謂る株成金なるものは、斯の如き場合に、多くは一擲千金、花柳の巷に一代の豪奢を衒ふを以て一種の誇としたものであるが、今日では一般に人心が向上進歩した結果、比較的健實の歩調を採る者多く、或は之を眞面目なる實業經營に投資し、或は之を銀行預金とし、或は之を以て確實なる會社の實株を購入するといふ風で、更に進んでは近く大阪の鹽見政治氏が其の物故前に、獨力を以て百萬圓の金額を化學研究所の設立に投じたるが如き、過般事業の蹉跌に原いて決然自裁したる岩本榮次氏が、曾て大阪公會堂の建設費に百萬圓を投じたるが如き、既に天下の認めて以て美事とする所である。

斯の如く株式界に新成功者が簇出し、且つこれらの人々の其富を消費する使途が漸く善化しつゝあるといふことは、我が國家の上より觀ても誠に欣ぶべきことであるが、然も今日の株式界に於ける奔騰相場といふものは、果していつまで續くであらうか、或る一部者の言ふ所によれば、目下の歐洲大戰爭が繼續して居る限は、飽くまでも突飛相場が繼續し、相變らず株式熱旺盛の時代であらうと云つて居るが、吾人の眼から觀れば、今日既に一部の健實なる底流は、株式熱より漸く土地熱に變ぜんとしつゝあるの傾向があると思ふ。

由來株式熱旺盛の後には、必ず土地熱の之に變つて主要なる人氣を占めることが、殆んど其の一定の常徑である。今日の地價は、之を一二年前の沈衰時代に比して、多少の高潮を見たとは云へ、未だ頗る微温的であるが、現に毎月二三千萬圓宛も正貨が流入して來るといふ日本の經濟界未曾有の現象ある今日に於て、土地の價が昂騰せぬといふことは、條理として有得べからざることである。だから、單に地價昂進の程

野澤源次郎「株式熱より土地熱へ」（『新日本』1916年12月）

巣鴨《すがも》といった「既成の土地」ではなく「未だ多く他人の顧みない処女地」、すなわち「稍《やや》市街から遠ざかった例へば北多摩《きたたま》郡《ごおり》とか、更に離れては鉄道を利用して四五時間で行ける位の地点」に目を向けるべきであると主張する。これには「近頃盛に起って来た田園都市熱」と通じるものがある。野澤が開発に着手していた軽井沢は、東京から鉄道で4～5時間の距離にあり、「今云ふ田園都市の候補地として誠に適合した所で、土地も高燥《こうそう》であり、空気もよく、価の如きも非常に廉《やす》く、普通五六十銭から一円内外二円までで、一坪の地が買へる」のであった。

野澤の論説が掲載された『新日本』には、神田《かんだ》駿吉《しゅんきち》なる人物が執筆した「田園都市問題」なる論説も掲載されており、軽井沢を「最も理想的な」別荘地・園遊地として紹介している。康次郎が軽井沢を訪れるのは、野澤や神田の論説が公表されてからまもなくのことであった。

第２章　軽井沢・箱根の開発と箱根土地会社

１　避暑地軽井沢の開発

軽井沢の発見

康次郎が軽井沢を訪れたのは、１９１７（大正６）年８月であった。康次郎は、この年に新日本社の社長に就任し、東京護謨を設立している。まだ30歳にも満たない青年実業家であった。この日を起点に康次郎の軽井沢開発が始まるのであるが、軽井沢はすでに避暑地・別荘地としてそれなりに開発が進んでいた。

軽井沢は、江戸期には追分《おいわけ》宿、沓掛《くつかけ》宿とともに、中山道浅間《あさま》三宿《さんしゅく》の一つに数えられていたが、１８８９（明治22）年４月の市制・町村制施行にともなって東長倉《ひがしながくら》村と西長倉《にしながくら》村が成立した。

そして、東長倉村は、関東大震災が発生するちょうどひと月前の１９２３年８月１日に町制を施行し、軽井沢町《かるいざわまち》となった。初代町長には、東長倉村村長の土屋三郎《つちやさぶろう》が就任した。東長倉村が軽井沢町と名称を変更したのは、同村が避暑地として発展するに及んで一般に軽井沢と呼ばれるようになり、東長倉の名称はほとんど用いられなかったからである。なお、西長倉村は、戦時下の1942（昭和17）年5月に軽井沢町に編入された。

軽井沢は、1885年に同地を訪れた2人の外国人、アレクサンダー・クロフト・ショーとジェイムズ・メイン・ディクソンによって避暑地として発見された。ショーはカナダのトロント生まれの英国国教会の宣教師で、たまたま布教のため軽井沢に立ち寄ったのであるが、冷涼な気候と風土に魅せられて、翌1887年にも軽井沢を訪れ聖公会《せいこうかい》礼拝堂の前に家を建てた。しかし、この家は1年使用しただけで、翌1888年にはつるや旅館の主人佐藤仲右衛門《さとうなかえもん》の斡旋で大ヶ塚山（つるや旅館前の小山）に民家を移転・改造して別荘とした。一方、ディクソンは、明治政府のお雇い外国人の一人で、東京大学文科大学の英語・英文学の教師であった。ディクソンも、1888年に万平《まんぺい》ホテルの主人佐藤万平の宅地内に別荘を建てた。こうして2人の外国人は、家族とともに毎夏を軽井沢で過ごすようになった[1]。

ショーの別荘は、「軽井沢避暑別荘の始」とされている。ショーが1903年3月に死去すると、村民は同年につるや旅館の上手にあった日本聖公会基督《キリスト》教会の敷地内に記念碑を建立し、「氏は、英国の名士、久しく本邦に在りて、布教に従事す。始めて吾《わ》が軽井沢を以て避暑地と為《な》す者、実に氏と為す。永く氏の遺沢《いたく》を慕ひ、此《こ》の碑を建つる者は村民なり」とショーの偉業

を讃《たた》えた。(2)

雨宮敬次郎の軽井沢開発

明治初年の軽井沢は、「不毛の山野が見渡す限り遠く連なる」浅間山麓《あさまさんろく》の原野であった。(3) このような軽井沢の開発を最初に手がけたのは、雨宮敬次郎《あめみやけいじろう》であった。雨宮は甲州《こうしゅう》の農家出身であったが、明治維新後、開港場横浜に出て生糸や蚕種《さんしゅ》の大胆な取引で名をはせた大実業家で、若尾逸平《わかおいっぺい》とともに甲州財閥（山梨県出身の一群の実業家）の巨頭として知られている。

雨宮は、1876（明治9）年11月から77年6月にかけて欧米をかけめぐってきたが、アメリカで「不毛の原野」が開墾によって「立派な村落」あるいは「壮大な都会」となっていくのをみて、日本に帰ったら「是非開墾をして恁《こ》ふいふ事業をやって見たい」と考えるようになった。当時、日本では東京から京都にいたる東西両京間鉄道の敷設が日程にのぼっていたが、そのさいに中山道ルートをとるのか、東海道ルートをとるのか結論が出ていなかった。雨宮は、「鉄道が若《も》し仲仙道《なかせんどう》に架《かか》るならば浅間の裾野にしやう、東海道を通れば富士《ふじ》の裾野といふ様にぢっと考へて居」り、いよいよ中山道ルートに決まったので「浅間の裾野」を開墾することにした。(4) 軽井沢と沓掛の中間にある離山《はなれやま》には雨宮の妻の実家（市村《いちむら》藤吉家）があり、1883～84年ごろに肺を患った雨宮はそこで療養生活を送っていたので、そのころに軽井沢について下調べをし、中山道鉄道公債も購入したものと思われる。(5)

雨宮は、１８８５年に公債を売って土地を買うことにし、離山を拠点に「殆《ほとん》ど無代価同様に土地を買ひ、落葉松《からまつ》を植ゑ始め」た。(6) 浅間の裾野一帯の５００町歩ばかりの官有地を１町歩あたり1円50銭で払い下げを受け、６００町歩ばかりの民有地を１町歩あたり2円ほどで買い、落葉松を植えたのである。(7) 落葉松は「檜《ひのき》と杉の間位ゐの良材」で「高燥な地を好む」ので、１０００m近い標高の軽井沢には格好の樹木であった。30万〜40万本ずつ植えていったのが７００万本ほどになった。(8) こうして軽井沢では、「中山道鉄道の左右数里に連なって、大なるは植附《うえつけ》てから二十年、若きは五六年生の落葉松林が、夏時は鬱蒼《うっそう》として茂って見ゆる」ようになったのである。(9)

鉄道の整備

東京方面から軽井沢に出るには、横川《よこかわ》〜軽井沢間の碓氷《うすい》峠《とうげ》を越えなければならなかった。この碓氷峠に新道が開通したのは、１８８４（明治17）年5月12日であったが、それから１か月余りのちの6月25日には、日本鉄道会社という社名の私設鉄道会社が上野《うえの》から高崎《たかさき》まで鉄道を走らせた。さらに、翌１８８５年10月15日には、のちに国鉄信越《しんえつ》線の一部となる高崎〜横川間の鉄道が開通し、上野から高崎を経て横川までは鉄道で行き来ができるようになった。この区間は、東京と京都の東西両京間を結ぶ中山道鉄道の一部をなすもので、明治政府が敷設を急いでいたのである。

ショーが初めて軽井沢を訪れたのは1886年の夏だったので、おそらく横川まで鉄道でやってきて、碓氷《うすい》新道《しんどう》を馬車か人力車で越えてきたものと思われる。しかし、坂本《さかもと》、沓掛、追分の各宿は碓氷新道の道路沿いにあったが、軽井沢宿は新道からかなり離れてしまった。一方、日本海側の直江津《なおえつ》から着工された官設鉄道の直江津線が軽井沢まで開通したのは1888年12月であった。

こうして南北から碓氷峠をめざして鉄道が延びていくなかで、前橋の高瀬《たかせ》四郎《しろう》、高崎の矢島《やじま》八郎《はちろう》らが発起人となって、1887年7月に横川から上信《じょうしん》国境の坂本にいたる碓氷馬車鉄道（資本金・8万5000円）の敷設を出願し、同年12月に認可を得た。そして、1888年1月には、官設直江津線が軽井沢まで路線を延長するのをにらんで、坂本〜軽井沢間の延長線の敷設を願い出た。[10] 碓氷馬車鉄道は、1888年8月に横川〜坂本間、同年12月には軽井沢までの全線が開業した。営業時間は午前5時から午後9時までで、[11] 1日に上り・下り4本の馬車鉄道が走ることになった。

碓氷峠は、上州《じょうしゅう》と信州《しんしゅう》の国境に位置しているので交通量は豊富であったが、横川から軽井沢に出るには552m以上の標高差をのぼらなければならなかった。東海道の箱根《はこね》峠《とうげ》に匹敵する中山道の難所で、当時の技術水準ではとても鉄道では越えられなかった。また、1886年7月には東京と京都を結ぶ東西両京間鉄道のルートが、中山道経由から東海道経由に変更されたので、碓氷峠には当分の間は鉄道が敷設されないだろうとみられていた。

碓氷馬車鉄道は、横川と軽井沢の間に坂本、碓氷橋《うすいばし》、熊《くま》ノ平《たいら》、中尾橋《なかおばし》の4停車場を開設し、横川停車場の隣に本店、軽井沢に出張所を置いた。軌間（レールの幅）は1尺6寸（約50㎝）で、フランスのドコービール社製の軌道（レール）を使用していた。客車もフランス製で、横幅4尺5寸（約1・4ｍ）、長さ6尺（約1・8ｍ）の鋼鉄製であった。10人乗りであったが、今の電車のように乗客が向かい合って座るのではなく、車体の中央に長い板の仕切りがあって、互いに背中合わせに外側に向かって5人ずつ、合計10人が座るようになっていた。通常は1人の馭者《ぎょしゃ》が2頭の馬を御《ぎょ》し、10人の客を運ぶのであるが、1頭の馬で5人の乗客を運ぶ上等客車もあった。なお、貨物輸送用の馬車鉄道もあり、3、4輛《りょう》の荷車を連結していた[12]。

1890年8月17日、文豪の森鷗外《もりおうがい》は信州の山田《やまだ》温泉に避暑に出かけ、上野発午前6時の「一番汽車」に乗り、10時30分に横川に到着した。横川からは午前11時発の碓氷馬車鉄道に乗って午後1時30分、軽井沢に到着した。横川〜軽井沢間の所要時間は約2時間30分であった。

鷗外は、「みちの記」に碓氷馬車鉄道の乗車体験を克明に描いている。作りつけの「木の腰《こし》掛《かけ》」は、毛布を2枚敷いても「膚《はだ》を破らむ」と思われるほど痛かった。客車の左右に「帆木綿《ほもめん》のとばり」があって、「すぢがね」を引いて開けたてできるようになっていた。「山路《やまみち》」になってからは、「二頭の馬」が喘《あえ》ぎながら客車を牽《ひ》いていくが、軌間が狭いので振動が激しい。運悪く雨が降ってきたので「帳《とばり》（を）閉《と》ぢた」ところ、「息籠《こ》もりて汗の臭《か》車に満ち、頭痛《いた》み堪《た》へがた」くなった。車輛が行き交うところで「向ひよりの車を待合はすこと」が2度あって、長いときにはすれ違うのに30分もかかった。このように乗り心地は劣悪で、鷗外はすっかり体調を崩してしまった。そのため、軽井沢に着くと油屋《あぶらや》で昼食をとったのち2時間ほどの眠りについた[13]。

　馬車鉄道ではなく、アプト式の歯状軌道と蒸気機関車で碓氷峠を越えることができるようになったのは、1893年4月1日であった。アプト式の採用は1889年9月に決定していたが、総延長4495・5mに及ぶトンネルの掘削や18か所の橋梁《きょうりょう》建設などの難工事があり、完成までに3年半もの年月を要した。途中の熊ノ平で5分ほど給水の時間が必要であったが、アプト式歯状軌道の完成によって横川～軽井沢間を1時間15分ほどでのぼることができるようになった。東京～軽井沢間の交通の便は飛躍的に改善され、東京帝国大学医科大学教授で、結核の診断と治療の権威として知られていた医師の佐々木《ささき》政吉《まさきち》は、「避暑地は他にも沢山《たくさん》あり諸所方々に参りましたが、交通の便に於て此位良い処はありませんな、兎《と》に角《かく》東京から六時間で来られ（略）如何《いか》なる急用が出来ても日帰りで東京へ行かれます」と、避暑地としての軽井沢の優位性を東京との間の交通の便に求めていた[14]。

軽井沢停車場　1912年改築。この年にアプト式鉄道が電化された

１９０９年の夏には、７月１日から９月15日まで、信越線の追分に仮停車場が開設され、列車が臨時に停《と》まるようになった。停車場の敷地は、追分区民の寄付によるものであった。[15] この年の追分駅は「遠近よりの避暑客又は土地買入等の目的にて来りたるもの」でにぎわい、乗車人員１３１２人、降車人員１３１５人にのぼった。[16] また、１９１０年７月には沓掛駅（戦後の１９５６〔昭和31〕年に中軽井沢《なかかるいざわ》駅と改称）が開設され、追分仮停車場は23（大正12）年10月から信濃《しなの》追分《おいわけ》駅と改称して常設の駅となった。

　横川から軽井沢にのぼる碓氷線は早くも明治末年には電化が計画され、１９１２年に完成した。当時の国有鉄道線では、東京市内の中央《ちゅうおう》線や山手《やまのて》線では電車運転が行われていたが、幹線では最初の電化区間となった。列車の平均速度は時速19㎞に向上し、横川〜軽井沢間の所要時間は47分に短縮された。また、旅行作家として著名な松川二郎《まつかわじろう》が『一泊旅行 土曜から日曜』（東文堂、１９１９年）において「昔は煤煙《ばいえん》と焦熱《しょうねつ》との為に、旅客をして地獄の思ひをさせたものだが、今は汽車は横川駅で電気機関車と取替えてあの二十六の隧道《とんねる》を抜けて行くので身震ひするほどに涼しかった」と記すように、運転士や車掌、乗客を悩ませた暑さや煙害からも解放

旧軽井沢市街　明治中期

された。ただし、朝吹登水子《あさぶきとみこ》の回想によれば、電化後もしばらくは蒸気機関車を後押しに連結したこともあり、その場合は「窓を閉めなければ油煙が入ってきて顔は真っ黒にな」った。[17] 上野から軽井沢まで、碓氷峠を鉄道馬車でのぼっていたころは8時間もかかっていたが、１９１7年には大幅に短縮され、およそ5時間となった。[18] このように、康次郎が訪れたころの軽井沢は上野からのアクセスがいっそう便利となり、沓掛や追分にも列車が停まるようになっていた。

離山・沓掛の別荘地開発

鉄道の整備にともない、１９１０年代の軽井沢は、野澤源次郎、星野嘉助《ほしのかすけ》（2代目・国次《くにじ》）、雨宮敬次郎らによる開発の時代を迎え、旧軽井沢ばかりでなく離山や沓掛でも避暑地、別荘地としての開発が進んだ。なかでも、野澤源次郎による離山山麓の別荘地開発は、康次郎の千ヶ《せんが》滝《たき》の別荘地開発に影響を与えたものとして注目される。

野澤源次郎は、東京市京橋区で野澤組という貿易商社を営んでいたが、１９１５（大正４）年8月に離山から三度山《さんどやま》にいたる雲場ヶ原《くもばがはら》の土地約１６００万坪を川田龍吉《かわだりょうきち》から３万４０００円で買い取り、「野沢原」と名づけ、大規模な別荘地開発を始めた。最初はバンガロー風の貸別荘の経営を計画していたが、のちにアメリカ帰りの橋口信助《はしぐちしんすけ》と組んでハイカラな「アメリカ屋式別荘」の分譲に乗り出したのである。[19]

川田龍吉は、三菱の創設に参加するなど実業界で活躍し、第3代日本銀行総裁となった川田小一郎《こいちろう》の長男で、明治30年代の初頭に軽井沢で土地を手に入れ、九皐園《きゅうこうえん》という名の別荘を経営するとともに、付近一帯の牧草地を利用して牧場を開いていた。土地の取得には、父の小一郎の旧知であった雨宮敬次郎あたりが一役買っていたかもしれないとも、[20]日本銀行の重役であった父の小一郎が国有財産の払い下げを受けたともいわれている。[21]しかし、その後軽井沢では1910（明治43）年に大水害が起こり、翌11年には浅間山の大噴火があり、川田の牧場は荒廃した。

野澤は、病気療養のために軽井沢を訪れていたが、次第に「風光と云《い》ひ、気温と云ひ、空気の清浄と云ひ、湿度と云ひ、誠に申分なく、如何にも避暑地静養地として未だ嘗《かつ》て他に其の比を見ず、国内唯一の好適地なり」と考えるようになり、川田の所有地のうち「軽井沢の南西部より離山に亘《わた》り、其の北西部に跨《またが》れる宏大《こうだい》なる土地の、放置せられあるものに着眼し」、これを譲り受けたのである。[22]そして、離山周辺の旧軽井沢に接続する別荘地を開発し、1916年には総建坪300坪に及ぶ建物をマーケットとして無償で提供し、東京市内一流の商店に出品させて避暑客に日用必需品を提供した。さらに室内娯楽機関も設備して、避暑客を楽しませた。野澤の開発した別荘地の購入者には、徳川慶久《とくがわよしひさ》、細川護立《ほそかわもりたつ》、後藤新平、加藤高明《かとうたかあき》らの華族や大物政治家の名がみられた。[23]

また、野澤は後藤新平が長野県北《きた》安曇《あずみ》郡木《き》崎《ざき》湖《こ》畔《はん》で通俗夏期大学を開くのをみて、みずからの別荘地に大講堂と附属寄宿舎4棟を建設し、これを無償で貸し出して1918年7月に第1

回軽井沢通俗夏期大学（総裁・後藤新平、学長・新渡戸《にとべ》稲造《いなぞう》）を開催した[24]。そして、1920年から22年にかけて、公爵徳川慶久の要請に応えて離山下の俗称水源地付近の土地6万坪を提供し、9ホールのゴルフ場を建設した[25]。こうして、離山のふもとには、野澤源次郎による一大文化村が出現したのであった。

星野嘉助は、沓掛で星野温泉を掘削するとともに、別荘地開発の先鞭《せんべん》をつけた。星野は、長野県北佐久《きたさく》郡岩村田《いわむらだ》（現・佐久市）で製糸業を営んでいたが、そのかたわら1904年から沓掛の湯川《ゆかわ》筋で製材業を始めた。国有林があったので、製材業は製氷業と並んでこの地方の一大産業となった。星野製材工場は、沓掛宿から北方の浅間山に向かって湯川の上流2kmほどのところにあり、約50人の職工が働いていた。深川《ふかがわ》の木場《きば》に木材を送るとともに、新潟の柏崎《かしわざき》にあった日本石油に石油箱を出荷していた。そのうちに付近の木材だけでは不足し、北軽井沢《きたかるいざわ》の南木山《なぎさん》からも原木の供給を受けるようになった。

星野嘉助が温泉の開発に舵《かじ》を切ったのは、1910年の大水害がきっかけであった。この年の8月には、梅雨前線が停滞して月のはじめから雨が降り続いていたが、台風が11日に八丈《はちじょう》島《じま》の北を経て房総《ぼうそう》半島沖を通過し、14日にも静岡県沼津《ぬまづ》付近に上陸してから、山梨県甲府、群馬県西部、東北地方を通過した。そのため、東海・関東・東北地方の広範囲にわたって大きな被害をもたらした[26]。軽井沢では、8月9日から9日間も雨が降りつづき、三笠《みかさ》ホテルが流され、同ホテルに滞在していた渋沢栄一は、山上に逃れただちに長野に向かったという[27]。沓掛方面でも信越線の湯川橋台裏の約60坪が流失し、築堤が決壊した。[28] 湯川の沿岸にあった星野の製材工場も流されてしまった。

製材業に壊滅的な打撃を受けた星野嘉助は、湯川の水が冬でも凍結しないのは「何処《どこ》かに高熱の湧水があって此《こ》の川に注ぐからである」と思いをめぐらし、[29] 塩壺《しおつぼ》で温泉を掘削した。川床《かわどこ》に露頭《ろとう》した温泉で、赤岩鉱泉《あかいわこうせん》と呼ばれていたが、１９１３年に上田《うえだ》から宮大工を呼んで神社風の浴場を建設して星野温泉と改称し、14年に星野温泉旅館（明星館《みょうじょうかん》）を開業した。さらに星野は、高熱温泉の開発をめざして１９２２年からボーリング掘削を始め、ついに熱湯を得ることに成功した。星野の所有地は27万坪にも及び、ここに50戸余の別荘を建築して星野・塩壺温泉避暑郷を建設したのである。[30] そして、１９１７年には客室を増設するとともに、養魚池、スケート場など「専ら遊園地としての各種施設を完備」し、さらに18年には自家用電気を設備し、点灯するだけでなく「夏期庭園の装飾設備に供」した。[31]

雨宮敬次郎は１９１１年１月に没するが、その前年の１９１０年に沓掛の村民を集めて、「東西長倉村を世界の一大遊園地となし、両村を一周する大道路を開き、且つ其内部に大小の通路を四通八達《しつうはったつ》せしめ公園競馬場等を設」けるという案を語り、「其費用の如きは独力を以てするも可《か》なり」と意気込んだ。雨宮の開発計画は、「後年長野県庁が本田《ほんだ》博士（本多静六《ほんだせいろく》―引用者）等に託して計画したものに数倍せる大規模のもの」と評価されている。[32]

沓掛が開けなかったのは「全く交通の一点に依って避暑地としての名声を軽井沢に奪はれ

た」からであったが、「実際を云へば避暑地或《あるい》は紅葉観賞地又は転地療養地としての価値は沓掛の方が軽井沢より数等上であ」った。沓掛は海抜１０００m以上の高原で、「眺望の濶大《かつだい》、空気の清涼《せいりょう》なることも決して軽井沢に譲るものではない。殊に水量に富む一点に至っては軽井沢の企て及び能はざるもの」があった。１９１０年に信越線沓掛駅が開設されて交通の便は軽井沢と同等となり、上野駅からの所要時間も６時間以内となった。しかし、軽井沢の別荘地の販売価格が「買主の附《つ》け値」で坪１円30銭に高騰し売主も「驚いた位」であったが、沓掛では駅から多少離れれば坪３〜５銭、「停車場附近で造林付きの好別荘地」でも坪10〜50銭であった。沓掛には、まだまだ開発の余地があったのである。[33]

こうして軽井沢は、野澤源次郎、星野嘉助、雨宮敬次郎らによって旧軽井沢に隣接する離山のふもとから沓掛宿周辺の地域まで、避暑地・別荘地として開発された。１９１６年４月８日付の『国民新聞』は、理想の新別荘地の投票結果を発表している。投票は１９１６年３月１日から４月６日まで行われ、「日々の応募数千数万通に達して近頃稀なる盛況を呈した」といわれるなかで、沓掛は３万８２１２票を獲得して第10位となった。[34]これまでは旧軽井沢のみが避暑地・別荘地として名をとどろかせていたが、いよいよ沓掛区が脚光を浴びる時代となった。康次郎は、このようなときに沓掛に足を踏み入れたのである。

沓掛遊園地会社の設立

康次郎は、１９１７（大正６）年８月26日に東長倉村の役場を訪れた。康次郎が北陸の金沢市で憲政会の永井柳太郎の応援演説をしているときに、沓掛の山田医師から、軽井沢の沓掛に避暑地に適したよい土地があると聞いてやってきたといわれている。[35] しかし、第１章で述べたように、康次郎が社長を務めていた新日本社が、前年の１９１６年12月に発行した雑誌『新日本』（第６巻第12号）には、軽井沢開発の先駆者の一人である野澤源次郎の軽井沢の土地への投資を勧めた「株式熱より土地熱へ——最も確実にして有利なる投資法」なる論説が掲載されているので、康次郎は軽井沢が投資先として有望であるという認識はすでにもっていたものと思われる。

それはともかくとして、東長倉村村長の土屋三郎や助役の長谷川七五郎も沓掛の開発を考えていたので、彼らは康次郎を沓掛区有地に案内して視察したのち、星野温泉に立ち寄って沓掛区の実況について詳しく説明をした。一方、康次郎は土屋村長をともなって野沢原の別荘に大隈重信を訪ね、みずからの開発構想を説明した。大隈の賛同を得ると、康次郎は沓掛区有地の買収を申し入れた。沓掛区では審議の結果買収に応じることとなり、土屋村長を折衝《せっしょう》委員に指定して交渉に入った。

康次郎は、１９１７年９月21日に沓掛区と土地売買の仮契約を結んで北佐久郡役所に公有林野売却の許可を申請し、10月16日に正式な契約を結び、12月15日に沓掛遊園地株式会社を設立した。『信濃佐久新聞』は、これを「字坂下《さかした》獅子《しし》岩《いわ》の区有山林原野二百丁（町）歩を買入れ沓掛停車場より幅七間の道路を開鑿《かいさく》し同停車場より一文字に避暑町を見上る様になすべき計画」であると報じた。[36] １町歩は約３０００坪なので、康次郎は約60万坪（実測は約80万坪）の沓掛区有地の買収を企てたことになる。

　沓掛遊園地会社の本店は、康次郎の自宅（東京府豊多摩郡落合村大字下落合５７５番地）に置かれ、資本金は20万円であった。取締役は、藤田謙一・森田《もりた》退蔵《たいぞう》・辰巳《たつみ》一《はじむ》、監査役は岩本重四郎であった。藤田と康次郎は千代田護謨や東京護謨の経営をともにしてきた旧知の間柄であり、辰巳も千代田護謨や東京護謨の取締役であった。また、森田は東京府農工銀行および農工貯蓄銀行の頭取、岩本は農工貯蓄銀行の取締役であった。[37] なお、１９２０年の東京興信所編『銀行会社要録』（第24版）では、取締役の森田と監査役の岩本の名前が消え、新たに取締役に永井柳太郎、監査役に平野英一郎の名がみられる。永井は早稲田大学の教授で康次郎の恩師であったが、このころには政治活動の同志で康次郎の事業活動にもしばしば協力をしていた。また、平野は康次郎がのちに支配下に置く高田《たかだ》農商銀行の取締役であった。沓掛遊園地会社の経営陣は、康次郎の縁故者・知人、銀行関係者によって占められていた。

　１９１７年12月22日に公有林野売却の許可が下りると、康次郎は年明けの18年１月４日、岩村田区裁判所で土地売買の登記を行った。代金の３万６０００円が現金で土屋三郎に渡され、そのうちの３万円は即日農工《のうこう》銀行に預けられた。また、康次郎は公有林野内の植林組合に６０

00円を渡し、沓掛区民によって構成される14の植林組合と一つの青年会に400円ずつ配分した。

　沓掛区の区有地の買収に目途《めど》がつくと、康次郎は1918年1月6日に沓掛区民、新聞記者、警察署長など約250人を星野温泉に招いて沓掛遊園地大祝賀会を開き、みずからの開発計画を発表した。康次郎の計画は、信越線沓掛停車場から長さ1000間（約1820m）、幅7間（約12・7m）の道路を新設する。そして中央に池を設け、鉱泉を掘削して外部に南《みなみ》佐久《さく》郡産出の佐久良石《さくらいし》、内部に大理石をふんだんに使った大浴場を造り、ホテル、別荘を建設するというものであった。康次郎は5月2日から星野鉱泉に滞在して陣頭指揮を執った。7間幅の道路の建設工事は、地元の人びとが請け負って進められ、5月には事務所と別荘1棟が建設された。[38]

2　箱根山の開発

明治期の箱根温泉

　沓掛区民を前に、軽井沢の開発構想に熱弁をふるった1918（大正7）年の冬、康次郎は熱海《あたみ》に出かけた。旅館の窓越しに箱根が見え、十国峠《じっこくとうげ》には雪が積もっていた。翌朝、さっそく白一色の箱根山にのぼった。鞍掛峠《くらかけとうげ》から見渡す芦《あし》ノ湖《こ》と富士山《ふじさん》は、絶景という以外に言葉がなく、「箱根の開発こそ、天から与えられた使命」であると感じたという。[39]しかし、このころの箱根では、すでに小田原《おだわら》電気鉄道（のちの箱根登山鉄道、2024年4月1日から小田急箱根）が別荘地の開発に着手していた。

　そもそも箱根とは箱根山を中心とする山岳地帯の総称で、湯本《ゆもと》村、温泉《おんせん》村、宮城野《みやぎの》村、仙石《せんごく》原《はら》村、芦之湯《あしのゆ》村、箱根町《はこねまち》、および元箱根《もとはこね》村の7か町村からなり、現在の箱根町に統合されるのは戦後の1956（昭和31）年9月の町村合併においてであった。この箱根に温泉集落が成立し、湯本、塔《とう》ノ沢《さわ》、宮《みや》ノ下《した》、堂《どう》ヶ《が》島《しま》、木賀《きが》、底倉《そこくら》、芦之湯の、いわゆる箱根七湯《はこねしちとう》の名称が確立するのは近世になってからであった。すなわち箱根は、江戸時代の中ごろに近在の農民が利用する小さな湯治場となり、後期には江戸からも湯治客を迎え、文人墨客も訪れるようになった。箱根でもっとも古い旅館の一つとされる宮ノ下の奈良屋《ならや》や富士屋《ふじや》（藤屋《ふじや》）は近世初期の開業であったが、寛永《かんえい》年間には湯本にも2軒の温泉宿があったといわれている。また、1811（文《ぶん》化《か》8）年刊行の『七湯《ななゆ》の枝折《しおり》』によれば、堂ヶ島および宮ノ下に各5軒、塔ノ沢および底倉に各4軒、木賀に3軒、湯本に2軒、合計23軒の温泉宿があった。

　明治になると、箱根の中央火山丘周辺や芦ノ湖沿岸の奥箱根にも温泉集落が形成されるようになった。とくに小涌谷《こわくだに》と仙石原の開発が早く、明治20年代までに仙石原では冠峰楼《かんぽうろう》、万岳楼《ばんがくろう》、強羅《ごうら》では早雲館《そううんかん》などの温泉宿が開業していた。しかし、このころの奥箱根は「貴客杖《つえ》を曳《ひ》くことなし、唯《た》だ近郷の農民等耕間《こうかん》来《きたり》て浴するのみ」[40]、あるいは「湯戸二軒あれども陋屋《ろうおく》にして紳士淑女の投宿に適せず、唯《た》だ近傍農民樵夫《しょうふ》の来り浴するを見るのみ」[41]などといわれていた。

小田原馬車鉄道の設立と電化

それでも、１８８７（明治20）年7月に東海道線新橋〜国府津《こうづ》間が開通すると、翌88年10月、国府津駅から小田原を経て箱根湯本に達する小田原馬車鉄道が開業し、敷設されたばかりの鉄路の上を2頭立ての馬車が走るようになった。国府津駅の真向かいに小田原馬車鉄道の待合所ができ、汽車の到着後10分で発車し、１時間20分ほどの時間をかけて箱根湯本の福住《ふくずみ》橋ぎわの停車場に到達した。これによって、箱根は東京から日帰りのできる温泉場となったのである。小田原馬車鉄道は、東京の市民を箱根七湯に運ぶ遊覧鉄道となった。

小田原馬車鉄道の資本金は6万５０００円で、発起人は今井徳左衛門《いまいとくざえもん》（小田原町〔現・小田原市〕、町長・酒造業・積小社《せきしょうしゃ》〔のちの小田原銀行〕取締役）、寺西台助《てらにしだいすけ》（小田原町、町会議員・金融業・積小社取締役）、福住九蔵《ふくずみきゅうぞう》（箱根町、福住旅館経営者・積小社取締役）、二見初右衛門《ふたみはつえもん》（小田原町、水産業・積小社発起人）、吉田義方《よしだよしかた》（小田原町、町長）、益田勘左衛門《ますだかんざえもん》（小田原町）、杉本《すぎもと》近義《ちかよし》（小田原町、士族）らであった。いずれも小田原町、箱根町などの地元有力者で、初代社長には町長の吉田が就任した。

小田原馬車鉄道は、開業まもなくから電化を考えるようになった。飼料代などの馬匹《ばひつ》関係費がかさみ、経営を圧迫していたからである。１８９６年10月に社名を小田原電気鉄道と改称し、１９００年3月21日から国府津〜湯本間で電車運転を開始した。同社は、さらに湯本から箱根の各温泉場にいたる路線延長を計画し、箱根遊覧電気鉄道から湯本～木賀間（約8㎞）の鉄道敷設権を譲受し、出願した[42]。湯本～木賀間の路線延長は実現しなかったが、小田原電気鉄道は1910年1月の臨時株主総会で湯本～強羅間に登山電車を敷設することを決定した。

こうして東京から箱根の温泉に行くには、新橋で汽車に乗って国府津で降り、小田原電気鉄道の電車で湯本に出て、そこから徒歩、人力車、自動車などでそれぞれ目的の温泉に向かうことになった。夏期の7月1日から9月15日にかけては、土・日・祝祭日とその前日には東海道線の汽車と小田原電気鉄道の電車の連絡割引切符が販売されていた[43]。小田原電気鉄道の開通によって、箱根への交通は俄然《がぜん》便利になったのである。

小田原電気鉄道の箱根開発

日露戦争後の1907（明治40）年、海外漫遊の途次にスイスを訪れた三井物産の益田《ますだ》孝《たかし》は登山鉄道に魅せられ、実業家の社交クラブである交詢社《こうじゅんしゃ》で井上馨《いのうえかおる》（政治家）や近藤廉平《こんどうれんぺい》（日本郵船）らと会合をもち、「我国発展の一策として湯本以西箱根山に電気鉄道を延長して外客観光の誘致を為すは時宜《じぎ》に適する計画」であるという意見で一致した[44]。小田原電気鉄道の登山電車敷設計画が具体化すると、「箱根附近へ別荘地を選定するもの多く、昨今は田畑山林の別なく取引あり」という状況が生まれ[45]、第一次世界大戦期には「一時別荘地として海浜を選びし人気は今日にては寧《むし》ろ山間の高地を選ぶ傾向を来しければ、随《したが》って箱根は将来一大別荘地と化すべく」などと報じられ、[46]箱根は一躍別荘地として脚光を浴びるようになった。

こうしたなかで小田原電気鉄道は、１９１４（大正3）年8月、「強羅に別荘を構へ又は居住を卜《ぼく》して旅館其他の事業を計画せんとする世人の利便を謀らんことを期」して、強羅一帯の所有地36万８０００余坪のうち10万坪を分譲するという計画を立てた。同社は、湯本から強羅にいたる延長線が開通すれば、「此強羅の地は箱根山の中心と為り山中最も興味多き最も娯楽多き最も愉快なる新天地を開き来らん」と考え、強羅の真ん中に「一大遊園」を設け、そこに音楽堂、動物園、水泳場、倶楽部、児童遊戯場、休息場、納涼場などを設備し、園内には世界各国の花や草を植栽し、天然の風景とともに遊覧者を楽しませるというのである。また、後年「箱根田園論」（国立公園）の理想が実現するならば、小田原電気鉄道は「之が先覚者たる名誉」を担うことになるとも自負していた。[47]小田原電気鉄道は、第一次世界大戦後の１９１９年5月、３００万円という巨費を投じて湯本〜強羅間にスイッチバック式の登山鉄道を完成させるのであるが、同社はそれまでに15万坪の土地を分譲していた。[48]なお、箱根湯本〜強羅間の登山電車の所要時間は約1時間であった。

藤谷陽悦《ふじやようえつ》の研究によれば、小田原電気鉄道の強羅別荘地の所有者は、三井系企業、台湾製糖《たいわんせいとう》、小田原電気鉄道、慶應義塾《けいおうぎじゅく》、三菱系企業の関係者などであった。また、分譲地には、１９２3年ごろまでに40軒ほどの別荘が建ったようであるが、その所有者は益田孝（三井合名理事長）、福澤桃介《ふくざわももすけ》（大同《だいどう》電力社長）、松永安左ヱ門《まつながやすざえもん》（東邦《とうほう》電力社長）、藤山雷太《ふじやまらいた》（大日本製糖社長）、山下亀《やましたかめ》三郎《さぶろう》（山下汽船創業者）ら錚々《そうそう》たる実業家であった。強羅の別荘地開発を主唱したのは益田孝であり、「益田を中心とする有力な実業家たちが、強羅という地域を高いステイタスを保ちながら、自分たちを中心とする人々の集う社交場としての保養地、観光地にしようと」したのである。[49] したがって分譲地の区画も広く、最高は１１２８坪で、平均すると４００～５００坪であった。[50]

数々の旅行案内書の執筆を手がけてきた松川二郎は、このころの箱根について「箱根は此頃では、成金の代名詞のやうに聞こえる。尠《すくな》くも、信州（ママ）の四万《しま》温泉や伊豆《いず》の熱海、伊東《いとう》に行くと云ふよりかも、箱根に行くと云ふ方が、景気がよさ相《そう》に聞こえる、より紳士らしく聞こえる。箱根には最早温泉場《もはやおんせんば》といふ気分はない、全く東京の遊園地を（ママ）化してゐる、お手軽な新婚旅行の御定場《ごちょうば》と極《き》まッてゐる。其の設備の完美《かんび》せること、居心地の良いこと、確かに箱根は天下無比だと云ひ得《う》る」[51]と記している。

しかし、このような箱根にも変化のきざしが現れていた。国有鉄道が、１９０９年10月23日の土曜日、小田原電気鉄道や箱根の旅館と協定し、「箱根の発展を助くる」ためと称して、午後12時55分新橋発・箱根湯本行きの回遊列車（観光や行楽を目的とした臨時列車）を走らせたのである。新橋駅から１４０～１５０名、横浜駅から50名ほど、そして品川駅および大森《おおもり》駅から5、6名が乗り込み、係員もいたので4輛編成の車内はほぼ満員となった。列車は午後3時に国府津に着き、小田原電気鉄道に乗り換えると4時過ぎには箱根湯本に着いた。小涌谷の旅館に1泊し、箱根の秋と温泉を満喫して帰路につくと、予定どおり午後9時7分に新橋に到着した。このころの工場や会社では、土曜日は「半ドン」と呼ばれ、仕事は午前中だけだったので、週末の土・日曜日を利用した工場労働者や会社員などの観光（行楽）旅行であったといえる。箱根といえば「紳士閥の豪奢《ごうしゃ》」を連想し、「平民の足踏みすべき処で無い」とみられていたが、明治末期には大衆化の波が少しずつではあるが押し寄せていたのである[52]。

箱根開発に着手

康次郎は、登山鉄道開通の2か月ほど前の1919（大正8）年4月、永井柳太郎とともに箱根を訪れ、元箱根村の村会議員となったばかりの大場金太郎《おおばきんたろう》と芦之湯温泉で面談した。当時、大場は元箱根村の村会議員、箱根篠竹《ささたけ》組合理事長という肩書をもち、箱根開発の意欲に燃えていた。

康次郎は、開口一番「箱根の開発の手伝いをしたい。私に任せて欲しい」といった。大場は「この人だな」と直感し、「お願いしましょう」と応えたという。以来大場は、信頼と親しみを込めて康次郎を「大将」と呼ぶようになった[53]。大場は、康次郎の右腕となって箱根開発に取り組み、駿豆《すんず》鉄道（現・伊豆箱根鉄道）の専務取締役、社長として活躍する。

開発事業を進めるには、地元の人びとの理解と協力を得ることが重要であった。康次郎は大場金太郎をはじめ、下村隆三（元箱根村）、立木梅太郎（同）、川口庄之助（箱根町）らの地元有力者に協力を求め、彼らに箱根開発の必要性を熱心に説いた。また、開発事業とはどういうものかを具体的に理解してもらうため村会議員などを集め、すでに着手していた軽井沢の開発にかける抱負を述べ、そのうえで箱根の将来、開発の方法などについて熱く語った。箱根の地元有力者たちは、康次郎の箱根開発にかける夢に深い感銘を受けた。大場は、康次郎の箱根開発の構想を「まず土地を入手してそこに事業を起こす。それには道をつくり、人を呼ぶ、このことがとりも直さず箱根というところに大きく利益をもたらし発展を可能にする」というものと理解した[54]。康次郎は、１９１９年に強羅に10万坪の土地を買って、箱根開発に着手し、さらに仙石原に70万坪、芦ノ湖畔の箱根町に１００万坪、さらには元箱根、湯《ゆ》ノ花沢《はなざわ》と土地を買収していった。

３　箱根・軽井沢開発の進展

箱根土地会社の設立

箱根開発に着手した康次郎は、１９２０（大正9）年3月25日、箱根土地株式会社を設立した。資本金は２０００万円（５００万円払込み）、本店は東京府豊多摩郡落合村大字上落合１１９番地に置かれ、箱根の箱根町に箱根出張所、同宮城野村に強羅出張所、そして軽井沢の東長倉村に千ヶ滝出張所を開設した。ただし、本店は１９２１年10月28日に東京護謨の本社が置かれていた東京市麹町《こうじまち》区(現・千代田《ちよだ》区)有楽町《ゆうらくちょう》2丁目7番地に移転し、その後目白文化村の開発が進むと(第3章参照)、22年3月9日に同文化村内の東京府豊多摩郡落合村大字下落合520番地に移転した。

1920年3月25日の創立総会で、取締役に藤田謙一、若尾《わかお》璋八《しょうはち》、前川《まえかわ》太兵衛《たへえ》、監査役に永井外吉が選任され、社長には創立総会終了後に開かれた取締役会で藤田謙一を互選した。そして、4月20日の臨時株主総会で吉村鉄之助が取締役、九条《くじょう》良政《よしまさ》が監査役に選任された[55]。取締役の藤田は、すでに康次郎と千代田護謨や東京護謨などで一緒に事業を営んでおり、旧知の間柄であった。若尾は若尾銀行から東京電灯に移り、常務取締役・副社長などを歴任し、1923年には社長となった。また、前川は山梨県甲府の生まれであるが、日本橋堀留町の近江商人前川太郎兵衛《たろべえ》の養子となって綿織物商を営むとともに、東京株式取引所理事、東京商業会議所議員などを歴任し、東京瓦斯《ガス》紡績の初代社長となった。吉村は滋賀県大津市出身の実業家で、東京で電気諸機械製造業を営む吉村商会を設立し、江若《こうじゃく》鉄道や東洋無線電信電話などの経営にもかかわった。監査役の永井外吉は、すでに述べたように永井柳太郎の従弟で、康次郎の妹ふさを妻としており、康次郎からみると、義理の弟であった。九条は男爵家で、豊多摩郡杉並《すぎなみ》村(現・杉並区)に居住していた。康次郎は、当初役員には名を連ねていなかったが、1921年10月20日の臨時株主総会で専務取締役となった[56]。

雑誌『庭園』は、1921年10月の第3巻第6号で「遊園地号」という特集を組んでいるが、そこに康次郎は「箱根土地会社遊園地」という論説を寄稿し、箱根土地会社設立の趣旨を述べている。それによれば、康次郎が箱根土地会社を設立したのは、イタリアやスイスの実例からみて、「風景が一国の有力な財源であり、之が開発は埋没して居る鉱山を採掘するに均《ひと》しい」ので、「箱根が時代の要求に応ずべき文明的施設に乏しく、之を自然の儘《まま》に放任して置くのは、誠に惜《お》しい」と考えたからであった。箱根土地会社の計画は、「芦ノ湖を中心として、東は強羅、湯の花沢から、湖岸一帯の形勝の地を占め、南は箱根町から湯ケ原《（湯河原）》温泉に至る一帯の地を抱擁し、実側《（ママ）》約五百万坪の土地を開発して、富士や、芦ノ湖や、相模灘《さがみなだ》、三保《みほ》の松原を眼下に見る駿河湾《するがわん》や、又潤沢《じゅんたく》なる温泉等を利用して広く内外の客を集め、茲《ここ》に平民的の大遊楽場を現出せん」というものであった。

それではなぜ箱根開発が必要なのか。康次郎は次のようにいう。近年の商工業の発達や人口の都市集中によって、人びとの生活は「非衛生的となり物質的となり、繁劇《はんげき》多忙とな」った。こうしたなかで、「世人が風景善美の処や温泉浴場等に身心の休養を計るのは、必ずしも贅沢《ぜいたく》や道楽でなく、益々必要を感ずる」のである。しかし遺憾なことに、箱根は「動《やや》もすれば一部の貴族富豪や成金の跋扈《ばっこ》の巷《ちまた》となって、一般平民階級が十分之を享楽することの出来ない」状況となっている。そこで、「此弊《このへい》を破って箱根の如き絶好の遊覧地を一般民衆に開放し、之を社会化し実用化し尚行々《なおゆくゆく》は此箱根を中心として、富士の裾野の形勝の地や伊豆の風景のよい所と連絡を取って、大規模の国立公園を作るべき先駆となり基礎とならん」と決意して箱根土地

箱根登山鉄道　小涌谷駅（絵はがき）

会社を設立したのである。

康次郎は、箱根開発において「第一に具備すべき要件は、交通機関の発達完成」であるとする。というのは、箱根が「天然の楽郷《らくきょう》にして、山水の美と、豊富の温泉と相俟《あいま》って、理想的遊園地であることは天下の公認する所」ではあるが、「今日迄発展の遅れたのは、全く交通の便が十分でなかった」とみられていたからである。

康次郎は、まず東海道熱海線開通後に新設される湯河原《ゆがわら》停車場から芦ノ湖畔の箱根町にいたる6マイル（約9・7㎞）の複線電車の敷設計画を立てた。湯河原〜箱根町間の所要時間はわずか30分ほどとなるので、鉄道省線との連絡がうまくいけば「東京から箱根山上迄二時間半位の僅少な時間を以て達すること」が可能となる。そうなれば、箱根の表玄関は「従来の湯本口から湯河原口に変更」され、「箱根の面目」も一新するというのである。

また、小田原電気鉄道の登山電車が小田原から強羅まで敷設されており、さらに二《に》ノ平《たいら》駅（現・彫刻の森駅）から分岐して芦之湯を経て芦ノ湖畔にいたる約7マイル（約11・3㎞）の電車を敷設することになっていたので、康次郎の計画する湯河原〜箱根町間の電車と連絡すると

「箱根一週の線」が完成し、「朝《あした》に東京を出発した遊覧客は湯本口から、早川《はやかわ》の渓谷の美を観賞し乍《なが》ら昼には芦ノ湖畔に逆《さか》さ富士の天下の絶景を見、更に湯ヶ原《（湯河原）》廻《まわ》りの電車で相模灘や豆湘《ずしょう》の山嶽美《さんがくび》、海岸の展望を恣《ほしいまま》にしつつ其日帰りで夜は東京に帰着」できるようになる。さらに康次郎は、芦ノ湖一周道路の整備も計画していた。神奈川県が同道路の半ばを開通させる計画を立てていたので、箱根土地会社が残りを整備し「四間幅の湖畔一週道路」を完成させ、「自動車や馬車のドライブ」を快適にするというのであった。

康次郎は、「遊楽場として箱根の価値を大ならしむるものは、言ふ迄もなく温泉の豊富なこと」でもあると認識していたので、箱根土地会社は「既に強羅に於て大涌谷《おおわくだに》の温泉を利用して将来建設さるべきホテル、別荘、公衆浴場等に供給する」ことにした。また芦ノ湖畔の土地には、湯ノ花沢や小涌谷の温泉を供給し、公衆浴場を建設するとともに、別荘各戸へも供給する。そして、現代的な理想的ホテルを建設し、音楽堂、演芸場、公会堂、テニス・ゴルフの運動場などを設備し、湖上には遊覧船を浮かべ水泳場を設け、ボートレースも毎年開催したい。さらには成蹊《せいけい》学園のような学校も建設し、講演会、講習会、夏期大学を実施する施設、展望台、野営場なども整備するとしていた。

康次郎は、軽井沢の開発構想についても触れていた。すでに軽井沢では沓掛遊園地会社を設立し、沓掛駅から十数町ほどのところに約１００万坪の経営地を有し、グリーンホテル、貸別荘50戸、共同浴場、テニスコートなどを整備しているが、沓掛駅から電車を敷設して遊園地を横断し、浅間山麓に世界的な高山植物園をつくるべく１０００町歩（約３００万坪）の土地を買収してあるという。また、軽井沢から西に30町ほどのところに発地《ほっち》遊園地と称する２５０万坪ほどの理想的な避暑地を経営する計画も立てていた。そして、将来的には「沓掛千ヶ滝間の電車を茲処《ここ》に延長して、附近一帯の名勝地を糾合し、更に新旧軽井沢、小瀬《こせ》、浅間山、妙義《みょうぎ》山《さん》等とも相互の連絡を保って此地に理想的一大遊園地を現出す」る。そして、箱根土地会社は沓掛遊園地会社を合併し、箱根芦ノ湖周辺の一帯と軽井沢千ヶ滝一帯との二大別荘地を経営するというのである。この箱根土地会社こそが、のちの康次郎の多角的な事業展開の拠点となるのであった。

強羅の開発

強羅は、箱根早雲山《そううんざん》の山麓に広がる標高７００ｍほどの高原で、総面積は27〜28万坪に及んでいた。強羅の開発にいち早く着手したのは、前述のように小田原電気鉄道であった。同社は箱根湯本から強羅にいたる登山電車の敷設を計画したさいに、強羅の別荘地開発に目をつけたのであるが、開発したのは強羅の総面積のほぼ3分の1にとどまっていた。そこで、康次郎率いる箱根土地会社が残余の17万坪余を買収し、開発に着手したのである。

箱根土地会社は、設立後１９２０（大正9）年5月末日までに箱根の宮城野村（8万７０４２坪）、箱根町（77万３２３０坪）、元箱根村（29万３０１０坪）、土肥《どい》村（１３０万８８７１坪）、湯本村（15万6962坪）などに、合計261万9115坪の土地を購入した。そして、箱根湯ノ花沢温泉の温泉使用権と湯の花採取権、大地獄温泉の使用権と硫黄採掘権、およびそれらを行使するのに必要な御料地の借地権を獲得した。また、小田原電気鉄道の経営する強羅公園に接近する宮城野村の所有地8万452坪を開発するため、「土地の測量及区画、道路の設定、温泉並《ならび》に水道の引用木管埋設工事並に共同浴場の建築等」に着手した。そして、同社の事業経営の必要上、熱海線の湯河原駅から箱根町にいたる6マイル48チェーン（約10・6㎞）の電気鉄道および索条鉄道の敷設免許の申請、御料地（2166町3反4畝《せ》25歩）の借地願、箱根町・土肥村の同社所有地の開発のための利用計画調査願などを関係官庁や会社に提出した。なお、強羅公園に接近する6590坪を希望者に分譲して16万4989円の利益をあげ、2万9319円を次期に繰り越した。[57]

広告・強羅別荘地（『読売新聞』1921年9月30日）

　1920年10月に熱海線国府津〜小田原間が開通すると、強羅に別荘をもとうとする人びとが増加し、箱根土地会社の経営地が注目を浴びるようになった。同社は強羅経営地を紹介するため、１９２０年９月に特別価格（坪40円以上）で３万坪を販売し、以後は坪１００円で販売するという計画を発表した。すると、たちまち31口・１万７４９０坪が売却され、残りの土地に対しても予定を上回る申し込みがあった。箱根土地会社は、第一次世界大戦後の不況期であったにもかかわらず強羅経営地の売却が順調であったのは、同社の「温泉飲料水施設工事の極めて完全」であったこと、「温泉の泉質優良にして眺望亦《また》絶佳なる」ことによるとみていた。[58]

強羅土地会社の設立と箱根土地会社

箱根土地会社による強羅経営地の販売が軌道に乗ると、康次郎は１９２１（大正10）年12月、「箱根全山中最も形勝の地を占むる強羅並に芦ノ湖畔の土地を箱根土地株式会社より買収し之れを時代の要求に順応すべき遊園地並に別荘地として開発経営せん」ことを目的に強羅土地株式会社を設立した。[59]発起人には箱根土地会社の社長藤田謙一をはじめ、伊藤長次郎《いとうちょうじろう》、市来乙彦《いちきおとひこ》、九鬼紋七《くきもんしち》、藤田好三郎《ふじたよしさぶろう》、清水釘吉《しみずていきち》、杉野喜精《すぎのきせい》らが名を連ねていた。市来は大蔵官僚・貴族院勅選議員であったが、そのほかはいずれも有力な実業家であった。すなわち、伊藤は兵庫県の三《さん》十八《じゅうはち》銀行および加古川《かこがわ》銀行の頭取、九鬼は三重県四日市《よっかいち》の政財界指導者、藤田好三郎は樺太《からふと》工業（のち王子《おうじ》製紙に合併）専務取締役、清水は清水組《しみずぐみ》（現・清水建設）の創業者、杉野は山一《やまいち》合資会社（のちの山一證券、１９９７〔平成９〕年に自主廃業）の社長であった。

役員構成をみると、九鬼が取締役会長、杉野・清水が取締役、塚本金兵衛が取締役兼支配人に就任し、監査役は伊藤長次郎・北川《きたがわ》与平《よへい》・片岡《かたおか》辰次郎《たつじろう》（常任）であった。取締役の九鬼・杉野・清水および監査役の伊藤は財界人で発起人でもあったが、支配人の塚本および監査役の川島は康次郎の親戚筋にあたり、片岡は東京証券取引所の一般取引員組合委員長などを務めた人物である。資本金は５００万円（払込済、１株20円）、本店は箱根土地会社と同じく東京府豊多摩郡落合町大字下落合５２０番地に置かれた。そして、東京市麴町区丸の内ビルディング８階、および神奈川県足柄下《あしがらしも》郡宮城野村強羅に出張所が置かれた。

康次郎は強羅土地会社の発起人にも役員にも名を連ねていないが、１９２４年５月末の「株主名簿」によれば、箱根土地会社専務取締役の肩書で10万株（２００万円）、個人名義で４５０株（９万円）、合わせて株式総数22万５０００株の約46・４％にあたる株式を所有していた。そのほか箱根土地会社の関係者では、社長の藤田謙一が１０００株（２万円）、監査役の永井外吉が３３００株（６万６０００円）を所有していたので、箱根土地会社の役員の所有する強羅土地会社の株式は10万８８００株（２１７万６０００円）となり、株式総数のほぼ半分（48・４％）に達していた。[60]

強羅土地会社の株式は、大部分が箱根土地会社をはじめ、発起人や賛成人、さらには康次郎の縁故者によって引き受けられ、公募に付されたのはわずか２万５０００株（50万円）のみであった。したがって、１９２１年11月10日から15日までの６日間で実施された株式の公募は、株式の引受人を募集するというよりは箱根土地会社の事業計画の内容を広く一般に知らしめるという意味合いが強かったとみることができる。

強羅土地会社の事業計画

それでは、康次郎はなぜ強羅の開発を箱根土地会社に委ねることなく、新たに強羅土地会社を設立したのであろうか。強羅土地会社は、株式募集にあたって投資家向けの定評ある経済誌『ダイヤモンド』（1921年11月11日）に「強羅土地株式会社株式募集」という広告を掲載し、強羅開発の事業としての有望性について次のように述べている。

強羅一帯は「箱根屈指の形勝地」で、1919（大正8）年に「登山電車が開通し交通が至便」となったうえ、「玲瓏玉《れいろうぎょく》の如き飲料水と人体に特効ある温泉が豊富で」、「静養遊覧二つながら最適の場所」であった。そのため、既述のように箱根土地会社が1920年11月から前後2回にわたって強羅経営地を販売したところ、7か月足らずで4万坪が売約済みとなり、このままいけば遅くとも3、4年以内に17万坪余りの強羅経営地は売約済みになるとみられていた。強羅土地会社は、このような強羅経営地を箱根土地会社から坪28円で買い取るとともに、芦ノ湖畔の経営地20万坪を無償で譲り受ける。したがって、強羅土地会社が買い取る箱根土地会社の経営地は約13万坪、譲り受ける経営地は約20万坪となり、両者を合算すると買収価格は実質坪11円という「全く破格の廉価」となった。しかも芦ノ湖畔は、箱根山のなかでも「風景最も優れ、且つ山岳的気分漲《みなぎ》り、夏季の清涼は云ふに及ばず、春は桜に彩られ、秋は紅葉に飾られ、日本の名勝地として遠く海外にまで其名を知られて」いた。そして、さらに箱根土地会社による熱海線湯河原駅からの直通電車が開通し、強羅土地会社の開発が進めば「周囲四里に亘る清《せい》澄《ちょう》なる湖水は、湖畔の風景と相待(俟)って遊覧静養に遺憾なく利用さるべく、就中《なかんずく》湖上の舟遊天下無比にして、非常の賑《にぎわ》ひを呈する」と、将来の発展が期待されていた。

当初、強羅経営地の販売価格については、箱根土地会社と強羅土地会社の間に大きな開きがあった。数回の折衝を重ねるなかで、箱根土地会社は強羅土地会社の株式の半数近くを引き受けて強羅経営地の廉価販売によって生じる損失の一半を補う一方、「更に其土地売却代金を以て他の所有土地を開発せば、大局上利益がある」と考えて譲歩したが、それでもなお箱根土地会社の坪30円に対して強羅土地会社は坪25円を主張していた。両社の交渉がもの別れに終わるかと思われたときに、強羅土地会社の発起人が強羅経営地の買入価格を坪28円に高める代わりに芦ノ湖畔の土地20万坪を無償で提供するよう要求し、話がまとまったのである[61]。

強羅土地会社の起業目論見《もくろみ》によれば、同社が箱根土地会社から買収する土地は17万５５００坪であったが、そのうち１万２０００坪を道路敷地とし、３万２５５２坪を経営地として保有するので、一般に販売するのは13万９９４８坪であった。ただし、３万５９４８坪は箱根土地会社によってすでに売約されていたので、強羅土地会社が実際に販売するのは９万５０００坪ということになる。

強羅土地会社は、この９万５０００坪の土地を１年目に坪50円で２万坪、２年目から４年目まで坪55円で２万５０００坪ずつ販売し、４年間ですべてを売却するという計画を立てた。ただし、売約時に代金の２割を受け取り、残金は８年に分割して徴収するという年賦販売の方法をとっていたので、販売代金の全額を徴収するには９年かかることになる。したがって、経営地を４年ですべて売却できたとしても、販売代金の全額を取り立てるまでには14年を要するのであった。

しかし、未収金は10年後にはかなり少なくなるとして、起業目論見では10年間の収支予算が立てられていた。それによれば、強羅土地会社の10年間の収入は資本金５００万円、経営地売却代金６２５万６３０１円、土地売却利子２１６万２６４４円、経営投資収益23万４０００円、運用資金利子（年６％）１０２万７６９６円など、合計１４６８万１６４２円であった。一方、支出は買入土地代金５００万円、経営投資55万円、租税および諸経費57万円、配当金（９年間、８％）３６０万円、賞与金18万円、設立諸費３万５０００円など、合計９９３万５０００円と見積もられていた。こうして強羅土地会社は、設立10年後には４７４万６６４２円の剰余金が生じ、払込資本金のほぼ３倍にあたる１４７３万７７８２円の資産を形成するとされていた。しかも、これは「堅実なる人物として知られて居る」杉野喜精が調製したもので、かなり「見積の内輪なる」ものとみられていた。[62]

このように箱根土地会社は、強羅土地会社に強羅経営地のすべてと芦ノ湖付近の所有地の一部、あわせて37万５５００坪を５００万円で売却しようとしていた。箱根土地会社の売却する土地の帳簿価格は坪１円以下であったから、仮に１円としても新会社の土地原価は38万円にすぎず、同社としては差し引き４６２万円の利益を見込めた。また、箱根土地会社は強羅土地会社に対し、これまでに売却した強羅経営地約４万３０００余坪の利益１１０万〜１２０万円を返還してもおよそ３５０万円の純益が出るのである。[63] 箱根土地会社は、これを「前途好望なる強羅及湖辺の土地を他に譲渡するは多少の遺憾なきにあらずと雖《いえど》も、此の取引により本社は一挙して払込金全部を回収し、以て将来の経営を遂行するの資源となすべく、大局より打算して有利なりと信ずるものなり」と考えていた。[64]

それでは、「将来の経営を遂行するの資源」とは何か。箱根土地会社は、１９２１年上半期に「強羅より箱根町附近に至る七哩《マイル》六十鎖《チェーン》電気鉄道設置」を出願していた。[65] 箱根土地会社が、強羅の経営地を強羅土地会社に売却するのは、強羅から箱根町にいたる電気鉄道を敷設する資金を獲得するためであったと考えられる。

箱根土地会社は、１９２１年下半期（１９２１年6月1日〜11月30日）中には強羅経営地を強羅土地会社に売却しようと考えていた。しかし、強羅土地会社の設立が同年12月にずれこんだため、同期中には強羅土地会社発起人の同意を得て４７０８坪の土地を25万９４４円で売却するにとどまった。[66] 強羅経営地の取引は１９２２年上半期に結了し、売却代金５００万円のうちすでに収入済の42万３２６２円を差し引いた４５７万６７３８円を受領した。ただし、不景気の到来のため強羅土地会社の賛成人引受株が減少し、箱根土地会社の引受株が増加した。そのため、土地取引による箱根土地会社の収入額は差引52万９９３８円となってしまった。しかし、箱根土地会社は、強羅方面の発展が著しいので、進行中の温泉改良工事が竣工《しゅんこう》すれば「東京附近の温泉地としては破格に低廉なる同地地価は当然の昂騰《こうとう》を見る」ことになり、強羅土地会社の「内容充実」にともなって「相当の配当を受くるに至る」と期待を寄せていた。[67]

強羅土地会社の経営

強羅土地会社が作成した「箱根強羅温泉地分譲」なるパンフレットによれば、同社は箱根土地会社から廉価で購入した土地に電灯や水道を設備し、別荘地として坪30～60円で売りに出した。さらに５００坪以上の別荘地には、温泉管を引いて配湯設備を備え、購入価格の約３～６倍で売りに出した。また、５０００円、１万１０００円、２万円内外の建売別荘も販売した。５０００円の建売別荘は土地50坪、建物13坪で、20戸ごとに17坪の男女別温泉浴場が設備され、そこには化粧室、休憩室、電話室などが用意されていた。外観は洋風、内部は和風で、間取りは８畳・４畳半・テラス・台所・便所であった。１万１０００円の建売別荘は、土地１００坪、建物20坪で、夜具のほか日用器具・調度品一式が設備されていた。４戸ごとに共用温泉浴場１棟が設備され、浴場内には電話もあった。外観は洋風、内部は和風で、間取りは８畳・６畳・４畳半・３畳・ベランダ・台所・便所となっていた。そして、２万円内外の建売別荘は、土地

200～250坪、建物32～33坪で、温泉は内風呂、庭園も入念に設計するとしていた。建物は洋風、和風各種を取りそろえていた。

実際、強羅土地会社は、強羅経営地において「組合せ別荘」（建売別荘）と称して、100坪の土地に20坪前後の瀟洒《しょうしゃ》な別荘を建てて1万円で販売した。家屋の販売価格を3000円とすれば土地の価格は7000円（坪70円）ということになり、売れ行きはきわめて好調であった。強羅土地会社は、たとえ1000～2000坪という大口取引であっても、坪60円以下では売却しないことにしていた。

強羅土地会社が1921（大正10）年下半期に販売した土地は1万坪を下回らず、30万円以上の利益をあげていた。これに箱根土地会社から引き継いだ47万円の利益を加えると、強羅土地会社の利益は77万円となり、利益率は31％にもなった。したがって20％程度の配当も可能であったが、利益の大部分を土地価格の引き下げに充当し、配当率は8％にとどめた。(68)

しかし、その後強羅土地会社の経営は、不景気の到来にともなって次第に悪化した。1922年上半期（1921年12月1日～22年5月31日）には、「経営地は温泉を配給してゐるのと、四時行楽に適し、然《しか》も東京に近い関係から、財界不況時にも拘《かかわ》らず、売行は比較的良好で」、3万4800坪の土地と23戸の組合せ別荘を販売し、10万9300円余の利益をあげたのであるが、利益率は4・5％にとどまった。(69) 1922年下半期になると、強羅土地会社の経営はさらに悪化した。すなわち、「強羅は近時別荘地として異常な発展を示して居り、箱根土地会社経営当時に於ては、毎期相当の売行きを見たが、当社（強羅土地会社—引用者）の経営に移って以来、期を追ふて財界が不況の度を加へるので、売行は兎角《とかく》思はしくな」くなり、利益は4万6268円に減少し、利益率も1・8％に下がった。[70]強羅土地会社の利益は、その後も1923年下半期には5979円、24年上半期には1万118円と低迷し、[71]25年4月には箱根土地会社に合併された。不況が長引いたことに加え、関東大震災後の交通機関の復旧が「未だ不充分」であったからである。[72]

千ヶ滝遊園地の「文化村」

康次郎は1919（大正8）年2月2日、「軽井沢附近に於ける避暑地の経営及び之れに附帯する一切の業務並に同事業の為めに投資すること」を目的に千ヶ滝遊園地株式会社を設立した。本店を豊多摩郡大久保《おおくぼ》町（現・新宿区）大字西大久保《にしおおくぼ》18番地に置き、資本金は10万円（2万5000円払込み）であった。取締役は永井外吉・斎藤芳房・上林基樹、監査役は吉岡栄蔵と、経営陣は沓掛遊園地会社と重なっている。[73]箱根土地会社は、この千ヶ滝遊園地会社を買収し、その事業を引き継いだ。[74]そして、1920年4月に「長野県北佐久郡東長倉村（略称軽井沢）所在土地六拾壱万七千八百五拾弐坪並に附属財産の買収を契約し」た。[75]

千ヶ滝遊園地の経営地は、信越線沓掛駅から東北に4・8㎞ほどの地点にある高山地帯で、離山を隔てて旧軽井沢に接続していた。気候風土は旧軽井沢とほとんど変わらないが、高山地

帯としての特色を具備しており、避暑地としては旧軽井沢よりも勝《まさ》っているといわれていた。(76)

「千ヶ滝」は、浅間山に向かう旧草津《くさつ》街道の「はなだの坂」のなかほどの左側にある水の細い高さ10ｍぐらいの小さな滝で、訪れる人もあまりなかった。康次郎は、通称「坂下」と呼ばれ、「植林管理の行届かない荒れた原野に等しい台地で南の方に僅《わず》かに落葉松の植林があった位の」沓掛区有林を千ヶ滝遊園地と名づけ、「大衆の避暑別荘地に開拓するという大企画」を立てたのである。(77)

康次郎は、千ヶ滝遊園地の開発にあたって「別荘生活の実用化を期して主に中流知識階級を迎ふるの方針」をとり、30口（８９１６坪９合）の土地を坪約10円で売却した。(78) １９２１年上半期には、東長倉村の千ヶ滝遊園地61万７８５２坪、西長倉村の土地78万９３５３坪、および嬬恋《つまごい》村（群馬県吾妻《あがつま》郡）の所有地２３２万１０００坪、あわせて３７２万８２０５坪（実測では約５００万坪）の土地の受け渡しを１８５万余円で終えた。このうち、千ヶ滝遊園地内の土地は１９２０年下半期に８９１０坪、21年上半期に１万２０６５

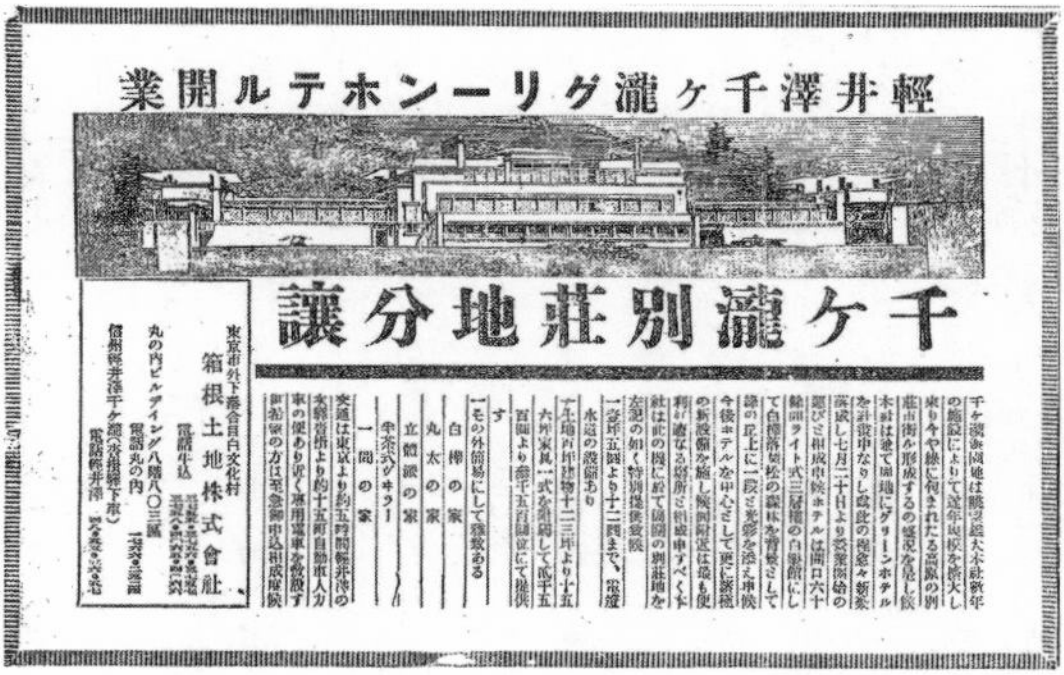

広告・グリーンホテルと千ヶ滝別荘（『読売新聞』1923年7月20日）

坪を売却した。なお、これらの土地の価格は坪10円なので、20万坪を売却できれば５００万坪全部の買入代金を償却できることになっていた。[79]

千ヶ滝遊園地では、「避暑の経済的実用化」と称して、「智識階級、中流階級及び多数の学生の為」に学術講演会や時局講演会、音楽会、お伽《とぎ》会を開催し、テニスコート、野球グラウンド、陸上競技場（フィールド、トラック）、弓道場、水泳場などの運動施設・娯楽施設を整備した。そのため「各方面よりの来遊者増加」し、とくに東京帝国大学、第一高等学校、第二高等学校の運動部や成蹊学園女学校の学生が千ヶ滝遊園地にやってきて、夏季の滞在者は６００〜７００人を超えた。また、箱根土地会社が建築依頼を受けた別荘は11戸にのぼり、土地の売却面積は２万６１８９坪に及んだ。[80]

康次郎は、このような千ヶ滝の別荘地を「文化村」と名づけ、「文明の利便を採り入れた簡素にして住心地よき文化村が軽井沢の千ヶ滝遊園地内に出来ました」と宣伝した。また、文化村を形作る別荘を「文化別荘」と称し、「便利と経済とを基調として、壱百坪の土地に拾余坪の瀟洒な洋風の建築をなし、之れに電気、水道を設備し整然たる環境裡《り》に十戸宛《ずつ》を以て一部落とする計画」であると述べ、文化別荘の特色を「独楽《どくらく》より共栄へ」「豪奢《ごうしゃ》より簡素へ」という標語で示し、「四季を通じて崇高な風趣に地上の楽園を想はしむる千ヶ滝遊園地は、過去数年に亘り数十万の資を投じて幹線七間支線四間半幅の道路を通じ、日用品廉売市場を設け華麗な温泉浴場、旅館、倶楽部、野球場、庭球場、水泳場、トラック、フキールド、その他多数の娯楽設備が完全して居ります」と売り込んだ。しかも、箱根土地会社が「いつ迄も文化村の親しい相談相手として御世話」するので「別荘番の心配」はいらないし、「別荘の構造も堅牢《けんろう》」なので長年にわたって「修繕の必要」もないというのである。価格は、100坪の土地に10余坪の別荘を建てて2000円であった。[81]

ところで康次郎は、1920年8月、千ヶ滝遊園地を「智識階級の静養地」とするため、東京府に1万坪を無償で提供し、21年までに別荘を建築するという条件で、希望者1人につき100坪を分譲すると発表した。[82] 康次郎は、「当今の別荘生活は富豪の専有となり、静養の意義を超越《ちょうえつ》して贅沢《ぜいたく》化し来れるを遺憾とし（略）社会の中堅たる智識階級即《すなわ》ち中流の人々の為めに静養の便を与」えたいと考えたのである。[83]

東京府が希望者を募ると、医師、陸海軍人、実業家、文士、新聞記者、各国公使館員、各官庁員などから多数の申し込みがあり、[84] 1920年9月13日に東京府庁で抽選会が行われた。他府県居住者や富豪は除外され、740名が抽選の対象となり100名が選出された。そのなかには、教育家の山脇房子《やまわきふさこ》（山脇高等女学校校長）をはじめ、社会学者の小林照朗《こばやしてるあき》、小説家の沖《おき》野岩三郎《のいわさぶろう》、内務省社会局の田子一民《たごいちみん》、国史家の中村孝也《なかむらこうや》、慶應義塾大学教授の阿部秀助《あべしゅうすけ》・服《はっ》部文四郎《とりぶんしろう》、代議士の紫安新九郎《むらやすしんくろう》などの名がみられ、外国人も含まれていた。[85]

箱根土地会社の千ヶ滝遊園地は、1921年下半期に2万6000坪以上売却され、前期の倍額以上に増えた。同社によれば、千ヶ滝遊園地は「本社数年の経営に係り、電気、水道、道路、運動場、温泉場、マーケット、新築ホテル等、今や天恵と人工の両全をなしたる健康地として家族的の別荘地」となった。別荘地は坪5～12円で100坪から分譲し、100坪の土地に12～13坪ないし15～16坪の家屋を建てた「小別荘」を、家具一式付きで2500～3500円で販売した[86]。なお、箱根土地会社による千ヶ滝地区における別荘地開発はその後も進み、1937（昭和12）年の軽井沢町（群馬県側の北軽井沢、西長倉村の南軽井沢《みなみかるいざわ》は含まない）の別荘約1500戸のうち、410戸は箱根土地会社の開発した千ヶ滝地区の別荘であった[87]。

グリーンホテルの設立

康次郎は、1919（大正8）年11月に軽井沢にグリーンホテルを設立した。資本金は100万円（25万円払込み）で、本店を東京府豊多摩郡落合村大字上落合に置いた。社長には吉村鉄之助、取締役に前川太兵衛・九条良政、監査役に蒔田《まきた》広城《ひろなり》・塚本金兵衛が就任した。吉村、前川、九条、塚本についてはすでに紹介しているので詳細は省くが、いずれもこれまでに康次郎の事業にかかわっていた。蒔田は子爵で実業家、貴族院議員であった。グリーンホテルは、千ヶ滝遊園地内で旅館や貸別荘を経営し、創立当初から1割配当を続けていた。

康次郎は、1922年3月、このグリーンホテルを同社の株式（12円50銭払込み）2株に対して、箱根土地会社の株式（12円50銭払込み）1株を交付するという条件で、グリーンホテルを箱根土地会社に合併させた[88]。すなわち、合併するにあたって、箱根土地会社はグリーンホテルの払込金を半額に切り下げたのである。グリーンホテルは、開業以来なお日が浅かったため、半期に2、3万円の利益をあげるにすぎなかったが、千ヶ滝遊園地の開発が進むとともに利益が漸増すると期待されていた。合併の結果、箱根土地会社の資本金は2300万円となった。[89]

合併後、康次郎は1923年7月20日に浅間山麓北端にグリーンホテルを新築オープンした。間口60余間（約108m）の最新設備を備えた「三層楼の白亜館」で、設計者は帝国ホテルを設計したフランク・ロイド・ライトの弟子の一人の河野傳《かわのつとう》で、帝国ホテルの設計と似ているため「ライト式」と呼ばれた。[90] 床面積は550坪余で、和洋室、酒場、大食堂、娯楽室、売店、浴場を備えていた。グリーンホテルからは千ヶ滝遊園地を一望できるが、民衆芸術運動に身を置いていた版画家で洋画家の山本鼎《やまもとかなえ》は、自著『図画と手工の話』（1928年）のなかで、千ヶ滝遊園地とグリーンホテルを「そこ（千ヶ滝遊園地─引用者）は縦横に道路が作られた広い野原で赤屋根あるひは破風《はふ》作《づく》りの夏季別荘があちこちに散在し、原をめぐる丘陵の中心に、ちょうどお伽話《とぎばなし》のお城のようなぐりーんほてるが建ってゐます」と描写している。

グリーンホテルの開業を控えて、康次郎は一両年前に千ヶ滝遊園地に貸別荘として建築した10坪から20坪の「瀟洒な小別荘」に水道や電灯を引き、新調の寝具と日用器具を備えつけて、建物は坪100円、土地は坪10円の割で販売した。わずか二十数戸であったが、約2000円で「手入らずに住める別荘」として売りに出したのである。[91]

このように、康次郎は軽井沢で沓掛遊園地会社、千ヶ滝遊園地会社、グリーンホテルなどを設立して軽井沢の別荘地開発を進めたのち、箱根土地会社に合併させている。佐久郡長が「元来千ヶ滝遊園地なるものは現に千ヶ滝遊園地株式会社、沓掛遊園地株式会社、グリーンホテル株式会社等存在し、表面相当資本を擁するが如きも其実然らず、会社の重役は夫々《それぞれ》異名の人なるも唯《ただ》表面名を借りたるに止《とど》まり内実は異名同体のものに有之《これあり》」と述べているように、重役の名は異なるがこれらの会社は一体のものであった。このように「同一地内に三会社の存在する」のは、「要するに各会社の名に依りて諸方面より資本を吸収せんとするの策に外なら」なかった。そして、３会社によって集められた資金がなくなれば、「更に既設会社と異名同体なる箱根土地なる新名目を借り来りて」軽井沢の開発を進めようとしたのである[92]。開発事業には、まとまった資金が必要であるが、その資金を調達するため、資金基盤の乏しい康次郎が考え出した方策ともいえよう。

南軽井沢避暑地の形成

康次郎は、１９２０（大正９）年11月、西長倉村の村長神岡一郎と同村発地《ほっち》区有地１２６万４０００坪の売買契約を結び、翌21年６月には発地遊園地の開発に関する覚書を交わした。発地区は、売却代金を小学校増改築費、小学校基本財産積立金にあて、残金は道路修繕費、村基本財産積立金とした[93]。

発地区の３分の１ほどは山丘地、残りは地蔵ヶ原と呼ばれる湿原と草原であったが、康次郎は「風光頗《すこぶ》る雄大で、軽井沢を凌駕《りょうが》すべき理想的避暑地」であるとみていた。[94] 一方、長野県では、岡田忠彦《おかだただひこ》（任期1921年5月～22年10月）、本間利雄《ほんまとしお》（同1922年10月～24年6月）、梅谷《うめたに》光貞《みつさだ》（同1924年6月～26年8月）の3人の知事が軽井沢発展策に関心をもっていたが、とくに梅谷が南軽井沢避暑地問題を取り上げ、1924年に市川多万吉を長野県会計課長から北佐久郡長に抜擢《ばってき》し、南軽井沢の開発を指示した。市川は、赴任以来地元と協力しながら開発を進め、1924年10月には軽井沢から幅20間（約36・4m）、長さ20町（約2180m）の大道路を開鑿する計画を立て、25年夏にほぼ完成した。[95] これまで南軽井沢の20間道路については、康次郎の自伝的回想録『叱る』の記述を参考に、康次郎が後藤新平の忠告にしたがって建設したという点が強調されてきたが、[96] 長野県も軽井沢発展策の一環として道路整備を進めていたのである。

箱根土地会社は、関東大震災からちょうど1年後の1924年9月、南軽井沢の住宅地を100坪ずつ100名に、商店の敷地を100坪ずつ10名に、旅館の敷地を300坪ずつ5名に無償で譲渡すると発表した。譲渡する土地は、箱根土地会社の経営地内であればどこでもよかったが、1925年3月までに建築に着手し、同年6月までに完成させるという条件がつけられていた。[97] そして、1925年7月には、1坪10円で売り出す予定であったが、「この新経営地のパイオニヤとして」特別に6円60銭で売りに出した。[98]

ところで、北佐久郡岩村田の競馬場が、岩村田側の強硬な反対にもかかわらず、梅谷知事の軽井沢発展策の一環として南軽井沢に移転することになり、1931(昭和6)年8月に1万坪の面積と1600mのコースをもつ軽井沢大競馬場が開場した。康次郎は競馬場の工事を担当し、5月11日に工事を視察したのち、「軽井沢グラウンド株式会社はまだ公式のものでないが同会社の手で競馬場はゆくゆく完全な陸上競技場を兼備したいつもりである。県下の第一回競馬には間に合はせたいと思ふがスタンドは仮のものとするより外はあるまい」と語った[99]。

軽井沢競馬場は8月までに仮工事が完了し、8月1日から3日間にわたって国際的大競馬という鳴り物入りで第1回競馬会が行われた。しかし、この競馬会は収支が償わなかったのみならず、会場設備の不備、駅から競馬場までの交通の不便などで厳しい批判を浴び、競馬会の活動はまもなく休止となった[100]。

第3章　箱根土地会社の東京進出

1　落合村の郊外化と目白文化村

関東大震災前後の住宅地開発

康次郎は、１９２０（大正9）年3月に箱根土地会社を設立し、箱根や軽井沢の開発を進めてきた。設立当初は「財界繁栄の末期に当り、土地熱が旺盛」だったので、同社は箱根方面では坪40～50円、軽井沢方面でも坪10円前後で経営地を売却できた。しかも、箱根や軽井沢の土地の帳簿価格は平均1円にも満たなかったので、売買差額はとてつもなく大きかった[1]。

しかし、１９２０年下半期からは経済界が年々不況の度を強め、箱根の芦ノ湖畔のような交通機関の不備な経営地はほとんど売れなくなった。また、軽井沢は避暑地として広く知られてはいたが、利用期間が夏の2、3か月に限られていた。箱根土地会社の子会社として設立され

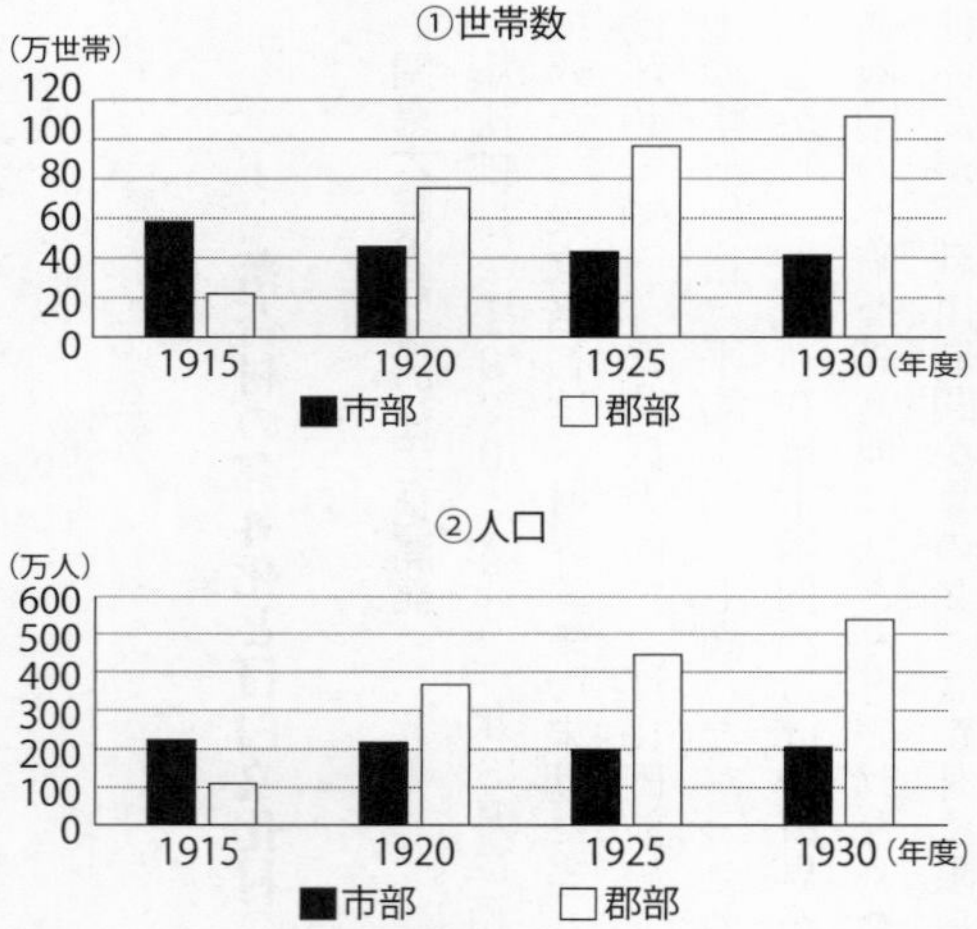

図３—１　東京府の市部・郡部別世帯数・人口の推移（1915〜30年）

た強羅土地会社の経営もさほどふるわなかった[2]。

　康次郎は、こんなことではとても配当などできないと考え、箱根土地会社の軽井沢や箱根の経営地が別荘地として開発されるまでの「中間事業（なかつぎ）」として、東京市内および郊外の住宅地開発を手がけることにした。東京市内は久しく住宅難に陥っており、とくに関東大震災後には東京市郊外に住宅を求める者が増えていた[3]。

　東京の市部と郡部の世帯数および人口の推移を、１９１５年から30年まで５年おきにみると図３—１のようになる。市部では世帯数、人口とも減少しているが、郡部では両者とも一貫して増加傾向にあり、この15年間に世帯数は５倍、人口は４・８倍に増えた。

　このように、東京では第一次世界大戦期以降市部から郡部へ人口が分散し、関東大震災後の１９２５年には世帯数も人口も郡部が市部を大きく上回るようになった。東京の市部には華族や資産家の広大な遊休地があり、増大する人口を吸収していたが、ついに市部だけでは吸収できなくなり、人口の郊外への分散が進むようになったのである。そして、そうした人口移動のなかで、貸家経営や住宅地の分譲を営む土地会社が設立された。早くも日露戦争後の１９０６（明治39）年には東京信託（資本金５００万円）が設立されていたが、12年には東京土地（同１５０万円）、18年に田園都市（同５００万円）、横浜土地（同１００万円）、19年に東京土地住宅（同１５０万円）、20年に大日本信託（同５００万円）、箱根土地（同２０００万円）、帝都土地（同１３６万円）、中央土地建物（同１５０万円）、荏原《えばら》土地（同１００万円）、24年に第一土地建物（同１００万円）と、第一次世界大戦後に土地会社が続々と設立された[4]。そしてこれらの土地会社が、東京西郊で住宅地開発を行った。その主なものをあげると、東京土地住宅は１９２４年８月に国分寺《こくぶんじ》（10万坪）、９月に清瀬《きよせ》（14万坪）、25年４月に東村山《ひがしむらやま》（１００万坪）、大日本信託は24年９月に吉祥寺《きちじょうじ》（３万５０００坪）、そして箱根土地は１９２４年10月に大泉《おおいずみ》（50万坪）、25年１月に小平《こだいら》（70万坪）、26年４月に谷保《やほ》（１００万坪）の住宅地を分譲している[5]。箱根土地は、資本金額においても、開発の規模においても、こうした土地会社のなかでは抜きんでていた。

箱根土地会社の、１９２０年下半期から24年上半期までの地域別土地売買の実績をみると表３—１のようで、１９２２年上半期までは軽井沢、箱根を中心に長野、群馬、神奈川、静岡など各県の土地を売買するのみであったが、22年下半期からは東京市内外の土地売買を活発化させている。

箱根土地会社は、１９２４年上半期の『第９回報告書』が「本社の箱根方面に於ける事業地は同地方交通機関の復旧急速を期し難きに鑑み専ら東京土地の経営に従事せしが、本社の事業は益々世人の注視する所となり相当の成績を得て多忙のうちに当期を送りたり」と述べているように、関東大震災による打撃から立ち直れないでいた箱根方面の開発事業に代えて、東京市内外の土地経営に重点を置くようになった。箱根土地会社の経営地を地域別にみると表３―２のようであるが、関東大震災後東京市内外の経営地の面積が増えている。東京市内外での住宅地経営は、予想外の好成績をおさめ、『ダイヤモンド』においても「誠に適切な計画であった」と評価されている。[6]

（単位：坪）

	1923年		1924年
	上	下	上
		4,788	
	84		81
	13,096	6,926	10,791
		13,792	12,205
	13,180	25,506	23,077
	267		
	1,236		
	49,326		
	26,949	3,100	16,352
	27,015	9,566	5,038
	104,793	12,666	21,390

ただし、康次郎は東京市内外の土地経営を東京市内の住宅不足という観点からのみとらえていたわけではなかった。関東大震災からの復興のなかで、東京の下町では地価の下落が甚だしかったが、山の手から郊外にかけては高騰していた。たとえば、本所・深川の地価は約３分の２に下落し、本所横網《ほんじょよこあみ》町《ちょう》の久世《くぜ》通章《みちふみ》子爵の宅地の地価も震災前には坪１２０円であったが、震災後には80

表３―１　箱根土地会社の土地売買

		1920年	1921年		1922年	
		下	上	下	上	下
売却	長野県	8,916	12,065	26,189	500	9907
	群馬県					
	神奈川県	18,354	13,487	4,708	314,099	3,844
	静岡県					174
	東京市内					4,871
	東京市外					
	計	27,270	25,552	30,897	314,599	18,796
買入	長野県		1,407,205	73,251	10,000	
	群馬県		2,321,000			
	神奈川県	14,669	2,908	19,790	4,278	173,676
	静岡県				338	79,773
	東京市内					6,517
	東京市外					
	計	6,408	3,731,113	93,041	13,416	259,966

出典：箱根土地会社『営業報告書』各期。注：上半期は前年12月から５月まで、下半期は６月から11月までである。

円ほどになった。一方で、山の手から郊外にかけての地価は2～3割騰貴し、1坪あたりの価格をみると馬引沢《まひきざわ》付近は25～50円、渋谷・幡ヶ谷《はたがや》は30～65円、笹塚《ささづか》方面は35～75円、目白・落合方面は35～80円、池《いけ》袋《ぶくろ》・長崎《ながさき》村は30～70円という相場を示し、「この方面の地主は何《い》づれも地震成金」となった[7]。

このように東京では、関東大震災後の復興過程で地価に大きな変動が起こっていたが、康次郎はなおも土地を「安全確実な投資物」ととらえていた。復興計画の進捗とともに通貨が膨張し物価が騰貴するが、そのさいには地価も値上がりするので「今が土地投資の絶好の機会」であるというのである。また、これまで東京の繁栄の中心は銀座《ぎんざ》、日本橋《にほんばし》であったが、それは背後に

表3—2　箱根土地会社経営地の地域別面積

（単位：坪）

年・月	箱根方面	軽井沢方面	東京郊外	東京市内分譲地
1922. 5	2,345,450	3,765,649	*	*
1922.11	2,594,881	3,755,742	*	*
1923. 5	2,845,322	3,756,008	*	*
1923.11	2,845,322	3,751,220	*	*
1924. 5	2,867,433	3,816,438	*	*
1924.11	2,864,082	3,815,064	160,610	23,084
1925. 5	3,008,434	3,821,818	655,735	18,092
1925.11	3,002,757	3,818,793	733,531	13,478
1926. 5	3,008,434	3,823,658	978,575	19,227
1926.11	3,013,517	3,809,653	1,098,704	17,949
1927. 5	3,064,281	3,808,151	1,088,637	14,277
1927.11	3,062,022	3,805,625	1,061,167	20,443
1928. 5	3,062,022	3,805,625	1,066,923	22,228
1928.11	3,083,942	3,805,625	1,056,605	76,207
1929. 5	3,083,942	3,805,825	1,051,859	95,383
1929.11	3,084,230	3,807,919	1,025,466	82,759

出典：箱根土地会社『営業報告書』各期。注：①「坪」以下の単位は切り捨てた。②＊は記載なしを示す。

「人口稠密《ちゅうみつ》な本所深川の工業地帯」を控えていたからであった。しかし、今後エネルギー供給の面で「石炭時代から電化時代」に変わっていくと「石炭の船着き関係」の束縛から解放されるので、「本所深川の工場地が漸次他の郊外に移」り、「下町の殷賑《いんしん》は山の手に向」かうようになる。したがって、土地投資において安全で有利なのは「市内の高価な権利附の土地や煩雑な借地権に拘束」されている土地ではなく、「山の手若しくは郡部の安価な土地」である。このように述べて、康次郎は自治体や土地会社によって開発されている、山の手から郊外にかけての土地への投資を勧めていた。[8]

落合村（町）の郊外化

康次郎は、１９１４（大正３）年６月に豊多摩郡落合村下落合の大地主宇田川《うだがわ》家から２６６７坪の土地を買い入れると、その後も個人または箱根土地会社の名義で下落合を中心に土地の買収を続け、19年には落合村に１万４２３５坪の土地を所有するまでになった。落合村は、康次郎にとって早稲田大学時代からなじみの深いところであった。卒業後は１９１４年に渋谷、16年に内幸町《うちさいわいちょう》へと転居するが、19年には下落合に戻り、32（昭和７）年に谷保村（現・国立《くにたち》市）に転居するまで暮らしていた。(9)落合村は、１９０９年に近江の八木荘村から上京して以来、ほぼ康次郎の生活圏内にあったといえよう。康次郎は、学生時代に下落合に下宿をしていた関係で知り合った地域の有力者小野田《おのだ》耕作《こうさく》の伝手《つて》を頼りに落合村で土地を買収していたのである。(10)なお、小野田はのちに箱根土地会社の社員となっている。(11)

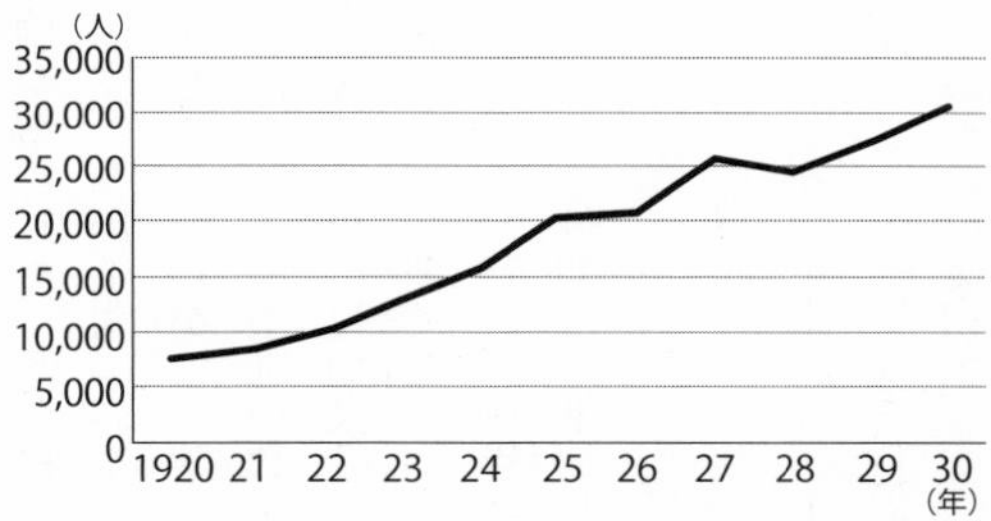

図３―２　落合村（町）の人口（1920〜30年）

（単位：人。出典：『東京府統計書』各年度。注：調査日は各年とも10月１日）

　この落合村が、第一次世界大戦期に「品位ある郊外居住地として、（略）都人士《みやこじんし》の注目を惹《ひ》く」ようになった。(12)落合村は「明治三十年前後には戸数三〇〇戸に満たざる一農村に過ぎ」なかったが、「東京市の発展と郊外交通機関の完備」によって「著しき人口の膨張を招来し」、１９２４年４月に町制を施行した。落合村（町）の1920年から30年までの人口の推移をみると図3―2のようで、この10年間に約4倍に増加した。[13]

こうしたなかで、落合村（町）の居住者の職業構成も大きく変わった。1925年10月の調査によって職業別戸数をみると、全戸数6738戸のうち農業はわずか20戸にすぎず、官公吏1355戸、自由業375戸、銀行員348戸、会社員936戸、軍人84戸などで、いわゆる新中間層が多くを占めている。[14] また、落合村の村民が納める所得税は1918年度には6565円であったが、19年度には1万3697円に増え、22年度にはその約6倍の7万4875円となり、付加税も増加した。こうして、落合村の財政は一挙に豊かになった。[15] 康次郎は、このような落合村（町）の変化を巧みにとらえて、みずからの資産を有利に保全するため、下落合の土地を買収し、1921年の秋、下落合の所有地5046坪を早稲田大学に売却した。[16]

ところで東京府は、1921年2月に財団法人東京府営住宅協会を設立し、笹塚、淀橋、広《ひろ》尾《お》などとともに落合村にも府営住宅を開設した。同協会は、「東京市及其近接町村に於ける住宅の不足を緩和する」ため、東京府知事が会長、府の役人が理事となり、東京府の保護のもとに運営された。[17] 社会政策的な施設なので、会員は「中産階級以下」に限定され、わずかな入会金と会費で住宅を所有できるという仕組みであった。落合村の府営住宅の敷地は約1万坪で、笹塚（約4000坪）、淀橋（約1000坪）、広尾（約700坪）などと比べてかなり広く、戸数は151戸であった。[18] また、東京府営住宅協会は中産階級以下を会員とする建て前であったが、落合村の府営住宅の居住者は官吏、会社員、銀行員、教員、新聞通信社員、弁護士などのいわゆる新中間層が多かったようである[19]。

注目されるのは、落合村の府営住宅の敷地1万坪を、康次郎が１９２０年に「提供」していることである[20]。康次郎が、１９１４年から19年にかけて下落合の土地を買収したことは先に述べた。このうち1万坪を落合府営住宅の敷地として「提供」したのであるが、そのねらいはどこにあったのか。一般的にみて、郊外の住宅地分譲が成功するかしないかは、その地域が住宅地化したさいに、日常生活に必要な商店や施設などが備わっているかどうかにかかっている。落合府営住宅が目白文化村に隣接していることからみると、おそらく康次郎は１９２２年6月から始まる目白文化村の分譲を成功させるため、下落合の所有地1万坪を東京府営住宅協会に貸し付けたのではないかと思われる。このように考えると、康次郎は箱根土地会社を設立した１９２０年にはすでに目白文化村の開発構想をもっていたということになる[21]。

高田農商銀行の支配

高田農商銀行は、１９００（明治33）年5月、東京府北豊島《きたとしま》郡高田村（現・豊島《としま》区南部）の村長であった新倉徳三郎《にいくらとくさぶろう》ら、同村の地主や商人など有力者を発起人として、「一般銀行業務及貯蓄銀行業務」を営むことを目的に設立された資本金15万円の地方銀行であった[22]。15万円の資本金のうち3万円は「貯蓄銀行営業の資金」であったので、普通銀行としての資本金は12万円にすぎず、同年に新設された普通銀行の資本金の平均値（13万円）を下回っていた。このように高田農商銀行は、文字通りの「小銀行」であったが、康次郎は１９２０（大正９）年以降高田農商銀行を支配下に置き、箱根土地会社の機関銀行としたのである。

高田村は、落合村の上落合と下落合の間に位置し、大正の初めまでは「まだ一帯の地が田園菜畝《さいほ》で、各所の森、竹藪《たけやぶ》の間に、草葺《くさぶき》屋根の家屋が見え、農村の姿をなして」いた[23]。高田農商銀行は、こうした純農村地帯に設立された金融機関で、「附近の農家及商家の預貯金並に資金の融通等金融一般を担当」していた[24]。

しかし、日露戦争後の企業勃興にともなって、高田村南部の神田川《かんだがわ》沿いの通称「砂利場」に、晒染《さらしぞめ》や衛生材料などのさまざまな工場が進出し、大正期には工業地帯の様相を呈するようになった。また、落合村の住宅地化についてはすでに述べたが、高田村の雑司《ぞうし》ヶ谷《がや》、その他の高台でも郊外住宅地がみられるようになった。高田村とその周辺は、かつての農村地帯から工業地帯ないしは郊外住宅地へと大きく変貌しつつあり、農家戸数の減少も著しく、専業農家20戸、兼業農家26戸となった[25]。こうしたなかで高田村は、落合村よりも一足先に町制を施行し、１９２０年４月に高田町となった。なお、高田町は１９３２（昭和７）年10月の東京市域の拡張によって、巣鴨、西巣鴨、長崎の３町と合併して東京市豊島区高田町となった。

高田村とその周辺地域の変貌のなかで、高田農商銀行は「堅実主義の輪郭に今一つ積極主義の旗幟《きし》を加へて内部の充実、外部の発展」をはかった[26]。その結果、高田農商銀行の預金および貸出は、図３―３のように１９１７年以降著しく増加し、20年３月には資本金を15万円から１００万円に増やすことを決定した。康次郎は、この増資を機に高田農商銀行の乗っ取りを画策したのであった。

増資前の１９１９年12月末における高田農商銀行の１００株以上の株式を所有する大株主は16名で、東洋麻毛紡織会社取締役の達谷窟《たがや》恂二《しゅんじ》（牛込《うしごめ》区〔現・新宿区〕、１４０株）を筆頭に、大山仲次郎《おおやまなかじろう》、新倉徳三郎、篠房輔《しのふさすけ》、一杉平五郎《いちすぎへいごろう》、中村金左衛門《なかむらきんざえもん》、大塚藤平《おおつかとうべい》、大塚万次郎《まんじろう》、戸張丈太郎《とばりじょうたろう》、福室米蔵《ふくむろよねぞう》、福室郷次《ごうじ》らが名を連ねるが、達谷窟以外は高田村とその周辺の落合村、中新井《なかあらい》村に居住しており、同行の地域金融機関としての性格にはいささかの変化もみられなかった(27)。

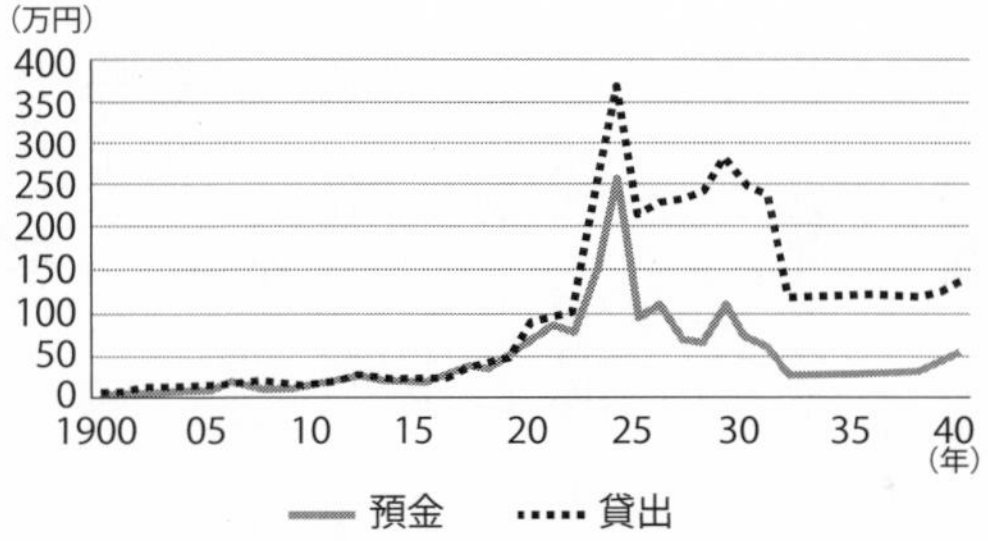

図３―３　高田農商銀行の預金・貸出の推移（1900～40年）

しかし、増資後の１９２０年６月末の大株主についてみると、その顔ぶれは一変している。５００株以上の株式を所有する株主は12名であるが、そのうち増資前に１００株以上の株式を所有していたのは落合村の福室郷次のみで、他はすべて１９２０年３月の増資のさいに旧株や増資新株を取得したものばかりであった。興味深いのは、康次郎は

６００株を取得しただけであったが、康次郎と関係の深い前川太兵衛が３２００株を取得して筆頭株主となり、同じく塚本金兵衛、東方友次郎、川島与右衛門らが上位にランクされていることである[28]。

その後も康次郎による高田農商銀行の株の買い占めは続き、１９２０年12月末には「堤合名会社代表社員」の肩書で康次郎自身が筆頭株主となり、22年6月末にはみずからの持株を箱根土地会社に肩代わりさせ、同社社長の藤田謙一名義の持株が８９２３株となった。これは、株式総数の44・6％にあたっている。そのほか、康次郎と縁の深い前川太兵衛、塚本金兵衛、川島与右衛門らの持株を加えると、株式総数の74・4％（1万４８７３株）が康次郎の支配下にあったことになる[29]。

康次郎は、このように株式所有の面から高田農商銀行の圧倒的な支配を確立するのであるが、同時に経営陣もみずからの配下の者で固めていった。１９２０年1月には頭取の新倉徳三郎、取締役の大塚藤作、監査役の篠房輔・足達安右衛門が辞任し、同年2月に塚本金兵衛・東方友次郎が取締役、前川太兵衛が監査役に就任、同年3月には福室郷次・秋月種英《あきづきたねひで》が取締役となった。そして、１９２３年7月25日の株主総会で塚本金兵衛に代わって康次郎が取締役に選出され、高田農商銀行の役員は常務取締役福室郷次、取締役堤康次郎・吉岡栄蔵、監査役川島与右衛門となった。塚本は、福室米蔵とともに相談役に就任した。そして、１９２５年下半期には福室郷次に代わって吉岡が常務取締役となり、高田農商銀行の役員は康次郎の配下の者によって占められた。その後も、山根定《やまねさだ》、斎藤芳房、浅野亮映《あさのあきえ》らが取締役や監査役に就任し、１９３２年下半期には小島正治郎《こじませいじろう》が常務取締役、土岐義彦《ときよしひこ》が監査役に就任するが、いずれも康次郎の配下の者ばかりであった。

それでは、康次郎はなぜ高田農商銀行を支配しようとしたのであろうか。康次郎は軽井沢や箱根の開発を目的に箱根土地会社を設立したのであるが、開発事業には莫大《ばくだい》な資金が必要であった。その資金調達のための「機関銀行」ないしは「系列銀行」として高田農商銀行を支配下に置こうと考えたものと思われる。そして、康次郎は１９２０年６月には東京護謨の本店を日本橋区（現・中央区）西河岸《にしがし》から落合村上落合に移転させ、22年10月には箱根土地会社の本店を麹町区有楽町から下落合の目白文化村内に移した。このように、このころの康次郎の事業活動は落合村（町）を拠点に展開されていた。康次郎の活発な事業活動が高田農商銀行の業容を拡大していくが、同時に同行の貸出しが預金を上まわるオーバーローンの状況が続くことになった（図３―３）。

目白文化村の開発と分譲

康次郎の率いる箱根土地会社は、１９２２（大正11）年６月20日から落合府営住宅に隣接し、のちに「第一文化村」と命名される住宅地の分譲を開始した。康次郎は、下落合の不動谷と呼ばれた「熊笹《くまざさ》や茅《かや》や葭《よし》の茂った荒れ果てた谿谷《けいこく》」を開発し、「谿《たに》の流れをせきとめて大きな池を造り、盛んな土工《どこう》をやって巧《たくみ》に自然をとり入れた二万七千坪」の住宅地を造成し、電灯や電熱を配給して私設水道工事を施した。かくて、この地は「自然の造った西郊武蔵野の原と人間の造りつつある大東京との接触地」として発展をとげ、周辺の地価は１９１２年ごろには坪1円～1円50銭であったが、23年ごろには「先づ附近の畑でも坪四十円では手放すまい」といわれるまでになった[30]。なお、落合村では、目白文化村を開発した康次郎を、村の功労者として銀杯を贈り表彰している[31]。

　この住宅地の分譲は、「最初は試験的に郊外目白不動園を手数料制度で販売を試みた処、意外な好成績であった」と『ダイヤモンド』で報じられているように[32]、箱根土地会社がみずからの経営地を分譲したのではなく、地主から土地分譲を委託され、分譲の実績に応じて手数料の支払いを受けていたのである。康次郎は、１９２０年３月に箱根土地会社の姉妹会社として東京郊外住宅株式会社を設立し、第一文化村の分譲が完了した22年6月に解散させている。東京郊外住宅会社の資本金は１５０万円（37万５０００円払込み）で、役員は取締役奥平昌国《おくだいらまさくに》・

省線目白驛より府
道を約十丁、驛
より文化村迄
乘合自動車
の便があ
ります、
市内電
車豫定
線停留
場より
約二丁

目白文化村広告はがき（新宿歴史博物館蔵）

永井外吉・塚本金兵衛・大鳥居弁三・広田淳二郎・小野田耕作、監査役吉岡栄蔵・斎藤芳房という布陣であった。永井、広田、吉岡、斎藤は東京護謨の取締役、塚本は高田農商銀行専務取締役、大鳥居は同行の大株主、小野田は落合村下落合の大地主で、奥平をのぞきいずれも康次郎の配下の者であった。康次郎は、軽井沢や箱根の開発資金を調達するため、下落合に１万４０００坪の土地を所有していたが、その販売を東京郊外住宅に肩代わりさせた可能性が高い。つまり、この時点では箱根土地会社が下落合の土地を開発するという計画はなかったとも考えられる。[33] なお、酒井《さかい》雅子《まさこ》は、『官報』２４６９号（１９２０年10月23日）の記述を手がかりに、東京郊外住宅会社を強羅土地会社が名称を変更したものとしているが、[34] 強羅土地会社は少なくとも１９２４年上半期（１９２３年12月〜24年５月）までは『営業報告書』を作成しているので、この点についてはもう少し検討の余地があるように思われる。

第一文化村は、康次郎の「縁故者に大部分販売」された。[35] というのは、当時康次郎の関係していた事業は、東京護謨、沓掛遊園地、箱根土地、東京郊外住宅などの会社と高田農商銀行であったが、これらの会社・銀行はいずれも落合村内に本店を構えていたので、康次郎は下落合の目白不動園の住宅地を永井外吉や吉岡栄蔵など、箱根土地会社の社員や事業の協力者、縁故者に分譲したのである。[36]

目白不動園の分譲が成功すると、箱根土地会社は早稲田大学に売却した土地５０４６坪を買い戻すとともに、目白不動園の隣接地１万５０３３坪を買収し、１９２３年５月25日から第二文化村として分譲した。そして、それになぞらえて目白不動園の分譲地を第一文化村と呼んだ。[37]

大正期には、明治期の「文明」にかわって「文化」という言葉が流行し、会社員、公務員、銀行員などのいわゆる新中間層を中心に生活の洋風化が進みつつあった。そうしたなかで、1922年の3月から7月まで上野公園で開催された平和記念東京博覧会で「文化村」が設けられ、14棟の「文化住宅」が展示された。目白文化村という名称も、そのような時代の雰囲気のなかで考えられ、最寄り駅の目白の名を冠したものと思われる。なお、第2章でみたように、康次郎は1920年から21年にかけて開発した軽井沢の千ヶ滝遊園地を「文化村」と名づけていた。

箱根土地会社は、第二文化村を「神の創造した武蔵野と人の建設せる都会との折衝地帯たる目白文化村は天恵と人為の利便を兼ね備へた現代人に相応《ふさわ》しき安住の地であります」と宣伝した。すなわち、都会と武蔵野の「折衝地帯」に位置し、「自然に恵まれたるあらゆる健康的要件」に加え、「水道電熱装置」「完全なる道路下水」「模範的建築様式」を備えており、「文化的生活を愉快ならしめ」るというのである。交通の便にも恵まれ、省線目白駅から乗合自動車で5分という距離にあり、まもなく東京市電も延長されるという。近くには、150戸の府営住宅があり、「五十坪より数百坪」の単位で土地を分譲し、家屋は箱根土地会社の建築部で「至廉短期間」のうちに完成させる。[38] 第二文化村の宅地分譲面積は1万3202坪で、102区画に分割して分譲した。1区画の面積は45坪から189坪で、坪単価は50〜70円であった。第一文化村と比較すると、わずか1年たらずの間に地価が5〜7倍に値上がりした。[39]

第三文化村は３７７２坪と２１３０坪の土地に分離しており、関東大震災からほぼ１年後の１９２４年９月に分譲を開始した。第三文化村の分譲開始直前の１９２４年８月21日の新聞広告で、箱根土地会社は「分譲の都度売却済となり漸次拡張発展して三万坪の地積内種々なる新様式の住宅建築せられ恰《あたか》も住宅博覧会を観《み》るの感あり」と、第一、第二文化村の分譲が順調であったと述べ、「今回更らに地質水質眺望等の優秀なる所を選び小分譲をなす」と第三文化村の分譲を宣言した。第三文化村は、第一、第二文化村と比べれば「小分譲」であったが、地質、水質、眺望などの点では変わらず、「平坦なる南向緩勾配地」で「大小樹木」が繁《しげ》っていた。最寄りの省線目白駅から乗合自動車の便があり、地価は坪50～70円で第二文化村とほぼ同じであった[40]。

第三文化村の工事は１９２５年３月に完成し、ガスも引かれることになった。箱根土地会社は、この目白文化村を「米国フラー建材会社のターナー支配人が一日目白文化村を訪づれて、おおロスアンゼルスの縮図よ！　と申しましたように、目白文化村は今日瀟洒たる美しい住宅地になりました」と宣伝した。４万坪にも及ぶ文化村には「整然たる道路、衛生的な下水、水道、電熱供給装置、テニスコート」などが設備され、「多くの小綺麗《こぎれい》なバンガローや荘重なライト式建築やさっぱりした別荘風の日本建築などが、富士の眺めや樹木に富む高台一帯の美しい環境に包まれて」いた。分譲地は80坪から数百坪に区画され、坪70円均一で売りに出された[41]。

なお、箱根土地会社による第三文化村の新聞広告は、結婚一年目の夫婦の日常を描いた岸田國《きしだくに》士《お》の戯曲『紙風船』でも取り上げられており、目白文化村での生活は当時の若い夫婦の憧れの的であった㊷。

第四文化村は、箱根土地会社が新たに開発したのではなく、第二文化村の売れ残りの１５６０坪を再分譲したものである。分譲開始は１９２５年９月10日であった。分譲地は19区画に分割して売りに出され、１区画の広さは平均約90坪で、地価は坪35～75円であった。したがって、目白文化村の分譲は、実質的には4期ではなく3期にわたるものであった。

表３—３　第１文化村・第２文化村の土地購入者

職業	人数	購入区画数	区画数構成比（%）
学者	21	24	12.7
会社役員	21	37	19.6
軍人	13	18	9.5
会社員	10	12	6.3
上級公務員	10	15	7.9
技師	5	5	2.6
実業家	5	6	3.2
医師	4	5	2.6
銀行員	2	2	1.1
家主	2	4	2.1
画家	2	4	2.1
議員	2	3	1.6
その他	8	9	4.8
不明	40	45	23.8
合計	145	189	100.0

出典：海野勉編『「目白文化村」に関する総合的研究（１）』1988年。注：原資料は「目白文化村分譲地割図」、人事興信所編『人事興信録』1925、28年版。

このように、康次郎の目白文化村の開発は、のちの大泉、国分寺（小平）、国立の学園都市とは異なってミニ開発であった。また、第一文化村から第四文化村まで開発・分譲がなされ、ガス、水道、下水、地下ケーブル式電気設備などインフラの整備に力が注がれ、テニスコート、相撲・柔道場などスポーツ施設が設備されたが、住宅地としての構想は不統一であった。なお、箱根土地会社は、住宅地を分譲するだけでなく、１９２４年の冬には「住宅建築展覧会」を開催し、第一、第二文化村内の第一会場を「既設五十余棟の文化住宅観覧」、第三文化村内の第二会場を「参考品陳列と休憩」として住宅建築の宣伝を行った[43]。

それでは、目白文化村の土地を購入したのはどのような人びとであったのであろうか。第一文化村および第二文化村の土地購入者の職業と購入区画数をみると表３―３のようで、学者、会社役員、軍人、会社員、上級公務員などが比較的多く、合計すると75人となり、総数の51・7％を占めていた。そのほかの居住者も、技師、実業家、医師、銀行員、家主、画家、議員と続くので、日露戦争後から第一次世界大戦期の工業化・都市化のなかで台頭してくる、いわゆる新中間層であったといってよいであろう。

２　華族・富豪の土地開放

東京市内の住宅地分譲

箱根土地会社が「第一文化村」（目白文化村）を郊外住宅地として分譲したのは１９２２（大正11）年６月であったが、その４か月後には東京市内の華族や富豪の邸宅地を買収し、一般の住宅地として分譲を始めた。

札幌農学校を中退し、社会運動家として活躍していた竹内《たけうち》余《よ》所《そ》次郎《じろう》は、１９０５～06（明治38～39）年ごろの東京市の宅地所有状況を区ごとに調査している[44]。それによって、宅地所有者を、①１０００坪未満、②１０００坪以上に分類し、地主数および所有宅地面積の百分比を各区ご

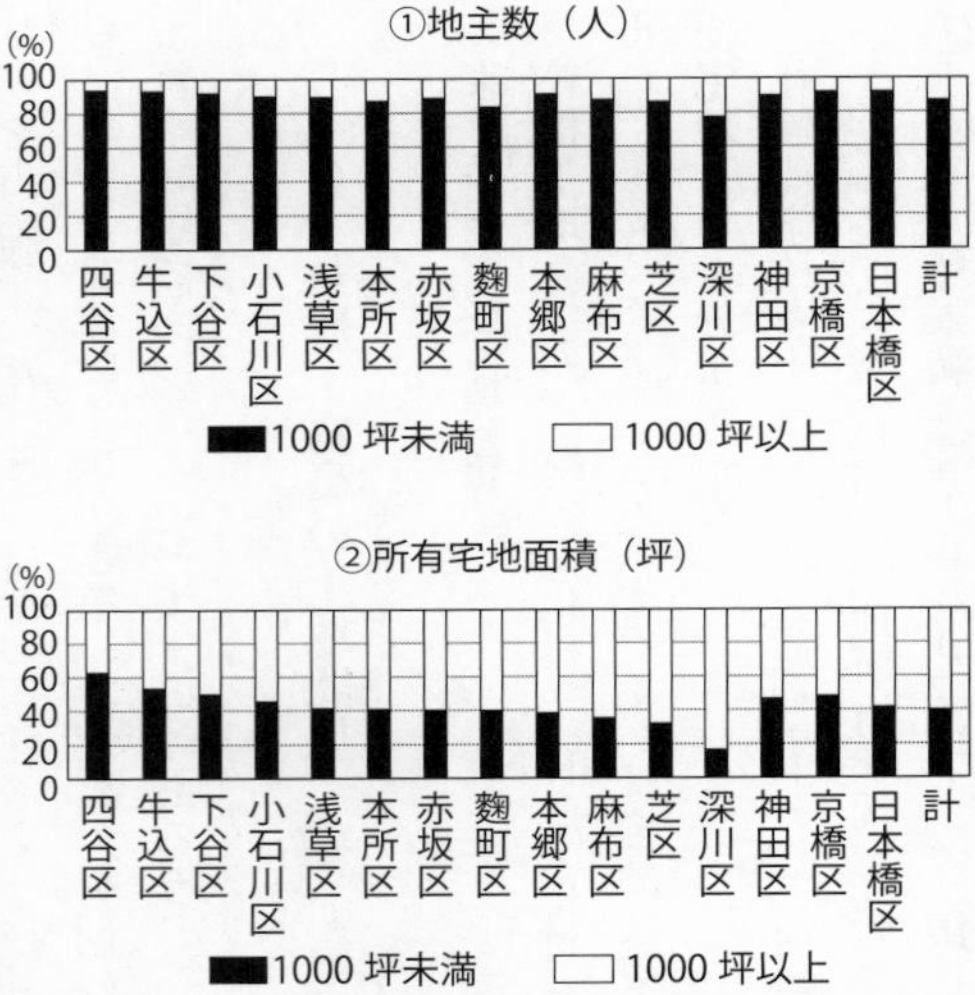

図３―４　東京市の各区別地主数と所有宅地面積の100分比（出典：竹内余所次郎「東京各区に於ける土地分配の現状（一～八）」〔『平民新聞』1908年１月25～27日、同１月29～２月２日〕）

とに示すと図３―４のようになる。東京市全域では約２万人の地主が１５０万坪ほどの宅地を所有しており、しかも数では10％ほどでしかない１０００坪以上の宅地所有者が、全宅地のほぼ60％を所有していた。大地主のなかには、三菱合資の岩崎《いわさき》久弥《ひさや》・岩崎弥之助《やのすけ》（23万１７９２坪）、三井銀行・三井一族（17万２５５８坪）、峯島《みねしま》こう・きよ（11万９１７坪）、渡《わた》辺《なべ》重《（治カ）》右エ門《えもん》（６万３１２３坪）、安田銀行・安田善次郎《やすだぜんじろう》（５万７４３２坪）らの富豪や阿部正桓《あべまさたけ》（６万５５３６坪）、酒井忠道《さかいただみち》（５万１４７８坪）、徳川茂承《とくがわもちつぐ》（４万９４８３坪）、浅野長勲《あさのながこと》（４万８３８９坪）ら華族の名がある。

　こうして、一握りの地主によって東京市内の宅地が独占的に所有されていたのであるが、そうした状況は長らく変わらず、１９２０年になっても、東京市内には富豪や華族の所有する１

表3―4　箱根土地会社の華族邸宅跡の住宅地分譲

分譲開始年月	分譲地	住所	面積（坪）		坪あたり価格（円）
			総面積	1区画	
1922.10	柳原義光伯爵邸跡	麻布区桜田町		50～100	
1922.11	井上馨侯爵邸跡	麻布区宮村町	4,000		100～175
1922.12	河瀬真孝子爵邸跡	麹町区平河町	4,500		
1922.12	高橋新八男爵邸跡	麻布区富士見町			
1923. 1	木戸孝正侯爵邸跡	本郷区駒込神明町	10,000	100～	90～
1923. 2	三宮義胤男爵邸跡	芝区高輪北町		50～	170～230
1924. 3	小笠原長幹伯爵邸	牛込区河田町	4,300		
1924. 4	前島密男爵邸跡	小石川区関口町			
1924. 6	大村徳敏子爵邸跡	芝区高輪			
1925. 3	坊城俊章伯爵邸跡	牛込区喜久井町		50～数百	100～150
1925. 7	亀井茲明伯爵邸跡	小石川区丸山町	5,000	70-80～数百	

出典：『東京朝日新聞』掲載の箱根土地会社住宅地分譲広告による。

万坪以上の庭園が20か所以上もあり、その1割を開放すれば15坪の小住宅が2万戸も建てられるといわれていた[45]。こうしたなかで、普通選挙運動や労働争議などの社会的動揺を目のあたりにした青年華族は、大正デモクラシー期の新思想を受容し、東京市内の住宅難を解決しなければならないと考え、所有する邸宅地を売却するのが「一種の流行」となった[46]。また、都市計画を実施する東京、京都、大阪、名古屋、神戸、横浜の6大都市で、都市計画税にかかわる特別税として閑地税、遊地税、空地地価騰貴税などを課すようになったことも、こうした動きに拍車をかけた[47]。

箱根土地会社が、1922～26年に住宅地として分譲した東京市内の華族の邸宅跡のうち、主なものをあげると表3―4のようである。箱根土地会社が、最初に手がけたのは麻布区

（現・港区）桜田町《さくらだちょう》の伯爵柳原義光《やなぎわらよしみつ》の邸宅地であった。柳原邸の敷地は３０００坪ほどであったが、柳原伯爵の住まいとして６５０坪を残し、残りの２３５０坪に敷地面積50坪・建坪30坪の洋風の日本家屋を建築し、５０００円程度で売却するという計画であった。販売戸数は40戸ほどで、下水・道路を整備した「理想住宅地」にするとされていた。(48)柳原伯爵は、目白文化村が「外観を洋風にして村全体が如何にも美術的」なのにほれ込んで設計を箱根土地会社にまかせ、「官吏なら次官、局長、軍人なら大佐、少将級の所謂《いわゆる》中産階級の人達」のために住宅を提供しようと考えたといわれている。(49)柳原邸の分譲地は、坪数は少なかったが、「市中の高台であって住宅地として絶好の場所である為めに、縁故希望者が相当にあり」、１９２３年下半期中に「全部販売し終る見込」とみられていた。(50)

１９２２年12月には、河瀬《かわせ》真《まこと》子爵も麹町平河町《ひらかわちょう》の敷地面積４５００坪の邸宅を開放した。河瀬子爵は海軍機関中佐として横須賀《よこすか》鎮守府に出仕しており、予《かね》てから父真孝《まさたか》から相続した大邸宅の開放を望んでいたが、親族間に反対があり決行できないでいた。しかし、「愈々《いよいよ》家職《かしょく》は勿論《もちろん》親族間にも一言も相談せず」に「邸宅土地すべてを箱根土地会社の手に任せ」ることにしたという。(51)

箱根土地会社は、１９２２年12月、幕末のころに久世大和守《くぜやまとのかみ》の下屋敷であった小石川《こいしかわ》区（現・文京《ぶんきょう》区）久世山《くぜやま》の渡辺治右衛門《じえもん》の所有地を譲り受け、分譲地を「小石川富士見台」と名づけて売りに出した。分譲地は「約二万坪の高台」であったが、同社は道路、下水、ガス、水道などを設備し、50坪以上の区画に分けて「全体を南方傾斜の雛段《ひなだん》式とし」、「眺望の自由と道路の平坦とを図り巨木を記念樹として保存」して「風致衛生共に理想的高台住宅地」であると宣伝した[52]。

１９２３年１月に分譲を開始した木戸孝正《きどたかまさ》別邸については、「本郷丹後守《ほんごうたんごのかみ》が下屋敷として造園の精を尽くし後、維新の元勲木戸孝允《たかよし》の有に帰してより往年の功臣多く此処に会して維新の鴻業《こうぎょう》を策し、後年老侯爵が忙中の小閑を風流韻事《ふうりゅういんじ》に親しめる処にて、畏《かしこ》くも明治天皇の行幸《ぎょうこう》ありし事ある由緒深き名園に御座候《ござそうろう》」と、同分譲地の由緒を述べている。また、この約１万坪の邸内には小丘《しょうきゅう》、池泉《ちせん》、小祠《しょうし》や「樹下二百坪に余る名木」があり、住環境にすぐれていた。そして、市電の上富士前《かみふじまえ》停留場から約１町（約１０９ｍ）、省線駒込《こまごめ》駅から約２町（約２１８ｍ）の距離にあり、「明年中省線電車上野神田駅間開通の上は駒込駅より僅々二十分にて東京駅に到達」できるようになるなど、交通至便であることが強調されている。このように箱根土地会社は、木戸侯爵別邸を「閑雅にして交通至便なる共《（ママ）》楽的住宅地」であるとして、坪90円以上で分譲した[53]。

１９２３年４月には、麻布区広尾町《ひろおちょう》の東京商法講習所（のちの東京商科大学、現・一橋大学）初代所長の矢野二郎《やのじろう》邸跡を譲り受け、住宅地として50～数百坪に区画し、坪１２５～１６５円で分譲した。矢野二郎邸は、旧木下備中守《きのしたびっちゅうのかみ》邸跡で「由緒深き土地」であったが、箱根土地会社はそこに道路、下水、ガス、水道などの都市施設を整備して「閑雅なる住宅地」として売りに出した。[54]

　関東大震災後には、箱根土地会社の東京市内における住宅地分譲がさらに活発になった。箱根土地会社は、関東大震災が起こると家屋・土地・測量・建築に関する相談部を開設し、「懇切敏速に罹災《りさい》諸氏の御相談に応じ」ると発表した。そして、「山手方面各所に直ちに住居し得る売却家屋十数棟あり」として、小石川区久世山、麴町区平河町、市外渋谷町（現・渋谷区）道玄坂《どうげんざか》、府下上大崎《かみおおさき》、麻布区一本松《いっぽんまつ》、本郷区（現・文京区）駒込神明町《こまごめしんめいちょう》、芝区（現・港区）高輪車町《たかなわくるまちょう》、赤坂区（現・港区）新崎（ママ）町などの家屋を紹介した。[55]

　１９２４年３月には、小笠原長幹《おがさわらながよし》伯爵の邸宅地５０００坪を売りに出した。小笠原は、５０００坪の敷地を売却する理由について、「今更悟った訳でもないが、大きな邸《やしき》を一人占めにしてゐるのは良い事ぢゃない、俺も大体は売り払って二千坪の処へ小さな家を建てて生活をも少し簡易にしたくなったんだ」と、はやりの華族・富豪の邸宅開放に賛同しての行動であることを強調していた。[56]

　このように箱根土地会社は、華族や富豪の邸宅地跡を住宅地として分譲した。同社の「営業報告書」によれば、「東京市に於ける不入《ふにゅう》の地とも謂《い》ふべき由緒ある土地の従来不生産的に放置せられたるものを有益に利用し一面住宅難の緩和に努」めたところ、「各経営地とも数日或は旬日の中に全部契約を了するの盛況」となった。[57]しかし、こうした箱根土地会社などによる華族・富豪の邸宅跡の住宅地分譲については、「華族富豪の邸宅を切売することは結構な事であるが、何々土地会社とか云ふ会社に托して発売するから、其の値が頗《すこぶ》る高いので、迚《とて》も中産階級には手が出せぬ、開放すなどと云ふ美名は当て嵌《は》まらない」という批判があった。[58]

東京市内外での住宅地分譲は、箱根土地会社にとって、当初は一時しのぎの「中間事業（なかつぎ）」という位置づけであったが、次第に同社の主要な事業となった。箱根土地会社の1924年上半期の『第9回報告書』は、東京市内外の住宅地分譲について「本社の箱根方面に於ける事業地は同地方交通機関の復旧急速を期し難きに鑑み専ら東京土地の経営に従事せしが、本社の事業は益々世人の注視する所となり相当の成績を得て多忙のうちに当期を送りたり」と述べていた。[59]また、箱根土地会社の土地売買をみると、買入坪数は約2万1390坪、売却坪数は約2万3077坪であったが、箱根で81坪の土地を売却しているのをのぞけば、すべて東京市内外の土地の売買であった[60]（81頁の表3―1を参照）。東京市内外での住宅地分譲は、関東大震災前後の東京市内での深刻な住宅不足のなかで、予想外の好成績をおさめることになった。ただし、分譲地の面積は、数千坪から最大でも1万坪であったから、のちの大泉、国分寺（小平）、国立などの学園都市開発と比べると、はるかに規模の小さいミニ開発であった。

そして箱根土地会社は、1924年10月、「一昨年来本社の市内分譲地は約三十箇所拾参万坪に及び売上総額弐千万円に達しました。本社は之れより郊外地に大学都市建設に努力致しますから市内の新分譲は今回を以て当分打切りと致します」と、東京市内の住宅地分譲を打ち切り、経営の重点を東京郊外の学園都市建設に移すと宣言した。[61]

広告・渋谷道玄坂百軒店（『東京朝日新聞』1924年6月14日）

渋谷道玄坂百軒店

康次郎は、1923（大正12）年、渋谷道玄坂の旧豊後国岡《ぶんごのくにおか》藩主中川久任《なかがわひさとう》伯爵邸跡3448坪を買収し、百軒店《ひゃっけんだな》という商店街の建設に着手した。箱根土地会社の『第8回報告書』（1923年下半期）には「本社渋谷町経営地に於ては、震災復旧に際せる該地の繁栄を利用し、商舗地《しょうほち》及興行地として同地の一異彩たらしむべく、目下鋭意計画中に属せり」とある。由井常彦編著『堤康次郎』によれば、箱根土地会社は渋谷の経営地を当初は住宅地として開発・分譲しようと考えていたが、1923年9月の関東大震災後の復旧過程で計画を変更し、商舗地・興行地として開発することになったとされている。

しかし、当時の新聞報道によると、中川は、震災前の1923年6月には「民衆娯楽場としての邸宅開放を思ひ立ち」、6月24日には「赤坂仲町《あかさかなかちょう》に引移って」地均《じなら》し工事に着手していた。この「民衆娯楽場」とは、「道玄坂に出来る新しい仲見世《なかみせ》」のことであった。康次郎は、旧中川伯爵邸跡地を買収した当初から、人口7万人を擁する「日本一の町」渋谷の繁華街道玄坂に

「新しい仲見世」を建設しようと考えており、震災前に着工していたのである。[62] なお、「仲見世」とは、浅草《あさくさ》の浅草寺《せんそうじ》界隈《かいわい》の「仲見世」のことで、当時の東京ではもっともにぎわっている繁華街の一つであった。つまり、康次郎は、関東大震災以前から渋谷道玄坂一帯を浅草なみの繁華街にしようと考えていたのである。

箱根土地会社は、震災後まもなくの１９２３年９月17日には「天の試錬《しれん》に耐へよ」という新聞広告を掲載し、「熱火の洗礼は吾人に大東京を建設せしむべき天の試錬なり」と、勇ましい言葉で語りかけた。そして「道玄坂売店の計画」があることを紹介し、「山手一帯は益々大住宅地となり渋谷道玄坂は地の利大なるを以てその繁業の中心たるや必せり、逸早《いちはや》く道玄坂に以て商業を開始せんと欲する方はほん《（本）》社又は左記出張所に御問《おとい》あはせ相成度《あいなりた》し」と出店を募った。なお、「左記出張所」とは、箱根土地会社が開設した小石川区久世山出張所と渋谷区道玄坂出張所のことである。[63]

箱根土地会社は、渋谷に「浅草六区《ろっく》の繁栄を横取りして新浅草を拵《こしら》える」という意気込みで演芸場や「仲見世」の建設に着手した。主任技師は河野《かわの》傳《つとう》で、建物は大きな地震にも耐えられるよう洋館２階建てとされ、予算は１００万円ほどであった。河野は、軽井沢グリーンホテル、国立駅、目白文化村の中村正俊邸などの設計を手がけており、康次郎に大変かわいがられ、１９２３～24年には箱根土地会社建築部に勤務し、27（昭和２）年から31年にかけて同社の嘱託を務めていた。[64] １９２３年10月には演芸場が完成し、出店の申し込みも順調であった。10月

28日には、演芸場の柿落《こけらおと》しとして、当時桃中軒雲右衛門《とうちゅうけんくもえもん》と人気を二分していた浪曲師の吉田《よしだ》奈良丸《ならまる》を呼び、入場無料で罹災者《りさいしゃ》を慰安した。(65)

また康次郎は、ここで1924年3月1日から2か月間、全国物産共進会を開いた。復興気運の盛んな折柄をとらえて、「生産者から消費者へ」のキャッチフレーズのもと、即売本位の共進会という位置づけで開催し、4か所の無料演芸館では会期中一流の芸人による余興が催された。また、入場料や陳列場所代は一切無料とされ、康次郎の「太っ腹」が評判になった。陳列即売場は2階建て木造装飾煉瓦張《れんがば》り3000余坪の建物で、2階は出品人の宿泊所にあてられた。(66)

康次郎は、共進会終了後は陳列即売場を「百軒店《ひゃっけんだな》」と名づけ、土地付きで一般希望者に分譲して「平面的百貨店」にするという構想をもっていた。百軒店という名称は、日本橋にあった「十軒店《じっけんだな》」という商店街の名にあやかったもので、そこには「十軒」を10倍にするという康次郎の意気込みをうかがうことができる。共進会は、全国の特産品を生産者から直接消費者の手に渡し、仲買や問屋の手数料を省いて「しこたま安く売」り、生産を奨励するという試みであったが、百軒店では「何でも衣食住についての必要品は安くていい品を揃《そろ》へることが出来る仕組みにした」という。また、演芸場では「立派な演芸を安く心地よく」見せ、歩道はアスファルトにして雨天でも自由に買い物ができるように配慮した。(67) 5月22日には、「渋谷道玄坂「百軒店」商店一部売却」との広告を新聞に掲載し、「渋谷道玄坂「百軒店」は一流商店を網羅し日夜殷賑《いんしん》を極《きわ》め居《お》り候《そうろう》／本社は五月末共進会閉会を機として確実なる商店を以て一部を補充し理想的デパートメント地区として百軒店商店街を完成せんとす」と述べた。ただし、百軒店の店舗の一部は、共進会を閉会する前から売却されていたようである。(68)

全国物産共進会は、予定どおり1924年5月31日に閉会となった。康次郎は改めて「爾後《じご》は初期計画の如く内容充実せる商店を以て『百軒店商店街』を開設可致候《いたすべくそうろう》／山手繁昌《やまのてはんじょう》地《ち》の随一たる当街区に於て、商店経営御希望の方は至急御申越相成度候《おもうしこしあいなりたくそうろう》」と広告を打った。(69) さらに6月12日には、「東京新名所の一として数へられたる百軒店！／日々の入場者無慮《むりょ》十数万！／よい店でよい品がなんでも整ふ銀座の縮図！／不夜城の光うづ巻く山の手の浅草！」と新聞広告を打った。「山の手の浅草」というだけあって、聚楽座《じゅらくざ》では水谷八重子《みずたにやえこ》の芸術座の興行が行われ、第一演芸場には喜劇の曽我廼家《そがのや》一座が出演し、第二演芸場では奇術、浪花節《なにわぶし》、掛合《かけあい》話などが演じられていた。(70)

百軒店の入居商舗は表3―5のようで、1924年10月の時点で87店が入居していたが、銀座などからの有名商店の出店が多かった。百軒店は、8000坪の地区の中央に聚楽座や渋谷キネマが新設され、渋谷道玄坂では「最も賑《にぎ》やかな商店街」となった。道路には御影石《みかげいし》が敷き詰められて「小銀座」「平面的の一大デパートメントストア」と呼ばれる「小綺麗《こぎれい》な商店街」がつくられた。しかし、関東大震災からの復興が進むにつれて下町に引き上げる店が増え、1925年には値下げや年賦償還の方法も講じたが、26年1月に突然売りに出された。

表3―5　渋谷道玄坂百軒店入居商舗

1	銀座天賞堂売店	45	殿木袋物店
2	銀座資生堂チエーンストーア	46	精養軒のパン売店（階上喫茶室）
3	富士屋眼鏡店	47	南部鉄瓶照井亦八商店
4	六合屋呉服店	48	島根物産館
5	近江屋呉服店第一支店	49	渋谷幸道商店
6	栗田毛織物店	50	神田梅本漆器店
7	アサヒ酒場	51	相徳タンス店
8	近江屋呉服店第二支店	52	日本籐製品商会
9	やすいや商店	53	栗田帽子店
10	銀座関口洋品店売店	54	有田焼玄清堂
11	スズラン堂毛糸店	55	メタリコン陳列館
12	森永の菓子井原商店	56	銀座山野楽器店売店
13	銀座十一屋第一売店	57	岩崎セトモノ店
14	日本昼夜銀行渋谷派出所	58	浅草名物来々軒支店
15	日本橋西川の分店	59	ヲイル防水絹布清水商店
16	久留米かすり売店	60	町田帽子店
17	金沢物産中島商店	61	甘栗、しるこ三角軒
18	丸ビル竹内製帽会社売店	62	瀬古大成堂
19	桔梗屋家具店	63	銀座木村屋パン店
20	銀座十一屋第二売店	64	鳥料理千どり
21	三中井呉服店支店	65	スズラン喫茶店
22	ハルキ蓄音器店	66	長崎カステーラー白水堂
23	東京毛織会社直営販売店	67	近江物産中田商店
24	殿木商店喫茶部	68	栄養料理すずめ庵
25	京都マスミヤモスリン店	69	すし出雲屋
26	つるや洋品店	70	カスケードビール売店
27	正価堂毛布店	71	ヱビスビヤホール
28	南洋館更紗陳列場	72	千代田饅頭千代田屋
29	台北川口商会支店	73	日本橋山形屋出張店
30	南洋館	74	鰻蒲焼花菱
31	内外農事株式会社売店	75	モモセ履物店
32	山沢農園売店	76	フアイバーカバン店
33	きくや花店	77	九谷焼売店
34	駒場長寿園売店	78	コドモヤ毛糸織物店
35	豊田農園出張所	79	人形町正札堂分店
36	三越のウーロン喫茶店	80	洋品織物トモエヤ
37	台湾館の一階売店	81	グリーン倶楽部玉突場
38	両国与兵衛鮨出張店	82	オモチヤ屋桃太郎
39	銀座菊屋売店	83	千代田レストラント
40	福中美術館出張所	84	カナリヤ洋品店
41	支那料理東篇堂	85	今用喫茶店
42	麻布永坂更科出店	86	家庭洗濯機柳原商会
43	山口洋品店	87	高級常設渋谷キネマ（工事中）
44	薬研堀八木屋半襟店		

出典：「家庭衛生大展覧会 渋谷道玄坂百軒店にて」（『東京朝日新聞』1924年10月20日）

箱根土地会社は、省線国分寺～立川《たちかわ》間に国立《くにたち》駅をつくり、そこに東京商科大学を中心とする国立大学町《くにたちだいがくまち》の建設に着手した。国立駅は1926年3月ごろまでに落成し、箱根土地会社の本社および社員住宅を移転し、遅くとも4月ごろまでには国立大学町の土地分譲を開始するので「此際他の経営地の利益を犠牲として総《す》べての財源を一つに此処に集め」て「資金の大回収」をはかるというのであった。[71] 1926年4月には、百軒店では75軒が空き店舗となっていた。[72]

新宿園の開園と閉園

康次郎は、遊園地の経営にも乗り出した。1924（大正13）年9月、箱根土地会社は、四《よつ》谷《や》区番衆町《ばんしゅうちょう》35番地（現・新宿《しんじゅく》区新宿5丁目）に新宿園《しんじゅくえん》という約1万坪の面積を擁する遊園地を開園したのである。このころ東京の郊外では、花月園《かげつえん》（鶴見《つるみ》、1914年5月）、荒川《あらかわ》遊園（西尾久《にしおぐ》、1922年5月）、玉川《たまがわ》児童園（二子玉川《ふたこたまがわ》、1922年7月）、多摩川園《たまがわえん》（田園調布《でんえんちょうふ》、1923年12月）、谷津《やつ》遊園（習志野《ならしの》、1925年11月）、豊島園《としまえん》（練馬《ねりま》、1926年9月）、向《むこう》ケ《が》丘《おか》遊園（登戸《のぼりと》、1927（昭和2）年4月）、京王閣《けいおうかく》（調布《ちょうふ》、同年6月）などの遊園地が開設されていた。これらは、会社員、銀行員、公務員などのいわゆる新中間層が休日に家族ぐるみで行楽を楽しむ場として人気を博したが、新宿園もそのような遊園地の一つであった。

新宿園の用地は、「新宿将軍」という異名をもつ米相場師浜野《はまの》茂《しげる》の邸宅の跡地であった。浜野は、1852（嘉永《かえい》5）年に兵庫県西宮《にしのみや》の旧家に生まれたが、幕末のころに生家が没落したため、7歳で家を出て苦難の人生を歩むことになった。明治になって、1876(明治9)年に東京の蛎殻町《かきがらちょう》に米商会所《べいしょうかいしょ》(米穀取引所)が創設されると、米仲買人となって「丸天《まるてん》」の称号で頭角を現した。米相場で儲けた利益で新宿の土地を買い占め、一時は56万6000坪の土地を所有し、1万坪余の広大な邸宅を設けた。初代浜野茂は1914年9月に死去するが、邸宅は息子の2代浜野茂に引き継がれた。康次郎は2代浜野茂から家屋敷をのぞく約1万坪の土地を買収したのである。

康次郎は、浜野の邸宅跡地は新宿遊郭に近接していて住宅地には不向きなので、「浅草六区のやうな楽天地」にしようと考え、新宿園を開設した。[73] 開園時の新聞広告では「林泉《りんせん》の美と児童の遊楽設備」という触れ込みで新宿園を宣伝し、入場料は10銭、開園時間は「早朝より午後九時迄」とされていた。[74]

箱根土地会社は、1924年9月2日の朝日新聞に「新宿園開場」という広告を打って、新宿園は「数拾万円を投じて数奇《すき》を凝した名苑《めいえん》に種々なる設備や児童遊戯具を整へた市内唯一の塵外楽境《じんがいらっきょう》」で、「鬱蒼《うっそう》たる大樹《たいじゅ》あり梅林あり築山《つきやま》あり池ありて樹蔭《じゅいん》には禽鳥《きんちょう》囀《さえず》り小猿戯《たわむ》れ睡《すい》蓮《れん》咲くところ水禽《すいきん》浮び頗る造園の妙を極」め、「最も新らしいページェントステジや徒歩地として宏壮《こうそう》な建物がありますから終日楽しく遊ぶことが出来ます」と宣伝した。[75] さらに康次郎は、新宿園を「品のよい家庭の延長」「老人も子供も打ちまじって遊び興《きょう》ずる」ところで、「何《いず》れも団欒《だんらん》的興味を基調として、子供達の身体と情操をすこやかに美しく発育せしめる楽園」と紹介した。[76]

箱根土地会社の新宿園への投資額は、土地の買収費に劇場などの建設費を加えると1925年11月末には191万2000円余にも達していた。巨額な投資にもかかわらず、もともと浜野邸の「名園」を売り物にしていたため、花月園の「大山すべり」や豊島園の「大プール」のような特色のある遊戯物もなく、経営は思わしくなかった。そこで箱根土地会社は、新宿園の設備投資額を回収するため1925年4月1日に額面20円（年利6％）、入場券付きの社債200万円を「娯楽と貯蓄・一挙両得」という触れ込みで売りに出した。[77] また、経常費をまかなうため入場料を10銭から50銭に引き上げた。

しかし、入場券付き債券は売れた形跡がなかったし、何よりも入場料の値上げが引き金となって新宿園は閉園に追い込まれ、1926年6月には「市内で一番将来値が高くなる見込の土地」「市内で一番交通よく物価安き便利な土地」と宣伝して跡地を売りに出した。[78] 50銭の入園料は、上野動物園の入園料が大人10銭、子供5銭であったことに鑑みれば決して安くはなかった。

また、新宿園跡地を売りに出したのは、渋谷道玄坂の百軒店を売りに出したのと同様、国立大学町の建設資金を確保するためでもあった。新宿園売却の新聞広告は、「新宿園を売却す商大中心百万坪大学町建設のため」という見出しのもとに、「新宿園今日迄の苦心経営を思ふとき誠に愛惜《あいせき》の念に堪《た》へませんが、商大中心百万坪大学町建設のため断然之を売却する事に決定しました」と述べている。箱根土地会社は、「国立大学町の建設に専心、社業を傾注」するので新宿園跡地を売却するというのである。[79]

こうして新宿園跡地の分譲が進み、少しずつではあるが住宅も建設されて、1931年の秋には「新宿園」という名の町会が誕生した。

3　学園都市の建設

大学・専門学校の郊外移転

東京では、第一次世界大戦後、とりわけ関東大震災後には郊外の発展が著しく進み、都心にあった大学や専門学校の郊外移転が頻繁にみられるようになった。1918（大正7）年12月の大学令の公布によって、単科大学や公・私立大学の設置が可能となったが、大学と呼ぶにふさわしい規模の校舎や運動場のある予科の開設が義務づけられた。そのため、狭隘《きょうあい》なキャンパスに悩む都心の大学や専門学校の間では、郊外移転によって学園の拡張・発展をはかろうという機運が高まり、1923年9月の関東大震災で校舎や諸施設を失うと、こぞってキャンパスの郊外移転を企てた。

震災で校舎を全焼した浅草蔵前《くらまえ》の東京高等工業学校（現・東京工業大学）が、1924年4月に東京府下の荏原《えばら》郡大岡山《おおおかやま》に移転したのがその最初であった。また、麹町区五番町《ごばんちょう》の津田《つだ》英学塾《えいがくじゅく》（現・津田塾大学）は、移転したのは1931（昭和6）年9月であったが、22年10月に北多摩郡小平村《こだいら》（現・小平市）を移転候補地に内定し、翌23年5月までに2万５２１０坪の土地を約10万円で購入していた。[80] また、神田駿河台《するがだい》の明治大学も、小平村への移転を考えていた。

　こうして、関東大震災後、大学の郊外移転が進んだ。『都新聞』は、こうした状況を「官学は本郷、私学は早稲田と三田《みた》といふた学校街は、既に一昔も前のこと、近く慶應は丸子玉川《まるこたまがわ》へ移転するといふし、商大は国立へ、高工は工業大学となって城南《じょうなん》大岡山へ、更に小田急の成《せい》城《じょう》学園、小平の学園都市と、学園はぞくぞくと東京の新市域へ或は郊外へと伸びてゆき、清《せい》楚《そ》な施設とスマートな建築とが、更に新しい学園都市としての雰囲気を作ってゆく」と伝えている。[81]

　東京商科大学（商大）も、郊外移転を考えていた大学の一つであった。１９２０年4月に東京高等商業学校から大学に昇格した商大は、神田一《ひと》ッ橋《ばし》のキャンパスだけでは、大学としての陣容を整えるには手狭となり「都会の雑踏を避けて、勉学に相応《ふさわ》しい環境を造り出す適地で、理想的な学園都市建設可能な土地」という条件で「千葉県、埼玉県、神奈川県等々、東西八方捜索」[82]し、千住《せんじゅ》付近の土地など、いくつかの移転候補地があがっていた。[83]

　商大は、１９２３年5月に北豊島郡石神井《しゃくじい》村（現・練馬区）に運動場用地を購入した。その直後の１９２３年9月1日、商大の一ッ橋キャンパスは突如関東大震災に見舞われた。木造の建築物はほとんど倒壊し、煉瓦造りの教室も一部崩れ落ちた。さらに火災が起こり、火の手は商品陳列所、研究室、本館、大講堂、如水《じょすい》会館と燃え広がった。奇跡的に大震火災を免れたのは、旧専攻部の教室（三井ホール）と図書館のみであった。

　商大では、震災直後の１９２３年９月16日、教授をメンバーとする復興委員会を発足させ、種々の善後策を講じた。12月１日から本科専門部３年生は一ツ橋の残存校舎で、予科の学生と専門部の１、２年生はそれぞれ幡ヶ谷の東京高等学校（現・東京大学教育学部附属中等教育学校）、渋谷の私立農業大学（現・東京農業大学）の教室を借りて授業を再開したが、次第に「新一橋をその旧形骸の廃墟《はいきょ》の上に再建するよりは、寧ろ新たな聖地を求めて形骸精神共に理想的な大学として再建すべし」という輿論《よろん》が学生の間に醸成された[84]。復興委員会も、「相当なる復興費を計上して之を当局に提出し議会の協賛を待って直に実行に着手する」という計画を立て、１９２４年１月の帝国議会に予算要求をする予定であったが、議会が解散してしまったため、「一時中止するの余儀なきに至った」のである[85]。

　一方、このころの東京郊外では、１９２２年６月に田園都市会社が荏原郡洗足《せんぞく》（現・目黒区）で５万５０００坪の住宅地を分譲したのを皮切りに、土地会社による大規模な住宅地の分譲が始まっていた。同社は、１９２３年８月には多摩川台《たまがわだい》（田園調布）で３万２０００坪の住宅地の分譲を開始した。多摩川台の住宅地には、駅前から幅員７間（約12・７ｍ）または２間（約３・６ｍ）の道路を通して街路樹を植え、住宅の建設にあたっては建蔽率《けんぺいりつ》を５割以内、建築費を坪１２０円以上とするなどの条件をつけ、理想的な田園都市の建設をめざした。

康次郎は、大学の郊外移転と郊外住宅地の分譲にヒントを得て学園都市の建設を構想し、武蔵野鉄道（現・西武鉄道池袋線）沿線の大泉村（現・練馬区）と、国鉄中央線沿線の小平村および谷保村で学園都市の建設を企てた。なお、この学園都市構想は「全国でも初めての」ことであるが、関東大震災後の山本権兵衛《やまもとごんべえ》内閣の内務大臣で帝都復興院総裁を兼ねていた後藤新平の構想でもあった。康次郎は後藤から「郊外に大学町をつくるべきだ」と励まされていたという。[86]また、康次郎の次男の清二が述べているように、康次郎に学園都市の建設を勧めたのは大隈重信だという説もある。[87]ともあれ康次郎は、学園都市の構想を実現するため、箱根土地会社の社員中島陟《なかじまのぼる》に学園都市の視察を命じて欧米に派遣した。中島は康次郎と同じ１８８９年生まれで、東京外国語学校（現・東京外国語大学）の専修科ドイツ語部を卒業後、１９２２年４月に箱根土地会社に入社し設計部長となっていた。１９２５年４月に帰国するまで米、英、仏、独、伊、スイス、チェコスロバキア、ハンガリーなどの各国を訪れ、観光事業や都市施設などを視察し、帰国後の26年12月に取締役、28年３月に常務取締役となった。なお、中島は康次郎の２番目の妻である文の妹の夫でもあった。

大泉学園都市の建設と分譲

１９２４（大正13）年７月、康次郎は東京府下豊島郡大泉村の役場を訪れた。そして、大泉村の見留《みとめ》勝村長をはじめ、村会議員、大地主などの有力者を箱根強羅の温泉に招待し、芸妓《げいぎ》の侍《はべ》る宴席を設け、夢のような都市計画を披露して村民を感服させ、大泉学園《おおいずみがくえん》都市の建設にとりかかった。[88] 康次郎は、商大の予科が１９２４年３月に石神井の運動場に仮校舎を建設し、４月の新学期を期して移転してきたのをみて、近くの大泉村に同大学を誘致しようと思い立ったのである。[89]

しかし、箱根土地会社の社員であった芹沢栄《せりざわさかえ》によれば、康次郎は商大の学長佐野善作から相談をもちかけられ、同社は１９２３年９月15日には谷保村の土地買収を決定していたという。[90] このことが事実ならば、康次郎の大泉学園都市構想には、中心となる大学がなかったことになる。実際、箱根土地会社による大泉学園都市の分譲広告には、大泉学園都市について「電灯はもとより電車停車場、公園、公園道路、乗合自動車、日用品マーケット、娯楽場等を新設し、学校を中心として、直ちに居住し得べき新住宅地」と説明されているが、中心となる「学校」の名は明かされていなかった。[91]

大泉村は、武蔵野鉄道の石神井駅（現・石神井公園駅）と保谷《ほうや》駅の中間にあり、池袋から武蔵野鉄道で15分ほどであった。武蔵野鉄道は１９１５年４月15日に池袋〜飯能《はんのう》間（44・２㎞）を開業し、１９２２年には池袋〜所沢《ところざわ》間の電化工事が竣工し、同年11月１日から同区間で電車運転を開始した。そのため旅客輸送人員が著しく増加し、１９２１年度には１１０万人ほどであったが、関東大震災後の24年度には３１０万人となり、２・８倍に増加した。なお武蔵野鉄道は、１９２５年12月に池袋〜飯能間全線の電化を実現すると、さらに旅客輸送人員を増やしている。

康次郎は石神井駅と保谷駅の間に、ハイカラな三角屋根の東大泉《ひがしおおいずみ》駅（現・大泉学園駅）を建設して武蔵野鉄道に寄付した。同駅は１９２４年11月１日に開業し、ここに「五十万坪といふ日本最初の学園都市」が誕生することになった。[92] すなわち、康次郎は駅から北へ16町余にわたって７間幅の道路をつくり、その北部に50万坪の雑木林を買収して区画整理を始めた。買収価格は当時としてはかなりの高値で、反あたり畑７５０円、山林５００円で、樹木は桑の木１本が50銭であった。[93]

康次郎による大泉学園都市の分譲地の販売方法も独特であった。大泉学園都市の第１回分譲に先立って、歌舞伎俳優の沢村宗十郎《さわむらそうじゅうろう》や当時人気絶頂であった芸術座の水谷八重子を迎えて、大泉学園都市内の大泉公園で「大泉学園都市林間舞踊大会」を開催した。新聞広告には、「大泉学園都市は経営地総面積五拾万坪にして、学校を中心として住宅地、公園、商店街を設けて、区画整然たる学園都市を建設すべく、目下頻《しき》りにその工を急いで居ります」とあり、大泉学園都市の完成がまもなくであると宣伝した。[94] また、大泉公園では、10月21日から26日まで「芋焼きの会」が行われ、「面白き余興数種」が演じられた。[95]

１９２４年10月24日の『東京朝日新聞』に第１回分譲の広告が掲載された。それによれば、第１回分譲地は総面積10万坪で、１坪の価格は７円20銭であった。箱根土地会社はなぜ１坪７円20銭という「建設費にも充《み》たざる」廉価で販売可能となったかを、①巨額の建設費も50万坪という「広大なる地積に割当てら」れるので「一坪に対する負担が軽減」されること、②この分譲地が売れれば周囲の地価が高騰するので、「会社はその利益に対し、割戻しの意味に於て、特に廉価と」したためであると説明している。

分譲開始後の10月25〜27日にも豊田旭穣《とよだきょくじょう》（筑前《ちくぜん》琵琶《びわ》の名手）や榎本《えのもと》芝水《しすい》（薩摩《さつま》琵琶の名手）による琵琶大会、未来社小劇場による野外喜劇と、毎日何らかの催しがなされていた。[96] そして、その甲斐《かい》があってか、第1回分譲は3日間で売り切れとなった。[97]

大泉学園都市の第2回分譲も10万坪ほどであったが、１９２４年11月5日の『東京朝日新聞』に広告が掲載されると1週間で売り切れとなった。価格は、第1回分譲よりも1坪あたり2円50銭ほど高くなって、1坪9円70銭であった。箱根土地会社の『第10回報告書』（１９２4年下半期）は、第1回・第2回分譲の結果を、「本社は更に眼を郊外に転じて、大泉に組織的大規模の学園都市を建設し安価に分譲すべきを報ずるや、天然の風致と本社の人工的施設と相俟《あいま》ちて数旬を出《い》でず売切の盛況を呈せり」と伝えている。

第3回分譲も同じく１９２４年11月16日の『東京朝日新聞』の広告で告げられ、価格は第2回分譲と同じく1坪9円70銭からとされていた。第3回分譲の結果も良好で、箱根土地会社の『第11回報告書』（１９２５年上半期）によれば「今期に入りて第三回の分譲を開始するや旬日を出でずして売却済となり予期以上の成績を以て一段落を告げ」たのであった。

１９２４年11月25日の『東京朝日新聞』（夕刊）には、「目下第4回分譲工事中、実地御視察を乞ふ」と第４回分譲の広告が掲載された。第４回分譲までは、新聞広告でみる限り分譲地のみの販売であったが、１９２５年６月７日の『時事新報』には「直ぐ住める林間住宅」という見出しの広告が掲載され、土地３００坪、建物15坪から35坪、価格２６００円から６８００円で土地付き住宅を販売すると宣言している。

このように、大泉学園都市の分譲は概して順調であったが、それは東京の郊外で「土地が投資思惑の絶好の対象物」となっていたからでもあった。そのため、分譲地は売れたが住宅はそれほど建築されず、「七年後の今日家の建ったのは僅に二、三十戸に過ぎ」なかった。[98]

小平学園（国分寺大学都市）の開発

箱根土地会社は、国分寺方面にも学園都市を建設する計画を立て、国分寺大学都市と呼んでいた。箱根土地会社の１９２４（大正13）年下半期の『第10回報告書』には、「本社は近く国分寺方面に建設すべき大学都市分譲の計画あり、之れ亦業績の見るべきものあるを確信す」と記されている。それは、東京市内の神保町《じんぼうちょう》駿河台にある明治大学に10万坪の土地を用意し、小平に誘致するという計画であった。明治大学は、１９２３年９月１日の関東大震災によって、本館、記念館、図書館などの建物や６万数千冊に及ぶ図書・資料を焼失したため、復興の過程で郊外への移転が検討されるようになった。また、箱根土地会社の社長の藤田謙一は明治大学の校友で同大学の理事でもあったので、神田駿河台の土地を売却して郊外の小平に土地を求め、

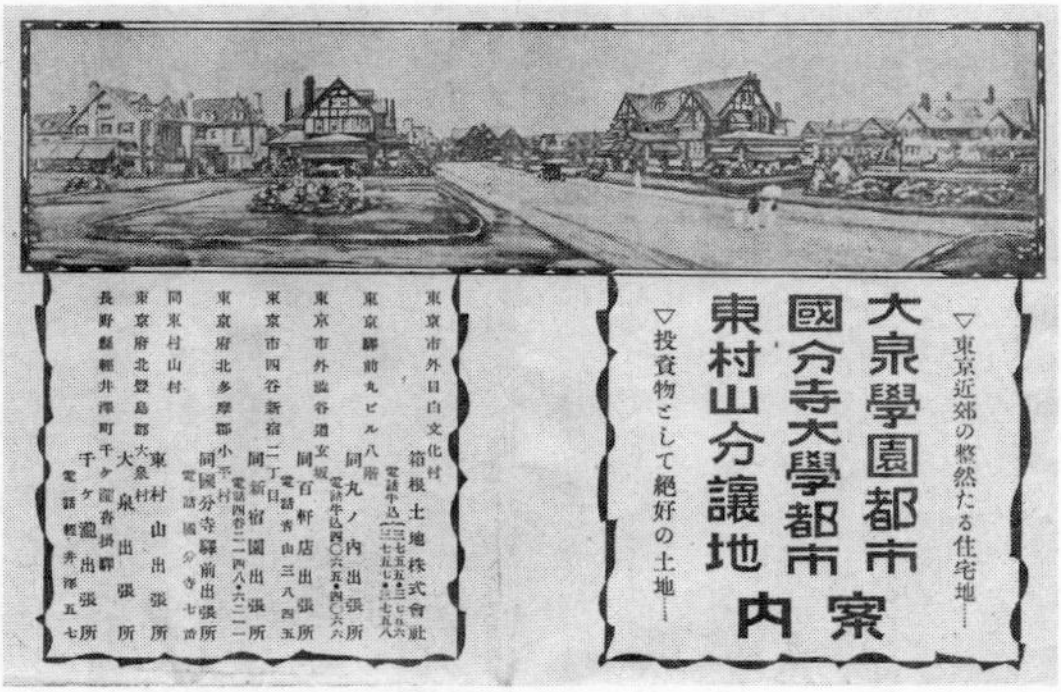

大泉学園都市・国分寺学園都市・東村山分譲地案内
（1925年）（たましん地域文化財団蔵〔画像提供：歴史資料室〕）

差額を建築資金にあてようとしたのである。[99] 箱根土地会社の新聞広告には、「大学都市には明治大学が移転する契約になって居ります。八千の学生と一万五千の校友を有する明大がこの処女地の中心をなして繁華な住宅地が出来ます。会社は道路、電灯、電熱設備、日用品マーケット、公園、娯楽場、運動場、乗合自動車、国分寺駅から経営地に至る高速度電車等を経営致します。目下工事中ですから此際御観察を願ひます」とあった。[100]

しかし、明治大学の小平への移転は、1924年9月30日の同大学の商議委員会で否決された。[101] 明治大学は、小平移転案を商議委員会に附議したが、「賛否論自《おのずか》ら分れ、加ふるに校友及び学生の間にも議論沸騰し（略）遂《つい》に之れを中止するの余儀なきに至った」のである。[102] 康次郎は、明治大学による契約解除の申し入れを受け入れ、1926年7月7日に無条件で契約を解除した。この問題は明治大学の学長や理事の辞職にまで発展したが、[103] 契約解除が正式に発表されたのは1927（昭和2）年4月20日であった。

契約解除の発表が遅れたのには、次のような事情があった。明治大学の商議委員会で同大学の国分寺大学都市への移転が否決されると、康次郎は１９２４年４月に石神井に移転したばかりの東京商科大学予科を国分寺大学都市に移転するよう同大学長の佐野善作と交渉を開始した。そして、箱根土地会社社長の藤田謙一と佐野は、明治大学の国分寺大学都市への移転契約の解除は、商大予科の国分寺大学都市への移転が決定してから公表することで合意したのである。[104]なお、国分寺大学都市は、康次郎が商大予科の誘致を働きかけたころから小平学園と称するようになった。

箱根土地会社と小平村の関係地主との間では小平学園の建設計画が進行し、１９２７年３月10日、専務取締役の康次郎と小平村の村長小川良助は、連名で商大学長の佐野善作宛に「東京商科大学が小平村箱根土地株式会社経営地に移転するは村民一同挙《あげ》て歓迎する処《ところ》」であるとして、商大予科の小平学園への移転を促した。そして、そのさいに、①箱根土地会社が無償で敷地を提供して小平桜堤《さくらづつみ》から大学正門まで８間道路を開鑿し、小平村は村道または府道に認定する、②小平村は、学生の風儀を紊《みだ》すおそれのある営業を誠心誠意取り締まる、③用水をプールに利用しても異議はない。④箱根土地会社は、商大移転の契約調印の日より10日以内に鉄道敷設に着工し、６か月以内に完成する、⑤「野中の一軒家」となって大学運営に不便を来たすことのないよう、地主一同は箱根土地会社を援助し、土地の取引期間を向こう１年間延期する、という５項目の「覚書」を取り交わした。

そして、康次郎と佐野は、１９２７年３月30日に、箱根土地会社が北多摩郡小平村に所有する経営地２万９９０２坪と商大が石神井村に所有する運動場の一部８１４０坪を交換する契約書を取り交わし、商大の予科は石神井から小平学園に移転することになった。[105] こうして商大予科の小平学園への移転が決定すると、康次郎は明治大学との小平学園への移転に関する契約の解除を発表した。そうでないと、大学のない学園都市となってしまい、小平学園を売り出す魅力がなくなってしまうからであった。大泉学園都市のような、大学のない学園都市にはしたくなかったのであろう。明治大学は、１９２７年４月27日、箱根土地会社に対し「今般東京商科大学の府下石神井村より該地（小平村─引用者）に移転の議決定し、茲《ここ》に之（明治大学との国分寺学園都市への移転に関する契約の解除─引用者）を公表することを得るに至りたるは誠に同慶に堪えざる所」であると、箱根土地会社に対して謝意を表した。[106]

東京商科大学の移転と国立大学町

神田一ツ橋にあった東京商科大学は、関東大震災から２年後の１９２５（大正14）年10月に東京府北多摩郡谷保村への移転を決定した。[107] 中央線の国分寺駅と立川駅のほぼ中間から南へ３町（約３２７ｍ）の地点である。１９２０年４月に大学令にもとづく大学に昇格した商大は、３年制の商学専門部、商業教員養成所、大学予科を開設したため、従来の校舎のままでは狭隘となった。予科は、すでに石神井に仮移転していたが、今度は大学、専門部、教員養成所を谷

保村に移転しようというのである。(108)

商大の谷保村への移転を斡旋したのは、康次郎であった。康次郎は、谷保村の村長西野寛司を介して、同村の北方に位置する拝島《はいじま》道以北の山林約１００万坪を買収し、商大の移転地としたのである。山林の買収価格は１反歩平均１０００円であったので、坪あたり３円強ということになる。このあたりの山林は、当時坪50～60銭で売買されていたので、「当時としては飛び切りの値段」であった。(109)

１９２４年２月28日、政府の特別都市計画委員会において復興計画街路の決定をみたが、これが商大当局の移転の意思決定を早めた。政府は、復興計画の都市計画事業として53の幹線道路の新設を決定したが、商大は幹線道路線13号、14号、19号、49号の新設によって、土地や建物を移設ないし移転せざるをえなくなった。なかでも、49号幹線道路は商大の敷地の真ん中を通る計画となっていた。

商大学長の佐野善作は、１９２４年10月24日、康次郎と移転に関する仮契約を結び、翌25年９月９日には商大の所有する神田一ッ橋通り２番地および表神保町《おもてじんぼうちょう》10番地の土地３４００坪と、箱根土地会社の所有する谷保村の土地約１００万坪のうち７万３２３０坪７合８勺《しゃく》の土地を交換するという契約を結んだ。商大の所有地は坪２８０円で総額95万２０００円、箱根土地会社の経営地は３０００本の樹木も含めて坪13円、総額95万１９９０円であったので、神田一ッ橋の地価は谷保村のそれの21・５倍ということになる。(110)

この契約書は全文13条からなり、箱根土地会社に対して、①土地交換後も商大が移転するまでは同社の土地を無償で使用できるようにする、②1926年6月までに中央線に停車場を建築して鉄道省に寄付し、汽車や電車が発着できるようにする、③同じく1926年6月までに経営地の道路、上下水道、電力供給を整備し、商大に不便をかけないようにする、④石神井の商大予科との交通の便をはかるため、中央線と武蔵野鉄道とを連絡する交通機関の整備をはかる、⑤大学の敷地付近の土地利用については常に大学の意見を聞き、それを尊重するなどの義務が課されていた。④からみると、この時点では商大予科の石神井から小平学園への移転は考えられていなかったと思われる。

さらに佐野と康次郎との間では、1925年9月12日に「覚書」が交わされ、停車場、道路、上下水道、電力供給設備などの規格についてもこと細かく決められた。商大学長の佐野は、「新敷地は森の中を恣《ほしいまま》に切開いて設けるのであるから、可成《かな》り自由な地取《じどり》が出来て面白い大学街が生れることと思ふ」と谷保村への移転に期待を膨らませていた。そして、「最も憂慮に堪《た》へぬのは土地が俄《にわか》に開けるのに伴って色々の如何《いかが》はしい営業者の入込《いりこ》むことである。これについては経営者なる土地会社とも相談しその筋とも連絡を取って完全にその侵入を防止して貰《もら》ふつもりである。娯楽機関は勿論結構、沢山《たくさん》開いてほしいが、但しこれも大学都市にふさはしい上品なものを心掛けて貰はねばならぬ」と箱根土地会社に注文をつけていた[111]。商大の谷保村への移転にあたっては、商大側の意向が強く反映されていたといえる。しかし、だからといっ

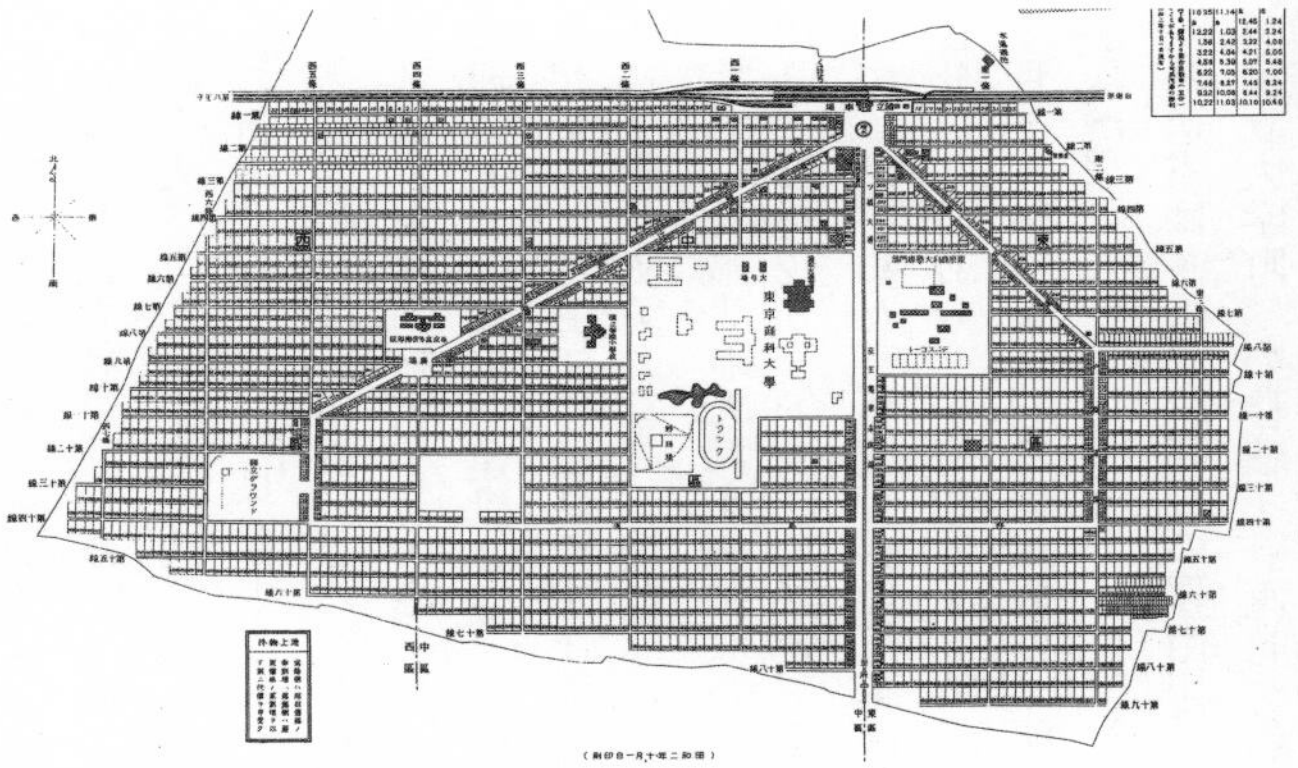

国立分譲地区画図　北東の国立駅から南に延びる一ッ橋通りの西側に商大、東側に専門部が配された

て「大学（商大—引用者）がキャンパス移転にあたって大学都市建設を構想し、その実現を堤康次郎（箱根土地）が請け負った」[112]という田﨑宣義《たさきのぶよし》の指摘はあたらない。商大を中心とする国立大学町を構想したのは、やはり康次郎（箱根土地会社）にほかならないからである。

東京商科大学の移転が決まると、康次郎は1924年12月から同大学を中心とする国立大学町の建設に着手し、[113]25年9月には「国立大学町鳥瞰《ちょうかん》図《ず》」を表面にした売り出し広告を配布し、一般分譲にさきがけて関係者への割引特典付き分譲価格を案内している。

1926年4月1日には、中央線に国立駅が開設された。「国立」という名前の由来については、商大教授会説と康次郎説がある。前者は、商大の教授会でたまたま「国分寺、立川の両頭文字を取って国立としたら」という意見が出てそうなったという説である。[114] また、後者は、康次郎が「ここに新しい日本という国がはじまる——即ち国が立つ」として名づけたという説である。[115]

国立大学町の第1回土地分譲は、国立駅の開業に合わせて4月1日から行われた。翌4月2日の新聞広告では、「良く生きんとする者は良く住まざるべからず。熱閙《ねっとう》の巷《ちまた》に活動せんとする者は安静の境に休養せざるべからず」と郊外生活の意義を説いたうえで、国立大学町を「本社は茲に東京商科大学を中心とせる自然の風致備はれる広袤《こうぼう》百万坪の地に科学的見地に立脚して理想的郊外都市を建設せり」と紹介し、「普《あまね》く識者の御視察を乞ふ」と現地を訪れるよう促している。そして、道路や上下水道が整備され、小学校も開校すること、中央線の国立駅が開業し交通の便がよくなることなどを宣伝していた。[116]

広告に記載された時刻表によると、新宿発の汽車は国立駅に午前7時18分、8時30分、10時18分、11時42分、午後12時54分、2時18分、3時42分、4時54分の合計8本が停まることになっていた。また、新宿行きの汽車は午前7時45分、9時30分、10時43分、午後12時07分、1時19分、2時31分、3時42分、5時07分の合計8本が国立駅を発《た》つことになっていた。そして、4月1日から4日間は国立駅の「開業祝」として、餅撒《もちまき》、宝探し、軍楽などの催しがなされた。

鉄道省は、国立駅開設の理由を、商大の「学生の通学の便のため」と説明していたが、商大が国立大学町への移転を計画していたのは１９２７（昭和2）年末のことで、この時点ではまだ移転していなかった。それにもかかわらず、鉄道省が国立駅の開設を急いだのは、同駅が箱根土地会社の寄付によって建設されたからである。箱根土地会社は、敷地、建物、ホーム、線路、広場などの工事材料一切の価格15万円を鉄道省に寄付した。そのためか、１９２５年10月ごろに箱根土地会社から願書が提出されると、「将来電車駅としての設備上設計を慎重にしようといふ東鉄運輸課の申し出」を聞かずに12月から工事に着手し、3月28日に竣工、4月1日に開業となった。その結果、国立大学町の地価が釣り上がり、1年前までは2円、3円、5円位であった地価が、停車場の設置後には25～38円となった。箱根土地会社は、15万円の寄付をしてもたった1年で元を取り戻せたのである[117]。

箱根土地会社が国立大学町の第1期分譲として売りに出したのは、１００万坪の経営地のうちの40万坪で、坪単価は30円と高額であったが、１９２６年2月には「大半売約済」となった。同社は第2期計画として、残りの60万坪を坪単価50円で売りに出す計画も立てており、国立大学町は「将来驚くべき程殷盛《いんせい》な都会となるであらう」とみられていた[118]。

なお、康次郎は１９２６年1月、目白文化村内にあった箱根土地会社の本店と社員の住宅を同年3月までに国立大学町に移転させ、目白文化村とその周辺に散在していた社員の小住宅や借地権を「特別値段」で販売した[119]。

ところで、国立大学町の都市計画には、後藤新平の影をみることができる。長内敏之《おさないとしゆき》『「くにたち大学町」の誕生』（けやき出版、２０１３年）は、国立学園都市が満州国の首都であった新京《しんきょう》（現・長春《ちょうしゅん》）の都市計画とよく似ていることに着目して、国立大学町の計画には台湾民生長官、満鉄初代総裁、鉄道院初代総裁、関東大震災後の復興院総裁などを歴任し、台北《たいほく》、新京、東京などの都市計画にかかわっている後藤新平の影響があったのではないかと推測している。長内によれば、「駅（国立駅―引用者）の相当な広場と、広い二四間道路と三〇間道路、四五度の放射線状の道路、できる限り整然とした区割り、これらは満州の長春（当時は新京―引用者）を思い起こさせ」、また「大学町を囲む静寂な住宅街とそれを囲む広い道路、これは台湾台北の三線道路《さんせんどうろ》を想起させ」るというのである。(120)

康次郎の次男で、戦後セゾングループという流通系の企業グループの総帥となった堤清二は、辻井《つじい》喬《たかし》という筆名の小説家・詩人としても知られている。彼が2004（平成16）年に出版した康次郎の伝記的小説『父の肖像』（新潮社）のくだりに、次郎（康次郎のこと）が「後藤新平の東京市長就任のお祝いの席で、新市長と協力して郊外に外国にあるような学園都市を造る構想も学んでいた」とある。次男の清二も国立大学町の計画に後藤新平の影をみていたのである。

また、箱根土地会社の社員で国立学園都市の建設を担当したのは中島陟であるが、その子息の渉《わたる》は、父の陟は康次郎に学園都市の研究のためにヨーロッパに派遣され、帰国後学園都市の建設にとりかかった。そのさいに設計図を後藤新平にみせると、道路は「広い方が良い、その分は売れる商品から取れと。八円で売れるなら道路分を一円、二円上乗せすればいい」といわれ、「設計図は合格した」と証言している。(121)先に紹介した商大と箱根土地会社の土地交換契約に関連して商大学長の佐野善作と康次郎との間で取り交わされた「覚書」は、そうした後藤の構想を反映したものといえる。

ただ問題は、康次郎がこの「覚書」をその通りには実行しなかったことである。国立駅から45度の角度で伸びる放射線状道路や幹線道路に直行する主要道路の道幅は10間とされていたが、実際にできたのは6間道路であった。道路幅を狭くして、分譲地の面積を広くしたのである。[122] 康次郎は、最終段階で後藤のまちづくりの理想に背を向け、利益の確保を優先したのではないかと思われる。

ところで、国立大学町に移転してきたのは東京商科大学だけではなかった。1926年4月16日に開設された東京高等音楽学院（現・国立音楽大学）が、同年11月に東京市四谷区番衆町（現・新宿区四谷）の仮校舎から移転してきた。康次郎は、敷地を寄付して東京高等音楽学院を誘致したのである。[123] 商大が最初に移転してきたのは1927年4月（本科の移転は1930年9月）だったので、それよりも1年も早かったことになる。

東京高等音楽学院は、宗教学者の渡邊敢《わたなべいさむ》を初代院長とし、創立メンバーには武岡鶴代《たけおかつるよ》・矢《や》田部《たべ》勁吉《けいきち》（声楽家）、榊原直《さかきばらなおし》（ピアニスト）、中館耕蔵《なかだてこうぞう》（音楽マネージャー）らが名を連ねていた。当時音楽学校は、東京市下谷《したや》区（現・台東《たいとう》区）の上野公園内に設立された官立の東京音楽学校（現・東京藝術大学音楽学部）のほかに数校あったが、いずれも東京音楽学校の予備校のようなものであった。しかし、東京高等音楽学院は東京音楽学校と同等の私立音楽学校であった。[124]

東京商科大学は、１９２７年４月１日に専門部の学生が国立大学町の新キャンパスに移転してきたが、本科の学生が移転したのは１９３０年９月１日であった。敷地面積は６万７０００坪、新校舎の建築様式は「ロマネスク式に近代味を加へたもので、いづれも鉄骨コンクリート建であるが、校舎の周囲一帯は松林が囲んでをり理想的の学園」といわれ、総工費は１２０万円余であった(125)。

商大の移転にともない国立大学町はにわかに活気を呈し、学生をあて込んだ商店や下宿が増えた。１００万坪のうち50万坪はすでに居住者が決定しているといわれ、近い将来には、人口３万余人を擁する小都市が出現するとみられていた。康次郎と中島陟は、「大正十五年春省線の「国立線《（駅カ）》」が開設せられた当時こり《（狐狸）》の乗降場だとして世間からてう《（嘲）》笑された「国立」が、からも早く発展するとは全く計画者の私でさへ想像しなかった位です、今回の商大移転、それに目下計画中にある中学校、女学校等の実現と相待ちコノ「国立」をどこまでも学園中心の理想的郊外住宅地として発展させたく努力する決心です」と、決意を新たにしていた(126)。

国立大学町には、省線国立駅から三方に走る幹線道路があったが、真ん中の商大に向かう通りは「一ツ橋通り」、西側の東京高等音楽学院に向かう通りは「富士見《ふじみ》通り」と名づけられ、もう１本の東側の通りは「旭《あさひ》通り」と呼ばれた。一ツ橋通りは幅員24間（約43・７ｍ）で、両側に芝生の遊歩道、コンクリートの歩道が配置されていた。３幹線をはさんで幅６間（約10・９ｍ）、同３間（約５・５ｍ）の小道路で仕切られた住宅地は２００坪に区画され、「欧米各国の有名都市の都市計画の粋を取った国立式の近代都市の卵」といわれた。[127]

それでは、商大移転後の国立大学町はどのような発展をとげたのであろうか。東京府総務部地方課編『市町村概観』（１９３８年）には、「東京商科大学、同商学専門部、東京高等音楽学院等の設置せらるると共に約二百戸の住宅地となり、同時に省線国立駅の設置を見逐日《ちくじつ》進展の途上にあり」と紹介されている。一方、国立大学町に居を構えた軍人で政治家の宇垣一成《うがきかずしげ》は、１９３８年ごろの国立大学町を「これでも百七十戸からあるそうだ。だが、何しろ百何十万坪といふ広いところに、散らばってゐるのだから、寥々《りょうりょう》たるものである」と記している。[128]「逐日進展の途上にあり」とみるか、「寥々たるもの」とみるかで評価は分かれるが、２００戸前後の住宅は建設されていたようである。

国立大学町の住宅（絵はがき。部分）

東京商科大学が移転する前の１９２５年における谷保村の世帯数は４７４戸、人口は２７１７人であった。それが商大移転後の１９３０年には世帯数６３９戸、人口３８１４人、35年には同じく７１３戸、４０７８人と増えている。[129]

箱根土地会社の「国立土地買受人名簿」（１９２７年2月13日現在）によれば、分譲地を購入したのは３１０名であったが、前居住地は東京市内２１４名、谷保村36名、国分寺村13名、その他多摩地区13名、他府県34名であった。また、職業別にみると、商業・工業従事者88名、地主53名、企業経営者（社長・取締役など）39名、教育機関従事者（大学教授・教師など）38名、会社員32名、公務員15名、金融株取引従事者14名、医者・医療従事者12名、軍関係者6名、議員2名、その他11名であった。目白文化村などと同じく、国立大学町の居住者の多くはこの時期に台頭してきた新中間層であったといえよう。[130]

ところで、箱根土地会社は関東大震災からの復興計画が進むと、東京市神田区（現・千代田区）の旧商科大学の敷地３４００坪の分譲を始めた。同社によれば、なるべく一括で建物も取り壊さずに引き渡したかったが、そうもいかずに分譲して売り渡す計画を立て、１９２８年３月には「此《こ》の土地分譲」という大きな看板を立てて商科大学の外側の塀などを取り壊し始めた。[131]分譲地の一部は売却できたものの、一方でその敷地の約6割にあたる２０００坪の土地に中村《なかむら》吉《きち》右《え》衛門《もん》一座の劇場「都《みやこ》座《ざ》」（日本風の鉄筋コンクリート4階建て、収容人数２０００名の大歌舞伎劇場）を建設するという計画もあったのだが、沙汰やみとなってしまった。[132]

第４章　箱根土地会社の開発事業と経営

１　経営の拡大と金融難

外部負債の増加

箱根土地会社は、１９２０（大正9）年の設立以来、箱根・軽井沢方面の開発ばかりでなく、東京市内や郊外の住宅地開発にも積極的に取り組んできた。目白文化村の分譲、華族・富豪の邸宅の開放、関東大震災後の大泉・国分寺（小平）・国立の学園都市建設などは箱根土地会社の代表的な事業となった。そのため箱根土地会社の所有する土地の面積は著しく拡大し、１９２６年11月末には箱根方面３０１万３５１８坪、軽井沢方面３８０万９６５４坪、東京郊外１０９万８７０５坪、東京市内１万７９５０坪、合計７９３万９８２６坪の土地を所有するにいたった。[1] さらに箱根土地会社は、渋谷の道玄坂に「百軒店」と称する商店街、新宿の番衆町には「新宿園」と称する遊園地を開設した。

一方、康次郎は1924年5月、衆議院総選挙に郷里の滋賀県から出馬した。当時、滋賀県

表4―1　箱根土地会社の営業収支

（単位：円・%）

年	期	払込資本金	営業収入	営業利益	資本金利益率（%）	配当率（%）
1920	上	5,000,000	205,212	164,990	6.60%	―
	下	5,000,000	457,463	418,031	16.72%	―
1921	上	5,000,000	715,349	594,565	23.78%	―
	下	5,000,000	508,744	364,590	14.58%	5.0%
1922	上	5,125,000	522,213	237,351	9.26%	6.0%
	下	5,125,000	341,002	191,852	7.49%	6.0%
1923	上	5,125,000	558,620	219,510	8.57%	6.0%
	下	5,125,000	618,517	199,426	7.78%	6.0%
1924	上	5,125,000	641,314	192,597	7.52%	6.0%
	下	5,125,000	932,310	184,314	7.19%	6.0%
1925	上	5,500,000	1,428,757	202,175	7.35%	6.0%
	下	5,500,000	1,487,554	205,113	7.46%	6.0%
1926	上	5,500,000	1,504,452	80,105	2.91%	―
	下	5,500,000	692,722	20,404	0.74%	―
1927	上	5,500,000	600,629	1,362	0.05%	―
	下	5,500,000	323,442	1,387	0.05%	―
1928	上	5,500,000	623,705	3,762	0.14%	―
	下	5,500,000	411,382	890	0.03%	―
1929	上	5,697,065	599,117	932	0.03%	―
	下	5,728,080	446,920	323	0.01%	―
1930	上	5,728,130	384,269	229	0.01%	―
	下	*	*	*	*	*
1931	上	*	*	*	*	*
	下	5,728,130	229,188	-985	-0.03%	―

出典：箱根土地会社『営業報告書』各期。注：①上半期は前年12月から5月まで、下半期は6月から11月までである。②*は不詳。

の選挙区は大津市（１区）と郡部（５区）の６区からなる小選挙区制であった。康次郎の選挙区は湖東の犬上郡、愛知郡からなる第５区で、彦根藩井伊《いい》家の支持を受けた旧家老家の堀部《ほりべ》久《きゅう》太郎《たろう》と争って４４１２票を獲得し、３２８票という僅差で当選を果たした。そして、１９２５年12月、永井柳太郎の斡旋で憲政会に入った。[2]

こうして長年の夢であった政治家デビューを果たしたのであるが、箱根土地会社の経営は悪化の一途をたどった。第一次世界大戦後の不況のなかで、箱根土地会社のような「地価暴騰の大利益を夢想して計画された土地会社は果然自縄自縛《じじょうじばく》の窮境」に陥ったのである。[3]

箱根土地会社の営業収支の動向は表４―１のようで、１９２１年上半期には60万円近い利益をあげていたが同年下半期からは減少に転じ、26年上半期以降著しく悪化している。１９２５年下半期までは６％の配当を維持していたが、これは決算時の操作によって計算上の利益を生み出す、いわゆる蛸配当《たこはいとう》にほかならなかった。１９２６年上半期からは無配に転じ、31年下半期には９８５円の損失を計上している。資本金利益率も悪化の一途をたどり、１９２２年上半期に10％を割り、26年下半期からは１％にも達しなくなった。しかし、箱根土地会社は、経営の悪化を招いたのは「本社が心血を注ぎ建設中の国立大学町」が未完成だからであるとして、国立大学町が完成しさえすれば「社業の隆昌を見る亦近きにありと信ず」と、やや楽観的な見通しをもっていた。[4]

箱根土地会社の経営が悪化していくのは、同社の旺盛な資金需要を外部負債に依存せざるを

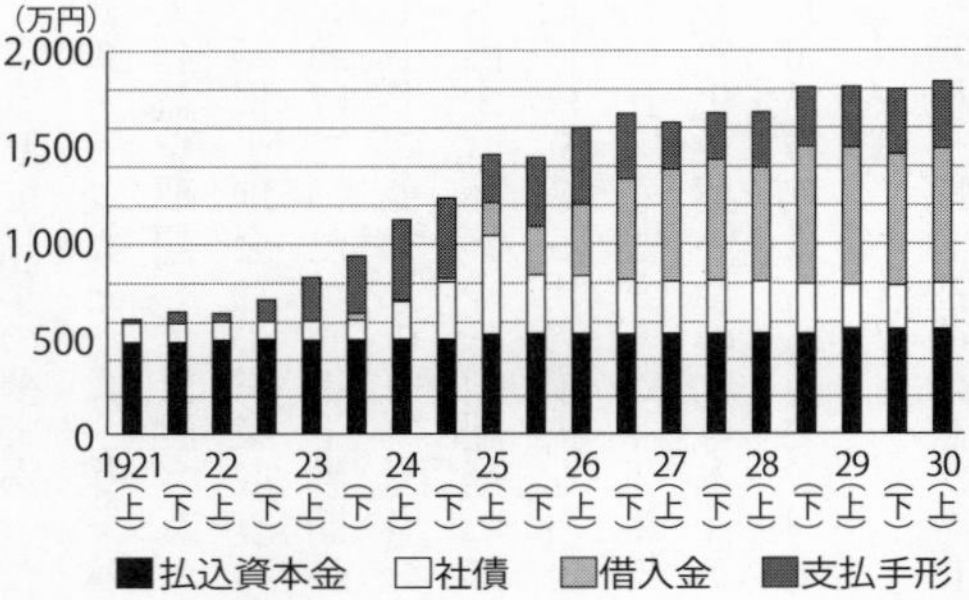

図4―1　箱根土地会社の払込資本金と外部負債　1921年（上）～30年（上）（出典：箱根土地会社『営業報告書』各期。注：上半期は前年12月から5月まで、下半期は5月から11月まで）

えないという金融の問題にあった。箱根土地会社の事業は、別荘地の開発から住宅地の分譲、さらには商店街の建設、遊園地の経営などへと著しく拡大したのであるが、その過程で土地の購入や株式の取得のため、同社の資金需要は増大の一途をたどった。箱根土地会社は、この資金需要の多くを、図4―1にみるように社債、借入金、支払手形などの外部負債によってまかなっていた。箱根土地会社は「あまりその手を拡《ひろ》げすぎ」たために外部負債が急激に増加し、「極度の金融難に陥っ」たのである。[5] 第一次世界大戦後の土地ブームが続いている間は、外部負債に依存した積極経営も大きな破綻を来すことはなかったが、1925年を境に土地ブームが退潮に向かうと経営は悪化し、外部負債が固定化して利子の支払いにも事欠くようになったのである。

社債償還不能事件の発生

箱根土地会社は、1926（大正15）年3月、国立学園町建設資金として募集した第3回物《ぶつ》上担保付《じょうたんぽつき》社債２００万円を償還するため、第6回物上担保付社債２００万円を「国立大学町建設社債」と銘打って募集した。１９２６年3月4日の新聞広告によれば、利率は年1割、1年間据え置きののち2年間で随時償還、受託会社は第3回社債と同じく神田銀行であった。箱根・軽井沢の土地約１０００万坪を担保とするほか、国立大学町および箱根強羅温泉付土地約３万５０００坪を増担保《ましたんぽ》（担保物件の設定後、さらに増やされる担保物件）とした(6)。

第6回社債の募集は3月9日に締め切ったが、応募成績は不良で第3回社債の償還を遅延せざるをえなくなった。要因としては、償還期限1年半というのは土地会社としては短すぎることと、募集期間がわずか1週間しかなかったことなどもあげられるが、基本的には箱根土地会社の経営内容が投資家の不安材料となっていたからであった。箱根土地会社は、１９２５年9月1日、10万円の利子の支払いを2日間延期していたため、同社の経営内容が不安視され、第3回物上担保付社債が3月10日の期日がきても償還できなかったのである。

しかし、受託会社の神田銀行は、「大正十五年三月十日償還の箱根土地の社債は目下当銀行頭取と箱根土地顧問藤田謙一氏が奔走中であるから不日償還を為し得る事と思ふ」と楽観的であった。神田銀行によれば、箱根土地会社は3月1日の利子支払いも「他より融通して辛うじて期日に支払」うという有様だったので、本来ならば第6回社債募集にあたっても、応募がないとみれば3月10日の償還期日に２１０万4～5千円を準備しなければならなかったのに、「相当の応募者又乗換応募者ありと自惚《うぬぼ》れ」ていた。また、第6回社債には６５２万４７７０

坪の土地に対して第1順位の抵当権を設定しているので、債権者は最終的には損害を受けない。むしろ土地会社は、競売などに付せられ「不当の安価にて処分」されれば「土地会社の運命にも関する」ので、「此際重役並に関係者は極力之が切抜策《きりぬけさく》を講じ一時重役一同の責任の下《もと》に他《た》より融通を仰ぎ、社債の償還だけは近日中に解決すると思はれ」ていた[7]。しかし、事態は思わぬ方向に動いていった。

債権者集会の開催と担保権の実行

このように神田銀行は箱根土地会社の重役や関係者の努力によって、第3回社債の償還はなされるとみていたが償還されず、１９２６（大正15）年5月25日の午前10時10分から東京市麴町区有楽町の生命保険協会で、債権者集会が開催された。出席者の社債権個数は5万１１４８、金額にして１０２万２１６０円であった。証券業界の長老南波礼吉《なんばれいきち》が会長となって議事を進めたが、「担保権実行に関する件」の議論に移ると、34名の債権者が一斉に立ち上がって喧々《けんけん》囂々《ごうごう》たる非難を浴びせた。そして、債権者の一人が「第三回社債償還の為に第六回社債を募集し応募者なく終《つい》に償還不能に陥りしは神田銀行（の―引用者）箱根土地の信用調査を怠《おこた》りし責任を免《まぬが》るべからず、三月十日より今日迄交渉の結果を報告ありたし」と、神田銀行の責任を追及した。

神田銀行の頭取神田鐳蔵《らいぞう》は、社債償還期限の3月10日から5月25日にいたるまでの箱根土地会社との交渉経過について説明し、「其御恨《おうら》みは尤《もっと》もと思ひますが、私としては最善の力を尽しました」と述べた。神田によれば、帝国商業銀行が欠損を出したときには、郷誠之助《ごうせいのすけ》や藤山雷太らの重役が私財80万円を投じて救済したが、箱根土地会社の重役陣は神田との面会を避け、前社長の藤田謙一が16万円の私財の提供を申し出たのをのぞけば、専務取締役の康次郎をはじめ、取締役の若尾璋八・吉村鉄之助、監査役の九鬼紋七・永井外吉ら現重役陣は社債償還不能という事態に何ら対処しようとしていないと批判した。そして、「信託法の命ずる処に依り本日担保権の実行権を決議せざるときは受託会社としての責任を尽す事が出来」ないので、担保権の実行をぜひ決議してほしいと要請した。

　決議に先立って、債権者からは、第３回社債募集のさいに担保の土地は１０００万坪といわれていたのに、信託証券には６００万坪と記載されているのはなぜか。すべて１番担保といわれていたのに、証券では３番、９番、11番担保とされているのはなぜか。価格も実際の価格とかけ離れているのではないか、などという箱根土地会社に対する疑義が出された。神田は、社債募集の文案は箱根土地会社の申し出をそのまま記載したにすぎず、地方裁判所の評価人によれば担保の土地の評価額は２５０万円にはなるとのことであったと答えた。そして神田は、「同社（箱根土地会社―引用者）は若尾璋八氏初め財界の歴々重役として控へたれば私財を投じ又私も利息立換金十六万円程ありますから各自一五、六（ママ）万円を出し約百万円を現金にて出し償還に宛、残金百万円を暫時御猶予を願へば宜《よろ》しいかと考て」いると述べ、ともかくも担保権の実行を決議してほしいと再度懇願した。

かくして債権者集会では、担保権の実行が決議された。神田の紹介で片岡辰次郎が証券仲買人の立場から仲裁の労をとり、50万円を現在の重役で拠出し、残りの社債150万円の償還を延期するという案を提示した。そして、債権者側から3名、仲裁者側から3名の委員を出すことにし、箱根土地会社に対する破産申請を満場一致で決議した[8]。

神田銀行による破産と和解

神田銀行による担保権の実行について、前掲の筑井正義『堤康次郎伝』は、頭取の神田鐳蔵が担保に入れた1000万坪の土地を取得しようとして仕組んだものとしている。康次郎自身も、いたるところで同様の趣旨のことを述べている。しかし、担保附社債信託法が「社債が期限に至りて弁済せられ」ない場合には、「受託会社は遅滞なく社債権者集会の決議に依り担保権を実行すべし」（第82条）と定めているように、社債の償還が不能となった以上、受託会社である神田銀行には債権者に代わって担保権を実行する義務があった。したがって、神田銀行のこの間の対応はきわめて当然のことであった。

ところが、思いがけない事態が起こる。神田銀行が、折からの金融恐慌に巻き込まれて、1928（昭和3）年6月に破産してしまったのである。箱根土地会社は、債権者から社債償還の訴訟を起こされたり、社債と国立大学町や目白文化村の土地との交換を余儀なくされたりしてきたが、神田銀行が破産してしまったため壊滅的な打撃を受けることは免れた。大蔵省が神田銀行に代えて日本興業銀行を受託会社に選任し、箱根土地会社の社債を承継させることにしたからである。日本興業銀行は、「同社債の担保物件たる箱根、熱海、軽井沢等の土地を提供せしめ、新《あらた》に土地会社を設立して其株式を社債権者に交付し、以て箱根土地会社と社債権者を和解せしむる方針」で臨んだのである。[9]

日本興業銀行は、1931年5月5日、社債権者集会を招集し、「委託会社箱根土地株式会社の申出により、日本温泉土地株式会社株式と前記箱根土地株式会社社債とを交換することを基礎とする和解の件」を議論した。箱根土地会社が社債の抵当物を出資して日本温泉土地株式会社を設立し、その株式と箱根土地会社の社債とを交換するというのであった。社債権者側からは強硬な反対論も出たが、康次郎が箱根土地会社を代表して釈明にあたったので社債権者も了解した。こうして箱根土地会社の社債償還不能事件は、社債を株式に転換することで一件落着し、社債権者の担保権はついに実行されずに終わったのである。[10]

高田農商銀行の経営危機

箱根土地会社の経営破綻は、同社の機関銀行であった高田農商銀行の経営悪化を招いた。すでに第3章でみたように高田農商銀行では、1925（大正14）年以降、預金が大量に流出するようになった。高田農商銀行は、「資金の運用、貸出金の回収等に専心努力した[11]」にもかかわらず、貸出を収縮することはできなかったのである。１９２８（昭和３）年の預金は66万２３８１円であったが、貸出はその３・６倍にあたる２３９万５３２８円にも達し、極端なオーバーローンとなった。その主な要因は、「箱根土地など堤康次郎関連の事業に対する貸出のかなりの部分が固定化した」ためであった。東京府は、高田農商銀行の欠損見込は12万７７００余円、固定貸は30万４５００余円であるとし、このうち23万５８００余円については整理を要すると通達した。そして、重役やその親戚関係の会社などへの貸出が１３０万余円にものぼり、なかんずく箱根土地会社への貸出が１１７万余円にも達していた[12]。

　高田農商銀行の経営が悪化したのは、１９２０年の増資以来、同行の地域密着性が薄れるとともに、有力銀行が池袋駅東口およびその周辺の同行の営業基盤に支店や出張所を開設したからでもあった。池袋駅東口には安田貯蓄銀行、大信《だいしん》銀行が支店、日本昼夜《にほんちゅうや》銀行、第百《だいひゃく》銀行、東京渡辺銀行が出張所を開設した。そして、高田町の周辺にも八十四《はちじゅうし》銀行目白支店、住友《すみとも》銀行大塚支店、東京渡辺《とうきょうわたなべ》銀行早稲田支店などがあいついで進出してきたのである。

　しかし、高田農商銀行は、預金の大量流出、貸出の固定化にもかかわらず、取り付けに合うこともなく倒産を免れた。その理由としては、１９２６年12月末の時点で払込資本金も含めて40万円の自己資本があったこと、創立以来「信用」貸しの割合が低く、ほとんどが「土地」「建物」あるいは「株式」を担保とする貸出であったことなどをあげることができる。しかし、さらに大きな要因は、日本銀行および日本勧業銀行による支援であった。高田農商銀行は、１

918年から箱根土地会社の株式を担保に日本銀行から借り入れを行っていたが、1927年7月には日本銀行からの手形借入金は46万円にもなっていた。[13]

こうして高田農商銀行は、ともかくも経営危機を乗り越えることができた。しかし、営業成績の悪化は続き、1933年末の預金はわずか27万7143円となり、ピークであった1924年（255万8187円）の10分の1近くにまで減少した。配当率も1927年上半期に8%から3%となり、30年上半期以降は無配となった。預金は1938年以降再び増加に転じるが、40年5月末には114万円余の「不確実資産」があり、そのうちの61万円余が箱根土地会社のものであった。

ところで、高田農商銀行は1945年4月の空襲で本店を全焼し、預金の大半を失った。また、大銀行の進出によって営業基盤が侵食され、戦後の経営には厳しいものがあった。そのため、さすがの康次郎も1951年6月、ついに高田農商銀行を手放す決意をした。高田農商銀行は、日産コンツェルンの創始者鮎川義介《あいかわよしすけ》の手に渡ったのち、1968年に三井銀行に合併された。[14]

２　箱根開発と自動車専用道路の整備

駿豆鉄道の支配と自動車専用道路の建設

箱根では、富士屋《ふじや》自働車が１９１９（大正8）年6月に国府津～箱根町間に乗合自動車営業を開始し、その後も営業区域を拡大していた。また、小田原電気鉄道（のちの箱根登山鉄道）も１９２１年7月に小涌谷～箱根町間に乗合自動車営業を開始した[15]。

このように箱根へのルートは、小田原電気鉄道と富士屋自働車によって掌握されていたので、康次郎の進出する余地はほとんどなかった。そこで、康次郎は小田原電気鉄道との関係を深め、できれば支配下に置きたいと考えるようになった。康次郎は、１９２１年5月末に小田原電気鉄道の株式を２００株ほど所有し、１９２３年11月末には２０８１株に増やした。これに山名《やまな》義高《よしたか》、川島与右衛門、広中光次郎、塚本金兵衛、大場金太郎、小高義一ら、箱根土地会社ないし康次郎の関係者の持株を加えると３６４１株となったが、株式総数に占める比率はわずか２・８％にすぎなかった[16]。

康次郎は、１９２３年12月には塚本金兵衛を取締役に送り込み、26年12月にはみずからが取締役となった。そして、１９２７（昭和2）年5月末にはみずからの所有株式数を３８６１株に増やし、康次郎の関係者が４７８１株の株式を所有するにいたったが、なおそれは株式総数の３・５％にすぎなかった。一方、中根《なかね》合名（２万３７００株）、帝国生命保険（１万９４９２株）の２社で４万３１９２株、株式総数の32・7％を占めており、中根虎四郎《とらしろう》を社長とする小田原電気鉄道の経営体制はいささかも揺るがなかった。

一方康次郎は、熱海峠と箱根峠の間に十国自動車専用道路を建設し、湯河原ないし熱海から箱根に入るルートを開発しようと考え、部下の中島陟をドイツに派遣し、自動車専用道路を研究してくるよう命じた。しかし、箱根土地会社の経営は危機的な状況にあったので、康次郎は駿豆鉄道を支配下に置き、駿豆鉄道に熱海峠～箱根峠間の自動車専用道路を建設させた。駿豆鉄道は、１９２５年に内務省に静岡県田方《たがた》郡函南《かんなみ》村（現・函南町）字国見《くにみ》岳の熱海峠から同県駿東《すんとう》郡富士岡《ふじおか》村（現・御殿場市）字神山《こうやま》の長尾《ながお》峠《とうげ》にいたる延長約26㎞の自動車専用道路の建設許可を申請した。道路の幅員は６ｍ、築造費は45万円と見積もられ、一般自動車および自営乗合自動車の運行を想定していた。

箱根自動車専用道路　十国峠（絵はがき）

康次郎は、箱根土地会社の社長藤田謙一を駿豆鉄道の取締役に送り込んでいたが、１９２３年11月にはみずからも１０００株の株主となった。そして、１９２５年11月にはみずからが箱根土地会社専務取締役として８９６０株、個人名義で２７６０株、合計1万1720株を所有し、白井龍一郎（保安《ほあん》商事会社社長、1万2902株）に次ぐ第2位の大株主となった。これに小高義一、永井外吉、川島与右衛門、吉岡栄蔵、中島陟、東方友次郎、山名義高ら、箱根土地会社関係者の所有株数を加えると2万3442株となり、株式総数（7万5000株）の27・1％に達した。[17]

ところで、康次郎はライバルの五島慶太《ごとうけいた》が「強盗慶太」と呼ばれるのに対して、「ピストル堤」と呼ばれることがある。この異名の由来は、康次郎が駿豆鉄道を支配下に置いたことと関係している。康次郎によれば、駿豆鉄道の株式の3分の1ほどをもつようになったとき、白井龍一郎の息子が駿豆鉄道の乗っ取りをはかり、康次郎に株を売るよう交渉してきた。康次郎には「事業は商品ではないという信念」があり、白井の申し出を断ると、白井は国粋主義の右翼団体大化会《たいかかい》代表の岩田富美夫《いわたふみお》を派遣してきた。岩田はピストルを発射して株を売るよう迫ったが、康次郎は頑として売らなかった。この毅然《きぜん》とした康次郎の態度に岩田が感服したということをもって「ピストル堤」という異名がついたのだという。[18]いかにも康次郎らしい逸話であるが、駿豆鉄道の乗っ取りをはかっていたのは紛《まぎ》れもなく康次郎だったので、にわかには信用できない。

駿豆鉄道の十国自動車専用道路の建設請願は、すでに富士屋自働車が長尾峠から芦ノ湖西岸の外輪山の尾根伝いに湖尻峠《こじりとうげ》、三国山《みくにやま》、山伏峠《やまぶしとうげ》、箱根峠を越え、十国峠から熱海に下る自動車専用道路の建設を内務省に出願していたので、富士屋自働車との競願となった。そのため内務省も認可に手間どり、結論が出たのはようやく申請から5年後の１９３０年7月3日のことで、駿豆鉄道に認可が下りた。駿豆鉄道は、６か月以内に幅員8間（約14・６ｍ）の道路を開鑿することになった。十国自動車専用道路は、箱根を南北に連絡する最初の道路であった[19]。しかし、建設費は駿豆鉄道の資本金と同額の１５０万円と見積もられており、株主のなかからは「恐らくそんな馬鹿な真似《まね》をしたら、駿豆鉄道そのものが破産に瀕《ひん》するだろう」という反対意見が続出し[20]、社長の大場金太郎は「明けても暮れても勘定に追われる毎日」が続くことになった[21]。

この当時は、自動車専用道路がどのようなものか一般にはほとんど知られておらず、１９１9年4月に制定された道路法にも有料道路に関する規定はなかった。その後、政府は１９３１年3月の第59回帝国議会に自動車交通事業法案を提出し、初めて有料道路に関する規則が定められた。そこではもっぱら自動車の一般交通の用に供し、賃銭を取って自動車の通行を許可するものを一般自動車道、自動車運輸業者がその事業のために専用する道路を専用自動車道といい、専用自動車道の開設にはとくに免許を必要としないが一般自動車道を建設して自動車事業を営むものは主務大臣の免許が必要とされた。

さらに康次郎は、箱根《はこね》遊船《ゆうせん》を通じて１９３０年2月24日、強羅～小涌谷間（延長１・75㎞、幅員6・９ｍ、築造費22万６３２３円）、強羅～湖尻《こじり》間（延長８㎞、幅員６ｍ、築造費18万５０００円）などの自動車専用道路の建設許可を申請していた。大場金太郎によれば、「強羅―湖尻間

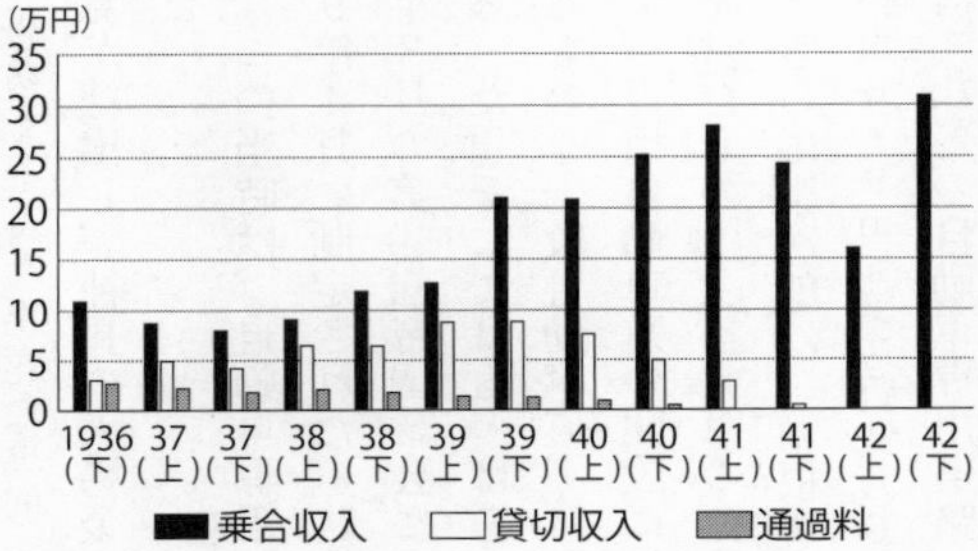

図4―2　十国自動車専用道路の営業部門別収入
（出典：駿豆鉄道『営業報告書』各期）

の道をつくろうとするあたりは神山の北斜面で、昔から一尺幅の道があるかないかの心細い状況、地元の人でもめったに通らないところ」だったが、ここに自動車専用道を造ろうというのであった。(22)

十国自動車専用道路（熱海峠～箱根峠間9・9㎞）は、1932年8月7日に開通した。駿豆鉄道はさっそくバスの運行を開始し、「箱根行は安くて早い熱海から」のキャッチフレーズで宣伝し、芦ノ湖を中心とする箱根内輪山の観光資源を内外に紹介する原動力となった。熱海駅では汽車の発着ごとに乗合バスが接続し、芦ノ湖までの運賃は大人1人1円であった。また、十国自動車専用道路の自動車通行料金は1台につき80銭であった。(23)そして、27日からはジャパンツーリストビューローが熱海駅から箱根までの乗合自動車および鉄道線主要駅に対する回遊乗車券・単独船車券を発売した。(24)また、1933年5月1日からは省線（国鉄）との2線連帯運輸、ならびに省線および富士箱根自動車との3線連帯運輸を実施した。(25)

その後、箱根では1935年10月に早雲山～大涌谷～湖尻～元箱根間（約15㎞）、37年10月には早雲山～小涌谷間（約2・3㎞）の自動車専用道路が開通した。なお、十国自動車専用道路の収入は図4―2のようで、乗合自動車の収入が増えている。

駿豆鉄道と箱根遊船の合併

自動車専用道路が整備されると、駿豆鉄道箱根線の自動車運輸事業収入は著しく増加した。1937（昭和12）年下半期には14万2262円であったが、38年下半期には19万9349円となり、増加率は40％にも達した[26]。

こうしたなかで、駿豆鉄道は1937年12月11日に箱根遊船と合併契約を結び、翌38年4月6日の登記にさいし社名を駿豆鉄道箱根遊船株式会社と改めた。駿豆鉄道の資本金は150万円、箱根遊船の資本金は40万円であったので、駿豆鉄道箱根遊船の資本金は190万円となり、本店は駿豆鉄道の本店所在地であった静岡県田方郡三島町《みしままち》（現・三島市）に置かれ、神奈川県足柄下郡元箱根村にあった箱根遊船の本店は支店となった。合併と社名変更にともない、「ホテルに関する一般事業」「不動産の取得売買仲介並に其賃貸借」が事業目的に加えられた[27]。さらに、1940年6月28日の株主総会で「一般食堂の経営並に物品販売業」が新たに事業目的に加わった[28]。

康次郎は、箱根と伊豆で駿豆鉄道や箱根遊船以外にもさまざまな事業にかかわった。たとえば、湯河原《ゆがわら》自動車に大場金太郎を役員として送り込み、大雄山《だいゆうざん》鉄道には資本参加をしていた。

また、箱根では山水楼《さんすいろう》（のちにホテル芦ノ湖園。現在は廃業）、神山《かみやま》温泉ホテル（廃業）、駒ヶ岳《こまがたけ》ホテルなどの旅館やホテルを経営していた。そして、箱根と伊豆は観光地としてどうしても結びつける必要があると考え、駿豆鉄道と箱根遊船を合併させたのである。大場によれば、「箱根遊船と駿豆鉄道と名称は違っていても、会社の責任者は私であったものですから、箱根と伊豆は相関関係にあり二つの観光地を近くして結び開発するにはどうしても合併することが必要であ」った[29]。

1937年12月11日の駿豆鉄道の経営陣は、常務取締役東方友次郎、取締役山名義高・中島陟・小島正治郎・安井喜三郎、監査役仁田大八郎《にっただいはちろう》・小高義一・永井外吉という布陣であった。その後、1938年1月10日に安井が取締役を辞任したのち取締役が1名増員となり、大場金太郎と日比重順が常務取締役となった。日比は日本興業銀行の重役で、1937年に康次郎が駿豆鉄道に小涌谷〜湖尻間の自動車専用道路をつくらせるために同行から資金を借りたさいに派遣された。また、駿豆鉄道は帝国産金《ていこくさんきん》興業会社からも融資を受けていたので、その関係で1938年下半期には帝国産金から石川博資《いしかわひろすけ》を取締役に迎えた。そして、1939年1月10日に東方が駿豆鉄道を代表する専務取締役に就任するのであるが、この東方が経営方針をめぐって康次郎と対立することになった。

大場によれば、東方は「大変に利巧な者で、目から鼻に抜けるように敏腕で、その才能は誰れもが一目置く存在で」あったが[30]、その東方が石川とともに康次郎の早雲山〜小涌谷間の自動車専用道路の建設計画に強硬に反対した。すでに十国自動車専用道路を開通させたのに、また興業銀行から借金をして早雲山～小涌谷間に自動車専用道路をつくろうとしている。こんなことをしていると、駿豆鉄道はつぶれてしまうので、何としてもこの計画には反対しなければならないというのである。

東方は興業銀行に駿豆鉄道への融資をやめるよう画策したが、このことを大場から聞きつけた康次郎はすぐに興業銀行に駆けつけ、東方の画策を未然に防止したうえで改めて融資を依頼した。その結果、興業銀行は、康次郎が十国自動車専用道路や早雲山～湖尻～元箱根間の自動車専用道路を完成させていることを高く評価し、もう一度やらせてみようということになった。

康次郎は、１９３９年２月22日に東方社長を辞任させ、東京から永井外吉を呼び寄せて社長に据えた。その結果、同年12月の駿豆鉄道の経営陣は、取締役社長永井外吉、常務取締役大場金太郎・日比重順、取締役山名義高・中島陟・小島正治郎、監査役仁田大八郎・小高義一・石川博資という布陣となった。

戦時下の箱根開発と駿豆鉄道

１９３１（昭和６）年４月に国立公園法が制定されると、箱根は36年２月、国立公園に指定され、富士箱根国立公園の一部となった。同年11月には箱根で富士箱根国立公園祝賀会が開催され、康次郎も出席してみずからの箱根開発構想を講演した。このとき康次郎は、当時流行し

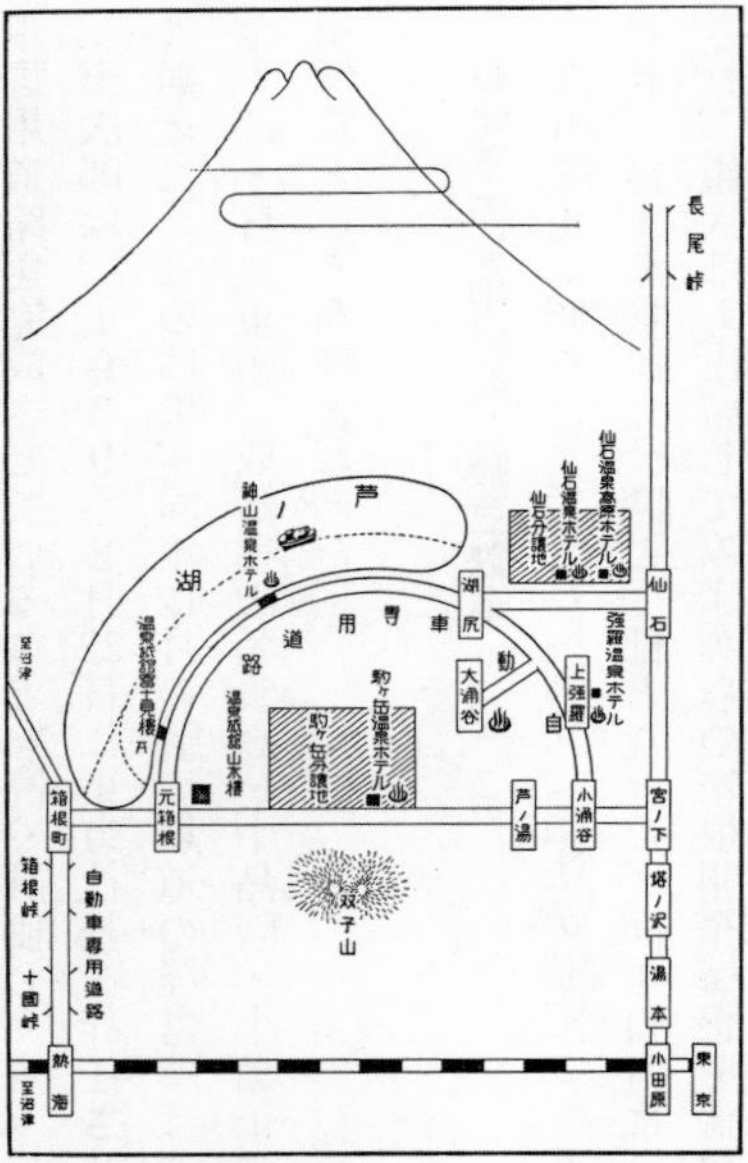

箱根経営地案内図（『銃後静養のため箱根の画期的開放』1937年）

ていた発疹《ほっしん》チフスにかかり15日間も40度前後の高熱が続いていたが、それを押しての講演であった。

箱根土地会社は、湯ノ花沢温泉を芦ノ湖畔まで引き湯し、駒ヶ岳温泉ホテル、富士見楼《ふじみろう》、神山温泉ホテル、山水楼などの直営ホテルに供給を開始すると、これらホテルの１００坪の分譲地に水道・電気引込済みの17〜18坪の新築小別荘を建て、１９３７年6月に「温泉土地附サービス別荘」と称して２５００円で売りに出した。なぜこんなに安く箱根の「国道沿ひ土地附別荘」が手に入るのか。同社によれば、まずは「採算を度外視したサービス値段」であること、そして同社が「設計、工事、監督とも全部自給自足で」まかない「建築を機械化して大量製作をして」いるからであった。しかも、別荘を所有すれば、「温泉に浴し富士を眺め、家庭的な楽みを享受」できるだけでなく、「御希望により有利に他に貸すことも転売することも」できるので、投資物件としても魅力的であった。また、水道・電気引き込み済みの土地も、坪15円で分譲された。なお、別荘の管理や修理も箱根土地会社の事務局が行っていた。箱根土地会社は、さらに100坪の土地に25坪5合の建物を新築し、「特別サービス別荘」と称し、100戸限り2000円で売りに出した。(31)

土地附サービス別荘の分譲を開始した翌月の7月7日、中国の北京《ペキン》郊外の盧溝橋《ろこうきょう》で日中両軍の武力衝突が起こった。日中戦争の始まりである。箱根温泉旅館組合は、1938年の秋には東京のデパートの屋上に「鍛えよ銃後の秋、箱根温泉」と記した懸垂幕をかけ、国策温泉報国を旗印に湯治客や団体宿泊客の誘致をはかったが、(32)箱根土地会社はそれよりもかなり早く1937年10月に「銃後静養のため」という触れ込みで、箱根強羅ホテル、仙石原ホテル、駒ヶ岳温泉ホテル、山水楼、神山温泉ホテル、富士見楼、文庫山《ぶんこやま》、芙蓉亭《ふようてい》などの分譲地で温泉山荘を売り出した。同社は、この温泉山荘を「銃後の責務は健康と活動です。撓《たわ》まざる努力はよき休養より生じます。／山の霊、湖の精の鍾《あつ》まる箱根の山は天下の勝《しょう》、此処で簡素な土地附小別荘を一戸僅かに五百円で特売します。温泉に浴し富士を仰ぎ芦ノ湖に臨むこんなよい所で土地附別荘が僅か五百円位で得られるのですから素敵です」と宣伝した。500円特売としているが、温泉山荘の価格には300円から1000円と幅があった。土地は50坪であったが、増坪も可能であった。建物の間取りは、8畳・4畳の部屋と女中室兼用台所であった。道路、電灯、水道が完備していて、クラブハウスには温泉、娯楽室、食堂、電話、売店、炊事場などがあった。

また、翌年の夏用の天幕型貸別荘の予約も開始された。１日あたりの料金は、大型が50銭（夏期3か月１００円）、小型が30銭（同50円）であった。さらに駒ヶ岳温泉、仙石原温泉ではサービス別荘がそれぞれ１００戸限定で売りに出された。駒ヶ岳温泉のサービス別荘は、１００坪の土地に24坪余の建物がついて２０００円、仙石原温泉のサービス別荘は１００坪の土地に25坪余の建物がついて１５００円であった。箱根土地会社は、このサービス別荘を「国立公園内で交通よく、春も秋も使へる温泉地が坪五円とは投資物にも好適です」と、投資物件として

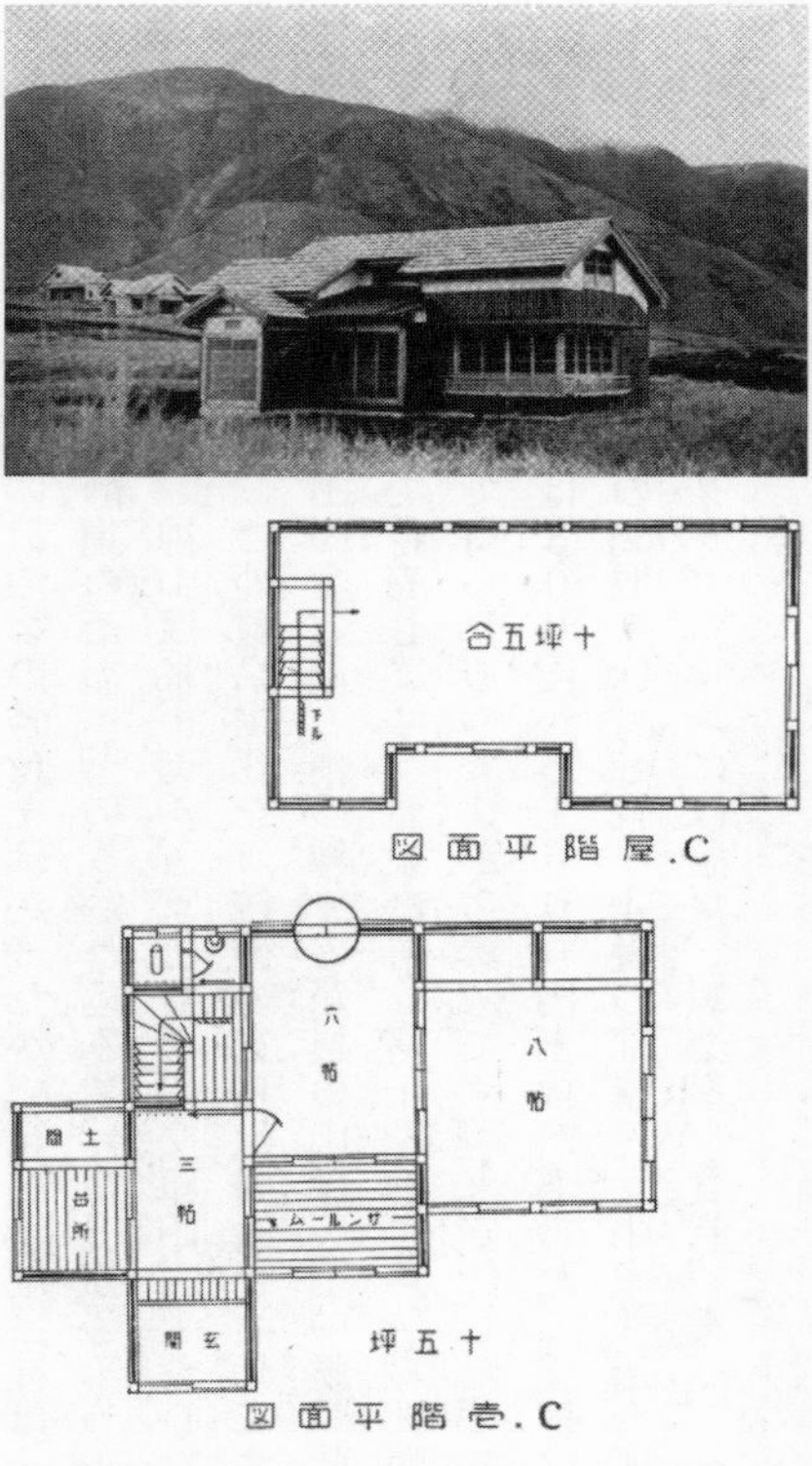

仙石原温泉サービス別荘1500円別荘　建物の写真と間取り（『銃後静養のため箱根の画期的開放』1937年）

の価値もあると宣伝していた[33]。康次郎の箱根開発にかける意気込みは、戦時下になってもいささかも萎《な》えることはなかった。

それでは、箱根土地会社が分譲した箱根の別荘地に１９３８年までに別荘を建てたのはどのような人びとであったろうか。強羅温泉分譲地には96軒の別荘が建てられており、その職業別内訳は実業家47名、会社役員・会社員11名、学者・教員・著述業８名、医師７名、政治家・軍人・官僚・弁護士各１名、その他19名で、日本銀行総裁結城豊太郎《ゆうきとよたろう》、日本橋の綿織物問屋前川太兵衛、帝国大学教授本位田祥男《ほんいでんよしお》、林学博士本多静六らの名がみられる[34]。また、仙石温泉分譲地では１０７軒の別荘が建てられており、逓信省電気局長の大和田悌二《おおわだていじ》らの名前がみられるが、職業別分布をみると実業家34名、会社役員・会社員９名、学者・教員・著述業・芸術家14名、医師９名、官僚６名、政治家２名、軍人・華族・計理士各１名、その他30名であった[35]。実業家を筆頭に、学者・教員、芸術家、医師、官僚、政治家、軍人などのいわゆる新中間層の別荘が多くみられた。

駿豆鉄道箱根遊船会社は、「一億総決起で聖戦を完遂しようという時代に、遊船などという名前はまことにけしからん」という横やりが入ったため、１９４０年11月に再び社名を駿豆鉄道と変更した[36]。駿豆鉄道の１９２７年から戦時期にかけての営業成績をみると表４—２のようで、戦時期にいたるまで利益率は10%前後、配当率は９%を維持していた。しかし、戦時期に入ると配当率は抑制されているが、営業収入の増加が著しく、１９３９年上半期以降は利益率

表4―2　駿豆鉄道の営業成績

（単位：円・%）

年	期	資本金	営業収入	営業支出	営業利益	資本金利益率（%）	配当金	配当率（%）
1927	上	1,500,000	288,029	214,524	73,505	9.8%	67,500	9.0
	下	1,500,000	302,093	229,692	72,401	9.7%	67,500	9.0
1928	上	1,500,000	336,598	259,040	77,559	10.3%	67,500	9.0
	下	1,500,000	311,820	233,081	78,738	10.5%	67,500	9.0
1929	上	1,500,000	339,497	260,081	79,416	10.6%	67,500	9.0
	下	1,500,000	310,966	238,192	72,774	9.7%	67,500	9.0
1930	上	1,500,000	305,601	232,651	72,950	9.7%	67,500	9.0
	下	1,500,000	264,175	191,429	72,745	9.7%	67,500	9.0
1931	上	1,500,000	262,957	190,390	72,567	9.7%	67,500	9.0
	下	1,500,000	240,674	167,732	72,942	9.7%	67,500	9.0
1932	上	1,500,000	259,073	186,481	72,592	9.7%	67,500	9.0
	下	1,500,000	242,911	181,701	61,211	8.2%	67,500	9.0
1933	上	1,500,000	270,502	204,308	66,194	8.8%	62,500	9.0
1936	下	1,500,000	492,766	380,301	112,465	15.0%	44,500	優7.0、普5.0
1937	上	1,500,000	499,065	394,162	104,902	14.0%	44,500	優7.0、普5.0
	下	1,500,000	465,189	394,209	70,980	9.5%	44,500	優7.0、普5.0
1938	上	1,900,000	589,874	481,613	108,261	11.4%	47,000	優7.0、普5.0
	下	1,900,000	650,147	527,001	123,146	13.0%	42,500	5.0
1939	上	1,900,000	933,673	736,981	196,692	20.7%	42,500	5.0
	下	1,900,000	998,554	779,608	218,946	23.0%	57,000	6.0
1940	上	1,900,000	1,289,312	992,014	297,298	31.3%	57,000	6.0
	下	1,900,000	1,252,163	1,012,896	239,267	25.2%	57,000	6.0
1942	上	2,500,000	1,306,751	932,773	373,978	39.4%	75,000	6.0
	下	2,500,000	1,613,495	1,130,035	483,460	50.9%	75,000	6.0

出典：駿豆鉄道『営業報告書』各期。注：①上半期は前年12月から５月まで、下半期は６月から11月までである。②「優」は優先株、「普」は普通株を意味する。

が20％を超えている。駿豆鉄道の「業績はこれ迄華々しい向上なく、地味な成績を繰り返して来た」が、戦時期に入ると「成績は急向上を示し」、利益率も「大都会電鉄並みの高率」をあげるようになったのである。好成績の要因は「他の電鉄会社と同様、時局の影響による交通量増加に負ふもの」で、「伊豆温泉地方への遊覧客は一向減らず、其の上、時局施設が沿線にポツポツ現はれる様になった」からであった。(37)

駿豆鉄道は１９４１年８月に大雄山鉄道を合併した。大雄山鉄道は、小田原～大雄山間９・６㎞の小鉄道で、合併当時の資本金は60万円であった。大雄山鉄道は、駿豆鉄道と同じく箱根土地会社の傍系会社であったが、もともとは大雄山の道了尊《どうりょうそん》への参詣客の輸送を目的に設立されたもので、営業成績は欠損の連続であった。そのため合併が遅れていたが、１９４０年下半期には著しく業績が向上し、５％配当も実施された。大雄山鉄道は、「最近まで政府補助金で漸く息をついて居たのであるが、時局による交通量増大の余波と、沿線の富士写真フイルム工場の繁忙や、起点の小田原附近に殷賑《いんしん》産業の勃興を観る様になった上、インフレ浸潤《しんじゅん》による箱根地方への遊覧客の激増で、成績は昨年上期以来急向上を来たし、旧来からの繰越欠損を一掃し、同下期には政府補助金すら打切って、自力で五分配当を出来る様に立直った」のである。(38)駿豆鉄道は、大雄山鉄道の業績の好転を待って同社を合併し、経営の合理化をはかった。駿豆鉄道は、１９４３年８月10日には湯河原自動車も合併した。

3　軽井沢の大衆化と北軽井沢の開発

軽井沢の大衆化

　1930年代以降、軽井沢では日本人避暑客の数が増え、別荘の数も増加した。康次郎は、軽井沢で土地付き別荘を販売するとともに、貸別荘事業も営み、1929（昭和4）年には、千ヶ滝で100坪の土地に水道、電灯、炊事道具完備の「すぐ住める」別荘100戸を販売した。[39] 1935年のものと思われる箱根土地会社のパンフレット「軽井沢　千ヶ滝のプロフヰル」において、康次郎は「国際都市軽井沢――と云っただけで直ちに軽井沢の豪華なサンマー・ライフを想像されますが、試みに軽井沢行きの季節列車「高原」「涼風《すずかぜ》」にお乗りになれば別荘へゆく多数の楽しそうな人々の顔を見いだすでせう」と、国際都市軽井沢での夏の別荘ライフを宣伝した。そして、いかにも康次郎らしく、「軽井沢の天恵は、決して一部少数の人々にのみによって独占さるべきものではありません。真に都会に奮闘努力する、多数の中産階級の人々こそその天恵を享《う》くる最も有資格者であり、必要者であらねばならぬと信じます」と述べている。そこで箱根土地会社は、「多数の都会人士が軽井沢生活を享楽さるるよう」に「採算を度外視して」100坪の土地に電灯、水道付きの新築別荘を建て、「五百円で奉仕的に売出」したというのである。

しかし、別荘を所有するには、留守中の管理をどうするか、別荘が不要になったときにはどうするかという問題がある。こうした問題に対して、箱根土地会社は「お留守中は会社事務所で管理し、家具類も会社倉庫に保管しますから安全で維持費もかかりません」、別荘が不要になったときには「御希望により会社は他へ賃貸又は御売渡しの仲介を致します」と、万全の体制をとっている。そして、箱根土地会社は今後ますます施設を改善し、別荘の戸数を増やしていくので「地価は次第に騰貴」し、「別荘を実用に供しつつ相当割よき利廻りとなる」と、別荘ライフを楽しみながら地価の高騰によって利殖を得ることもできると宣伝した。

このように、軽井沢には夏の間、上野から「高原」「涼風」という季節列車が走っていて、身近な避暑地になりつつあった。堤はこの軽井沢でいわゆる５００円別荘を売りに出したのである。間取りは図のようであるが、本来は価格８００円のＢタイプのものをＡタイプの価格５００円で売りに出した。この価格設定が「採算を度外視して」「奉仕的に売出す」という宣伝文句の所以《ゆえん》かと思われ

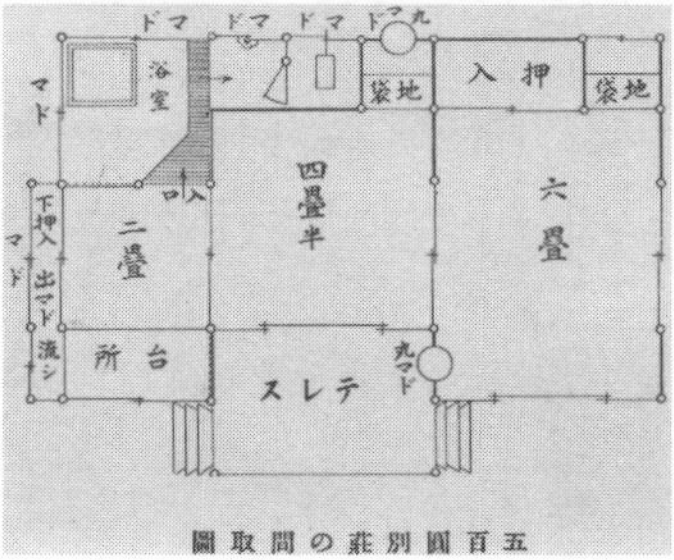

軽井沢千ヶ滝の500円別荘　外観と間取り（『軽井沢　千ヶ滝のプロフォル』1935年）

るが、軽井沢の「天恵」を享受するのは、一部の上流階級の人びとではなく、「真に都会に奮闘努力する、多数の中産階級」でなければならないという、康次郎の理念を反映したものでもあった。ただし、その一方で賃貸や売り渡しによって別荘の資金化が可能であること、地価の騰貴が見込めるので相当の利回りになるとも述べている。軽井沢の別荘も、多分に投資の対象として意識されていたのである。

草津電気鉄道と北軽井沢の開発

康次郎は、沓掛（中軽井沢）を中心に開発事業を進め、軽井沢の大衆化・民衆化をめざして奮闘していたが、箱根土地会社はすでに１９２０～21（大正9～10）年には軽井沢開発の第2期計画として、群馬県吾妻郡の嬬恋村や長野県北佐久郡の西長倉村（現在の軽井沢町の西半分）の「発展策に就《つい》て考究中」で、嬬恋村に２３２万１０００坪の土地を買い入れるとともに、21年4月には群馬県庁から鹿沢《かざわ》温泉敷地の借用権譲受の許可を得た。[40] また、１９２１年11月には嬬恋村地内万座《まんざ》温泉硫黄鉱区の鉱業権を譲り受け、22年4月に試掘権を登録した。[41]

このように箱根土地会社は、設立当初から北軽井沢の開発を念頭に置いていたが、１９３０年代には自動車専用道路を開設し、北軽井沢の開発を本格的に進めた。１９３０（昭和5）年12月に鬼押出《おにおしだ》しから万座温泉、新鹿沢《しんかざわ》温泉にいたる自動車専用道路（約44・９㎞）、31年7月に万座温泉から草津町にいたる自動車専用道路（約20・１㎞）の開設許可を得た。幅員は両道路とも６m、築造費は前者が38万円、後者が13万円であった[42]。

康次郎が北軽井沢の開発に着手したころ、軽井沢から小瀬（のち小瀬温泉と改称）、地《じ》蔵川《ぞうがわ》（１９２７年に北軽井沢と改称）、吾妻《あがつま》、嬬恋、万座温泉口などの諸駅を経て草津温泉まで、草津電気鉄道（１９３９年に草軽《くさかる》電気鉄道と改称）が走っていた。同鉄道は、１９０９（明治42）年２月、黒岩《くろいわ》忠《ちゅう》四郎《しろう》ら草津温泉の有力旅館主らによって草津興業株式会社が設立され、軽井沢～草津間の軽便鉄道の敷設を計画したのに端を発している。草津興業は製紙パルプおよび製紙原料を製造する会社であるが、原料の茅《かや》や笹《ささ》および製品の製紙パルプを輸送する手段として軽井沢～草津間（33・８㎞）に軽便鉄道の敷設を計画したのである。当初の計画では国鉄信越線の沓掛駅（１９５６年に中軽井沢駅と改称）を起点としていたが、のちに軽井沢駅の近くに新軽井沢駅を開設して起点とした。１９１３年11月に着工、15年７月に新軽井沢～小瀬間を開業したのち、17年７月に小瀬～吾妻間、19年11月に吾妻～嬬恋間を開通した。そして、１９２４年２月に社名を草津電気鉄道に変更し、同年11月に新軽井沢～嬬恋間を電化開通させ、26年８月に草津前口、同年９月に草津温泉まで路線を延ばした。着工から全線開業まで、実に13年近くの歳月を要した。

電化によって輸送力の増加、列車運転時間の短縮、正確な運転が実現され、草津温泉の浴客が増えて旅客収入が増加した。また、吾妻川電力の工事材料の輸送も増加し、貨物収入も「十二割の大増加」となった。そして、「事業家、投資家を奮起」させ、吾妻川電力や与志本《よしもと》合資

（林業）などの事業を拡張させた[43]。また、草津電気鉄道の沿線は高原地帯で夏季の避暑地として最適で、北軽井沢や吾妻などには別荘地が開発された。１９２０年に法政《ほうせい》大学の学長松室《まつむろ》致《いたす》は草津電気鉄道の土地を買収して法政大学村という別荘地を開き、23年には学者によって組織された「自治的文化村なる一匡邑《いっきょうむら》」が開設された。そのほか日本鑿泉《さくせん》合資会社経営の別荘や「学者、実業家の別荘」などが年々増加しつつあった。草津電気鉄道も、吾妻高原避暑地に小《こ》菅《すげ》（約2万６０００坪）、御所平《ごしょだいら》（約2万坪）、地蔵川（約2万６０００坪）、新鎌《しんかま》（約11万４０００坪）、湯沢（約8万４０００坪）など合計約27万坪の別荘地を開き、旧避暑地67万４４６５坪と合わせると94万４４６５坪となった[44]。なお、草津電気鉄道は、１９２４年に同年４月10日を申込締切期日として２３０万円の優先株を募集し、50株１口にして吾妻高原別荘地５００坪を無償で提供することにした。同社のパンフレット「草津電気鉄道株式会社増資優先株募集」には、「同社鉄道沿線は天下の勝景地なることは既に定評あるが将来は実に東京市民の一大遊覧地たる運命を有し、恰《あたか》も大阪に於ける阪神急行《はんしんきゅうこう》の宝塚《たからづか》温泉の如く民衆化さるるであらう」と記されていた。

草津電気鉄道は、新軽井沢～草津温泉間の鉄道輸送のほか、電灯・電力の供給事業、運動競技場・娯楽場・ホテルの営業や土地の売買、製材・薪炭の製造販売などの兼業を営んでいたが、１９３３年５月からは草津温泉駅に自動車部を設置し、２台の高級自動車を購入して貸切自動車営業を開始した。草津電気鉄道の『営業報告書』によると、同社の事業は鉄道業、電灯業、自動車運輸業、土地・家屋の売買などからなるが、図４―３にみられるように、いずれの部門も若干の年度をのぞき収益をあげていた。しかし、電化工事に必要な資金の調達を借入金や社債に依存していたため社債・借入金利子の支出がかさみ、草津電気鉄道の収支構造を悪化させた。そのため株式配当は無配に転じ、毎期政府補助金によって辛うじて赤字を解消するという状況となった。１９２９年４月には、年利７・５％の物上担保付社債90万円を募集し、年利９％の社債90万円を償還したが、その後も社債・借入金利子が収支を悪化させるという構造は変わらなかった[45]。

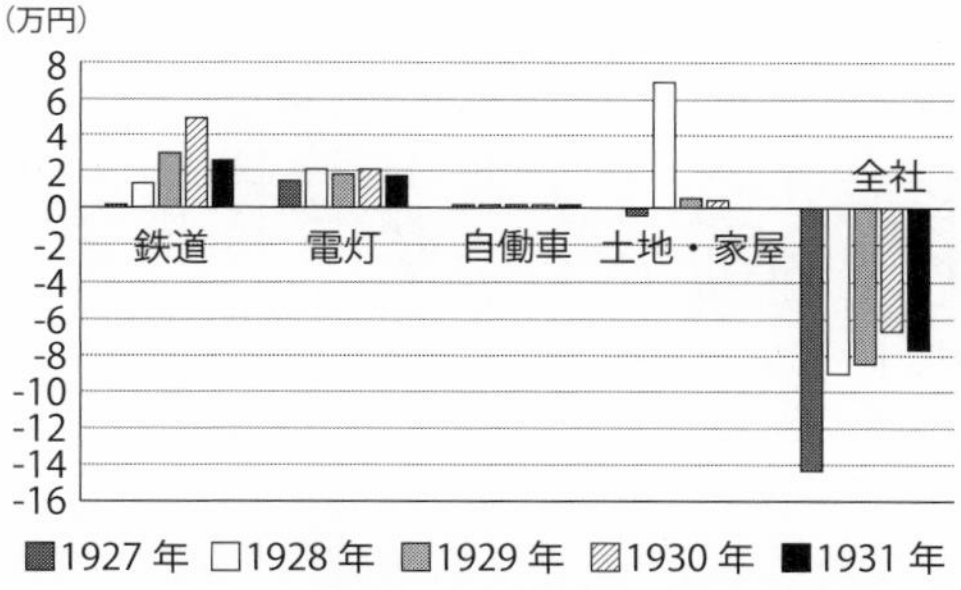

図４―３　草津電気鉄道の営業部門別収益（1927～31年）（出典：草津電気鉄道『営業報告書』各期）

鬼押出しの開発と自動車専用道路

浅間山麓の北斜面の標高１２００～２１００m内外の地域に分布する鬼押出しは、１７８３（天明《てんめい》３）年の浅間山大爆発で流れ出た溶岩が凝固してできた地形で、幅数十町、長さ１里９町（約４・９km）、面積５９０町歩（約５・８平方キロメートル）に達する奇勝であった。康次郎は、１９２０（大正９）年に前橋営林署から鬼押出し六里《ろくり》ヶ《が》原《はら》の国有地80万坪の払い下げを受け、軽井沢からバスを運行して観光客を運んだ。鬼押出しを買収した経緯について、康次郎は、「鬼押出は今から十七年前故加藤氏（加藤高明―引用者）が私有地故この奇勝を荒されてはとの話があったので会社で買収した」と述べている。[46]

康次郎は、1921年には沓掛〜峰《みね》の茶屋《ちゃや》〜三原《みはら》間を一般自動車道として開発し、28（昭和3）年には草津〜軽井沢間に定期バスの運行を始めた。また、同年には軽井沢〜三原間に自動車専用道路を開設し、33年7月に有料道路軽井沢線（グリーンホテル〜峰の茶屋〜鬼押出し間11・7㎞）、同年8月には同三原線（鬼押出し〜三原間13・2㎞）を開業した。

また、箱根土地会社は吾妻郡万座温泉〜草津間20㎞の自動車専用道路の開設を出願し、1931年7月に内務大臣の許可を受けた。工費は13万円、すでに許可を受けていた万座温泉までの自動車専用道路に接続する舗装道路で、通行車輛から料金を徴収する有料道路であった。[47]

そして、康次郎はこの鬼押出しの「広漠たる岩の波の中に、三、四畳敷位の横穴を数百穿《うが》ちこれに金の扉を附《つ》けて」ホテルとし、観光客を誘致しようとした。このホテルは、岩窟ホテルと名づけられ、中央部に大食堂を建設し、岩を利用してカンテラや灯籠《とうろう》をいたるところに設備した。「文化生活に中毒してゐる学生や都会人に原始生活を満喫させると言ふ変った計画」で、1935年8月に開業した。このとき同時に、鬼押出し一周道路もほぼ完成した。箱根土地会社は、開発にあたって名勝天然記念物として知られる鬼押出しの自然美を損なうようなことはしないと言明していた。[48]

康次郎は、草津高原遊覧コースの開拓に興味を示し、1931年8月末以来専属の設計技手数名を実測にあたらせた。この大遊覧コースは幅21尺余（約6・4m）、全コース約8里（約31・4km）で、草津温泉を起点に白根山《しらねさん》中腹を西へ向かって万座温泉に出て、さらに東南に走って草津電鉄石津平《いしづだいら》駅（1934年に万座温泉口駅に改称）に出る。総工費は約8万円、長野電鉄が湯田中《ゆだなか》方面から上田の鳥居峠《とりいとうげ》を経て遊覧線に連絡するので、北信《ほくしん》と北上州の高原交通網は完全に結びつけられる。[49] なお、草津高原における大遊覧鉄道は、草津町においても計画中であったが、不況と町財政の関係から実現にはいたらなかった。

戦時下の軽井沢と箱根土地会社

軽井沢町から西長倉村にかけての地域は国際的な避暑地として名をはせ、戦時下においても人口は増加の一途をたどっていた。こうしたなかで、軽井沢町と西長倉村の合併が日程にのぼり、1941（昭和16）年9月には長野県が総務部長名で「大衆的国民保養地としての施設を講じ、以て国民保健の国策に寄与」するため、両町村の合併を指示した。[50] 以後、軽井沢町と西長倉村の合併の機運は急速に高まり、両町村は1942年5月8日に合併し、新しい軽井沢町が誕生した。康次郎は、軽井沢町と西長倉村の合併に背後から尽力したという。[51]

康次郎はますます意気軒高《いきけんこう》で、軽井沢で別荘の建築・販売を積極的に推進した。たとえば、1938年4月には、「軽井沢（千ヶ滝・南軽井沢）の画期的開放―土地附新築別荘五百戸提供」

軽井沢千ヶ滝の別荘生活（「軽井沢（千ヶ滝・南軽井沢）の画期的開放—土地附新築別荘五百戸提供」1938年4月）

というパンフレットを作成し、価格帯を７００円、１５００円、１８００円に分け、５００戸の建売別荘を売りに出した。いずれも敷地は１００坪で、水道・電灯・建具造作付きの新築別荘であった。

箱根土地会社は、この軽井沢こそ「皆様の御家庭にお奨《すす》めしたい天与《てんよ》の休養地」であるとして、言葉巧みに７００円のサービス別荘を販売した。すなわち、軽井沢は、外国人の別荘が立ち並ぶ「贅沢な避暑地」であるが、その軽井沢で「七百円出せば土地附別荘が手にはいる」のである。しかも、「建具造作が完備し、水道や電気も引込んであり、手入らずにそのまま直《す》ぐ住める」のであるから、「まことに安いもの」である。それでは、なぜそんなに安い値段で売れるのか。それは、「国の隆盛は一家の繁栄から、一家の繁栄は家庭の健康からと云ふ、銃後の奉仕観念のもとに本社の有する、あらゆる設備能力を動員し、採算を度外視してサービス致すから」であるというのであった。そして、１９４０年には東京でオリンピックが開催されるので、信越線が電化され、上野からの所要時間がさらに短縮される。こうして軽井沢の別荘の価格はますます騰貴するので、転売したり、貸別荘として利用したりすることもできると、投資物件としても有益であると宣伝した[52]。

それから2か月後の１９３８年6月、箱根土地会社は軽井沢の千ヶ滝で建築材料の安かった2、3年前に建てた54戸の瀟洒な小別荘を「格安処分」した。販売促進のために作成されたパンフレット（１９３８年6月）によれば、箱根土地会社は「画期的計画による小別荘五百戸を完成」させるために「手持別荘全部をこの際特売」するというのである。この５００戸の小別荘は、前述の１９３８年4月に売りに出した新築別荘のことかと思われるが、箱根土地会社はその建設費を調達するために、いわば売れ残りの別荘を「安かった建築当時の原価を更に割引して土地附で犠牲的に処分」したのである。一見華やかにみえるが、康次郎の軽井沢での開発事業も、資金的には「やりくり算段」を強いられていたのである。なお、１９３８年6月には、「夏…!軽井沢　千ヶ滝のプロフィル」「伸びゆく南軽井沢――すぐ住める壱千円の新築小別荘特売」などのパンフレットも作成しており、千ヶ滝、南軽井沢の別荘地および建売別荘を大々的に売りに出している。

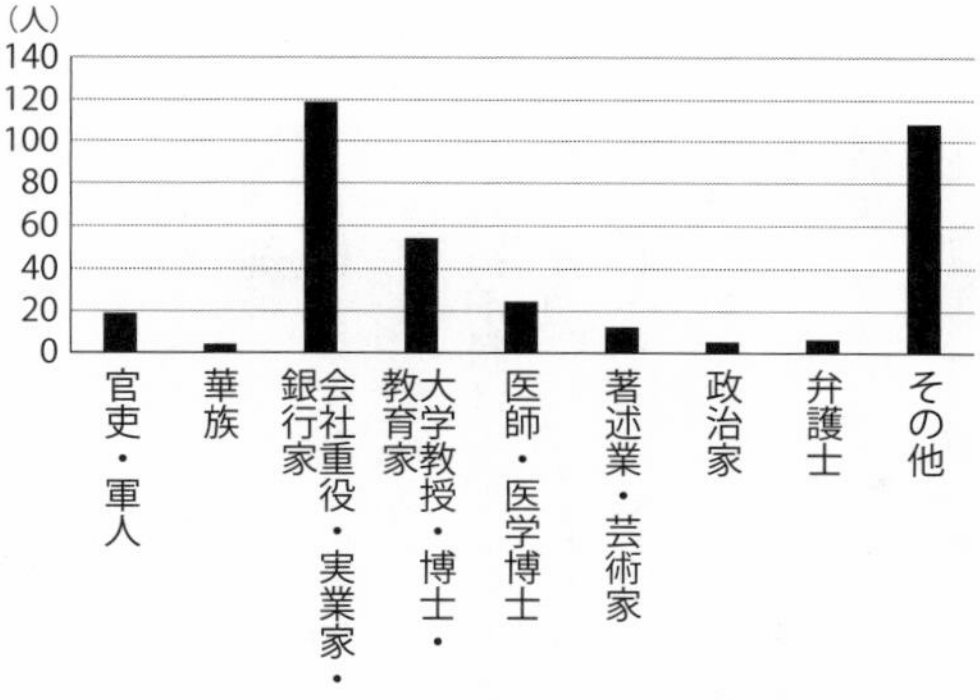

図４—４　軽井沢（千ヶ滝・南軽井沢）における箱根土地別荘の職業別所有者数（出典：箱根土地会社「軽井沢（千ヶ滝・南軽井沢）の画期的開放—土地附新築別荘五百戸提供」1938年４月）

ところで、1938年当時、千ヶ滝・南軽井沢に箱根土地会社の別荘を所有していた人びとを職業別に示すと図4―4のようで、会社重役・実業家、銀行家、大学教授・博士・教育家などの新中間層が多くみられた。軽井沢の大衆化・民衆化という康次郎の構想は、実現しつつあったといえよう。

なお、箱根土地会社は観翠楼《かんすいろう》（千ヶ滝温泉）、高原寮（南軽井沢）、南軽井沢ホテル（押立《おしたて》山頂）およびグリーンホテルなどのホテルや旅館も経営していた。観翠楼は「純和式家族的旅館」で夏季以外の宿泊料は1泊2食付きで1円50銭であった。高原寮は「ハイキング、スキー、軍事教練宿舎に好適」で、1000人ほど収容できた。宿泊料は、観翠楼と同じく1泊2食付きで1円50銭であった。グリーンホテルは、緑《みどり》ヶ《が》丘《おか》中腹に建坪1000坪、4階建ての建物を新築し「面目一新」となった[53]。南軽井沢ホテルは、南軽井沢の「押立山の頂きに新築された白亜のホテル」で、軽井沢随一の眺望を誇っていた。大食堂、パーラー、娯楽室、電話、ラジオなども完備され、宿泊料は1泊2食付きで6円と、観翠楼などと比べるとかなり高めであった[54]。

しかし、戦時下の統制経済は、軽井沢町の人びとの生活に深刻な影響を及ぼし始めていた。1940年の『軽井沢町報』には、「木炭・米穀の配給統制で軽井沢町民の死活問題起る」という記事が掲載されている。1俵の炭を購入しようと町中を東奔西走しても手に入らないが、この夏の来軽者に供給する2万5～6000俵の配給は一体どうなるのかと、問題の深刻さを訴え、「実に夏期に生きる軽井沢としては町全体として対策を講ぜざるを得ない実情にある」

として、商工会や商業組合とともに長野県の配給方《かた》に陳情したというのである[55]。

箱根土地会社も、別荘居住者の配給が円滑になされるよう対応に追われた。同社が１９４３年6月に別荘居住者に向けて発行した「御知らせ」によれば、千ヶ滝の「厚生保健地としての重要性」に鑑み、長野県当局、警察署、軽井沢町役場、業者などが寄り合って協議をした結果、「関係各方面の理解と協力のもと主食物其他前年通りの条件により配給を受けること」になった。こうして「今年の食糧事情はどうであらうか」という懸念は解消され、千ヶ滝は安心して夏を過ごせる「真の健民、練成、思索、静養の地」となった、と伝えている。

しかし、快適な夏を千ヶ滝で過ごすためには配給事務のわずらわしさから解放されなければならなかった。それについては、沓掛常会の事務員が軽井沢町役場の推薦により、千ヶ滝で夏季専属の職員として勤務して「配給手続き一切の事務を代行」し、「円滑迅速なる配給を期することにな」った。箱根土地会社は、千ヶ滝の別荘居住者に1家族1円50銭の会費を払って臨時常会員となれば、「会員証によりすべての配給品の受渡しがされる」と呼びかけた。なお、千ヶ滝に居住して配給を受けるには前居住地の町会長発行の配給停止証明書（異動証明書）が必要であった。この配給停止証明書をあらかじめ千ヶ滝常会（中区事務所）に送付しておけば、沓掛駅前の常会事務所で配給券を受け取ることができた。

「御知らせ」は、さらに飯米、味噌、醤油《しょうゆ》、砂糖、塩、食パン、牛乳、青果物、鮮魚類、牛豚肉、鶏卵、木炭、薪などの配給事務についても細かい説明を行っている。しかし、一方で食油、マッチ、石鹸《せっけん》、塵紙《ちりがみ》などと２〜３日分の食糧は持参するようにと注意を促している。戦時下の別荘生活には、やはりわずらわしさがつきまとっていたようである。

電灯は中部配電なみに、水道料金は軽井沢町営水道なみに、いずれも「時局下益々資財入手困難となり」という理由から値上げとなった。チッキ（手荷物）、貨物の輸送については「時局下重点輸送」の影響を受けて相当の日数を要するようになっているが、箱根土地会社は信越線沓掛駅から日本通運（丸通《まるつう》）と協力して別荘まで届けていた。[56] このように箱根土地会社は、戦時下においても千ヶ滝別荘地の居住者の生活を支えるサービスを提供していた。

東京土地会社の合併

康次郎は、戦時下においても箱根や軽井沢の開発を積極的に進めたが、それによって箱根土地会社の経営が好転したわけではなかった。表４―３にみるように、経営はますます悪化し、赤字決算が続いていた。

箱根土地会社の経営が停滞するなかで、康次郎は１９３９（昭和14）年６月30日の定時株主総会で、東京土地会社の吸収合併を決議し、40年３月４日に登記を完了した。[57] 東京土地会社は、１９１２（大正元）年９月24日に創立総会が開かれ、資本金５００万円で設立された。創立委員長の前川太兵衛が１０００株の株式を所有し、取締役社長に就任した。社長の前川は日本橋の老舗《しにせ》綿織物問屋「近江屋」の店主で、１９２０年には箱根土地会社の取締役に就任している。

表４―３　箱根土地会社の営業成績（1936年下期～44年上期）

（単位：円・％）

年度	期	払込資本金	営業収入	営業支出	営業利益	利益率（％）	配当率（％）
1936	下	5,940,000	207,026	289,764	-82,738	-2.8%	―
1937	上	5,940,000	242,936	282,479	-39,543	-1.3%	―
	下	5,940,000	305,458	346,052	-40,594	-1.4%	―
1938	上	7,550,000	679,385	892,812	-213,427	-5.7%	―
	下	7,550,000	2,119,861	2,127,807	-7,946	-0.2%	―
1939	上	7,550,000	510,841	512,043	-1,202	0.0%	―
	下	7,550,000	969,900	975,781	-5,881	-0.2%	―
1940	上	8,487,500	1,591,017	1,602,059	-11,042	-0.3%	―
	下	8,487,500	1,900,400	1,871,188	29,213	0.7%	―
1941	上	8,487,500	1,957,670	1,905,833	51,837	1.2%	―
	下	8,487,500	2,121,993	2,099,397	22,596	0.5%	―
1942	上	8,487,500	1,725,387	1,686,384	39,004	0.9%	―
	下	8,487,500	1,886,141	1,861,118	25,022	0.6%	―
1943	上	8,487,500	2,037,943	1,979,749	58,293	1.4%	―
	下	8,487,500	2,419,883	2,401,244	18,640	0.4%	―
1944	上	8,487,500	2,523,648	2,500,886	22,761	0.5%	―

出典：箱根土地会社『営業報告書』各期。注：①上半期は前年12月から５月まで、下半期は６月から11月までである。②1944年上期の社名は国土開発興業である。

康次郎は１９２２年６月に取締役に就任するが、このとき永井外吉も監査役となった。そして、１９２３年３月に前川が死去すると、監査役の永井が取締役となった。

　１９２３年９月の関東大震災は東京土地会社の経営に甚大な被害をもたらし、同年の下半期には５万８６５５円の赤字をもたらした。しかし、１９２３年11月に康次郎の所有株式数は１１００株となり、箱根土地会社関係者によって株式総数の20・１％を所有するようになった。康次郎による東京土地会社の支配は、資本と経営の両面で強まったといえよう。

　康次郎の支配が強まると、東京土地会社は国分寺村（現・国分寺市）および小平村の土地買収を試みるようになった。[58] また、１９２５年上半期には府下北多摩郡谷保村で山林20町2畝15歩を買収した。[59] こうして、東京土地会社と箱根土会社の事業区域が重なり合うようになった。そうしたなかで、１９３７年９月に戦争遂行のため不要不急な事業への資金の流入を制限する臨時資金調整法が公布されたのを機に、康次郎は東京土地会社を箱根土地会社に合併させようと考えたのではないかと思われる。東京土地会社の合併後、箱根土地会社の資本金（払込済）は８４８万７５００円に増加し、赤字決算を免れるようになったが、利益率は１％にも達せず、配当も復活することはなかった。

第5章　武蔵野鉄道の支配と経営

1　武蔵野鉄道の支配

武蔵野鉄道の設立と開業

武蔵野鉄道は、現在の西武鉄道池袋線（池袋～飯能間）の前身である。康次郎の率いる箱根土地会社は、経営の重点を軽井沢・箱根の開発から東京市内外の住宅地の分譲へと移し、学園都市という独自のコンセプトによる住宅地開発を進めていた。そうしたなかで、康次郎は武蔵野鉄道をみずからの手におさめることになった。まずは、武蔵野鉄道の設立事情からみていこう。

１９１１（明治44）年2月17日、平沼専蔵《ひらぬませんぞう》ほか74名が発起人となって、東京府北豊島郡の国鉄山手線巣鴨駅から埼玉県入間《いるま》郡飯能町（現・飯能市）にいたる24マイル70チェーン（約40㎞）

に「鉄道を敷設し旅客貨物運輸の業を営」むことを目的として、武蔵野軽便鉄道の設立認可を申請した[1]。動力は蒸気力を使用し、軌間は軽便鉄道と名乗ってはいたが、普通鉄道なみの3フィート6インチ(1067㎜)、レールの重さは40ポンド(約18・1kg)以上とされていた。資本金は75万円、営業収入13万4188円・営業支出6万1869円で差引利益は7万2319円(資本金利益率9・6%)、配当率は年7%というのが当初の計画であった。武蔵野軽便鉄道は、1911年10月18日に設立免許の下付を受け、12年5月7日の創立総会で社名を武蔵野鉄道と変更して設立された。そして、同年12月14日には起点を巣鴨から池袋に変更するよう申請し、翌13年4月23日に免許された。起点の池袋駅は、1903年4月に山手線の分岐駅として開設されてから徐々に駅前集落が形成され、09年4月には東京府立豊島師範学校が駅裏(現在の池袋駅西口)に開校していた。

　武蔵野鉄道の発起人総代で初代社長に就任したのは、飯能町出身の実業家で横浜の貿易商として成功した平沼専蔵であった。ただし、武蔵野鉄道の設立を計画して推進したのは平沼ではなく、東京市京橋区の起業家坂本《さかもと》喜一《きいち》、飯能町の宿屋(港屋楼)の主人小川善五郎であった。平沼は当初武蔵野鉄道の設立に消極的であったが、小川・坂本のほか、小能五郎(入間銀行取締役)、金子忠五郎(のち飯能町長)、大河原浅吉《おおかわらあさきち》(飯能銀行取締役)、金子周策(写真館)、小川与平ら地元の名望家に要請されて発起人に加わったのである[2]。明治末年から大正初年にかけての飯能町は木材、砂利、織物などを産出し、埼玉県西部では川越町《かわごえ》(現・川越市)に次いで、所沢町（現・所沢市）や入間川《いるまがわ》町（現・狭山《さやま》市）などと並ぶ経済的地位にあった。こうした地方的な利害にもとづいて設立された武蔵野鉄道が、やがて康次郎の傘下に入り西武鉄道池袋線となるのである。

武蔵野鉄道は、１９１３（大正２）年４月に池袋～飯能間の敷設工事に着手し、２年後の15年４月15日に開業した。全線44・２㎞で、飯能から池袋までは１時間50分ほどの時間を要したが、所沢からは１時間ほどで、しかも乗り換えなしで池袋に行くことができるようになった。[3]

沿線の住宅地化と武蔵野鉄道の電化

武蔵野鉄道は、１９２０（大正９）年３月31日の臨時株主総会で１００万円から３００万円への増資を決定し、同年４月には専門技師に「蒸汽列車を漸次電気列車に改良運転するの計画」を立てるよう依頼した。電化は石炭価格の高騰に対する対策であったが、同時に池袋～飯能間の所要時間の短縮もめざされていた。[4]

武蔵野鉄道は、増資新株４万株のうち２万株は１９２０年４月15日現在の株主に対し所有株式１株に対し１株を割り当て、残りの２万株については「適宜募集すること」になり、募集方法は重役に一任された。新株式の募集は１９２０年５月20日から６月30日まで行われ、割当申込人員は２９８人（１万１１４３株）、新規申込人員は１７６人（４００８株）で、合計すると４７４人（１万５１５１株）であった。武蔵野鉄道は、こうした新株の応募状況を「尚幾多の不足之れありと雖も所沢以東の沿道諸氏の努力に因り近く満株に至るものと確信せり、目下の財界不振の折柄にも拘はらず右の成績を得たるは沿道諸氏が電化の必要を認められたるに外ならず」とみていた[5]。

２万４０００余株の募集については、その後も不況の影響を受けて思うように進展せず「大《おおい》に苦慮」したが、「旧株主の熱心と有志諸君の尽力」によって何とか１９２０年10月５日に満株に達した[6]。しかし、増資新株の第１回払込みは１９２０年10月31日の期限を過ぎても完了せず、翌21年３月５日になってようやく完了するという状況であった[7]。このように武蔵野鉄道の電化のための増資は、必ずしも順調に進んだわけではなかった。

それでも武蔵野鉄道は、１９２２年９月には電化に乗り出し、22年に第１期計画の池袋～所沢間の電化工事を竣工、同年11月１日から電車運転を開始した。引きつづき所沢～飯能間の第２期工事に着手したが、関東大震災の影響もあって工事は大幅に遅れ、竣工したのは１９２５年12月３日であった。武蔵野鉄道の電化は、関東地方では国鉄、私鉄を通じて比較的早いほうであった。京王電気軌道の姉妹会社である玉南《ぎょくなん》鉄道はいまだ八王子《はちおうじ》まで線路を延ばしていなかったし、国鉄中央線も国分寺～八王子間の電化には着手していなかった。

電化後は池袋～所沢間の住宅地化が進み、多くの中間駅が開設された。そのうち、東大泉駅（現・大泉学園駅）はすでに述べたとおり康次郎率いる箱根土地会社の大泉学園都市の開発と関係している。康次郎は、武蔵野鉄道沿線の北豊島郡大泉村北部の山林約50万坪を買収して大泉学園都市を建設し、住宅地の造成と分譲を開始した。大泉学園都市は、石神井駅と保谷駅のちょうど中間に位置するので、康次郎は武蔵野鉄道に駅の開設を求めた。しかし、受け入れられなかったため、自費で東大泉駅を建設して武蔵野鉄道に寄付したのである。

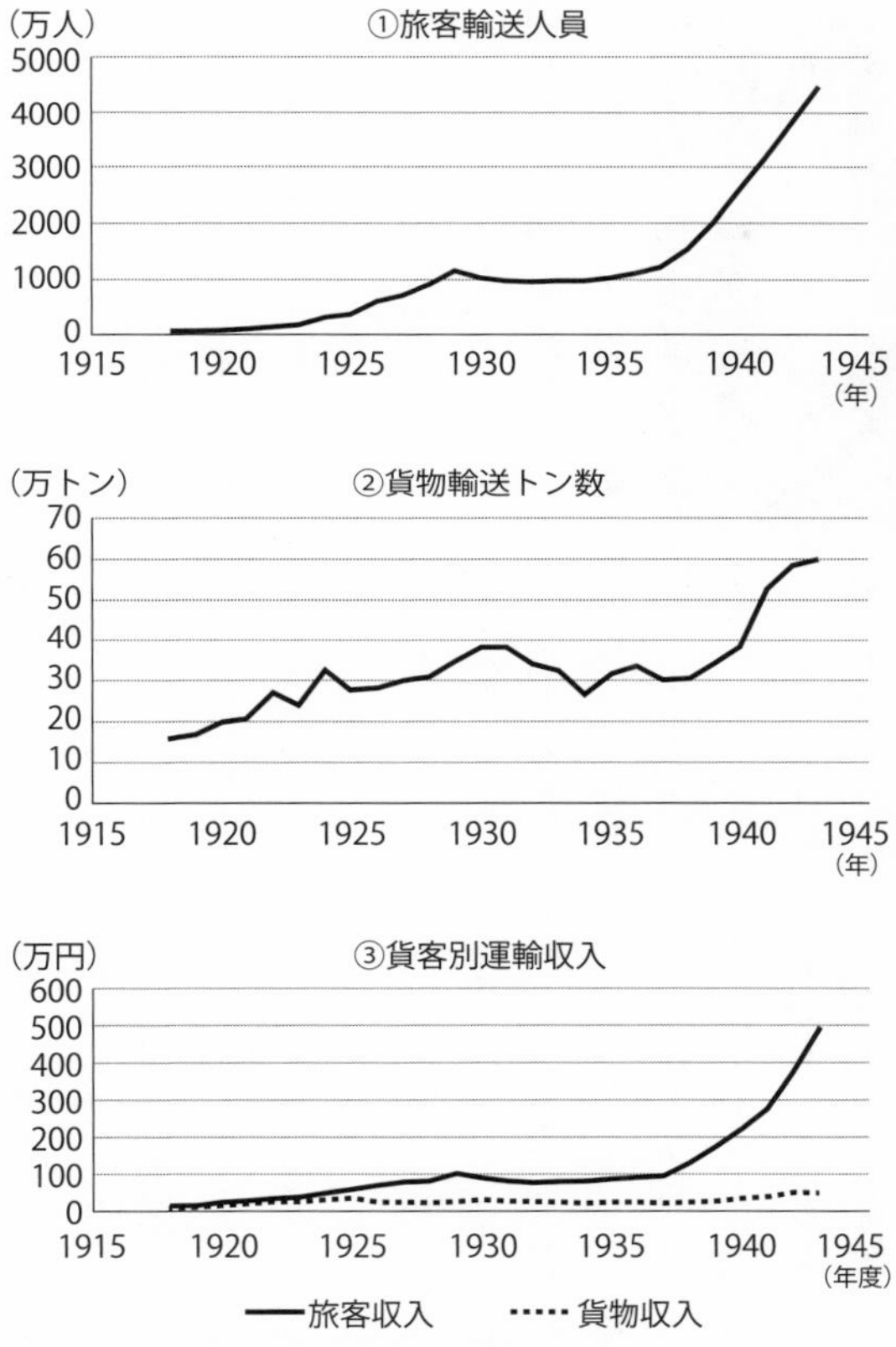

図5—1　武蔵野鉄道の貨客輸送（出典：武蔵野鉄道『営業報告書』各期）

武蔵野鉄道の貨客輸送の状況をみると図５―１のようで、旅客輸送では人数・収入ともに著しく増加している。旅客収入の増加は、「主として所沢及び東京に接近せる郊外住宅地の発達に依るもの」とみられていた。[8] 横田雅三編『武蔵野鉄道沿線名所案内』（大沢儀平刊、１９２８年）は、「武蔵野鉄道の沿道各地は帝都に近く郊外の散策地として亦文化住宅地として或は学園として最も理想的の所にして近時武蔵野鉄道の電化と復（ママ）線工事の完成とに依り長足の発達を来し」と述べ、住宅地として江古田《えこだ》駅付近住宅地（江古田駅前）、城南住宅地（豊島駅〔現・豊島園駅〕前）、貫井《ぬくい》駅付近住宅地（貫井駅〔現・富士見台《ふじみだい》駅〕前）、保谷駅付近住宅地（保谷駅より2町）、東大泉学園土地住宅（東大泉駅より約8町）、南沢《みなみさわ》学園住宅地（田無《たなし》駅より2町）、清瀬駅付近住宅地（清瀬駅前）など、学園として豊島師範・立教《りっきょう》大学（池袋駅より数町）、哲学堂《てつがくどう》（東長崎《ひがしながさき》駅下車東12町）、武蔵《むさし》高等学校（江古田駅より約1町）、富士見《ふじみ》女学校（中村橋《なかむらばし》駅より約1町）、東京商科大学（石神井駅より約1町）などを紹介していた。

また、永井荷風《ながいかふう》が１９２６年1月1日の日記に、池袋周辺の様子を「沿道商廛《しょうてん》旅館酒肆櫛比《しゅししっぴ》するさま市内の町に異《こと》らず」と記しているように、ターミナルの池袋駅周辺もそれなりに市街化が進んでいた。[9]

一方、貨物輸送は１９２５年度以降あまり増加せず、むしろ停滞気味であった。入間川の砂利や飯能方面の木材など、貨物

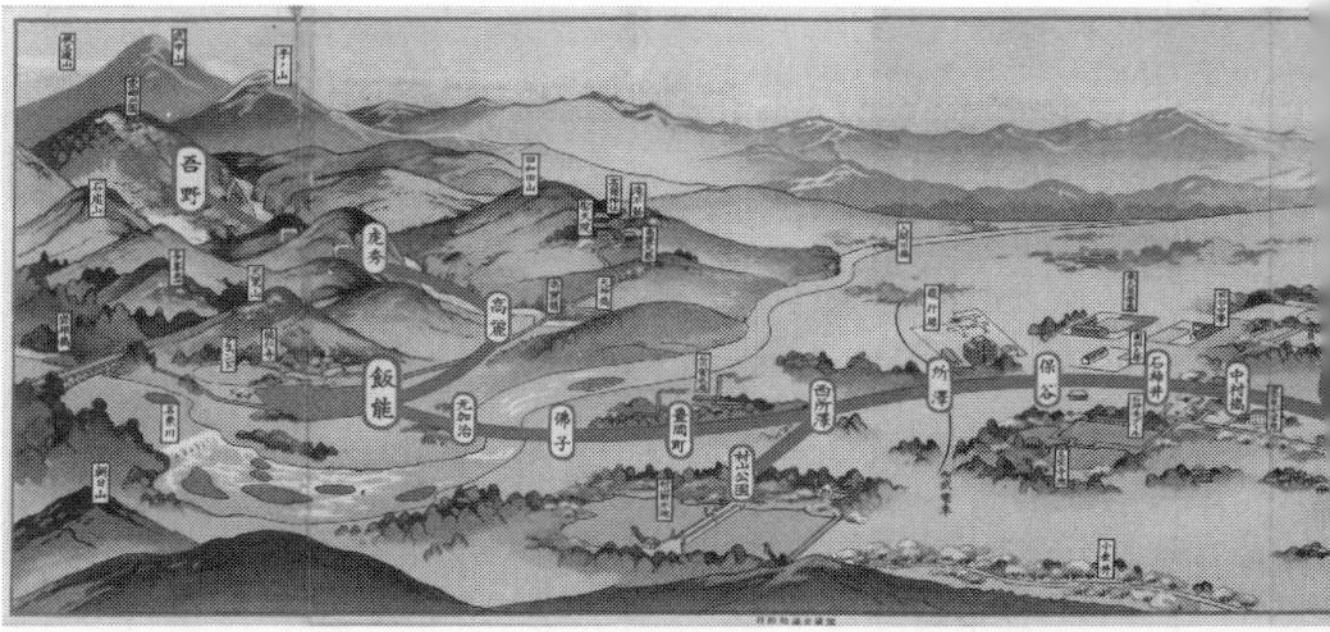

上・『武蔵野鉄道沿線案内』
左・武蔵野鉄道の電車（『四季の武蔵野』1931年）

輸送にも特徴を見出せるが、全体としてみれば貨物収入よりも旅客収入の比率が高く、池袋～飯能間の全線電化後の１９２６年上半期には、旅客収入が運輸収入の70％を占めるまでになり、その後も旅客収入の比率が高まっている。

武蔵野鉄道の経営悪化

問題は、旅客輸送や貨物輸送がそれなりの展開をみせていたにもかかわらず、表5―1にみるように、武蔵野鉄道の営業成績が悪化していくことである。電化工事に着手する前の１９２２（大正11）年上半期における武蔵野鉄道の興業費は１４５万円ほどであったが、電化のための工事費がかさみ、池袋から飯能までの電化工事が竣工したのちの１９２６

表5—1　武蔵野鉄道の営業成績

（単位：円・％）

年度	払込資本金	営業収入	営業費	利益金	利益率（％）	営業係数（％）	配当率（％）	
							上	下
1918	896,800	234,161	384,412	43,845	5.3%	82.7	4.0	4.5
1919	1,000,000	309,071	254,547	56,748	5.7%	82.4	5.0	5.0
1920	1,000,000	419,386	343,734	78,063	6.0%	82.0	6.0	8.0
1921	1,300,000	500,139	384,409	117,154	7.8%	76.9	8.0	8.0
1922	1,500,000	612,371	450,644	161,727	10.8%	73.6	8.0	8.0
1923	1,800,000	652,442	507,017	145,425	8.1%	77.7	8.0	8.0
1924	2,395,330	814,749	594,249	220,500	9.2%	72.9	8.5	8.5
1925	2,699,320	870,320	656,588	213,731	7.9%	75.4	8.5	8.5
1926	3,192,665	987,736	715,872	271,864	8.5%	72.5	8.5	9.0
1927	3,891,155	1,067,884	723,918	343,966	8.8%	67.8	9.0	9.0
1928	5,100,000	1,317,390	925,792	391,598	7.7%	70.3	8.0	8.0
1929	6,849,400	1,418,939	1,445,088	-26,150	-0.4%	101.8	6.0	—
1930	7,081,910	1,303,467	2,140,956	-837,488	-11.8%	164.3	—	—
1931	7,200,000	1,203,683	1,566,444	-362,761	-5.0%	129.7	—	—

出典：武蔵野鉄道『営業報告書』各期

年上半期には480万円を超えていた。線路や停車場の修築・改良費がかさんだばかりでなく、第一次世界大戦後の建築材料費や労賃の高騰による影響を受けたためと思われる。この間、旅客収入は増加したが貨物収入はさほどではなく、むしろ営業費の増加が顕著であった。池袋から飯能まで電車が走っても、その効果は「春秋に於ける遊覧客を増加する位に止」まり、豊岡《とよおか》や飯能の住民は便利になっても投下資本の利益率は低く、「東京に近き部分に於ける収益が増加しても（中略）全資本に対する利潤率の昂上は阻止せられた」のであった。[10]

　こうして武蔵野鉄道の経営は、資本金の払込みは進んだが借入金の増加が著しく、収入が増えて純益が増加しても配当率の向上などは望むべくもないという状況となった。それにもかかわらず、武蔵野鉄道は、８～９％の配当を続けてきたが、それが可能であったのは建設費仮払いが工事の竣成《しゅんせい》によって本勘定に振り替えられてからも支払利息を建設勘定に振り込むという操作をして、いわゆる蛸配当を実施してきたからであった[11]。武蔵野鉄道の１９２７年上半期における営業成績を同業他社と比べると、表５―２のようである。武蔵野鉄道は、郊外電鉄としては古参の部類に属し、小田原急行電鉄に次ぐ長い営業路線をもつが、東京市電と連絡している玉川《たまがわ》、王子、京王などの「先進会社」に及ばないのは仕方ないとしても、後発の目黒蒲田《めぐろかまた》や西武（旧西武）、さらには「郊外諸電鉄会社中行き詰ったと云はれる城東《じょうとう》、京浜《けいひん》の各社にすら遠く及ば」なかった[12]。

表５―２　郊外電鉄各社成績・株価比較（1927年上半期）

会社名	利益率（%）	配当率（%）	株価（円）	利回り
武蔵野	0.90	0.90	60.3	0.74
京王	2.29	1.20	80.2	0.74
東武	1.65	1.30	91.7	0.49
京成	1.53	1.20	76.0	0.78
玉川	1.47	1.20	73.7	0.81
王子	1.39	1.20	74.0	0.81
京浜	1.20	1.00	54.3	1.10
城東	1.14	1.00	60.5	0.82
目蒲	1.04	1.00	70.0	0.71
西武	1.15	1.00	46.4	0.86

出典：「取り残された武蔵野鉄道」（『東洋経済新報』1927年９月24日）

武蔵野鉄道は、その後１９２７（昭和２）年10月に練馬～豊島間の支線、29年５月に西所沢《にしところざわ》～村山《むらやま》公園《こうえん》間の支線、そして同年９月には飯能から吾野《あがの》にいたる延長線を敷設した。また、電化を計画してから２回にわたって増資を断行し、３００万円であった資本金を１２００万円としたが、払込額は１９２９年下半期においても約６８５万円にすぎなかった。そのため、１９２８年９月以降合計６３０万円にも及ぶ社債を発行することになった。

そして、武蔵野鉄道によるこれらの支線や延長線の建設が昭和初期の深刻で長期にわたる不況のなかで行われたため、貨物を中心とする運輸収入の減少に見舞われるとともに債務に対する元利払いが増加して経営は極度に悪化し、1929年以降赤字を計上し無配に転落した。とくに大株主であった浅野セメントの要求で採算を度外視して敷設され、1929年10月に開業した飯能〜吾野間の吾野線が赤字の大きな要因となった。吾野線は、石灰石の搬出を目的としていたが、「石灰石を一日に八百噸《トン》や千噸運搬する為め、（略）三百五十五万円の巨資を投下する如きは、算呂盤《そろばん》を度外《どがい》した乱暴なやり方」であった(13)。しかも、浅野セメントは、当初は1日1000トン以上の石灰石を搬出する見込みであったが、実際にはセメント業界の不況で半分の500トンにとどまったのである(14)。

浅野派の支配と連袂辞職

武蔵野鉄道の経営が悪化していくのにともない、重役間に紛擾《ふんじょう》が生じた。当時、武蔵野鉄道の資本系統は、①社長の石川幾太郎《いしかわいくたろう》、専務取締役の小林三男、取締役の高橋源太郎・小能五郎・金子忠五郎などの地元派、②藤山愛一郎《ふじやまあいいちろう》、松本信太郎、小倉敬止《おぐらけいし》らの藤山派、そして③阿《あ》部《べ》吾市《ごいち》からの浅野派からなっていた。経営を担っていたのは地元派を代表する小林三男であったが、その経営はきわめて杜撰《ずさん》であった。たとえば、1928（昭和3）年上半期に114万6000円であった飯能〜吾野間の建設費も、同年下半期には1・5倍以上の173万3000

円に膨張した。しかし、これは「実質的にそれだけの膨脹《ぼうちょう》をしたものでは無く、改良工事をする度に不当評価をやった結果」にほかならなかった[15]。

武蔵野鉄道は１９２９年上半期に17万６０００円の利益を計上し、６％の配当を実施した。しかし、この利益はまったくの虚偽で「実質は既に破綻状態」にあった。それでも、このような虚偽の決算を行ったのは、東京市内への乗り入れを画策して池袋から小石川区の護国寺《ごこくじ》にいたる護国寺線の建設を企て、軌道法と地方鉄道法による二重申請をしたからであった。重役たちのねらいは、護国寺線の敷設を企てて沿線の土地の値上がりをまって私腹を肥やそうという点にあった。そのため、安田銀行から前後３回にわたって１３５万円を借り入れたが、工事が進まないうちに返済期限が来て、直接の責任者であった専務の小林三男は社外に追いやられ、石川社長以下重役たちも引責総辞職となったのである[16]。

株主総会で伊那《いな》電鉄の伊原五郎兵衛《いはらごろべえ》ほか６名からなる重役詮衡《せんこう》委員会を設け、後任重役を選出することになった。委員会はまず浅野派に交渉したところ、元浅野の重役秘書で、日本セメントの取締役となった宮地茂秋《みやじしげあき》を重役に入れることになった。しかし、浅野一党に経営をまかせることには反対で、秘密裏に東武鉄道の根津嘉一郎に相談をもちかけたが思うようにはならなかった[17]。

武蔵野鉄道で紛擾が起きたのは、藤山愛一郎の一派が会社側に何の予告もしないで浅野派に持株を譲渡したからであった。浅野派は、これまで東京および川崎《かわさき》のセメント工場の原料供給地としていた青梅《おうめ》奥地の原石山の石灰石が乏しくなってきたので、武蔵野鉄道が所有し、姉妹会社の東京セメントが採掘権をもっていた原石山を手に入れようとしたのである。これをみた藤山一派が、持株すべてを浅野派に譲渡して取締役を辞任したので、浅野派は藤山派に代えて３人の取締役を自派から入れようとしたが、地元派に拒否された。浅野派から重役を入れると、これまでのような杜撰な経営はできなくなると考えたからである。

しかし、１９３０年5月6日の臨時株主総会で、取締役3名の増員が決議され、浅野派の遠《えん》藤柳作《どうりゅうさく》、藤田秀雄、白石多士良《しらいしたしろう》の3名が選出され、遠藤が社長、藤田が専務取締役、白石が常務取締役に就任した。そのほかの取締役には、石川幾太郎、高橋源太郎、小能五郎、金子忠五郎、柏木代八《かしわぎよはち》、坂本喜一、浅野良三《あさのりょうぞう》、金子喜代太《かねこきよた》、宮地茂秋の9名が就任していたが、このうち浅野、金子、宮地は浅野派であった。すなわち、浅野派が武蔵野鉄道の経営を担い、そのもとで同鉄道の経営の刷新と業績の回復をはかることになったのである。[18] 遠藤らは、さまざまな方策を試みたが、長年の積弊は一朝一夕には改められず、結局武蔵野鉄道を救済する道は減資による整理のほかないという結論に達した。遠藤らの整理案は、１９３２年上半期に資本金１２００万円（払込み７００万円）を９６０万円（払込み７００万円）に減資し、払込資本金２４０万円で不良資産を整理するというものであった。しかし、この減資による不良資産の整理という方策は、ついに実行されずに終わった。

こうしたなかで武蔵野鉄道は、１９３０年下半期の決算で、営業収入61万２７２０円、営業支出１３１万１６００円、差引69万８８８０円という膨大な欠損を出してしまった。１９３０年末の武蔵野鉄道の経営陣は浅野派によって占められていたが、経営を立て直すことができずに連袂《れんぺい》辞職したのである。

康次郎の支配と社債整理問題

康次郎は、浅野派が武蔵野鉄道の経営を放棄すると、同鉄道の支配と再建に乗り出した。康次郎は、大泉での学園都市建設との関連で武蔵野鉄道に関心をもち、早くも１９２４（大正13）年6月には箱根土地会社の川島与右衛門、小高義一、吉岡栄蔵、永井外吉、山名義高らを株主として送り込んでいた[19]。そして、１９３０（昭和５）年7月31日の定時株主総会では、山名義高が取締役に選任された。

しかし、康次郎が本格的に武蔵野鉄道の株式を取得しようとしたのは、第3新株式第3回払込み（1株につき2円50銭）のさいに１８４名の怠納者が生じ、払込失権株式3万２６０３株が１９３１年7月15日に競売に付されたときであった[20]。康次郎はこの払込失権株式を競落し、箱根土地会社の関係者に株式を取得させたのである。箱根土地会社の関係者による武蔵野鉄道株式の取得高は一挙に増え、１９３２年6月末には合計3万８８２４株となった[21]。また、社長の遠藤は１９３１年12月24日に辞任し、箱根土地系の山名義高が専務取締役となって武蔵野鉄道の経営を担うことになった。山名は１９３３年7月には専務取締役社長となったが、この時点で箱根土地系では小高義一が常務取締役、東方友次郎が監査役となっていた。[22] なお、武蔵野鉄道に限らず、企業は資金需要に応じて増資を断行する。その際に発行された株式を、設立時の「旧株」に対して「新株」という。設立時の株式を本株、あるいは第一新株という場合もある。

　山名が専務取締役となった１９３１年下半期の武蔵野鉄道の経営は惨憺《さんたん》たる状況で、13万８１７８円の損失を出し、社債は６３０万円、借入金は２９０万円にのぼり、払込資本金７２０万円を２００万円も上回っていた。[23] 康次郎は、①支出を収入の限度内に抑える、②債権者に最大限の譲歩をしてもらう、③株主にも相応の犠牲を覚悟してもらうという方針を掲げて、ただちに同鉄道の経営再建にとりかかった。そして、今後は借金を絶対にしないと強く決心し、債権者や株主のみに負担をかけるのではなく従業員も一部を負担しなければならないと考え、課長級の社員の給料を１００円に引き下げ、月給45円以上の社員は今後7年間にわたって昇給停止とした。しかし、こうした必死の努力にもかかわらず、武蔵野鉄道の経営再建はそう簡単ではなく、康次郎は文字通りの悪戦苦闘を強いられることになった。[24]

　さらに武蔵野鉄道は、借入金の返済や社債利子の支払いを求められてもいた。なかでも強硬だったのは、金貸しで相場師の馬越《うまこし》文《ぶん》太郎《たろう》と富国《ふこく》徴兵保険の根津嘉一郎であった。馬越に対する負債は、１９２９年当時の社長石川幾太郎の四男で武蔵野鉄道の監査役であった四郎が35万円の借金をしたことに端を発している。康次郎は、この借金は会社で使ったのではなく、四郎が個人的に費消したものであると主張して訴訟を起こしたが、相手側の書類が整っていたため敗訴となった。馬越は、武蔵野鉄道の駅の売り上げを差し押さえるなどの強硬な手段を行使した[25]。

一方、富国徴兵保険の根津に対する負債は、第４回物上担保付社債１３０万円の第１回利払いが期限内になされなかったことに端を発していた。武蔵野鉄道は、１９２９年10月23日の臨時株主総会で「旧債償還に充《あ》つる」ため第４回物上担保付社債１３０万円の募集を決議し、安田信託銀行を受諾会社として11月12日に募集を開始し、12月20日に全額払込みを完了した。利率は年６・５％で、１９３２年12月19日まで据え置き、その後は33年12月20日に30万円、34年12月20日に30万円、35年12月20日に70万円を償還するというものであった[26]。根津嘉一郎の率いる富国徴兵保険がこの社債を全額引き受けていたが、武蔵野鉄道は利払いのための資金繰りがつかず、期限の２日前の１９３０年６月20日、受諾会社の安田信託を介して９月１日に利息の４万２２５０円と遅延損金７５０円を支払うようにしたいと申し出た。こうした武蔵野鉄道の姿勢は、「僅か四万円位の社債利払ひに衝《あた》り無い袖が振れぬ一点張りでは、唯だ唯だ呆《あき》れる外ない」と批判されていた[27]。

しかし、根津は期限の利益を失うとして武蔵野鉄道の申し出を拒んだ。そこで、康次郎は東京地方裁判所に「社債償還期限未到来確認の訴」を起こした。第１審判決は１９３２年７月末に出たが、武蔵野鉄道側の敗訴となった。康次郎は控訴したが、勝てる見込みはなかった。一方、第１審に勝訴した根津は、武蔵野鉄道各駅の売り上げの差し押さえと社債元金１３０万円および不払利息21万円の即時支払いを要求した。そして根津は、支払えないのならば武蔵野鉄道を競売に付すと強硬な姿勢をみせたが、さすがにそれは安田信託の反対で実施されなかった。[28]

また、武蔵野鉄道は、１９２８年９月15日に発行した第３回物上担保付社債５００万円（受諾会社安田信託、利率年６・３％）については利子だけは支払ったものの、33年９月15日の償還期限がきても元金を支払えなかった。そのため、第４回物上担保付社債１３０万円や約３００万円の重役の個人保証付き債務・無担保債務などを含めて、負債整理問題が再燃した。武蔵野鉄道は１９２９年下半期以来赤字続きで無配を続けてきたが、33年上半期の決算も10万２０３円の赤字で、後期繰越損金は１７４万９５２９円（払込資本金７２０万円の24・３％）となった。外部負債をみると、社債６３０万円、借入金２９１万１６７７円、支払手形68万４４９２円、未払金１２７万１２７８円など合計１１２３万７２２２円にものぼり、払込資本金の１・６倍となった。未払金が増えたのは、計上した利子を未払金に繰り入れたためである。また、借入金約３００万円のうち、重役の個人保証のあるのは１３０万円にすぎなかった。[29]

この負債を整理するには元利払いの猶予か担保権の実行しかなかったが、武蔵野鉄道から支払延期を骨子とする次のような整理案（「武蔵野鉄道負債整理案要項」）が提案された。①５００万円物上担保付社債、１３０万円物上担保付社債、および不払利子33万８０００円については、年利を５％に引き下げ、元金の償還を１９３６年12月まで猶予し、37、38年の両年にわたって新株50万円を払い込ませて償還にあて、残額は39年6月までに借換償還する、②１３０万円の重役保証債務については、元金の償還を5か年猶予し、5年後に借換償還する。利子は年利１・５％の割合で毎月支払うが、１９３２年1月1日以降の利子は免除する、③３００万円の無担保債務については、１９３９年12月まで償還を猶予し、猶予期間中は無利子とする。その後は、前記の重役保証付きの債務１３０万円を償還したうえで利子を支払い、時期を決めて償還する。[30] しかし、これは償還延期案にすぎず、受託会社の安田信託は、①５％の利子を約束どおり支払えるのか、②元金を１９３９年までに償還できるのかという疑問を提出し、この案には実行性がないとして受けつけず、武蔵野鉄道に誠意のある実現可能な整理案を要求した。[31]

武蔵野鉄道の大口社債権者である生命保険各社は、１９３３年10月24日に協議会を開き、「債権の適当なる肩替り者あるときは肩替をなすも、然《しか》らざるときは抵当権の執行を受託会社に要求する」という方針を決定した。[32] そして、受託会社の安田信託は翌25日に生命保険会社10社と少数の受託会社を招集して第3回大口社債権者の協議会を開き、強制管理に訴える前に債権の肩替わり者を探す方針を決め、安田信託が武蔵野鉄道にもっとも利害関係をもつ根津嘉一郎に肩替わりの交渉をすることにした。根津と武蔵野鉄道との利害関係から考えてこの交渉は実現するとみられたが、根津には引き受ける意思がなかった。[33]

そこで、大口社債権者は、１９３３年12月27日に社債権者集会を招集し、第3回物上担保付社債５００万円の整理について協議をした。１１３名の社債権者が集まり、担保権の即時実行はせずに、①社債償還期を１９３５年９月15日まで延期し、２年間の猶予期間内に未払込株金の徴収、その他の方法によって償還総額５００万円のうち30万円を償還する。この期間内の利息は年５％とし、１・３％を猶予する、②新規財産が生じた場合には担保を増すこと、③帝国生命、太陽《たいよう》生命、常盤《ときわ》生命、太田《おおた》収《おさむ》、武井登徳を代表者として未払込株金の徴収、その他について協議することなどを決定した。翌28日には第４回物上担保付社債１３０万円（富国徴兵保険引受、安田信託受託）の利子不払問題を協議した。その結果、①元本の償還を２年間猶予する、②不払利息年６・５％を猶予期間中は年５％とし、１・５％の支払いを猶予する、などを決定した。なお、元本の償還方法については妥協が成立せず、富国徴兵保険、安田信託、武蔵野鉄道などの関係者でさらに協議をすることになった。

　こうしたなかで１９３３年１月17日、東京電灯が武蔵野鉄道に対して電力の配給を停止するという行動に出た。ことの起こりは、数年前から武蔵野鉄道が東京電灯に電力料金を支払ってこなかったことにあった。武蔵野鉄道の東京電灯への未払金が十数万円にものぼったため、１９３２年の春に東京電灯は武蔵野鉄道に対して第１回の警告を発し、滞納金を日割りで分割して支払うよう要求したが、一向に実行されなかった。東京電灯は武蔵野鉄道の山名専務取締役と面談し、「直ぐに実行するから待ってくれ」との回答を得た。また、武蔵野鉄道の小高常務取締役は「東電と本社の料金契約はかなり前から改正の必要があり、本社では電力の節約を行って契約の電力量に達しない事があり、これを申告して料金をまけて呉《く》れるよう交渉してゐるので、（略）送電中止などといふ事はないはずだ」と述べていた。しかし、送電は停止され、武蔵野鉄道の電車はノロノロ運転を余儀なくされた。[34]

強制和議の成立

社債の償還が不能となった武蔵野鉄道は、１９３４（昭和９）年９月以来社債権者による強制管理の下に置かれており、無担保債権者の馬越文太郎が同鉄道の破産を申請していた。しかし、１９３６年７月、無担保債権の４分の３以上を所有する安田銀行、安田信託、川崎第百銀行、浅野セメント、箱根土地系などの債権者が次のような和議条件（整理案）を受け入れ、承諾書に調印した。

第１に和議債権者はそれぞれの和議債権の７割５分を免除する。第２に和議債権の２割５分は４％配当付優先株（４％の優先配当権をもつ株式）に振り替え、その振替分だけ増資する。なお、和議条件の承諾にあたっては、担保付社債総額６３０万円について、①鉄道財団強制管理を撤廃する、②未払利息並に損害金は全額免除する、③和議成立後は社債利率を第３回社債については年４％、第４回社債については年２％とする、④和議成立後５年間は据え置く、⑤利息を延滞しない限り担保権を実行しない、などを前提条件とした。[35]

こうして武蔵野鉄道の社債整理問題は強制和議への第一歩を踏み出し、同鉄道は１９３６年10月２日の臨時株主総会で減資および増資を決議し、社債整理について株主の承諾を得た。しかし、第3回社債権者は和議条件に賛同したものの、第4回社債権者である富国徴兵保険の根津嘉一郎が武蔵野鉄道の競売に固執して賛同しなかった。そのため、武蔵野鉄道の整理は「全く行悩みの有様」となった[36]。根津が武蔵野鉄道の競売に固執していたのは、同鉄道を競落してみずから経営しようと考えていたからであるといわれている。武蔵野鉄道は、根津が経営している東武東上《とうじょう》線と池袋駅で連絡するので、鉄道王の異名をもつ根津としては傘下に置きたかったのかもしれない[37]。

しかし、１９３７年4月28日の社債権者集会では、根津の譲歩によって、①第3回および第4回社債の延滞利息は7割5分を切り捨てて、2割5分を4%配当付優先株に振り替える、②第3回社債５００万円（利率6・3%）、第4回社債１３０万円（利率6・5%）の利率は、和議成立後前者は4%、後者は3%（3年間、以後2年間は4%）に引き下げ、今後5年間据え置きとする、③和議成立後強制管理を解くという内容の整理案が決定された。根津の譲歩を引き出したのは、安田信託、富国徴兵保険の両社に関係していた実業之日本社《じつぎょうのにほんしゃ》社長の増田《ますだ》義一《ぎいち》といわれているが[38]、ともかくも武蔵野鉄道は根津の譲歩によって再生への道が開けたのである。

武蔵野鉄道は、１９３７年5月24日の臨時株主総会において、債権者の意思を反映して重役陣の変更を断行した。その結果、武蔵野鉄道の重役陣は、社長山名義高、専務取締役藤田《ふじた》秀倫《ひでのり》、常務取締役小高義一、取締役太田収・福島茂富《ふくしましげとみ》・乙竹茂郎《おとたけしげお》・高野直治、監査役熊瀬《くませ》亀三郎《かめさぶろう》・佐《さ》竹次郎《たけじろう》・大野《おおの》謙三《けんぞう》という布陣となった。社長の山名、常務の小高は箱根土地系で、そのまま留任した。高野、大野も留任であるが残りの６人は新任で、しかも乙竹は浅野系、佐竹は根津系というように、いずれも債権者を代表する者であった。

１９３７年５月31日から和議手続きが開始され、７月23日には武蔵野鉄道の資本金が10分の１の72万円に減資された。27日に東京区裁判所で和議債権者集会が開催され、各和議債権の75％を免除し、残りの25％については２か月以内に現金で支払うという和議条件を可決した。ただし、武蔵野鉄道は同社の優先増資株（１株50円全額払込み、４％配当優先権付）で代物弁済ができるとした。

裁判所は、この和議条件を１９３７年８月３日に認可し、38年４月18日に馬越の抗告棄却を決定したが、馬越はさらに抗告を申し立てた。しかし、１９３８年８月31日に大審院が、馬越文太郎の再抗告を棄却して、１年間にわたって紛争を続けてきた和議は馬越文太郎らの敗訴となり、11月10日に武蔵野鉄道の強制管理が解除された。同年９月26日の臨時株主総会では、増資新株の株金が全額払い込まれたとの報告がなされた。[39]

武蔵野鉄道の経営の好転

康次郎による武蔵野鉄道の経営再建策は、減資、無担保債務の整理、物上担保権付社債の整理という３つの課題を解決し、１９３８（昭和13）年９月にはともかくも成功をおさめた。とはいえ、この間京王電気軌道が武蔵野鉄道の株式総数５万２０００株中の過半数を取得するのではないかとみられていたが、社長山名義高が名義書換を拒絶するなどの頑張りをみせ、京王側の譲歩を引き出してことなきを得るという綱渡りであった。武蔵野鉄道は、１９３９年７月31日の株主総会で取締役２名、監査役１名を増員して重役陣の強化をはかり、取締役に箱根土地会社の堤康次郎、安田信託貸付課長の小川栄一《おがわえいいち》、監査役に東京セメント取締役の増田侃《ただし》が就任した。依然、安田、浅野を後ろ盾とした陣容ではあったが、翌40年10月には康次郎が社長に就任し、武蔵野鉄道の経営に本格的に参画していく。[40]

　武蔵野鉄道の経営は、康次郎を中心とする箱根土地系の経営陣のもとで次第に回復していった。箱根土地系の山名義高が専務取締役・社長として敏腕をふるうようになった１９３２年からの営業成績をみると、表５―３のように旅客収入、貨物収入ともほぼ一貫して増加し、１９３８年下半期以降は営業収支の赤字が解消した。

　武蔵野鉄道は、この間さまざまな増収策を試みた。まず、１９３２年に青梅自動車、33年に

（単位：円・％）

利益率（％）	営業係数（％）	配当率（％）
-3.4	121.8	―
-3.8	124.1	―
-2.8	116.1	―
-1.5	108.8	―
0.0	100.2	―
-4.7	128.8	―
-2.1	112.2	―
-2.1	111.7	―
-1.1	106.1	―
-1.0	105.3	―
-32.6	260.9	―
423.0	79.0	―
-23.1	110.2	―
7.7	98.2	6.0
9.3	88.8	6.0
9.9	89.8	6.0
43.5	49.4	7.0
32.2	48.1	8.0
20.5	56.6	8.0
19.8	55.9	8.0
21.1	64.7	8.0
20.0	96.8	8.0
24.3	62.6	8.0
33.5	53.4	8.0

表5―3　武蔵野鉄道の営業成績（1932年上期～43年下期）

期	払込資本金	営業収入			営業費	利益金
		旅客収入	貨物収入	営業収入		
1932 上	7,200,000	392,386	130,330	559,260	681,285	-122,025
下	7,200,000	383,100	138,026	563,961	699,867	-135,905
1933 上	7,200,000	410,904	142,358	620,697	720,899	-100,203
下	7,200,000	405,853	132,865	608,679	662,431	-53,752
1934 上	7,200,000	433,474	122,271	629,905	631,235	-1,330
下	7,200,000	406,009	107,589	586,484	755,436	-168,952
1935 上	7,200,000	429,302	113,853	622,626	698,368	-75,743
下	7,200,000	427,198	126,555	635,216	709,687	-74,471
1936 上	7,200,000	448,910	126,976	662,302	702,488	-40,187
下	7,200,000	465,746	131,158	683,771	719,733	-35,962
1937 上	7,200,000	505,837	119,227	729,386	1,903,303	-1,173,917
下	720,000	480,330	102,455	7,258,973	5,736,026	1,522,948
1938 上	720,000	605,416	122,339	818,744	901,958	-83,213
下	2,600,000	687,731	129,851	5,470,818	5,370,452	100,365
1939 上	2,600,000	818,677	137,569	1,081,216	960,574	120,642
下	2,600,000	903,949	161,628	1,263,915	1,134,868	129,047
1940 上	5,000,000	1,058,451	170,022	2,145,673	1,058,930	1,086,744
下	7,800,000	1,176,477	161,730	2,419,393	1,164,465	1,254,928
1941 上	7,800,000	1,329,538	193,401	1,844,858	1,044,224	800,634
下	9,520,000	1,418,837	207,868	2,132,656	1,191,305	941,350
1942 上	9,520,000	1,760,278	255,526	2,843,684	1,839,630	1,004,054
下	10,948,000	1,962,278	254,974	3,263,910	2,168,519	1,095,392
1943 上	10,948,000	2,146,084	270,808	3,556,855	2,227,489	1,329,366
下	11,209,208	2,704,178	246,579	4,030,784	2,150,590	1,880,194

出典：武蔵野鉄道『営業報告書』各期。注：上半期は前年12月から5月まで、下半期は6月から11月までである。

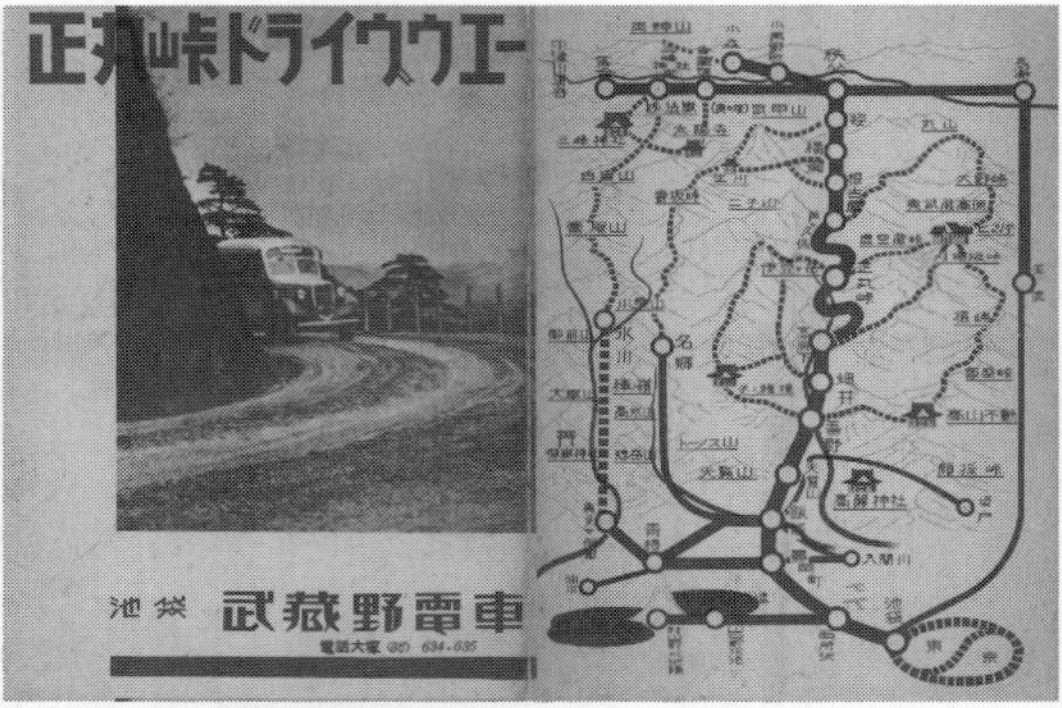

『武蔵野電車　正丸峠ドライヴウエー』

吾野自動車協同組合（飯能〜畑井《はたい》間）、武蔵自動車商会（飯能〜豊岡町《とよおかまち》間、飯能〜入間川間）などを買収して乗合自動車営業を鉄道の培養線として継承し、鉄道との運賃通算割引、車輛の充実、路線の拡張、サービスの改善などをはかった。また、「沿線繁栄の目的を以て貸地並建物建築等の仲介に尽力」するとともに開発にも努め、1933年上半期には地主から委託を受けた貸地が江古田〜東久留米《ひがしくるめ》間の各駅および豊島園付近で約15万坪にものぼり、賃借人の便宜をはかった。また、学校、農園、墓地などの敷地としての大口申し込みも少なくなく、1933年上半期の『営業報告書』によれば「沿線の開拓も愈《いよいよ》本格的にな」った(41)。さらに、遊覧客やハイキング客の誘致にも積極的に取り組んだ。割引運賃や円滑な輸送計画を実施して、山口貯水池の遊覧客、奥武蔵《おくむさし》高原・伊豆ヶ岳《いずがたけ》・吾野渓谷などのハイキング客、天覧山《てんらんざん》・奥多摩《おくたま》方面などの旅客の誘致に努めた(42)。夏季には時事新報社とタイアップして奥武蔵キャンプ村を開き、冬季にはグライダー開場式を開催し、スキー場の宣伝に努め、多くの学校から団体客を迎えた。ただし、積雪が足らず[43]、スキー場については所期の目標を達成できなかった。

１９３６年７月に飯能と秩父《ちちぶ》郡横瀬町《よこぜまち》を結ぶ正丸峠《しょうまるとうげ》ドライブウェーが開通すると、武蔵野鉄道は同年11月に正丸峠ガーデンハウス（キャンプ場・売店）を開店し、正丸峠で武蔵野鉄道直営の乗合バスと秩父自動車のバスが接続した。なお、武蔵野鉄道は１９４１年11月に秩父自動車を合併している。一方、１９３４年10月に開設された新興キネマ大泉撮影所（現・東映東京撮影所）もますます充実するとともに、沿線の住宅地開発も進み、固定旅客も増えた[44]。

積極的な増収策と負債整理によって、武蔵野鉄道の営業成績は著しく好転し、資産内容がみちがえるほど改善した。武蔵野鉄道の『第55回報告書』によれば、１９３９年上半期には12万６４２円の利益をあげ、資本金利益率は９・３％となり、６％の配当を復活させた。武蔵野鉄道は、長い間無配当で迷惑をかけてきた株主に報いるため、７％配当を行おうとしたが、配当制限令によって抑えられ、６％配当になったとのことである[45]。

１９３９年上半期の乗客数は９５７万７０００人、運賃収入は約81万９０００円であったが、これは前年同期比で乗客数では33・３％、運賃収入では35・５％の増加であった。貨物輸送も著しく増加し、１９３９年上半期の貨物輸送量は15万８６００トン、運賃収入は約13万８０００円で、前年同期比ではそれぞれ７・４％、12・４％の増加で、「二三年前のドン底時代に比較すれば、全く様変りの好調[46]」となった。

武蔵野鉄道の業績好転の要因としては、まず１９３７年７月の日中戦争勃発以来の軍需景気をあげられるが、同鉄道をとりまく経営環境が大きく改善されたことも重要であった。１９３９年4月1日、かつて武蔵野鉄道が東京市に譲渡した免許予定線池袋〜護国寺間に東京市電が開業するとともに、新宿行き、東京行きの市バスも開通した。武蔵野鉄道沿線の開発が進まないのは、起点の池袋が都心に遠いからだといわれてきたが、市電と市バスの開通はこうした池袋の弱点を克服し、桜台《さくらだい》、大泉付近の分譲地が住宅地として物色されるようになり、中村橋や富士見台あたりも開発されるのではないかとみられるようになった。また、陸軍関係の施設や学校が沿線に移転してきたり、新設されたりした。さらに、沿線にハイキングの新コースが開発され、ハイキング客も増加した。

一方、武蔵野鉄道は、１９３８年11月に日本鋼管と提携して武蔵野石灰を設立した。資本金は60万円（払込済）で、終点吾野駅から西北方一帯の石灰石を採掘し、製鉄原料として日本鋼管に供給するのが目的であった。武蔵野鉄道の社長小高義一は、武蔵野石灰の取締役でもあった。その武蔵野石灰が１９３９年3月に石灰石運搬用のケーブルを完成させ、4月1日から採掘を開始した。これによって、武蔵野鉄道は浅野セメントの石灰石に加えて、日本鋼管系の石灰石も輸送するようになった。このほか木材の搬出も増加し、東京セメントの石灰石輸送も増加した。さらにガソリン規制が強化され、自動車から鉄道への貨物の転移が促進されたが、武蔵野鉄道の自動車営業や電灯電力供給事業の業績は好調であった[47]。自動車営業では、ガソリン統制の結果、走行距離は3割程度縮小したが、奥秩父、正丸峠、奥多摩方面へのハイカーが激増し、収入の増加がみられたのである。[48]

日本企業の合併

康次郎は、１９４１（昭和16）年11月に日本企業という会社を武蔵野鉄道に合併した。同社は、武蔵野鉄道沿線にある豊島園という遊園地を経営しており、資本金は１００万円（25万円払込み）で、安田信託の社員でもあった小川栄一が経営していた。小川は、のちに藤田観光の社長となって箱根開発にかかわっていく。武蔵野鉄道は同年８月には資本金８万円の秩父自動車を４万円に減資して合併していたので、日本企業を合併すると資本金は８８４万円（８０９万円払込み）となった。

武蔵野鉄道が日本企業を合併したのは新資金を獲得するためであった。当時、武蔵野鉄道は輸送力を増大するために車輛の増備や停車場の改良を考えていた。また、沿線開発のために住宅協会を設立し、さらに労務者住宅営団の設立も申請していた。そして、社債償還の時期も１９４２年４月に迫っていた。このように資金需要が高まるなかで、日本企業を合併したのである。

もっとも、武蔵野鉄道の借入金は社債50万円も含めて１６０万円であったので、社債を発行することも可能であった。しかし、社債発行は保谷～飯能間の複線計画と設備拡充のための資金調達手段にしようと考えており、さしあたっては日本企業を合併して未払い込みの株式75万円を徴収しようとしたのである。75万円の未払込株金は1941年12月15日に徴収されたが、武蔵野鉄道は同年12月29日に68万円を増資し、未払込株金と一緒に徴収した。その結果、武蔵野鉄道の資本金は952万円となった[49]。

康次郎は、豊島園を武蔵野鉄道沿線の集客施設としても注目していた。武蔵野鉄道は、1927年10月に練馬〜豊島間の支線を敷設していたので、豊島園には池袋駅から15分ぐらいで行くことができた。康次郎は、鉄道と遊園地の一体的な経営をめざしていたのである。

2 多摩湖鉄道の設立と合併

多摩湖鉄道の設立

小平学園の開発を進めていた康次郎の率いる箱根土地会社は、1924（大正13）年12月に中央線国分寺駅から北多摩郡東村山村（現・東村山市）宅部《やけべ》にいたる鉄道の敷設免許を申請した。さらに箱根土地会社は、1925年9月に同鉄道の終点を東村山村野口《のぐち》字萩山《はぎやま》に変更するよう申請し、10月10日に免許状の下付を受けた。

一方、1927（昭和2）年3月、増加の一途をたどる東京市民の水瓶《みずがめ》として狭山丘陵に村《むら》山《やま》貯水池が建設され、34年3月には山口《やまぐち》貯水池も建設された。両貯水池の建設には、443戸もの家屋が水没し、多くの人びとが住み慣れた土地から強制的に立ち退《の》かされた。しかし、両貯水池の出現は狭山丘陵の景観を大きく変え、村山貯水池、山口貯水池とその周辺は、東京都心からもっとも近い観光地（行楽地）の一つとして人気を集めることになった。[50]

箱根土地会社の専務取締役であった康次郎は、こうした狭山丘陵の変容をいち早くとらえ、小平学園の住宅地分譲に加え、狭山丘陵を観光地として開発するという、いわば一石二鳥の効果をねらって、１９２７年4月、すでに敷設免許の下付を受けていた国分寺〜萩山間の鉄道の村山貯水池までの延長を申請した。

しかし康次郎は、１９２８年1月、「鉄道事業を分離して其の健全なる発展を期することは事業の性質上有益なるもの」であるとして、新たに多摩湖《たまこ》鉄道を設立した。箱根土地会社は、多摩湖鉄道に国分寺〜村山貯水池間の鉄道事業一切を譲渡することを申請し、１９２８年３月５日に認可を得た。[51]康次郎は、多摩湖鉄道を分離独立させる理由について、箱根土地会社の定時株主総会で「御承知の如く会社の事業は非常に広汎に亘って居りますから、寧ろ鉄道事業の一部を分離して経営する方が本社にとりましても鉄道事業其のものにとりましても有益なことと思惟《しい》します」と説明していた。なお、このとき箱根土地会社は、箱根方面の神奈川県足柄下郡土肥村から同郡箱根町にいたる鉄道敷設権も駿豆鉄道に譲渡している。[52]

このように多摩湖鉄道は、康次郎が箱根土地会社のいわば子会社として設立した私設鉄道で、資本金は１００万円であった。本店は東京府北多摩郡谷保村に置かれ、箱根土地会社の本店のある建物に同居した。取締役社長には兜町《かぶとちょう》で株式仲買業を営む片岡辰次郎が就任したが、そ

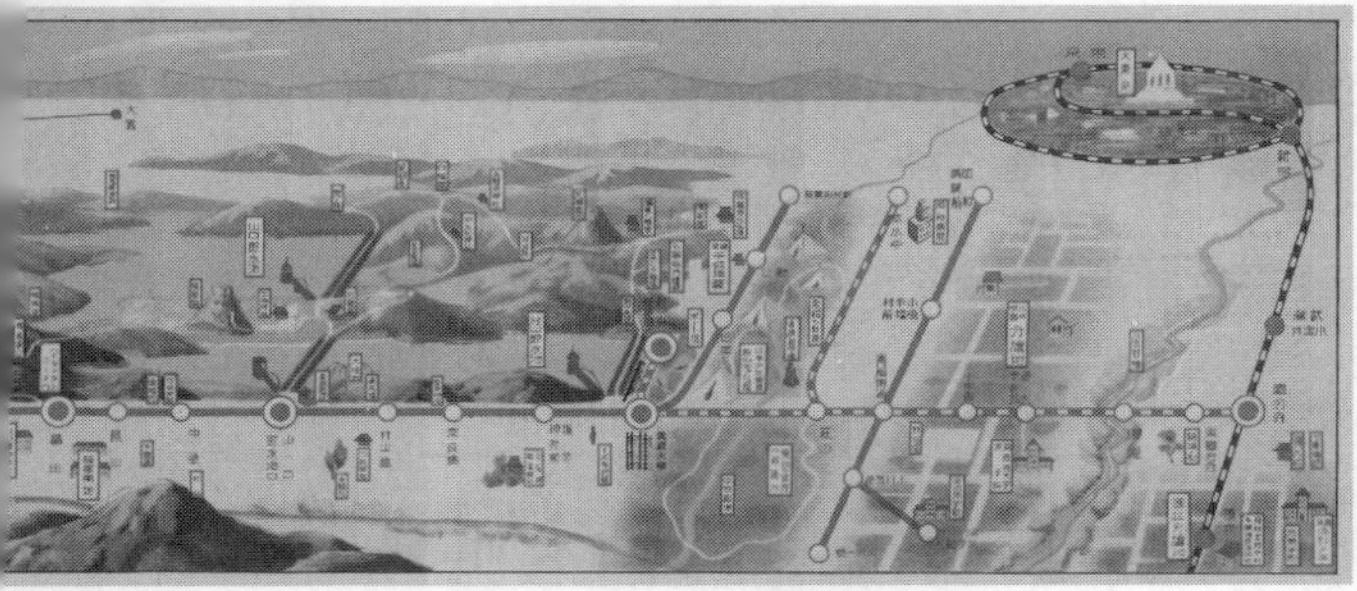

の他の経営陣は常務取締役中島陟、取締役川島与右衛門・小高義一、監査役山名義高らで、いずれも箱根土地会社の関係者であった。1929年11月30日当時の大株主も、箱根土地会社と川島与右衛門、中島陟、山名義高など同社の関係者で株式総数の40％近くを占めており、実権が康次郎にあったのは明らかである[53]。なお、片岡は証券仲介業界の有力者で、第4章で詳しく述べたように、箱根土地会社の第3回担保付社債が償還不能に陥ったときに仲裁に入り、担保権の実行ではなく重役の私財提供と償還延期で和解をはかろうとした。この仲裁案は結果的には実現しなかったが、恩義を感じた康次郎が片岡を社長に据えたものと思われる。ただし、多摩湖鉄道の経営を実際に担っていたのは常務取締役の中島陟であった。

多摩湖鉄道の経営と武蔵野鉄道による合併

多摩湖鉄道は、1928（昭和3）年3月7日に設立登記を完了し、4月6日に国分寺～萩山間を開業した。開業当初は、初の国産ガソリンカーを運行していた。学園都市の視察のために西欧

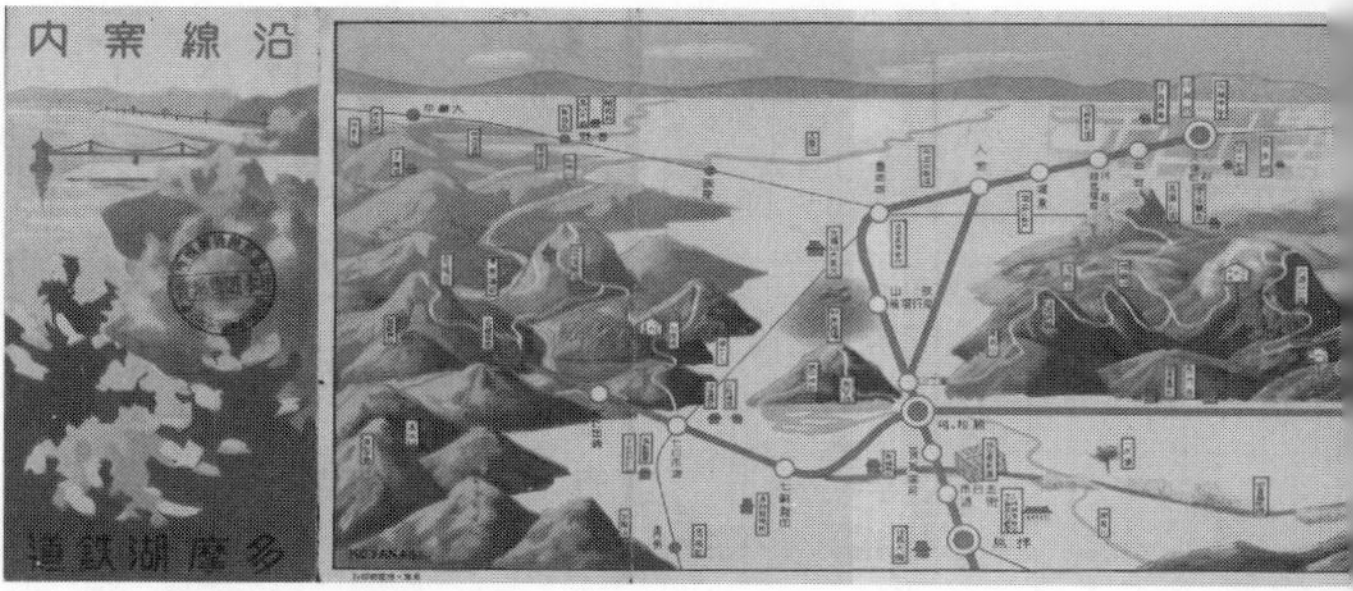

『多摩湖鉄道沿線案内』

に赴いていた中島陟が、ドイツでガソリンカーを注文して帰国したが、国内で製造しようということになり、中野《なかの》にあった日本自動車がエンジンだけ輸入して2台製作し、さらに丸《まる》山《やま》車輌で2台改造した。ガソリン自動車は故障が多く、振動も激しかったため、1930年4月11日から国分寺～村山貯水池間で電車運転を開始した。電車は駿豆鉄道から2台譲り受け、京王電軌から2台買い付けた[54]。

電車運転を開始すると、多摩湖鉄道は「列車の運転回数を増加し遊覧客並に沿道旅客交通の利便に資し且団体旅客の吸収に努むる等鋭意社業の向上を図」った[55]。箱根土地会社の小高義一は、村山貯水池や山口貯水池があまりに大きいのに驚き、「箱根の芦の湖が東京の近郊に出現することになる[56]」とのちに回想しているが、康次郎は箱根開発の夢を再びここで実現しようとしていたのかもしれない。なお、武蔵野鉄道は村山貯水池に向かって1929年5月に西所沢駅から分岐して村山公園駅（のち、村山貯水池際駅と改称）にいたる支線を開通させ、旧西武鉄道も1930年4月に東村山駅から分岐して村山貯水池前駅にいたる支線を開通させた。つまり、多摩湖鉄道、武蔵野鉄道、旧西武鉄道の私鉄3社が、村山貯水池駅、村山貯水池前駅、村山貯水池際駅という大変まぎらわしい駅名をつけて、村山貯水池への遊覧客の争奪合戦を繰り広げたのである。なお、この西武鉄道を戦

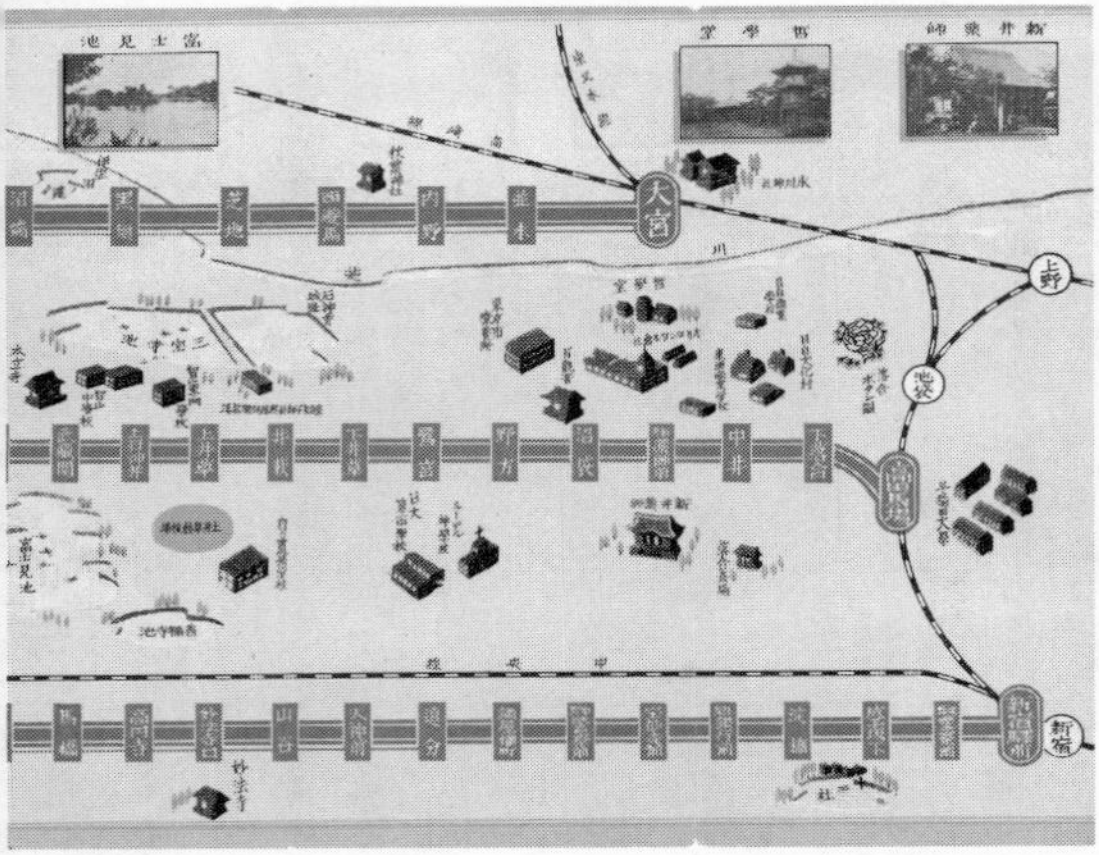

後の1946年に同鉄道と武蔵野鉄道および食糧増産会社が合併して誕生した西武鉄道と区別して旧西武鉄道と呼んでいる。

多摩湖鉄道の旅客輸送の推移をみると図5—2のようで、鉄道では開業以来日曜日や祝祭日をのぞくと乗客がほとんどいないという状況が続き、「四十二人乗り（始終2人〔運転士と車掌〕乗り）」などと揶揄《やゆ》されていたが、1933年9月に東京商科大学の予科が小平学園に移転すると、教職員や学生の利用が一挙に増えた。単線で小型電車4輛（のち6輛）運転の多摩湖鉄道では商大関係者を運びきれず、朝の通学・通勤時にはラッシュを引き起こし、始業時間の8時40分に遅刻する学生が続出した。しかも、電力不足のため「電車の速度がガタ落ち」となり、

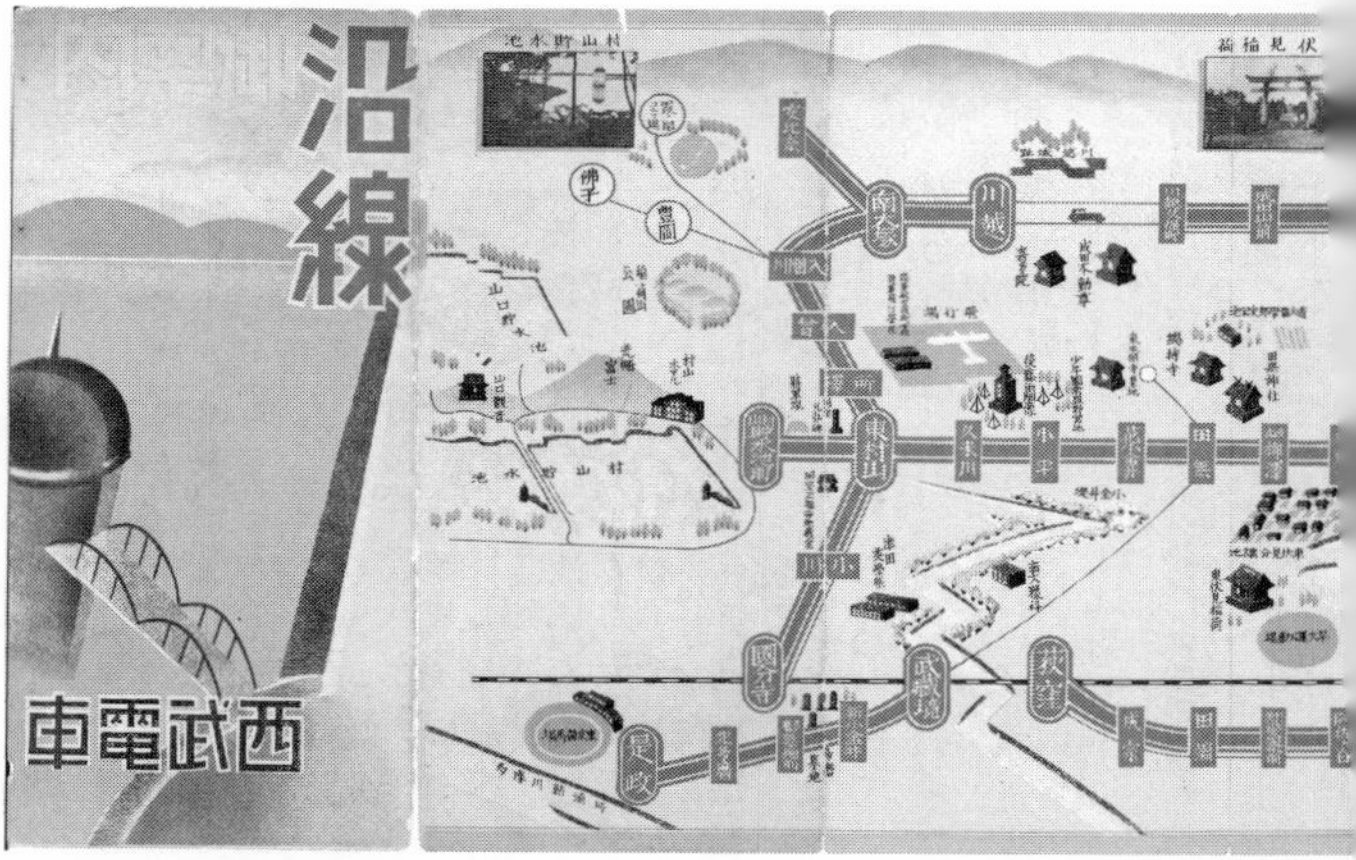

『西武電車沿線御案内』

「他《た》の電車が動いてゐる限り速度が出ず、一車が停車すれば急に速くなる」という状況で、通常なら間に合う学生も遅刻するので、学校側が「始業時間八時四十分後二十分間以内は遅刻と認めず」という「珍規則」を定めたほどであった[57]。

また、１９３５年2月28日には国分寺〜多摩湖間約9㎞の全線にわたって突然運休となり、3月1日、2日にも時々運休となった。商大予科では学年末試験の最中であったので、28日には試験の開始時間を1時間も遅らせることになった。

そうしたなか、5月26日の商大予科記念祭終了後、予科学生による多摩湖鉄道車輛襲撃事件が起こった。26日には午前9時から記念祭が盛大に挙行されたが、その日の午後8時30分ころ、記念祭の祝杯に泥酔した学生約１００名が、多摩湖鉄道小平学園駅および国分寺駅に殺到し、小平学園駅では国分寺行１０３号電車の発車を阻止したうえ、

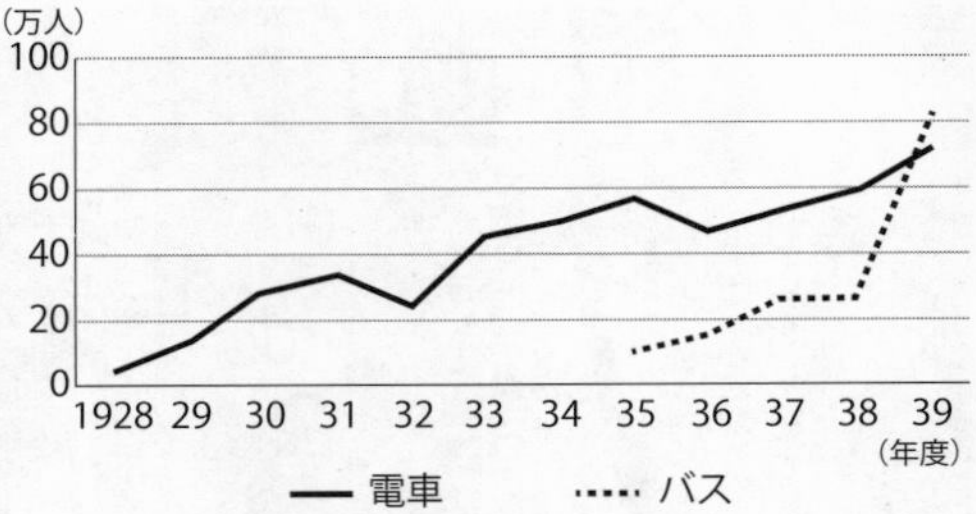

図5―2　多摩湖鉄道（電車・バス）の旅客輸送
（出典：多摩湖鉄道『報告書』各期、鉄道省編『鉄道統計資料』各年版）

電車を滅茶《めちゃ》滅茶《めちゃ》に破壊した。また、国分寺駅でも停車中の電車2輛を壊し、待合室などで暴行を働いた[58]。

康次郎は、このような多摩湖鉄道を資本金76万円と評価して、1940年3月武蔵野鉄道に合併させた。武蔵野鉄道の経営権を掌握したので、多摩湖鉄道を別会社として経営する必要がなくなったのである。多摩湖鉄道は、国分寺～村山貯水池間の鉄道のほか、大宮《おおみや》、川越、国分寺、立川などへの広範なバス路線を経営していた。バス事業は沿線の軍需工業の繁栄によって職工の輸送が増加し、合併後は武蔵野鉄道の営業成績に寄与するものと期待されていた（図5―2）。

3　旧西武鉄道と武蔵野鉄道の競合

旧西武鉄道の成り立ち

康次郎が武蔵野鉄道の経営を再建し、その支配の強化に乗り出したころ、旧西武鉄道と武蔵野鉄道との競合と対立が激しくなっていた。旧西武鉄道の歴史は、1895（明治28）年3月21日に国分寺～川越間の運輸営業を開始した川越鉄道の創業にまでさかのぼる。川越鉄道は、増田忠順《ますだただより》、清水宗徳《しみずそうとく》、向山小平次《むこうやまこへいじ》らの埼玉県西部の入間郡や高麗《こま》郡で製糸業や織物仲買業などを営む地元の有力者が、米倉一平《よねくらいっぺい》、平岡凞一《ひらおかきいち》、馬越恭平《まこしきょうへい》、雨宮敬次郎、岩田作兵衛《いわたさくべえ》、本荘《ほんじょう》一行《かずゆき》ら東京在住の「豪商紳士」にはかって出願したものである。米倉が専務取締役、雨宮、岩田、それに鉄道技師の菅原恒覧《すがわらつねみ》らが取締役に就任したが、増田や向山ら入間・高麗両郡の有力者も取締役として活躍した。ただし、川越町の商人は徳川期以来、輸送手段を川越と江戸を結ぶ新河岸川《しんがしがわ》舟運に依存してきたので、川越鉄道の設立には積極的でなかった。川越鉄道は、1910年代に武蔵野鉄道（池袋～飯能間）や東上《とうじょう》鉄道（池袋～川越間、現在の東武東上線）が開通すると、営業圏の拡大をはかって16（大正5）年5月、村山軽便鉄道から田無～吉祥寺《きちじょうじ》間の鉄道敷設権を譲り受けた[59]。

一方、1903年12月には川越電灯と川越馬車鉄道が合併して川越電気鉄道が設立され、06年4月に川越久保町《かわごえくぼまち》から日本鉄道の大宮駅にいたる電気軌道営業を開始した。一方、路面電車の川越電気鉄道は、1914年12月に神流川《かんながわ》水力電気を買収して武蔵水電となった。その武蔵水電は1920年6月に川越鉄道を合併し、同鉄道がすでに所有していた田無～吉祥寺間の鉄道敷設権も獲得し、21年10月には新宿～荻窪《おぎくぼ》間の西武軌道を合併した。その後、武蔵水電は1922年6月に帝国電灯に合併されたが、このとき帝国電灯は鉄道・軌道部門を電灯部門から切り離した。これを川越商人の綾部利右衛門《あやべりうえもん》らが譲り受け、1922年8月に資本金600万円の西武鉄道（旧西武鉄道）を設立した[60]。

こうして成立をみた旧西武鉄道は、大宮線（川越久保町～大宮間、12・9㎞）、新宿線（新宿～荻窪間、7・2㎞）、川越線（国分寺～川越間、29・6㎞）の相互に連絡しない3線を営業していた。また、大宮線の軌間は東京市電と同じ4フィート6インチ（1372㎜）であったが、新宿線・川越線の軌間は3フィート6インチ（1067㎜）であった。また、大宮線と新宿線は電車運転であったが、川越線は蒸気運転であった。このように、「三線が各々独立して、運輸上の連絡を欠いてゐる事は重大なる欠陥と言はねばなら」なかった(61)。

旧西武鉄道設立当初の経営陣についてみると、社長の指田義雄《さしだよしお》は武蔵国下忍《しもおし》村（現在の埼玉県行田《ぎょうだ》市・鴻巣《こうのす》市）の出身で、弁護士、衆議院議員として活躍する一方、東京米穀商品取引所理事として実業界でも重きをなしていた。また、取締役や監査役の綾部利右衛門・山崎覚太《やまざきかくた》郎《ろう》・山崎嘉七《やまざきかしち》は川越の商人で川越電気鉄道の経営にかかわり、指田義雄は北武《ほくぶ》鉄道（1922年に秩父鉄道に合併）、諸井恒平《もろいつねへい》・柿原定吉《かきはらさだきち》は秩父鉄道、根津嘉一郎・大川平三郎《おおかわへいざぶろう》は東武鉄道の経営に関係していた。

村山線の開通と川越線の電化

川越線（川越～国分寺間）は、1927（昭和2）年4月の村山線（東村山～高田馬場間23・5㎞）の竣工とともに電化され、川越から国鉄山手線の高田馬場まで電車による直通運転が実現した。村山線は、さらに東京市電の終点早稲田まで延長することになっていた。旧西武鉄道は、川越線の電化と村山線の延長について、「川越線は貨物及旅客減少せる為め其成績稍《やや》良好ならず、近く電化工事の完成後は其改善に伴ひ相当の発展を見るに至るべし」（川越線）、「該延長線は穴八幡《あなはちまん》附近に於て市電地下線と早稲田大学附近に於て市電早稲田線と連絡し優秀なる交通機関となるも遠きにあらざるべし」（村山線）と大きな期待を寄せていた[62]。

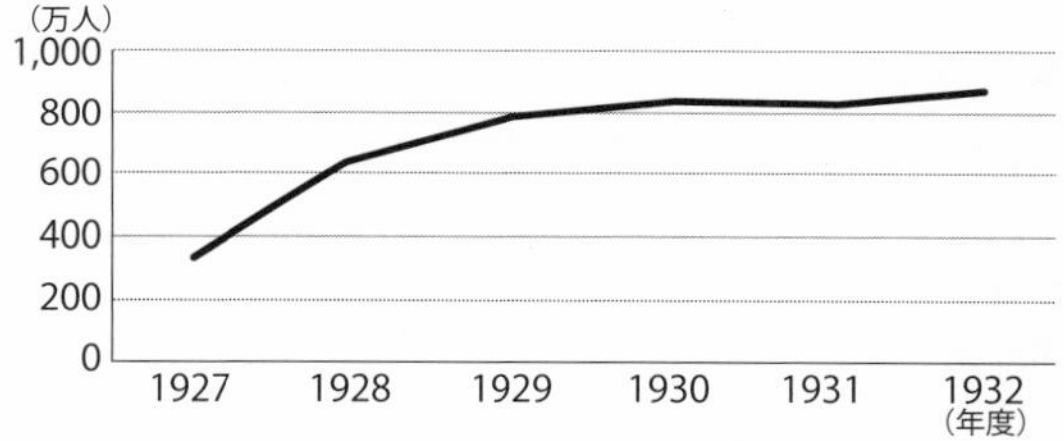

図５―３　旧西武鉄道村山線・川越線の旅客輸送人員
（出典：旧西武鉄道『営業報告書』各期）

実際、図５―３にみるように村山・川越、両線の旅客輸送人員は１９２７年から30年の間に約２・５倍に増加した。しかし、その後は伸び悩み32年においても８６９万２５２２人であった。旧西武鉄道の業績が悪化し、資本金利益率は１９２８年上半期に10％を切り、30年下半期には２％となった。10％を維持していた株式配当率も、１９１７年下半期には９％となり、30年下半期には無配に転じた。

旧西武鉄道の業績悪化は、昭和初期の恐慌によるところが大きいが、そればかりではなかった。旧西武鉄道は、村山線とその早稲田への延長線の建設費、および川越線の電化などに要する資金を調達するため、１９２６年６月の定時株主総会で７００万円の増資案を可決し、６００万円だった資本金を１３００万円とした。

表5―4　旧西武鉄道の路線別建設費と運輸収入（1929年上半期）

（単位：千円・%）

	村山線・砂利線・川越線	新宿線	大宮線	多摩線	合計
建設費（a）	9,160	2,230	260	436	12,086
運輸収入（b）	549	275	65	54	943
b／a（年率に換算）	12.0%	24.6%	50.0%	24.8%	15.6%

出典：「西武鉄道結局減配」（『ダイヤモンド』1929年12月1日）

川越線電化の工事費は約１００万円であった。また、村山線の建設工事に着手するにあたって１９２５（大正14）年に３００万円の社債を起こしたが、１００万円は借入金、その他の整理に向けられ、工事費にあてられたのは２００万円であった。そして、１９２６年５月１日には払込未済資本金の半額の１２０万円の徴収を試みたが、それだけでは足りなかった。このように建設費がかさんだため、利益率や配当率が低下したのである。旧西武鉄道の建設費に占める運輸収入の割合を路線別にみると表５―４のようで、村山線・砂利線・川越線12%、新宿線24・6%、大宮線50%、多摩線24・8%となっている。村山線のみの数値を得ることはできないが、旧西武鉄道のなかでは村山線・砂利線・川越線がもっとも経営効率の悪い路線であった。

旧西武鉄道と武蔵野鉄道の競合

旧西武鉄道は、１９２７（昭和2）年4月16日に高田馬場～東村山間の村山線を開業し、国分寺～川越間の川越線と連絡させた。これを契機に、武蔵野鉄道と旧西武鉄道との間に所沢駅で深刻な問題が発生した。すなわち、旧西武鉄道は、村山線の開業とともに川越線東村山～川越間の電化を実現したのであるが、武蔵野鉄道はこれを強力な競争相手の出現と受け止めた。武蔵野鉄道の１９２７年上半期の『第31回営業報告書』（１９２７年上半期）は、「恰も本期初頭に於て西武村山線の開通を見たるを以て当会社線に相当影響する処あるべしと予想されしも事実は之に反し所沢駅を除きたる他の駅に在りては些《さ》したる痛痒《つうよう》を感ずることもなく依然として在来の好増率を保持しつつあり」と記している[63]。村山線の開業と川越線の電化は、武蔵野鉄道にはそれほどの影響を与えなかったが、所沢駅における打撃は大きく、乗車券の発券問題や車掌殴打事件を引き起こした。

所沢駅は旧西武鉄道と武蔵野鉄道の共同使用駅で、旧西武鉄道の駅員が武蔵野鉄道の駅務も管理していた。所沢駅から東京に向かう数千人の乗客に対して、旧西武鉄道の駅員は高田馬場経由の切符を売っていた。ところが、切符を買った乗客は運賃がほぼ同額であったので武蔵野鉄道の電車に乗っていた。したがって、運賃は旧西武鉄道に入るが、実際に乗客を輸送するのは武蔵野鉄道ということになる。武蔵野鉄道はたびたび抗議をしたが、旧西武鉄道は今後注意するというだけで一向に改める気配がなかった。そこで武蔵野鉄道は、所沢駅よりも５００ｍほど東京寄りのところに東所沢《ひがしところざわ》駅を開設して、乗客を取り込もうとした。すると、旧西武鉄道も所沢駅から北へ８００ｍほど行ったところに所沢《ところざわ》御幸《みゆき》駅を開設するというように、旧西武鉄道と武蔵野鉄道の間で駅の開設競争が起こった。

旧西武鉄道と武蔵野鉄道の対立は、これだけにとどまらなかった。旧西武鉄道の駅員が武蔵野鉄道の急行電車を止めて、車掌を殴打《おうだ》するという事件が起こったのである。また、武蔵野鉄道の幹部が駅員をつれて所沢駅に乗り込み、旧西武鉄道の駅員をホームから追い払って実力で運行業務を管理しようとした。

こうしたなかで康次郎は旧西武鉄道を支配下に置き、武蔵野鉄道と合併しなければならないと考えるようになった。

第６章　西武鉄道の成立と戦中・戦後の諸事業

１　西武鉄道の成立

交通調整下の武蔵野鉄道と旧西武鉄道

第一次世界大戦後、大都市の鉄道、地下鉄、路面電車、バスなど交通機関の間に適切な競争関係・分担関係をいかに作り出すかが問われるようになり、１９３８（昭和13）年４月に交通事業調整法が制定され、同年８月、内閣総理大臣を会長、内務大臣・鉄道大臣を副会長とする交通事業調整委員会が設置された。武蔵野鉄道の社長であった康次郎は、東京市およびその付近の交通調整に関する審議が進むなかで、この委員会に早川徳次《はやかわのりつぐ》（東京地下鉄道）や五島慶太（東京横浜電鉄）らとともに実業界からの臨時委員として参加した。

東京市およびその付近の交通調整に関しては、東京市は市有市営による調整区域全域の一元的統合、早川徳次らは官公私合同の統制会社の設立による調整区域全域の一元的合同、すなわち大合同を主張していた。大合同は、運賃の低廉化、輸送の迅速化など「東京市民の便益の為」（早川徳次）という大義名分を根拠に主張されていた[1]が、康次郎は五島らとともに、実現可能性という観点から地域別の小合同を主張した。

康次郎は、交通事業調整委員会第９回特別委員会で「小合同か大合同かと云ふ問題〔略〕は余程の大問題でありますから、それは唯議論をするのが能ではない。実際の政治、実際の行政に移すと云ふのが目的でありますから、唯単に理想論ばかりではいかぬのであります」と述べた[2]。そして、１９３９年12月７日の衆議院予算鉄道分科会では、「東京及びその附近に於ける交通事業の調整は資本の統制か経営の統制が必要であると思ふが鉄相の所見如何」と質問をした。前田《まえだ》米蔵《よねぞう》鉄道大臣は「資本の統制がよろしい」と答え、「単一の資本合同にもっていく事は簡単に出来るかどうか難かしいが資本を大合同し経営の一元化を図ることが理想である」と述べた。鉄道省の方針は、調整地域全域の一元的統合であった。しかし、前田鉄相は「資本の大合同に多くの時日を要するなら他の早く出来る方法によって経営の一元化を考へたい」と述べており、一元的統制をめざしながらもそれを実現する方法については含みを残していた[3]。

帝都交通調整委員会は、１９４０年12月に地域別合同案を決定した。東京市の交通は複雑で、鉄道省線、東京市営電車、市営バス、地下鉄、郊外電車、さらには市内・郊外にわたるバスなどが「無数に対立」していた[4]。そのため、一挙に一元的統制を加えることは難しいと判断され

表6―1　帝都交通調整案の概要

	区域	電鉄・地下鉄・路面電車	バス
第1ブロック	東海道線と中央線にはさまれる区域	東横、京浜、小田急、京王	東横・京浜・京王直営、その他
第2ブロック	中央線と東北本線にはさまれる区域	旧西武(除・荻窪線)、武蔵野、東武東上線	旧西武直営、京王・東横系、その他
第3ブロック	東北本線と常磐線にはさまれる区域	東武、総武（大宮～柏）	東武直営、総武系
第4ブロック	常磐線以南	京成、総武（柏～船橋）	京成直営、総武系
第5ブロック	地下鉄	東京地下鉄、東京高速度	
第6ブロック	旧市内区域	市電、王子、旧西武荻窪線、城東	市バス、王子バス、黄バス（東横系）、青バス（地下鉄系）

出典：「“足”の大合同へ第一歩 帝都交通調整案けふ本極り」『朝日新聞』1940年12月19日

たものと思われる。

帝都交通調整案の概要は表6―1のようで、まず鉄道省線は合同の対象とならず、公営・市営の電鉄・地下鉄・路面電車・バスが、6つのブロックに分けて合同することになった。康次郎が経営にかかわっていた武蔵野鉄道は第2ブロックに属し、東武東上線および旧西武鉄道にはさまれてしまった。根津嘉一郎の経営になる東武鉄道は、「強制的な合併問題が起る前」から武蔵野鉄道を傘下におさめようとしていたが、武蔵野鉄道の「大株主である箱根土地が頑強に反対してゐるので、未だ問題の進展は見てゐな」かった[5]。

一方でこの小合同による交通調整案は、康次郎が描いていた旧西武鉄道と武蔵野鉄道の合併の客観的な条件を創出したともいえる。しかし、このころ康次郎は経営を支配しうるほど旧西武鉄道の株式を所有していなかった。1940年5月31日

（単位：円・％）

西武鉄道		
利益金	利益率（％）	配当率（％）
29,652	0.7	0
16,487	0.4	0
-1,981,623	-48.9	0
-98,325	-2.4	0
3,240,000	133.3	0
116,696	4.8	3.0
145,036	6.0	4.0
170,857	7.0	4.5
186,451	7.7	5.5
205,179	8.4	6.0
410,201	16.9	7.0
451,201	18.6	7.0
235,159	9.7	7.0
279,532	7.2	7.0

の旧西武鉄道の株主構成をみると、東武鉄道系の東武証券（持株比率21％）と京王電軌の穴水《あなみず》熊雄《くまお》系の大日本電力（同10・7％）が大株主であったが、42年7月に穴水が5万６０００株余の持株を時価よりも10円ほど高い1株64円で東武鉄道（当時の社長は原邦造《はらくにぞう》）に譲渡した。

こうして、旧西武鉄道は完全に東武鉄道の支配下に置かれることになったが、康次郎はこれに異議を唱え、東武鉄道が穴水から譲り受けた旧西武鉄道の株式5万６０００株余と東武証券所有の旧西武鉄道株2万株余り、合計7万２６６株（旧株3万２８４８株、新株3万７４１８株）の譲渡を受けたのである。こうして康次郎は、旧西武鉄道の株式総数（15万６０００株）のほぼ45％を所有し、旧西武鉄道を支配下に置いた(6)。そして、１９４３年1月には小島正治郎を常務取締役、中島陟と永井外吉を取締役に送り込み、同年6月にはみずからが取締役社長に就任したのである。問題は、なぜ東武鉄道が康次郎に旧西武鉄道の株式を譲渡したのかであるが、東武鉄道の本線（伊勢崎《いせさき》線、日光《にっこう》線とそれらに接続する各線）が陸上交通事業調整による第3ブロックに属していたので、東武鉄道は同ブロック内の総武《そうぶ》鉄道（現・東武野田《のだ》線）などとの統合を優先せざるをえなくなったためではないか

表6―2　武蔵野鉄道・旧西武鉄道の業績比較

年	期	武蔵野鉄道				
		払込資本金	利益金	利益率（%）	配当率（%）	払込資本金
1937	上	7,200,000	-1,173,917	-32.6	0	8,100,000
	下	720,000	1,522,948	423.0	0	8,100,000
1938	上	720,000	-83,213	-23.1	0	8,100,000
	下	2,600,000	100,365	7.7	6.0	8,100,000
1939	上	2,600,000	120,642	9.3	6.0	4,860,000
	下	2,600,000	129,047	9.9	6.0	4,860,000
1940	上	5,000,000	1,086,744	43.5	7.0	4,860,000
	下	7,800,000	1,254,928	32.2	8.0	4,860,000
1941	上	7,800,000	800,634	20.5	8.0	4,860,000
	下	9,520,000	941,350	19.8	8.0	4,860,000
1942	上	9,520,000	1,004,054	21.1	8.0	4,860,000
	下	10,948,000	1,095,392	20.0	8.0	4,860,000
1943	上	10,948,000	1,329,366	24.3	8.0	4,860,000
	下	11,209,208	1,880,194	33.5	8.0	7,800,000

出典：武蔵野鉄道・旧西武鉄道『営業報告書』各期

と思われる。奇《く》しくも康次郎は、旧西武鉄道の場合にも、武蔵野鉄道のときと同じように、東武鉄道の大幅な譲歩によって経営を支配するにいたったのである。

武蔵野鉄道は、第5章でみたように1938年9月に大幅な減資を断行し、資本金720万円（公称資本金1200万円）の10分の9を切り捨てて資本金72万円全額払込みとした。そして、減資による差益金と和議による債務免除金および法定積立金との合計1110万円で繰越損金345万7000円を補塡《ほてん》し、残額のすべてを不良固定資本の償却にあてた。旧西武鉄道も、1939年3月に資本金810万円（公称資本金1300万円）の10分の4を切り捨て、資本金を480万円（公称資本金782万円）とした。そして、減資差益金と法定積立金の合計342万7000円を繰越損金の補塡にあて、193

9年下半期には3%の配当を復活した。旧西武鉄道はその後も増配を重ね、1942年上半期からは7%配当となった。旧西武鉄道が好調な経営を維持していたのは、沿線の工場化と疎開によって旅客輸送が増加したからである。武蔵野鉄道も好調な経営を維持し、8%配当を続けていた。武蔵野鉄道の沿線も工場化が進み、東京方面への乗客ばかりでなく、東京方面からの乗客も増えたからである。しかし、武蔵野鉄道と旧西武鉄道の業績を比較してみると表6―2のようで、利益率、配当率ともに旧西武鉄道よりも武蔵野鉄道のほうがまさっており、「西武が武蔵野に対等条件で合併することは難しい」とみられていた。[7]

食糧増産会社の設立と糞尿輸送

東京では、都制が施行された1943(昭和18)年ごろから、「相当の予算を以て、東京附近の桑樹を抜き取り、そこに野菜を植ゑる、労力が不足なら、都会から供給」し、戦時下の食糧増産という課題に対処しようという考えが生まれていた。[8]戦時下の食糧不足のもとで、食糧増産は重要かつ緊急の課題であった。康次郎は、こうしたなかで1944年6月、東京都民の糞尿《ふんにょう》処理および平地林・原野などの開墾事業を目的とする食糧増産株式会社を設立した。[9]資本金は3000万円で、康次郎の支配下にあった武蔵野鉄道と旧西武鉄道が全額を引き受けた。

武蔵野鉄道は、康次郎の傘下に入る前から東京市民の糞尿輸送を担っていた。東京市は、1921(大正10)年2月から総数の5分の1にあたる2000石《こく》の糞尿を、①汽車積によって埼玉県の入間郡農会に特約として払い下げる、②硫酸アンモニア製造工場を有する会社、もしくは個人に払い下げる、③生肥として千葉県下に送る、という3つの方法で処理していた。なかでも汽車積の方法がもっとも成績がよく、「汲取桶《くみとりおけ》を全部池袋に集めそこから東上線及武蔵野線の両沿線に夫々《それぞれ》配」ったのである。そのため、約11万円をかけて東上線に7か所、武蔵野鉄道に8か所の特別なプラットホームを設置した。１荷平均25銭で払い下げていたため、農家にとっては「従来より非常に安価」で希望者が殺到したという。[10]

この東京市託送の糞尿輸送は１９２８年3月に廃止となったが、[11]戦時期になって再開された。１９４３年11月には、戦時統制経済を強化するため商工省の軍需生産関係部門が統合されて軍需省が新設された。同時に、軽工業・民需生産関係部門は農林省と統合されて農商省となった。農商省は、１９４４年6月、省内に戦時食糧増産推進中央本部および戦時食糧協議会を設置し、12日に同中央本部の顧問・参与、同協議会の会長・委員・幹事などを委嘱し、康次郎は戦時食糧増産推進中央本部の参与となった。６月13日に第１回戦時食糧協議会が開かれ、米穀の増産、麦の堆肥増産運動などについて協議された。[12]

康次郎は、武蔵野鉄道の開業まもなくからの糞尿輸送の実績と戦時下の農商省の政策などを巧みにとらえて食糧増産会社を設立した。同社は、南軽井沢で農場を経営していたともいわれているが、[13]多摩湖周辺や武蔵野鉄道、旧西武鉄道の沿線に約２０００ヘクタール（約６６０万坪）の広大な農地を所有し、野菜など東京都民向けの農産物を生産していた。農林省関係の協力によって動員学徒の助力が得られ、多摩湖周辺では蓮沼門三《はすぬまもんぞう》率いる修養団《しゅうようだん》の労働奉仕を受けることもできた[14]。

東京都では、下水施設が未整備で都民の糞尿の処理に長い間、頭を悩ませていた。大半の糞尿は、トラックで河岸まで輸送し、そこで糞尿船に積み替えて東京湾の真ん中に運び出して捨てていた。戦時下に入って、ガソリンの消費規制が厳しくなると、トラックや糞尿船が動かなくなり、東京都民の糞尿を処理できなくなった。東京都の初代長官大達茂雄《おおだちしげお》は、東京都民の糞尿を近郊農村に輸送できれば、農村の肥料不足も東京の糞尿処理の問題も一挙に解決できると考えて、1944年2月、東京都では「他の郊外電車でも御協力下されば農村へは、大事なガソリンを使はなくとも電車と舟運だけで」糞尿を輸送できると考え[15]、郊外電車で糞尿を輸送すべく近郊私鉄各社に折衝した。私鉄各社がことごとく東京都の懇請を断るなかで、康次郎は「都内で一番穢《きたな》い隘路《あいろ》とされ、このために都民が困り抜いてゐる屎尿《しにょう》問題を少しでも緩和出来たらと」考えて、武蔵野鉄道、旧西武鉄道で東京都民の糞尿を輸送することを引き受けた。しかし一方で、その「折返し電車」を「野菜の運搬」や吾野で採掘され酸性土壌を中和する石灰の「近郊の農村へ運搬すること」に利用するなど、糞尿電車を「有効に運転」することを考えていた[16]。

東京都の糞尿輸送を引き受けた武蔵野鉄道と旧西武鉄道は、専用貨車の製造や発着駅の貯《ちょ》留槽《りゅうそう》の建設工事を急ぎ、8月ごろから糞尿電車の深夜運行を本格化させ、1日に約5500

石（100万人分）の糞尿を農村に還元するという計画を立てた。さしあたり、旧西武鉄道の井荻《いおぎ》～南大塚《みなみおおつか》間に仮の設備を整え、6月10日の深夜から貨車5輌程度の臨時輸送を開始することにしたが、これによって豊島、淀橋、中野、杉並方面20万戸の汲《く》み取《と》り作業が著しく改善され、この方面の糞尿輸送に割《さ》かれていたガソリンやトラックが2割ほど節約されることになった。また、肥料不足に悩んでいた東京都下の北多摩・西多摩《にしたま》両郡に約3500石、埼玉県の北足立《きたあだち》・入間両郡に約2000石の糞尿を輸送し、沿線80kmにわたる地域の蔬菜《そさい》の増産に相当の効果を及ぼすものと期待された[17]。

武蔵野鉄道と旧西武鉄道は、井荻・沼袋《ぬまぶくろ》（旧西武）、長崎（武蔵野）の3駅と、東小平（旧西武）、清瀬（武蔵野）など17の発着駅の工事を進め、1944年11月には豊島、淀橋、中野、杉並、滝野川《たきのがわ》（現・北区《きた》）、渋谷、板橋《いたばし》の各区の糞尿を1日5500石輸送する目途を立てた。康次郎は専用のタンク車115輌を新造し、武蔵野、旧西武両鉄道の沿線に数十か所の貯留槽を作り、その上にレールを敷いて直接タンク車から糞尿を落とすことにした[18]。これは、東京都で排出される糞尿総量の15%ほどにあたっていた。そして、武蔵野鉄道は埼玉県の北足立郡（40町村）、入間郡（7町村）へ、旧西武鉄道は三多摩地方の46町村に糞尿を輸送して肥料として還元し、帰りには沿線で採れる野菜を積んで東京に運んだ。

このように、康次郎は1944年6月から東京都の要請に応えて、深夜に糞尿電車を走らせた。大達長官は、同年6月9日、康次郎に「今般西武、武蔵野両鉄道施設を糞尿運搬の為に提供下され東京都清掃問題解決に絶大の貢献を致され候、御厚志真に有難く感謝罷在候《まかりありそうろう》」と感謝状を贈った。[19] そして、１９４４年11月21日には、島田俊雄《しまだとしお》（農林大臣）、大達茂雄（内務大臣）、西尾寿造《にしおとしぞう》（東京都長官）、浅沼稲次郎《あさぬまいねじろう》（東京都議会議員）らを来賓に招いて井荻駅で「糞尿輸送開始祝賀会」を開催した。[20]

武蔵野鉄道および旧西武鉄道の糞尿輸送は、東京都民の糞尿を「肥料の不足に悩む沿線農村へ還元」し、「蔬菜の増産に寄与」する。糞尿電車は帰り荷として野菜を都内に運び入れるので、「この方面に振向けてゐたトラックやガソリンを節約」する。すなわち「時局に貢献する処が甚だ大き」く、[21] 帝都の糞尿処理問題や野菜不足、それに近郊農村の肥料不足を一挙に解決する「一石三鳥の案」[22] とみられていた。康次郎は、糞尿輸送について、のちに「私は百姓生まれの百姓育ちであるからこの糞尿扱いを少しもきたない仕事、いやな仕事とは思わなかった。むしろ何十年ぶりで、その昔の百姓青年に戻ったようで、精神的にはかえって若返りをさえ感じるものがあった」と語っている。[23]

康次郎は、やがて武蔵野鉄道と旧西武鉄道、それに食糧増産会社の合併を構想するようになった。武蔵野鉄道と旧西武鉄道で東京都の糞尿を輸送し、それを食糧増産会社の広大な畑で使用して食糧増産の実をあげることができれば、戦時下の食糧不足の解決に少なからず貢献できる。それには、3社の経営を一元化しなければならないと考えたのである。なお、糞尿輸送は、武蔵野鉄道、旧西武鉄道、食糧増産会社が合併して西武鉄道となったのちの１９５３年３月まで続けられた。西武鉄道には、同年8月、東京都知事安井誠一郎《やすいせいいちろう》から長年の糞尿輸送に対する貢献に感謝状が贈られた。[24]

流木陸揚げ事業

1944（昭和19）年の後半になると、アメリカ軍の爆撃機による本土空襲が激しくなった。当時、隅田川《すみだがわ》には軍需用の木材が筏《いかだ》に組んでつながれていた。しかし、アメリカ軍の爆撃で木材をつないでいた綱が切れ、木材が浮遊して東京湾に流れ込んだり、風で吹き上げられて荒川《あらかわ》や隅田川を逆流したりして、船の運航を妨げるようになった。

軍と運輸省はこの木材の引き揚げと輸送を、東京横浜電鉄、東武鉄道、京成《けいせい》電気軌道など東京近郊の私鉄に依頼したが、いずれも難色を示した。こうしたなかで康次郎は、流木の陸揚げ事業を率先して引き受けた。ただし、そのさいに陸揚げした流木を、みずから経営する私鉄の復旧に役立てるという条件を提示していた。

康次郎は、西武鉄道部隊、武蔵野鉄道部隊、国土計画部隊、豊島園部隊などというように、傘下の会社別に陸揚げ部隊を編成した。なお、「国土計画」とは国土計画興業のことで、箱根土地会社が社名を変更したものである。さらに、康次郎の妻、娘、家事見習い、書生などからなる家族部隊も加わった。康次郎が総指揮をとり、家族部隊の指揮には妻の操《みさお》（ただし、法律上の正妻ではない）があたった。水面に浮いている流木を岸辺に引き寄せてロープをくぐらせ、滑車を用いて堤防に引き揚げた。そして堤防のうしろの用水に転がして落とし、用水の下流で引き揚げて隅田川駅で貨車に積み込み、武蔵野鉄道や旧西武鉄道の沿線に運んだ。[25]

引き揚げた流木は、敗戦までに2万石を超えたといわれている。[26] 武蔵野鉄道や旧西武鉄道は、沿線に多くの軍需工場があったため、東京近郊の私鉄のなかではもっとも爆撃を受けた私鉄の一つであった。しかし、この流木のおかげで戦後の復興は比較的早かった。木造2階建ての池袋駅本屋《ほんや》をはじめ、多くの駅舎がこの流木を用いて建てられたし、枕木にも流木が利用された。また、1946年12月に「しっかりした材木で大きくつくられ[27]」た木造2階建ての武蔵野デパートの店舗にも、この流木が利用された。[28]

武蔵野鉄道と旧西武鉄道、食糧増産会社の合併

武蔵野鉄道は、1945（昭和20）年9月、旧西武鉄道および食糧増産会社の両社を吸収合併し、社名を西武農業鉄道と変更した。「農業」の2文字を社名に入れたのは、食糧増産会社を合併したためと思われるが、翌1946年11月には「農業」をとって西武鉄道と名乗ることになった。武蔵野鉄道による旧西武鉄道の吸収合併であるにもかかわらず、社名を武蔵野鉄道ではなく西武鉄道としたのは、康次郎が旧西武鉄道の社員に吸収されたという劣等感を与えてはいけないと考えたからだとされている。[29] 康次郎は、この合併を非常に重視しており、毎年12月に合併記念式典を行った。創立記念式典を挙行する企業は少なくないが、合併記念式典を挙

行するのは稀であろう。[30]

合併時の資本金は、武蔵野鉄道１３９４万８０００円、旧西武鉄道７８０万円、食糧増産会社３０００万円で、新会社西武鉄道の資本金は５１７４万８０００円となった。また、西武鉄道は、武蔵野鉄道（73・６km）、旧西武鉄道（67・５km）、の路線１４１・１kmを引き継いだ。旧西武鉄道の大宮線は、１９４０年７月の国鉄川越線（高麗川《こまがわ》〜川越〜大宮間）の開通にともない、同年12月に営業を休止し、翌41年２月に廃止となった。また、東京地下鉄道に経営を委託していた新宿〜荻窪間は、１９４２年２月、東京市に経営を委託し実質的には旧西武鉄道の手を離れていた（１９５１年４月に東京都に譲渡）。

西武農業鉄道広告　東京六大学野球（『読売新聞』1946年５月24日）

武蔵野鉄道は、交通調整上の必要から１９４５年２月に旧西武鉄道と合併の仮契約を結んでいたが、食糧増産会社も合併しようとしたため、合併の経緯はやや複雑な様相を示すことになった。食糧増産会社は不良資産こそなかったが、事業の性格上収益率では武蔵野鉄道や旧西武鉄道よりも劣っていた。そのため、合併比率は１対１としたが、食糧増産会社に割り当てた株式は５年間無配当とし、爾後も３％の後配株（通常の株式よりも配当や残余財産分配権などが制限されている株式）としたのである。また、運輸省は、西武鉄道と念書を取り交わし、食糧増産会社関係の事業、西武鉄道の決算、同じく重要財産の処分や重要な契約については、あらかじめ運輸省の承認を得なければならないとした。こうして、８％の配当を行っていた武蔵野鉄道も、７％配当を行っていた旧西武鉄道も、西武鉄道のもとでは５％以内の配当に抑えられることになり、株主は著しい不利益をこうむった。

康次郎によれば、食糧増産会社を合併会社に加えたのは「糞尿の肥料化を徹底し食糧増産に寄与し国家の要請に応じ度《た》き誠意」からであったが、このような事態に陥ったのは「前鉄道総局長官堀木鎌三《ほりきけんぞう》氏が唯一人強硬に反対したる結果」であると株主に説明した。堀木は、三重県松阪《まつさか》の生まれで、東京帝国大学法学部を卒業後１９２２（大正11）年に鉄道省に入り、同省鉄道総局長官にまで上り詰めたが、康次郎は五島慶太を蔭《かげ》で支える鉄道官僚とみていた。そして、「七分、八分の配当が五分に減じ価格の下落するが如き事ありては株主各位に対して誠に相済まぬ」と謝罪して、「当社の実体は何等《なんら》の変化無く益々順調に発展致居候間《いたしおりそうろうあいだ》御安心の上株式を御保有被下度念願仕候《くだされたくねんがんつかまつりそうろう》」と、そのまま株式を保有するよう勧めている。しかし、どうしても「売渡し度《た》き御希望の方」があれば、減配条件の付せられた8月23日以前６か月の平均株価（武蔵野鉄道73円、旧西武鉄道67円）で、「小生が個人として責任を負」って買い取るので10月25日までに申し出てほしいと述べた。康次郎は、西武農業鉄道の株式が分散してしまうのを防ごうとしたものと思われる。また、旧食糧増産会社の後配株についても３５００名の全株主に買い入れの希望を募ったが、希望者はわずか13名、申込株数も１０８６株にすぎず、申込価格も10～30円と安値であった。そこで、康次郎は大和証券に1株40円で60万株を売却した。[31]

康次郎の楽観的な見通しにもかかわらず、西武農業鉄道の経営は悪化し、1945年12月期の決算では713万円の欠損を出し、無配に転落した。経営悪化の要因は、手持有価証券の処分による損失と従業員の退職金の支出であった。そして、つづく1946年6月期の決算でも営業収入こそ1350万円となったが、支出は人件費684万円（従業員数2000人、平均給料570円）、固定資産償却費75万円（固定資産2900万円、20年で償却）と想定すれば、物件費・その他に使えるのは591万円となるので、「当期の収支はトントンで欠損補塡に廻し得る利益は計上不可能」であった。さらに、西武農業鉄道の従業員の給料は同業他社よりも安いので、是正すれば人件費はいっそう膨張するとみられていた。[32]

2　近江鉄道の買収と戦時統合

近江鉄道の買収

康次郎の選挙区が滋賀県だったので、近江鉄道は康次郎が始めた事業であったかのように思われているが、もともとは康次郎とは縁もゆかりもなく、大東《おおひがし》義徹《ぎてつ》、林好本《はやしよしもと》、石黒務《いしぐろつとむ》、西村《にしむら》捨三《すてぞう》らの旧彦根藩士、中井源三郎、正野《しょうの》玄三《げんぞう》、小林《こばやし》吟右衛門《ぎんえもん》、阿部《あべ》市郎兵衛《いちろべえ》、下郷《しもごう》伝平《でんぺい》らの近江商人などによって設立され（資本金150万円）、1898（明治31）年7月に彦根～八日《ようか》市《いち》間、１９００年10月に八日市～日野《ひの》間、同年12月に日野～貴生川《きぶかわ》間を開業した地方中小私鉄であった。しかし、建設費が大きな負担となり、開業後の経営は芳《かんば》しくなかった。近江鉄道は、関西鉄道との合併ないしは国有化を求めたが、いずれも実現せず伊勢《いせ》神宮や多賀《たが》大社への参詣客、近江特産の蚊帳や沿線の米作で使用する肥料などを細々と輸送していた[33]。

　近江鉄道は、１９２６（大正15）年10月、電化にともない宇治川《うじがわ》電気の系列下に入るが、宇治電が１９４２（昭和17）年の戦時期の電力統制のもとで解散したため、近江鉄道として独立した。康次郎は、この近江鉄道を戦時下の１９４３年５月に鉄道省監督局の斡旋で箱根土地会社の傘下に置いたのである。１９４３年３月31日の「近江鉄道株式会社株主名簿」によれば、康次郎の長男の清が1万５９２３株（旧株８３６３株、新株７５６０株）を所有して筆頭株主になっているほか、箱根土地会社の常務取締役である中島陟が９８００株（旧株のみ）の大株主となっていた。康次郎自身は旧株を1株もつだけであったが、箱根土地会社の関係者で株式総数の85％以上を所有していた。また、１９４４年10月７日の株主名簿によっても、康次郎は４６２株を所有するだけであったが、小島正治郎、中島陟、堤清、大場朋世《おおばともよ》（大場金太郎の息子）、永井外吉、小高義一らの箱根土地関係者で、株式総数のほぼ半分を所有していた。

　近江鉄道を買収すると、康次郎はみずから社長に就任し、専務取締役矢部友雄、常務取締役秋田寿雄《あきたとしお》、取締役林安繁《はやしやすしげ》・前田留吉、監査役林金次郎という布陣を敷いた。林安繁は宇治川電気の社長で、矢部と秋田は近江鉄道が宇治川電気の経営のもとにあるときからの重役であった。康次郎は、近江鉄道を経営陣も含めて従業員ごと買収し、経営権を掌握したのである。その事情については、宇治川電気が電力統合によって関西配電（現・関西電力）に統合されたため、その「交通部門として、湖東の足を預ってきた近江鉄道は、地元民挙げての切なる要請により、我が郷里のためにと堤会長が引継がれることになった」とされている。[34]「地元民挙げての切なる要請」があったかどうかはともかくとして、滋賀県を選挙区としていた衆議院議員の康次郎としては、選挙地盤を固めるためにも近江鉄道を支配下に置く必要があったのだと思われる。

戦時統合の進展と戦後の再編

康次郎が社長に就任したころの近江鉄道は、「戦時陸運非常体制の確立を見るや当社も亦《また》之に協力して国家の要請に即応すべく邁進《まいしん》せしも、既に当社の輸送力は飽和の状態にして動力車不足を来し居る状況にして曩《さき》に認可を得たる車輛新造未だ実現に至らざる一方労力物資の不足により種々の苦境に置かれ」という状況にあった。[35]しかし、康次郎は近江鉄道を、戦時下の統制経済のもとで滋賀県下の独占的な交通事業体とし、戦後には西武系企業グループの一つとして、鉄道・乗合バス・タクシー・観光バス・高速バス・船舶などの交通運輸事業をはじめ、遊園地・スキー場・ゴルフ場・ホテル・宅地造成などの観光・不動産事業、さらには真珠の養殖・砂利・コンクリートブロックなどの製造にいたるまで、多角経営を展開する企業に育てたのである。

1944（昭和19）年3月、近江鉄道は八日市鉄道を買収し、新八日市～近江八幡《おうみはちまん》間（8・7㎞）、および新八日市～御園《みその》間（2・8㎞）の営業を開始した。八日市鉄道の合併によって、近江鉄道の資本金は331万5000円となり、車輛も19輛ほど増加した。また、同年4月1日には綿向《わたむき》自動車、神崎《かんざき》自動車、越渓《えっけい》自動車、永源寺《えいげんじ》自動車、近江交通、滋賀《しが》交通、および山田清一ほか5名の経営になる自動車運輸企業を合併または買収した。自動車運輸会社の合併も戦時下の国策遂行を目的とした交通統制によるもので、このとき近江鉄道の資本金は363万7500円となった。

さらに1944年12月1日、陸上交通事業調整法により草津・水口《みなくち》・八幡《はちまん》・湖東・彦根・長浜・虎姫《とらひめ》・伊香《いか》交通会社、および滋賀合同自動車、米原《まいばら》自動車合名会社、信楽《しがらき》交通有限会社などの営業権（タクシー）を譲り受けた。こうして近江鉄道は、戦時下に滋賀県下の鉄道および自動車事業を統括する地域独占企業となった。

戦後になると、戦時期に統合されたバス会社が次々と独立したが、近江鉄道は会社資産の充実をめざして1948年6月に増資し、資本金を2500万円とした。この間、康次郎は1946年1月15日に社長を長男の清に譲り、みずからは取締役会長に退いた。1947年4月7日には会長も辞任したが、経営の実権はもち続けた。

3　復興社の諸事業

復興社の設立

敗戦後、焼け野原となった東京にバラックがぽつぽつと建ち始め、電車や汽車は買い出し部隊の人びとで鈴なりであったころ、康次郎は広尾の自宅で開催された会議の場で「日本の戦災復興の大事業のためにはどうしても、建築や各種土木工事用の原材料である砂利、砕石《さいせき》、鉄筋、セメント、木材類の大量生産をやらねばならぬ。又食料特に食塩の不足を解決し米の増産を図ると共にその不足を粉食、動物蛋白《たんぱく》で補わねばならぬ。これこそ現在の日本への奉仕の事業である」と述べた[36]。

康次郎は、１９４６（昭和21）年4月、東京耐火建材会社の商号を復興社《ふっこうしゃ》と変更した。東京耐火建材は、康次郎が１９４１年11月に設立した会社で、資本金は19万円、本店を豊島区池袋に置き、戦時中の爆撃に備えて耐火材を製造していた。東京耐火建材は、１９４２年9月に東京セメントの工場を継承して吾野砕石工場とし、44年2月には資本金を２０１９万円とした[37]。同社取締役の岡野関治は箱根土地会社の社員で、豊島園を経営していた日本企業の監査役でもあった。戦後は、国土計画興業の総務部長、西武不動産の社長などを務めた。

復興社は、このような東京耐火建材の事業を発展的に引き継ぎ、砂利・砕石・代用セメント・人造石・石灰・瓦・製材などの建築資材、西武鉄道をはじめとする西武系会社関係の建築、施設・車輛の修繕、さらには不動産事業などの「いわば縁の下の力持ちのような仕事を引き受け」ていた。康次郎は、復興社の事業を外部から専門家を招くことなく、生え抜きの「西武の人間」のみで遂行した(38)。

砂利・砕石事業

康次郎が、復興社の事業のなかでもっとも重視していたのは、砂利・砕石事業であった。砂利・砕石事業は、発足当初は吾野石灰石鉱業所で1か月に4000～5000トンほどを生産していただけであったが、康次郎は一挙に月産5万トンを指示し、1952（昭和27）年にそれを達成した(39)。そして、1954年には、近江鉄道の管轄下にあった愛知川の砂利採取事業所を復興社が経営するようになった。この周辺では、名神《めいしん》高速道路、国鉄北陸《ほくりく》本線の北陸トンネル、さらには愛知川の永源寺《えいげんじ》ダムなど大規模工事が控えており、砂利・砕石の需要が増加すると見込まれていた(40)。

康次郎は、その後も復興社の砂利・砕石事業の目標を月産10万トン、15万トン、20万トンと高めてゆき、1957年には全国に10か所の直営事業所と4か所の傍系事業所を有し、砂利・砕石の生産高では日本一となった。なお、直営事業所は、多摩川《たまがわ》系統の是政《これまさ》・常久《つねひさ》・新小金《しんこがね》井《い》・中河原《なかがわら》・拝島《はいじま》、荒川系統の吾野《あがの》・安比奈《あいな》と安倍川《あべかわ》下流（静岡県）、新町《しんまち》（高崎線沿線）、愛知川（滋賀県）に置かれ、傍系事業所は安倍川上流（静岡県）、河辺《かべ》（東青梅《ひがしおうめ》）、羽村《はむら》（福生町《ふっさまち》）、根府川《ねぶかわ》（小田原在）に置かれた。また、復興社は同業他社にさきがけて鉄製採取船を導入した。木材価格が高騰する一方であったのに対し、鋼材が出回るようになったからであったが、木造船は腐りやすく、採取現場を移動するさいには壊さなければならなかったのに対し、鉄製採取船は分解して組み立て直すことができるからでもあった。担当の加藤肇はとりあえず５隻ほど造ろうと考えていたところ、康次郎は15隻造れと命じた。根拠は不明であるが、鉄製採取船の納入直後から、鋼材価格が値上がりしたとのことである(41)。

　復興社が最初に建設した砂利採取工場は、入間川流域を工区とする埼玉県川越市の安比奈砂利採取工場であった。入間川の砂利採取は、１９２３（大正12）年ごろに埼玉県の直営事業として始まり、旧西武鉄道村山～高田馬場間の道床にはここの砂利が使用されていた。

　安比奈砂利採取工場は１９４６年に創立され、47年から生産を開始した。当初は古い木造船2隻で採取していたが、１９５０年には鉄鋼大型砂利採取船が導入されるとともに引込線も電化され、52～53年には月産３万トンの関東第一の工場となった。西武デパートの第1期、第2期工事用の砂の大半を納入したのをはじめ、西武鉄道池袋線、同新宿線などの道床砂利なども納入した。１９６０年代には、埼玉県西南部でも住宅団地や大工場の建設が活発になり、砂利や砕石の需要が増えた。また、大宮・浦和方面には道路用砕石を自動車で運んだ(42)。

建築事業

復興社が戦後１９４６（昭和21）年から58年の間に建築した建築物を、46〜54年と55〜58年に分けてみるとおおよそ表６—３のようである。復興社は、康次郎が手がけていた事業全般にわたる建築部門ということができ、鉄道、工場・市場、百貨店、ホテル・旅館・割烹《かっぽう》、観光・遊園地、運動競技関係などにかかわる建築物を手がけたほか、かなりの建売住宅も建設した。建売住宅は、武蔵関《むさしせき》、久米川《くめがわ》、椎名町《しいなまち》、東久留米、板橋中台《なかだい》、花小金井《はなこがねい》、秋津《あきつ》など、主に西武鉄道沿線に建設された。復興社の建築事業は、１９５５年以降、規模・数量ともに急増し、１９４６〜54年の建築物は80棟、延べ１万７０００坪であったが、55〜58年には６２０棟、延べ３万３０００坪となった。戦後まもなくは鉄道関係の建築物が多かったが、１９５５年以降はホテル関係、観光・遊園地、競技関係、建売住宅などが増えている。

復興社の事業部長加藤肇によれば、康次郎の「古くからの主義方針」によって、復興社では「設計や工事の監督はすべて会社自身これに当り、工事も規模の大きい鉄骨、鉄筋コンクリート造りのものを請負施工せしめる外、殆んど直営で実施して」いた。請負施工を依頼する場合でも、「総合請負」とせずに、軀体《くたい》工事、給排水、冷暖房、電気工事など、それぞれの工事にしたがって専門の業者を厳選し、詳細な設計・仕様書にもとづいて厳正な競争入札を実施して工事人を決めていた。そのうえ、さらに低廉で確実な建築をさせるため、提出させた見積明細書を精査し業者と交渉した。

表6―3　復興社の主要建築物

	1946～54年	1955～58年
鉄道	1946：（旧）本社屋、上石神井車庫 1948：池袋ホーム上屋 1950：所沢工場木工場、北多磨車庫、西武園駅舎 1953：西武新宿駅舎、高麗変電所 1954：所沢跨線橋、おとぎ電車庫	1955：保谷車庫 1956：下落合変電所、沼袋跨線橋、西武園ホーム上屋 1957：鷺ノ宮跨線橋 1958：西武鉄道本社
工場・市場	1947：所沢製粉工場 1948：安比奈砂利関係 1953：西武青果市場	1955：西武青果製氷工場・同市場増築、豊島園ジャム工場 1957：西武青果製氷工場貯氷庫 1958：沼津貨物荷揃所、軽井沢ブロック工場
百貨店	1948：第1次木造百貨店 1952：本建築第1期工事 1954：同第2期工事	1955：西武百貨店第3期工事 1956：同第4期工事 1957：池袋配送所、沼津店 1959：西武百貨店第5・6期工事
ホテル・旅館・割烹	1949：多摩湖ホテル大改修 1952：豊島園ホテル、芙蓉亭 1954：荻窪池畔亭	1955：赤坂プリンスホテル、静岡ビル 1956：豊島園田舎家、保谷武蔵野客室、赤坂プリンス宴会場、南軽井沢ホテル、軽井沢観翠楼客室、品川プリンス宴会場、湯の花ホテル玄関・食堂 1957：赤坂プリンス食堂・客室、観翠楼大広間、藤ホテル宴会場、観翠楼本館 1958：湯の花ホテル新館
観光・遊園地	1951：豊島園地球館・同小鳥園 1952：ユネスコ村	1956：豊島園古城食堂、西武園ロケット塔、十国ケーブル上・下駅 1957：新宿観光案内所、正丸峠ガーデンハウス・バンガロー 1958：駒ヶ岳ケーブル上・下駅、豊島園ロープウェー駅
運動競技	1950：西武園競輪場 1954：多摩川競艇場、仙石ゴルフクラブ	1955：池袋馬券売場 1956：軽井沢スケートセンター、松濤ゴルフ練習場、湯の花ゴルフクラブ、八幡ゴルフ練習場 1957：軽井沢スケートセンター中央館、駒ヶ岳スケート場

出典：加藤肇「復興社の事ども（6）」（『西武』第8号、1958年8月15日）

建築材料も、直営工事はもちろん、請負工事においても自家製のものか、西武鉄道の系列会社のものを使用することを方針とし、砂利、砂、砕石、木材、鉄筋、コンクリート製品などの大部分は復興社、あるいは同系会社製のものを支給した。また、旧軍用建物の払い下げ鉄骨類をはじめ、不用廃棄工場、邸宅、その他の建物の廃材や、鉄道として利用済みの軌条類などを積極的に活用した。[43]

鉄道建設事業

復興社は、西武鉄道の各部門と協力をして、西武新宿線の高田馬場〜西武新宿間延長線、西武園のおとぎ電車、西武拝島線など、鉄道建設も手がけた。高田馬場〜西武新宿間の距離は２・４kmで、西武鉄道は１９４８（昭和23）年に免許を獲得し、50年３月に工事を完成させた。その延長線のほとんどは高架線となり、全線にわたって盛土をしなければならなかった。そのため大量の土砂を必要としたが、旧陸軍戸山《とやま》射撃場の土手が不要となっていたので、払い下げを受けた。また、この区間には建物がほとんどなく、線路建設には好都合であった。

復興社は、１９５０年８月に西武園とユネスコ村を結ぶ延長４・６kmのおとぎ電車も建設した。康次郎は、常々多摩湖（村山貯水池の通称）から狭山湖《さやまこ》（山口貯水池の通称）まで湖畔に沿って「桃太郎《ももたろう》電車」を走らせようという構想をもっていたが、その構想がおとぎ電車に結実したものと思われる。おとぎ電車は、「機関車も客車も列車全体も典麗優雅《てんれいゆうが》であり、沿線の景観と併せて家族連れにもアベックにも又子供達にも等しく楽しめる電車で、併行する湖畔の道路を行交う散策の人、ドライブの人ともお互に必ず手を挙げ合う程の親しさを感ずる和やかな電車」であった[44]。

さらに、西武鉄道国分寺線の小川《おがわ》から拝島に出て国鉄八高《はちこう》線、青梅線、五日市《いつかいち》線に接続する11・8kmの拝島線の建設にもかかわった。小川～玉川上水《たまがわじょうすい》間の４・６kmは、戦時中に日立《ひたち》工場の専用側線として敷設されたものを、１９４８年に工場跡地の約20万坪とともに買収し、50年5月に営業を開始した。拝島線が開通すれば、新宿・高田馬場から小平、小川を経て拝島にいたる直通電車を国鉄中央線や青梅線と並行して走らせることができ、青梅・多摩湖方面への急行短絡線となると期待された[45]。

不動産事業

復興社の事業のなかで、特徴的なのは不動産事業であった。とはいえ、ホテル関係、鉄道の線路や駅の用地については、西武鉄道の関係部課が管掌しており、復興社が担当したのは西武鉄道から委託されて「鉄道事業の培養ともいうべき沿線の開拓地、遊園予定地等の買収、宅地建売住宅の分譲、不用土地の売却などの事業」であった。

康次郎は、戦前期から沿線開発や食糧増産などの目的で農地や山林を買収してきたが、その面積は西武鉄道のものだけでも30万坪に及んでおり、宅地分譲、工場や学校の誘致、遊園地の創設・拡張など沿線開発に利用するために手放さないできた。そして、そのことが功を奏して西武鉄道の「運輸収入の不足」を補い、「収支に於ては地道乍《なが》ら黒字を続け」ることができたのである。そうしたなかで、農地を沿線開発のために宅地などに地目変更することが、復興社不動産課の大きな仕事の一つとなった。しかし、地目変更は大変難しく、加藤肇は「西武鉄道の沿線にも駅附近は勿論のこと駅前でも農地があちこちに残っており、住宅を建てることは勿《もと》より材料置場にすることさえ出来ないのである」と当時をふり返っている。１９５６（昭和31）年に制定された首都圏整備法は、首都圏を中心部から「既成市街地」「近郊整備地帯」「都市開発区域」に分け、西武鉄道沿線は「近郊整備地帯」に位置づけられた。近郊地帯は、いわゆる「グリーンベルト」（緑地帯）と呼ばれる地域で、生鮮食料品の供給地として農地を多く残し、学校、病院、墓地、公園、遊園地などのほかは、集団住宅、工場などを設けてはならず、個人の住宅なども厳しい建築制限を受けることになったのである。[46]

復興社のもう一つの大きな事業は、戦後スラム化した国電池袋駅東口の土地区画整理事業であった。池袋駅東口では東京都建設局長の石川栄耀《いしかわひであき》らによって区画整理が立案された。康次郎は、焼け野原となった池袋駅付近の小地主と個々に折衝して土地を買収してきた。区画整理の計画が持ち上がると、根津山《ねづやま》1万数千坪を手に入れて区画整理の遂行を容易にした。

康次郎は、こうして池袋駅東口の区画整理事業に協力しただけでなく、新宿歌舞伎町《かぶきちょう》の第二次区画整理にも協力を惜しまなかった。ちょうど西武鉄道が高田馬場駅から西武新宿駅まで路線を延長しようとしていたときのことであった。また、北所沢《きたところざわ》駅の西側の地域においても区画整理に協力した[47]。

こうして復興社は、事業部（建築課、施設課、建材課、不動産課）、車輌部、電気部、山林部からなる事業体に成長し、1961年10月に西武建設と商号を変更した。資本金は1億7000万円で、西武鉄道がその79・4％を出資していた。主要業務は、砂利採取、車輌修理で、所沢・軽井沢に工場、吾野・安比奈・是政・拝島・愛知川（滋賀県）に砂利・砕石生産の直営事業所が置かれた。復興社が発足してから数年後、建築資材のうち、鉄筋は日本ニッケル、原木は秩父木材に引き継がれていたが、秩父木材は1957年11月に復興社に合併され、復興社が西武建設と社名を変更してからは同社の山林部秩父事業所となった。

4　尼崎肥料・朝日化学肥料の設立

朝日化学肥料の買収

康次郎は、戦後まもなく兵庫県尼崎《あまがさき》市の朝日《あさひ》化学肥料を買収し、食糧増産のため過燐酸肥料の製造を手がけた。朝日化学肥料は郡是《ぐんぜ》製糸の傍系企業で、1935（昭和10）年8月、硫酸、過燐酸石灰、配合肥料などの製造・販売を目的として、資本金100万円で兵庫県尼崎市の初島町《はつしまちょう》に設立された。1940年の資本金は559万4000円であったが、同年下期には2400万6000円ほど増資し、12%の配当を続けていた。同社の肥料生産は、過燐酸肥料が23社中5位、配合肥料は100社中34位、化成肥料は同45位という地位を誇っていた。また、同社は肥料生産のほか、鉱山経営や投資活動も行っていたが、これらは営業成績にはあまり貢献していなかった[48]。

戦時期の化学肥料の生産は、1940、41年をピークに次第に減少していった。とりわけ過燐酸肥料の減少が著しく、ピーク時の1940年には164万4685トンほど生産していたが、南方から調達していた原料の燐鉱石の輸入が途絶したため、44年には年産11万2300トン、45年にはわずか1万2717トンとなった。朝日化学肥料も、年産7万5000トンの過燐酸肥料を生産する能力をもっていたが、戦時中は企業整備によって解体工場に指定されたこともあった。しかし、敗戦後は重要工場に指定され、深刻な食糧不足が続くなかで、食糧増産のための過燐酸肥料の製造という重要な使命を帯びることになった。

1945年10月に幣原《しではら》喜《き》重郎《じゅうろう》内閣が成立すると、農林大臣の松村謙三《まつむらけんぞう》が郡是製糸の社長波《は》多《た》野《の》林一《りんいち》をともなって広尾にあった康次郎の私邸を訪ねた。用件は、過燐酸肥料が不足しているので、ぜひ郡是の経営する朝日化学肥料の経営を引き受けて、増産に協力してほしいということであった。みずからを「百姓生まれの百姓育ち」と称する康次郎は、松村の依頼に対して、今の日本では食糧増産のために肥料をつくることはもっとも大切であるとして、私事ではなく国家のために引き受けると回答し、ただちに朝日化学肥料を買収した[49]。康次郎は、朝日化学肥料の経営を引き受けるにいたった事情を、のちに「当時、前立腺肥大という小便のでない病気の真ッ最中であったから、工場を見にいくにも相当困難な状態であった。私は松村君の真剣な態度にうたれた。また波多野氏は立派な紳士であった。私には工場を見て値段の折衝をしているゆとりはない。波多野氏を信じ、先方の評価どおりに引き受けた」と語っている[50]。波多野の言い値で買収したかどうかは確認できないが、ともかく1945年12月、康次郎は朝日化学肥料を買収し、国土計画興業の尼崎工場とした。

尼崎肥料の設立

しかし、朝日化学肥料の経営は必ずしも容易ではなかった。機械設備の大半が離散してしまっており、残っている機械もスクラップ同然であった。康次郎は、疎開先から機械を取り寄せたり、部品を買い集めたりして生産設備を整えることから始めなければならなかった。

また、戦争で燐鉱石の南方からの輸入が途絶えてしまっていたので、原料がまったく手に入らなかった。国内の燐鉱石は、南洋のそれと比べると品質面で著しく劣っていた。南洋の燐鉱石の燐の含有量は40%ほどであったが、国内のものは良質なものでもせいぜい5%にすぎなかった。そこで尼崎工場では、肥料用燐酸アンモニア液をつくって桑皮を処理し、強い繊維をとるとともに使用後の液から高度の化学肥料をつくるという方法を考案した。すなわち、桑の皮を硫安《りゅうあん》液で煮て、桑の皮のなかにある植物性ホルモンおよび加里《かり》を抽出して肥効《ひこう》を高め、採算がとれるようにしたのである。そして康次郎は、硫酸アンモニアをつくる機械を長野県に移し、同県で採掘される燐鉱石を使って硫安を製造するという計画を立てた。

長野県の燐鉱区も思うようではなかったので、康次郎はさらに国内で燐鉱区を探し、沖縄県八重山《やえやま》郡島の波照間《はてるま》島内に41万坪、徳島県の小松島《こまつしま》と多家良《たから》にまたがる地区にある48万坪の燐鉱区を買収した。しかし、両者とも急場には間に合わないことがわかり、すでに日本肥料が所有していた能登《のと》半島の燐鉱地帯に目をつけた。日本肥料は１９３９（昭和14）年に日本肥料株式会社法にもとづいて設立された国策会社であったが、康次郎は同社に原料の供給を仰ぎ、さっそく含有量５％の燐鉱石を５００トンほど取り寄せた。[51]

このように康次郎は、国産の低品位の燐鉱石を使用して過燐酸肥料の製造に乗り出した。しかし、小規模な機械設備では本格的な過燐酸肥料の製造はできず、結局国土計画興業尼崎工場は過燐酸石灰の製造から始めなければならなかった。それでも同工場は、復興金融公庫の融資４万７９３０円（設備資金３万９９３０円、運転資金８０００円）を受けて1年後には過燐酸肥料の製造を開始し、１９４８年には３万３３６０トンの生産実績を残した。そして、１９４９年３月における同工場の従業員は職員63人、工員２６０人、傭人《ようにん》（臨時・人夫）90人、合計４１３人となった。[52]こうしたなかで、康次郎は１９４９年12月、尼崎工場を国土計画興業から分離し、尼崎肥料（資本金５０００万円）として独立させた。

尼崎肥料から朝日化学肥料へ

尼崎肥料の経営は当初から多難であった。１９５０（昭和25）年９月３日、阪神地方を襲ったジェーン台風が尼崎市付近を通過し、工場が高潮に見舞われ、大きな被害をこうむった。９月15日に尼崎肥料の常務取締役和田覚次《わだかくじ》が尼崎市長の六島誠之助《ろくしませいのすけ》にあてて提出した「罹災証明願」によれば、同社の被害額は建物では半壊３棟・破損71棟で１５８６万８０００円、設備関係では器械６４５３万円、電動機５７２万円、それ以外に生産品が２９６２万円、その他原料など５６０１万円で、総額１億７１７４万８０００円にものぼった。

建物や設備だけでなく、燐鉱石も大きな被害を受けた。台風災害の当日、尼崎肥料には通産省臨時通商業務局に対して代金を支払っていない１万１１００トンの燐鉱石（大阪港入港分６７００トン、神戸港入港分４４００トン）があったが、このうち約３５００トンの燐鉱石が流失し、約７５００トンが水にぬれて使用できなくなった。代金の未払額は８５００万円であったが、尼崎肥料は３０００万円にも及ぶ損害を受けたのであった。

そこで康次郎は、臨時通商業務局と燐鉱石の代金の支払い免除に関する交渉を始めた。臨時通商業務局は、燐鉱石の被害については尼崎肥料に無過失責任があるとして、尼崎肥料に責任を認めて捺印《なついん》をするよう求めてきた。その結果、臨時通商業務局は尼崎肥料が受け取ることになっていた４６００万円ほどの補給金の支払いを停止した。尼崎肥料は水害から復旧する資金に窮していたので臨時通商業務局に補給金の支払いを要求したが、業務局からは１９５０年11

月になって1800万円が支給されただけであった。12月になると、臨時通商業務局から3000万円程度の支払いを免除するので残りの3000万円を支払うようにとの指示があり、尼崎肥料はそれに従った。

しかし、その後は交渉に進展がみられず、1951年4月以降の補給金の支払いも停止された。尼崎肥料は資金難に陥り、操業停止もやむなき事態となった。そこで康次郎は、やむをえず延滞利子の免除と1952年3月までの分割払いという条件で4894万9388円の燐鉱石代金の残高を支払うという和解調書を作成した。[53]

尼崎肥料は、1954年4月に埼玉工場を新設し、康次郎の次女邦子《くにこ》の夫である森田《もりた》重郎《じゅうろう》が代表取締役に就任した。同年8月には資本金を1億5000万円に増資し、55年3月に商号を朝日化学肥料と改称した。これにともなって尼崎工場は大阪工場となり、朝日化学肥料は大阪工場と埼玉工場を擁する屈指の過燐酸肥料メーカーとなった。

1956年8月、朝日化学肥料の資本金は4億3000万円となった。そして、その後埼玉工場には飼料（1958年）、パイル（1959年）、畜産（1960年）などの部門が開設された。また、大阪工場では、自動車教習所、ゴルフセンター、宅地造成、と畜場、タクシー・ハイヤー事業などが開始され、朝日化学肥料の経営は著しく多角化していった。

西武化学工業の成立

その後、朝日化学肥料は１９６０（昭和35）年9月に日本ニッケル株式会社から鉄鋼部門の譲渡を受け、社名を西武化学工業と改めた。日本ニッケルは１９３６年11月に設立され、群馬県多野《たの》郡に多野《たの》鉱山・ニッケル精錬所、埼玉県児玉《こだま》郡に若泉《わかいずみ》製鋼所をもち、ニッケルの採掘・精錬、ニッケル合金など特殊鋼の製造販売を行っていたが、戦後は極端な経営不振に陥り、普通鋼の棒鋼線材生産に切り替えた。日本ニッケルは、多野鉱山・ニッケル精錬所と若泉製鋼所を結ぶ専用鉄道を運営していたので、西武化学工業に鉄鋼部門を譲渡したのち、１９６２年1月に社名を上武《じょうぶ》鉄道株式会社と改称し、国鉄八高線の丹荘《たんしょう》駅から西武化学前駅までを路線とする地方鉄道を経営し、同年10月からはハイヤー営業も開始した。

こうして、西武化学工業は肥料、飼料、畜産（養鶏）、鉄鋼などの部門を擁することになった。１９６１年7月から62年6月までの1年間の実績をみると、肥料部門の売り上げは34億７００万円（21万５０００トン）で、総売上高83億６０００万円の41・5％を占めていた。飼料の売上高は24億３０００万円（8万４０００トン）で、総売上高の29・1％であった。畜産は、群馬県鬼石町《おにしまち》（現・藤岡《ふじおか》市）の西武養鶏場で営まれ、飛躍的な発展が期待されていた[54]。

鉄鋼部門では、普通鋼・特殊鋼の棒鋼や線材を生産し、売上高は約20億円（約4万８０００トン）で総売上高の約23・9％を占めていた。また、１９５９年からは建造物の地盤固めの基礎杭であるコンクリートパイルの生産を開始し、売上高は約5億３０００万円（約5万７０００トン）で、総売上高の6・3％ほどであった。パイルは、鉄筋を編んで軸とし、セメント・

砂利・砂と水を混ぜて生コンクリートをつくり、これを型枠に収め、モーターで回転させながら遠心力を利用して固めるのであるが、原料の鉄筋や砂利、砂などはほぼ自給できた。すなわち、鉄筋は軒を並べる製鋼工場や圧延工場で生産される鋼材、砂利や砂は工場の裏側を流れる神流川《かんながわ》で採取されるものを使うというように、セメント以外はほぼ自給できたのである[55]。

なお、西武化学工業は土地開発にも手を伸ばし、兵庫県の宝塚《たからづか》市や伊丹《いたみ》市で約2万坪の山林や池を宅地に造成して分譲し、新たに兵庫県川西《かわにし》市の山林約50万坪を買い入れた。肥料や鉄鋼の生産を目的とする会社でありながら、開発事業にも進出しているところがいかにも康次郎の事業らしい。さらに、プロパンガスの供給事業にも進出し、別法人の上武鉄道、上武通運、朝日交通（タクシー事業）、西武製袋《せいたい》なども経営していた[56]。

5　国土計画興業の成立と戦後復興

箱根土地会社から国土計画興業へ

康次郎は、戦時下の1944（昭和19）年2月、箱根土地会社の商号を国土計画興業と変更した。社名を変更したのは、岸信介《きしのぶすけ》商工大臣の秘書官であった宇田国栄《うだくにえ》が康次郎の自宅を訪れたさいに、箱根土地会社という社名では一般の人びとは「箱根だけでやっておる」会社のように思われるので、「国土計画の線に添うて住宅街、文化教育街、生産工場地という具合に土地も造成または売買され、環境の整備などが問題になってくると思うので」、たとえば「国土計画とか国土計画興業というように名称を変え」てはどうかと進言したからだという[57]。

国土計画興業の役員構成は、社長は空席で、常務取締役中島陟、取締役杉渓由言《すぎたによしとき》・小島正治郎、監査役永井外吉という陣容で、相談役であった康次郎が、経営を実質的に動かしていた。中島、小島、永井はこれまでの箱根土地会社の経営者である。杉渓は華族の冷泉為勇《れいぜいためいさ》の長男として生まれ、杉渓言長《ときなが》の養子となって杉渓姓を名乗るようになった。東京帝国大学文学部・法学部を卒業したのち東京電灯の社員となり、貴族院の華族議員としても活躍した。

戦時中の国土計画興業の業績は不振で、配当もなく何とか存続しているにすぎなかった。1944年上半期の営業収入は2522万3648円、営業支出は2500万886円、営業利益は

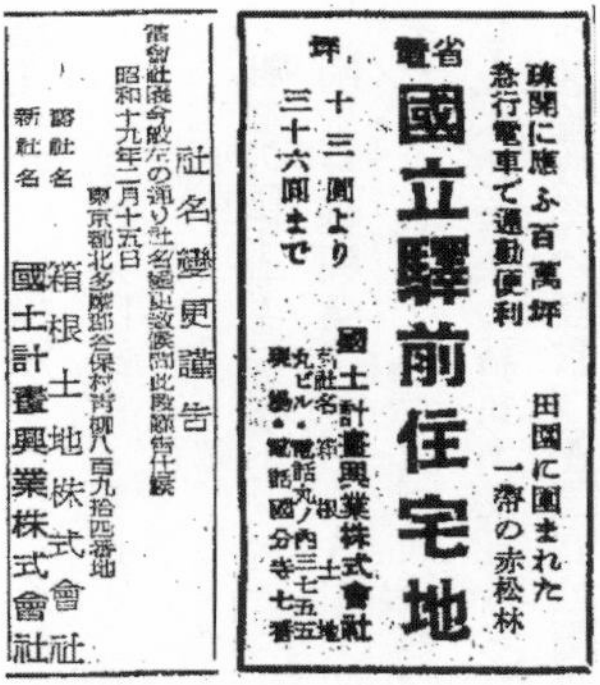

国土計画興業広告　社名変更と国立駅前分譲（『東京朝日新聞』1944年2月15日・17日）

2万2761円で、営業収入の約7割は土地・建物の売却益金であった。また、資本金は848万7500円であったが、借入金1211万9273円、支払手形2659万2961円と、資本金の約4・6倍の外部負債があった[58]。

戦後の1946年8月10日、国土計画興業は戦時補償打ち切りにともなって生じる損失を回避するため、会社経理応急措置法にもとづいて「特別

経理会社」に指定された。そして、1948年2月8日には持株会社整理委員会によって過度経済力集中排除法による指定会社とされたが、同年7月1日に取り消された。

戦後の国土計画興業

国土計画興業は、1951（昭和26）年7月の改正商法の施行にともなって定款を改正した。それによれば、国土計画興業の営業内容は、①不動産の取得・売買・仲介ならびにその賃借、②土木建築業の請負・受託ならびにこれに付帯する事業、③所有土地ならびにその付近における運輸機関の経営、④国立公園法による事業の実施、⑤旅館・温泉場ならびに各種娯楽機関の施設経営、⑥自家用電気事業の経営、⑦鉱業の経営、⑧製塩業、⑨前各業に付帯する一切の業務であった。資本金は1951年12月の臨時株主総会で4000万円（80万株）と決議された。

このように、国土計画興業の定款にはさまざまな営業種目が掲げられていたが、事業の中心は①の不動産業にあった。なお、⑧の製塩業とは、康次郎は大蔵省の推奨にもとづいて、戦後の食塩や工業塩の不足を緩和するため、400万キロワットの余剰電力を利用して、1946年1月から7月にかけて大磯製塩所（神奈川県）と磐城《いわき》製塩所（福島県）を創設したもので、外国からの塩の輸入と電力の消費規制のため、実際に操業したのは年産500トンの生産能力をもつ磐城製塩所のみであった。[59] 国土計画興業の製塩業は、塩業整備臨時措置法によって1959年に閉鎖された。

第７章　西武百貨店と西武鉄道

１　池袋の戦後復興と西武百貨店

敗戦直後の池袋

池袋は、文字通り廃墟のなかで１９４５（昭和20）年８月15日の敗戦を迎えた。１９４４年末から45年にかけての空襲で、池袋を含む豊島区は区域の約７割が灰燼《かいじん》に帰した。豊島区戦災区域図によれば、池袋駅から半径１㎞の範囲はほとんど焼失し、豊島区西部の高松《たかまつ》、千川《せんかわ》、要《かなめ》、千早《ちはや》、長崎、椎名、南部の目白、高田、雑司《ぞうし》ヶ谷《がや》の一部が焼失を免れているだけであった。[1] とくに、１９４５年４月13日の大空襲では米軍機Ｂ29が１６０機も飛来して池袋一帯を焼け野原と化し、死者７４１人、負傷者２５２３人、全焼家屋３万４０００戸、罹災者16万１６６１人という大きな被害をもたらした。[2]

豊島区の人口は、１９４４年２月の調査では31万２２０９人であったが、敗戦直後の45年11月には９万２１９２人となり、この間に70・１％も減少した。世帯数も１９４０年の６万８８０１世帯から46年には３万７０７世帯に減少した。戦災による死者の増加、罹災者の疎開、さらには学童疎開や動員・徴用などによって、豊島区では短期間に人口、世帯数が著しい減少をきたしたのである。

それでも、１９４６年３月、池袋駅東口の焼け跡のなかに闇市（ブラックマーケット）が立ち、復興の兆しがみられた。池袋は交通の要衝で、東口の駅前には闇市が立つのに必要な、適度な広さの焼け跡があった。また、周辺には焼け残った地域もあり、豊島区の人口も１９４７年10月の15万人から、48年８月には16万８０００人、50年10月には21万７０００人と増加し、購買力も増えた。こうした条件が重なって、池袋東口の駅前に闇市が立ったものと思われる[3]。

康次郎は、闇市でにぎわう池袋の復興を頭に描いて、戦後まもなくから池袋駅東口界隈の土地の買収にとりかかった。西武鉄道をはじめ、みずからの事業を発展させるには、池袋に相当規模の土地を確保しておく必要があると考えたのである。康次郎は、みずからの事業活動の拠点の一つを池袋に定めたといえる。

根津山の買収と売却

康次郎は、戦争末期から池袋駅東口周辺の土地買収を手がけ、１９４７（昭和22）年１月には武蔵野鉄道事務用地の隣接地で、商店街の疎開によって空地となった360坪の土地を買収した。この土地は、のちの西武百貨店が最初の本格的な店舗を建設するさいの主要用地となった。

康次郎が次に目をつけたのは、池袋駅東口から500mほど離れたところにあって、通称「根津山」と呼ばれる根津育英会の所有地であった。根津育英会とは東武鉄道の社長根津嘉一郎（初代）の寄付によって創立された奨学育英財団のことで、根津山は当時約1万2000坪の一面雑木林であった。

根津山は、池袋の区画整理事業では公園予定地とされていたが、1947年8月の豊島区役所土木課の伊藤専成《いとうせんじょう》が作成した「区役所庁舎敷地に関する報告書」によれば、根津山の5000坪が豊島区の庁舎建設予定地の第1候補に選定されていた。豊島区役所は、1945年4月の大空襲で焼失していたので、新庁舎をどこに建設するかが問題となり、根津山のほか豊島師範附属校跡地、旧区役所跡地などが候補にあげられていた。康次郎は、その後根津山と周辺の土地合わせて1万6000坪ほどを買収し、国土計画興業の所有地とした。国土計画興業は、池袋の将来性を高く評価し、豊島区に対して根津山の地価を坪5000円であると主張した。そのため、豊島区は「区役所敷地として之を買収することは、財政的に見て到底不可能」と判断し、根津山の買収をあきらめた。

しかし、康次郎は、東京都建設局長の石川栄耀から、池袋駅周辺をいわばターミナルとして発展させるため、根津山を一般に公開して売ってほしいとの依頼を受けると、即座に売却した。

そのときの経緯を康次郎は、のちに次男の堤清二（当時西武百貨店店長）との対談のなかで、
「その当時は、まだ焼けて荒野のような時代だ。池袋駅の付近に一万五千坪の土地をわたしは持っていた。しかし公園指定地なんだな。東京都の建設局長が、堤さん、あそこはターミナルとして将来大いに発展させたいけれども、あんたのほうで一人でもっていたんじゃ繁栄させるわけにいかん。あれを一般に公開して売ってしまいませんか、そうすれば公園を解除して都市計画をあそこにしくつもりですから。それはよかろうと言って売り出した」と述べている(4)。

康次郎は、池袋に百貨店を建設しようと考えていたので、根津山の土地をすべて売却したのではなく、西武百貨店建設用地だけは売らずに残しておいた。ちょうどこのころ、銀座の松屋《まつや》を買わないかという話があった。池袋に百貨店を開設しても発展するかどうかは未知数であったが、銀座の松屋は百貨店の老舗で将来の経営発展が約束されていた。塚本金兵衛らの側近は銀座の松屋を買収するよう勧めたが、康次郎は「松屋の株でもうけても世の中のプラスにはならない。しかし池袋には毎日何十万人もの出入りする人がある。ここに実用デパートを建てたらどれだけ世の中のためになるかわからない」として、池袋に百貨店を建設することを決断したという(5)。この話の真偽はともかくとして、康次郎が西武沿線の土地開発をいかに重視していたかがわかるエピソードである。銀座の松屋を買っても、康次郎が所有している西武鉄道沿線の土地の価値は高くなるわけではない。康次郎が西武百貨店を池袋駅東口に開設しようと考えたのは、西武鉄道沿線の土地の価値を高めるという波及効果に期待してのことであった。

池袋の復興

池袋駅東口の闇市では、１９４９（昭和24）年3月から４５０坪にわたって区画整理が始まり、約３６５軒の露店が取り壊された。池袋駅東口の駅前は大きく変貌していくことになった。１９４０年に康次郎が設立した武蔵野デパートが西武百貨店と社名を変更したのは、この年の4月であった。池袋駅の東口では、駅舎に会館やホテルなどを併設する民衆駅として再建しようという構想が１９５０年ごろから現れ、51年に池袋ステーションビル会社による建設が許可され、52年7月に土地の使用許可が下りた。また、同年池袋駅東口には駅前広場が完成し、城北のターミナル駅としての体裁を整えていった。１９５４年1月には、池袋〜御茶《おちゃ》ノ水《みず》間に営団地下鉄丸《まる》ノ内《うち》線（現・東京メトロ丸ノ内線）が開通し、池袋駅のターミナルとしての重要性はさらに増大し、駅機能の改善が喫緊の課題となった。池袋駅は、民間資本や自治体に建設費の負担を仰ぎ、その代わり出資者に駅構内で小売店や飲食店などを経営する権利を認めるという民衆駅として建設され、１９５５年には東口に丸物《まるぶつ》デパート、駅前に三越《みつこし》デパートが進出することになった。

池袋駅の西口は、東口よりも発展が遅れ、１９６２年まで区画整理が完了しなかった。それでも１９５０年12月に駅ビルが完成し、五島慶太の経営する東横《とうよこ》デパートの支店が開業した。康次郎は、ライバルの五島と池袋駅の東口と西口で対峙することになったが、作家の青地晨によれば、「池袋はいうまでもなく西武池袋線の起点だけに、堤の地盤は強固なものがあ」り、「そのせいか駅西口の東横デパートは東口の西武デパートの増築後は影がうすく、五島もさっぱり気をいれていな」かったという。[6]

１９５７年6月には、地元の人びとを中心に大池袋建設期成同盟が発足した。期成同盟は、池袋の総合的な建設計画を検討することを目的としており、同年8月から高山英華《たかやまえいか》（東京大学教授・都市工学）、丹下健三《たんげけんぞう》（東京大学助教授・建築家）らの指導を仰ぎ、①池袋駅西口の区画整理、②巣鴨刑務所の移転運動、③池袋駅の西口と東口の交流などの諸問題を検討していくことになった。同年8月には期成同盟の座談会が開催され、康次郎は地元の代表の一人として出席した。

後背地の人口増加と池袋駅

１９５５（昭和30）年以降、東京の郊外でとくに人口増加が顕著だったのは、池袋および新宿の後背地であった。１９５５年から62年までの8年間における鉄道各線の輸送人員の伸び率をみると、西武池袋線２１１％、東武東上線２００％、小田急線１９９％、また同じ時期の定期旅客輸送人員の伸びは、西武池袋線２３２％、小田急線２１６％、東上線２１０％、西武新宿線２０７％であった。この期間の西武池袋線の定期輸送人員の増加についてみると、池袋～大泉学園間が２・２９倍の増加であったのに対し、大泉学園以遠のそれは２・５３倍であった。

池袋の後背地は新宿を上回る人口増加を示し、西武池袋線による通勤圏も大泉学園以遠にまで拡大した。すなわち、高度経済成長期に池袋の後背地は、練馬区、板橋区、北区など東京の城北地区から北多摩郡、さらには埼玉県南部にまで拡大したのである。

このように池袋の後背地では人口増加が顕著であったが、注目されるのはそれを上回る勢いで世帯数が増加していったことである。豊島区、文京区、板橋区、練馬区、北区の５区の世帯増加率は１３０・９％、北多摩郡内の西武エリアでは５万７７５２世帯から10万４５７０世帯へと、実に２倍以上の増加を示していた。

後背地における人口や世帯数の増加は、池袋の商勢圏の拡大を意味した。１９６４年における西武百貨店店長室の調査によれば、北多摩郡および埼玉県内における池袋の百貨店の商勢圏人口は１９６０年の54万３０００人から64年には79万３０００人に増大した。[7]

西武百貨店の発展

西武百貨店の前身は、１９４０（昭和15）年３月に武蔵野鉄道の社長であった康次郎が設立した武蔵野デパート（資本金18万円）で、京浜急行電鉄が１９３３年に開業した京浜デパート（のちの京浜百貨店）の一分店として、武蔵野鉄道の池袋駅ぎわで営業していた「菊屋《きくや》デパート」に端を発している。京浜デパートは、京浜電鉄品川駅構内売店舗を借り受け、１９３３年７月20日から営業を開始し、35年12月には日本百貨店商業組合に加盟した。この間、小型百貨店と

西武百貨店　1958年12月16日（写真・朝日新聞社）

して分店網の確立に努め、１９３４年９月に蒲田分店を開設して以来、翌年には鶴見、池袋、高田馬場などに次々と分店を開設した。池袋分店は、１９３５年11月に開設されたのであるが、店名を池袋分店とせずに菊屋デパートとしたのは、分店として新設するのは各方面に刺激を及ぼすのではないかと慮《おもんぱか》ったからであった。当初の売場面積は１３０坪にすぎなかったが、37年12月には５３０坪に拡大した。１階は食料品と雑貨の一部、２階は雑貨と実用呉服の売場で、２階には１００の客席を擁する大食堂もあり、武蔵野鉄道の乗降客にとっては「往途、帰路のオアシス」となっており、京浜デパートの他の３分店（蒲田、鶴見、高田馬場）の合計に匹敵する売上高を誇っていた。というのは、菊屋デパートは武蔵野鉄道の乗降客ばかりでなく、池袋駅周辺の板橋、巣鴨、大塚、目白、雑司ヶ谷などに広範な購買層を獲得していたからである。[8]

康次郎は、１９４０年３月、このような菊屋デパートを買収し、商号を武蔵野デパートと改称した。武蔵野デパートは１９４３年３月には武蔵野食糧と商号を変え、新たに酒類、食肉類、煙草などを販売品目に加えた。しかし、戦時下のなかで武蔵野食糧の実績は乏しく、配給の割り当ても少なかったので、デパートとしては開店休業のような状況となり、その後の空襲によってすべてを焼失してしまった。

戦後、池袋駅周辺では闇市が出現したが、康次郎は同駅東口で土地を買収し、豊島園にあった旧陸軍の格納庫用のテントを活用してテント張りの店舗を設け、1945年12月に食品の小売販売を始めた。そして、1946年12月に木造2階建ての仮設店舗を建設し、47年3月には商号を武蔵野デパートに戻すとともに帝都百貨店を吸収合併し、前述のとおり49年4月に商号を西武百貨店と改めた。

1954年9月、康次郎は次男の清二を営業部付で西武百貨店に入社させた。清二は、従業員組合を設立したり、大学卒社員を採用したりして、従業員の士気を高めることに努めた。そして、1955年11月に取締役店長となると仕入れ改革に取り組み、不良取引先を整理して優良で確実な取引先を確保するなど、西武百貨店を近代的な会社組織にするよう努めた。

西武百貨店は着実に発展し、1956年には第4期増築工事が完成し、売場面積は1万9000坪となった。そして、1960年の池袋駅をみると、東口に西武・丸物、西口に東横・東武の各百貨店が並立し、さらに東口近くには三越百貨店も進出していた。このように、駅をはさんで5店の百貨店が競合するのは全国でも池袋だけであったが、1958年における売場面積は西武3万7000平方メートル、東横7000平方メートル、三越1万4400平方メー

トル、丸物1万1000平方メートルで、西武百貨店の売場面積が群を抜いていた。(9)
この間、西武百貨店は1956年6月に軽井沢に出店し、同年11月には100%子会社の西武ストアーを設立した。西武ストアーは、1963年4月に西友ストアーと改称され、独立採算によるスーパーチェーンとなった。1962年3月にはアメリカのロサンゼルスに支店を設立したが、日本商品の売れ行きが悪く、64年3月には閉鎖に追い込まれた。

池袋・品川のレクレーション施設

康次郎は、池袋と品川を中心に、東京都内にプール、スケートセンター、ボウリング場などの、市民が手軽に楽しめるスポーツ施設を建設した。1960(昭和35)年1月15日、池袋に面積3310平方メートル、収容人員1万人の世界一のマンモスリンクをもつスケートセンターをオープンした。開場式には、竹田宮恒徳王《たけだのみやつねよし》スケート連盟会長らが招かれ、オリンピック選手団による華麗な初滑りが行われた。

このスケートリンクは、夏にはマンモスプール(縦72m、横36m、水深1・2m)として使用され、1960年7月1日にプールの開場式が行われた。式典に参列した康次郎は、「これを作ったのは、現在世界的水準にある日本の水泳界の水準を更に高めることと、青年の溢《あふ》れるエネルギーをデモ運動などにではなく、自然な形で発散させて貰いたいためである」とあいさつをした。(10) また、同年11月には池袋センタービル3階にボウリング場が完成し、29日に開場式が開催され、日本ボウリング連盟名誉会長の高松宮宣仁《たかまつのみやのぶひと》親王の始球式でオープンした。

1962年12月1日には、品川スケートセンターの南リンクがオープンした。リンクの広さは61×31mで、700人分の貸ロッカーと500足の貸靴が準備されていた。北リンクは、1963年9月にオープンした。同年12月14日には、品川スケートセンターの隣にボウリングセンターをオープンした。これは世界一の規模を誇るといわれ、120レーンを擁する大ボウリング場であった。

2　西武鉄道と沿線開発

西武鉄道の戦後復興

西武鉄道は、武蔵野線（池袋～吾野間、現・西武池袋線）および西武線（高田馬場～本川越《ほんかわごえ》間、現・西武新宿線）の2線を幹線とし、両線は所沢で交差していた。『西武鉄道の現況』（1948年）によれば、西武鉄道の将来の「発展力」にはきわめて大きなものがあると見込まれていた。というのは、西武鉄道の沿線は、①ほとんど戦災を受けていない、②戦時中の疎開者がそのまま定着して人口稠密な地域となり、都内への通勤者が膨大な数にのぼる、③秩父地方と東京都心を結ぶ最短経路である、④進駐軍の施設が多い、⑤奥多摩・村山貯水池・狭山公園・正丸峠などの観光地と豊島園・上井草《かみいぐさ》球場・東伏見《ひがしふしみ》プールなどの遊覧施設を控えている、⑥インフレで豊かになった近郊農村地帯を走行している、⑦沿線での工業の発展も著しく、産業路線としての性格も合わせもっている、という特長を有していたからである。

康次郎は、敗戦後、西武鉄道（このときは西武農業鉄道と称した）の輸送力の増強にいち早く着手し、電気機関車、貨車、変電所の充実と、路線の電化・保守・整備に全力を傾注した。戦後の超インフレにおそわれる前に輸送力の増強に着手したため、西武鉄道の興業費は他の私鉄各社と比較して「著しく割安」となり、これが「現在、将来を通じての至大の強味」となった。なお、西武鉄道は、武蔵野線の保谷～所沢間（12・1km）、西武線の東村山～入間川（現・狭山市）間（15・4km）および入間川～本川越間（10・8km）の複線化を計画し、必要なレールを確保するため千葉県津田沼《つだぬま》の旧鉄道連隊の演習線で使用されていたレールの払い下げを、内地鉄道司令部や鉄道総局資材局・業務局に請願し交渉した。一時は内諾を得たものの、その後1945（昭和20）年12月になって、旧鉄道連隊演習線の資材の大部分は鉄道技術研究所で使用するので、残余の10kmほどのレールしか払い下げられないということになった[11]。なお、京成電鉄が旧演習線を利用して下総《しもうさ》電鉄を設立するという計画を立てており、1946年8月に免許され、のちに新京成《しんけいせい》電鉄として開業した。そのおり、康次郎は京成電鉄の社長吉田《よしだ》秀彌《しゅうや》との間に覚書を取り交わして、津田沼～習志野間の旧演習線を現状のまま京成電鉄に譲渡し、京成はその見返りとして30kmにわたる同等の軌道長分の軌条および附属品を西武に譲受した。ただし、覚書の内容をみると、康次郎の頭のなかに、旧演習線を利用して、京成電鉄の営業エリアに進出しようという考えがなかったとはいい切れない[12]。

康次郎は、その後も西武鉄道の輸送力増強に積極的に取り組み、車輌の増備（電気機関車８輌、電車60輌、貨車４１１輌）、電化工事（是政線８・２㎞、国分寺線７・８㎞、安比奈線３・７㎞）、変電所の増備（富士見台変電所・１０００キロワット回転変流器４台増備、鷺宮《さぎのみや》変電所・７５０キロワット回転変流器２台増備）、新線路の敷設（上水線・小川～玉川上水間、西武園線・東村山～西武園間）などで成果をあげた。康次郎は、燃えた火は上にのぼるので、焼けた車輌でも車台部分は使えると判断して国鉄から焼けた電車の払い下げを受けて改造する一方で、株主の反対を押し切って大量の新車の発注を行ったという[13]。

一方、西武鉄道は、戦時中から戦後にかけて「鋭意償却に努め」、戦後は一度も増資をせず、社債の発行もせず、借入金も１９４８年までに１１５６万７０００円ほど減少させた。西武鉄道は東武、東急、京成に比べて「驚く程身軽な状態」となり、「資本的発展の余力に於て断然他社を圧してゐ」た[14]。

そこで西武鉄道は、倍額増資を計画し、１９４８年11月に資本金を５１７４万８０００円から１億３４９万６０００円とした。増加資本の一部は負債の弁済にあて、残余は大宮線乗り入れなどの施設の充実にあてる計画であった。大宮線乗り入れとは、西武線の終点本川越駅から国鉄川越駅に乗り入れ、そのまま同大宮駅にいたるようにするという計画で、１９４７年６月には運輸当局から認可の指令を受けていた[15]。

こうした西武鉄道に対してＧＨＱの係官も、同鉄道の「施設の整備状況に満足すると共に従業員の勤務ぶりを絶賛した」といわれている。また、１９５０年1月に資産再評価を実施し、再評価前帳簿価額９７１６万３０００円の資産を14億７９００万円と再評価し、毎年１億２３００万円の固定資産の減価償却と約10億円の起債が可能となった。資産評価倍率は15・22倍で、関東の近郊私鉄のなかでは最高であった。なお、１９５１年10月当時の西武鉄道の営業路線は１４５㎞で、関東の近郊私鉄のなかでは東武鉄道に次いで第2位であったが、資本金は１億４７９万６０００円で最低であった。従業員数は２１１８人であったが、１㎞あたりの従業員数は14・6人で、やはり近郊私鉄のなかではもっとも少なかった。１㎞あたりの建設費も46万８０００円で、近郊私鉄のなかでは最少であった。

こうして西武鉄道は、１９５０年ごろから「成績も一応の安定点に」達した。１人あたり収入に対する人件費比率が40%前後に安定し、設備の保全強化も一応完成したからであった。[16]『東洋経済新報』の１９５０年12月9日号は、西武鉄道の経営について、１９４６年12月に「相当額の欠損を出して無配に転落、相当悲観

年平均増加率 (%)		駅勢圏人口 (人)
1953～57年	1955～57年	1957年度
5.35	3.00	63,500
4.95	3.25	154,000
4.23	3.25	65,000
14.10	12.40	196,000
8.75	6.20	70,500
8.70	7.95	27,000
5.86	0.10	15,500
9.23	11.30	11,900
10.8	9.00	25,800
7.95	5.00	20,100
9.00	8.00	31,000
6.79	5.15	680,300

表７—１　西武鉄道沿線人口の推移（東京都内区町別）

	1953年度（千人）		1954年度（千人）		1955年度（千人）		1956年度（千人）		1957年度（千人）	
	人口	指数	人口	指数	人口	指数	人口	指数	人口	指数
豊島区	262	100	278	104	300	115	308	117	318	121
中野区	257	100	269	105	289	113	297	116	308	120
杉並区	372	100	385	104	408	110	421	114	435	118
練馬区	147	100	158	107	184	125	203	138	230	157
板橋区	261	100	284	109	314	120	330	127	353	135
東村山町	20	100	22	109	23	116	25	124	27	134
清瀬町	13	100	15	117	16	122	16	122	16	124
久留米町	9	100	9	103	10	112	10	112	12	137
保谷町	18	100	20	112	22	122	24	131	26	143
田無町	16	100	17	109	19	120	20	127	21	132
小平町	24	100	26	109	28	118	30	124	33	136
合計	1,399	100	1,483	106	1,613	115	1,684	120	1,779	127

出典：「東京都内の西武鉄道沿線年度別人口動態調査表」（『西武』第５号、1958年５月15日）。注：1958年４月調査。

視されていたが、幸い、車輌整備、諸施設の改善には早くから手を打ち、とにかく成績は好転した。その後引続き無配のまま、一意内容の充実を図り、ここへ来て、漸く他社なみの八分配当を復活しうる段階に達した訳だ」と伝えている。康次郎による西武鉄道の戦後復興は、ともかくも一定の成功をおさめたのである。

沿線人口の増加と車輌の増備

西武鉄道車輌部は、１９５０年代の「沿線人口動態調査表」を作成している。それによって沿線各区町における人口の推移をみると表７—１のようである。各区町とも著しい人口増加を示し、総計では１９５３（昭和28）年度の１３９万９０００人から57年度の１７７万９０００人へと、27・2％ほどの増加を示している。このように西武鉄道沿線の人口が増加の一途をた

ひばりが丘団地　1961年（写真・読売新聞社）

どったのは、①沿線には、比較的未開発な地域が広がっていたこと、②池袋線が営団地下鉄丸ノ内線と連絡し、都心への交通が便利になったこと、③生活環境が清潔・快適であったこと、など立地条件に恵まれていたからである。

そのため、西武鉄道車輛部では車輛の増備に努め、１９５３年度末に１４３輛であった車輛は、54年度末には１８２輛、55年度末には１９１輛、56年度末には２０３輛、57年度末には２１５輛、58年度末には２２８輛と、この間に約１・６倍に増加した。しかし、それでも乗車効率（混雑率）は２５０％と高率で、定員の2倍半の乗客が乗車していた。西武鉄道は、急激な輸送需要の増加に対応できないでいた。

西武鉄道車輛部の推計によれば、東京都内の西武鉄道利用人口は、その後も年平均９・06％の割合で増加し、１９６５年には１１４万６０００人になるとされていた。このようななかで、１９５７年から60年までの間に乗車効率を２００％に下げるとすれば、車輛を年平均14・４％の割合で増やしていかなければならなかった。また、１９６１年から64年の間に乗車効率を１５０％に下げるとすれば、車輛を年平均15・２％の割合で増やしていかなければならなかった。このように車輛を増備していくとすれば、１９６５年には５２０輌の車輌が必要となるのであった。

その後西武鉄道の沿線では、大型住宅団地の造成などに刺激されて、沿線人口がますます増加した。西武池袋線の北所沢駅（現・新所沢駅）は、１９５１年６月に米軍の貨物輸送のために開設されたのであるが、58年になるとここに24万２０００坪の住宅団地を建設するという計画が現れた。すなわち、日本住宅公団（現・都市再生機構）が衛星都市計画の一環として２８００戸・１万２０００人（当時の所沢市の市街人口の約２分の１）が居住しうる住宅団地「ニュータウン新所沢」を建設するという計画を立て、59年４月に完成した。西武鉄道は、それにともなって鉄筋コンクリート２階建ての新所沢駅を新築し、駅舎の一部には西武ストアー所沢店が開店した。また、１９５９年４月には、田無町（現・西東京《にしとうきょう》市）にも公団住宅が完成した。ひばりが丘団地と呼ばれ、総面積は10万坪にも及び、保谷・田無・久留米の３町にまたがって１６２棟・２２３６戸の住宅が建設され、１万人の入居が予定されていた。

狭山丘陵の観光開発

康次郎は、村山・山口両貯水池周辺の狭山丘陵を観光地として開発することを計画し、１９４７（昭和22）年10月に蓮沼門三率いる修養団から、梅林や栗林として知られていた所沢市山口一帯の土地・建物などを一括して購入した。買収した土地の面積は、20万坪にも及んだ。

修養団とは、蓮沼が１９０６（明治39）年に天皇崇拝・労使協調・勤倹努力をスローガンに創設した修養・教化団体で、１９３０年代以降の軍国主義化の波に乗って勢力を伸ばした。しかし、敗戦後は、蓮沼が「当時の団経営面から見ると、まったく無収入の状態であったため、盟友諸兄悉《ことごと》く窮乏の極に達し」と回顧しているように、著しい窮状に陥っていた。蓮沼が修養団の土地を手放した事情も、このあたりにあったのではないかと推察される[17]。

康次郎は、１９４８年10月、西武鉄道常務取締役の小島正治郎を委員長とする実行委員会の名前で「東村山文華園建設趣意書及計画書」を発表した。それは、ここに「東村山文華園」という名の遊園地を建設し、ホテル、結婚式場、温泉浴場、キャンプ村、演芸場、音楽堂、ダンスホール、児童遊戯施設、植物園、動物園、牧場、釣り堀などの施設を整備するという計画であった。というのは、村山・山口両貯水池周辺は、東京都民の貴重な水源ではあるが、それにとどまらず東京都民をはじめとする都市住民の「新鮮な空気の供給地、疲労せる血液の浄化地、言い換れば人体活動力の給源地」であるとみていたからである。したがって、ここにはそれに「ふさわしい十二分の施設と至便なる交通路線」を整備しなければならなかった。

武蔵野鉄道多摩湖線の武蔵大和《むさしやまと》～狭山公園前《さやまこうえんまえ》間、同山口線の西所沢～村山間、および旧西武鉄道の東村山～村山貯水池間は、第二次世界大戦末期に軍事輸送の増強、一般旅客輸送の抑制という政策がとられ、営業中止となっていた。しかも、沿線に軍事施設が集中していた多摩湖線以外はレールも撤去されていた。そこで、康次郎は東村山文華園の用地に近い武蔵大和～狭山公園前間、東村山～村山貯水池前間の復活をはかり、前者は１９４８年1月、後者は同年３

月に営業を再開した。

　東村山文華園は１９５０年の春に完成したが、翌51年9月に「ユネスコ村」が完成するのにともなって「西武園」と改称された。ユネスコ村は、１９５１年7月に日本がユネスコに正式加盟したのを記念して、ユネスコ加盟の69か国のモデルハウスを起伏のある丘陵の樹間に建て、青少年の教育に役立てようとしたものである。ユネスコ村には、御成門《おなりもん》、丁子門《ちょうじもん》、六角堂、羅漢堂《らかんどう》、勅額門《ちょくがくもん》、多宝塔、孔子廟《こうしびょう》、眼鏡橋などの重要文化財（建造物）も建ち並び、室町期から徳川期にかけての建築も学ぶことができた。

　隣接する所沢市荒幡《あらはた》には、１９５０年5月に1万８０００坪の西武園競輪場が完成し、埼玉県と所沢・川越・行田・秩父の諸市によって「村山競輪」が開催されることになった。西武鉄道は「西武園競輪」という名称を主張したが、西武園の知名度が低かったので、同鉄道が譲歩

ユネスコ村（『西武ニュース』第126号、1956年４月１日）

して「村山競輪」と称することになった。[18] 第１回村山競輪が開催された１９５０年５月には、西武園や競輪場を利用する乗客のために貯水池線（東村山〜村山貯水池間）の野口《のぐち》信号所から競輪場前までの新線（０・５㎞）が敷設され、西武園駅が開設された。それにともなって村山貯水池駅は翌51年３月に廃止され、かつての村山貯水池線は西武園線にとって代わられた。

１９５０年８月には、西武遊園地前〜山口信号所間（２・５㎞）に「おとぎ電車」が開通した。おとぎ電車は１９５２年の春には山口信号所からユネスコ村まで延長され、総延長３・２㎞となった。当初は遊園地内の遊戯物であったが、１９５２年７月からは地方鉄道山口線（軌間７６２㎜）として営業を開始した。なお、西武鉄道は、１９５１年の春、毎日新聞社と提携して村山貯水池を「狭山湖」、山口貯水池を「多摩湖」と改称しようというキャンペーンを展開した。地元や都民のなかからは反対の声がおこり、正式名称は変わらなかったが、西武鉄道は通称として狭山湖、多摩湖の名称を使うことを強行した。

康次郎の西武園、ユネスコ村にかける思いはさらに高まり、１９６２年１月には「東京から直通で四十分足らずで行ける五十万坪の西武園、ユネスコ村を、都民はいうに及ばず、日本で遊園地といったら、まず西武園というように綜合《そうごう》大遊園地にして、アメリカのデズニーランドに劣らない世界一の立派なものにしてゆきたい」などと語るようになった。[19] ユネスコ村では、１９６３年11月に野外劇場が新装オープンした。

１９５９年12月には、狭山スキー場が開設された。狭山湖駅と山口信号所の中間に位置し、狭山丘陵の自然のスロープを利用したもので、長さ253m、幅約30m、平均勾配9度の滑走路をもち、上越《じょうえつ》国境のスキー場にも匹敵する本格的なインドアの人工スキー場であった。滑走路は鉄骨アーチ形の屋根でおおわれ、長さ233mのリフトが滑走路の両側に1基ずつ付けられていた。リフトの輸送能力は、2基で1時間960人であった。収容人員は約1万人で、西武鉄道運転課では、池袋から狭山湖行きの急行電車を運転することにした[20]。

狭山スキー場は、1959年12月22日、高松宮夫妻や当時アルペンスキーの世界王者であったトニー・ザイラーを迎えて華やかにオープンした。トニー・ザイラーは、1956年にイタリアのコルチナ・ダンペッツォで開催された冬季オリンピックで、スキー競技3種目で金メダルを獲得し、親日家としても知られていた。世界のトップスキーヤーを招いて初滑りを披露したところが、いかにも康次郎らしい演出である。康次郎は、狭山スキー場のオープンにあたって、報道陣に「このスキー場を造った理由は、日本は観光国とならなければいけないので、その観光施設の一つとして造ったものだ。幸い盛況で大変嬉《うれ》しい」と語っていた[21]。

豊島園の買収と充実

豊島園は、池袋駅から西武鉄道武蔵野線で15〜16分のところにあるが、戦後、康次郎は豊島園の事業に心血を注いだ。この豊島園は、樺太工業の専務取締役などを務めた実業家の藤田好三郎が、1926（大正15）年3月に北豊島郡上練馬《かみねりま》村（現・練馬区向山《こうやま》）の練馬城址《じょうし》とその周辺の土地約10万坪の整備を企て、27（昭和2）年4月に開園した遊園地である。藤田は、１９１６年に豊島城址の景勝の地を買収し、以来6年にわたって「一坪の家を建てず、一木一石をも動かさず、休日毎《ごと》に子女と共に、行厨《こうちゅう》（弁当のこと）を携へて此地に遊び、芝生の上、松林の下、自然を伴とし、一日を楽しん」でいたが、23年9月の関東大震災を機に「大邸宅を擁することの不謹慎たるそしりを免れざる」と考え、「之を公開して、衆と共に娯《たの》しむといふ方針により、この豊島園を計画することになった」のである。[22]

豊島園は資本金１００万円の株式組織で、「運動と園芸とを東京市民に鼓吹し、（略）児童の健康を増進せしめんが為め」に整備したもので、運動部（プール、野球場、陸上競技場など）、園芸部（温室、葡萄園《ぶどうえん》、草花育成園など）、営業部（音楽堂、野外劇場、大遊舟池、貸切日本屋、古城の食堂、大食堂など）の3部からなり、「営利のみを目的とする所謂興業師流の計画とは大に其選を異にして」いた。[23]

豊島園は、１９２７年10月に武蔵野鉄道が豊島駅（１９３３年3月に豊島園駅と改称）を開設したため、来園者の交通の便が格段に改善された。そのためか、１９２７年から29年までの東京郊外の遊園地の入場者数と入場収入の推移をみると図7―1のようで、豊島園は昭和初期の不況にもかかわらず入場者数、入場収入とも著しく増加し、29年の入場収入は東京横浜電鉄の経営する多摩川園を抜いてトップにおどりでている。

しかし、藤田が樺太工業の経営から退陣すると、豊島園の経営もゆきづまり、１９３１年には債権者の安田信託銀行の手に渡った。安田信託の社員であった小川栄一は、豊島園を分譲住宅地として売るようにという社命を受けたが、郊外分譲地として販売しても購入者の見込みが立たないとみて、豊島園を遊園地として再整備することにし、１９３５年5月に日本企業株式会社を設立し、36年4月に再開園したのである。再開園にさいして園内の食堂や売店は須田《すだ》

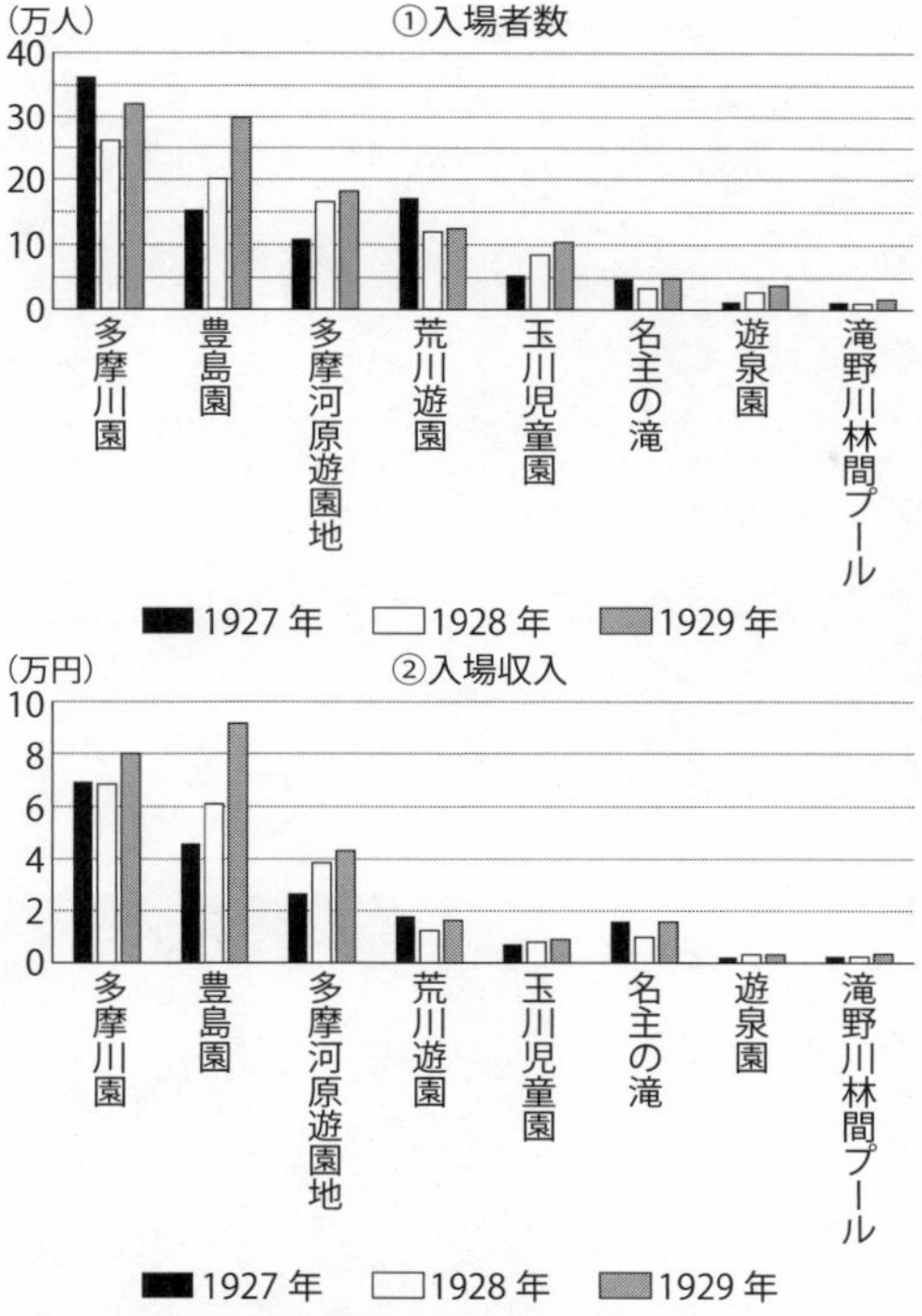

図７―１　東京郊外の遊園地の入場者数と入場収入（出典：警視庁総監官房『財界不況ニ基ク社会事情調査資料』1930年10月）

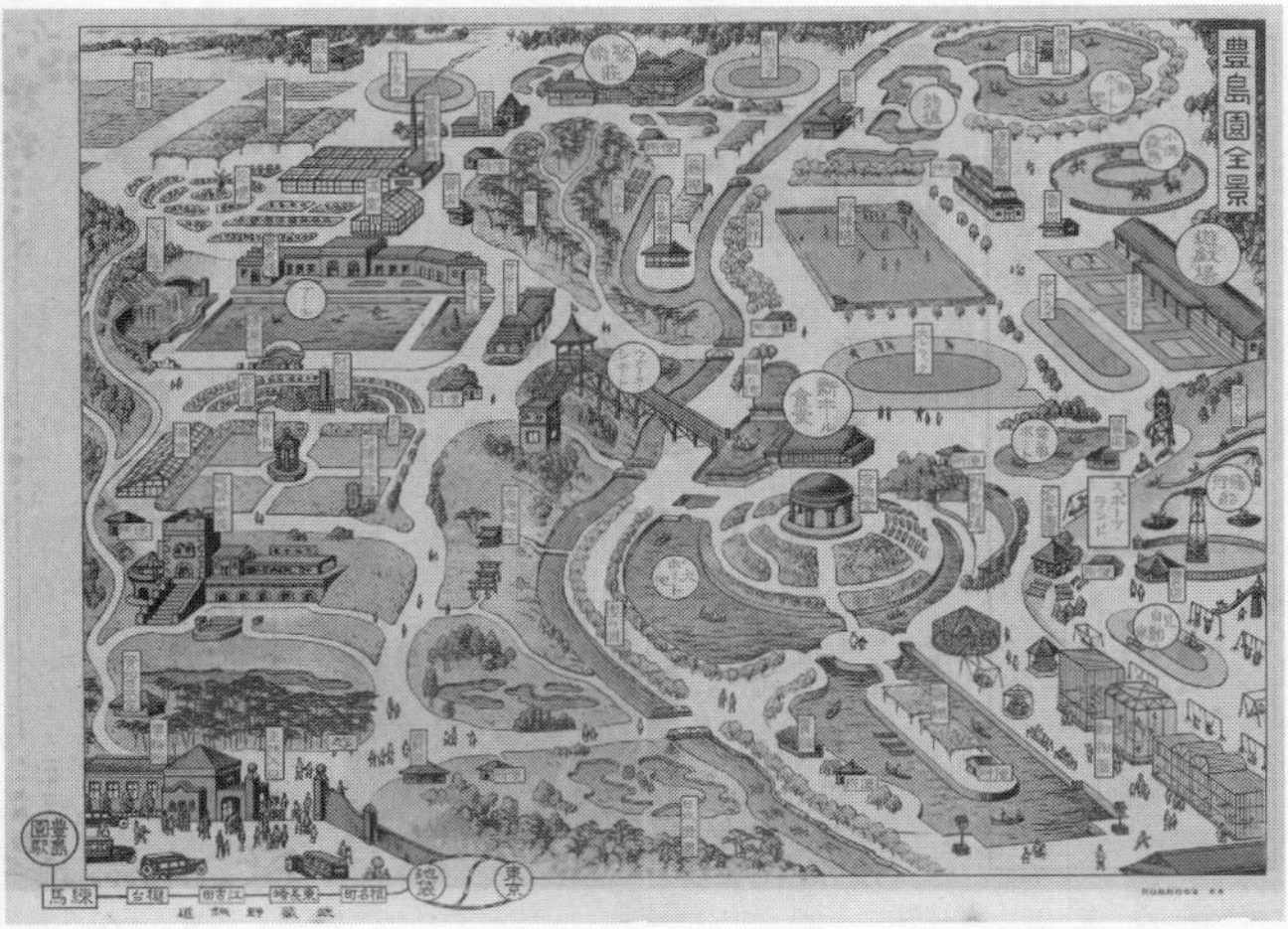

上・豊島園全景（『春は豊島園』）
右・ウォーターシュート（絵はがき）

町《ちょう》食堂（現・株式会社聚楽《じゅらく》）の経営とし、37年からは日本娯楽機製作所（現・ニチゴ）に委託して、子ども向けの豆汽車、豆自動車、飛行船などの乗物を導入し、森永《もりなが》製菓、平《ひら》尾《お》賛平《さんぺい》商店（化粧品メーカー）などの企業イベントに園内を貸し出したり、武蔵野鉄道と連携してさまざまな企画を試みたりした。その結果、１９３９年の入園者数は50万人に達し、40年には黒字経営に転じた。

武蔵野鉄道を支配下に置いた康次郎は、１９４１年11月、このような豊島園を重要な観光資源とみて買収し、鉄道と遊園地の複合経営を実現したのである。[24]

　戦後、康次郎はこの豊島園を西武鉄道沿線の集客施設として重視し、その経営に陣頭指揮をとった。復興社の事業部長であった加藤肇は、「特に終戦後七、八年の間、会長自らゲートル姿で豊島園の現場を指揮して居られた図を、社内外の人がよく見かけたことは、今更のように記憶に新らしいところであろう」と証言している。[25]

　康次郎は、豊島園に「ウォーターシュート」や「空飛ぶ電車」などを設備して話題を呼び、さらに１９５８年３月には延長１３０ｍのロープウェイを架設した。これは、「ウォーターシュート」や「空飛ぶ電車」と同様にスリルを楽しむ遊具であったが、坂田《さかた》啓造《けいぞう》浜松《はままつ》市長の「是非豊島園のようなところに堤さんの手で有用に使って貰いたい」という懇望を受けて、浜松市から移築されたものである。また、旧陸軍の飛行機格納庫の払い下げを受けて、８００坪の「小供劇場」と３００坪の「小鳥の楽園」を作った。

　１９５０、51年ごろになると、国民生活も次第に安定を取り戻し、小中学生の修学旅行も実施されるようになった。しかし、児童・生徒の宿泊する施設が極度に少なく、雑踏地や歓楽街にある施設を利用しなければならず、部屋の確保や寝具・食事の用意も満足できるものではなかった。康次郎は、このような状況をみて、環境と施設に恵まれた収容人員７００名の学童ホテル「豊島園ホテル」を豊島園のなかに建設した。

１９５８年11月23日には、豊島園に面積約１０００坪、２基のロープウェイをもつインドアーのスキー場が開設された。前述の狭山スキー場よりも1年早いオープンで、世界初の室内スキー場であった。初心者向けの傾斜の緩やかなゲレンデで、人工雪（砕氷）を散布し、30㎝ほどの積雪を保つようにしていた。[26] そして、１９５９年7月には、豊島園プールに「ナイヤガラ大プール」が開設された。50×40m（深さ80〜１１０㎝）の広さで、プールの南側に落差10m、幅30mの巨大な人工滝が仕掛けられ、常時大量の水が水煙をあげてプールに落下する様は、さながら世界の名瀑《めいばく》ナイヤガラの滝のようであった。[27]

これまで観光シーズンは春季と秋季であり、春秋の休日に「ある程度の刺戟《しげき》（宣伝）」を与えることが営業上は「最も経済的」で、人出の少ない夏冬や夜間などに催し物をして「無理に人を呼ぼう」としても「採算割れ」になると考えられていた。康次郎は、そうした常識をくつがえすべく、冬にインドアスキー場、夏にナイヤガラ・プール（大プール）を開設して、人出の少ない夏冬に人出をつくろうとしたのである。[28]

西武鉄道の秩父乗り入れ

埼玉県の西北部に位置する秩父地方は、東京からわずか七十数kmしか離れていないが、武甲《ぶこう》山《さん》を中心に無尽蔵の石灰石を埋蔵するとともに、奥地は広大な原生林や未踏の渓谷におおわれ、観光的魅力にあふれ、１９５０（昭和25）年7月には秩父多摩国立公園（現・秩父多摩甲斐国立公園）に指定された。しかし、そこに到達するには正丸峠の向こうに立ちはだかる奥武蔵の山々を越えなければならなかった。

康次郎は、1948年ごろから西武鉄道の秩父地方への延伸を考えていた。この年、秩父の武甲山に石灰石の鉱区を所有していた武甲森林組合が、鉱区の一部を西武鉄道に譲渡し、西武鉄道はその見返りに鉄道を敷設し、石灰石を採掘してセメントを生産する工場を誘致するという約束をしたのである。しかし、その後しばらくの間、西武鉄道の秩父への乗り入れ計画に進展はなかった。そのため秩父市、飯能市、吾野村（現・飯能市）、横瀬村、芦ヶ久保《あしがくぼ》村（ともに現・横瀬町）の2市3か村では、1953年8月に「西武鉄道秩父線建設促進同盟会」（会長・秩父市長高野利兵衛）を組織して、西武鉄道に秩父への乗り入れの早期実現を要望した。[29] 西武鉄道は、既設線の復興、設備の増強に追われ、秩父への乗り入れを具体化できないでいたが、ようやく1957年12月に吾野〜西武秩父間19・1km（西武秩父線）の敷設免許を申請した。同社の社長小島正治郎は、『吾野―西武秩父間地方鉄道敷設免許申請事案に関する口述書』（1960年5月16日）のなかで、西武秩父線敷設の趣旨についてほぼ次のように述べている。

西武鉄道は、これまで関係会社の西武自動車とともに秩父の開発に取り組んできた。すなわち、正丸峠に数々の観光施設を設けて奥武蔵観光ルートを開発し、秩父鉄道の路線が延びていない奥地には採算を度外視して定期バスを運行した。また、傍系の復興社に山林部を設けて森林資源の開発・培養に努めるとともに、西武鉄道みずからは十数年前から武甲山に埋蔵量数億トンともいわれる60万坪にも及ぶ地域の鉱業権を獲得し、探鉱を行ってきた。

しかし、秩父地方を開発するには、さらに鉄道を敷設して交通・運輸の便を確立する必要があった。なぜなら、秩父地方には秩父から熊谷《くまがや》に向かって秩父鉄道が走っていて、同鉄道の寄《よ》居《り》から池袋に向かっては東武東上線があったが、寄居以西には秩父鉄道の路線しかなく、主要貨物である石灰石の大量輸送をまかなえなかったからである。また、道路も不完全で、自動車輸送に依存することにも無理があった。

西武秩父線の営業収支については、開業後第3年度に収入総額5億４９１９万円（旅客収入1億１２２５万９０００円、貨物収入3億５０２７万９０００円）、営業支出5億４０００万円となり、９１９万円の黒字となると見込まれていた。そして、建設費は22億７３００万円であるが、自己資金として総額のほぼ22％にあたる5億円を準備し、他は借入金によってまかなうとされていた。新線建設費の多くは借入金に依存するのであるが、小島は「現在の当社の信用と実績よりして、この程度の借入金については、少しも懸念なく準備出来る」と自信をのぞかせていた。

一方、１９５９年1月には滝島総一郎を発起人総代とする武州鉄道が、三鷹《みたか》～秩父間（60・3㎞）の敷設免許を申請した。武州鉄道は、「秩父より中央線三鷹、吉祥寺駅への接続を実現して周辺産業地帯の都心への直結と資源開発及秩父多摩国立公園への経済時間による、観光客の誘致を企図し、首都圏内への接近を図り密集人口の集散と外圏産業の発達を援《たす》け、更に又首都圏総合開発のための重要な一環として貢献するもの」とされていた[30]。発起人総代の滝島は戦後進駐軍の廃品を転売して財をなし、「屑鉄《くずてつ》成金」と呼ばれた実業家であるが、石坂泰三《いしざかたいぞう》（経団連会長）、諸井貫一《もろいかんいち》（秩父セメント社長）、平沼弥太郎《ひらぬまやたろう》（埼玉銀行頭取）ら大物財界人も発起人に加わっていた。

　西武鉄道は、武州鉄道の計画が西武鉄道の計画に重大な影響を及ぼすと判断すると、1960年1月、社長の小島正治郎の名で「武州鉄道株式会社申請の三鷹市―秩父市間鉄道敷設免許に対し反対の件」を公表した。そこでは、①武州鉄道の申請路線は西武秩父線と重複するので「国家的に二重の無駄な投資」であること、②もし敷設されると西武鉄道の上水線、国分寺線、多摩湖線は甚大な影響を受けること、③計画がきわめて杜撰なこと、④地元住民の強い反対があることなどを理由にあげ、1960年2月3日、運輸大臣および運輸審議会長に武州鉄道の申請に対する反対口述書を会社名、さらには社長の名で提出した。同年5月16、17の両日にわたって公聴会が開かれた。西武鉄道は、公聴会で「武州鉄道の申請路線は、西武鉄道の既設線や計画線、さらには国鉄線と競合し、同業者との不当競争を引き起こし、国家的な見地からは無駄な二重投資である」と主張した[31]。公聴会では、西武鉄道側の主張が圧倒的に支持され、1961年2月18日、西武秩父線の敷設が正式に免許された。

　西武秩父線の計画は、吾野から正丸峠をトンネルで抜け、坂石《さかいし》、正丸、峠口《とうげぐち》、芦ヶ久保、横瀬を経て西武秩父に達し、所要時間は35分と見積もられていた。そのため、西武秩父線開通後は、池袋～吾野～西武秩父間は急行で約１時間40分となり、国鉄上野駅から熊谷を経て秩父鉄道で秩父にいたる所要時間が約２時間30分であったので、１時間ほど短縮されることになる。しかし、西武鉄道が西武秩父線の敷設に着手したのは、康次郎没後の１９６７年７月で、開業したのは69年10月であった。なお、１９５１年３月に飯能町（１９５４年１月に市制施行）周辺地域が埼玉県立奥武蔵自然公園に指定されると、康次郎は関東宝塚構想を同町に持ち込んだ。飯能町民は、西武鉄道が飯能の観光開発に乗り出し、箱根や軽井沢をしのぐ東京近郊最大の一大遊園地をつくるという夢のように壮大な計画に沸き返ったが、飯能の自然を守るという立場からの市民の反対もあって頓挫した。[32]

西武鉄道の経営

西武鉄道は、沿線開発計画を立て、総額１億円の社債発行を目論《もくろ》み、１９５０（昭和25）年１月に第１回分として５０００万円を公募したところ、大変良好な成績をおさめた。また、新宿乗入工事、村山貯水池付近の遊園地、ホテル、競輪場の建設工事も順調に進んでいた。しかし、１９４９年12月期の純益金は３１４万５０００円、資本金１億３４９万６０００円に対する利益率は３％であった。配当を行わず、社債発行余力をつくるため、当分は内部留保に努め、復配は資産再評価後、十分に償却ができるようになってからと考えていた。[33]

しかし、１９５１年３月期の決算では、７０５万円の利益を計上し、前期繰越利益金と合算すると９７８万円余となり、年８％の配当も堅持した。資産再評価も、対資本金倍率13・４倍という私鉄業界随一の高率で実施を終えた[34]。しかし、西武鉄道は、資金調達を社債と借入金でまかなうとしており、さしあたって増資や無償増資は期待できなかった。それでも、資本金が過少であること、13億円余の資産再評価積立金があったため、それが株主に無償で交付されるのでないかといううわさがたった。

西武鉄道はこれを否定し、１９５２年４月23日に社告を発して「鉄道事業はお客様の命を預る大切な公益事業であります。従って株主配当よりも、社員の待遇よりも施設の改善が急務であります」と述べた[35]。

西武鉄道の社告にもかかわらず、西武鉄道の株価は大幅に騰貴した。１９５２年９月には高値１９３円、安値１８８円であったが、53年１月には高値５３５円、安値３０５円まで高騰した。その後、株価は下がるが、53年３月においても高値３６０円、安値３１０円をつけていた。ドッジライン（財政金融引き締め策）によって、電鉄各社の経営が不振をきわめるなか、西武鉄道は「比較的順調な業績」をあげていたのであるが、それは「地下鉄の開通、池袋周辺の整備と西武百貨店の拡大、複線化の進歩、沿線への住宅誘致と遊園地による旅客吸収策が強力にモノをいったからで」あった[36]。

西武鉄道は、旅客輸送の急増に対処するため、保谷〜田無〜東久留米〜清瀬間および所沢〜東村山間の複線化を企てたが、その所要資金２億円は全額社債と内部留保でまかなわれた。西武鉄道の小島正治郎専務取締役は、「社債の出せる限り社債で賄い増資は控える」方針であると語っていた[37]。西武鉄道は、新線敷設や設備の拡充に要する資金を、増資ではなく社債や借入金で調達していたので、資本金は過少気味となった。そのため、西武鉄道の株式は「他の電鉄株に比べ三倍の高値にあ」り、もっぱら投機の対象とみられていた[38]。西武鉄道が増資を嫌い、資金調達を社債の発行や借入金に依存しているのは「借金による利息負担のほうが株主資本の配当負担より軽いから」であったが、「根本的には、経営首脳部の小資本による経営権の完全支配という思想があ」ったからであると思われる[39]。

西武鉄道の１９５４年３月期から59年３月期までの設備投資額は79億４０００万円、投資額は3億８３００万円で、合計83億２３００万円であった。設備投資額の内訳は、鉄道関係48億２９００万円、付帯事業27億９６００万円、その他3億１５００万円であった。ただし、鉄道関係の設備投資48億円のうち21億円は池袋駅改良工事費で、その大部分は西武百貨店の増築費であった。増築費がふくらんだのは、西武百貨店の新館の下が駅舎、上が百貨店の売場であったためである。

したがって、鉄道関係の設備投資額48億円から百貨店改築費21億円を差し引くと、鉄道投資額は5年間で27億円程度ということになる。同時期の首都圏における私鉄各社の鉄道投資額をみると、東急電鉄39億円、京王電鉄38億円、京浜急行36億円、小田急電鉄30億円、京成電鉄24億円、東武鉄道62億円で、西武鉄道は京成電鉄に次いで少なかった。また、１㎞あたりの投資額をみると、東急電鉄４９００万円、京王電鉄７２００万円、京浜急行４８００万円、小田急電鉄２８００万円、京成電鉄２９００万円、東武鉄道１２００万円となる。西武鉄道は１７００万円なので、東武鉄道に次いで少ないということになる。

　１９５９年３月期の資産額は、流動資産29億８４００万円、固定資産１１０億４３００万円、繰延資産１８００万円で、合計１４０億１０００万円であった。そして、これに対する資本構成は他人資本１１１億８８００万円、自己資本29億３７００万円、合計１４０億４５００万円であった。他人資本の内訳は、借入金94億９３００万円（長期借入金47億７５００万円、社債18億３３００万円、短期借入金28億８５００万円）、自己資本の内訳は資本金２億６２００万円、剰余金26億７５００万円であった。資本金が著しく過少で、資金調達を借入金や社債に依存する経営であった。

　こうした借入金や社債に依存した経営を成り立たせたのは、西武鉄道の膨大な含み資産であった。西武鉄道の付帯事業は、西武園や軽井沢スケートセンターなどの遊園地関係、赤坂プリンスホテルや迎賓館などに及び、その所有面積は60万坪にものぼった。その帳簿上の価額は７億８７８４万６０００円にすぎなかったが、坪７万円として計算すると４２０億円となった。すなわち、西武鉄道は約４００億円にものぼる含み資産を有していたことになる。この膨大な含み資産をもって、西武鉄道は銀行などの金融機関から資金を調達したのである。[40]

第8章　戦後の開発事業

1　箱根開発と「箱根山戦争」

箱根山のバス乗り入れ問題

箱根山を舞台に、小田急電鉄傘下の箱根登山鉄道と駿豆鉄道（伊豆箱根鉄道）との間で、世に「箱根山戦争」と呼ばれる紛争が戦後まもなくから20年近くにもわたって繰り広げられた。小田急電鉄の社長は安藤楢六、駿豆鉄道の社長は大場金太郎であったが、小田急は五島慶太率いる東京急行電鉄、駿豆鉄道は国土開発興業・西武鉄道を率いる堤康次郎の支配下にあったので、箱根山戦争は五島慶太と康次郎という宿命のライバルの対決であるとして、ジャーナリズムの格好の題材となり、青地晨「五島慶太と堤康次郎」（『中央公論』１９５６年2月号）や三鬼《みき》陽之助《ようのすけ》「決戦箱根山」（同、１９５７年8月号）などが、雑誌の誌面をにぎわした。１９６１年

3月17日から10月7日まで『朝日新聞』に掲載され、62年に新潮社から単行本として出版された獅子文六の小説『箱根山』も、この箱根山戦争を背景にしたものである。箱根登山鉄道は日本電力の傘下にあったが、１９４２年5月、全株式（10万株）が日本電力から東急電鉄に譲渡された。そして、戦後の１９４８年10月に東急電鉄の再編成がなされると、同電鉄から分離・独立した小田急電鉄の傘下に入ったのである。

箱根山戦争の起こりは、駿豆鉄道の定期バスの小田原線乗り入れ申請にまでさかのぼる。駿豆鉄道は、箱根地区において戦前から熱海～元箱根間、元箱根～小涌谷間の定期バス事業を経営していたが、１９４７年9月に小涌谷～小田原間（小田原線）の定期バス路線の免許を申請した。

しかし、箱根登山鉄道は、小田原電気鉄道時代の１９２１（大正10）年7月に小涌谷～箱根町間の定期バス路線を開業してから順次路線を延長し、小田原まで乗り入れていた。したがって、駿豆鉄道バスの小田原線乗り入れは、箱根登山鉄道バスの勢力圏を脅かすものであったといえる。箱根登山鉄道は、関係官庁に対して駿豆鉄道バスの免許反対の運動を起こしたが、１９４９年12月に、①底倉（宮ノ下）～小田原間は無停車とする、②底倉～小田原間の定期運行回数は5回とし、土・日・祝祭日は臨時便を加えて合計10回以内とする、③箱根登山鉄道が土・日・祝祭日に臨時便を運行する場合には、駿豆鉄道はその4分の1を基準として実施する、という条件付きで駿豆鉄道の定期バスの小田原線乗り入れが免許され、１９５０年3月20日から運行を開始した。[1] 戦後の輸送力不足はどこの鉄道会社でも深刻であったが、とりわけ箱根登山鉄道の場合は、「資材、燃料不足に加え、疎開学童の輸送等に追われ」ていて、とてもバスにまで手が回らなかった。[2] こうしたなかで、時の運輸大臣大屋《おおや》晋三《しんぞう》は駿豆鉄道に免許を与えたのである。

その後、箱根登山鉄道は、１９５０年7月に戦時中に撤去された強羅〜早雲山間のケーブルカーの運転を再開することになっていたので、同年3月13日に小涌谷〜早雲山〜湖尻間（早雲山線）のバス路線の免許を申請した。この免許申請は、駿豆鉄道バスの小田原線乗り入れの代償であると同時に、小田急・箱根登山鉄道による箱根遊覧客のための一貫輸送ルートづくりの一環をなすものであった。小田急は新宿を起点に小田原、箱根湯本まで特急ロマンスカーを運転しており、箱根湯本からは小涌谷を経て強羅にいたる箱根登山鉄道に接続していた。さらに、強羅から早雲山にケーブルカーを架けたので、定期バスの早雲山線乗り入れの免許を得られれば熱海、伊豆方面にいたる一貫ルートが完成するのである。

しかし、強羅〜早雲山間の道路は駿豆鉄道の専用道路であったので、駿豆鉄道は箱根登山鉄道バスの乗入免許申請に反対をした。これに対して箱根登山鉄道は、この専用道路は道路運送法第2条第8項の「一般自動車道」にあたり、「私有私営」ではあっても「私有専用」ではなく、所定の料金さえ支払えばどこの自動車でも通行させる義務があると主張し、速やかに免許されることを求めた。しかも、箱根登山鉄道は、昭和の初期に箱根遊船（のち駿豆鉄道に吸収合併される）がこの道路を建設するさいに、４２００坪の所有地を無償で提供したほか、３８００坪の土地を低廉な地代で貸与してもいた。そして、その代償として、箱根登山鉄道の乗合自動車や貸切自動車はこの道路を無償で使用できるという覚書を交わしていた[3]。

　箱根登山鉄道バスの早雲山線乗入申請については、１９５０年3月末に公聴会が開かれることになった。しかし、公聴会は直前になって中止となり、同年4月15日、早雲山線乗り入れを箱根登山鉄道に全面的に認めるのは、駿豆鉄道バスの小田原線乗り入れが条件付きであったので公平を欠くと判断し、箱根登山鉄道と駿豆鉄道との間で乗り入れ運輸協定を結ぶことを提案した。こうして箱根登山鉄道は、免許ではなく運輸協定にもとづき、１９５０年７月1日のケーブルカーの復旧に合わせて小涌谷〜早雲山〜湖尻間の定期バス営業を開始した。箱根登山鉄道は運輸省の行政指導には不満であったが、駿豆鉄道との「友好関係の維持を考慮して」受け入れたのである[4]。

　一方、康次郎は、この乗り入れ運輸協定には運輸省自動車局長の牛島辰弥《うしじまたつや》がからんでいて、駿豆鉄道社長の大場金太郎はその圧力に屈したとみていた[5]。そして、その背後には、元運輸官僚であった東急の五島慶太の意図が働いているというのである。

　１９５２年6月26日、運輸省は駿豆鉄道の小田原線乗り入れ免許に付した制限を全面的に解除するとともに、箱根登山鉄道の早雲山線乗り入れに対しても運輸協定を免許に切り替えると内示した。箱根登山鉄道は、この内示にしたがって同年7月21日に早雲山線の免許を申請すると、駿豆鉄道はこれに対して猛然と反対し、訴訟戦術に出た。これにより箱根登山鉄道の免許申請は棚上げとなってしまったが、駿豆鉄道はさらに１９５６年３月10日、突然箱根登山鉄道との早雲山線への乗り入れ運輸協定を破棄すると通告した。箱根登山鉄道は、この通告は無効であると主張し、乗り入れ運輸協定期間満了後の７月１日にも従来どおりバスを運行していたが、駿豆鉄道は小涌谷や早雲山に遮断機を設け、バスの運行を実力で阻止するという行動に出た。裁判所も、７月６日に箱根登山鉄道の乗り入れ運行を禁止する判決を下した。

こうして、駿豆鉄道と箱根登山鉄道の訴訟合戦が続くのであるが、１９５７年７月６日、運輸大臣の宮沢胤勇《みやざわたねお》が小田急電鉄および箱根登山鉄道に対し、早雲山線と十国線の免許申請却下を条件とする調停を申し入れてきたので、箱根登山鉄道は同年７月９日に免許申請を取り下げた。しかし、それでも再申請の道は残されていたので、伊豆箱根鉄道（１９５７年６月に駿豆鉄道は伊豆箱根鉄道と社名を変更）は、専用道路の「供用約款の変更」（１９５７年11月）、「自動車事業経営限定免許」（１９５９年９月）を申請して、箱根登山鉄道を締め出そうとした。

１９６０年７月９日には、この問題に楢橋渡《ならはしわたる》運輸大臣が西武鉄道会長堤康次郎、伊豆箱根鉄道社長大場金太郎、小田急電鉄社長安藤楢六、箱根登山鉄道社長柴田吟三らを運輸省８階の映写室に呼んで「異例の聴聞会」を開くことになった。西武側は「巨額の金をつぎこんでつくった道路に他社の定期バスを乗り入れるのはけしからん」と主張し、小田急側は「観光地の道路は公共的なものだから他社のバス乗り入れを認めないのは不当だ」と反論している[6]。この訴訟合戦は、１９６１年３月16日、東京高等裁判所が箱根登山鉄道の控訴を棄却したため、伊豆箱根鉄道側の勝訴に終わった。

箱根観光船会社の設立と桟橋問題・大型船建造問題

駿豆鉄道と箱根登山鉄道の紛争は、芦ノ湖の湖上輸送をめぐっても生じた。康次郎の支配下にあった駿豆鉄道は、大正期から芦ノ湖の湖上輸送を独占してきたが、１９４９（昭和24）年になると、箱根町および仙石原の住民らを中心に、新たに箱根観光船会社を設立しようという動きが起こった。旅客の流れが元箱根に集中し、隣接する箱根町は閑散となってしまったので、箱根町と仙石原を結ぶ観光ルートを開発しようというのである。箱根登山鉄道は箱根観光船会社の設立を支援したが、駿豆鉄道は湖上輸送の独占がおびやかされるとして同社設立の阻止をはかった。

しかし、１９５０年３月、箱根登山鉄道、小田急電鉄、小田急バス、東海自動車、神奈川中央交通などが資本参加して、箱根観光船会社が設立された。箱根観光船会社は、同年７月１日に海上運送法適用外航路事業の営業を申請し、７月21日には駿豆鉄道との間に「芦ノ湖船舶航行安全協定」を締結した。そして、８月１日から湖尻桃源台《とうげんだい》～箱根町間に旅客定期航路事業を開始した。このとき小田急電鉄は、新宿から特急ロマンスカーと急行８本を箱根登山鉄道の箱根湯本駅まで乗り入れることにした。所要時間は最速で95分（現在は75分）であった。[7]

ここで、いわゆる桟橋問題が起こった。箱根観光船会社は、箱根町～元箱根～桃源台を結ぶ芦ノ湖の３点航行を実現するため元箱根への寄港を計画した。当初の計画は駿豆鉄道の桟橋から60ｍしか離れていなかったため許可されなかったが、その後関東海運局は１００ｍ以上離れていれば危険はないという調査結果を発表した。そこで、箱根観光船会社は１９５０年12月４日、神奈川県に桟橋の設置を申請し、翌51年２月２日に許可を得た。駿豆鉄道は、これに対して「元箱根桟橋設置禁止の仮処分」を横浜地方裁判所小田原支部に申請した。

箱根観光船会社は、厚生省の許可が下りないうちに桟橋の建設工事に着手し、１９５１年５月１日から元箱根への寄港を開始した。しかし、これは違法であったので、箱根観光船会社は先の許可を取り消され、桟橋も撤去された。神奈川県では、その代償として箱根観光船会社と駿豆鉄道が共同で使用する共同桟橋設置案を提示したが、こじれた両社の関係のもとでは共同で桟橋を使用するのはかえって危険であると駿豆鉄道が反対し、実現にはいたらなかった。その後、箱根観光船会社は１９５３年３月、臨時桟橋の設置を神奈川県に出願し、桟橋は同年６月に完成した。

こうして桟橋問題は一応の決着をみたが、その後まもなくして新たな紛争が発生した。箱根観光船会社が、１９５５年10月12日に関東海運局に対して１２０トン・定員５６７名の大型船「あしがら丸」を建造し、翌年４月から就航させることを申請し、承認された。これに対して駿豆鉄道は、１９５６年３月22日、関東海運局を相手どって「船舶建造認許処分取消」の行政訴訟を起こしたが、却下された。駿豆鉄道は、さらに東京高等裁判所に控訴したため、長期間にわたって争われることになったが、１９５９年の夏に訴えを取り下げた。

なお、そうしたなかで、箱根観光船会社は１９５９年4月に「あしがら丸」を１６６トンに大改造した。伊豆箱根鉄道の専務取締役大場金太郎は、同年8月20日、このような箱根観光船会社の策動に対して、関東海運局長に「箱根観光船株式会社の再度新船建造計画に絶対反対し同計画を認許せざるよう」要望書を提出した。

湖畔線・早雲山線の神奈川県への譲渡

１９６０（昭和35）年9月22日、神奈川県知事の内山《うちやま》岩太郎《いわたろう》は康次郎に、湖畔線（元箱根～湖尻間）および早雲山線（小涌谷～湖尻間）両専用自動車道を神奈川県に譲渡するよう申し入れた。伊豆箱根鉄道との直接交渉を飛び越えた、康次郎との「頂上会談」であった。内山知事によれば、外国人観光客が箱根に来て、道路を通るのにその都度通行料金を支払うというのでは日本の体面にかかわる。また、県民福祉の向上という観点からも専用自動車道を一般に開放したいというのであった。

康次郎は、さっそく9月25日に伊豆箱根鉄道の社員会および株主総会を開催し、この問題について討議した。社員総会では、１㎞あたり６５００万円という神奈川県の提示した買収価格を引き上げて買収に応じるべきであるという意見が2名から出たが、あとはすべて買収に応じることに反対であった。また、株主総会では、全員が買収に応じるのに反対した。この専用自動車道は、過去10年にわたって小田急と戦い、ようやく安定的な経営を展望できるところまでこぎつけたものであるから、社員や株主が神奈川県の買収に応じるのに反対するのはきわめて当然であった。康次郎は、この問題を翌日の9月26日に西武鉄道の最高幹部の討議に付したが、そこでも全員が買収に応じるのには反対であった。

しかし、康次郎は「会社機関の意向」だとして「買収の御要請をお断りすることは差支えない」が、その結果は「県が強制収用をするか、内山知事が辞職するか」の「二者のうち何《いず》れかを択《えら》ばざるを得ない状況に立ち到《いた》る事」になる。しかし、「県が観光立国の立場から、また県民の福祉向上の立場から買収するという事に対し、飽くまで応じないと言って闘う事は得策ではない」し、しかもその結果として「内山知事を失う事は更に得策ではない」と述べて、伊豆箱根鉄道の社員・株主、西武鉄道の最高幹部らに再考を促した。康次郎は、神奈川県知事内山岩太郎を「人格の点に於いても、手腕の点に於いても、最適任の知事であり、総理大臣としても立派にやっていける人」と高く評価していた。[8]

康次郎は、このように内山知事への友情と観光立国という理想に共鳴して、あえて自動車専用道路の湖畔線および早雲山線を神奈川県に譲渡するというのであった。結局、伊豆箱根鉄道の社員・株主、西武鉄道の最高幹部は、この問題を康次郎に一任した。こうして、湖畔線は1961年4月1日、早雲山線は10月9日に神奈川県に譲渡された。買収価格は、神奈川県の中し出どおり１㎞あたり６５００万円であった。なお、箱根峠〜十国峠間の十国線も、静岡県によって１９６４年12月14日に買収された。ただ、その７か月ほど前に康次郎は病に倒れ、この世を去っていた。

熱海〜伊豆大島航路の免許

熱海〜伊《い》豆《ず》大島《おおしま》航路は、東海《とうかい》汽船（社長・小川栄一）によって１９５１（昭和26）年に運行が開始された。しかし、東海汽船は熱海港の船着場が危険であるという理由から１９５４年４月に運航を停止した。熱海〜伊豆大島航路を失った熱海・伊豆大島の住民は、伊豆箱根鉄道に同航路の開設を懇願した。康次郎は、こうした地元民の動きをとらえて、１９５６年５月23日、熱海〜伊豆大島航路開設の免許を申請した。ただし、経済評論家の三鬼陽之介は、これを「堤康次郎が熱海・大島航路を出願、邪魔をした」ものととらえている[9]。

しかし、康次郎による熱海〜伊豆大島航路の開設は、そう簡単には免許されなかった。東海汽船が、以上のような伊豆箱根鉄道の動きを察知して、伊豆箱根鉄道の申請よりも２日ほど早い１９５６年５月21日に熱海〜伊豆大島航路の再開を申請し、運輸審議会に公聴会を開くよう要求したからである。

公聴会は、１９５８年４月24日から３日間、運輸省の大会議室で開かれた。そして、同年10月27日には、運輸審議会（会長・中島登喜治）が永野《ながの》護《まもる》運輸大臣に伊豆箱根鉄道と東海汽船の両社に免許を与えるべきであると答申した。しかし、永野運輸大臣は伊豆箱根鉄道と東海汽船の話し合いがつかず、地元の熱海や伊豆大島ではどちらを支持するかをめぐって争いが起きているということを理由に免許を交付しないまま辞任してしまった。そのため、熱海～伊豆大島航路は、1959年4月28日に新任の重宗雄三《しげむねゆうぞう》運輸大臣によって、伊豆箱根鉄道と東海汽船の両社に免許された。新航路は熱海～伊豆大島間を2時間10分で結ぶことになったので、東京から国鉄で熱海に出て、熱海～伊豆大島間を汽船で往復してその日のうちに東京に戻ることができるようになった。[10]

伊東～下田間の鉄道敷設

1956（昭和31）年2月、東京急行電鉄の社長五島昇《のぼる》は、みずから発起人代表となって伊東～下田《しもだ》間に電気鉄道の敷設を企てた。五島昇は、東京急行電鉄の総帥五島慶太の長男で、1954年5月に社長に就任していた。五島昇によれば、伊東～下田間に電気鉄道を設立するのは、「伊東より日本黎明《れいめい》に由緒のある下田を鉄道で繫《つな》ぎ、当地域に東京より僅々三時間前後でいけるように」して、富士箱根伊豆国立公園の一角を占める伊豆半島の観光開発を促進し、「観光伊豆を内外に紹介する」という趣旨からであった。[11]

康次郎はこの計画に強く抗議をし、駿豆鉄道に伊東～下田間の鉄道敷設を指示した。駿豆鉄道が作成した「伊東・下田間鉄道建設計画要綱」（1957年3月）によれば、伊東～下田間の鉄道敷設は、1922（大正11）年4月の改正鉄道敷設法において、国有鉄道として敷設すべき149の予定線の一部（熱海・下田・松崎《まつざき》・大仁《おおひと》線）に含まれていた。したがって伊東～下田間の鉄道は、本来国鉄が敷設すべきであるが、もし仮に私鉄に敷設を免許するのであれば、駿豆鉄道に免許されてしかるべきであるとして、伊東～下田間の鉄道敷設を申請した。

康次郎によれば、駿豆鉄道は伊豆半島の「唯一の地元鉄道事業者」であり、「鉄道・自動車・船舶の各事業を並営する綜合交通会社」で、1917年の創業以来60年にわたって「箱根地帯の開発」や「富士・箱根・伊豆国立公園今日の隆盛」に大きく貢献してきた。したがって、伊東～下田間の鉄道が万が一国鉄以外の民間会社によって敷設されるとすれば、「適格者の第一人者」は駿豆鉄道以外にはない。東急電鉄が、伊豆・箱根に「事業基盤を有しないにも拘らず「落下傘部隊」式に」伊東～下田間の鉄道敷設免許を提出したのに対して、国鉄が「当然自らに於て果すべき使命を放棄してこの出願を承認し、一部官辺当局に於てもこれを容認するが如き動向」があるように仄聞《そくぶん》しているが、それは「洵《まこと》に不当と思料《しりょう》するの外《ほか》ない」といわざるをえない。このように述べて康次郎は、伊東～下田間鉄道は、駿豆鉄道が先に出願した「修《しゅ》善寺《ぜんじ》・伊東線の延長線とする観点からも、将又《はたまた》当方面に於ける上述の如き、当社の事業基盤の実績よりするも、当然当駿豆鉄道に免許せらるべきもの」と主張した[12]。

さらに康次郎は、次のように続ける。仮に、伊東～下田間の鉄道敷設の免許が東急電鉄に下付されても、同社が着工するかどうかはわからない。というのは、駿豆鉄道の調査によれば、伊東～下田間の鉄道建設費は少なくとも80億円を下らないとされているのに、東急電鉄は49億円と過少に見積もっているので、そもそも鉄道を敷設する意思がないのではないかというのである。

康次郎は、「ほんとうに東急が免許から二年間で必ずやると約束して保証金を五億も積めば駿鉄は直ぐに競願を取り下げる」とも述べている。駿豆鉄道は、「伊豆に一日も早く鉄道を引くことを助長促進するために競願している」ので、東急電鉄が本当に敷設するのであれば引き下がるというのである。また康次郎は、東急電鉄が運輸省の官僚と癒着して、筋の通らない鉄道敷設免許を獲得していくことが許せなかったとも述べている[13]。

しかし、免許は、駿豆鉄道にではなく、１９５９年２月に東急電鉄に下付された。東急電鉄は、同年４月11日に伊東下田電気鉄道（現・伊豆急行）を設立して翌60年１月に着工、61年12月に伊東～下田間の鉄道を開業した。

箱根駒ヶ岳ロープウェイの開通

伊東～下田間の鉄道敷設では東急電鉄におくれを取ったが、康次郎はその後も箱根の開発を意欲的に進め、１９６３（昭和38）年４月27日、箱根駒ヶ岳山頂と箱根園を結ぶ当時世界最大といわれた１０１人乗りのロープウェイを開通させた。これによって、小田原～湯ノ花沢～駒ヶ岳登り口～（ケーブルカー）～駒ヶ岳山頂～（ロープウェイ）～箱根園～（船）～元箱根～十国峠～（ケーブルカー）～熱海の箱根完全回遊スカイラインコースが完成した[14]。

同日の午前10時、内山神奈川県知事らの来賓を迎えて箱根駒ヶ岳ロープウェイの開通式が挙行された。この日の箱根は、朝から快晴であった。開通式に引き続き行われた祝賀パーティで、康次郎の謝辞のあとに来賓としてあいさつに立った内山知事は、「私の尊敬する堤さんは箱根山の開発に非常な努力をしてきましたが、今日ここにロープウェイを完成されました。五〇年の過去をふり返るとき、今日は堤さんの夢が実現したといえましょう」と述べた[15]。内山知事が述べたように、箱根駒ヶ岳ロープウェイの完成によって、康次郎の箱根開発にかけた50年来の夢が実現したのであった。

世界最大101人乗り
4月27日開通
箱根駒ヶ岳ロープウェイ
箱根回遊は
箱根スカイラインコース
熱海—十国峠—元箱根—芦ノ湖—箱根園—駒ヶ岳—小田原
●小田原・熱海より定期観光バス毎日運行
●東京西武新宿駅前より回遊バス毎日運行
お問合せ
日本交通公社各営業所
西武観光各案内所(361) 8181
伊豆箱根鉄道各駅営業所
広告・駒ヶ岳ロープウエーの開通（『読売新聞』1963年4月26日）

2　戦後の軽井沢と北軽井沢

軽井沢の戦後

戦後の軽井沢は、アメリカ占領軍による別荘、ホテルなどの接収から始まった。戦争中、軽井沢には海軍の技術研究所が置かれ、極秘にミサイル開発の研究が行われていた。国土計画興業のグリーンホテルは、同研究所の所員の宿舎として海軍に貸与された。また、観翠楼は厚生省の健民修練所として使用された。グリーンホテルは、敗戦から1か月後の1945（昭和20）年9月15日、アメリカ占領軍に接収された。そして、これを機にニューグランドロッジ、三笠ホテル、万平ホテルなどが次々と占領軍に接収されたのである。

1946年4月、第8軍司令官アイケルバーガー中将は、長野県知事物部薫郎《もののべくんろう》の先導で、北陸・信越地方の巡視中に軽井沢に立ち寄った。前田《まえだ》侯別荘で歓待を受けた同中将は、軽井沢をすっかり気に入り、占領軍のレストハウスをつくるよう物部知事に言い渡した。物部知事は占領軍との渉外事務を行う軽井沢事務所を開設すると約束し、2日後には国家警察の一画に同事務所を開設した。米軍は、同事務所に別荘100軒、レジャー用の乗馬100頭、自転車100台などを調達するよう要求した。米軍の要求がすべて満たされたわけではないが、ゴルフ場やテニスコート、乗馬クラブを接収し、国土計画興業の所有する地蔵ヶ原（現在の72ゴルフ場西コース）に飛行場までつくった。万平ホテルに駐留していたマドックス中将が冬も軽井沢で過ごすと言い出し、徹底した越冬対策が施された。軽井沢は、あたかも米軍のリゾートに改変されたかのようであったが、その結果、避暑地軽井沢が冬も使えることが明らかになった。[16]

しかし、米軍の占領はそれほど長くは続かず、１９４６年6月にはグリーンホテルの接収が解除された。康次郎は、さっそく態勢を整え、同年8月には同ホテルの営業を開始した。１９４７年3月には観翠楼の営業も再開し、大広間でダンスもできるように改修した。同年9月には、千ヶ滝西区の入り口にある朝香宮《あさかのみや》の別荘を買収してプリンスホテルと命名した。１９４９年11月には、矢《や》ヶ崎《がさき》にあった根津嘉一郎の別荘を買収し、１年後には茶人としても知られる根津の「青山」の号をとって晴山ホテルと命名して開業した。

スケートセンターの開設

避暑地軽井沢の夏の人口は、その他の季節の10倍近くになるといわれていた。しかし、その夏というのも7月下旬から8月下旬までのわずか40日ほどであった。したがって、別荘はともかくとして、ホテル、その他の施設の利用を考えると、不経済きわまりなかった。そこで、康次郎は軽井沢を通年にわたって集客できる観光地とするため、軽井沢から万座温泉にいたる50kmに及ぶ有料道路、バス路線を強化・延長し、万座温泉スキー場や南軽井沢ゴルフ場などを開設した。なかでも、その白眉は１９５６（昭和31）年に開設された軽井沢スケートセンターであった[17]。

別荘地開発だけでは冬の集客は見込めないので、収入を増やすためには冬季の集客力を増やさなければならない。康次郎は、当時早稲田大学商学部に通っていた三男の義明《よしあき》（石塚恒子《いしづかつねこ》との間にできた子で、次男清二の異母弟）に、冬の軽井沢に人を集める方法を考えてみよという課題を与えた。義明は、スケートリンクをつくって、スケート客を呼び込んではどうかと回答した。[18] 冬季に集客するにはスキーかスケートを楽しめるようにするのが常道であるが、軽井沢の冬の寒さは厳しいが雪は少ないので、スケート場をつくろうということになったのである。

１９５６年１月７日、千ヶ滝の軽井沢スケートセンターの第１期工事が完成し、開場式が行われた。室内リンクは、高さ13m、間口１１０m、奥行50m、氷面積１１００坪で、夜間照明も完備し、５００ワットの電灯が80個も点灯した。１０００坪の屋外リンクも完成し、２００坪のスケートハウスが建設され、暖房・グリル・ロッカー・更衣室・サービスルームも整い、貸靴も用意されていた。[19] 宿泊設備・大食堂・観覧席・その他の付属設備も整備され、毎週土曜、日曜には東京からバスが何十台もやってくるようになった。１９５７年からは、臨時列車の「銀盤号」というスケート列車も走るようになった。

１９５９年の『東洋経済新報』新春特大号に掲載された西武観光案内所の広告によれば、４００mのパイピングリンク（製氷技術を使った人工のスケートリンク）が完成した

軽井沢スケートセンター　1962年１月19日（写真・朝日新聞社）

表8—1　軽井沢町の季節別観光客数の推移

（単位：千人）

年度	春季		夏季		秋期		冬季	
	実数	指数	実数	指数	実数	指数	実数	指数
1958	123	100	1,234	100	278	100	175	100
1959	133	108	1,595	129	306	110	207	118
1960	125	102	1,582	128	308	111	284	162
1961	154	125	1,898	154	326	117	397	227
1962	125	102	1,989	161	372	134	423	242
1963	262	213	1,895	154	347	125	521	298
1964	283	230	2,095	170	474	171	435	249
1965	240	195	1,660	135	432	155	377	215

出典：『軽井沢町誌 歴史編（近・現代）』軽井沢町誌刊行委員会、1988年。
注：①春は3・4・5月、夏は6・7・8月、秋は9・10・11月、冬は12・1・2月である。②原資料は、軽井沢町商工観光課『軽井沢観光案内』。

軽井沢スケートセンターには、夜行コース（毎土曜800円）、半泊コース（土曜をのぞく毎日900円）、1泊コース（毎土曜1500円）の座席指定スケートバスが運行された。また、観光案内所は「当スケートセンターを中心に、グリーンホテル、プリンスホテル、観翠楼等の高級ホテルがありますからご利用ください」と、宿泊施設の宣伝も忘れていなかった。[20]こうして、これまで避暑地一点張りであった軽井沢は、冬もスケート客でにぎわうようになった。

　西武鉄道社長の小島正治郎は、経済評論家の三鬼陽之助との対談で、軽井沢スケートセンターの経済効果について、「もともと軽井沢は、夏の場所なんです。一年のうち冬半分を遊ばせておくのはもったいないから、というのでスケート場をやったわけです。そうすると人も運べる、ホテルも使える。一年中使えるとなると、あの膨大な土地が、かなり値上がりをみせるのじゃないか。おかげさまで、いろんな面から見て、経済的な価値が全部上がってきた」と述べていた。[21]実際、軽井沢町の季節別観光客数の推移をみると表8—1のようである。

夏季の観光客数がもっとも多いのはいうまでもないが、１９６０年度までは夏季に次いで秋季の観光客数が多かったのに、61年度には冬季の観光客数が39万７０００人にのぼり、秋期の観光客数（32万６０００人）を上回っている。その後も冬季の観光客数は増え続け、63年度には52万１０００人となった。１９５８年度を１００とした場合の65年度の指数は夏季１３５、秋期１５５、春季１９５に対して、冬季は２１５であった。軽井沢スケートセンターが開設してから、冬季の観光客数が急激に増加していることがわかる。

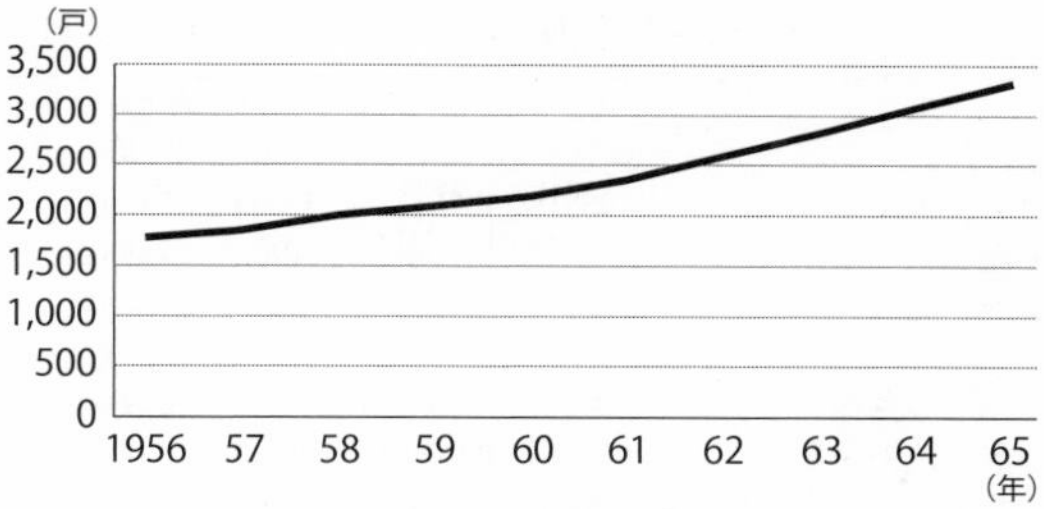

図８―１　軽井沢の別荘数の推移（出典：『軽井沢町誌 歴史編（近・現代）』軽井沢町誌刊行委員会、1988年。注：原資料は、軽井沢町税務課発表による毎年１月１日現在の数値）

別荘地の拡大

戦後の高度経済成長期に、軽井沢町の別荘地は旧軽井沢から千ヶ滝、追分と西方に伸び、さらに南軽井沢、北軽井沢へと拡大していった。１９５６（昭和31）年度から65年度までの別荘数の推移をみると図８―１のようで、１７８７戸から３３３２戸へとおよそ１・９倍に増加している。また、高度経済成長を背景に会社や学校の寮の増加も著しく、会社寮は１０３戸から２８４戸、学校寮は14戸から43

表8―2　軽井沢町の別荘集落別分布（1965年8月）

集落別	別荘数	（割合）	1坪あたり地価（円）
新軽井沢・旧軽井沢	1,570	41.1%	5,000〜30,000
南ヶ丘・南原・塩沢	332	8.7%	7,000〜15,000
中軽井沢・離山	93	2.4%	5,000〜12,000
星野・鶴溜	232	6.1%	3,000〜10,000
千ヶ滝	870	22.8%	7,000〜15,000
上ノ原・古宿	197	5.2%	4.000〜15,000
借宿・追分・茂沢	259	6.8%	3,000〜 7,000
油井・発地・鳥居原	28	0.7%	3,000〜 6,000
南軽井沢・馬取	243	6.4%	3,000〜12,000
計	3,824	100.0%	3,000〜 30,000

出典：市川健夫『高冷地の地理学』令文社、1966年、216頁。注：原資料は「軽井沢町役場資料」。

戸に増えている。

表8―2は、1965年8月当時の軽井沢町における別荘の集落別分布を示したものである。新軽井沢・旧軽井沢の別荘数は1570戸でもっとも多いが、総数3824戸の41・1％にすぎず、年々軽井沢町の別荘地は、「南《みなみ》ヶ《が》丘《おか》・南原《みなみはら》・塩沢《しおざわ》」「中軽井沢・離山《はなれやま》」「星野・鶴溜《つるだまり》」「千ヶ滝」「借宿《かりやど》・追分《おいわけ》・茂沢《もざわ》」「油井《ゆい》・発地《ほっち》・鳥居原《とりいはら》」「南軽井沢・馬取《まとり》」へと西に向かって拡大した。とりわけ、康次郎の国土計画興業が開発した千ヶ滝地域には870戸の別荘が建ち、総数の22・8％を占めていた。

また、別荘の所有者の多くは東京在住者であった。常住地別に1963年当時の別荘所有者数をみると、東京在住者が2439名にのぼり総数の87・7％を占めていた。これに神奈川・埼玉・千葉・群馬・栃木・茨城を加えた関東地方の常住者は2654名にもなり、総数の95・4％を占めていた。避暑地軽井沢に別荘を所有するのは、ほとんど関東地方の常住者、それも東京都の常住者であった。

別荘地の地価は、「新軽井沢・旧軽井沢」が高く坪あたり5000〜3万円であるが、康次郎が開発した千ヶ滝の別荘地も7000～1万5000円となっており、「南ヶ丘・南原・塩沢」と同水準で「新軽井沢・旧軽井沢」に次ぐ高値となっている。また、地価は一貫して高騰しており、追分の別荘地では1955年には坪300円であったが、60年には2000～3000円、そして65年には3000～7000円となった。(22)

そのほか康次郎は、ゴルフ場の建設にも取り組んだ。国土計画興業が、1959年に南軽井沢ゴルフ場（18ホール）、61年に晴山ゴルフ場（9ホール）を開設した。晴山ゴルフ場は、1963年には18ホールに拡大している。これまでにも雲場の旧ゴルフ場や三井物産が南ヶ丘に開設したゴルフ場などがあったが、これらはごく少数の人びとに利用されていた。康次郎は、軽井沢のゴルフ場の大衆化も進めたのである。(23)

北軽井沢の開発

康次郎は浅間山の裏側にある万座温泉の豊富な湯量に目をつけ、戦時中から万座の開発にも触手を伸ばしていた。軽井沢に万座の湯を引けないかと考えたが、引き湯には距離が長すぎ、戦争も激しくなったので実現にはいたらなかった。戦後まもなくの1947（昭和22）年には、万座温泉ホテル（旧常盤屋）、百泉園（旧大和屋）の開業に踏み切った。また、軽井沢から鬼押出し、万座温泉を経て白根山にいたる有料道路を建設し、軽井沢～峰の茶屋～鬼押出し～石津《いしづ》～万座間の50kmにもわたる有料自動車道をつくった。(24) そして1949年9月に軽井沢や浅間山

表8—3　草軽電気鉄道の経営

（単位：円）

年	営業収入	営業費	差引損益	政府補助金
1927	272,542	414,326	-141,784	132,238
1928	356,192	446,187	-89,995	91,128
1929	286,858	371,789	-84,931	87,061
1930	271,438	338,090	-66,652	63,976
1931	222,907	299,588	-76,682	64,417
1932	248,014	331,170	-83,156	54,020
1933	263,360	327,415	-64,055	64,901
1934	229,185	293,242	-64,058	65,275
1935	*	*	*	*
1936	*	*	*	*
1937	516,861	507,308	9,553	0
1938	435,802	534,436	-98,634	102,581
1939	*	*	*	*
1940	372,745	470.806	-98,061	98,061
1941	394,581	528,128	-133,547	91,073
1942	454,958	511,006	-56,047	98,521
1943	439,350	524,560	-85,210	85,210
1944	505,052	601,408	-96,357	99,557
1945	555,499	643,514	-88,016	99,599
1946	1,625,496	1,706,331	-80,835	33,711
1947	5,678,290	5,828,301	-150,011	150,011
1948	*	*	*	*
1949	22,662,296	26,234,153	-3,571,857	0

出典：草軽電気鉄道『営業報告書』各期。注：＊は不明。

を含む「上信越高原国立公園」が指定され、51年8月には「軽井沢国際親善文化観光都市建設法」が公布された。

　また、康次郎は独自に鬼押出しの観光開発を進め、1958年5月には鬼押出しに観音堂を建立した。この年の5月25日、午前11時から鬼押出しで上野東叡山寛永寺《とうえいざんかんえいじ》別院、浅間山観音堂の入仏式を行った。入仏式は、同寺の神田大僧正以下22人の僧によって盛大に執り行われた。

　草軽電気鉄道の経営は、表8—3にみるようにきわめて不振で、1946年上半期の運賃値上げによって旅客・貨物収入は増加したが、「職員の待遇改善と諸物価の昂騰」によって営業費がかさみ、差引損益は赤字となった。[25] 同様の傾向はその後も続き、1947年下半期には

「旅客賃率四・五倍、貨物賃率三倍の値上のため相当の増収を収め」たが、中央労働委員会の調停になる「職員の待遇改善」や「諸物価昂騰」のため「営業費の増嵩《ぞうすう》を来し」、業績は不振であった㉖。そして、ついに草軽電鉄は１９４９年10月７日の臨時株主総会において新軽井沢～上州《じょうしゅう》三原《みはら》間の営業廃止を決議した。

長野原町《ながのはらまち》議会は１９４９年10月１日、草津・万座・浅間地域が上信越高原国立公園に指定され、浅間山麓６０００町歩の総合開発計画に取り組もうとしているときに、草軽電鉄が営業を廃止するのは「現下直面せる新国情を無視し、敢《あえ》て国策に背反する行為と断ぜざるを得」ないとして、樋《ひ》田《だ》濟《いつき》議長の名で「絶対反対」を表明した㉗。しかし、草軽電鉄の方針は変わらず、１９６０年４月に新軽井沢～上州三原間、62年１月に上州三原～草津温泉間も営業廃止となり、同年５月には全線の線路が撤去された。

こうしたなかで長野原町は、戦後のまちづくりを北軽井沢地区の鬼押出しの観光開発に求め、町長の桜井武は１９６１年３月11日、町議会に「浅間山麓町有地観光開発に関する契約案」を提出した。それは、鬼押出し付近に町営の溶岩道路（観光自動車道）をつくり、「草軽東急」（東急電鉄、東急観光、草軽電鉄の３社）による定期バスの運行を優先的に認め、草軽東急は定期バスの運行開始と同時に１３７５万円を長野原町に支払うという内容であった㉘。

康次郎の率いる国土計画興業は、この長野原町の計画に対して異を唱えた。国土計画興業は、１９２９年ごろに長野原町から借りた土地を自動車道路として使用していたが、長野原町が計画しているように町道浅間線と国土計画興業の自動車道を交差させることはできないと主張したのである。国土計画興業の言い分を認めると、観光施設をつくっても観光客を受け入れられないので、長野原町は１９６２年６月22日に貸与期限が切れるのを待って道路の返還を求めたが、国土計画興業はそれにも応じなかった。それどころか、国土計画興業は、長野原町の管理する町道浅間線と同社が経営する有料道路との交差点付近に木柵をつくったり有刺鉄線を張ったりして、町道浅間線の交通を遮断するという暴挙に出た。

長野原町は、１９６3年8月下旬、町道浅間線と国土計画興業の自動車道を立体交差にしてはどうかと提案した。これに対し、国土計画興業は草軽東急との契約を破棄することや長野原町の観光事業は不当競争であるから断念すべきであると主張し、なかなか和解にはいたらなかった。運輸省の斡旋によって和解が成立したのは、１９６４年の初頭であった。それは、長野原町は国土計画興業に一般自動車道敷地を貸し与え、町道浅間線と一般自動車道とは観光客の安全のため道路の上をまたぐように架ける跨道橋《こどうきょう》による立体交差とし、その工事を１９６４年度中に終えるというものであった。桜井町長は、町議会に「声明書」を提出し「本町多年の懸案になる名勝浅間牧場と鬼押出しとを結ぶ観光開発事業も幾多曲折を経たが、いよいよ実現の運びとな」ったと述べた[29]。

３　近江鉄道の経営と観光開発

琵琶湖周辺の観光開発

康次郎は、近江鉄道を通して琵琶湖周辺の観光開発にも積極的に乗り出した。表８―４は、１９６１（昭和36）年８月における近江鉄道の琵琶湖周辺の買収・借用地の一覧である。康次郎は、甲津畑《こうづはた》、霊仙山《りょうぜんざん》、伊吹山《いぶきやま》、賤ヶ岳《しずがたけ》、海津大崎《かいづおおさき》、箱館山《はこだてやま》、竜王《りゅうおう》、八幡山《はちまんやま》、瀬田《せた》、安土《あづち》など琵琶湖周辺の土地を買収ないし借地し、近江鉄道の観光開発を推進した。ただし、竜王、八幡山、瀬田の土地は西武鉄道が取り扱っていた[30]。

近江鉄道は、１９５６年12月に伊吹山にスキーリフトを設備し、翌57年にはテント村を開設するとともに登山リフトも完成させた。１９５８年12月には、伊吹山の３合目に地上２階、地下１階、収容人員２０５名の伊吹山観光ホテルを開設した（ただし、１９６２年８月に焼失）。その結果、１９５０年代後半の伊吹山では、スキー客が登山客を凌駕し、伊吹山は関西圏随一のスキー場となり、毎年40万人を超えるスキー客が訪れるようになった。

康次郎は、１９５９年８月、湖北の景勝地として知られる古戦場の賤ヶ岳（標高４２１ｍ）に登山リフトなどを架設し、京阪神・中京方面からの格好の観光地とした。また、湖西でも、１９６２年１月に高島《たかしま》郡今津町《いまづちょう》（現・高島市）箱館山（標高５４７ｍ）にスキー場を開設し、

表8—4　近江鉄道の琵琶湖周辺の買収・借用地

地区名	買収総坪数(坪)	借地坪数(坪)	買取単価	坪当借地料(年間)	備考
甲津畑	1,440,000		20円		買取予定坪数1,800,000坪、現在80％完了・残り20％（36万坪）買収予定
霊仙山	720,000 頂上700,000 駐車場20,000		頂上23円 駐車場650円		買収予定、駐車場として3,000坪
伊吹山		600,000		66銭	総額400,000円、建物は近江鉄道所有
賤ヶ岳		4,007		32円	総額128,224円
海津大崎	23,600			681円	総額15,000,000円、全部保安林（解除未申請）
箱館山	166,000 頂上152,000 駐車場14,000		頂上50円 駐車場70円		
竜王＊	1,214,895		100円		買収予定坪数約50,000坪（官有地払下予定地を含む）
八幡山＊	213,611 八幡山133,838 向山79,733		100円		総額21,000,000円（立木を含む）、土地のみの単価は30円
瀬田＊	878,593	44坪68	170円		買収予定坪数約100,000坪
安土	945	136,760	1,500円		借地は契約のみで実質的な貸借関係はない。

出典：由井常彦編著『堤康次郎』リブロポート、1996年。注：原資料は、近江鉄道「滋賀県下当社関係買収地概要」1961年8月1日、＊は西武鉄道扱いの土地である。

46人乗りのロープウェイとスキーリフト2基、ヒュッテ2棟を建設した。その結果、箱館山には年間25万人のスキー客が訪れるようになった。１９６３年に2代目今津町長となった早田昌二は、後年康次郎による箱館山のスキー場開発について、「シニセのマキノ・スキー場が近くにあるという悪条件のうえに、山そのものも雑木林で魅力のないもの。そこへ目をつけたのは、さすがに堤さんのカンの鋭いところ」と評価していた。[31] 湖東の近江八幡市の鶴翼山《かくよくざん》（八幡山）の山頂には、１９６２年から63年にかけて京都市下京《しもぎょう》区から日蓮宗《にちれんしゅう》門跡瑞龍寺《ずいりゅうじ》（別名・村《むら》雲御所《くもごしょ》）を移築し、山麓から山頂にいたる3線交走式のロープウェイを建設した。そこからは雄大な琵琶湖の景観と琵琶湖八景の一つ安土八幡の水郷を一望でき、琵琶湖の新たな観光名所となった。

そのほか、瀬田川《せたがわ》河畔に総面積１００万坪にも及ぶ72ホールのゴルフ場と総合遊園地、竜王地区のゴルフ場と遊園地、湖北の海津大崎の観光遊園地とホテル、霊仙山山頂のスキー場と遊園地、鈴鹿《すずか》山系甲津畑地区のホテル、ゴルフ場、遊園地、ドライブウェイ、安土八幡地区の水郷めぐり、遊園地、ホテルなど、康次郎は琵琶湖を中心に据えて滋賀県全域にわたる観光開発を推進した。[32] また、京都においても１９５９年1月にホテル「都の荘」の経営に着手し、以来「古都」京都と琵琶湖を擁する滋賀とを一体化した観光開発を進めようとしていた。

ところで、自由民主党《じゆうみんしゅとう》の有力な国会議員でもあった康次郎は、１９６１年1月2日から2月14日にかけて、池田勇人《いけだはやと》首相の特使としてアメリカ、イギリス、フランス、西ドイツ、オーストリア、スイス、イタリアなどの欧米諸国を歴訪し、各国の要人と会談をした。アメリカではアイゼンハワー大統領に退任後の訪日を要請し、イギリスでもヒューム外相やマクミラン首相と会談し、マクミラン首相とは訪日の約束を取りつけた。

康次郎は、この旅の途中フランスのニースから大津市長の上原茂次《うえはらしげじ》あてに手紙を送り、国際観光都市スイスのジュネーブと比較しながら、「湖水の景観といい、交通の利便といい、周囲の条件といい、とくに天候のよさは青空を見ることのできない、ヨーロッパの人々には想像もつかない日本の特徴と思われます。（略）この数々な特徴をもつ大津、ビワコを持つ大津市が世界の観光地ジュネーブの如くなることは決して難しいことではないと思いました」と、大津をスイスのジュネーブのような世界的な観光地にしたいという年来の所信をしたためた。[33]

このように康次郎は、近江鉄道を通して琵琶湖周辺の観光開発に打って出たが、その中心は湖東から湖北にかけての地域で、湖南・湖西および湖上は京阪《けいはん》電気鉄道の独壇場であった。すなわち、琵琶湖上の遊覧定期船事業については、京阪電鉄の子会社琵琶湖汽船自動車が独占していて他の追随を許さなかった。また、京阪電鉄は京阪三条《さんじょう》〜浜大津《はまおおつ》間の京津《けいしん》線を経営していたが、それにつながる江若《こうじゃく》鉄道線を1961年7月に傘下におさめた。江若鉄道は浜大津〜近江今津《おうみいまづ》間（51・0㎞）の路線をもち、比良《ひら》「山の家」を京阪電鉄と共同で開業したり、近江舞子《おうみまいこ》の水泳場やキャンプ場を京阪自動車・琵琶湖汽船と共同で経営したりするなど、湖上・湖南・湖西の観光開発において京阪電鉄グループ各社と連携してきた。江若鉄道は経営難から脱却するため大手民間資本との提携を模索しており、康次郎の率いる西武鉄道も強い関心を示していたが、結果的に京阪電鉄が傘下におさめたのである。[34] 近江鉄道は、鉄道をおさえて点と点を結ぶ線を掌握できなかったため、琵琶湖周辺の観光開発では京阪電鉄グループにおくれをとった。それは、また「近江鉄道の大御所故堤康次郎氏が具体的計画も持たずアチコチに手をつけたきらいがあり、出遅れた」からでもあったといわれている。[35]

自動車事業の拡充と関連事業

康次郎は、琵琶湖周辺の観光開発を進めるにあたっても、軽井沢や箱根と同様、自動車事業に積極的に取り組んだ。１９６２（昭和37）年度における近江鉄道の営業収入をみると、鉄道運輸収入は3億３０７８万５６２３円（旅客収入2億２１９２万３１１２円）であったのに対し、自動車運輸収入は11億５３４０万５８２２円（一般乗合バス5億５５７４万２７２５円、一般貸切りバス2億５４７２万５６４３円、ハイヤー・タクシー3億４２９３万７４５４円）で、鉄道運輸収入の約3・5倍もあった。近江鉄道による湖東・湖南から湖北・湖西にいたる開発は、自動車運輸事業の発展と深く結びついていたのである。

近江鉄道が路線バス事業に着手したのは、戦前期の１９３０年12月であった。そして、１９６１年3月1日から2か月間にわたって開催される京都の東西本願寺《ほんがんじ》、知恩院《ちおんいん》、仏光寺《ぶっこうじ》などの御遠忌大法要《ごおんきだいほうよう》を控えて、１９６１年2月に定期バスの京都乗り入れを陳情した。そのさいに、

「定期バスの京都市内乗入れ案件につきましては従来再三再四事情を具申し早急免許の御勇断を只管《ひたすら》懇請致しておりますので、今更ここに重ねて縷々《るる》御説明申し上げるまでもなく」と述べているように、[36]路線バスの京都市内への乗り入れは近江鉄道の長年にわたる悲願でもあった。

しかし、近江鉄道による路線バスの京都市内乗り入れに対しては、京阪電鉄系列の京阪自動車や京都市営バスを運行する京都市長の強い反対があった。京阪自動車は、近江鉄道バスの進出を防ぐため、１９６２年5月に京都～今津間に路線バスの運行を開始した。それでも近江鉄道は、１９６２年2月、念願の八日市～日野～京都間の路線免許を獲得し、それと前後して長浜～彦根～大垣《おおがき》系統の路線も開設した。滋賀県から京都府や岐阜県まで1府2県にまたがる広範な路線網を形成し、63年の路線距離は９１５・３㎞に達し、車輛数は２３０輛、従業員数は８６４人となり、収入は近江鉄道の全収入の42％にものぼるようになった。

京阪電鉄は関西5大私鉄の一角を占め、すでに琵琶湖周辺の観光開発に着手していた。したがって、康次郎の率いる近江鉄道とはいたるところで衝突し、「第2の箱根山戦争」などと呼ばれた。京阪電鉄は、１９６３年5月に京阪三条～八日市間の路線バスの運行を開始したが、これも近江鉄道による八日市・日野～京都間の路線バス事業に対抗する処置であった。[37]

１９６３年7月に名神高速道路が開通すると、京阪神や名古屋方面から琵琶湖までの所要時間が約1時間に短縮され、琵琶湖の観光地としての価値は飛躍的に高まった。近江鉄道は、名神高速道路を利用して、京都、大阪、もしくは名古屋にいたる高速バスの運行も計画した。

貸切りバス事業は、早くも１９５０年６月に開業していた。滋賀県下のみならず、大阪府、京都府、そして愛知県下にまで事業区域を拡張し、１９６３年には96輌の車輌を所有し、滋賀県下における観光開発の進展にともなって、京阪神経済圏から中京経済圏にまたがる機動的な輸送体系を確立した。

　タクシー事業を開始したのは１９４４年12月であったが、高度経済成長が始まる１９５０年代後半に、草津タクシー（１９５７年１月）、八幡タクシー（１９５８年11月）、近江交通（１９５９年１月）、水口自動車（同年12月）、浅井タクシー（１９６０年３月）、野洲《やす》交通（同年６月）、稲枝《いなえ》タクシー（同年８月）、滋賀中央タクシー（同年９月）、信楽《しがらき》タクシー（同年11月）などを次々と買収した。また、１９６０年６月に名古屋に営業所を設置したのを皮切りに、京都や大阪にも営業所を設置し、滋賀県外に事業区域を拡大していった。こうして近江鉄道は、１９６１年１月には、傘下に９社の傍系タクシー会社を擁し、滋賀県内のタクシー業界では最大手となった。タクシー事業部門の収入は、近江鉄道の総収入のほぼ21％を占めていた。康次郎は琵琶湖の湖上交通にも進出し、１９５８年５月には彦根に本拠をもつ橋本汽船、59年11月には大津に本拠をもつ中村遊船を買収した。１９５４年２月には、彦根に旅行斡旋業《あっせんぎょう》の近江観光社を設立し、60年10月には長浜の近江観光旅行社を傘下におさめた。

　また、１９５３年４月には近江鉄道に第２種区画漁業権を獲得させて、琵琶湖の水面３万３０００坪を利用する淡水真珠の養殖に着手した。当初は、琵琶湖周辺の内湖《うちうみ》（琵琶湖湖岸の内側の池、沼、沢）であれば、漁場の環境に関係なく真珠の養殖はできるものと考えられていたが、養殖技術が進歩して内湖を利用する業者が増えると、漁場の立地条件が真珠養殖に決定的な影響を及ぼすと考えられるようになった。近江鉄道の真珠養殖も、１９５７年以降漁場の老衰が顕著となり、母貝の斃死《へいし》をみるようになった。しかし、康次郎は１９５９年には新たに魚類養殖の免許を獲得し、水面の高度立体的利用による栄養化に着手した。養鯉《ようり》事業も始めたので、そのさいの投餌《とうじ》によって栄養塩類が増加し、母貝が安定的に生息するようになった。真珠養殖事業は、１９５７年度には赤字であったが、59年度には31万２０００円の利益を生むようになった。康次郎は早稲田大学在学中にも、三重県の鳥羽《とば》で真珠の養殖を試みたことがある。そのときには見事に失敗したが、今度はそれなりの成果をあげたようである。

東海道新幹線と景観補償問題

東海道新幹線の開通を間近に控えて、康次郎は近江鉄道の将来に危機感を抱いていた。近江鉄道の高宮《たかみや》～五箇荘《ごかしょう》間（７・５㎞）において、東海道新幹線の線路が近接・並行し、しかも高架で近江鉄道の線路の真横を通るので、近江鉄道の景観が損なわれ、騒音もひどくなり、観光鉄道としての性格の強い近江鉄道の経営が成り立たなくなるのではないかというのである。そのため近江鉄道は、国鉄に対しルートの変更を要求し、それができないのなら近江鉄道を買収してもらいたいと願い出た。国鉄の回答は、ルートを変更することはできないが、さりとて斜陽化している地方中小鉄道を買収することも無理であるというものであった。それならば近江鉄道の線路を新幹線と同じ高さにしてほしいと要求したが、国鉄は輸送量の多い鉄道ならばともかく、近江鉄道の場合はその必要が認められないし、仮にそのような工事をすれば５～６億円の費用がかかってしまうといって断ってきた。

そこで近江鉄道は、国鉄に4億円の営業補償を要求することにした。新幹線が壁のように一方を遮るので、①踏切の見通しが悪くなり、事故防止のため踏切（53か所）の改良や警手《けいしゅ》・自動警報機の設置が必要になる、②乗務員の疲労度が増す、③並行区間では湿気が増し枕木が腐る、④騒音から乗客を守るために防音・冷暖房設備が必要になるという不利益をこうむることになる。これらの問題に対処するには2億６２１５万円の費用がかかり、これに旅客数の減少にともなう減収補償を1億５４１０万円と見込み、あわせて４億１６２６万円の賠償を要求したのである。

新幹線と近江鉄道　愛知川駅（著者撮影）

国鉄は、１９６４（昭和39）年10月10日の東京オリンピックの開会式までにはなんとしても東海道新幹線を開業しなければならないという事情があったので、近江鉄道に対して、①踏切改良費に土地買収費をあわせて1億５０００万円、②13年後までの営業補償費として1億円、あわせて2億５０００万円の賠償補償はやむをえないと回答した。近江鉄道も国鉄の回答を受《う》け容《い》れたので、近江鉄道と国鉄の交渉は妥結した。１９６１年12月に踏切改良費などの名目で1億５０００万円、62年6月に残りの1億円が概算払いで支払われた[38]。

こうして東海道新幹線の建設にともなう近江鉄道への補償問題は解決したかにみえたが、１９６３年3月8日、および13日の衆議院運輸委員会でこの問題が取り上げられた。運輸委員会で、国鉄は近江鉄道に2億５０００万円の補償をする合理的な根拠を説明するよう求められた。そのとき、十河信二《そごうしんじ》国鉄総裁は、近江鉄道は東海道新幹線が築堤の上を走り、景観が損なわれて観光客が減少すると聞いているので、その営業補償をしたと回答した。これが「景観補償問題」としてマスコミをにぎわし、なかにはゴネ得、政商的体質を暴露したなどと康次郎を攻撃するものもあった[39]。会計検査院も営業補償の1億円については、「同幹線（新幹線―引用者）の並設により旅客収入源が確実に生ずるものとは認めがたく、従来からその例を見ないもので処置当を得ないと認められる」としていた[40]。

康次郎はこうしたなかで、従業員に対し「国の交通幹線を強化しようとする国鉄には協力しなければならぬ」と考えているが、「巨大な国鉄新幹線が建設され運行が実施されれば、その遥《はる》か下を通る近江鉄道の軌道線は、正常な運行は不可能とな」り、「近江鉄道従業員二、五〇〇人、家族合わせて壱万人は路頭に迷う他なく、滋賀県南部地帯唯一の地方鉄道としての使命を没却する結果となる」。近江鉄道が国鉄に要求したのは、こうした事態を避けるためであり、むしろ近江鉄道が国鉄に妥協した結果であると説明した。

康次郎らしいのは、仮に鉄道部門が成り立たなくなっても、「縁あって近江鉄道に奉職する社員諸君の身分」については、観光部門や自動車部門に吸収して保証する。しかし、「国鉄新幹線、名神高速道の実現は勿論、道路の改善と共に自社他社の自動車輸送が更に発展する事は自然の成りいきであり、その結果旅客、貨物を問わず近江鉄道の電車線が圧迫を受ける事は、も早動かせぬ時代の趨勢であるから、来るべき事態に備えて幹部諸君は勿論全社員諸君が真剣に考えて貰い度い」[41]と、社員の士気を鼓舞し、積極的な観光開発、自動車事業の推進を指示したのである。康次郎が、逝去する前年の３月のことであった。

戦後の新たな開発事業――湘南と八ヶ岳

康次郎は、戦後復興期から高度経済成長期にかけて、箱根、軽井沢、琵琶湖周辺の開発事業を積極的に推進した。これらは、いわば戦前期からの継続事業であったが、戦後になってからは、新たに湘南《しょうなん》や八ヶ岳《やつがたけ》の開発を手がけた。西武鉄道は、１９６１（昭和36）年には三浦《みうら》半島に１５０万余坪の土地を所有し、全域にわたって宅地造成、観光開発を進めた。なかでも谷津《やつ》坂《ざか》（45万坪）、鷹取山《たかとりやま》（50万坪）では大規模な宅地造成を試みた。

鷹取山は京浜急行の追浜《おっぱま》駅から徒歩15分の位置にあり、京浜急行と地下鉄の相互乗り入れが実現しているので、東京の銀座から特急で55分ほどであった。頂上の５０００坪に及ぶ一帯は珍しい奇岩でできており、碓氷峠の妙義山のように美しい景観をなしている。康次郎は、「五万坪のうち二万坪は宅地造成（駅側）、裏手の二万坪をゴルフ場、そして真中の岩石を中心とした残り一万坪を〝石画のメッカ〟としたユニークな遊園地にする」と鷹取山の開発計画を考えていた。[42] 山頂付近の名勝や観光資源はそのまま残し、周囲の山麓一帯約40万坪を造成して大団地をつくるという計画であった。

一方、１９６１年2月には西武百貨店に不動産部を設置し、長野県南佐久郡南牧村《みなみまきむら》の村有地・海《うみ》ノ口《くち》牧場の開発に着手した。前年の11月に南牧村から八ヶ岳連峰のふもとの放牧地を一大観光地にしてほしいという要請を受け、それに応えようとしたのである。１９６３年の春から土地の買収交渉が進み、同年7月に２００万坪の土地を2億円で購入するという契約が成立し、11月には八ヶ岳観光開発委員会を発足させた。なお、康次郎は１９５８年に群馬県前橋市の有志から赤城山《あかぎさん》開発の要請を受け、それにも応えようとしていた。

しかし康次郎は、のちに述べるように１９６４年4月に死去するので、湘南、三浦半島、八ヶ岳、赤城山の開発をみずからの手で完成させることはできず、次男の清二に引き継がれることになった。

終章　事業の継承

1　康次郎から清二へ

康次郎の死

康次郎は、１９６４（昭和39）年４月26日の午前８時10分、東京・新宿区の国立東京第一病院で75年の生涯を閉じた。死因は心筋梗塞であった。戦時下の１９４３年に前立腺肥大を発症して長らく悩んでいたが、52年に手術をして全快し、健康状態はきわめて良好であった。そうしたなかでの突然の死であった。

琵琶湖西岸を通る湖西《こせい》線の敷設について、選挙区である滋賀県の有力者から要請を受けていた康次郎は、４月24日の朝、閣議前の池田勇人首相を新宿区の私邸に訪ねた。国鉄による湖西線の敷設を陳情したのち東京駅に向かったが、その東京駅で倒れ、２日後に息を引き取った。

康次郎の死去した日の翌日に日本のＯＥＣＤ（経済協力開発機構）加盟が承認され、約半年後の10月1日には東海道新幹線が開通し、10日には東京オリンピックが開幕した。日本は先進国への仲間入りを果たしつつあった。

康次郎の死から12日目の１９６４年５月８日、康次郎の次男で西武百貨店店長の堤清二は日本工業倶楽部で記者会見し、康次郎死後の西武系各社の運営方針を発表した。すなわち、西武系58社の運営については「集団指導制」をとり、国土計画興業代表取締役堤義明、西武鉄道社長小島正治郎、西武百貨店店長堤清二、西武鉄道常務取締役宮内巌《みやうちいわお》、西武化学工業社長森田重郎の５人で協議して方針を決定する。また、西武系各社は、西武鉄道、国土計画興業、西武百貨店、西武化学工業の４社を中核企業とし、それぞれが傘下に関連企業をもち、「４社が独自の決定権をもちながら相互に協力する」とした。そして、このような４社の結合方式を「連邦制」と呼び、「社会的責任の自覚に立脚する」ことを経営理念とし、当面個々の事業計画、役員の変更は行わないとした[1]。清二と義明は康次郎の息子、小島と森田は康次郎の娘婿、宮内は西武系企業の番頭格で、いずれも康次郎の生前から西武系各社の経営方針を決定した金曜会のメンバーであった。

よく知られているように、康次郎の事業は次男の清二と三男の義明に継承された。清二は康次郎から西武百貨店の事業を引き継いで西武流通グループを築き、さらにセゾングループへと発展させ、辻井喬の筆名で詩や小説を書いていたこともあって、財界の寵児《ちょうじ》として脚光を浴びた。一方、義明は国土計画興業（箱根土地会社）、西武鉄道を継承して西武鉄道グループを形成し、一時は世界一の富豪として注目された。康次郎が形成した西武コンツェルンの中核をなす国土計画興業と西武鉄道を引き継いだのが義明なので、一般的には康次郎の事業の正当な後継者は義明であるとみなされている。しかし、康次郎の事業の継承については、もう少し掘り起こしてみる必要がある。

「家産」と「事業」

康次郎の事業の継承がどのようになされたのかを考えるとき、清二の次のような発言が注目される。清二は、２００５（平成17）年5月に行われた日本経済新聞社の論説委員吉野《よしの》源太郎《げんたろう》との対談のなかで、康次郎の企業家活動について、「先代の堤康次郎の時代にはオーナーとしての彼の強烈な理想があった。例えば、軽井沢や箱根の別荘地開発では、「一部の大金持ちだけが楽しむ場所であっていいはずがない」と、本気で考えていたんです。だから「10《（ママ）》円別荘」という構想を具体化するために、バンガローだとか何だとか様々な案を建築家に出させていたのを覚えています。国立の学園都市も、幹部にドイツの大学都市を研究させているんです」と述べている[2]。康次郎の軽井沢や箱根の開発、さらには国立学園都市の建設には明確な経営理念があった。それは、大正デモクラシーの担い手として成長してきた新中間層向けの別荘地や住宅地をつくるということであった。康次郎には、時代をとらえる目とそれを推進していく「変革」への志向があったというのである。康次郎が戦時期に統制経済を推進する商工次官の岸信介に批判的で、商工大臣の小林一三を評価していたのも、統制経済のもとでは彼の旺盛な事業欲を満たすことができなかったからである。小林は阪急電鉄の創業者の一人で、戦時期の１９４０（昭和15）年に第２次近衛内閣の商工大臣に就任したが、経済政策をめぐって商工次官の岸信介と鋭く対立していた。[3]

しかし、清二によれば「康次郎も年を取ると思考が単純化し」、戦時体制が長期化するにつれて経営理念が大きく変化していった。それは、日米開戦１年後の１９４２年12月８日に家族に向かって読み聞かせた「堤家之遺訓」のなかによく表れている。「遺訓」は、「たとえ国家が滅びても、堤家は守らなければならない」という思想に貫かれていた。それまでの康次郎には、国益やあるべき社会のビジョンが明確にみられたが、国益や社会の利益よりも堤家の存続を優先する思想に転換してしまったというのである。[4]

「遺訓」では、康次郎の事業が堤家の事業として把握され、康次郎死後も永続しなければならいとされていた。そして、「堤家永遠の計を慮《おもんぱか》り五代目の相続人を清二と定め事業の中心を清二に命ずる」と、堤家の相続人も事業の継承者も次男の清二であると定めた。すでに１９４０年６月３日には、箱根土地会社の株式13万８５３９株を清二に贈与するよう手続きが完了していた。ただし「遺訓」は、清二を堤家の相続人とし、事業の中心を清二に命じたからといって、これは「清二に私有財産として与へるもの」ではなく、「堤家の事業の管理人と云ふ観念に外ならぬ」とわざわざ断っている。すなわち、康次郎の事業も堤家の「家産」の一部であって、清二にはその管理をまかせるだけだというのである。[5]

さらに康次郎は、戦後の1961年6月24日、「家憲」を定め秘書に口述筆記させている。「家憲」と「遺訓」の関係は必ずしも明らかではないが、その項目をみると、①物事に軽重の判断を誤るな、②兄弟仲が良くて事業をつぶした例、③兄弟仲が悪くて事業をつぶした例、④事業がつぶれる原因、⑤事業を永く続かせる心構え、⑥危急に陥った場合の処置、⑦各会社個別的に独立の体制を取れ、⑧自分で会社の株を持とうと思うな、⑨心配になる会社、⑩女の入知恵に迷うな、⑪祖父に対する愛情と責任、⑫事業を永く続かせる組織、⑬門外不出の家憲という13項目からなっており、「金融機関との意志の交流」という付言が付け加えられている。康次郎の事業を堤家の家産としてとらえ、それを永続させる秘訣《ひけつ》を述べているのは「遺訓」と同じだが、「遺訓」では清二が堤家の5代目を継ぐことになっていたのに対し、「家憲」では兄弟の序列が「義明、清二、康弘《やすひろ》、猶二《ゆうじ》」の順になり、義明が清二よりも上位に位置づけられている。康次郎の事業の第一の継承者が清二ではなく義明であるとされたのである。[6] 実際に、康次郎が死去したのちの事業継承では、西武コンツェルンの中核を占める国土計画興業や西武鉄道は三男の義明が継承し、清二が継承したのはまだ発足したばかりで海のものとも山のものともつかない西武百貨店であった。

この事業の継承について、清二は「康次郎は昔は革新派だったのだから、僕は彼の思想的系譜を継いだと言えるかもしれない」としながらも、「僕に後を継ぐ気がないから、（後継者の…—引用者）選択肢の中には僕は存在しなかったと思いますね」と語っている。[7]清二は康次郎の思想（経営理念）を継いでいるが、事業を継承する気はなかったというのである。ここで清二が「事業」と呼んでいるのは、康次郎が堤家の「家産」と位置づけた「事業」のことである。

義明は、康次郎の事業を継承しながら西武鉄道グループを率いてきたが、2004年4月に西武鉄道の会長を辞任する事態に追い込まれた。同年3月に西武鉄道が株主総会の円滑な運営を目的に総会屋に子会社を通じて土地を安く提供し、8800万円を供与したという疑いで同社の役員6名と総会屋3名が逮捕され、義明はその責任をとったのである。

そして翌2005年、今度は義明が西武鉄道株の虚偽記載、インサイダー取引の容疑で逮捕された。義明は、2004年6月、西武鉄道前社長の小柳皓正《てるまさ》らと共謀して、実際には64・83%であったコクド（1992年に国土計画株式会社が株式会社コクドに商号変更）の西武鉄道株保有比率を43・16%と偽って有価証券報告書に記載していたのである。また、当時、コクドやプリンスホテルなど西武鉄道の大株主上位10社で同社の株式の88・57%を保有しており、東京証券取引所の上場廃止基準である80%を超えていた。

問題は、こうした保有株の虚偽記載が康次郎の時代から行われていたことである。義明は、康次郎の教えを忠実に守り、経営のプリンシプルも「全部、親父《おやじ》から受け継いで」、西武鉄道グループの舵をとってきた。そのことは、義明みずからが「私と父親のかかわり方は特殊です。

だから、私の経営のやり方も特殊です。私が自信をもって経営できるのは、親父の思想でやっているからです。それでうまくいかなくてもどうってことない。私独自の考えなら、そんなに強くは言えません。私の考えで失敗したら申し訳が立たない。親父の考えに沿ってやるだけです。だから、周りの意見を聞く気もない。親父は死ぬとき、あと10年は俺のいったとおりやれ、そのあとは自分の考えでやっていいといって、事実そうしてきました」と述べていることからも明らかであろう[8]。

義明はみずからの経営に合格点をつけているが、それは康次郎の経営手法をそのまま踏襲してきたからにほかならない。というのは、当時も経営環境は康次郎の時代とそれほど変わりはなく、康次郎の経営手法は有効であると考えていたからである。堤家の「家産」として「事業」を継承した義明は、それを維持していくために康次郎の遺言を守り、その経営手法をそのまま踏襲したのであった。

しかし、清二によれば、義明には康次郎のような経営理念がないので、経営の形だけ継承したにすぎず、そうした経営が「破綻するのは当然」であった[9]。康次郎の経営には、「創業期のあの時代にはマイナス面もあったが、プラス面の方が多かった」と思われる。しかし、そのころと比べると経営の規模はとてつもなく大きくなり、世の中も変わった。そうした変化を見落として、「父親は偉い人だったが、いつまでもそのやり方が通るとは限らない、などとは考えも」せずに、「独裁でやってきた結果、すべてを失った」のである[10]。

堤康次郎と清二　1961年（写真・中央公論新社）

こうして、２００５年になって明るみに出たコクドの名義株問題は、義明への事業継承が実は堤家の「家産」の継承にほかならなかったことを実証することになった。

堤清二の事業継承

堤清二は、康次郎からの事業継承に関連して、東京の大手私鉄の2代目経営者根津嘉一郎（東武鉄道）、五島昇（東急電鉄）との鼎談《ていだん》のなかで「遺産相続というのは意味ないですよ。財産などもってもしょうがないですからね。事業経営者として、活動していくに足る条件さえあったら、あとはいらないですよ」と語っていた。清二は、「家産」ではなく「事業」の継承を望み、「西武事業群の体質を変えて」いかなければならないとして、「いままで、ワンマンでやっていたわけですから、いろいろな形がワンマン・コントロールにふさわしい形になっている。トップのところだけが集団指導制になっても、それに応じた体質というものができてこないと困るわけです」と、康次郎のワンマン経営からの脱皮を訴えていた[11]。

清二は、強力なリーダーシップを発揮して、康次郎死後の西武グループをまとめ、１９６４

（昭和39）年5月1日に「西武コンツェルン経営の基本路線」を定めた。「基本路線」では、①故堤康次郎会長の「感謝と奉仕」を経営理念とし、②最高意思決定および調整機関として火曜会を置き、③国土計画興業、西武百貨店、西武鉄道、西武化学工業の4社への権限委譲と集中管理経営という経営の3原則が定められた。すなわち、清二のいう中央集権連邦制を原則に、集団指導による民主的運営を行うことになったのである。

このように清二は康次郎のワンマンコントロールで経営されてきた西武系企業を、幹部役員による合議制、すなわち「集団指導制」に転換させるというのであるが、そのためにはグループ企業がワンマンコントロールに馴染《なじ》んだ体質を改善し、集団指導制にふさわしいものへと脱皮しなければならなかった。つまり、幹部の意思決定システムを変えるだけでなく、グループ内の各企業の体質を集団指導制にふさわしいものへと改善しなければならないのであった。

それには多少の時間がかかるが、さいわいその時間は康次郎によって十分に確保されていた。宅地造成では「ほとんど商品として完成まぎわまできているものが多」く、「それを売り出さないうちに、オヤジはたおれた」のであった。したがって、「ここ数年、不動産収入は急増していく」ので、「その間に、体質改善をやる」ことができるというのである。[12]

清二は、グループ企業の体質改善について、東京芝の東京プリンスホテルの完成を機に、ホテル業は「不動産業から出発したという色彩」から脱皮する必要があると述べた。また、「ホテルというものは一部の上流階級の人だけが使うものだとか、あるいは外人が使うものだとかいうイメージが強い。大衆が旅行する時代になったのだから、みながエンジョイできる場所にすべきじゃないか、そんなことを考えています」と、大衆化時代にみあったホテル業のあり方を模索していた[13]。ここには、軽井沢や箱根の別荘地の大衆化をめざした康次郎の開発構想を彷《ほう》彿《ふつ》させるものがある。

また、西武百貨店については「デパート業として一人前になる、という意欲でやらなかったらだめ」であると述べた。そして、さらにそれを敷衍《ふえん》して、それぞれの会社が「独立した一人前の会社にならなければいかん」とも述べていた。そのため、親会社、子会社という呼び方をやめ、独立した企業の連合体になるという意味を込めて「連邦制」の確立を主張していた。西武鉄道と西武百貨店の関係についても、「各社でいちばん動かしている資金量の多いのは西武鉄道ですが、その意味では西武鉄道が西武グループの中心になってきている。ただデパートも大きくなってきたから、おのおので資金繰り計画を組んで、やれるようになってきましたけれども。なんといっても資金化する基礎は西武鉄道がいちばん強く、不動産を持っているだけに。資金化する能力は、回転が早いだけ、デパートがわりあいあるわけです。そういう意味では、鉄道とデパートはいつも協力してやっていくことが必要ですね」と述べていた[14]。

2 清二の企業家活動と経営理念

西武鉄道グループの形成と「市民産業論」

清二は、西武百貨店の店長に就任して以来、売上高日本一を標榜《ひょうぼう》し、同百貨店の経営近代化のためにさまざまな方策を推進し、１９６３（昭和38）年7月、表終―1にみるように西武百貨店を中心に、西友ストアー、西武産業、マンロー商会、西武青果綜合食品、西武自動車販売、朝日ヘリコプター、東洋航空事業の7社を糾合して、西武流通グループを発足させた。また、清二は強力なリーダーシップを発揮して、康次郎亡きあとの西武グループをまとめてきたが、同時に西武百貨店の人事・組織の近代化を進め、店舗・売場・仕入れの革新を断行し、「西武鉄道の微々たる子会社」にすぎなかったターミナルデパートの西武百貨店を総合百貨店へと発展させ、国土計画興業や西武鉄道などと対等な地位に引き上げ、西武グループ内における小売業の地位を確立させた[15]。

しかし、清二による小売業の確立は、通常の百貨店の枠内ではおさまらなかった。清二は、「百貨業」を「大衆マーケットをつかんでいる西武百貨店としての新しい商社活動」と位置づけ、生活に必要な衣・食・住にかかわる商品とサービス一般を広く提供するという方向を打ち出した。西武百貨店は、従来の百貨店から一歩踏み出したのである[16]。清二がこのような方針を打ち出したのは、目の前で進行している「消費革命」による消費者各階層の生活の変化に、西武百貨店は早急かつ積極的に対応しなければならないと考えたからである。１９６０年代半ばから第一次石油危機が勃発する１９７３年ごろまでの日本経済は量的に急拡大をとげたが、同

表終—1　西武流通グループの概要（1963年８月）

（単位：万円）

会社名	設立年月	代表者	資本金	売上高（年度・期）	事業内容
（株）西武百貨店	1940年３月	堤清二	2,400	1,470,140（1963年度・上半期）	物品販売業
西武百貨店燃料部	1963年２月			59,062（1963年度・２～６月期）	石油卸・小売、ガス器具卸・小売
西武百貨店貿易部	1962年２月			55,572（1963年度・２～６月期）	衣料品・雑貨輸出入業務
（株）西友ストアー	1963年４月	堤清二	2,000	375,612（1962年度）	物品小売業、食堂経営
西武産業（株）	1956年２月	田中利一	5,000	60,767（1962年度）	食品製造業、木工工事請負業、ほか
（株）マンロー商会	1925年10月	古賀新	200	140,590（1962年度）	保存食品卸売業
西武青果綜合食品（株）	1953年３月	堤清二	100	39,620（1962年度）	青果物卸・小売、鮮魚・氷販売
西武自動車販売（株）	1963年10月	堤清二	10,000	76,313（1962年度下半期）	自動車販売、車両保険取扱、ほか
朝日ヘリコプター（株）	1955年７月	堤清二	30,000	30,074（1962年度）	ヘリコプターによる各種請負業
東洋航空事業（株）	1960年10月	堤清二	10,000	18,084（1962年度）	航空写真撮影・測量、製図、ほか

出典：由井常彦『セゾンの歴史——変革のダイナミズム』上巻、253頁。注：原資料は「管理者ニュース」（1963年８月）。

時に産業構造が大きく変化して「豊かな時代」が到来し、人びとの消費は高級化、多様化、個性化へと向かうようになった。西武流通グループの積極的で多様な拡大戦略は、こうした消費構造の変化に敏感に反応したものといえる。

かくて西武百貨店の業務は著しく拡張し、単なる商品の販売に止まらず、航空機（ヘリコプター）・自動車の販売、石油・プロパンガスの販売、自動販売機の販売とメンテナンス、ヨットハーバーの開設、コインランドリー、分譲住宅の販売、観光地開発など、サービス業務や施設の運営にまで及んだのである。これらの諸事業は失敗に終わったものも多いが、のちに西武流通グループからセゾングループへと展開するさいの多面的・多角的戦略と、それを支える経営理念が早くも芽生えていたとみることができよう。

清二は、不動産業にも並々ならぬ情熱を燃やしていた。西武百貨店は１９６１年2月に不動産部を開設し、住宅（地）の分譲、観光開発、ホテル経営などに進出し、新所沢グリーンヒルの住宅地分譲、八ヶ岳海ノ口の別荘地開発、東京芝の東京プリンスホテルなどを手がけた。また「百貨業」を標榜し、百貨店の顧客に住まいのサービスを提供するという観点から、「土地からカーテンまで」のキャッチフレーズのもとに、西武百貨店の5階にハウジングセンターを開設し、住宅の販売・設計・管理、インテリア、割賦販売の事務などを行った。八ヶ岳海ノ口の別荘地開発は、康次郎が最後に手がけた開発事業で、清二も大きな関心を示していた。そのため、一時は西武鉄道の所有となっていたが、１９７０年に再び西武百貨店に戻したのである。

以上のような清二の企業家活動は、「市民産業論」という経営理念によって支えられていた。清二によれば、市民とは自主性をもった都市市民、産業とは大規模で合理性をもった企業のことであるが、市民（＝消費者）の側に立った価値基準にのっとってマーケットを考え、メーカーに対しても主張し、マーチャンダイジング（商品を売るための計画や戦略）にも取り組んでいかなければならないというのである。康次郎が提唱していた「感謝と奉仕」という経営理念を、清二は「市民産業論」に進化させ、西武流通グループの成長を支える経営理念としたのである。

セゾングループの形成と生活総合産業論

１９７３（昭和48）年の第一次石油危機から80年代にかけて、日本経済の局面は高度成長から低成長へと大きく転換した。清二は、この低成長を人間にとっては「合理的な成長」であるとみて、流通業＝マージナル産業という構図を明確にした。マージナル産業とは、キンケイ食品工業の合併、レストラン西武の「外食の産業化」、緑屋（月賦制の小売店）の再建、西武クレジット（クレジットカードビジネス）、シアーズ社との提携による生命保険業への進出など、西武流通グループの物販小売業という事業領域を超えた事業を意味した。西武流通グループの事業は、市民生活のほぼ全面にわたって物財やサービスを提供するものとなったのである。

こうして清二は、低成長をむしろ「順風」ととらえて活発な事業を展開し、西武流通グループは「生活総合産業」に向けた拡大戦略をとり、セゾングループへと進化していくのであった。

1983〜88年の前半は不況期の延長、後半は大型景気への移行期であった。清二の経営理念である「市民産業論」は、この時期に「生活総合産業論」へと表現が変わったが、基本理念に変更があったわけではなく、ソフトサービス化、情報化、国際化など、新しい産業社会への適応を意図し、パラダイム転換とともにグループ各社のいっそうの変革と拡大を促した。清二は、こうしたセゾングループを、マスマーケットを対象とした「生活総合産業」という「理念共同体」であるとみなし、ピラミッド型ではない並列型で、情報ネットワークによって構成諸企業を結合させる「リゾーム（地下茎）」型の組織への再建を試みている。セゾングループは、日本の消費者、主として都市生活者を対象として、年齢や性別などを問わず、それらの人びとの生活のあらゆる分野に密着した事業を展開するのであった。

　西武都市開発から西洋環境開発へと展開をとげる開発事業は、こうした堤清二の経営理念を体現するものであった。西武都市開発は、西武化学工業の不動産部門が1972年に独立したもので、西武百貨店の不動産部門と協力をしながら住宅地の開発や分譲を手がけてきたが、74年になると土地投機の失敗が明らかになり、流通グループの屋台骨を揺るがすほどの影響を及ぼした。清二は、西武都市開発の失敗について、「投機に失敗したのは、投機に走るような企業体質に難点がある」「西武流通グループの経営理念が理解できない経営者に長い間指導され、一九七五年から経営が代わったものの、過去を十分に払拭できな」かったからであるとし、1976年を「新しい不動産ビジネス、レジャービジネスの元年」と位置づけた。

清二によれば、古い不動産ビジネスは「消費者不在の不動産業」で、インフレ率を上回る地価の上昇が続いたことで、土地さえもっていればその土地を整理して売りに出し、労せずして利益を得るというものであった。古い不動産ビジネスでは、買い手の地価上昇への期待と売り手の情報不足に依存して、できるだけ販売差益を高くとって利益をあげるのである。

しかし、こうした古い不動産ビジネスは、消費者の強い不信を招くことになった。したがって清二によれば、新しい不動産ビジネスは平和で人間的な生活を望んでいる消費者の要望に応えるものでなければならなかった。清二は、古い不動産業から市民的な要請に応えうる新しい不動産業への転換を意図していたのである。[17]

しかし、西武都市開発は第二次石油危機後の高金利の影響を受けて増収減益が続き、１９８３年度には大幅な経常赤字を記録したのである。そこで、清二は１９８６年１月に西武都市開発と、シティクリエイト、太洋不動産興業の３社を合併させて西洋環境開発（資本金50億円）を発足させた。住宅地の分譲を中心に展開してきた西武都市開発は、西洋環境開発という総合デベロッパーへと進化したのである。清二によれば、いまや不動産業は「土地の価格でなく価値をあげる時代」になったのである。

それでは、土地の「価格」ではなく「価値」をあげるとはどういうことか。清二は次のように語っている。[18]

西武都市開発が大量の土地在庫を抱えてニッチもサッチもいかなくなった40年代の後半、僕は土地在庫の棚卸をしてみた。そしたら保安林にひっかかっていたり市街化調整区域だったりして社内でも非難ごうごうだった。

僕も困ったが、ちょっと待てよ、こんなバカな投資をする会社は日本にもそうない。これは希少価値ではないか。これを生かそうと考えた。保安林でまともに開発できない赤城《あかぎ》なら逆に自然をそのまま残したほうがいいというように。しかし、この発想の転換にはえらく苦労しました。

西武都市開発が購入した土地は赤城20万坪、京都の市街化調整区域60万坪などで、いずれも不動産業界の評価は低いものばかりであった。清二はこれらの土地の個性を生かすことを考え、赤城には赤城自然観察園をつくり、京都では桂坂《かつらざか》の古墳跡（大枝山《おおえやま》古墳群）を古墳公園とし、森をバードウォッチングのできるようにつくり変え、環境形成に配慮した戸数3000戸、人口1万2000人の住宅地をつくった。さらに同社は、北海道十勝《とかち》のサホロリゾート、三浦半島一帯のシーボニア、逗子《ずし》マリーナ、葉山《はやま》マリーナ、八ヶ岳高原海ノ口自然郷、さらには尼崎の複合商業施設「つかしん」、ホテル西洋銀座などの諸事業を展開していった。いまやセゾングループは、流通を核とする企業グループに進化し、グループ企業の創造性とシナジー効果が重視されるにいたった。

3　康次郎と清二

堤清二は、1991（平成3）年にセゾングループからの引退を宣言したが、その後も実質的にはセゾングループの代表という立場をとってきた。バブル経済崩壊後の1993年3月期、西武百貨店は無謀な拡大戦略が裏目に出て、創業以来の経常赤字となった。セゾングループとしても、バブル経済崩壊後は急速に経営を悪化させ、瓦解していった。その要因の一つは、西洋環境開発の経営悪化であった。同社は、単なる小売業から脱して生活総合産業を標榜した清二の経営理念を体現し、リゾート開発や都市開発を推進してきた企業であった。バブル経済崩壊後、高値で購入した土地の価格が下落し、1999年3月期には有利子負債5500億円、債務超過3700億円に陥り[19]、2000年7月の臨時株主総会で解散を決議し、東京地裁に特別清算を申請して倒産した。清二は、「西洋環境開発の経営で借り手として、土地本位制の罠《わな》にはま」ったのではないかという、日本経済新聞社論説委員吉野源太郎の質問に次のように答えている[20]。

あれは、やっぱり不動産部門の暴走、独走ということですね。銀行は土地投資に大変な力の入れ方だった。「とりあえず金を借りてお買いになり、1年後に転売なされば、絶対に利益が出ますよ。預金なさっているよりも有利です」と言う。金融機関が言うべきことではないですよね。私は、本質的な価値を増やさない経営活動は認めない、と言っていたのですが、ある時に西洋環境開発の動きがどうもおかしいと気づいた。実は、「あの企業は危ないよ」と忠告してくれたのは、別の銀行なんです。僕は、その人には今も感謝しています。それでチェックを始めたら、それはまあ、本当にひどいことになっていた。私の監督不行き届きは免れない。その責任は取ったつもりですが、明らかに私の失敗でした。

　ここで、清二が責任をとったとしているのは、12億円の現金とセゾングループ各社の株式からなる私財約１００億円を提供したことである。そして、清二は１９９９年5月にグループ内の企業の全役職を退任しているので、大株主としても重役としても発言力を失い、清二のセゾングループは崩壊したのである[21]。

　橋本寿朗《はしもとじゅろう》は、セゾングループの多角化について検討し、「セゾンにとって、少なくとも堤清二にとっては社会に何をなしえたかが重要であった」と述べているが[22]、そうした事業を展開していくなかでセゾンは借入金依存体質を強めていった。事実、清二は借入金にはひどく楽観的で、「借入金は多いんですが、放っておけば減っちゃいますよね。今の８０００億とか９０００億円とかいうボリュームで回っていくなら、あまり減らさない方がいい。そこらがちょっと決算マインドが違うというんでしょうね」と述べている[23]。しかし、セゾングループが１９９１

年のバブル経済崩壊後に瓦解していく要因は、まさにこの借入金依存体質にあったといわなければならない。

清二は、顧客第一主義の経営理念を掲げて旺盛な企業家活動を展開し、西武流通グループをセゾングループへと進化させた。その過程で、康次郎の「感謝と奉仕」という経営理念も「市民産業論」「生活総合産業論」へと進化させながら継承したが、同時に借入金に過度に依存するという経営体質も継承し、膨張させてしまった。そのことが、バブル経済崩壊後に西洋環境開発の破綻を招き、「人間の論理」と「資本の論理」、「収益性」と「創造性」といった矛盾する理念が錯綜《さくそう》するセゾングループの崩壊をもたらしたのである。

康次郎の事業は清二に継承され、西武流通グループからセゾングループへとマーケット指向的な事業が展開されたが、借入金への過度な依存という企業体質は、康次郎の創業した箱根土地会社以来変わることがなかった。康次郎や清二の旺盛な企業家活動は、地価の継続的な上昇という条件のもとでなされたもので、その条件が失われるともろくも崩れ去ったのである。

なお、三男の義明が康次郎から継承したのは事業ではなく家産であった。すでに述べたように、康次郎は、１９６１（昭和36）年6月24日、膀胱結石《ぼうこうけっせき》で入院したときに13条と「付言」からなる家憲を定めた。そこでは、みずからが築き上げた西武グループを堤家の家産ととらえ、「自分で会社の株を持とうと思うな」と戒めていた。西武鉄道の株式の8割以上を非上場会社の国土開発興業が所有していたが、それはいわば名義株で、実際には康次郎と一部の堤家の人間で所有していた。

２００５年にこの西武鉄道の名義株問題が発覚し、同年3月に義明は証券取引法違反（西武鉄道株虚偽記載・インサイダー取引容疑）で逮捕され、西武鉄道グループの会長を辞任することになった。義明は、康次郎の遺志を継いで西武鉄道グループを率いてきたが、西武鉄道グループを事業としてとらえていたわけでなく、堤家の家産とみていた。康次郎の事業を継承したのは、国土計画興業、西武鉄道を継承した三男の義明ではなく、西武百貨店を継承して西武流通グループを形成し、それをセゾングループへと進化させた次男の清二であったといえよう。

あとがき

筆者が堤康次郎の企業家活動に興味をもったのは、日本経営史研究所の田付茉莉子《たつきまりこ》先生（青山学院大学名誉教授）から、同研究所が堤康次郎の伝記の執筆を引き受けたので手伝わないかという誘いを受けたのがきっかけである。この仕事は、康次郎の次男でセゾングループを形成するとともに、詩人・作家でもあった異色の経営者堤清二氏からの依頼で、由井常彦先生（明治大学名誉教授）を中心に前田和利《まえだかずとし》先生（駒澤大学名誉教授）と筆者が執筆を分担するという形で進められ、１９９６年に由井常彦著編『堤康次郎』（リブロポート）として出版された。そして、その後も明治大学の佐々木聡《ささきさとし》氏が編まれた著書に堤康次郎の企業家活動に関する小論を執筆させていただいた。

一方、筆者が大学院時代から師事してきた法政大学の野田正穂《のだまさほ》先生も堤康次郎と西武グループの研究を進められていた。ある日、居酒屋でいつものように二人でお酒を飲んでいると、先生が筆者に向かって、自分が西武の研究をまとめ切れなかったら、是非引き継ぐようにといわれた。そんなこともあって、２００８年に先生が他界されてから、何とか康次郎の企業家活動についてまとめてみたいと考えるようになった。本書の冒頭でも述べたように、康次郎は強烈な個性とたくましい商魂をもって20世紀を生きぬき、一代で西武グループを築いた大実業家である。それだけにさまざまな人からさまざまに語られているので、このさい康次郎の企業家活動をできる限り実証的に描いてみようと考えた。

本書が野田先生に満足いただけるかどうかについてはまったく自信がないが、ともかく堤康次郎の企業家活動をまとめられたことに安堵している。中公新書の編集者酒井孝博氏には、筆者の長年の思いを受け止めていただき感謝に堪えない。ただ、本書の原稿がほぼできあがった段階で、データが一瞬のうちに消え去るというアクシデントに見舞われた。そんなこともあって、原稿の完成が大幅に遅れてしまったが、そのおかげで本書は康次郎の没後60年の年に、しかも彼の誕生月の3月に出版されることになった。

最後に、筆者に堤康次郎を引き合わせてくれた田付、由井、野田の諸先生に、改めて感謝を申し上げたい。

２０２４年１月

老川　慶喜

堤康次郎略年譜

年	年齢	事項
１８８９年	0歳	３月７日・滋賀県愛知郡八木荘村で父猶次郎、母みをの長男として出生
１８９３年	4歳	９月・父猶次郎死去
１８９４年	5歳	４月・八木荘尋常小学校入学（母のみをは実家に戻る）
１９０２年	13歳	３月・八木荘尋常高等小学校高等科卒業（滋賀県立第一中学校への進学を断念し農業に従事）
１９０３年	14歳	６月・祖母のきりが死去
１９０４年	15歳	（土地改良〔二毛作〕・耕地整理に専念）
１９０６年	17歳	４月・京都の海軍予備学校に入学
１９０７年	18歳	３月・海軍予備学校を卒業し、愛知郡役所の雇員となる。４月・祖父清左衛門死去
１９０９年	20歳	４月・早稲田大学高等予科に入学（下宿を豊多摩郡落合村下落合に構える）
１９１０年	21歳	７月・早稲田大学高等予科を修了し、大学部政治経済学科に進む（後藤毛織の株価の値上がりで利益を得る）
１９１１年	22歳	３月・日本橋蛎殻町の三等郵便局長となる

1912年	23歳	5月・渋谷で鉄工所を経営するが失敗
1913年	24歳	5月・学内雄弁会で1等に入賞。7月・早稲田大学卒業
1914年	25歳	6月・豊多摩郡落合村下落合の大地主宇田川家から2667坪の土地を買い入れる。12月・『日露財政比較論』を博文館から出版
1915年	26歳	2月・大日本国防義会で「支那の将来と日露の関係」と題する講演を行う
1916年	27歳	7月・千代田護謨の専務取締役に就任
1917年	28歳	1月・新日本社（雑誌『日本』を刊行）社長に就任。4月・東京護謨を設立。12月・長野県北佐久郡東長倉村で区有地60万坪（実測80万坪）を買い入れ、沓掛遊園地会社を設立
1918年	29歳	6月・大日本円形真珠会社を設立
1919年	30歳	2月・千ヶ滝遊園地会社を設立。4月・箱根開発に着手し、強羅に10万坪の土地を購入
1920年	31歳	3月・箱根土地会社を設立。4月・箱根遊船会社を設立。12月・高田農商銀行の筆頭株主となる（落合府営住宅の敷地1万坪を提供）
1921年	32歳	10月・箱根土地会社の専務取締役に就任。12月・強羅土地会社設立
1922年	33歳	3月・箱根土地会社がグリーンホテルを合併。6月・目白文化村の分譲開始
1923年	34歳	7月・グリーンホテルを新築オープン。8月・南軽井沢の開発に着手
1924年	35歳	5月・第15回衆議院議員選挙に初当選。3～5月・渋谷道玄坂百軒店で全国物産共進会を開催。9月・新宿園を開園。10月・大泉学園都市の分譲開始。11

		月・武蔵野鉄道に寄付した東大泉駅（現・大泉学園駅）が開業
１９２５年	36歳	1月・国分寺大学都市（小平学園）の分譲開始。4月・箱根土地会社が強羅土地会社を合併
１９２６年	37歳	3月・箱根土地会社の経営悪化、事実上の破産状態に。4月・鉄道省に寄付した国立駅が開業、国立大学町の分譲開始
１９２７年	38歳	3月・青山操との間に次男清二が生まれる。東京商科大学予科の小平学園への移転が決まる。4月・東京商科大学の国立大学町への移転が始まる
１９２８年	39歳	1月・多摩湖鉄道を設立
１９３１年	42歳	7月・武蔵野鉄道の失権株式を競落
１９３２年	43歳	8月・十国自動車専用道路（熱海峠～箱根峠間）開通
１９３４年	45歳	5月・石塚恒子との間に三男義明が生まれる
１９３８年	49歳	8月・交通事業調整委員会に臨時委員として参加
１９４０年	51歳	3月・箱根土地会社が東京土地会社を合併。武蔵野鉄道が多摩湖鉄道を合併。10月・武蔵野鉄道の社長に就任
１９４１年	52歳	10月・武蔵野鉄道が日本企業（豊島園を経営）を合併
１９４３年	54歳	5月・近江鉄道の株を買収し、社長に就任（前立腺肥大を患う）
１９４４年	55歳	2月・箱根土地会社の商号を国土計画興業と変更。6月・武蔵野鉄道と旧西武鉄道が糞尿輸送を開始（１９５３年3月まで）

1945年	56歳	9月・武蔵野鉄道、旧西武鉄道、食糧増産が合併し西武農業鉄道となる（1946年11月・西武鉄道と改称）。12月・朝日化学肥料を買収し、国土計画興業尼崎工場とする（1949年12月・尼崎肥料、1955年3月・朝日化学肥料、1960年9月・西武化学工業）
1946年	57歳	4月・東京耐火建材会社の商号を復興社に変更
1948年	59歳	10月・「東村山文華園建設趣意書及計画書」を発表
1949年	60歳	4月・武蔵野デパートの商号を西武百貨店に変更
1950年	61歳	4月・駿豆鉄道、バスの早雲山線乗り入れで箱根登山鉄道と運輸協定
1951年	62歳	7月・鬼押出し園開業。9月・ユネスコ村完成、「東村山文華園」を「西武園」と改称
1953年	64歳	5月・衆議院議長に就任
1955年	66歳	11月・堤清二が西武百貨店取締役店長に就任
1961年	72歳	1～2月・池田勇人首相の特使として欧米、インドなどを歴訪。4月・箱根自動車道湖畔線を神奈川県に譲渡。10月・早雲山線を神奈川県に譲渡
1963年	74歳	4月・箱根駒ヶ岳ロープウェイ開通
1964年	75歳	4月26日・心筋梗塞により死去

(33)『西武』1961年４月10日
(34)京阪電気鉄道株式会社経営統括室経営政策担当編『京阪百年のあゆみ』2011年
(35)「だれが琵琶湖をものにするか――入り乱れる東西観光資本」『週刊 東洋経済』1964年10月10日
(36)近江鉄道「京都本願寺並びに知恩院の御遠忌大法要を目前に控え、当社申請にかゝる定期バスの京都市内乗入れを早急御免許賜りたく緊急陳情の件」1961年２月25日
(37)前掲『京阪百年のあゆみ』
(38)会計検査院『昭和37年度決算検査報告』
(39)「国鉄が“景色補償”新幹線で近江鉄道」『朝日新聞』1963年３月14日
(40)前掲『昭和37年度決算検査報告』
(41)堤康次郎「社員諸君へ 近江鉄道の緊急問題について」、近江鉄道『社報』Ｂ号、1963年３月19日
(42)「山の形を変える男――西武の宅地造成を現地にみる」『実業界』第176号、1961年６月

【終章】

(１)「西武が集団指導制　系列58社の運営方針発表」『読売新聞』1964年５月９日
(２)吉野源太郎「堤清二氏特別対談 西武と日本を憂う――問われているのは、企業家倫理と閉鎖社会」『日経ビジネス』2005年５月30日
(３)老川慶喜『小林一三――都市型第三次産業の先駆的創造者』PHP研究所、2017年
(４)前掲「堤清二氏特別対談 西武と日本を憂う」
(５)(６)堤康弘「実弟が語る「兄・義明の虚像と実像」」『SPA!』2005年３月８日
(７)前掲「堤清二氏特別対談 西武と日本を憂う」
(８)堤義明・野田正彰「家産を守る抑制の人 堤義明」『週刊ダイヤモンド』1987年７月18日
(９)前掲「堤清二氏特別対談 西武と日本を憂う」
(10)堤清二「堤清二 父、弟、西武を語る――父の踏襲が弟の命取りになった」『中央公論』2005年11月号
(11)～(14)根津嘉一郎・五島昇・堤清二「“２代目３人男”の哀歓」『ダイヤモンド臨時増刊』1964年７月10日
(15)(16)前掲『セゾンの歴史――変革のダイナミズム』上巻
(17)由井常彦編『セゾンの歴史――変革のダイナミズム』下巻、リブロポート、1991年
(18)堤清二「土地の価格でなく価値をあげる時代」『週刊東洋経済』1988年１月９日
(19)廣松隆志「「さらば堤清二」で出直し図るセゾングループの思惑」『日経ビジネス』2000年６月５日
(20)前掲「堤清二氏特別対談 西武と日本を憂う」
(21)梶原一明「夢の代金100億円 退場を迫られたセゾン・堤清二氏の「感性」経営」『エコノミスト』2000年８月８日
(22)橋本寿郎「無戦略の漂流から――多角化の論理」、セゾングループ史編纂委員会編『セゾンの発想――マーケットへの訴求』リブロポート、1991年
(23)堤清二「皿回し経営みたいなもの」『日経ビジネス』1987年９月28日

(36)「投資指針 西武鉄道」『東洋経済新報』1955年 3 月12日
(37)「西武鉄道　増資の意向なし」『東洋経済新報』1953年 2 月 7 日
(38)「投資指針 西武鉄道」『東洋経済新報』1955年 3 月12日
(39)「西武鉄道」『ダイヤモンド』1960年 7 月25日
(40)「曲がり角にきた西武鉄道の変態経営」『ダイヤモンド』1959年10月31日

【第8章】
(1)前掲『箱根登山鉄道のあゆみ』
(2)三鬼陽之助「決戦箱根山」『中央公論』1957年 8 月号
(3)(4)小田急電鉄株式会社社史編集事務局編『小田急五十年史』1980年
(5)前掲『苦闘三十年』
(6)「九日に異例の聴聞会」『朝日新聞』1960年 6 月30日
(7)「小田急、箱根へ乗入れ」『朝日新聞』1950年 7 月30日
(8)前掲『苦闘三十年』
(9)三鬼陽之助『政界金づる物語』実業之日本社、1959年
(10)「東海汽船・伊豆箱根鉄道　両社に免許認可　競願の熱海―大島航路ケリ」『読売新聞』1959年 4 月29日
(11)五島昇「伊東・下田間地方鉄道敷設免許申請に係る口述書」1957年 7 月 3 日
(12)駿豆鉄道「伊東・下田間鉄道敷設免許申請に関する声明」1957年 3 月
(13)「東急問題・堤会長に聴く」『伊豆タイムス』129号、1957年 5 月25日
(14)広告「箱根駒ヶ岳ロープウェイ」『読売新聞』1963年 4 月26日
(15)「箱根開発50年の夢、実現」『西武』第65号、1963年 5 月15日
(16)佐々木清司「敗戦と占領下の軽井沢」、前掲『軽井沢町誌 歴史編（近・現代）』
(17)前掲「復興社の事ども（5）」
(18)立石泰則『淋しきカリスマ堤義明』講談社、2005年
(19)「東洋一を誇る軽井沢スケートセンター完成」『西武ニュース』第124号、1956年 2 月 1 日
(20)「いつでも安心して滑れる軽井沢スケートセンター」『西武ニュース』第160号、1959年 2 月 1 日
(21)小島正治郎・三鬼陽之助「企業対談　不動産に強味を発揮する西武鉄道」『財界』第13巻第 7 号、1965年 4 月15日
(22)市川健夫『高冷地の地理学』令文社、1966年
(23)小林収『軽井沢開発ものがたり』信濃路、1974年
(24)前掲「復興社の事ども（5）」
(25)草軽電気鉄道『第51期営業報告書』1946年上半期
(26)草軽電気鉄道『第54期営業報告書』1947年下半期
(27)長野原町『長野原町誌』上巻、1976年
(28)「浅間山麓町有地観光開発に関する契約案」『長野原町報』第116号、1961年 3 月20日
(29)長野原町長桜井武「議第 3 号　声明書の決議について」1964年 4 月27日、長野原町『昭和三十九年度　議事録綴』
(30)近江鉄道「滋賀県下当社関係買収地概要」1961年 8 月 1 日
(31)「近江 その百年（95）堤康次郎と県開発」『サンケイ新聞』滋賀版、1968年 5 月28日
(32)滋賀県史編さん委員会編『滋賀県史　昭和編』第 4 巻（商工編）、1980年

(59)『国土計画興業株式会社経歴の概要』1952年７月１日

【第７章】

(１)前掲『盛り場・池袋の魅力』
(２)豊島区史編纂委員会編『豊島区史　通史編３』1992年
(３)松平誠『ヤミ市・東京池袋』ドメス出版、1985年
(４)堤康次郎・堤清二「事業は奉仕なり」『中央公論』1961年12月号
(５)前掲「私の履歴書」
(６)前掲「五島慶太と堤康次郎」
(７)前掲『堤康次郎』(原資料は、西武百貨店店長室調査部調査課『三九年度下期マーケティング諸資料』1964年７月)
(８)百貨店新聞社編『日本百貨店総覧　昭和14年版』百貨店新聞社、1939年
(９)豊島区史編纂委員会編『豊島区史　資料編５』1989年
(10)「マンモスプール賑やかに開場」『西武』第31号、1960年７月15日
(11)西武農業鉄道「陳情書」1945年12月29日
(12)新京成電鉄株式会社社史編纂事務局編『新京成電鉄五十年史——下総台地のパイオニアとして』1999年
(13)前掲『堤康次郎伝』
(14)『西武鉄道の現況』1948年
(15)「西武線大宮乗入れ」『埼玉新聞』1947年６月１日
(16)「西武鉄道株」『ダイヤモンド』1950年６月11日
(17)蓮沼門三『永遠の遍歴——蓮沼門三自伝』修養団、1956年
(18)加藤肇「復興社の事ども（３)」『西武』第５号、1958年５月15日
(19)『西武』第49号、1962年１月１日
(20)「スキー場が東京に」『西武』第23号、1959年11月15日
(21)「狭山スキー場ひらく」『西武』第25号、1960年１月１日
(22)林有一「武蔵野の進化を物語る豊島園」『武蔵野』第11巻第５号、1928年
(23)「練馬城址豊島園」(開園当初の広告・パンフレット)
(24)練馬区立石神井公園ふるさと文化館編『思い出のとしまえん』文学通信、2022年
(25)前掲「復興社の事ども（３)」
(26)「世界初のインドアスキー場 豊島園に出現」『西武ニュース』第158号、1958年12月１日
(27)「豊島園プール」『西武ニュース』第165号、1939年７月１日
(28)「雑木林」『西武』第19号、1959年６月
(29)秩父市立秩父図書館編『秩父市誌　続編１』1969年
(30)武州鉄道株式会社発起人総代滝島総一郎「地方鉄道敷設免許申請書」1959年１月14日
(31)西武鉄道「武州鉄道株式会社発起人代表申請事案に対する反対公述書」1960年５月16日
(32)天覧山付近の自然を守る会編著『緑のまちと市民たち——市民が守った飯能の自然』三一書房、1980年
(33)「西武鉄道」『東洋経済新報』1950年３月18日
(34)「好調をつゞける西武鉄道」『エコノミスト』1951年６月21日
(35)西武鉄道「社告」『読売新聞』1952年４月24日

(15)「郊外電車の協力を切望」『東京朝日新聞』1944年6月9日
(16)(17)「深夜電車で屎尿運び あすから武蔵野、西武両線で」『東京朝日新聞』1944年6月9日
(18)岡並木『舗装と下水道の文化』論創社、1985年
(19)前掲『練馬区史　歴史編』
(20)野馬剛『巨星堤康次郎』若樹出版、1966年
(21)「武蔵野鉄道発奮」『ダイヤモンド』1944年7月11日
(22)「西武鉄道」『東洋経済新報』1944年7月29日
(23)堤康次郎「人生この一番」『西武』第2号、1958年2月15日、『東京タイムズ』より転載
(24)前掲『練馬区史　歴史編』
(25)前掲『巨星堤康次郎』
(26)堤康次郎『苦闘三十年』三康文化研究所、1962年
(27)牛窪浩・奥田道大編『盛り場・池袋の魅力』時潮社、1985年
(28)由井常彦編『セゾンの歴史――変革のダイナミズム』上巻、リブロポート、1991年
(29)前掲『堤康次郎伝』
(30)「第13回会社合併記念式典」『西武』第12号、1958年12月15日
(31)堤康次郎「(株主宛通知)」、前掲『堤康次郎』
(32)「会社調査 関東電鉄会社は無配増資」『ダイヤモンド』1946年8月11日
(33)川上竜太郎編『鉄道業の現状』経済新聞社、1911年
(34)「近江鉄道①」『西武』第70号、1963年10月15日
(35)近江鉄道『第95回営業報告書』1943年上半期
(36)加藤肇「復興社の事ども（1）」『西武』第2号、1958年2月15日、同「復興社の事ども（2）」『西武』第4号、1958年4月15日
(37)西武建設『会社概要』1972年
(38)前掲『人を生かす事業』有紀書房、1962年
(39)前掲「復興社の事ども（2）」
(40)加藤肇「復興社の事ども（5）」『西武』第7号、1958年7月15日
(41)前掲「復興社の事ども（2）」
(42)「事業場めぐり（13）」『西武』第40号、1961年4月15日
(43)加藤肇「復興社の事ども（6）」『西武』第8号、1958年8月15日
(44)(45)加藤肇「復興社の事ども（7）」『西武』第9号、1958年9月15日
(46)加藤肇「復興社の事ども（8）」『西武』第10号、1958年10月15日
(47)加藤肇「復興社の事ども（9）」『西武』第11号、1958年11月15日
(48)「朝日化学の増資」『ダイヤモンド』1940年10月1日
(49)前掲『堤康次郎伝』
(50)(51)前掲『苦闘三十年』
(52)通産省化学肥料部編『化学肥料』財団法人商工協会、1949年
(53)尼崎肥料「台風被害燐鉱石問題顛末書」
(54)「西武化学工業②」『西武』第58号、1963年1月1日
(55)「西武化学工業③」『西武』第59号、1962年11月15日
(56)「西武化学工業④」『西武』第61号、1963年1月1日
(57)宇田国栄『政界五十年 思い出の人々』新政研究会、1979年
(58)国土計画興業『第49回報告書』1944年上半期

(39)武蔵野鉄道『第54回営業報告書』1938年下半期
(40)「武蔵野鉄道増配せん」『ダイヤモンド』1939年８月15日
(41)武蔵野鉄道『第43回営業報告書』1933年上半期
(42)武蔵野鉄道『第45回営業報告書』1934年上半期
(43)武蔵野鉄道『第46回営業報告書』1934年下半期
(44)武蔵野鉄道『第50回営業報告書』1936年下半期
(45)「武蔵野鉄道」『東洋経済新報』1939年11月11日
(46)「武蔵野鉄道立直る」『ダイヤモンド』1939年１月１日
(47)「六分配当復活の武蔵野鉄道」『東洋経済新報』1939年１月21日
(48)「武蔵野鉄道増配必至」『ダイヤモンド』1939年２月１日
(49)「武蔵野鉄道は日本企業を合併」『ダイヤモンド』1941年９月21日
(50)野田正穂「狭山丘陵の現代史」、成迫政則・石川伊織編『月刊　多摩湖の記録』15、多摩湖遺跡群調査会、1977年10月
(51)堤康次郎「鉄道譲渡許可申請書」1928年１月16日
(52)「箱根土地株式会社第拾五回定時株主総会決議録」1927年６月
(53)東京興信所『銀行会社要録』第34版、1930年
(54)小平町誌編纂委員会編『小平町誌』1959年
(55)多摩湖鉄道『第５回報告書』1930年上半期
(56)前掲『堤康次郎伝』
(57)「多摩電の失態に予科の交通路混乱 連絡の不備問題化す」『一橋新聞』1935年２月11日
(58)「泥酔した学生団 電車を叩き潰す」『時事新報』1935年５月28日夕刊
(59)(60)老川慶喜『埼玉鉄道物語――鉄道・地域・経済』日本経済評論社、2011年
(61)「西武鉄道の欠陥と前途」『ダイヤモンド』1925年５月11日
(62)旧西武鉄道『第８回報告書』1926年上半期
(63)武蔵野鉄道『第31回営業報告書』1927年上半期

【第６章】

(１)「交通事業調整委員会諮問第一号特別委員会第十四回小委員会議事速記録」1936年12月８日
(２)「交通事業調整委員会諮問第一号第九回特別委員会議事速記録」1939年11月15日
(３)「東京 地方 交通事業統制 前田鉄相・方針を闡明」『東京朝日新聞』1939年２月８日
(４)中川正左「交通事業調整に就て」、日本交通協会編『時局と交通問題』(「交通研究資料」第52輯)、1939年
(５)「好調裡の武蔵野鉄道」『東洋経済新報』1941年９月20日
(６)(７)「武蔵野と西武鉄道の合併問題」『ダイヤモンド』1943年１月11日
(８)河合良成「食糧配給改善私記」『ダイヤモンド』1944年１月11日
(９)前掲『練馬区史　歴史編』
(10)「汽車で行く東京の糞尿 特別のプラットホーム その成績が大変好い」『東京朝日新聞』1924年８月21日
(11)武蔵野鉄道『第33回営業報告書』1928年上半期
(12)「食糧増産本部 顧問、参与決る」『東京朝日新聞』1944年６月13日
(13)上林国雄「わが堤一族　血の秘密」『文藝春秋』1987年８月号
(14)前掲『雷帝 堤康次郎』

(54)箱根土地会社「伸びゆく南軽井沢――すぐ住める壹千円の新築小別荘特売」1938年６月
(55)前掲『軽井沢町誌 歴史編（近・現代)』
(56)箱根土地会社千ヶ滝出張所「御知らせ」1943年６月
(57)箱根土地会社『第40回報告書』1939年下半期、同『第41回報告書』1940年上半期
(58)東京土地会社『第24回営業報告書』1924年上半期
(59)東京土地会社『第26回営業報告書』1925年上半期

【第５章】
(１)平沼専蔵ほか74名「武蔵野軽便鉄道株式会社設立認可申請書」1911年２月17日
(２)飯能市郷土館『西武池袋線飯能池袋間開通100周年記念　特別展武蔵野鉄道開通』2015年
(３)「武蔵《ママ》鉄道開通」『国民新聞』1915年３月31日
(４)(５)武蔵野鉄道『第17回営業報告書』1920年上半期
(６)武蔵野鉄道『第18回営業報告書』1920年下半期
(７)武蔵野鉄道『第19回営業報告書』1921年上半期
(８)「電化せる武蔵野鉄道（上)」『東洋経済新報』1924年６月14日
(９)永井荷風『摘録 断腸亭日乗（上)』岩波文庫、1987年
(10)「電化せる武蔵野鉄道（下)」『東洋経済新報』1924年６月21日
(11)「武蔵野鉄道蛸配当」『ダイヤモンド』1926年11月11日
(12)「取り残された武蔵野鉄道」『東洋経済新報』1927年９月24日
(13)「武蔵野鉄道混乱」『ダイヤモンド』1930年４月１日
(14)「武蔵野鉄道の前途」『ダイヤモンド』1931年３月１日
(15)「武蔵野鉄道に大整理期迫る」『東洋経済新報』1929年５月４日
(16)(17)「正体曝露の武蔵野鉄道（上)」『東洋経済新報』1930年３月１日
(18)武蔵野鉄道『第37回営業報告書』1930年上半期
(19)武蔵野鉄道「株主名簿」1924年６月末
(20)武蔵野鉄道『第40回営業報告書』1931年下半期
(21)武蔵野鉄道「株主名簿」1932年６月末
(22)(23)武蔵野鉄道『第40回営業報告書』1931年下半期、同『第44回営業報告書』1933年下半期
(24)(25)筑井正義『堤康次郎伝』東洋書館、1955年
(26)武蔵野鉄道『第36回営業報告書』1929年下半期
(27)「武蔵野鉄道と社債問題」『ダイヤモンド』1930年８月21日
(28)「武蔵野鉄道第一審に敗訴」『東洋経済新報』1932年10月８日
(29)武蔵野鉄道『第43回営業報告書』1933年上期、「武蔵野鉄道」『東洋経済新報』1933年10月７日
(30)(31)「武蔵野鉄道」『東洋経済新報』1933年10月７日
(32)「肩替り不能なら抵当権執行」『東京朝日新聞』1933年10月25日
(33)「武蔵野鉄道債権肩替り方針」『東京朝日新聞』1933年10月26日、「根津氏肩代りを引受けず」『東京朝日新聞』1933年12月５日
(34)「武蔵野電鉄へ送電停止」『東京朝日新聞』1933年１月15日夕刊
(35)(36)「甦生の緒についた武蔵野鉄道」『東洋経済新報』1937年５月15日
(37)「武蔵野鉄道整理問題の新局面」『東洋経済新報』1936年９月26日
(38)前掲「甦生の緒についた武蔵野鉄道」

(8)「箱根土地債権者会」『東京夕刊新報』1926年5月25日
(9)「箱根土地の社債承継」『時事新報』1931年4月9日
(10)板橋菊松「和解で株に転換した箱根土地社債」『東洋経済新報』1933年9月30日
(11)高田農商銀行『営業報告書』1927年上半期
(12)～(14)野田正穂「高田農商銀行覚え書」『金融経済』199号、1983年
(15)前掲『箱根登山鉄道のあゆみ』
(16)小田原電気鉄道『第62回営業報告書』1923年下半期
(17)駿豆鉄道『株主名簿』1925年11月
(18)堤康次郎「「ピストル堤」の弁」『文藝春秋』1953年10月号
(19)「箱根越えの自動車道開鑿認可さる」『東京朝日新聞』1930年7月5日
(20)富沢有為男『雷帝 堤康次郎』アルプス、1962年
(21)(22)前掲『箱根開発の思い出――米寿を迎えて』
(23)広告「箱根行きは安くて早い熱海から」『東京朝日新聞』1932年8月20日
(24)駿豆鉄道『第31回報告書』1932年下半期
(25)駿豆鉄道『第33回報告書』1933年上半期
(26)駿豆鉄道『第41回報告書』1937年下半期、駿豆鉄道箱根遊船『第43回報告書』1938年下半期
(27)駿豆鉄道箱根遊船『第42回報告書』1938年上半期
(28)駿豆鉄道箱根遊船『第47回報告書』1940年下半期
(29)(30)前掲『箱根開発の思い出――米寿を迎えて』
(31)箱根土地会社「国道沿ひ温泉土地附サービス別荘」1937年6月
(32)箱根温泉旅館協同組合編『箱根温泉史――七湯から十九湯へ』ぎょうせい、1986年
(33)箱根土地会社「銃後静養のため箱根の画期的開放」1937年10月
(34)箱根土地会社「強羅温泉分譲地」1938年7月
(35)箱根土地会社「素晴しく伸びゆく箱根仙石温泉分譲地」1938年7月
(36)神奈川新聞編集局編『新々箱根風雲録』神奈川新聞社、1956年
(37)「駿豆鉄道向上顕著」『ダイヤモンド』1941年3月21日
(38)「駿豆鉄道は大雄山鉄道合併」『ダイヤモンド』1941年4月1日
(39)広告「この夏は何処へ」『東京日日新聞』1929年6月16日
(40)箱根土地会社『第3回報告書』1921年上半期
(41)箱根土地会社『第4回報告書』1921年下半期、同『第5回報告書』1922年上半期
(42)日本乗合自動車協会「自動車専用道路開設状況」1934年11月
(43)(44)草津電気鉄道『第13回報告書』1924年
(45)草津電気鉄道『報告書』各期
(46)「浅間の鬼押しに 岩窟ホテル建設」『時事新報』1935年7月7日
(47)「万座草津間に自動車専用道路　きのう内務省から許可される」『東京日日新聞』群馬版、1931年7月23日
(48)前掲「浅間の鬼押しに 岩窟ホテル建設」
(49)「大遊覧道路建設　工費八万円　投げ出す草津町　北上州温泉場の遊覧コース」『北信毎日新聞』1931年9月12日
(50)前掲『軽井沢町誌 歴史編（近・現代）』
(51)前掲『北佐久郡志』第3巻
(52)(53)箱根土地会社「軽井沢（千ヶ滝・南軽井沢）の画期的開放――土地附新築別荘五百戸提供」1938年4月

(105)「商大予科は小平村に建設と決定」『東京日日新聞』1927年4月15日
(106)依光良馨『大学昇格と籠城事件——大正9年4月〜昭和6年12月』如水会学園史刊行委員会、1999年
(107)「東京西郊谷保村に本学移転敷地決定す」『一橋新聞』第27号、1925年11月15日
(108)佐野善作「本学移転地の決定に際して」『一橋新聞』第27号、1925年11月15日
(109)前掲『一橋専門部教員養成所史』、原田重久『谷保から国立へ』国立町史編纂会、1963年
(110)「陽春四月の新学年より専門部が国立へ移転」『一橋新聞』第44号、1926年12月1日
(111)前掲「本学移転地の決定に際して」
(112)田﨑宣義「大学史と国立大学町」『一橋大学創立150年史準備室ニューズレター』No.2、2016年3月
(113)「国立を語る」『国立町報』第23号、1956年1月1日
(114)前掲『一橋専門部教員養成所史』
(115)前掲『谷保から国立へ』
(116)「国立大学町第一回土地分譲」『東京朝日新聞』1926年4月2日
(117)「武蔵野の真ん中へ　不思議な停車場　国分寺立川両駅間に」『東京日日新聞』1926年2月26日
(118)「箱根土地業態良化」『日米通信』1926年2月21日
(119)「国立大学町へ社員住宅移転につき目白文化村小住宅・借地権譲渡」『東京日日新聞』1926年1月21日
(120)〜(122)長内敏之『「くにたち大学町」の誕生——後藤新平・佐野善作・堤康次郎との関わりから』けやき出版、2013年
(123)国分寺市史編さん委員会編『国分寺市史』下巻、1991年
(124)前掲「国立を語る」
(125)「商大いよいよ九月に移転　国立の新校舎落成す」『東京朝日新聞』1930年7月21日
(126)「国立大学都市活気づく」『東京朝日新聞』1930年9月2日
(127)「大学街国立に「一ツ橋通り」や「旭通り」」『国民新聞』1932年2月19日
(128)宇垣一成述『身辺雑話』今日の問題社、1938年
(129)東京府編『東京府統計書』各年
(130)国立の自然と文化を守る会編『くにたち・商店街形成史——国立大学町を中心として』サトウ、2000年
(131)「愈々売物に出た本学の分館敷地」『一橋新聞』第68号、1928年4月9日
(132)「分館の敷地あとに建設される大劇場」『一橋新聞』第72号、1928年6月4日

【第4章】

(1)箱根土地会社『第14回報告書』1926年下半期
(2)「野党の捷利に決す」『東京朝日新聞』1924年5月13日
(3)タイムス社編『産業之日本』タイムス社、1926年
(4)箱根土地会社『第14回報告書』1926年下半期
(5)「拡張しすぎる箱根土地」『東洋経済新報』1924年8月30日、「箱根土地の前途」『ダイヤモンド』1925年4月11日
(6)「箱根土地株式会社 国立大学町建設社債募集」『東京朝日新聞』1926年3月6日
(7)「箱根土地狼狽す」『東京夕刊新報』1926年3月13日

(65)「渋谷に新浅草をつくるもくろみ」『読売新聞』1923年10月28日
(66)「渋谷道玄坂で盛んな共進会」『読売新聞』1923年12月22日
(67)「平面的百貨店として「渋谷の百軒店」と名付ける」『読売新聞』1924年1月9日
(68)「渋谷道玄坂「百軒店」商店一部売却」『読売新聞』1924年5月22
(69)「渋谷道玄坂百軒店商店募集」『東京朝日新聞』1924年6月14日
(70)「渋谷道玄坂「百軒店」」『読売新聞』1924年6月12日
(71)「箱根土地の窮状」『ダイヤモンド』1926年4月21日
(72)「渋谷道玄坂百軒店売却」『東京朝日新聞』1926年1月7日
(73)前掲「箱根土地の窮状」
(74)「新宿園」『読売新聞』1924年9月4日
(75)「新宿園開場」『東京朝日新聞』1924年9月2日
(76)「新宿園の楽天地」『東京朝日新聞』1925年4月1日、大野芳『瀕死の白鳥——亡命者エリアナ・パブロバの生涯』新潮社、1999年
(77)広告『東洋経済新報』1925年1月31日
(78)広告「新宿園土地分譲」『東京朝日新聞』1926年6月10日
(79)「商大中心百万坪大学町建設のため」『東京朝日新聞』1926年1月20日
(80)津田塾大学100年史編纂委員会編『津田塾大学100年史』2003年
(81)「礎固く築かれゆく新学園都市」『都新聞』1934年3月5日
(82)福羅繁久「国立の想い出について」、国立パイオニア会編『国立・あの頃』1972年
(83)一橋専門部教員養成所史編纂委員会編『一橋専門部教員養成所史』1951年
(84)田中一幸編『Hitotsubashi in Pictures: 1950』一橋創立七十五周年記念アルバム委員会、1951年
(85)国立市史編さん委員会編『国立市史』下巻、1990年
(86)「多摩の大学 移転——そして今」『朝日新聞』1984年12月13日
(87)「中央線の詩（うた）沿線の100年」『朝日新聞』2004年4月21日
(88)加藤惣一郎『大泉今昔物語——旧三ヶ村風土記』1976年
(89)加藤惣一郎編『東大泉町野史——旧上土支田風土記』1972年
(90)前掲『国立市史』下巻
(91)広告「大泉学園都市土地分譲」『東京朝日新聞』1924年10月24日
(92)「むさし野の果てに五十万坪を割きわが国最初の学園都市」『読売新聞』1924年10月6日
(93)練馬区史編さん協議会編『練馬区史　歴史編』1982年
(94)広告「大泉学園都市林間舞踊大会」『東京朝日新聞』1924年10月9日
(95)広告「大泉学園都市　大泉公園にて」『東京朝日新聞』1924年10月21日夕刊
(96)広告「大泉学園都市　大泉公園にて」『東京朝日新聞』1924年10月26日
(97)「大泉学園都市土地分譲」『東京朝日新聞』1924年10月28日
(98)「武蔵野切売 分譲地の争奪から喧嘩が起つたのも夢」『国民新聞』1930年10月21日
(99)明治大学百年史編纂委員会編『明治大学百年史』第4巻（通史編Ⅱ）、1994年
(100)「国分寺大学都市」『報知新聞』1925年1月5日
(101)「明大学長幹部等総辞職せん　国分寺移転問題」『報知新聞』1925年10月1日
(102)明治大学学報発行所編『明治大学五十年史』1931年
(103)「明治大学紛擾問題に対する声明」『法律新報』第130号、1927年12月5日
(104)「本学と箱根土地との契約無条件で解約さる」『駿台新報』1927年4月

(28)高田農商銀行『第40期営業報告書』1920年下半期
(29)高田農商銀行『第44期営業報告書』1922年上半期
(30)「市を取巻く町と村（13）」『読売新聞』1923年７月13日
(31)「市を取巻く町と村（14）」『読売新聞』1923年７月15日
(32)前掲「箱根土地の決算と次期」
(33)野田正穂「箱根土地と「目白文化村」」、海野勉編『「目白文化村」に関する総合的研究（１）』1988年
(34)酒井雅子「箱根土地株式会社と佐野善作」『一橋大学創立150周年史準備レター』No.4、2018年３月
(35)「箱根土地の今期」『ダイヤモンド』1922年10月11日
(36)(37)前掲「箱根土地と「目白文化村」」
(38)広告「目白文化村土地分譲」『読売新聞』1923年11月22日
(39)藤谷陽悦「「目白文化村」の都市計画的特質」、前掲『「目白文化村」に関する総合的研究（１）』
(40)広告「第三目白文化村土地分譲」『読売新聞』1924年８月21日
(41)広告「目白文化村第三回土地分譲」『読売新聞』1925年３月19日
(42)藤谷陽悦「堤康次郎の住宅地経営第１号――目白文化村」、山口廣編『郊外住宅地の系譜――東京の田園ユートピア』鹿島出版会、1987年
(43)広告「目白文化村 住宅建築展覧会」『読売新聞』1924年12月７日
(44)「東京市の大地主」「東京各区に於ける土地分配の現状（１～８）」「東京市土地分配調査の結果」『平民新聞』1907年１月15日～２月３日
(45)「若し富豪が其庭園の僅に一割でも解放すれば二万の小住宅が建つ」『読売新聞』1920年10月28日
(46)「流行の如に多くの華族が盛に其の邸宅を売却する」『読売新聞』1920年３月１日
(47)「貴族富豪が頭痛の重税が愈々賦（ふす）る」『国民新聞』1920年11月13日
(48)「二千余坪の邸を投出す柳原伯　自分も仲間に入つて理想的住宅地の計画」『時事新報』1922年９月13日
(49)「東京を芸術化する意気込で　柳原伯が邸宅を解放」『読売新聞』1922年８月18日
(50)前掲「箱根土地の今期」
(51)「家職にも秘密で、川瀬《ママ》子 四千五百坪を開放」『読売新聞』1922年12月11日
(52)「小石川富士見台の美観住宅地」『東京朝日新聞』1922年12月19日
(53)「木戸侯爵別邸分譲」『東京朝日新聞』1923年１月24日
(54)「麻布広尾町土地分譲」『東京朝日新聞』1923年４月18日
(55)「相談部開設」『東京朝日新聞』1923年９月13日
(56)「五千坪が売物に出た小笠原さんのお屋敷」『読売新聞』1924年３月１日
(57)箱根土地会社『第６回報告書』1922年下半期
(58)「開放邸宅不況」『東京経済雑誌』1923年１月15日
(59)(60)箱根土地会社『第９回報告書』1924年上半期
(61)「牛込旧坊城子爵邸 市内森林住宅地分譲」『東京朝日新聞』1924年10月22日
(62)「道玄坂に出来る新しい仲見世　中川伯が四千坪の邸宅を開放　大遊園場を作る」『読売新聞』1923年６月25日
(63)「天の試錬に耐へよ」『読売新聞』1923年９月17日
(64)堀勇良『日本近代建築人名総覧　増補版』中央公論新社、2022年

(89)「箱根土地総会」『東京朝日新聞』1922年３月７日、前掲「箱根土地の決算と次期」
(90)奥川夢郎『軽井沢を中心として』北信毎日新聞、1923年
(91)「軽井沢千ヶ滝簡易別荘売却」『読売新聞』1923年５月29日
(92)北佐久郡役所『鉄道関係書類』
(93)軽井沢町誌刊行委員会『軽井沢町誌 歴史編（近・現代)』1988年
(94)堤康次郎「箱根土地会社遊園地」『庭園』第３巻第６号、1921年６月
(95)前掲『北佐久郡志』第３巻
(96)宮原安春『軽井沢物語』講談社、1991年
(97)「南軽井沢土地無償譲渡」『東京朝日新聞』1924年９月14日
(98)「南軽井沢簡易避暑地」『東京朝日新聞』1925年７月16日
(99)「第一回競馬に間に合せたい　軽井沢競馬場につき箱根土社長談」『東京朝日新聞』信濃版、1931年５月13日
(100)前掲『北佐久郡志』第３巻

【第３章】
(１)(２)「箱根土地の窮状」『ダイヤモンド』1926年３月16日
(３)前掲「箱根土地の決算と次期」
(４)東京興信所『銀行会社要録』第30版、1926年
(５)野田正穂「多摩の開発と土地会社」『多摩のあゆみ』第41号、多摩中央信用金庫、1985年11月
(６)「箱根土地の前途」『ダイヤモンド』1925年４月11日
(７)「山の手のお百姓がにわか成金の筆頭　下町方面が鬼門となつて住宅を一手に受け」『東京日日新聞』1923年11月30日
(８)堤康次郎「郊外土地へ」『読売新聞』1924年１月22日
(９)猪俣均・山根慎治「土地建物の所有関係の変遷」、海野勉編『「目白文化村」に関する総合的研究（２)』住宅総合研究財団、1989年
(10)中島明子「堤康次郎による最初の郊外開発――目白文化村」、片木篤編『私鉄郊外の誕生』柏書房、2017年
(11)落合町誌刊行会編『落合町誌』1932年
(12)東京府豊多摩郡役所編『東京府豊多摩郡誌』1916年
(13)(14)東京市臨時地域拡張部『豊多摩郡落合町現状調査』昭和６年11月市域拡張調査資料
(15)「市を取巻く町と村（12)」『読売新聞』1923年７月12日
(16)「思惑が当って早大、土地成金となる」『国民新聞』1923年５月３日
(17)佐野利器『住宅論』文化生活研究会、1925年
(18)大原社会問題研究所編『日本労働年鑑』1921年版、同人社書店
(19)「府営住宅めぐり（下)」『東京日日新聞』1922年４月５日
(20)「軽井沢の別荘地 知識階級のために提供」『東京朝日新聞』1920年８月11日
(21)野田正穂「「目白文化村」周辺における宅地開発」、前掲『「目白文化村」に関する総合的研究（２)』
(22)「営業認可申請書」1900年５月22日
(23)坂本辰之助編『豊島区史』豊島区、1941年
(24)稿本『高田農商銀行小史』
(25)(26)山口霞村『高田村誌』高田村誌編纂所、1919年
(27)高田農商銀行『第39回営業報告書』1919年下半期

注

(45)「箱根電車と別荘」『横浜貿易新報』1910年1月17日
(46)「箱根と電鉄社債」『横浜貿易新報』1915年4月10日
(47)小田原電気鉄道『箱根強羅温泉地売渡案内』1912年
(48)稿本『箱根登山鉄道沿革史』
(49)鈴木康弘「神奈川県域における別荘地形成について——箱根地域を一例として」『地方史研究』第274号、1998年8月
(50)箱根登山鉄道株式会社社史編纂委員会編『箱根登山鉄道のあゆみ』1978年
(51)前掲『一泊旅行 土曜から日曜』
(52)「箱根回遊」『鉄道時報』1909年10月30日
(53)(54)大場金太郎『箱根開発の思い出——米寿を迎えて』1974年
(55)箱根土地会社『第1回報告書』1920年上半期
(56)箱根土地会社『第4回報告書』1921年下半期
(57)箱根土地会社『第1回報告書』1920年上半期
(58)箱根土地会社『第2回報告書』1920年下半期
(59)「強羅土地株式会社設立趣意書」1921年12月
(60)強羅土地会社『株主名簿』1924年5月31日
(61)(62)「強羅土地の価値」『ダイヤモンド』1921年11月11日
(63)「箱根土地の決算と次期」『ダイヤモンド』1922年1月1日
(64)(65)箱根土地会社『第3回報告書』1921年上半期
(66)箱根土地会社『第4回報告書』1921年下半期
(67)箱根土地会社『第5回報告書』1922年上半期
(68)「強羅土地の今期」『ダイヤモンド』1922年2月21日
(69)「強羅土地の今期」『ダイヤモンド』1922年9月1日
(70)「強羅土地の決算と次期」『ダイヤモンド』1923年1月11日
(71)強羅土地会社『第4回報告書』1923年下半期、同『第5回報告書』1924年上半期
(72)強羅土地会社『第5回報告書』1924年上半期
(73)『官報』第2007号、附録
(74)「箱根土地の前途」『ダイヤモンド』1921年5月1日
(75)箱根土地会社『第1回報告書』1920年上半期
(76)「箱根土地の実質」『ダイヤモンド』1921年10月1日
(77)土屋長平『郷の華』第1集、1975年
(78)箱根土地会社『第2回報告書』1920年下半期
(79)箱根土地会社『第3回報告書』1921年上半期
(80)箱根土地会社『第4回報告書』1921年下半期
(81)「軽井沢千ヶ滝の文化村」『読売新聞』1922年7月7日
(82)「千ヶ滝遊園地の土地申込益々盛況なり」『信濃佐久新聞』1920年8月19日
(83)「沓掛千ヶ滝遊園地は天下有数の避暑地とならん」『信濃佐久新聞』1920年8月16日
(84)前掲「千ヶ滝遊園地の土地申込益々盛況なり」
(85)「沓掛千ヶ滝遊園地の無償譲渡の抽籤は十三日東京府庁で行われた」『信濃佐久新聞』1920年9月16日
(86)「軽井沢千ヶ滝　小別荘売却」『東京朝日新聞』1924年7月1日
(87)前掲『改訂増補版 明治事物起原』
(88)前掲「箱根土地の決算と次期」

(3)坪谷水哉「軽井沢の今昔」『太陽』1913年9月号
(4)雨宮敬次郎述『奮闘吐血録』実業之日本社、1910年
(5)桜内幸雄編・雨宮敬次郎述『過去六十年事蹟』1907年
(6)前掲「軽井沢の今昔」
(7)前掲『奮闘吐血録』
(8)前掲『過去六十年事蹟』
(9)前掲「軽井沢の今昔」
(10)高瀬四郎・矢島八郎「馬車鉄道増設願」1888年1月
(11)碓氷馬車鉄道「命令書」『碓氷馬車鉄道書類　土木課　明治20年』
(12)杉山輯吉「碓氷馬車鉄道」『工学会誌』第82巻、1888年
(13)老川慶喜「森鷗外の避暑と信越線の旅――「鷗外と旅する日本」展に寄せて」、文京区立森鷗外記念館編『鷗外と旅する日本』2018年
(14)「軽井沢の名星 医学博士佐々木政吉」『信濃佐久新聞』1908年9月1日
(15)「追分駅の設備」『信濃佐久新聞』1909年7月4日
(16)「追分仮停車場」『信濃佐久新聞』1909年9月24日
(17)朝吹登水子『私の軽井沢物語――霧の中の時を求めて』文化出版局、1985年
(18)(19)軽井沢夏期大学編『知の森に遊ぶ――軽井沢夏期大学一〇〇年の物語』軽井沢町教育委員会、2019年
(20)館和夫『男爵薯の父 川田龍吉』男爵資料館、1986年
(21)土屋長平『郷の華――かるいさわ』第6集、1985年
(22)春原平八郎『維新以後の軽井沢小観』1923年
(23)島崎清編著『軽井沢百年の歩み　改訂』1985年
(24)「避暑地軽井沢の夏季大学」『信濃佐久新聞』1918年6月13日
(25)軽井沢ゴルフ倶楽部理事会編『軽井沢ゴルフ倶楽部60年史』1983年
(26)土田宏成・吉田律人・西村健編著『関東大水害――忘れられた1910年の大災害』日本経済評論社、2023年
(27)「軽井沢の惨害 三笠ホテル流失」『読売新聞』1910年8月14日
(28)「鉄道各駅被害」『東京朝日新聞』1910年8月13日
(29)中柄正一編『郊外住宅と新別荘地』至誠堂、1916年
(30)北佐久郡志編纂会編『北佐久郡志』第3巻、1957年、星野嘉助編『やまぼうし――星野温泉のあゆみ』1972年
(31)「星野鉱泉電灯」『信濃佐久新聞』1918年3月25日
(32)(33)前掲『郊外住宅と新別荘地』
(34)「理想の新別荘地決る」『国民新聞』1916年4月8日
(35)小林收『避暑地 軽井沢』櫟、1999年
(36)「沓掛大避暑町の計画」『信濃佐久新聞』1917年9月25日
(37)前掲『帝国銀行会社要録』第7版
(38)「沓掛遊園地近況」『信濃佐久新聞』1918年5月7日
(39)前掲『叶る』
(40)広瀬佐太郎『箱根鉱泉誌――一名・七湯独案内』1888年
(41)野崎左文『日本名勝地誌』第弐編、博文館、1894年
(42)「小田原電気鉄道の延長計画」『鉄道時報』1900年9月15日、「小田原電気鉄道会社の臨時総会」『鉄道時報』1900年9月25日
(43)松川二郎『一泊旅行 土曜から日曜』東文堂、1919年
(44)小田原電気鉄道『沿革概要』1923年

(32)人事興信所編『人事興信録』第７版、1925年、橋本哲哉「永井柳太郎の植民論・シベリア論」『金沢大学経済論集』27、1990年３月
(33)永井柳太郎『私の信念と体験』岡倉書房、1938年
(34)永井柳太郎編纂会編『永井柳太郎』勁草書房、1959年
(35)堤康次郎「支那の将来と日露の関係」『読売新聞』1915年２月14日
(36)大日本国防義会編『大日本国防義会会報』第４号、1915年２月
(37)前掲「支那の将来と日露の関係」
(38)堤康次郎「新しき雄弁」『昭和名演説集』（『雄弁』1903年新年号附録）
(39)「後藤毛織の難点」『東洋経済新報』1915年５月25日
(40)後藤毛織『第１回営業報告』1907年上半期
(41)前掲「後藤毛織の難点」
(42)安田精一編『大井町誌』大井町誌編纂刊行会、1913年
(43)実業之世界社編纂局編『大日本実業家名鑑』上、1919年、『実業之世界』第16巻第６号、1919年６月１日
(44)郵政省編『郵政百年史』逓信協会、1971年
(45)田原啓祐「戦前期三等郵便局の経営実態――滋賀県山上郵便局の事例より」『郵政資料館研究紀要』１、2010年
(46)西武鉄道人事部教務課編『堤康次郎会長の生涯』西武鉄道、1973年
(47)堤康次郎『叱る』有紀書房、1964年
(48)野村商店調査部編『株式年鑑』1912年度
(49)西村真次編『村上太三郎伝』九曜社、1939年
(50)大隈侯八十五年史編纂会編『大隈侯八十五年史』第弐巻、1926年
(51)(52)冨山房編『冨山房五十年』1936年
(53)永井柳太郎「大隈老侯と新日本」、冨山房編『冨山房新築落成記念』1932年
(54)「本誌の大発展と新日本社の創設」『新日本』第６巻第12号、1916年12月
(55)前掲『永井柳太郎』
(56)東都通信社編『大日本銀行会社沿革史』1919年
(57)帝国興信所『帝国銀行会社要録』第７版、1918年
(58)前掲『叱る』
(59)帝国興信所『帝国銀行会社要録』第６版、1917年
(60)東京護謨『株主名簿』1919年６月、12月
(61)東京護謨『第５期営業報告書』1919年上半期
(62)東京興信所編『銀行会社要録』第26版、1922年
(63)堤康次郎『人を生かす事業』有紀書房、1958年
(64)東京護謨『第５期営業報告書』1919年上半期、石橋湛山編『株式会社年鑑』第３回、東洋経済新報社、1925年
(65)東京護謨『第５期営業報告書』1919年上半期
(66)前掲『大日本銀行会社沿革史』

【第２章】

（１）一條重美「軽井沢開発の通説をめぐって」『軽井沢通信』第１号、1981年３月。日本聖公会中部教区編『日本聖公会中部教区 軽井沢ショー記念礼拝堂 115年のあゆみ』中部教区軽井沢ミッション、2010年
（２）石井研堂『改訂増補版 明治事物起原』上巻、春陽堂、1944年（明治文化研究会編『明治文化全集』別巻、日本評論社、1969年）

注

【はじめに】

（１）老川慶喜「小林一三と堤康次郎――都市型第三次産業の開拓者」、佐々木聡編著『日本の企業家群像』第１巻、丸善出版、2001年

（２）堤康次郎「私の履歴書」、日本経済新聞社編『私の履歴書』第１集、1957年

【第１章】

（１）（２）滋賀県編『滋賀県統計書』1890年

（３）（４）横関幾治郎・古川邦守・法岡敬遵編、尾本泰一校閲『滋賀県愛知郡八木荘村誌 全』滋賀県愛知郡八木荘尋常小学校、1893年

（５）「康次郎邸跡の迎賓館売却／セゾングループ、60億円で」『四国新聞』2001年４月20日

（６）木村至宏責任編集『図説 滋賀県の歴史』〈図説日本の歴史25〉河出書房新社、1987年

（７）由井常彦編著『堤康次郎』リブロポート、1996年

（８）前掲『滋賀県愛知郡八木荘村誌 全』

（９）近江人協会編輯・発行『近江人要覧』第１・第２合輯、1931年

⑽滋賀日出新聞社編『県外に活躍する滋賀県人』上巻、1954年

⑾青地晨「五島慶太と堤康次郎」『中央公論』1956年２月号

⑿大宅壮一「日本ユダヤ教総本山・滋賀県――ガイガー管片手に地方の人物鉱脈を探る（11）」『文藝春秋』1958年12月号

⒀野田正穂「都市型三次産業の開拓者・堤康次郎」『中央公論・歴史と人物』1983年10月号

⒁末永國紀「西武は近江商人にあらず」『朝日新聞』大阪版、2005年４月28日夕刊

⒂前掲『堤康次郎』

⒃滋賀県編『滋賀県統計書』1901年

⒄前掲「私の履歴書」

⒅大阪硫曹株式会社『営業案内』1905年12月

⒆前掲「私の履歴書」

⒇滋賀県内務部編『農業水利及土地調査書　第壱輯（蒲生、神崎、愛知郡ノ部）』1922年

(21)～(24)前掲「私の履歴書」

(25)前掲『堤康次郎』

(26)内海孝「堤康次郎の青年期と転機の回路（上）――出版業から土地開発業への転回をひもとく」『東京外国語大学論集』第71号、2005年

(27)小倉榮一郎『近江商人の系譜――活躍の舞台と経営の実像』現代教養文庫、1990

(28)早稲田大学百五十年史編纂委員会編『早稲田大学百五十年史』第１巻、早稲田大学出版部、2022年

(29)「近江 その百年（62）堤康次郎の少年時代」『サンケイ新聞』滋賀版、1968年４月４日

(30)「有段議員の顔合せ　嘉納翁の招待」『東京朝日新聞』1928年４月27日

(31)堤康次郎「雄弁会と私」『早稲田大学雄弁会八十年史』1983年

老川慶喜（おいかわ・よしのぶ）

1950年埼玉県生．立教大学大学院経済学研究科博士課程単位取得退学．経済学博士．関東学園大学経済学部専任講師・助教授，帝京大学経済学部助教授，立教大学経済学部助教授・教授，跡見学園女子大学観光コミュニティ学部教授を務める．立教大学名誉教授．1983年の鉄道史学会設立に参加，理事や会長を務め，現在は顧問．

著書『日本の鉄道――成立と展開』（共編著，日本経済評論社，1986，第13回交通図書賞），『近代日本の鉄道構想』（日本経済評論社，2008，第34回交通図書賞），『井上勝――職掌は唯クロカネの道作に候』（ミネルヴァ書房，2013，第８回企業家研究フォーラム賞），『日本鉄道史 幕末・明治篇』（中公新書，2014），『同 大正・昭和戦前篇』（同，2016），『同 昭和戦後・平成篇』（同，2019），『堤康次郎』（共著，リブロポート，1996），『阪神電気鉄道百年史』（共著，2005，第15回優秀会社史賞），『西日本鉄道百年史』（共編著，2008，第17回優秀会社史賞），『京阪百年のあゆみ』（共編著，2011，第18回優秀会社史賞），『もういちど読む 山川日本戦後史』（山川出版社，2016），『小林一三――都市型第三次産業の先駆的創造者』（PHP研究所，2017），『満州国の自動車産業――同和自動車工業の経営史』（日本経済評論社，2020年）ほか

堤《つつみ》 康《やす》次《じ》郎《ろう》

中公新書 *2796*

2024年３月25日発行

著　者　老川慶喜
発行者　安部順一

本文印刷　暁印刷
カバー印刷　大熊整美堂
製　本　小泉製本

発行所　中央公論新社
〒100-8152
東京都千代田区大手町1-7-1
電話　販売 03-5299-1730
　　　編集 03-5299-1830
URL https://www.chuko.co.jp/

Published by CHUOKORON-SHINSHA, INC.
Printed in Japan　ISBN978-4-12-102796-2 C1223

中公新書 1886

現代史

f1

2105 昭和天皇 古川隆久
2687 天皇家の恋愛 森 暢平
2309 朝鮮王公族―帝国日本の準皇族 新城道彦
2482 日本統治下の朝鮮 木村光彦
632 海軍と日本 池田 清
2703 帝国日本のプロパガンダ 貴志俊彦
2754 関東軍―満洲支配への独走と崩壊 及川琢英
2192 政友会と民政党 井上寿一
1138 キメラ―満洲国の肖像(増補版) 山室信一
2144 昭和陸軍の軌跡 川田 稔
2587 五・一五事件 小山俊樹
76 二・二六事件(増補改版) 高橋正衛
2059 外務省革新派 戸部良一
1951 広田弘毅 服部龍二
2657 平沼騏一郎 萩原 淳

795 南京事件(増補版) 秦 郁彦
84 90 太平洋戦争(上下) 児島 襄
2707 大東亜共栄圏 安達宏昭
2465 日本軍兵士―アジア・太平洋戦争の現実 吉田 裕
2387 戦艦武蔵 一ノ瀬俊也
2525 硫《い》黄《おう》島《とう》 石原 俊
244 248 東京裁判(上下) 児島 襄
2015 「大日本帝国」崩壊 加藤聖文
2296 日本占領史 1945-1952 福永文夫
2411 シベリア抑留 富田 武
2471 戦前日本のポピュリズム 筒井清忠
2171 治安維持法 中澤俊輔
1759 言論統制 佐藤卓己
828 清沢《きよさわ》 洌《きよし》(増補版) 北岡伸一
2638 幣原喜重郎 熊本史雄
1243 石橋湛山 増田 弘
2796 堤 康次郎 老川慶喜

中国の歴史4

三国志の世界

後漢　三国時代

金　文京

講談社学術文庫

目次

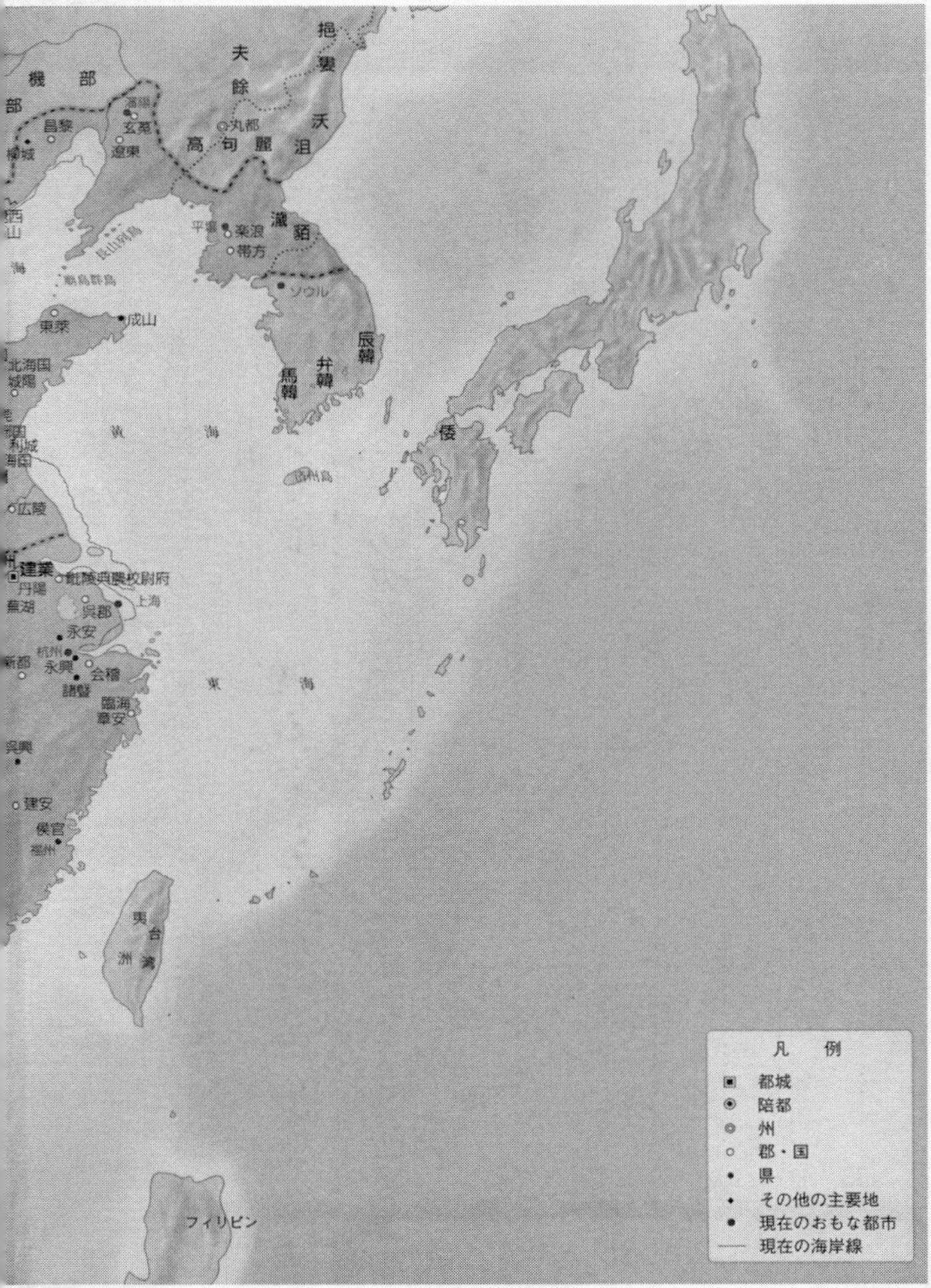

挹婁
夫餘
機部
部
高顕
玄菟
丸都
沃沮
昌黎
柳城
遼東
高句麗
西
山
長山列島
平壌
楽浪
帯方
濊貊
海
廟島群島
ソウル
東萊
成山
辰韓
北海国
城陽
弁韓
馬韓
黄海
利城
海国
済州島
倭
広陵
建業
毗陵典農校尉府
丹陽
蕪湖
上海
呉郡
永安
杭州
新都
永興
会稽
諸曁
臨海
章安
東海
呉興
建安
侯官
福州
夷洲
台湾
フィリピン
凡例
都城
陪都
州
郡・国
県
その他の主要地
現在のおもな都市
現在の海岸線

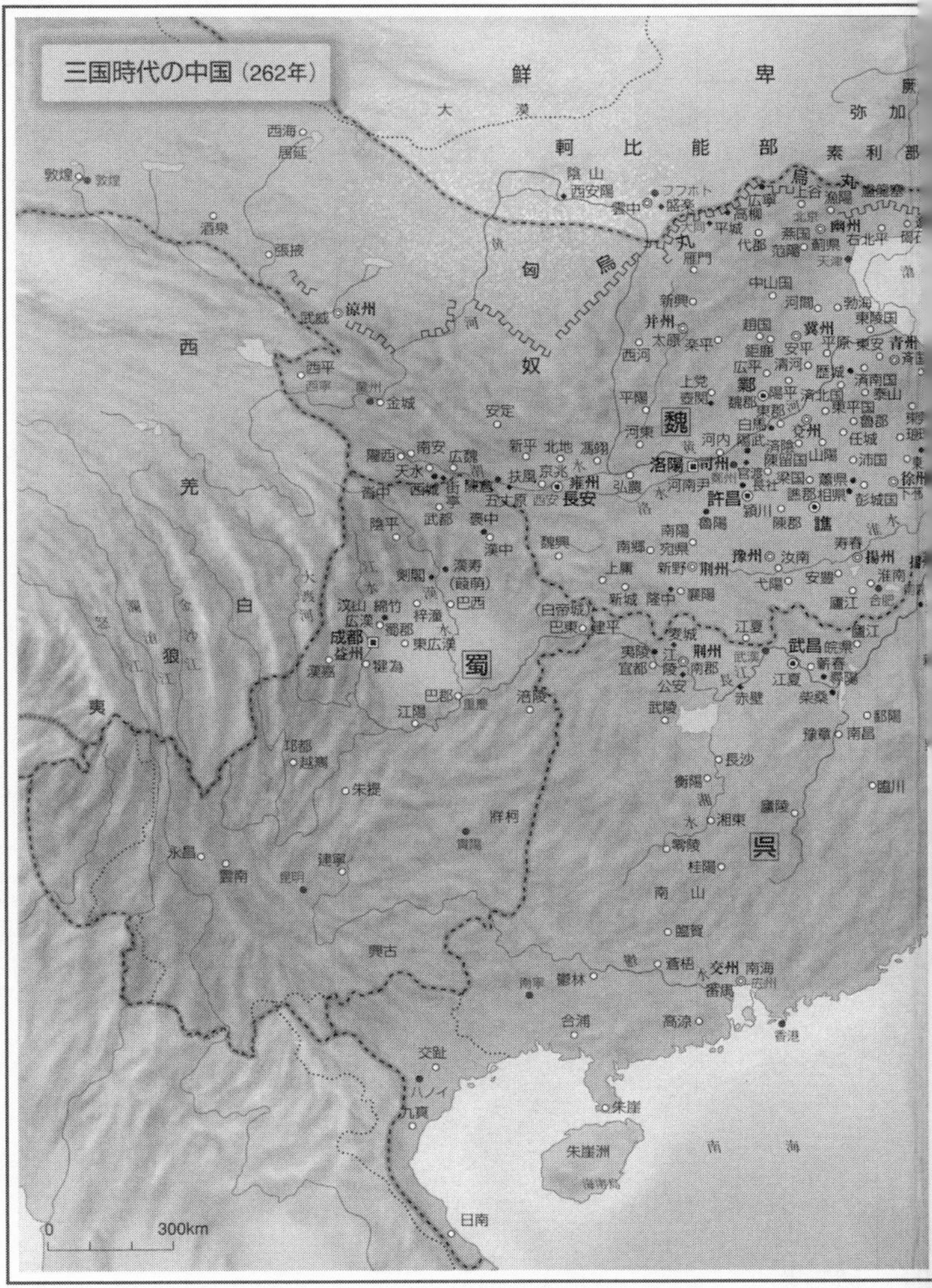

三国時代の中国（262年）
鮮
卑
大
漠
軻
比
能
部
素
利
部
弥
加
西海
居延
敦煌
酒泉
張掖
武威
涼州
西平
金城
安定
隴西
南安
広魏
天水
扶風
京兆
雍州
長安
北地
新平
匈
奴
烏
丸
陰山
西安陽
フフホト
雲中
盛楽
広寧
高柳
上谷
漁陽
幽州
北平
平城
代郡
燕国
范陽
薊県
右北平
天津
雁門
中山国
河間
勃海
東陵国
新興
并州
太原
楽平
西河
趙国
冀州
鉅鹿
安平
平原
東安
青州
広平
清河
歴城
済南国
泰山
上党
鄴
陽平
済北国
東平国
平陽
魏郡
東郡
魯郡
魏
河東
河内
白馬
兗州
任城
洛陽
司州
陳留国
山陽
沛国
梁国
徐州
許昌
潁川
陳郡
譙
彭城国
弘農
河南尹
南陽
南郷
宛県
魏興
豫州
汝南
寿春
揚州
上庸
新野
荊州
弋陽
安豊
淮南
新城
襄陽
廬江
合肥
西
羌
白
狼
陰平
武都
褒中
漢中
剣閣
漢寿
巴西
綿竹
梓潼
広漢
成都
益州
東広漢
漢嘉
犍為
蜀
巴東
建平
白帝城
江夏
夷陵
宜都
公安
南郡
武昌
赤壁
江夏
柴桑
蘄春
鄱陽
南昌
豫章
巴郡
涪陵
江陽
武陵
長沙
衡陽
湘東
廬陵
臨川
呉
零陵
桂陽
南山
朱提
牂柯
永昌
雲南
建寧
興古
臨賀
蒼梧
交州
南海
番禺
広州
鬱林
合浦
高涼
香港
交趾
ハノイ
九真
朱崖
朱崖洲
南
海
日南
0
300km

地図・図版作成
さくら工芸社
ジェイ・マップ

中国の歴史　4

三国志の世界

後漢　三国時代

序章　華麗なる乱世

小説と歴史

日本人がこれまでに読んできた数多くの外国文学の中で、もっとも親しまれてきた作品はなんであろうか。それは、読みつがれた時間の長さ、読者の多さ、普及度の広さなどさまざまな面から考えて、中国の小説『三国志《さんごくし》』ではないかと思われる。日本で『三国志』の翻訳が刊行されたのは江戸時代の元禄二―五年（一六八九―九二）、湖南文山《こなんぶんざん》（京都の天龍寺の僧、義轍《ぎてつ》のペンネーム）訳の『通俗三国志』がそれだが、この本は日本語に完訳され、出版された初めての外国小説であった。そしてそれは満州語訳（一六五〇刊）につづく、世界で二番目の『三国志』翻訳本である。さらに明治以降、幸田《こうだ》露《ろ》伴《はん》（一九二七）、吉川英治《よしかわえいじ》（一九三九―四三）などの文学者がそれぞれ独自に校訂、翻訳、翻案を手掛け、現代でも小説はむろん、劇画や映画、人形劇さらにはコンピューターゲームにまでなり、『三国志』は子供から大人まで多くの人々に広く親しまれている。劉備《りゅうび》、関羽《かんう》、張飛《ちょうひ》そして諸葛孔明《しょかつこうめい》が活躍する『三国志』物語は、もはや外国文学とは意識されないほど日本人に馴染みの深い作品であるといえよう。

しかしながら考えてみると、この小説の舞台となったのは、今から約一八〇〇年前、三世

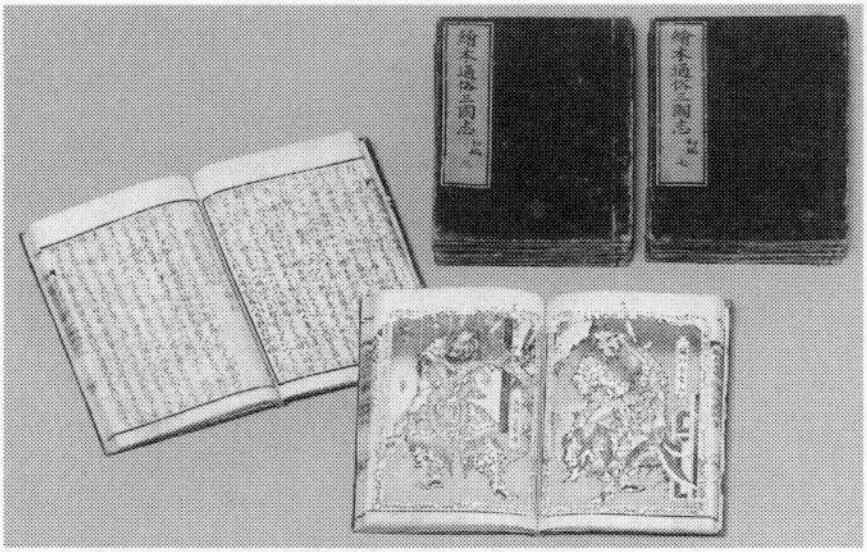

日本で刊行された『絵本通俗三国志』　天保７年(1836) 刊、全75冊。湖南文山が訳した『通俗三国志』に、葛飾戴斗が挿絵をつけたもの

紀の中国である。三世紀といえばヨーロッパではローマ帝国、日本はまだ邪馬台国《やまたいこく》の時代であった。これほど昔のしかも外国の物語が、現代のわれわれにこれほど身近に感じられるというのも不思議な話だが、それにはそれなりの理由がある。

今日われわれがふつうに『三国志』と呼んでいる小説は、一四世紀の人、羅貫中《らかんちゅう》が書いたとされる『三国志演義《えんぎ》』のことである。そして『三国志』というのは、元来はそれとは別の書物で、三国時代が終わった直後、三世紀末の歴史家、陳寿《ちんじゅ》（二三三―二九七）が著した歴史書であり、中国歴史の史実をつづったいわゆる正史《せいし》のひとつである。なおその後、六朝《りくちょう》の宋《そう》の時代の人、裴松之《はいしょうし》（三七二―四五一）は当時伝わっていた三国関係の書物を利用して、陳寿の『三国志』に詳細な注をつけた。

『三国志演義』は、この歴史書『三国志』の内容とそこに表現された思想（義）をわかりやすく解説（演）したもので、物語の大筋はむろん陳寿の『三国志』およびその裴松之の注によっているものの、小説である以上、少なからぬフィクションが含まれている。たとえば物語の出発点となる有名な「桃園結義《とうえんけつぎ》」からして史実ではない。しかもフィクションは史実と容易には見分けがつかないほど渾然一体と混ざりあっている。たとえば次のような例はどうであろう。

一九八四年、南京《ナンキン》の近くの馬《ば》鞍山《あんざん》で三国時代の朱然《しゅぜん》という人物の墓が発見された。墓からはさまざまな副葬品が出土したが、その中に「丹陽朱然再拝」云々と書かれた木の板があった。これは「刺《し》」とよばれるもので、現在の名刺の元祖であり、これによって墓の主が朱然であることが判明したのである。この朱然とはだれか。

朱然は呉《ご》の武将で、関羽を捕らえた張本人にほかならない。小説『三国志演義』では、朱然はその後、劉備が起こした関羽の弔い合戦で、蜀《しょく》の武将、趙雲《ちょううん》に殺されることになっているが、これは関羽びいきの小説作者による真っ赤な嘘である。実際の朱然は、その後も数多くの軍功をたて、六八歳で病死したことが歴史書『三国志』によってわかる。小説を

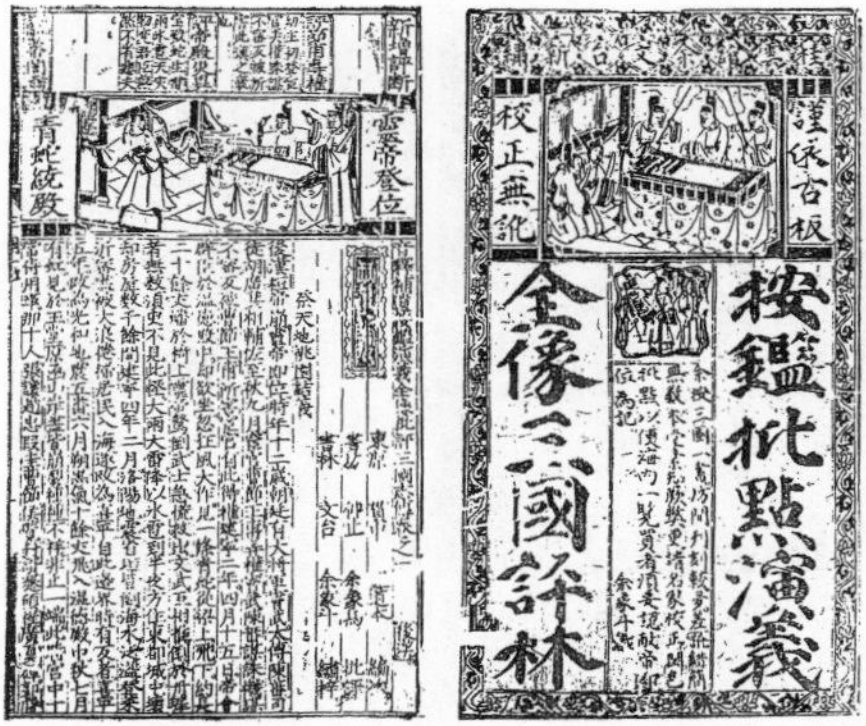

『三国志演義』の明代の刊本（京都・建仁寺両足院蔵）小説『三国志演義』は、陳寿が記した正史『三国志』などを元に、14世紀の羅貫中が書いたとされている

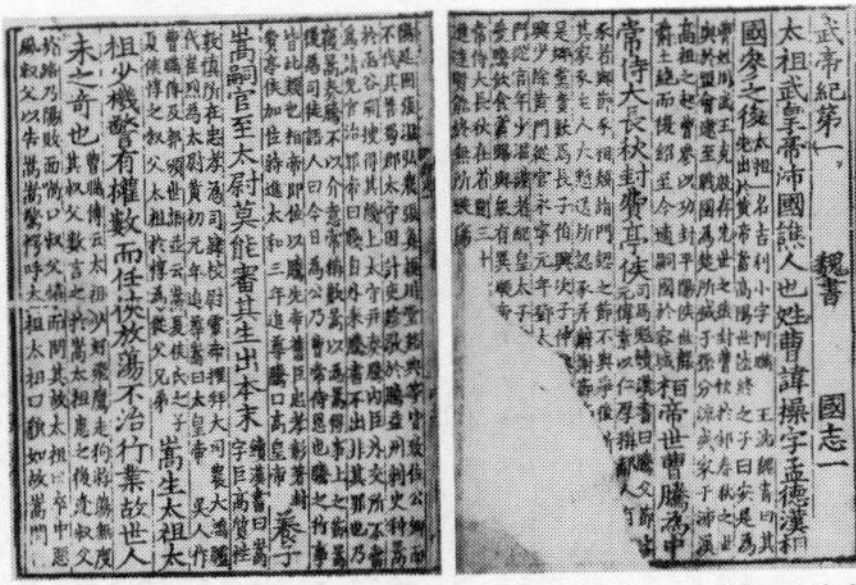
武帝紀第一　魏書　國志一
太祖武皇帝沛國譙人也姓曹諱操字孟德漢相
國參之後
桓帝世曹騰為中
常侍大長秋封費亭侯
養子
嵩嗣官至太尉莫能審其生出本末
嵩生太祖太
祖少機警有權數而任俠放蕩不治行業故世人
未之奇也

『三国志』　三国時代が終わった直後に、晋の歴史家・陳寿が記した正史。上は元代の刊本（東京・内閣文庫蔵）

信じていてはとんでもない間違いを犯すことになろう。さらに問題は、このような明らかなフィクションだけでなく、史実の描き方にもある。

一四世紀の人、羅貫中は『三国志』の史実にもとづく物語を述べる際、特に時代考証を行ったわけではなく、彼自身の時代感覚によって事実を描写している。生活様式や習慣が時代によって変化するという明確な意識は、彼にはなかった。たとえば三国時代は紙が発明されて間もない時期で、紙はまださほど普及していなかった。朱然の名刺が木の板であったのもそのためである。しかし羅貫中は、おそらくそのことを知らなかったであろうし、たとえ知っていたとしても、それを彼の小説に反映させるべきだとは思っていなかったであろう。その結果、『三国志演義』の初期のテキストでは、紙に印刷された書物までもが登場してしまうのである。いうまでもなく、印刷術の発明はさらにはるか後世のことであった。このような時代差の無視は、紙のような具体的なモノから人物の性格描写まで小説全般におよんでいる。したがって事実は三世紀の事実であっても、その描かれ方は一四世紀風である。われわれが劉備、関羽、張飛など小説の登場人物とその行動を、たとえば織田信長や豊臣秀吉など、日本の戦国時代の人物と同じような感覚でとらえてしまう主な理由はそこにあった。

　本書のひとつの目的は、われわれがよく知っている小説『三国志演義』（『三国志演義』のテキストにはいくつかの異なる系統があるが、以下、特に断らないかぎり、もっとも広く流布する清代の「毛宗崗《もうそうこう》本」を指す）を手掛かりとして、われわれにとってあまり馴染みのない本来の三国時代の歴史を描いてみることにある。その際、陳寿の『三国志』などの歴史文献を使うことはもちろんであるが、それだけではこの時代を具体的に理解するには隔靴《かっか》掻痒《そうよう》の憾《うら》みがある。さいわい今日では、朱然の墓の副葬品のようなナマのモノが大量に出土しており、それらについての多くの研究もある。文献とそれら出土資料を共に利用することによって、三国時代の実像にかなりの程度、迫ることができるであろう。

現代中国の起点

　しかしそれにしても三国時代の実像に迫らねばならない理由が、なにかあるだろうか。歴史の検証が、もし小説はでたらめだということに終わってしまうのであれば、これほどつまらない話はない。現代のわれわれが一八〇〇年前の中国を知ることの意味はなんであろう。

　それは、この時代が、現代にまでおよぶその後の中国の歴史、社会、文化を知るうえで、見のがすことのできない重要性をもっている点にあると私は考える。実際、中国という世界史上きわめて特異な文化をもつ国の特徴の多くが、この時代を起点としてはじまっているのである。紙の使用の普及もその一例であろう。

歴史学者の故川勝義雄氏は、かつて三国時代とそれに引き続く南北朝時代を、「華やかな暗黒時代」と表現された。それは、この時代が政治的には混迷をきわめた乱世であったが、しかしその乱世にあって、いやむしろ乱世なればこそ、きらめくような個性をもつ人物が自由に活躍し、さまざまな文化が花開いたという意味であった。

たとえば曹操《そうそう》である。小説では悪役の代表とされるこの人物は、強烈な個性に彩られた卓越した改革者であり、また彼およびその子の曹丕《そうひ》、曹植《そうしょく》は、すぐれた詩人でもあった。中国の詩といえば、だれもが李白《りはく》や杜甫《とほ》の唐詩《とうし》を思い浮かべるであろうが、華やかにして壮大な唐詩の世界の直接の原点は、この時代の曹操父子を中心とする文学運動にある。個性の表現としての文学が、中国史上はじめて独立した地位を獲得したのは、この三国時代にほかならない。

同じことは思想、宗教についてもいえる。中国の代表的思想である儒教《じゅきょう》は、いうまでもなく孔子《こうし》にはじまるが、その孔子が選定したとされる儒教の経典を読むための注釈として、古来もっとも重んじられたのは、後漢《ごかん》末の儒学者、鄭玄《じょうげん》によるそれであった。小説では劉備もこの鄭玄に師事したことになっているが、これまた例によってフィクションであり、劉備が実際に師事したのは、鄭玄の友人、盧植《ろしょく》であった。

インドから仏教が中国に伝わったのは、一世紀後半、後漢の明帝《めいてい》の時であったとされる。しかし実際に多くの僧が中国にやってきて、訳経、布教活動をはじめ、仏教が人々の間に広まっていったのは、後漢末、三国時代になってからのことであった。呉の孫権《そんけん》は渡来僧、康《こう》僧会《そうえ》のために建初寺《けんしょじ》を創建し、曹操の子の曹植は梵唄《ぼんばい》（仏教の唄）を作ったとされるのは、仏教の普及を示すであろう。

中国固有の民間宗教である道教《どうきょう》は、春秋戦国時代の老子《ろうし》、荘子《そうし》などの道家思想に源流があるが、それが本格的に宗教としての教団活動を開始したのも、やはり後漢末、三国時代であった。小説の発端となる黄巾《こうきん》の乱は、初期の道教集団である太平道《たいへいどう》が起こしたものであったし、五斗米道《ごとべいどう》の張魯《ちょうろ》は、曹操と劉備の間にあって独自の宗教王国を形成した。五斗米道はのちに天師道《てんしどう》とよばれ、張魯の子孫は歴代、張天師として道教教団に君臨することになる。その末裔《まつえい》は今でも台湾で活動をつづけているのである。

この儒・仏・道の三教は、その後の中国の思想、宗教の骨格となり、さらに三教の間での論争と交流が行われ、中国独自の三教合一思想を生み出すのであるが、そのような三教間の論争と交流も、三国時代すでにはじまっていた。三国時代は、諸子百家が活動した春秋戦国時代とならぶ中国史上の華麗なる乱世であり、宗教、思想、文学、芸術などさまざまな分野においてエポックメイキングとなる重要な時代であった。

さらに文化や宗教だけでなく、政治的にも三国時代は一つの出発点であった。世界史

朱然の刺　呉の武将、朱然の墓（安徽省馬鞍山市）から出土した名刺。長さ24.8cmの木の板で、官職と名前が記してある

上、中国という国の最大の特徴は、広大な領土をもつ統一帝国が長期にわたって持続した点にあるが、この統一帝国を強く志向する理念が確立したのは、やはりこの時代であった。そしてそれは日本や朝鮮などの周辺諸国にも大きな影響をあたえたのである。

東アジアの三国時代

三国志ブームと邪馬台国ブームは、戦後日本の二大歴史ブームといっても過言ではないが、このふたつのブームはあまり嚙み合うところがないようである。しかしすでに述べたように、三国時代は、日本でいえば邪馬台国の時代であった。邪馬台国といえば卑弥呼《ひみこ》、卑弥呼といえば「魏志倭人伝《ぎしわじんでん》」であろう。

この「魏志倭人伝」は、正確には『三国志』の「魏書《ぎしょ》」最後の巻である「烏丸《うがん》・鮮卑《せんぴ》・東《とう》夷伝《いでん》」の中の「東夷」の最後に置かれた「倭」の項目のことである。ちなみに「東夷」に列挙された国々は、順番に、夫餘《ふよ》・高句麗《こうくり》・東沃沮《とうよくそ》・挹婁《ゆうろう》・濊《わい》・韓《かん》・倭である。おおまかにいえば、夫餘と挹婁は現在の中国東北地方（旧満州）の北部、高句麗は東北地方南部から北朝鮮、東沃沮は北朝鮮東部、韓（馬韓《ばかん》・辰韓《しんかん》・弁韓《べんかん》の三韓）は現在の韓国、そして倭が日本である。

この地域では漢帝国の衰退にともない各民族の動きが活発となり、やがて朝鮮半島では高句麗・新羅《しらぎ》・百済《くだら》の三国時代が現出し、日本列島でも国家形成の始動がみられるようになる。そしてそれらの国々は、みな争って中国との交渉を求め、また漢字文化や儒教、仏教などを受け入れた。その後、現在にまでつづく漢字文化圏の誕生であり、東アジア国際交流の幕開けである。

二一世紀の初め、中国と朝鮮半島の北朝鮮、韓国、そして日本との間であらたな国際関係が模索されつつある現在、この東アジア文化圏の交流が始まった幕開けの時代を回顧してみることは、意味深くまた興味深いことであるにちがいない。

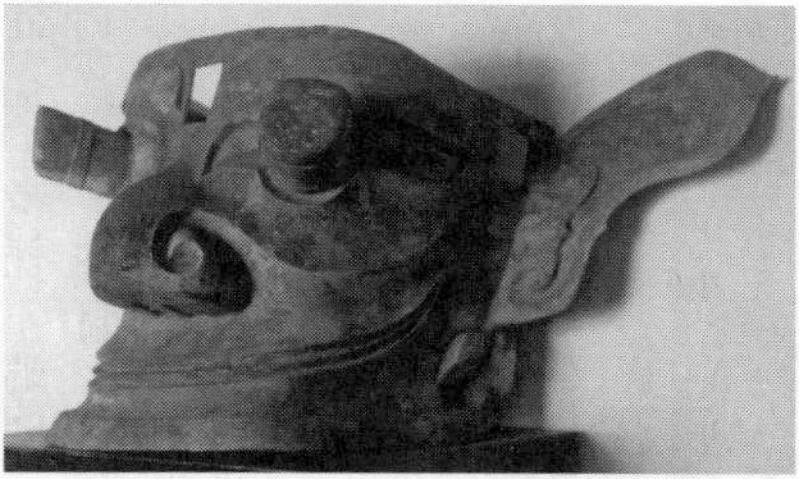

縦目獣面具（三星堆博物館蔵）　三星堆遺跡（四川省広漢市）出土。紀元前17〜11世紀。古代中国の文化の多様性を示す

従来、中国文明の起源は古代黄河《こうが》文明にあり、それが放射線状に各地に広まったとされていた。中国は広大な国土に同一の文明が長期にわたって存在した世界史上類例のない国であると考えられてきたのである。しかし近年の考古学の成果は、黄河文明とは異質の文明が古代中国の各地に同時並列的に存在したことを教えてくれる。たとえば長江《ちょうこう》（揚子江《ようすこう》）下流南方の河姆渡《かぼと》遺跡や長江上流の三星堆《さんせいたい》遺跡はその代表的なものであろう。三星堆から発見された青銅製の奇妙な仮面を見た人は、それがわれわれのもっている常識的な中国文明のイメージとはおよそかけ離れたものであることを強く感じるにちがいない。そして河姆渡遺跡と三星堆遺跡は、とりもなおさず三国時代の呉と蜀の所在地であった。三国時代こそは、中国における統一と分裂、文化の

同質性と多様性が端的にあらわれた時代にほかならない。そして中国を含む東アジア世界の同質性と多様性は、これまたすぐれて今日的な問題であるにちがいないだろう。

三国時代の歴史と文化をたどるとともに、それが後世の社会にあたえた影響について考え、さらに東アジアの将来をも展望する、それが本書のもうひとつの目的である。

呉から見た『三国志』

陳寿の正史『三国志』は魏を正統として、また羅貫中の小説『三国志演義』は蜀を中心にすえて、それぞれ三国の歴史を描いた。いずれにせよ三国のもう一方の当事者である呉は脇役にすぎない。しかしこの脇役の呉こそ、実は三国という時代を演出し、そのキャスティングボートを握った影の主役であった。三国時代に関する書物は数多いが、呉を中心としたものはおそらく少ないであろう。脇役の呉からこの時代を見れば、これまで気がつかなかった側面が見えてくるかもしれない。これが本書のさらなるもうひとつのねらいである。

第一章　斜陽の漢帝国

中国人の歴史観

一治一乱と漢王朝滅亡の衝撃

「そもそも天下の大勢は、分かれること久しければ必ず合し、合すること久しければ必ず分かれる」

これは小説『三国志演義』冒頭の一節、『平家物語』が「諸行無常《しょぎょうむじょう》、盛者必衰《じょうしゃひっすい》」で始まるように、小説全体の中心テーマを述べたものであろう。小説はこのあと、このテーマの実例として周《しゅう》王朝末の春秋・戦国の分裂時代、秦《しん》の統一帝国、楚漢《そかん》対立から漢王朝の統一、そして三国時代の出現へと筆を進めてゆく。その後も、三国を統一した晋《しん》は五胡十六国《ごこじゅうろっこく》・南北朝の大分裂時代へとつづき、隋唐《ずいとう》統一王朝は五代十国《ごだいじっこく》に分かれ、北宋《ほくそう》の統一を経て、またもや南宋《なんそう》と金の南北時代、ついで元明清《げんみんしん》と統一がつづくが、二〇世紀に入って軍閥《ぐんばつ》割拠から国共内戦、そして周知のとおり、現在の大陸と台湾の分裂状態へといたる。なるほど中国の歴史は統一と分裂の循環から成るといえよう。

しかしこれは中国史がたまたまそうだというだけで、別に世界史的な法則というわけではないだろう。広さでいえば中国に匹敵する領域をもつヨーロッパでは、むしろ分裂、いや諸国共存が常態であった。統一・分裂循環論には「諸行無常、盛者必衰」ほどの普遍性はない。しかも中国人の歴史認識では、統一が正常な状態で治世、分裂は非正常状態で乱世ということになり、したがって統一と分裂の循環は治世と乱世の循環、いわゆる「一治一乱」(『孟子《もうし》・滕文公《とうぶんこう》下』)となるのだが、これも実際には、統一時代が平和で、分裂時代は戦乱に明け暮れたかというと必ずしもそうとはいえまい。分裂時代に局地的平和を保った例はいくらでもある。要するに、これらはみな、あとから観念的につけた理屈にすぎない。

したがって後漢末当時の人々が、漢王朝の滅亡と三国鼎立《ていりつ》を「合すること久しければ必ず分かれる」と、当然の事態のようにみなしていたかは大いに疑問である。右に述べた統一・分裂の順番からいえば、三国時代は春秋・戦国、楚漢対立につぐ三番目の分裂時代ということになるが、春秋・戦国の分裂は中央集権的大帝国出現以前のことであり、また楚漢対立は分裂というよりはむしろ内戦、しかも秦の統一期間は短いから戦国時代の延長戦のようなものであった。これに対して漢は前後ほぼ四四〇年もつづいた中国史上最長の王朝である。しかもいったん王莽《おうもう》によって滅ぼされながら不死鳥のごとく蘇った。のちにも東晋や南宋のようにいったん滅んだ王朝が復活した例はあるが、それはどちらも異民族に追われて南方に逃げ込んでの復活であり、統一王朝として復活した例は、中国史上、後漢だけである。当時の人々が、漢王朝は不滅であると思ったとしても不思議ではないだろう。漢には創始者の高祖劉邦《りゅうほう》以来、劉姓にあらざる者は王たるべからずという原則があったが、まして劉姓以外の者が天下を取ることには大きな抵抗があったはずである。その漢王朝が滅んだことは、それが長期王朝の滅亡した初めてのケースであっただけに、後世の王朝滅亡とは比較にならない、まさに驚天動地の大事件であったにちがいない。そういう意味では、三国時代は中国史上最初の本格的分裂時代であったといってよいであろう。

　しかもこの分裂状態が、「分かれること久しければ必ず合す」と小説が言うように、いずれ統一されることが当然視されていたかどうか、これまた大いに疑問である。現にその後の歴史の展開をみれば、西晋のわずか三七年の短い期間を除き、隋がふたたび統一する（五八九）までの約三〇〇年間、大分裂時代がつづくのである。三国の時点では、中国がローマ帝国崩壊後のヨーロッパのような諸国分立状態になる可能性も決してなくはなかったであろう。この時代の人々は統一か分立かの岐路に立たされていたのであり、結果的にはそこから統一への強い希求が生まれたのである。

　三国という時代を正しく理解するためには、まずこの漢王朝滅亡の衝撃と不安の重さを想像してみる必要がある。小説のように、「分かれること久しければ必ず合し、合すること久しければ必ず分かれる」とすました顔でいっていたのでは、そこのところはわからない。われわれはまず冒頭の一節からして、小説とは訣別しなければならないのである。

三国のお国自慢「三都の賦」

　さて話はかわって、三国時代の末期、蜀《しょく》はすでに魏《ぎ》に滅ぼされ、その魏は司馬《しば》氏の晋《しん》にと

長江の景観　かつての蜀、現在の四川省は、深い山に囲まれている

ってかわられ、残る呉《ご》も気息奄々《えんえん》、再統一は時間の問題というころ、山東《さんとう》の田舎町から都の洛陽《らくよう》にやってきた一人の文学青年が、三国時代の総決算ともいうべき作品を著した。作者の名は左思《さし》、家柄は低く、風采もぱっとしないが、博学で文才にたけていた彼は、家の中の門、庭、はてはトイレにまで紙と筆を置いて、アイデアが浮かぶとすぐにメモをとり、作品の創作に熱中した。そして一〇年の苦心惨憺のすえに完成した傑作、それが「三都の賦《ふ》」である。三都とは、蜀の都の成都《せいと》、呉の都の建業《けんぎょう》（現在の南京《ナンキン》市）、そして魏の都の鄴都《ぎょうと》（現在の河北省臨漳《りんしょう》県）をさし、賦は漢代に流行した韻文《いんぶん》を主体とする一種の美文である。

その内容は三国それぞれのお国自慢で、まず西蜀公子《せいしょくこうし》なる人物が登場し、蜀がいかに自然環境に恵まれ、いかに珍しい品々を豊富に産出するか、人々がいかに豪勢な暮らしをしているか、そしていかにすぐれた文人を輩出したかなどなどを延々と語る。ついで東呉《とうご》王孫《おうそん》がこれを一笑に付し、そんなのは本当の都会を知らない田舎者のお国自慢、現に蜀はもう亡んでしまったではないかとやり返し、今度は呉のお国自慢をはじめる。まず呉には蜀にはない海がある、湖がある、無数の河川がある、ベトナムなど南の国々ともつながっている。そこから採れる真珠をはじめ無数の珍しい産物は、蜀とはくらべものにならない、月とスッポン、北方の魏のやつらなど死ぬまで見たこともないだろう。そこでの釣りの豪快さときたらない、それにくらべたら黄河での鯉《こい》釣りなど、井戸で鮒《ふな》を釣るようなもの。古代の帝王、舜《しゅん》や禹《う》はなるほど北方の出身だが、どちらも南方に来て死んだのは、南方の美しい風物に魅せられたからだ、と蜀を嘲弄《ちょうろう》しながら魏への牽制《けんせい》も忘れない。

黙って二人の話を聞いていたのは魏国先生、おもむろに口を開くや、蜀と呉のお二人、おかしなことを申すでない、そもそも天地開闢《かいびゃく》以来、世界の中心は中国、まわりの辺境に住むのはわけのわからぬ言葉をしゃべる蛮夷《ばんい》と決まっておる、蜀と呉がいかに自然条件にすぐれていようとも、しょせんは蛮夷の地、聖人の伝統をつぎ、仁徳をもって天下に君臨する中国にはかなわぬ、魏は漢王朝の命運が尽きた後を受け、天命によって天下を治め、天命が尽きると今度は天下を晋に譲って臣下の地位にひきさがった、なんと立派なことではないか、それにくらべれば蜀など巣の中の鳥同然、呉など穴に棲む蛙と変わりはない、もともと蜀と呉は罪人の流刑地ではなかったか、蜀はすでに亡んだが、呉の滅亡もそう遠くはないぞ、と決め

太湖の風景　江蘇省や浙江省など、呉の中心をなした地域は、海に開かれ、水運の発達した水郷地帯だった

つけた。これを聞いた西蜀公子と東呉王孫は茫然自失して、おそれいりました、まことに天に二つの太陽がないように、地に二人の皇帝は並び立たぬ道理、もう二度とつまらぬことは申しません、と詫びをいれた。正統王朝たる魏を讃え、それを受け継いだ晋に花をもたせることで、論争は決着したのである。たわいないといえばたわいのない話であるが、ここからは少なくとも以下の二つの点が読みとれるであろう。

中華世界の拡大

第一に、当時文明の中心とみなされたのは黄河流域の北中国であって、長江以南のいわゆる江南地域や四川《しせん》盆地は、いまだ異民族の多く住む野蛮の地であった。蜀という字は中に虫があって、ぐにゃりとした虫けらという意味、呉は口の字が中にあり、大声でわけのわからぬことを話すという意味で（ともに後漢の許慎《きょしん》『説文解字《せつもんかいじ》』の説）、どちらも野蛮な異民族のことである。しかしながらこの異民族の蛮地は、秦漢以来の北方からの漢民族による移民によって、当時すでに開発が進んでいた。西蜀公子と東呉王孫がともに豊かな自然と物産を自慢しているのはその現れであり、蜀と呉がこの時期に建国できた経済的基盤がそこにある。これに対して魏国先生はあまり名産の自慢をしていない。これは物ではなく道徳的、精神的優位を強調するためとも考えられるが、戦乱で疲弊した北中国には実際、自慢するほどの物はなかったのかもしれない。そこには政治の北京《ペキン》、経済の上海《シャンハイ》といわれる現在の状況にまで通じる中国の南北の地域的特徴の雛形がすでにみえていよう。

第二は、この点に関連して、北方の魏の政治的優位が、伝説上の古代の聖天子から漢王朝、そして魏晋へと受け継がれた正統にして唯一無二の皇帝権力によって裏打ちされている点である。このような政治思想が形成されたのは秦漢時代、特に後漢においてであり、したがって漢から魏への王朝交代はそれが実際に適用された最初のケースであった。また蜀は周知のとおり漢王朝の継承者をもって自任し、魏とその正統性を争ったのであるが、これまた正統性をめぐる史上最初の争いであった。正統思想による王朝革命とそれをめぐる争いは、歴史上その後もたびたび繰り返されるが、三国時代はその原点となったのである。

この辺境地帯の開発による経済的発展と北中国の文化的正統性という「三都の賦」に述べられた二つの点は、一見矛盾するようだが、実はそうではない。むしろ辺境の発展が北中国の正統性を強化し、結果として両者相まって中華世界の拡大をもたらしたと考えるべきであろう。中国のその後の長い歴史は、ある意味で中華世界の拡大の歴史であったといえるのであり、三国という時代も基本的にはこの枠組みの中で展開する。

「三都の賦」は、作者の左思が、賦という美文調の文体にありがちな誇張や虚構を排して、文献を調べ、実際にその地に行ったことのある人に尋ねて、事実どおりの描写を心がけたといわれる。そこには当時の人々が三国の状況と地位をどのようにとらえていたかが如実に反映されているであろう。そしてそこに描かれた世界と小説『三国志演義』との間には、大きな距離が横たわっている。

ちなみにこのような三人が互いに自慢話を競い合うという趣向は、すでに前漢の武帝《ぶてい》の時の文人、司馬相如《しばしょうじょ》の作品「上林《じょうりん》・子虚《しきょ》賦」にその先例があるが、元来は物の優劣を自慢しあう民間の遊戯文芸に起源があると考えられ、後世にもその形式は引き継がれて、影響は日本にまで及んだ。空海《くうかい》の『三教指帰《さんごうしいき》』や明治時代の中江兆民《なかえちょうみん》『三酔人経綸問答《さんすいじんけいりんもんどう》』は、どちらもこの形式を模倣したものである。

後漢という時代

三つの勢力――外戚・宦官・清流

さて小説『三国志演義』（以後『演義』と略称）は、冒頭で統一と分裂の歴史哲学を述べたあと、いよいよ後漢時代の具体的な叙述に入る。われわれがふつう三国時代の話として知る歴史事実の大半、たとえば黄巾《こうきん》の乱、官渡《かんと》の戦いや赤壁《せきへき》の戦いなどは、実はみな後漢時代末期の出来事である。したがっていわゆる三国時代の歴史について述べるには、まず後漢末期から説き起こさなければならない。

『演義』が最初に述べる事件は、大将軍の竇武《とうぶ》と太傅《たいふ》の地位にあった陳蕃《ちんばん》が、宦官《かんがん》の曹節《そうせつ》、王甫《おうほ》らの専横を憎み、これを取り除こうと謀ったが、機密が漏れ、逆に曹節、王甫らによって殺害されるという出来事である。この事件が起きたのは、後漢第一二代の皇帝、霊帝劉宏《れいていりゅうこう》が一三歳で即位したばかりの建寧《けんねい》元年（一六八）九月のことであった。『演義』が三国時代の歴史を叙述するに当たって、まずこの事件から筆を起こしたのは、ある意味で作者の見識を示すものといってよい。というのも、この出来事は後漢という時代、あるいはその後の中国史の構造を考えるうえで、象徴的な意味をもっているからである。次にこの事件の関係者について簡単に述べてみよう。

まず大将軍の竇武は、霊帝の前の皇帝、桓帝《かんてい》の皇后の父であった。桓帝には子がなく、霊帝は傍系から入って帝位についたのだが、桓帝の竇《とう》皇后はなお皇太后として、朝廷内に重きをなした。その背後にいたのがすなわち皇太后の父、竇武である。一般にこのような皇后、皇太后の里方の一族を外戚《がいせき》という。後漢では、竇武のように外戚の代表者が軍事面の最高権力者である大将軍の地位につくのが、なかば恒例化していた。

次に太傅の陳蕃は、この時代、清流とよばれた儒教的知識人（その多くは官僚である）の保護者をもって自他ともに任じる人物であった。太傅とは、皇帝の指南役の名誉職で、官僚体系の頂点である三公のさらに上の最高位である。陳蕃は名実ともに儒教的理想を標榜する清流派知識人、官僚集団の代表者であった。

当初、桓帝は出身のいやしい田《でん》貴人を寵愛《ちょうあい》し、皇后に立てようとしたのだが、陳蕃に反対され、その結果、家柄のいい竇武の娘をやむをえず皇后にした経緯があり、陳蕃と竇武はそのときから協力関係にあった。そしてこの両者が打倒しようとした曹節、王甫ら宦官とは、いうまでもなく皇帝の奥向きの用をつとめる去勢された男たち、いわば皇帝の私的な奴隷である。

したがってこの事件は、外戚勢力と知識人、官僚勢力が結んで、皇帝の権威をかさに着る宦官勢力を駆逐しようとして失敗したものであったといえよう。『演義』はこの事件のあらましを述べた後、「宦官がこの後、権力を握るようになった」と結ぶ。すなわちこの事件をきっかけとして、正義の清流派が勢力を失い、濁流の見本のような宦官が権力を掌握したことが、後漢王朝滅亡の原因である、というのが、『演義』の作者の考えであり、さればこそこの事件を長い三国時代の物語の発端として述べているのである。

　このような清流派対濁流派という一種の善玉対悪玉の図式は、中国の伝統的な知識人が歴史を解釈する際に好んで用いるものであり、『演義』の作者もむろんその例外ではない。しかしながら宦官の跋扈《ばっこ》が本当に後漢王朝滅亡の主因であったのか、それとも単に政治的混乱の結果に過ぎなかったのかは、今日から見れば疑問がないわけではないだろう。それはともかく、この事件に登場する外戚、清流、宦官という三つの勢力は、後漢という時代を理解するキーワードであり、さらにはその後の歴史を考えるうえでも興味深い問題を提起しているのである。

外戚と漢代の家族制度

　前漢王朝を裸一貫から興した高祖劉邦《りゅうほう》が死ぬと、皇后の呂后《りょこう》が実権を握り、呂《りょ》氏一族が勢力を振るったが、呂后の死後、高祖の家臣団によって呂氏一族は一掃された。しかしその後も外戚の重用はつづき、文帝の竇《とう》皇后の一族、竇嬰《とうえい》は大将軍に、景帝《けいてい》の王皇后の弟、田蚡《でんふん》は宰相になった。漢王朝の最盛期を築いた武帝、その衛《えい》皇后の姉の子、霍去病《かくきょへい》は、匈奴《きょうど》征討に大功を立てたが、霍去病の異母弟の霍光《かくこう》は、武帝の子の昭帝が後継ぎなしに死んだ後、帝位についた昌邑王《しょうゆうおう》をわずか一ヵ月で廃し、宣帝《せんてい》を擁立した。霍光が昌邑王を廃したのは、昌邑王に淫行が多く、皇帝にふさわしくなかったためであり、霍光はこのため後世では忠臣の鑑《かがみ》とみなされる。しかし外戚が皇帝の首をすげかえたことは、外戚の権力がいかに強大であったかを物語るであろう。しかも霍光はその後、自分の娘を宣帝の皇后とし、一族を要職につけ権力を独占したため、霍光の死後、宣帝は霍氏一族を誅滅《ちゅうめつ》した。宣帝の次の元帝の時には、皇后の弟の王鳳《おうほう》とその一族が権力を振るい、王鳳の甥で、平帝の皇后の父でもあった王《おう》莽《もう》は、ついに漢王朝を簒奪《さんだつ》し、みずから帝位についた。これが新《しん》である。

王莽の新王朝を倒し、漢王朝を復興した劉秀《りゅうしゅう》は、本来ならば王莽の簒奪にこりて、外戚勢力を排除してもよさそうなものであったが、実際にはそうはならず、後漢時代においても前漢と同じく外戚は大きな政治勢力でありつづけた。ただし前漢の高祖劉邦は農民出身であり、前漢各皇帝の皇后も武帝の衛皇后のように身分のいやしい者が少なくなかったのに対し、劉秀は漢の皇族の一員であると同時に、南陽地方の地主、豪族でもあり、その勢力は南陽をはじめとする各地の豪族を基盤としていた。そのため後漢の皇后はほとんど豪族の出身である。

そもそも光武《こうぶ》帝《てい》劉秀が後漢王朝を建てるに際し、最後まで障害となったのは、長安を中心とする西北地方の隗囂《かいごう》と蜀（四川）で皇帝を称していた公孫述《こうそんじゅつ》の二人である。この二人と劉秀との三つ巴の戦いは、三国時代以前のもうひとつの三国時代ともいえるが、劉秀が隗囂と公孫述を打倒するのに大きく貢献したのは、馬援《ばえん》、竇融《とうゆう》（前漢文帝時代の外戚、竇氏の子孫）、梁統《りようとう》など西北地方の豪族である。そして後漢時代に皇后を輩出し、外戚として権力を振るったのは、おもにこの馬、竇、梁の三氏族、および光武帝の地盤である南陽の豪族、陰《いん》氏、鄧《とう》氏であった。たとえば第二代明帝の馬皇后の一族、同じく明帝の竇皇后の兄の竇憲《とうけん》、第四代和帝《わてい》の鄧皇后の兄、鄧騭《とうじつ》、第八代順帝《じゆんてい》の梁皇后の兄、梁冀《りようき》、そして第一一代桓帝の皇后の父、竇武《とうぶ》など、みなそうである。当初は、外戚にも人格者が多く、皇帝と外戚の関係はうまくいっていたが、後漢後期に傍系から幼年で帝位につく場合が相次ぐと、前皇帝の皇后が皇太后として政治の表舞台に立ち、その背後で外戚が権勢をほしいままにする例が目立つようになる。

　このように前漢、後漢を通じて、外戚は大きな政治勢力でありつづけたのであるが、とくに後漢が外戚、王莽による簒奪という教訓を生かせず、外戚の横暴を許したのは、おそらく当時の家族制度と密接な関係があると思われる。漢代は儒教的な父系的家族制度が確立する以前の時代で、古代の母系的家族制度が色濃く残っていたと考えられる。漢の皇室はもともと微賤の出身であり、とくにそのような傾向が強かったのであろう。しかし後漢王朝は前漢とちがって、外戚に簒奪されたわけではない。それは宦官や儒教的知識人という新たな要素が加わったためである。後漢で権力を振るった最後の外戚は、霊帝の何《か》皇后の兄、何進《かしん》であるが、彼は卑しい家柄の出身であった。下賤の身分から外戚になった点では前漢に似ているが、しかし何進もまた竇武《とうぶ》と同じく宦官に殺された。

宦官が跋扈する条件

中国史上、宦官として最初に有名になったのは、おそらく秦《しん》の趙高《ちょうこう》であろう。独裁者、始《し》皇帝《こうてい》亡き後、権力を握った趙高は、鹿を馬と言い立てて年若い二世皇帝を愚弄した。日本語の「馬鹿」という言葉の由来である。この趙高の例に見られるように、宦官が跋扈するのは、制度としての皇帝の権力が強大であるにもかかわらず、個人としての皇帝が若年、無能など、なんらかの理由でその絶大な権力を行使できない場合である。いわば権力の空隙に側近がつけいった格好であろう。皇帝権力が弱いか、または皇帝が有能であれば、宦官がつけいって権力をほしいままにする余地はない。

宦官が跋扈するためのもうひとつの条件は、皇帝の奥向き、いわゆる内廷と官僚たちのいる外廷が隔絶して、皇帝と官僚との意思の疎通がうまくいかないことである。そこに連絡役としての宦官がつけいる余地が生じる。前漢時代には宦官の目立った活動は見られなかったが、それは皇帝の側近に仕えるのが、去勢された宦官だけではなく、一般の役人もその任に当たったため、内外の疎隔《そかく》が比較的少なかったためである。しかし後漢になると、内廷に仕えるのは宦官に限られることになった。

後漢の後期には、幼年のしかも傍系から入った皇帝が多くなったため、皇太后が政治を行うこととなるが、女性である皇太后と外廷との連絡役は宦官であった。かつ傍系から入った皇帝の場合、皇太后と直接の親子関係がないため、外戚と皇帝との間に軋轢《あつれき》が生じる。そこに宦官がつけいったのである。後漢の外戚である竇憲《とうけん》、鄧隲《とうじつ》、閻顕《えんけん》、梁冀《りょうき》、竇武《とうぶ》そして何進《かしん》などは、みな宦官によって殺された。また順帝《じゅんてい》、桓帝《かんてい》などは、実質上、宦官によって擁立されている。

このような宦官勢力の伸張を象徴する出来事は、宦官の孫程《そんてい》が順帝を擁立した功績によって、陽嘉四年（一三五）、養子を跡取りとして自分の爵位を養子に譲ることを認められたことであろう。以後この特権は制度化し、他の有力な宦官にも適用された。これによって本来、子孫をもてないはずの宦官が、外戚と同じように、権力と財産を子孫に継承させることが可能になったのである。この制度のもつ意味の重大さは、この制度がなければ宦官の孫である曹操が存在しえなかったという一事をもって十分に理解できよう。

しかし、さしもの栄華を誇った宦官勢力、その最後の頂点に立ったのが『演義』にも登場する「十常侍《じゅうじょうじ》」であるが、彼らは何進を打倒した直後、世襲官僚のリーダーである袁紹《えんしょう》によって一掃されてしまう。そして宦官勢力の没落とともに皇帝権力も弱体化し、後漢王朝は亡ぶのである。

地方豪族と儒教官僚

前漢の武帝は儒教を国教としたが、その影響が具体的に現れるのは、前漢の末から王莽《おうもう》の時代になってからである。王莽は外戚としてだけではなく、儒教のリーダーとしてみずからを演出することによって、知識人の人気を集め、ついに皇帝の位を奪取した。それだけ儒教が普及し、儒教的教養を身につけた知識人の勢力が伸張していたのである。

　儒教的知識人の実体は、地方の豪族《ごうぞく》である。そして後漢時代は地方豪族の伸張期でもあった。前漢ではひとつの豪族の勢力はほぼ県レベルにとどまっていたが、後漢になると県より上の郡にまで拡大し、強大な経済的基盤をもつ大豪族が各地に出現する。彼らは通常、若い頃に都の太学《たいがく》（官立の学校）に遊学して儒教的教養を身につけ、やがて孝廉《こうれん》、茂才《もさい》などの名目で推薦されて、地方や中央の官僚となる。官僚として出世した者は、さらにみずから推挙、登用した多くの官僚（これを門生・故吏という）を配下に擁し、政治的権力を握ることになる。このような豪族と官僚が表裏一体をなす存在こそが後漢王朝の実質的支配層であった。後漢の創始者、光武帝劉秀も、若くして都に留学の経験をもつ地方豪族の一員であったし、いわゆる外戚勢力も実体としてはやはり地方豪族である。

　このような豪族出身の儒教官僚群は、その数が増大するとともにやがて分化をとげる。その一部は権力と富を代々継承することによって、世襲的門閥《もんばつ》貴族へと発展し、外戚や宦官とも妥協して現実的路線を歩むが、政権の中枢から排除された人々は、儒教的理想主義をかかげて政治を批判し、いわば野党的な存在となる。これがいわゆる清流である。さらにその一部はいっそう現実政治に背を向けた逸民《いつみん》、隠逸《いんいつ》者となり、潜在的な反体制勢力を形成する。これら政治に批判的な勢力の不満が極度に高まったことが、後漢政権が崩壊した主因であった。外戚を倒して実権を握った宦官勢力を最後に一掃して、王朝滅亡の直接的きっかけを作った袁紹《えんしょう》が、四世代にわたって三公を輩出した代表的な官僚豪族の傍系の出身（袁紹は庶子である）であったことは、そのことを端的に物語っていよう。

中国史における外戚・宦官・儒教官僚

後漢につぐ魏王朝の実質的な担い手は、これら漢王朝に見切りをつけた批判的豪族勢力であり、さらにその代表者である司《し》馬《ば》懿《い》の子孫が次の晋王朝を創立した。その後の六朝《りくちょう》時代は、さらに門閥貴族化を強めた豪族勢力の天下であったが、儒教的知識人層がさらに拡大した次の隋《ずい》唐《とう》期に、門閥貴族制が機能しなくなると、今度は科《か》挙《きょ》試験によって官僚となる士《し》大《たい》夫《ふ》が現れる。この士大夫層も実体としてはやはり地方の地主勢力であり、彼らはさまざまな転変を経ながらも、二〇世紀初めの清《しん》朝滅亡まで、皇帝体制のもとでの実質的支配階層でありつづけたのである。このように長年にわたり中国の支配層でありつづけた豪族（地主）、儒教的知識人、官僚の三位一体的存在が、はじめて歴史の表舞台に躍りでたのが、ほかならぬこの後漢から三国にいたる時期であった。

豪族勢力を背景とする儒教官僚がその後も中国の支配層となったのに対して、外戚勢力は、その後の中国史からほとんどその姿を消してしまう。魏の初代皇帝、曹操の子の文帝曹《そう》丕《ひ》は、即位の翌々年（黄初《こうしょ》三年＝二二二）に外戚の政権への参加を禁止する詔勅《しょうちょく》を出したが、呉や蜀でも、呉の外戚、全《ぜん》氏がほんの一時勢力を握ったのを例外として、外戚勢力の台頭はみられない。そしてその後の歴史でもいくつかの例外を除いて、外戚が政治上の大問題になることはなかった。これはすでに述べたように、儒教的な父権的家族制度の普及と無関係ではないであろう。なお中国唯一の女帝である則天武《そくてんぶ》后《こう》や清末の政治を左右した西太后《せいたいこう》のように、皇后自身が権力を握った例は、外戚とは別の次元で考えるべきである。

さて三つの勢力の残りのひとつの宦官は、外戚とはちがって、その後の歴史でもしぶとく生き残った。三国時代では、暗愚な蜀の後主、劉禅《りゅうぜん》につけいって権力をほしいままにし、蜀滅亡の原因を作った宦官、黄皓《こうこう》が有名だが、呉でも政権末期には宦官の跋扈がみられた。その後、特に唐代後半や明代後半に、宦官勢力が皇帝権力をも凌ぐほどになり、ともに王朝滅亡の一因となったことは史上よく知られている。

要するに後漢時代の三つの勢力のうち、三国以降は、地主豪族を背景とする儒教官僚勢力と皇帝権力を背景とする宦官勢力が残ったのである。言い換えれば、皇帝の独裁権力とそれを掣肘《せいちゅう》しようとする儒教官僚の対立が、中国の国内政治の主要問題となったといえるであろう。

東アジアにおける外戚・宦官・儒教官僚

中国周辺の諸民族は、よく知られるように中国の政治制度を取り入れ、模倣することによって、みずからの国家形成をはたした。その代表は、朝鮮と日本である。では朝鮮と日本においては、中国政治を動かした三つの勢力は、どのように受け入れられたのであろうか。

まず中国政治の癌《がん》としばしばいわれる宦官は、日本には存在しなかった。朝鮮は中国にならってこの制度を導入したが、朝鮮史上、宦官が政治的に大きな問題となったことは一度もない。これに対して、中国で後漢以降消滅した外戚勢力は、日本では天皇の外戚、藤原氏による平安時代の摂関《せっかん》政権、あるいは鎌倉時代、将軍の外戚に発する執権《しっけん》、北条氏など、政治上長く重要な意味をもちつづける。また朝鮮でも外戚は政治的に重要な勢力で、特に李《り》氏朝鮮王朝末期の一九世紀に、外戚の安東《あんどう》金氏がほぼ六〇年にわたって政権を独占したいわゆる「世道《せどう》政治」が有名である。韓国ではごく最近まで大統領夫人一族による不正事件がしばしばニュースとなったが、これは外戚政治の後遺症かもしれない。このように外戚が日本、朝鮮では後世にいたるまで大きな政治勢力であったのは、中国の代表的な思想として日本、朝鮮に輸入された儒教の父権的な家族制度が、日本、朝鮮における固有の母権的家族制度を変えるほどの影響力をもたなかったことを示唆しよう。儒教の根幹は家族制度にあることを考えるなら、このことは、日本、朝鮮における儒教の受容が、程度の差こそあれ限られたものであったことを、おそらくは意味する。

残った儒教官僚については、儒教の影響力自体が限られていた以上、中国と同じ性格のものが存在するはずはない。日本は科挙制度を導入せず、儒教的知識人が政治の中枢に参画したことは歴史上かつてなかった。中国の士大夫の士が文士を意味するのに対して、日本の士は武士である。中国では王朝交代の混乱期や異民族王朝を除いて、武人が政治に深く関与することはなかったのであり、この点は日本と対照的である。朝鮮では高麗《こうらい》時代に科挙制が導入され、次の朝鮮王朝時代には、国をあげての儒教化政策の結果、中国の士大夫に相当する両班《ヤンバン》階級が現れるが、中国の士大夫がもっぱら科挙における実力により、世襲的性格のきわめて薄い流動的階層であったのに対して、朝鮮の両班は世襲的性格が強く、その意味では六朝以前の門閥貴族により近い。

このように見てみると、日本、朝鮮は中国の政治制度を輸入したとはいえ、それは皮相的レベルにとどまり、固有の文化、慣習が表面上中国的制度をまとっただけで、実態は日中朝三国で相当に異なっていたことが理解できるであろう。

黄巾の乱

『演義』にない大事件・党錮事件

さて『演義』は宦官の専横につづいて、黄巾《こうきん》の乱へと筆をすすめる。ここで主役の劉備、曹操、孫堅《そんけん》が登場し、いよいよ物語が動き出す。しかし黄巾の乱について述べる前に、ここで『演義』には述べられていないもうひとつの重大事件について語らねばならない。

熹平石経の拓本　儒教の五つの経典を校訂し、石に刻んだもので、当代随一の清流派知識人、蔡邕の手による

儒教的理想主義をかかげ、外戚、宦官による腐敗した政治を批判した清流知識人、官僚が後漢王朝を滅ぼした主体であることは、さきに述べた。その清流

派のリーダー格が陳蕃《ちんばん》である。ところで陳蕃による宦官打倒クーデター失敗の前後に、二度にわたる清流派の大弾圧が行われている。それが党錮《とうこ》事件であった。党錮とは、政権に批判的な清流派知識人を、私党を組む不穏分子とみなし、そのリストを作成し、彼らを禁錮刑に処して活動を封じ込めることをいう。

陳蕃のクーデターが起きる二年前の延熹《えんき》九年（一六六）、宦官の牢脩《ろうしゅう》は、清流派のもう一人のリーダーである李膺《りよう》が都の太学生を煽動して政治を誹謗《ひぼう》したとして告発、全国で約二〇〇名に一斉逮捕令が出された。翌永康《えいこう》元年（一六七）、外戚の竇武《とうぶ》の党人弁護により、逮捕された清流派知識人はいったん釈放されるが、その代わり郷里に帰らされ、そこで禁錮処分にあう。これが第一次の党錮事件で、この年の一二月に桓帝が死に、翌年、竇武と陳蕃によるクーデターが起きるのである。

その翌年の霊帝、建寧《けんねい》二年（一六九）、今度は竇武と陳蕃が打倒しようとして失敗した宦官、曹節《そうせつ》の上奏により、李膺を筆頭に一〇〇人あまりの清流派が処刑され、関係者が禁錮処分にあった。これが第二次党錮事件である。この党錮事件については、『演義』のもっとも早いテキストである嘉靖《かせい》本はなにもふれず、通行本（毛本）でも「桓帝は善類を禁錮す」とごく簡単にすまされている。しかしこの党錮事件は、実は次におこる黄巾の乱と密接な関係にあった。

二度にわたる大弾圧によって、清流派の活動は徹底的に封殺された。しかしこの種の知識人弾圧事件というものは、弾圧を加えれば加えるほど、弾圧された側の主張は逆により先鋭化し、運動も地下にもぐって激しくなる一方、世間の評判もこれに同情的となり、結局は政権側にかえって不利になること、古今東西の歴史が証明している。政権側もそのことに気がついたのであろう、この頃からしきりに知識人相手の人気取り政策を打ち出す。たとえば熹《き》平《へい》四年（一七五）には、儒教の経典である五経を校訂し、それを石碑に刻して太学の門前に建てた。これが中国史上はじめての石経《せっけい》として有名な熹平石経である。これを太学の門前に建てたのは、学生に政治批判はやめてまじめに勉強しろという意味であろう。学生はいつの時代でも、もっともラジカルな政治批判者である。ついで三年後の光和《こうわ》元年（一七八）には、宮廷の鴻都門《こうともん》の中に新たに学校を作り、一〇〇〇人の学生を募集するが、これも人気取りの一環であろう。しかし同じ年、熹平石経を書いたこの時代随一の文化人、蔡邕《さいよう》は、改革を主張したことがたたって、朔北《さくほく》（現在の山西省大同市以北）の地に流されてしまう。

　こうして宦官主体の政権と清流派知識人との対立が深まり、両者の緊張が極限に達したまさにその時、黄巾の乱が起こったのである。

黄巾の乱と知識人

　第二次党錮《とうこ》から一五年後の光和七年（中平《ちゅうへい》元年＝一八四）二月、鉅鹿《きょろく》（現在の河北省平郷《へいきょう》県）の人で、太平道の教主、張角《ちょうかく》が反乱を起こし、数十万の信徒が一斉に蜂起した。太平道とは、後の道教の源流となる民間宗教で、病人に罪を懺悔《ざんげ》させ、呪術を使って治療することで、十数年の間に急速に教勢を伸ばした。後漢後期は社会的不安が高まったため、この種の新興宗教が流行する。すでに熹《き》平《へい》元年（一七二）には、南方の会稽《かいけい》（浙江省紹興市）の許昌《きょしょう》なる者が陽明《ようめい》皇帝を名乗って反乱を起こしたが、これも同じような宗教反乱であろう。

張角はみずから天公《てんこう》将軍、また弟の張宝《ちょうほう》と張梁《ちょうりょう》はそれぞれ地公《ちこう》将軍、人公《じんこう》将軍と称し、「蒼天《そうてん》已《すで》に死す、黄天《こうてん》まさに立つべし。歳は甲子《かっし》にあり、天下大吉」をスローガンに、信徒はみな黄色の頭巾をかぶったので、黄巾賊とよばれた。黄色は、五行《ごぎょう》思想によると、漢王朝のシンボルカラーである赤の次に来る色である。そして光和七年は、まさに甲子の年であった。おそらく事前に周到な準備がなされていたであろう。

黄巾の乱は、ふつう宗教を背景とする農民反乱であるとみなされるが、これだけの反乱が農民だけの力で起こせるものではない。張角は信者をほぼ一万単位で大小三六の「方《ほう》」にわけ、「方」ごとに将軍を置いたといわれる。このような組織作りには知識人の参与が不可欠であろう。当時の知識人には、清流派のように国政に不満を抱きながらも、あくまで体制内改革を目指す人々のほか、特に党錮事件以後、漢王朝の将来に見切りをつけた者や、政治に無関心となり隠遁を決め込んだ者も少なくなかった。太平道は、黄帝《こうてい》や老子の道家思想をひとつの拠りどころとしていたが、道家思想は一部の知識人の中にも深く浸透していた。体制に不満をもつ下級知識人が太平道に参加していたことは間違いないであろう。当時、都や地方の官庁の門にまで黄巾賊のスローガンである「甲子」の二文字が書かれていたというが、これも一部の下級役人の支持があったことを物語っている。さらに張角は宦官勢力とも連絡をとっていたが、これが密告によってばれたため、当初三月五日の予定を早めて、二月に挙兵した。

反乱勃発の知らせに接した朝廷は、まず外戚の何《か》進《しん》を大将軍に任命して、首都の防備をかためる。ついで一五年にわたった党錮をついに解除した。北地太守の皇甫《こうほ》嵩《すう》が党錮をやめるべきだと上訴したのを受け、霊帝は宦官の呂強《りょきょう》の意見を求めたが、呂強も、不平知識人が張角に協力すれば反乱がさらに拡大すると言ったので、霊帝はこわくなってしぶしぶ皇甫嵩の意見にしたがったのである。これで竇武《とうぶ》と陳蕃によるクーデター失敗で打倒された外戚と清流派官僚が復活したわけである。

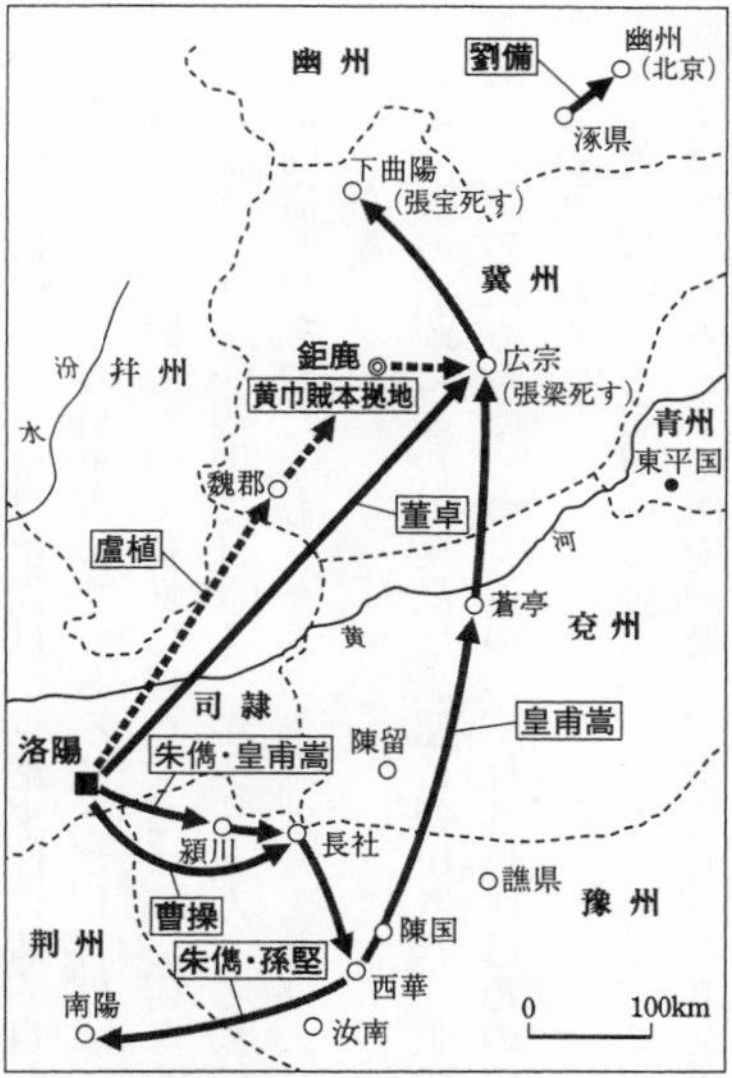

黄巾の乱鎮圧の進軍ルート

首魁・張角の正体

反乱鎮圧の主導権を握ったのも、清流派に近い官僚であった。まず当時、鄭玄《じょうげん》とならぶ著名な学者で、劉備の先生でもあった盧植《ろしょく》が張角の本拠地、河北《かほく》の黄巾《こうきん》賊討伐に、また党錮解禁を真っ先に主張した皇甫《こうほ》嵩《すう》および朱儁《しゅしゅん》が、黄巾賊の主力のいた河南の潁川《えいせん》郡（現在の河南省許昌市一帯）に向かった。皇甫嵩は、党錮事件の時、自分も清流派の党人なので逮捕してくれとみずから願い出た皇甫規《こうほき》の甥である。ただし若い頃に竇武《とうぶ》と陳蕃《ちんばん》からの招聘《しょうへい》を断ったことがある。また盧植もかつて竇武に自重するよう忠告したことがあり、要するにこの二人は清流派のような理想一辺倒ではなく、現実を重んじる穏健派であったといえよう。しかし清流派には同情的であった。もう一人の朱儁は、交趾《こうし》郡（ベトナム）の反乱を鎮圧して名をあげた武将である。

この三人の活躍によって反乱は急速に鎮圧され、張角は病死、張宝、張梁は戦死し、残党の活動はその後も長くつづくものの、反乱自体はその年の一〇月にはほぼ終息、一二月には中平と改元された。

なお黄巾賊の主力が河南の潁川郡にいたことは、この反乱の性格を考えるうえで重要である。潁川をはじめとする河南一帯は、当時もっとも文化程度が高く、清流派知識人の多い地方であった。陳蕃、李膺《りよう》をはじめ党錮で迫害された知識人の多くはこの地方の出身である。また後に漢を受け継ぐ魏を支えたのも、やはりこの地域の知識人であった。そこが同時に黄巾賊の重要拠点であったことは、この反乱が、体制内改革をはかる穏健派と体制転覆をめざす急進派との知識人内部の争いであったことを示唆しよう。またこれを鎮圧した盧植、皇甫嵩、朱儁の三人は、盧植が河北の涿《たく》郡、皇甫嵩が西方の安定《あんてい》（現在の甘粛《かんしゅく》省平涼《へいりょう》地区）、朱儁が南方の会稽《かいけい》（浙江《せっこう》省紹興《しょうこう》市）といずれも周辺地域の出身であった。

さて黄巾の乱の首魁である張角が、いったいどういう人物であったのかは興味深い問題であろう。しかし歴史書はこれについて一切黙して語らない。ところが『演義』では、張角は「不第秀才」、つまり科挙の試験に落第した書生ということになっている。科挙がまだなかった漢代に落第生がいるはずもないから、これは『演義』の作者の歴史知識の貧弱さを示すものにほかならないが、しかし後世の落第書生の多くは体制への不満分子であり、そういう意味では、この設定は意外に正鵠《せいこく》を得ているかもしれない。清朝末期の一九世紀に落第書生の洪秀全《こうしゅうぜん》が、キリスト教の教義によって起こした太平天国《たいへいてんごく》の乱を鎮圧したのは、現実派の高級官僚、曾国藩《そうこくはん》であった。歴史は繰り返す、というべきかもしれない。

主役登場

乱世の姦雄・曹操

黄巾の乱が起こった年（一八四）、曹操（一五五—二二〇）と孫堅（一五五—一九一）はともに数え年で三〇歳、劉備（一六一—二二三）は二四歳であった。『演義』では、この三人はともに黄巾の乱によって物語の舞台にデビューすることになる。しかし実際はどうであろう。ちなみにこの年、孫堅の長子の孫策《そんさく》（一七五—二〇〇）は一〇歳、次子の孫権《そんけん》（一八二—二五二）はわずか三歳、諸葛孔明（一八一—二三四）は四歳である。

若いころ、「治世の能臣、乱世の姦雄《かんゆう》」と評されてにんまりしたという曹操は、宦官曹騰《そうとう》の養子、曹嵩《そうすう》の長男として生まれた。曹騰は、後漢史上もっとも横暴な外戚とされる梁冀《りょうき》が

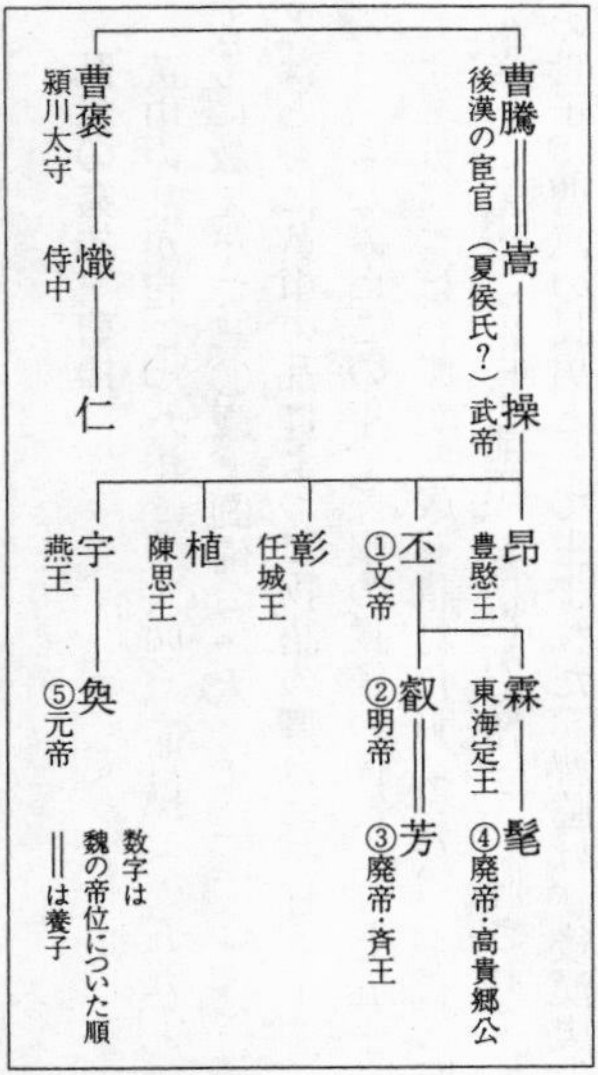

曹氏略系図

幼い質帝《しってい》を毒殺した後、大臣たちが聡明な清河王《せいかおう》を次の皇帝にと望んだにもかかわらず、暗愚な蠡吾侯《れいご》を立てた方が都合がよいと梁冀に入れ智恵した人物である。この蠡吾侯がすなわち桓帝で、後漢の衰退は桓帝から顕著になる。曹騰はやがて後漢王朝を簒奪する子孫のためのレールを敷いたことになろう。のち魏の明帝は、この高祖父に高皇帝《こうこうてい》の尊号を贈った。死後の追贈ではあるが、中国史上、唯一の宦官皇帝である。

その養子となった曹嵩は、もと夏侯《かこう》氏の出であったといわれるが、養父がため込んだ莫大な財産によって官職を買い、太尉にまでなった。清流派からみれば、唾棄すべき濁流である。曹操は自分のこの出自におそらくある種のコンプレックスをもっていたであろう。若いころに鷹狩りやドッグレースにうつつをぬかす遊蕩児であったのは、そのあらわれかもしれない。しかし彼はたんなる金持ちのどら息子ではなかった。二〇歳で孝廉《こうれん》に推挙され、首都洛陽（後漢では雒陽《らくよう》と表記するが、本書では洛陽に統一）の北部《ほくぶ》尉《い》（警察署長）になると、霊帝のお気に入りの宦官の叔父が夜間通行禁止令を破ったのを逮捕して撲殺してしまった。

これで彼は宦官の身内グループから脱して、清流派官僚の仲間入りを果たしたと思える。

黄巾の乱の時には、皇甫嵩、朱儁《しゅしゅん》を助けて、潁川《えいせん》の賊を討った。曹氏の本拠地譙《しょう》県は、潁川郡のすぐ東側である（四五ページ地図参照）。その後、彼は黄巾賊の残党を配下に入れるとともに、才能本位の人材登用によって潁川を中心とする知識人の支持を勝ち取り、ついに最後の皇帝、献帝《けんてい》を潁川郡の中心地、許都《きょと》（現在の河南省許昌市）に迎えて実権を掌握、着々と地歩を固めてゆく。そして最晩年には娘を献帝の皇后として、漢の外戚になった。つまり曹操は、先に述べた後漢時代の宦官、外戚、豪族知識人という三つの相反する勢力をすべて手中に収めたのである。これこそまさに姦雄たるゆえん、彼が三国の争いの勝利者となったのは当然であろう。ただし彼はその最後の勝利、後漢王朝の簒奪を目前にして死んでしまったが。

人物鑑定の流行

なお曹操を「治世の能臣、乱世の姦雄」と評した許劭《きょしょう》は人物鑑定の名人であった。この時代の名士の間では、人物の容貌からその能力や性格を占うことが大いに流行した。容貌は人間の能力、人格を反映する鏡であると考えられていたのである。このような人物の外見の重視、立派な容貌を重んじる風潮は、当時の名士たちの貴族化傾向と無縁ではない。また容貌はいうまでもなく人によって千差万別、一人として同じ顔つきの者はいない。したがって容貌の重視は、それが反映する能力や性格の細かい分析、すなわち人間の個性の発見というこの時代のもうひとつの重要な風潮とも密接な関係にあった。

許劭やその従兄の許靖《きょせい》は、毎月の一日にテーマを決めて、しきりに人物鑑定を行い、それは当時の名士社会での風評や官吏の登用にも大きな影響力をもっていた。後に述べる魏の官吏登用法である九品官人法《きゅうひんかんじんほう》なども、このような人物鑑定と決して無縁ではない。許劭兄弟は名士の本拠地である潁川のすぐ南の汝南《じょなん》の人であったため、当時、彼らの人物鑑定を「汝南の月旦《げったん》評」とよんだ（月旦は月の一日のこと）。現在でも人物批評のことを月旦というのは、この故事にもとづいている。

曹操一族の墓

一九七四年、安徽《あんき》省亳《はく》県の城南一帯で一群の古墳が発見され、調査の結果それらは曹操の父祖にあたる人々の墓であることが判明した。亳県は、漢代の沛《はい》国譙《しょう》県、すなわち曹操の故郷である。一〇基あまりの墓は破損がひどく、墓主を特定することはむずかしいが、中に曹操の父、曹嵩《そうすう》、祖父で宦官の曹騰《そうとう》の墓と思われるものがあることは、出土品の中に銀縷《ぎんる》玉衣《ぎょくい》（玉片を銀の糸でつないだ死者の衣服）、銅縷玉衣など、諸侯や高官の葬礼のみに許される品があったことから推測できる。

特に注目されるのは、これらの墓の磚《せん》（煉瓦）に当時の墓作りの職人たちが刻んだと思われる大量の文字である。その中には、「会稽曹君」、「故潁川……曹褒」、「長水校尉曹熾」、「呉郡太守曹鼎」など、曹氏一族の名前が多く記されている。曹褒《そうほう》は、曹操の従弟《いとこ》で武将と

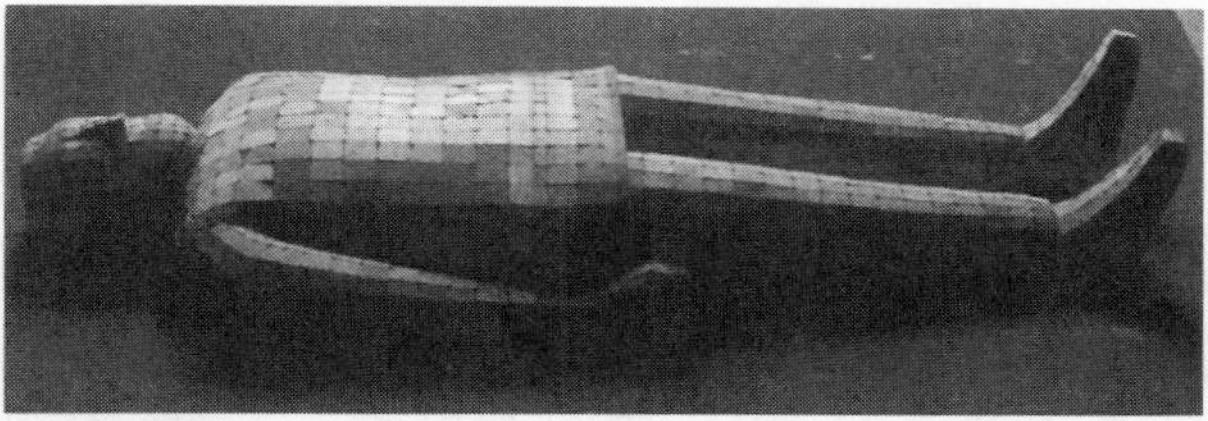

銀縷玉衣（上）　曹氏の墓所から出土。曹操の父曹嵩か、祖父曹騰のものと考えられている。『三国志展記念図録』（中国画報社、1987年）より
「会稽曹君」の文字（左）　拓本。曹氏の墓所から出土した磚に刻まれていた

して活躍した曹仁《そうじん》の祖父で潁川太守をつとめた人物、曹熾《そうし》は曹褒の子で、すなわち曹仁の父である。また会稽曹君とは、曹熾の弟で会稽太守となった曹《そう》胤《いん》、そして曹鼎《そうてい》は、曹操の族子でやはり武将として有名な曹休の祖父であった。

これらの墓および文字からわかることは、曹操の一族が譙県の大豪族で、祖父の曹騰以後、多くの高官を輩出していたことで、特に当時の名士の中心地域である潁川、また孫堅の出身地である呉郡や会稽の太守がいることは興味深い。このことは曹操が後に潁川出身の名士を多く召し抱え、また孫堅の一族と婚姻関係を結び、さらに呉に対してさまざまな懐柔策をとったこととと無関係ではないであろう。なお磚の文

字には、このほか墓作り職人たちの不平を書いた落書き風のものも多くみられ、中に「倉（蒼）天乃死」という黄巾賊のスローガンに似た文句、また「倭人」の文字があり、発見当時話題になったが、残念ながらこれらはみな誤読であったらしい。ただしこれらの文字は、隷《れい》書、楷《かい》書、草書また当時の略字などで書かれており、書道史上の貴重な資料となっている。

南方の若武者・孫堅

孫堅の出身地、呉郡富春《ふしゅん》（現在の浙江《せっこう》省杭州市富陽《ふよう》区）は、呉郡の最南端に位置し、さらにその南の会稽《かいけい》郡の郡治、山陰《さんいん》（現在の紹興市）のすぐ西隣に当たる。この一帯は当時、漢民族進出の最先端で、これより南の今の浙江省南部から福建《ふっけん》省全域はいまだ未開発の地であった。都からみればはるかかなたの辺境である。しかしこの辺境は有史以前から黄河流域とは異なる独自の文化をもち、また銅などの自然資源にも恵まれた富裕な地域であった。孫堅は、この辺境の開拓地特有の荒々しい野生的気分をありあまるほどもった男である。『三国志』にはその父の名さえ書いていないほどであるから、大した家柄の出身ではない。

のちの六朝時代の小説『幽冥録《ゆうめいろく》』には、孫堅の父、孫鍾《そんしょう》は、若いころ家が貧しく瓜を畑に植えていたが、あるとき通りがかりの旅人に瓜を恵んだところ、その旅人が実は神の化身で、瓜のお礼に子孫を代々諸侯とするか、それとも数代の皇帝とするか、どちらかを選べと言ったので、孫鍾は後者を選んだという話がみえる。むろんフィクションであるが、孫堅が成り上がり者であったればこそできた話であろう。彼は曹操と異なり、宦官、外戚、豪族知識人など王朝の中枢勢力とは無縁である。なお右の話は、日本でも子供の教科書としてよく用いられた『蒙求《もうぎゅう》』や室町時代の説話集『三国伝記《さんごくでんき》』にも載っており、広く知られていた。

孫堅はまず偶然に出会った海賊を一人で退治して名を揚げ、ついで会稽で起こった陽明皇帝の宗教反乱鎮圧に活躍、やがて黄巾の乱が勃発すると、同郷の朱儁《しゅしゅん》に呼ばれてともに潁川《えいせん》の南の汝南《じょなん》、南陽《なんよう》の賊を平らげ勇名を馳せる。その後、西の涼州《りょうしゅう》での反乱討伐に参加、この時、軍令を破った董卓《とうたく》を斬るよう上司に進言したが、聞き入れられなかった。もし孫堅の意見どおり董卓が斬られていれば、その後の歴史の展開は変わったであろう。やがて皇帝を擁して横暴を尽くす董卓との戦いでも赫々《かくかく》たる戦果をあげるが、荊《けい》州の劉表《りゅうひょう》の部将、黄祖《こうそ》との戦いで、血気あまってあっけなく戦死をとげる。わずか三七歳、戦いに明け暮れた疾風のような一生であった。

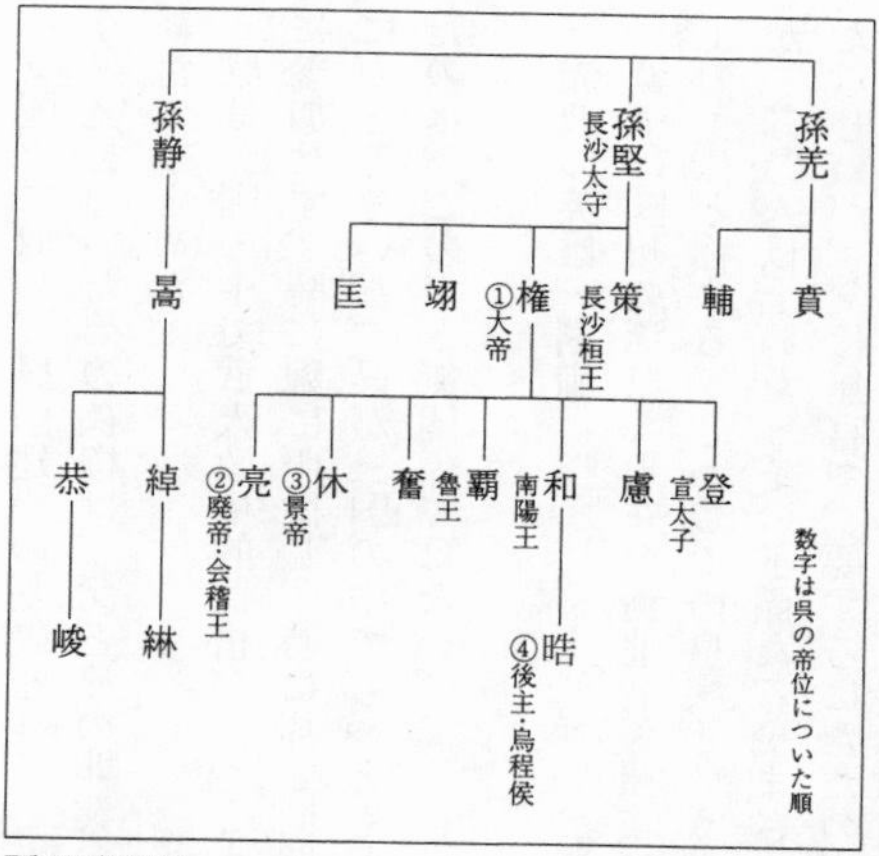

孫氏略系図

　その子の孫策は、父にもまさる激しい気性であったが、父がおもに北方を転戦したのに対して、彼は故郷の呉郡、会稽郡一帯を支配下に収め、呉国建設の基礎を作る。しかし二六歳でやはりあっけなく暗殺されてしまう。後をついだ弟の孫権は、父と兄の非業の死におそらく懲りたのであろう、自重して呉国経営につとめた。

呉は三国の中で武人政権的性格がもっとも強く、漢の後継者をめぐる魏と蜀との正統争いに参加せず、時に魏に服従し、時に蜀と同盟しながら、おもに南方の広大な未開拓地の開発に力をそそいだ。呉が三国の中でもっともおそく皇帝を称し、しかももっとも長く国を保ったのは、この点と無関係ではない。

流浪の英雄・劉備

劉備は幽《ゆう》州の涿《たく》県（現在の河北省涿州市）の出身、前漢第六代の皇帝、景帝《けいてい》の子、中山靖《ちゆうざんせい》王《おう》の子孫と称する。しかしこの皇族という身分にだまされてはいけない。中山靖王には子供が一二〇人以上いた。その子孫たるやまさに五万といたであろう。劉備の祖父は県令を務めたらしいが、父は無官で、要するにただの人である。若いころに同郷の大学者、盧植《ろしよく》に師事したというが勉強は嫌いで、犬と馬、音楽それにきれいな服が好きだった。要するに遊び人である。しかし仲間の間ではめっぽう人望があったらしく、若者が彼の配下に集まった。ちよっとした親分である。

『演義』では、黄巾の乱が起こると、幽州の義兵に応募し、その時に関羽、張飛と出会って桃園で義兄弟となり、皇甫嵩《こうほすう》、朱儁《しゆしゆん》さらに師の盧植を助けて大活躍することになっているが、このうち本当らしいのは幽州の義兵に子分たちと応じたことだけで、あとはすべて『演義』の作り話である。本当らしい、といったのは、『三国志』の注に引く『典略《てんりゃく》』では、劉備の初陣は黄巾の乱の後に起こった張純《ちょうじゅん》の反乱の時のことになっているからである。しかもその時、劉備は傷を負い、死んだふりをしてかろうじて助かったという。曹操と孫堅が黄巾の乱に際して、どちらも皇甫嵩、朱儁という討伐軍の総大将と行動を共にし、軍功をあげていたのに対して、劉備は幽州での地域戦に参加しただけで、しかもそれさえあやふやである。劉備は曹操、孫堅にくらべて六歳年下であることを差し引いて考えても、華々しいデビューとはとてもいえない。

劉備と仲がよかったのは、盧植のところで兄弟子であった公孫瓚《こうそんさん》である。公孫瓚はのちに幽州の支配者となり、最後は袁紹《えんしょう》に敗れて自殺するが、『三国志』の注に引く『英雄記』によれば、彼は名門出身の知識人が嫌いで、占い師や商人と義兄弟になっていたという。桃園結義のモデルは、たぶんこの公孫瓚の義兄弟であろう。『演義』では桃園結義のあと、中山の馬商人が資金援助をすることになっているが、この話は本当で、劉備と公孫瓚はどうやら商人や遊侠《ゆうきょう》の徒と関係が深かったらしい。関羽も人を殺して逃亡したお尋ね者であった。義兄弟というのも商人や遊侠の徒の習慣であろう。

劉啓（前漢・景帝）――勝（中山靖王）- - - - -備（蜀・昭烈帝）――禅（後主）

劉氏略系図

商人、遊侠の徒は一所不住の流浪の民である。そして劉備もまたいわば流浪の英雄であった。彼のその後の経歴をみると、高唐《こうとう》県令となったものの賊との戦いに敗れて公孫瓚のもとに逃げる、それから徐州牧《じょしゅうぼく》の陶謙《とうけん》のもとに身をよせ、陶謙の死後その跡を継ぐが、呂布《りょふ》に敗れて曹操のもとに逃げる、そして曹操を裏切って敗れると、今度は袁紹のところに逃げ、袁紹が曹操に負けそうになると、次は荊《けい》州の劉表《りゅうひょう》のもとへ逃亡し、劉表が死んで荊州が危なくなると、さらに孫権を頼って逃げ、赤壁の戦いで大逆転、かろうじて荊州に足がかりを得るが、孫権との関係がぎくしゃくし、荊州も不安定と見るや、そこから西の蜀に入って劉璋《りゅうしょう》から蜀を乗っ取り、ようやく落ち着き先を見いだしたのである。まさに北から南、東から西への大逃避行で、流浪の英雄というよりは逃走する英雄といった方がよいかもしれない。歴史上これに匹敵するのは、長征という名の大逃避行を敢行した毛沢東《もうたくとう》ぐらいであろう。しかし劉備はいわば負け上手で、負けて逃げるたびに勢力を拡大していった。負けぶとりである。三国の中で自分の故郷を遠く離れたところで国を建てたのは劉備だけである。

したがって劉備には頼れる地縁、血縁というものがなかった。曹操と孫堅は、同郷の部下や兄弟、多くの親族に囲まれていたが、劉備には兄弟もなく、息子以外に親族というものがいない（もっともそのおかげで、魏や呉のような身内の争いは起こらなかったが）。同郷の部下も張飛《ちょうひ》と簡雍《かんよう》だけである。地縁、血縁のない寄せあつめ集団をまとめるために、頼れるのは大義しかない。すなわち漢王朝を復活するという大義である。この大義を実現するためには魏を倒すほかはなく、北伐は蜀という国家に課せられた運命であった。北伐をやめれば国家の存在理由がなくなってしまう。呉の南方開発とは、国家の向かうベクトルがちょうど逆であった。しかし地縁も血縁もなく、大義だけで成り立っている組織は脆弱である。しかもその大義はすでに相当色あせていたのである。名宰相、諸葛孔明《しょかつこうめい》の奮闘にもかかわらず、蜀が三国の中でもっとも早く亡んだのは当然であった。

以上、曹操、孫堅（孫策、孫権）、劉備は、それぞれ出自も性格も異なるが、しかしこの時代の真の支配層である豪族知識人層からみれば、みなアウトサイダーであった。三国のどの国も統一を達成できず、三国時代が漢から次の南北朝への過渡期であったことを、それは象徴していよう。

第二章　群雄割拠

覇権への道

董卓の専横

『演義』を読んで、だれがいちばんの悪者かと問われたら、大方の人の答えは董卓《とうたく》であろう。曹操も悪者だが、いいところもある。いわば魅力的な悪役である。しかし董卓は傲慢にして残忍、黄巾《こうきん》賊との戦いにも負けており、戦争も強くない。いいところはまったくないのである。これは小説だけでなく、歴史書を読んでも同じである。しかしそんなに取り柄のない董卓に、どうしてあれだけの権力がふるえたのだろう。

董卓は隴西《ろうせい》郡臨洮《りんとう》（現在の甘粛《かんしゅく》省岷《びん》県）の出身だが、この地方はチベット系の羌《きょう》族と漢民族との雑居地で、彼は羌族との関係が深かった。黄巾賊掃討の立て役者、皇甫嵩《こうほすう》は、臨洮の北の安定《あんてい》の人で、その叔父の皇甫規《こうほき》は羌族との戦いで戦功のあった人である。羌族の反乱は後漢後期、王朝をゆるがす大問題となっていた。董卓はこの名門の皇甫嵩にコンプレックスをもっていたらしい。黄巾賊との戦いで董卓が負けた後、皇甫嵩が勝ち、また涼州《りょうしゅう》の人、王国《おうこく》の乱の平定でも、二人はいっしょに出陣してことごとく意見が合わず、しかも皇甫嵩がことごとく勝った。董卓はいよいよ皇甫嵩に嫉妬した。

黄巾の乱はいちおう終息したものの、その後各地で堰を切ったように反乱が勃発する。涼州の韓遂《かんすい》、辺章《へんしょう》、王国の乱をはじめ、東北の遼東《りょうとう》では張純《ちょうじゅん》、張挙《ちょうきょ》が烏《う》丸《がん》族と結んで、張挙は天子を称し、また四《し》川《せん》でも馬相《ばしょう》らが反乱を起こして天子を名乗った。太行《たいこう》山脈一帯の黒山《こくざん》賊など群盗も猖獗《しょうけつ》をきわめる。反乱者だけではない。都では、失敗に終わったものの霊帝を廃位させようという事件が起こる。皇甫嵩も皇帝の位をねらうようそのかされるが、正義漢の彼は峻拒《しゅんきょ》した。

朝廷では皇族の劉焉《りゅうえん》の提案により、反乱に対応するため各州の刺《し》史《し》の権限を強化して、これを牧《ぼく》と称し、劉焉は益《えき》州牧、同じく皇族の劉虞《りゅうぐ》が幽州牧に命じられる。しかし後に劉虞は袁紹《えんしょう》によって皇帝に担がれそうになり、提案者の劉焉も四川の地で皇帝を夢みることになる。しかもおかしなことに、本物の皇帝である霊帝は、この時、無上将軍と称して閲兵式を行ったりした。後漢王朝の権威は地に落ち、もはや解体寸前である。

天子を挟して諸侯に令する

董卓はこの一連の動きをじっと見ていた。そして地方で反乱を起こすよりも、中央に出て直接、皇帝をコントロールする方がずっと有効的であると考えたのであろう。いわゆる「天子を挟《きょう》して諸侯《しょこう》に令する」のは、王朝の乗っ取りをたくらむ覇者の古典的手法である。やがてその機会がやってきた。

中平《ちゅうへい》六年（一八九）四月、霊帝が死に、何《か》皇后の生んだ少帝《しょうてい》が即位、外戚の何進《かしん》が実権を掌握する。この機をとらえ、袁紹は宦官勢力を一掃するよう何進に進言するが、何進が躊躇するので、袁紹は外部の勢力を都に呼び寄せ、宦官側に圧力をかけるよう勧め、何進は并《へい》州にいた董卓を呼んだ。それまで董卓は朝廷から呼ばれても言を左右にして応じなかった。おそらく配下の軍勢を温存して、機会をねらっていたのであろう。彼が黄巾の乱平定をはじめとする戦いでしばしば負けたのも、やはり同じ目的であったかと思える。

しかし今度はちがった。彼はすぐさま都を目指して行動を起こす。そして彼の軍勢が都に迫った時、何進は宦官側の逆襲にあって殺され、袁紹が宦官を皆殺しにした。外戚と宦官がいっぺんにいなくなった権力の空白の中、董卓は都に入った。そして何進配下の軍を接収し、またたく間に権力を握る。

彼はまず少帝を廃して、異腹の弟、陳留王《ちんりゅうおう》を立てた。これが後漢最後の皇帝、献帝《けんてい》である。そして竇武《とうぶ》、陳蕃《ちんばん》をはじめ党錮《とうこ》によって迫害された清流派知識人の名誉を回復し、その子孫を登用した。これは一種の人気取り政策であろうが、彼が後漢王朝の支配層である儒教官僚、豪族を手中に取り込もうとしたことを示す。ついでみずから相国《しょうこく》となる。相国は宰相の上、人臣の最高位である。皇帝まであと一歩である。また公孫度《こうそんたく》を遼東太守、劉表《りゅうひょう》を荊州牧に任命したのは、後の群雄割拠への道を開いたといえよう。間もなく東方で反対勢力が結集すると、都をあっさりとみずからの本拠地に近い長安に移してしまう。献帝は董卓の傀《かい》儡《らい》になりさがった。まさに「天子を挟して諸侯に令する」を実現したことになる。やがて東方勢力は内輪もめから瓦解し、あとはしかるべき手はずを整えて後漢王朝を簒奪《さんだつ》するだけ、という時に、もっとも信頼する部下の呂布《りょふ》に裏切られて殺された。

董卓と曹操の共通点

この間、彼は暴虐のかぎりを尽くしたことになっているが、「天子を挟して諸侯に令する」という彼のやり方は、考えてみれば後に曹操がとった方法でもある。曹操はみずからの本拠地、許都《きょと》に献帝を迎え権力を独占、やがて皇帝の位をうかがうようになり、その夢がかなう直前に病死した。特に両者がともに清流派知識人を重用したことは興味深い。董卓の知識人登用は、なかば脅迫的手段によるものであったと『三国志』などには書かれているが、しかしこの時代随一の知識人である蔡邕《さいよう》が、脅迫によって出仕したものの、董卓が殺された時、悲しんで涙を流したために死刑に処されたことは、董卓がある程度、知識人の人望をかちえていたことを暗示しよう。この点は、彼の暴虐なイメージとは必ずしも一致しない。董卓の父はかつて清流派知識人の拠点である潁川《えいせん》で役人をつとめたことがあり、彼は知識人の重要性を認識していたと思える。

董卓と曹操は、清流派の知識人、官僚にコンプレックスをもっていた点が共通している。知識人をコントロールし、皇帝を傀儡化するという発想は、このコンプレックスから生まれたものであろう。曹操が意識的に董卓の真似をしたかどうかはわからないが、結果的にみれば、両者のとった方法は同じで、ただ董卓は失敗し、曹操は成功した。そのような場合、成功者は失敗者を事実以上に悪く描くのが歴史記述の常套である。史書が述べる董卓の横暴には、たぶんに誇張があるだろう。いずれにせよ董卓が「天子を挟して諸侯に令し」、献帝を傀儡化した時点で、後漢王朝は実質的には亡んだといってよい。三国時代の幕開けである。

関東と関西の対立

董卓が権力を握ると、曹操、袁紹、そしてその異母弟（一説に従弟）の袁術《えんじゅつ》などは、みな都の洛陽から逃げ出して東方に去り、反旗をひるがえした。初平《しょへい》元年（一九〇）正月のことである。『演義』ではこれを十八路諸侯軍と称し、その董卓討伐を正義の悪に対する戦いのように描いているが、実態は必ずしもそうではない。まず十八路諸侯というのは『演義』の虚構で、そこに名前のみえる公孫瓚《こうそんさん》や孔融《こうゆう》、陶謙《とうけん》、馬騰《ばとう》などは実際には連合軍に参加していない。また『演義』では、曹操の呼びかけに応じて、十八路諸侯が陳留《ちんりゅう》に結集したことになっているが、実際には、冀《き》州牧の韓馥《かんふく》は河北の鄴《ぎょう》に、渤海《ぼっかい》太守の袁紹と河内《かだい》太守の王匡《おうきょう》が黄河北岸の河内に、兗《えん》州刺史《しし》の劉岱《りゅうたい》、陳留太守の張邈《ちょうばく》、その弟で広陵太守の張超《ちょうちょう》、東郡太守の橋瑁《きょうぼう》、山陽太守の袁遺《えんい》、そして破虜《はりょ》将軍の鮑信《ほうしん》（『三国志・武帝紀』などでは、この時の鮑信の官職を済北相《せいほくしょう》とするが、鮑信が済北相になるのはのち曹操の推挙による）、奮武将軍の曹操の七人は陳留郡の酸棗《さんそう》に、豫《よ》州刺史の孔伷《こうちゅう》はその南の潁川に、後将軍の袁術とその配下の孫堅はさらにその南の魯陽《ろよう》に分かれて駐屯していた（次ページ地図参照）。

これらの連合軍の盟主は袁紹であるが、主力軍が駐屯する酸棗でのリーダーは張邈であった。張邈は八厨《はっちゅう》と称された清流派知識人グループの一人で、これら関東諸侯の正体は清流派官僚連合である。古来、中国では「関西は将を出だし関東は相を出だす」といわれるように、洛陽と長安のちょうど中間にあたる函谷関《かんこくかん》以東と以西では気候風土、住民の気質が異なっており、関西は常に軍事的に優勢であった。しかし中国ではまた武よりも文が重んじられるのが伝統であり、関西の軍閥勢力は関東の文人勢力におおむね協力してきたが、この二つの勢力は対抗関係にあったといってよい。したがって関東諸侯と董卓との対決は、正義と悪の戦いなどではなく、関東、関西両勢力のぶつかりあいと見るのがただしい。現に董卓とライバル関係にありながらも同じ関西出身で、このとき長安にいた皇甫嵩は、関東の動きに同調せず、董卓の命令にしたがっている。『演義』が関西軍閥の一人である馬騰を十八路諸侯に加えているのは、まったくのナンセンスである。

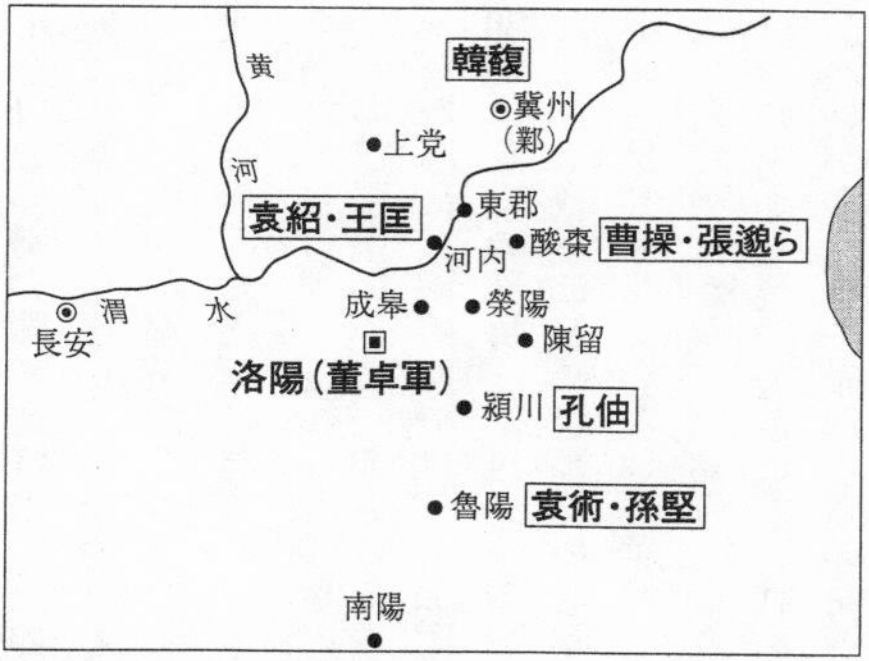

董卓軍と対峙する関東諸侯

　董卓は関東諸侯の動きを見て、献帝を洛陽から長安に移して遷都を断行し、自分だけ洛陽にふみとどまった。これは関東の軍事力を恐れたためであると『三国志』は述べるが、むしろこれを口実として皇帝を自分の勢力圏に連れ去ったのであろう。関東諸侯は軍事的にはほとんど未経験の烏合《うごう》の衆にすぎず、董卓がこれを恐れる理由はない。しかも諸侯連合は、袁紹、袁術兄弟が、袁紹が庶子で袁術が嫡子であったため仲が悪いなど、内部矛盾もかかえていた。これでは董卓とまともに戦うことはできない。事実、集まった関東諸侯は連日宴会を開くだけで、さっぱり進軍しなかった。董卓軍と戦ったのは、王匡、曹操、袁術そして孫堅だけだが、このうち勝ったのは孫堅のみで、あとはみな大敗を喫している。

ちなみに『演義』では、公孫瓚《こうそんさん》に伴われて参戦した劉備、関羽、張飛がここで大活躍し、関羽は董卓の部将、華雄《かゆう》を一刀のもとに斬り捨て、また三兄弟そろって虎牢関《ころうかん》で呂布とはなばなしく戦うことになっているが、これも『演義』の真っ赤な嘘で、公孫瓚や劉備は、この戦いには参加していない。華雄を斬ったのは孫堅軍であった。

また宴会ばかりで戦おうとしない諸侯軍にしびれを切らした曹操は、酸棗から単独で西に打って出て、滎陽《けいよう》で董卓軍と戦い、大敗するが、『演義』ではこれを、諸侯軍に負けた董卓が洛陽から長安に撤退するのを曹操が追撃して、滎陽で負けたことになっている。しかし滎陽は洛陽の東にあるのであって（前ページ地図参照）、洛陽から西の長安に逃げる董卓を追う曹操が滎陽に来るはずはない。これは『演義』の作者がこのあたりの地理をよく知らなかったために起こった間違いである。『演義』の地理関係は南方については正確だが、北方の記述には誤りが多い。『演義』の作者はおそらく南方人であろう。

天下大乱

曹操、頭角をあらわす

関東諸侯軍は、やがて兵糧が尽きるとともに一年あまりで自然解散となった。しかも内部矛盾が噴出する。まず袁紹は幽州牧《ゆうしゅうぼく》の劉虞《りゅうぐ》を皇帝にしようとして曹操に反対され、ついで冀《き》州牧の韓馥《かんふく》から冀州を乗っ取ってしまう。また劉岱《りゅうたい》と橋瑁《きょうぼう》が仲違いをし、劉岱が橋瑁を殺すが、ついで劉岱も東の青州《せいしゅう》から侵入してきた黄巾賊の残党と戦って戦死する。このような内輪もめは、諸侯連合軍内部の結束力の弱さを露呈したかたちだが、その間隙をぬって頭角をあらわしてきたのがすなわち曹操であった。

曹操は袁紹や張邈《ちょうばく》など諸侯軍のリーダーたちと個人的には親しかったが、宦官の孫である彼の諸侯軍の中での地位は低かった。しかし負けたとはいえ対董卓《とうたく》戦で積極的に戦って頭角をあらわし、劉岱亡き後、曹操の才能を見込んだ鮑信《ほうしん》の推薦で兗《えん》州牧となり、やがて黄巾賊の残党を破って三十余万の兵を配下に収め、その精鋭を青州兵と称した。曹操が洛陽から逃げ帰って挙兵した時の兵数が五〇〇〇、その後、揚《よう》州で募兵して四〇〇〇を得たが、その多くは逃亡したというから、三十余万というのがいかに大きな数字であるかがわかる。これで曹操は一挙に袁紹などと肩をならべる大勢力にのしあがった。のちに彼は、袁術、孫堅についていた潁川《えいせん》の黄巾賊残党をも配下に加える。

この時期さらに潁川出身の名士である荀彧《じゅんいく》、そして東郡の程昱《ていいく》が曹操の幕下に入る。どちらも後に曹操のために活躍する名参謀である。やがて荀彧の縁により同じく潁川の名士である荀攸《じゅんゆう》、鍾繇《しょうよう》、郭嘉《かくか》なども曹操に仕えるであろう。こうして潁川を中心とする知識人、官僚の支持をとりつけ、黄巾賊の残党を手中に収めることによって、曹操はしっかりとした地盤を築いたのである。彼の天下取りへの道程も、ようやく軌道に乗りはじめたといえよう。

呂布、董卓を殺す

曹操が青州兵を手中に収めたのは初平三年（一九二）一二月であったが、この年の四月、長安では董卓が司徒の王允《おういん》と呂布《りょふ》に殺された。まもなく董卓の部将の郭汜《かくし》と李傕《りかく》が王允を殺して董卓の仇をうち、呂布は東方へと逃亡する。やがて今度は郭汜と李傕が反目、長安は両軍の戦場と化し、大混乱に陥った。曹操が東方経営に専念できたのも、西方が混戦状態で東を顧みるゆとりがなかったからである。なおこの前年の年末もしくはこの年の一月には、孫堅が荊《けい》州牧の劉表《りゅうひょう》の部将、黄祖《こうそ》との戦いで戦死している。

長安を脱出した呂布は、まず南陽の袁術をたより、ついで河北の袁紹のもとに身をよせるが、どちらでも疑いの目で見られ、長くとどまることができなかった。呂布は万里の長城の北の五原郡の出身で、はじめ幷《へい》州刺史の丁原《ていげん》につかえ、やがて丁原を裏切って殺し、董卓の義理の息子となり、さらに董卓をも裏切った。袁紹、袁術が信用しないのも当然であろう。呂布が袁紹、袁術を頼ったのは、関東諸侯の挙兵の後、洛陽に残った袁氏一族を皆殺しにした董卓を自分が殺したことで、袁氏のために仇を討った恩を売ろうとしたのであるが、これは見当違いであった。

切羽詰まった呂布は、ついに曹操の根拠地、兗《えん》州にあらわれる。おりしも曹操は、父の曹《そう》嵩《すう》が徐州牧の陶謙《とうけん》の部下に殺された仇を討つために徐州に侵攻中で留守であった。曹操は父の復讐と称して徐州で大虐殺を行う。その残忍さは董卓顔負けである。兗州ではかつての関東諸侯軍のリーダーで、曹操の盟友であった張邈《ちょうばく》が曹操を裏切り、呂布に加勢したため、曹操側は一時大ピンチとなるが、参謀の荀彧《じゅんいく》と程昱《ていいく》のはかりごとよろしきを得て、曹操は苦戦のすえかろうじて呂布を退けた。

呂布と劉備の共感と裏切り

行き場を失った呂布は、今度は曹操が去った後の徐州へと向かう。この時、徐州牧の陶謙はすでに病死し、あとは劉備がついでいた。それまで劉備は、公孫瓚《こうそんさん》の肝いりで地方の小役人を転々としていたのであるが、陶謙の後釜にすわることで、ようやく歴史の表舞台に登場してきたのである。劉備に会った呂布は、われらはともに辺境の人ではないかと言って、妻にまで挨拶をさせたという。乱世を生き抜く流浪の英雄同士としての共感を劉備に覚えたのであろう。劉備も気持ちは呂布と同じであったが、同じ境遇同士であるだけに呂布を信用しなかった。はたして呂布は、劉備が南方の袁術と戦っているすきに徐州を乗っ取り、二度までも劉備の妻子を虜《とりこ》にした。劉備はやむなく曹操のもとに身をよせる。

やがて袁術と曹操の間にあって叛服《はんぷく》常ならぬ呂布を曹操と劉備が討ち、部下の裏切りにあった呂布は生け捕りにされる。呂布は曹操に、二人が協力すれば天下を取れるともちかけ、曹操も心を動かされるが、わきにいた劉備が、丁原と董卓の例をお忘れなく、と言ったため、曹操は思い直して呂布を縊《くび》り殺した。死に際して呂布は劉備をにらんで、信用ならぬ奴め、と罵った。背信と復讐がうずまく乱世の非情にして滑稽な一コマである。

呂布は三国時代随一の猛将であり、愛馬である赤兎《せきと》馬《ば》にまたがったその颯爽《さっそう》たる姿は、「人中に呂布あり、馬中に赤兎あり」と人々の称賛の的となった。『演義』ではその勇猛さは関羽以上とされ、赤兎馬は後に曹操から関羽に贈られることになっており、関羽のイメージに赤兎馬は不可欠のものとなったが、これも『演義』の作り話であった。赤兎馬は呂布を裏切ることなく、主人と運命をともにしたのであろう。

天下の形勢と遠交近攻

曹操が呂布を徐州に追いやった翌年の建安《けんあん》元年（一九六）七月、混乱をきわめる長安を脱出した献帝一行が、命からがら洛陽に逃げ帰ってきた。六年ぶりの還都であったが、洛陽はすでに董卓に焼かれて廃墟と化している。この時、曹操は潁川の黄巾賊残党が袁術に加担したのを討伐するため、潁川郡の中心地、許昌《きょしょう》に来ていたが、そこへ献帝を迎え入れる。これについては曹操の部下の間でも反対意見が多かった。そもそも献帝は董卓が擁立した皇帝であり、袁紹のように別に新たな皇帝を立てようとする考えも根強い。しかも洛陽に逃げ帰った献帝はもはや皇帝の体をなしていなかった。しかし曹操は、名目だけの皇帝を手中に収める政治的メリットを説く荀彧《じゅんいく》の意見を容れ、あえてこの無力な皇帝に救いの手をさしのべた。これで曹操はかつての董卓と同じく天子を押し立てて天下に号令する大義を手に入れたことになり、群雄の争いの中から頭ひとつ抜き出て、その後の天下取りの戦いを有利にすすめることができるようになったのである。

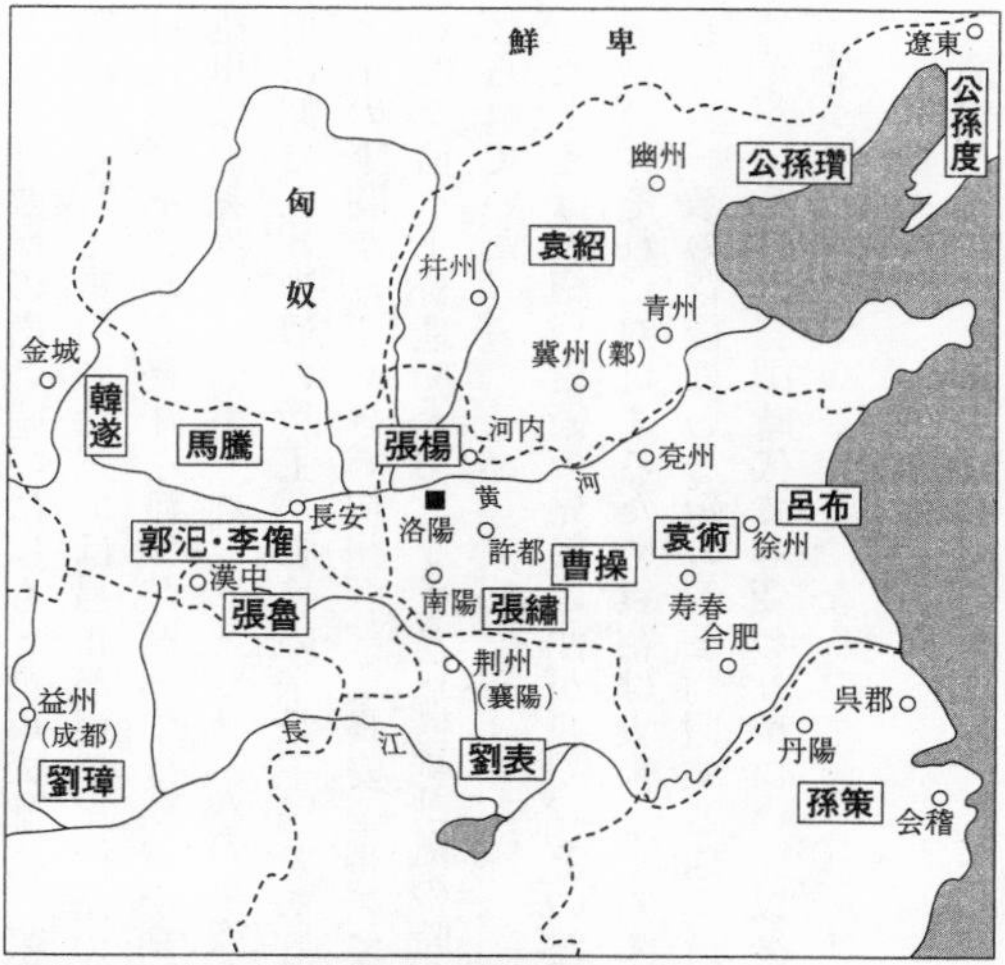

建安元年（196）段階の軍閥割拠のようす

　この建安元年の段階で天下の形勢をみると、まず北方の遼東には公孫《こうそん》度《たく》がなかば独立王国を築いている。その南の幽州（現在の北京一帯）は公孫瓚《こうそんさん》、そして幷州、冀州、青州の広大な地域は袁紹の支配下にある。黄河の南の兗《えん》州、豫州、司州東部（洛陽一帯）は曹操の地盤、袁紹と曹操の間には、かつて董卓によって河内《かだい》太守に任命され、献帝が洛陽に脱出する時に食糧の援助をした張楊《ちょうよう》が、また曹操の南の南陽にはもと董卓の部将、張済《ちょうさい》の甥で、曹操に手痛い打撃をあたえた張《ちょう》繡《しゅう》が、そして東南の徐州には呂布がいる。徐州の南の揚州北部には曹操に追われて袁術が逃げ込み、そこから長江を渡った呉郡では孫策が基盤を固めている。長江中流の荊州、上流の益州は、それぞれ劉表、劉璋《りゅうしょう》という二人の皇族が支配し、益州北部の漢中は黄巾賊の太平道に似た五斗《ごと》米道《べいどう》の教主、張魯《ちょうろ》の宗教王国である。そしてその北の涼州には韓遂《かんすい》、馬《ば》騰《とう》など大小の軍閥がうごめき、司州西部（長安一帯）では郭汜《かくし》と李《り》傕《かく》が相変わらずはげしく争っていた（前ページ地図参照）。まさに群雄割拠の時代、群雄たちの間では熾烈な攻防が繰り広げられていた。

たとえば袁紹、袁術の兄弟は仲が悪く、そのため袁術は袁紹と対抗関係にある公孫瓚と手を結び、それに対抗するため袁紹は袁術と敵対する劉表と組む。このように当面の敵を攻めるため、敵の背後にいる敵の敵と同盟する遠交近攻は、戦国時代以来、外交の基本戦略であったが、それは三国時代でも変わりがない。以後、魏蜀呉三国の攻防もやはりこの基本戦略によって展開してゆくことになる。

讖緯と玉璽による袁術の即位

翌建安二年（一九七）の正月、袁術が皇帝を称した。四世三公を輩出した名家の出身で、本来なら政権の中枢をになうべき袁術がみずから皇帝になったことは、後漢王朝の衰亡を象徴する事件であろう。袁術は皇帝になるに際して、「漢に代わる者は、当塗《とうと》高《こう》なり」という予言書の文句を利用したという。袁術の字《あざな》は公路《こうろ》であるが、術も路も道の意味で、また塗も道のことなので、「当塗高」とは自分のことだというのである。こじつけの屁理屈のようだが、本人は大まじめであったろう。

このような予言書を讖緯《しんい》という。讖は神秘的な未来予言、緯は経（縦糸）に対して横糸のことで、儒教道徳や制度を説いた経書と予言を記した緯書によって聖人の教えは成り立っているという考えである。後漢では、始祖の光武《こうぶ》帝《てい》が予言書を利用して帝位について以来、讖緯思想が流行し、孔子などの名に仮託した多くの讖緯書が偽作された。しかし経典注釈の集大成者である鄭玄《じょうげん》も、経書とともに讖緯書の注釈を書いているほどであり、この時代の政治、思想を理解するうえで讖緯は重要な意味をもっている。魏蜀呉三国の王朝創始と皇帝即位の手続きにも、この讖緯による予言の裏付けは欠かせないものとなった。予言書の文句は神秘的で曖昧なため、どうにでも解釈できる。現に魏の建国に際しては、魏は高いという意味なので、「当塗高」は魏のことであるといわれたのである。

袁術が皇帝即位に利用したもう一つの物は、伝国の玉璽《ぎょくじ》である。これは秦の始皇帝が作り、漢に伝わって代々の皇帝が使用した玉印のことで、「受命于天、既寿永昌」（命を天に受けたれば、すでに寿にして永く昌《さか》えん）の八字が刻してあった。玉璽は袁紹の宦官誅殺の騒ぎの時に紛失したが、董卓が焼き払って立ち去ったあとの洛陽に入った孫堅が、廃墟となった宮殿跡の井戸から偶然に見つけ出した。それを袁術が孫堅夫人を人質に取ったうえで無理矢理奪いとったのである。この玉璽もまた皇帝即位の必需品とみなされ、のち劉備が即位した時には、漢水の川底から玉璽がみつかったことになっているが、これはむろん偽物であろう。後世でも玉璽の偽物はしばしば作られている。また明代には、玉璽の流伝を中心に三国時代の歴史をつづった『三国志玉璽伝』という物語もあらわれた。

それにしても袁術の皇帝即位はあまりにも無謀で強引であったろう。内外の支持を失った袁術は、せっぱつまって仲が悪かったはずの袁紹のもとへ逃げ込もうとして、道中病死し、その勢力は瓦解した。玉璽はその後、袁術に抑留されていた徐璆《じょりょう》によって漢に返還される。なお袁術の遺族は後に孫策にとらえられ、娘は孫権の後宮《こうきゅう》に入った。

官渡の戦い

曹操と袁紹の直接対決

さて曹操は献帝を擁し、群雄の中で有利な立場にたったとはいえ、その支配地は群雄割拠の中心部に位置し、四方を敵に囲まれている。そこで彼はまず遠方の韓遂《かんすい》、馬《ば》騰《とう》を懐柔し、その支持をとりつけると、当面の敵である呂布、そして張楊《ちょうよう》の後をついだ眭固《すいこ》を攻め滅ぼした。郭汜《かくし》と李《り》傕《かく》もこの時までには誅滅《ちゅうめつ》され、張繡《ちょうしゅう》は降伏、これでまわりにいた旧董卓勢力が一掃されたことになる。おりしも河北では袁紹が公孫瓚を破り、自殺に追い込んだ。そして袁術も死ぬ。かくして建安《けんあん》四年（一九九）の八月には、黄河をはさんで袁紹と曹操が直接対峙することとなった。両者の衝突は必至である。戦いはその年の秋からはじまり、翌建安五年の一〇月、ついに黄河の南の官渡《かんと》で両者大決戦を迎える。

この時の情勢をみると、北方の公孫度《こうそんたく》と西方の韓遂、馬騰は中立の立場で、袁紹は背後から攻められる心配がなく、対曹操戦に全力で当たることができる。軍事的にも優勢であった。これに対して曹操の背後には、袁紹と同盟関係にある劉表、そして劉表とは敵対しているものの野心家の孫策がいて、いつ襲ってくるかわからない。曹操は、やはり劉表と敵対する益州の劉璋のもとへ衛覬《えいき》を使者として派遣し、劉表を側面から牽制させようとしたが、衛覬は道路不通のため長安までしか行けなかった。しかも間のわるいことに、ちょうどこの時、曹操の専横に危機を感じた献帝が、外戚の董《とう》承《しょう》に密詔《みっしょう》を下し、曹操暗殺をたくらむ。このクーデターは事前に情報がもれて失敗したものの、董承の一党に加わった劉備が徐州の小沛《しょうはい》で反乱を起こした。しかし曹操は迅速に行動して劉備を破り、劉備は袁紹のもとへ走った。残された関羽

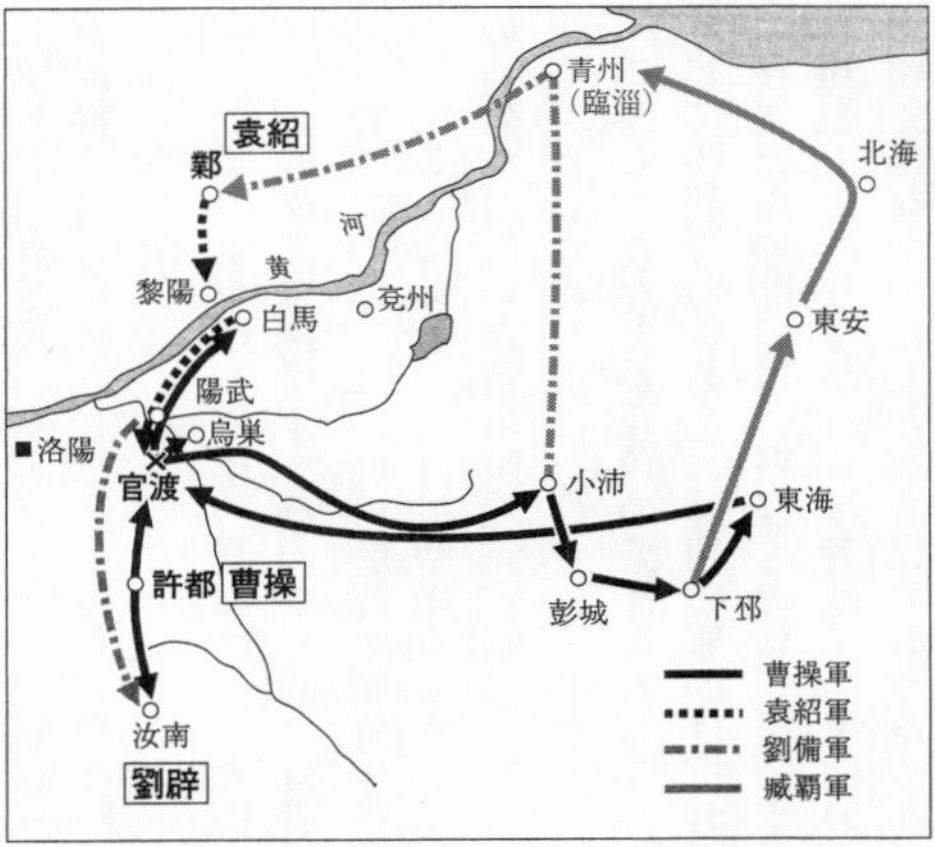

官渡の戦い　曹操は袁紹に勝ち、河北平定の足がかりを得た

は曹操に降伏する。曹操はさらに袁紹の領土のうち黄河以南に属する青州を臧覇《ぞうは》（もと陶謙の部将で呂布に味方したが、のち曹操に降伏した）に攻めさせた。これで袁紹に側面から攻撃される心配がなくなる。

これより前、荊州南部の長沙では、太守の張羨《ちょうせん》が曹操に呼応して劉表に反旗をひるがえした。この反乱は長引き、そのため劉表は袁紹と共同作戦をとることができなかった。さらに幸運だったのは、この時、曹操の留守中の許都を攻撃しようとした孫策が、その直前に暗殺されたことである。これで曹操もようやく後顧《こうこ》の憂いがなくなったわけである。袁紹は許都の南の汝南《じょなん》にいた黄巾賊残党、劉辟《りゅうへき》らを懐柔し、そこへ劉備を派遣してなおも後方攪乱《かくらん》をはかるが、これも曹操に一蹴される。

こうしてなんとか互角の条件にもちこんで官渡の戦いに臨んだ曹操は、苦戦のすえにかろうじて勝利をおさめた。勝利の原因は、おもに袁紹側の内部不一致にあったと思える。袁紹の参謀たちの間では、曹操との戦いをめぐって賛否が分かれたが、これらの参謀の実体は豪族知識人であり、かれらは各地域と集団の代表である。要は袁紹が配下の豪族たちをうまく掌握できなかったことが敗因であったろう。それを端的に示すのは、参謀のひとりである許《きょ》攸《ゆう》の曹操側への寝返りで、曹操は許攸の助言により、袁紹軍の兵糧貯蔵地であった烏巣《うそう》に奇襲をかけ、最後の決定的勝利を手にしたのであった。

関羽の伝説「過五関斬六将」

『演義』の官渡の戦いの場面でもっとも華々しく活躍するのは、関羽であろう。袁紹軍の猛将、顔良《がんりよう》と文醜《ぶんしゆう》を一刀のもとに斬り捨てて勇名を馳せ、曹操の厚遇を振り切って、劉備のもとに駆けつける関羽の姿には、義に生きる英雄の美学がみなぎっている。しかし実際には関羽が斬ったのは顔良だけで、それも袁紹のもとにいた劉備が、関羽は袁紹側に帰順するはずだと言ったので、顔良はそのつもりでいたところをいきなり斬りつけられたのであり、いわばだまし討ちに等しい。関羽のためにはあまり名誉な話ではない。

さらに関羽が劉備のもとに駆けつける道中で、五つの関所を破り、曹操の六人の将を斬ったという、いわゆる「過《か》五関斬六将《ごかんざんろくしよう》」の話も『演義』の中では有名な物語で、後世芝居にもなっているが、これもまったくのフィクションである。しかも許都から劉備のいる河北の袁紹のところまで行くのに、反対方向の洛陽、滎陽《けいよう》の方に行くのは不要な遠回りであって、不合理である（七三ページ地図参照）。ただしここで面白いのは、先の曹操と董卓の戦いでは滎陽が洛陽の西にあって、実際の地理に合わなかったのに対して、ここでは正しく滎陽が洛陽の東とされていることである。これなどは『演義』の成立が複雑な過程を経ていることを示すものであろう。

ともかく『演義』の関羽にまつわる話には、先に述べた赤兎馬《せきとば》の例をはじめ、史実ではないフィクションがことのほか多い。これは後世、関羽が神格化されたことと関係がある。神話的な英雄が、関所を破って逃亡するという話は、説話の世界によく見られるもので、日本では義経《よしつね》の『勧進帳《かんじんちよう》』などがさしずめその例であろう。

曹操の屯田制度

官渡の戦いの時、袁紹側から寝返った旧友の許攸《きょゆう》が曹操に、あとどれくらい兵糧があるかと聞くと、曹操は、本当は一日分しかないのにあと一ヵ月分あるとうそをついたが見やぶられ、許攸にやりこめられる。実際、戦争を遂行するうえで曹操にとって最大の問題は兵糧であった。そして苦しいながらも曹操がなんとか兵糧を供給できたのは、屯田《とんでん》制のおかげである。

黄巾の乱以来、戦乱のうち続く北方では人口が激減して、土地は疲弊し、大量の流民が発生していた。この時期、北方の幽州、南方の荊州、西方の益州には数十万から百万単位の人口が戦乱を避けて流出した。このため曹操の支配地域である中原一帯は荒廃し、詩人でもあった曹操自身が、「生民は百に一を遺すのみ」（「蒿里《こうり》行《こう》」）と歌ったようなありさまであった。「百に一を遺すのみ」は詩的誇張であるが、一説ではこのころの人口は後漢最盛期の一〇分の一にまで減ったという（『三国志・張繡《ちょうしゅう》伝』）。人間を集め、農業生産を復興することが曹操政権にとって焦眉の課題であった。

建安《けんあん》元年（一九六）、献帝を許都に迎え入れた曹操は、棗祗《そうし》と韓浩《かんこう》の提議を受け入れ、許都の近辺に屯田を設けた。これは主に流民を募集して、持ち主のない農地をあたえ、牛や農具を支給して、集団で農業に従事させて租税を納めさせるもので、許都での成功の後、さらに広い範囲で実施し、各郡に典農中郎将《てんのうちゅうろうしょう》、県に典農都《てんのうと》尉《い》を置いて、一般の地方行政とは別系統の軍事的編制で管理させた。いわば国家直営の集団農場であり、その意味では社会主義中国がかつて行った人民公社にやや似ている。屯田は前漢の武帝以来行われていたが、それらはすべて辺境地帯での兵士によるもので、内地で一般人民による屯田を大規模に行ったのは、中国史上、この時代だけである。

屯田民は当初、官から支給された牛一頭ずつについて租税を納めていたが、これは無主の農地が豊富にあったためであろう。やがて土地に余裕がなくなると、あたえられた田地の収穫に直接課税されることになり、その場合、官の牛を使用した場合は官民で六対四、自分の牛をもっている場合は官民で折半する決まりであった。五〇パーセントの課税率は高いようであるが、これは後漢時代の税率と同じである。しかも屯田民には兵役、労働役の義務がなく、政府の庇護のもとに農業生産に専念でき、政府の方も安定した収入を得ることができるのであるから、これは官民双方にとって時宜を得た政策であった。

のち建安一八年（二一三）には、司馬懿《しばい》の提案により、呉との交戦地域である淮河《わいが》流域、さらには蜀との国境地帯の関中で、軍人による屯田、軍屯が実施され、一般人民による民屯よりもさらに効率的な農業生産が行われた。魏が呉と蜀との長期にわたる両面作戦を有利に戦うことができたのは、屯田制によって兵糧を安定確保できたことが大きな要因であった。このため呉と蜀も魏の屯田制にならい、呉ではおもに長江流域で民屯と軍屯が、蜀では魏との国境地域の漢中《かんちゅう》で軍屯のみが実施された。

屯田制は戦乱時にはこのように大きな威力を発揮したが、しかし戦乱が徐々に収まって生産力が回復すると、その限界が露呈する。屯田民は政府の厳重な管理下におかれた不自由民であり、兵役、労役の義務がないとはいえ、実際にはさまざまな労働に強制的に駆り出され、非常時には戦闘要員にもなる。なによりも集団的管理体制が農民の生産意欲を阻害した。魏の後期には、税率が官民で七対三、または八対二にまで上がり、屯田民の不満がさらに高まったため、魏を受け継いだ晋は結局、軍屯のみを残し、民屯を廃止した。集団農業の限界という点で、それは人民公社の失敗とも一脈通じるものがあろう。

さらに田地を公有化して、それを直接農民に分配するという屯田制の理念は、後漢以来の支配階層である豪族の大土地私有と両立しない。豪族勢力が一時的に後退した戦乱期にはよかったが、戦乱が収まると豪族たちの不満が高まる。司馬氏を頂点とする豪族政権の晋がそれを廃止したのは当然であろう。その意味で屯田制の実施は、三国時代の過渡的な性格を物語る一例であるといえる。しかしその土地公有と政府による人民直接支配という理念は、のち北魏《ほくぎ》に端を発し、唐代に確立した律令《りつりょう》制下の均田《きんでん》制へと受け継がれてゆくのである。

赤壁の戦い

曹操の河北平定

官渡《かんと》の戦いに敗れたとはいえ、袁紹はなお強大な勢力を河北一帯に保っていた。曹操にとっては依然として強敵である。しかし袁紹には弱点があった。それは息子たちの不和である。袁紹には譚《たん》、熙《き》、尚《しょう》と三人の息子があった。本来ならば長男の袁譚が跡継ぎになるべきであるが、袁紹は末っ子の袁尚を可愛がり、後継者にするつもりでいた。そのため袁紹は、長男の袁譚に東方の青州、次男の袁熙に北方の幽州、甥の高幹《こうかん》に西方の并州をまかせ、三男の袁尚を自分のいる冀《き》州にとどめていた。これが兄弟間の不和を招き、特に長男の袁譚と三男の袁尚が対立し、それが部下にまでおよんで、参謀の審配《しんぱい》と逢紀《ほうき》は袁尚につき、辛評《しんぴょう》と郭《かく》図《と》は袁譚について、対立はますます深刻になった。

長男をさしおいて別の子を跡継ぎにするのは、とかく紛争のもとであり、それを知りながら三男の袁尚を跡継ぎにしようとしたのは袁紹の不明というほかない。しかし同じような愚を犯したのは袁紹だけではなかった。袁紹と同盟関係にあった荊州の劉表も、長男の劉琦《りゅうき》をさしおいて次男の劉琮《りゅうそう》を跡継ぎとしたために滅亡を招いた。同じような兄弟間の後継者争いに臣下もからんでのお家騒動は、のちに魏そして呉でも起こっており、三国時代の政治闘争のひとつのパターンとなっている。それがなかったのは劉備の蜀だけであった。

さて官渡の戦いの翌々年、袁紹が失意のうちに死ぬと、袁譚と袁尚の対立はさっそく顕在化し、二人の間で戦いがはじまる。そして長男でありながら後継者からはずされた袁譚は、こともあろうに父の宿敵である曹操に援助を求めた。この時、曹操には南方の荊州を討つか、それともこの機会に袁氏の内紛に乗じて北方に兵を進めるか、ふたつの選択肢があった。大方の意見は前者であったが、曹操は後者を主張する荀攸《じゅんゆう》の意見を容れて、袁譚の求めに応じて援兵を出し、しかも袁譚がやがて裏切るであろうことを見越したうえで、息子の整《せい》を袁譚の娘と結婚させた。露骨な政略結婚であるが、これも曹操が敵を手なずけるためしばしば使用した手段である。

河北に出兵した曹操は破竹の勢いで進軍し、やがて袁氏の根拠地である鄴都《ぎょうと》を水攻めで落とした。この時、袁譚が曹操に背いたため、曹操は袁譚の娘を送り返したうえで袁譚を攻め、袁譚は敗死した。また幷州の高幹《こうかん》もいったん曹操に降伏しながら後に背いたため、曹操に攻撃され、荊州に逃げる途中に殺された。切羽つまった袁尚は、次兄の袁熙を頼って北の幽州に逃げるが、そこでも部下の離反にあい、さらに北の遼西に逃げ、烏《う》丸《がん》族の援助をえてなおも抵抗する。曹操はそれを追撃し、柳城《りゅうじょう》で烏丸の騎馬軍団を撃破したため、追いつめられた袁尚と袁熙は、遼東の公孫氏のもとに逃げ込んだ。遼東ではおりしも公孫度《こうそんたく》が死に、子の公孫康《こうそんこう》が跡を継いだが、曹操に逆らうのは得策でないと考えた公孫康は、袁尚と袁熙の首をはね、曹操のもとにさしだした。この間、太行山脈一帯にいた黒山賊の頭目、張燕《ちょうえん》も曹操に降伏し、こうして河北はすべて平定されたのである。

この河北平定の叙述は、『演義』では全一二〇回のうちわずか三回を占めるにすぎず、なんとなく官渡の戦いの事後処理のような印象をうける。しかし曹操が最終的に河北平定をおえて鄴都に凱旋したのは、建安一三年（二〇八）の正月であり、曹操は河北平定にまるまる七年、すなわち官渡の戦い以後、彼が生きた時間の三分の一をついやしたことになる。河北平定がいかに難事業であったか、また曹操にとっていかに重要な意味をもっていたかが、これでわかるであろう。それは彼が献帝のいる許都に帰らず、鄴都を新たに自らの根拠地としたことからもうかがえよう。鄴都はかつて黄巾賊が反乱を起こした時に集結地点として呼びかけたところであり、その後、袁紹、曹操があいついでここを根拠地としたことは、黄巾賊の影響がいかに大きかったかを物語るものである。

この年、曹操は鄴都において、後漢王朝の伝統的制度である三公を廃止して丞相《じょうしょう》を置き、六月にみずからその丞相の位についた。天下制覇の野望をさらに一歩すすめたことになる。今や北方で彼に刃向かう敵は、西のはての涼州の韓遂《かんすい》と馬騰《ばとう》しかいない。しかもこの時、この二人は内紛を起こし、馬騰は懐柔を受けて鄴都にやってきた。時に曹操、五四歳、彼の人生でもっとも脂ののった充実した時期であったろう。彼は鄴都に帰るや、さっそく玄《げん》武《ぶ》池《ち》という人造湖をつくって水軍の訓練にとりかかる。荊州の劉表を討つためであった。そして丞相の位についた彼は、席の暖まる間もなく、七月には南方の荊州へ意気揚々と進軍する。行く手に赤壁の大敗が待っていようとは夢にも思わずに。

孫策・孫権の江南平定

曹操が河北平定に専念している間、南方では孫権が江南における支配を固めるために奔走していた。孫権の江南支配は、兄の孫策の事業を受け継いだものである。二人の父である孫堅が劉表の部将、黄祖の攻撃にあって死んだのは、董卓が殺される前年の初平二年（一九一）、孫策が死んだのは官渡の戦いの年（二〇〇）であるから、孫策の江南平定は曹操の河南、山東攻略の時期と重なる。

袁紹が異母弟の袁術と仲違いし、またその子供たちも兄弟不和であったのと異なり、孫氏は親子、兄弟さらには一族の結束が固かった。孫策が短期間に江南の広い地域を平定できたのは、彼自身のすぐれた能力もさることながら、孫氏一族の協力に負うところが大きい。長江以南の東側にあたる江南（したがってまた江東ともいう）地域は、当時の行政区域でいえば揚州であるが、そこには呉《ご》郡、丹陽《たんよう》郡、会稽《かいけい》郡、豫章《よしょう》郡の四つの郡があった。今の江蘇《こうそ》省南部、浙江《せっこう》省、福建《ふっけん》省、江西《こうせい》省のほぼ全域にわたる広大な地域である。

孫策は父の死後は袁術に属していたが、袁術から兵を借りて江南平定に向かう。そして前後四年ほどの間に、揚州刺史の劉繇《りゅうよう》を敗走させ、呉郡太守の許貢《きょこう》を殺し、会稽太守の王朗《おうろう》は戦いに敗れて降伏、豫章太守の華歆《かきん》は戦わずして降参した。袁術をして「孫郎のような息子がいたら、死んでもよい」とまで言わせた孫策は、気っぷのよい、冗談の好きな快男子で、いたるところで「孫郎」（孫の若だんな）と呼ばれ、大人気であった。袁術とは、彼が皇帝を僭称《せんしょう》した時（一九七）にきっぱりと縁を切り、孫策はいよいよ本格的に一本立ちへの道を歩みはじめる。

その孫策を援助したのが彼の一族である。まず孫堅の弟の孫静《そんせい》は、当初、孫堅が挙兵した時に一族郎党五、六百人を集めて応援し、その後も郷里の富春《ふしゅん》にとどまり、孫策の会稽攻略の際も大きな役割を果たした。また孫堅の兄の子、すなわち孫策にとっては従兄弟にあたる孫賁《そんふん》、孫策の母の兄の呉景《ごけい》は、丹陽攻略の先鞭《せんべん》をつけている。孫策の江南平定は、一族による共同事業であったといっても過言ではない。しかしその事業は順調であっただけにその裏面には拙速による無理をも伴っていた。それが、孫策に殺された呉郡太守の許貢の部下が、主人の仇を討つために孫策を暗殺するという結果となってあらわれたのである。

孫策の跡を継いだ弟の孫権は、兄が戦い取った領地の支配を安定させるために、もっぱら内治につとめる。彼が行った内治政策には、大きく分けて二つの側面があった。ひとつは有能な人材の登用である。兄の孫策の時代から付きしたがっていた張昭《ちょうしょう》、周瑜《しゅうゆ》、程普《ていふ》らにつづき、あらたに魯粛《ろしゅく》、諸葛亮の兄の諸葛瑾《しょかつきん》などが陣営に加わり、また武将の呂蒙《りょもう》を兵士から抜擢するなど、後に活躍する多くの人材がこの時期に登用された。

次に孫権がこれらの人材を用いて行ったのは、山越《さんえつ》の討伐と統治である。山越とは南方のおもに山岳地帯に居住していた異民族で、今日、雲南《うんなん》、貴州などの南方の辺境から東南アジアに住むさまざまな少数民族の祖先である。この時期、南方の広汎な地域は、これら異民族の居住区であり、漢民族の居住地はその間に点在しているにすぎなかった。この山越の討伐と統治、そして彼らの漢民族への同化を促進する事業は、後にも述べるとおり、呉にとっては魏や蜀との戦争以上の大問題であったが、孫権はその難事業に着手し、江西の南から福建の山奥にまで分け入って、山越の平定に成功した。ただし山越の反乱とその掃討は、その後も長く継続的につづけられる。

曹操の孫氏懐柔策

このように着々と江南平定を進める孫策、孫権兄弟に対して、曹操はこれを黙って見ていたわけではない。しかしむろん遠方のことでもあり、北方での戦争に明け暮れる曹操には、南方に武力を割く余裕はない。孫策が江南を平定したことを聞いた曹操は、それをたいそう気に病み、「猘児《せいじ》はともに鋒《ほう》を争いがたし」（乱暴な若者とことを構えるのはむずかしい）とつねに愚痴をこぼしていたという。そこで彼がとったのは懐柔策であった。すでに述べたように、曹操の一族には、呉郡、会稽郡の太守をつとめた者がおり、彼は江南の事情に詳しかったのである。

たとえば孫策に討逆《とうぎゃく》将軍の称号を授け、呉侯に封じ、孫権は討虜《とうりょ》将軍、会稽太守に任命するなど官職や称号をあたえたのは、まずは当たり前の懐柔策であろう。一方、孫氏の側にとっても曹操はむろん無視できない存在であり、孫策は部下の張紘《ちょうこう》をわざわざ許都に派遣して、曹操に貢ぎ物をささげている。曹操は張紘をとどめて官職をあたえたが、孫権が跡を継ぐと、張紘を会稽東部都《と》尉《い》として孫権のもとに送りかえし、懐柔をはかった。

曹操のとった懐柔策の最たるものは、袁紹の長男の袁譚の場合と同じ政略結婚である。すなわち曹操は、建安三年（一九八）に張紘が貢ぎ物をもってきた時に、自分の弟（おそらく張繡《ちょうしゅう》との戦いで死んだ甥の安民《あんみん》の父にあたる人物であろうが、早く死んだせいか、名は知られていない）の娘を孫策の末の弟の孫匡《そんきょう》に嫁がせ、また子の曹彰《そうしょう》（後の任城《じんじょう》王）のために孫策の従兄弟の孫賁《そんふん》の娘を娶《めと》った。この政略結婚は、孫氏に対する懐柔策であると同時に、結束の固い孫氏一族の間に曹操が打ち込んだくさびでもあったろう。現に孫賁の弟の孫輔《そんほ》は、孫権の江南支配に不安を抱いて、曹操に内通しようとして発覚し、幽閉されている。また孫匡の孫の孫秀《そんしゅう》は、曹操の弟の外曽孫に当たるわけだが、のち呉の最末期に、妻子と兵士数百人を引き連れて晋に逃亡した。これに類する事件は赤壁の戦いの時にも起こっている。曹操の謀略おそるべしであろう。

なお孫策が平定した江南の地、揚州の刺史、劉繇《りゅうよう》と三人の太守、すなわち許貢、王朗、華歆《かきん》の四名は、いずれも当時著名な名士であった。うち劉繇は敗死し、許貢は殺されたが、降伏した王朗、華歆は孫氏には仕えず、どちらも曹操に身を寄せ、後に魏の最高位の重臣となっている。このことは曹操の魏が後漢以来の豪族・名士を主体とする政権であったのに対して、孫氏の呉がそれとは異質のむしろ武人的性格の強い政権であったことを物語るであろう。

曹操と孫策、孫権の間ではさまざまな駆け引きが行われたが、互いに相手を倒す実力と余裕がない以上、双方が互いの支配権を黙認したことになろう。しかしそこに転機が訪れる。まず山越を討伐し、支配の基礎をあらかた固めた孫権が、いよいよ外部に打ってでた。相手はむろん父の仇である宿敵、黄祖である。黄祖がいたのは荊州の東部、江夏《こうか》郡である。建安一三年（二〇八）、孫権は黄祖側から帰順してきた猛将、甘寧《かんねい》の働きもあって、ついに黄祖軍に大勝し、黄祖の首をはねた。孫権は勝利の勢いを駆って軍を長江中流の柴桑《さいそう》（現在の江西省九江市西南）まで進める。次に目指す相手は、いうまでもなく荊州の劉表であろう。それはくしくも曹操が河北平定を終えて、荊州に南下しようとしたのとまったく同じ時期のことである。こうして曹操と孫権はともに荊州を北と東から虎視《こし》眈々《たんたん》とねらうことになった。

ところがそのおりもおり、その年の八月に、なんと劉表が病死してしまう。両者がねらう荊州にぽっかりと空白が生じた。こうして赤壁の戦いに向けての条件が熟してきたのである。

荊州の劉備「髀肉の嘆」

劉備は官渡の決戦の直前に、汝南《じょなん》にいる黄巾賊の残党を懐柔するという口実で袁紹の陣営を脱出、さらにそこから荊州の劉表のもとへ逃亡する。相変わらず逃げるのがうまい。もしそのまま袁紹のもとにとどまっていれば、曹操の捕虜となって殺されていたかもしれないだろう。荊州での劉備は、同じ漢の皇族として劉表から客分の待遇を受け、荊州北部の新野《しんや》に駐屯していた。

しかしライバルの曹操と孫権がそれぞれ河北と江南で地盤がために奔走しているこの時期、劉備は新野でいたずらに無為の日々を過ごしていた。この間、彼が行った唯一の戦いは、曹操が差し向けた夏《か》侯惇《こうとん》と于《う》禁《きん》を博望《はくぼう》に迎え撃ち、伏兵をもってこれを破ったことだけである。『演義』ではこの「博望焼屯」は、諸葛亮の手柄ということになっているが、実際にはこの戦いは劉備が諸葛亮に遇う以前の出来事であった。

ある日、劉表をたずねた劉備は、用足しに席を立ってふと自分の髀《もも》を見ると、以前は始終馬に乗っていたため痩せていた髀に、今では肉がでっぷりとついている。情けなさに思わず涙をこぼし席にもどった劉備に、劉表が涙のわけを尋ねると、劉備は、「日月は馳せるがごとく、老いはまさに至らんとするも、功業は建たず、これを以て悲しむ」と答えた。いわゆる「髀《ひ》肉《にく》の嘆《たん》」である。

　これを聞いた劉表は、劉備に同情するとともに、警戒心をもったであろう。かつては名士の一員として颯爽たる英名を馳せた劉表も、今や老いて先行きに不安を感じていたのである。ただし劉備よりも年上の劉表には、もはや領土的野心はない。劉備に曹操を討つよう勧められても、劉表は首をたてに振らなかった。かくして劉備は戦いのない無聊《ぶりょう》をかこつことになったのである。

檀渓を越える劉備　天津市に伝わる民間の年画。年画とは元日に飾る多色刷りの版画で、これは清代中期に製作されたもの。表紙カバー参照

　劉表の心配は子供のことであった。すでに述べたように劉表は長男の劉琦《りゅうき》ではなく次男の劉琮《りゅうそう》に跡目をゆずるつもりでいたのである。この間にあって客分である劉備の立場もまた微妙なものにならざるをえない。

　おそらくこのころのこととして、『三国志』の裴松《はいしょう》之《し》の注は、劉表の次男である劉琮の母の兄で、劉表に仕えていた蔡瑁《さいぼう》が、宴会の席で劉備をあやめようとしたが、事前にそれを察知した劉備が用足しにかこつけてその場を脱出し、名馬、的盧《てきろ》に乗って檀渓《だんけい》の流れを飛び越え、かろうじて追っ手から逃れたという話を伝えている。この話は『演義』にも取り入れられている

が、おそらく作り話であろう。先の髀肉の嘆の話との間に用足しと乗馬という二つの共通点があるのは偶然とは思えない。しかも同じような話は孫権についてもある。孫権が魏の合肥《ごうひ》を攻めた時、敵将の張遼《ちょうりょう》に追われて、駿馬に乗って津橋《しんきょう》を飛び越えたというのがそれである。こちらの方は『三国志』の本文に書かれていて、歴史事実のようにも思えるが、両者比較するとどちらも英雄が名馬に乗って河を飛び越え、危機を脱するという同じ説話的構造をもっている。この場合、歴史事実と説話の境界はかぎりなく曖昧である。しかし作り話にせよ、この話は当時の劉備の追いつめられた苦衷をよく物語っていよう。

諸葛孔明を迎える

この時期の曹操、孫権の動と劉備の静は、きわめて対照的である。しかし蟄居《ちっきょ》生活に甘んずる劉備にも得るところがなかったわけではない。それどころか劉備はここで彼のその後の人生を決定する重要な人物に出会った。それは言うまでもなく諸葛亮、孔明である。劉備と孔明の出会いは、『演義』では、まず劉備が檀渓を飛び越えたあと、偶然に水鏡《すいけい》先生こと司《し》馬徽《ばき》に会い、司馬徽から臥龍《がりょう》と鳳雛《ほうすう》のことを聞き、それは誰だとたずねるが、司馬徽はわざと教えない。翌日、劉備のところに単福《ぜんふく》、というのは変名で、実は孔明の友人の徐庶《じょしょ》が訪ねてきて劉備に仕え、徐庶の計略で曹操軍を破る。それを知った曹操が徐庶を劉備から引き離すため、徐庶の母をつかまえ、その筆跡を真似た偽の手紙を徐庶に送り、徐庶は母を救うためにやむなく曹操のもとに赴く。別れの間際に臥龍とは実は孔明のことであると劉備に打ち明け、そこで劉備の孔明訪問、三顧《さんこ》の礼となる。

　まことに起伏のある筋運びで、孔明の登場を印象的に描いているといえよう。しかしこれは『演義』の作者の虚実取り混ぜたストーリー作りの結果であって、すべてが事実ではない。まず檀渓の話と司馬徽との出会いはなんの関係もないし、史実では司馬徽は劉備の問いに対して、臥龍は諸葛孔明、鳳雛は龐統《ほうとう》であると素直に答えている。また徐庶の変名の単福というのは、彼のもとの名が福で、単家（貧しい家）の出身であったというのを、『演義』の作者が知ってか知らずか曲解したもので、徐庶は変名などは使っていない。さらに彼が劉備に仕えていたのは、孔明と同じ時期であって、母親が曹操につかまったため、劉備のもとを離れたのは事実だが、それは後に劉備が曹操に追われて江陵に逃げて行く最中のことであった。曹操が徐庶の母の手紙を偽造したというのは、まったくのフィクションである。『演義』の話は、「七分の実事と三分の虚構」（清代の学者、章学誠《しょうがくせい》の「丙辰劄記《へいしんさつき》」の語）といわれるが、この部分の話はその典型的な例といえよう。

　劉備が孔明にめぐり会えた本当の背景は、老

諸葛亮の隠棲地・三顧堂　湖北省襄陽市西部の隆中山にあるが、明清代に建立されたもの。また、河南省南陽市にも諸葛亮隠棲地とされる場所がある

いて統率力を失った劉表にかわって劉備が荊州で人望を集めていたこと、そして劉備の方も熱心に人材を求めていたことであろう。当時、北方から多くの流民が荊州に避難してきたことはすでに述べたが、その中には農民だけではなく、知識人も含まれていた。というよりは各地の豪族（その多くは知識人、名士である）が自分の一族、配下の農民を引き連れ、集団で移住してきたといった方がよいであろう。南北の交通の要衝に当たる荊州には、特に多くの避難者がやってきたが、荊州に寄寓《きぐう》するそれら名士の代表的存在が、すなわち司馬徽であった。司馬徽そして徐庶は、ともに名士の中心地、潁川郡の出身であった。諸葛孔明は山東の徐《じょ》州琅琊《ろうや》郡の人であったが、叔父の諸葛玄《しょかつげん》が豫章《よしょう》太守になったため、叔父にしたがって南方に移り、荊州に隠棲して、司馬徽や徐庶と避難民同士の交際が生じたのである。

乱世を戦い抜く群雄は、曹操も孫権もみな優秀な人材の確保に熱心であった。それは人材登用による実質的効果のほか、名士をどれだけ自分の配下に集め、名望を高めるかが、この時代大きな意味をもっていたからにほかならない。しかしそれまで席の暖まる暇もなく各地を転々と逃げ回っていた劉備には、名士を配下に招くようなゆとりがなかった。それが不本意な荊州での蟄居生活によって、はからずもその余裕が生じたのである。人材を求める劉備が、司馬徽を介して孔明に出会ったのは、必然であったといってよい。

孔明がその隠棲地の隆中《りゅうちゅう》で劉備に説いた天下三分の計、すなわち北方を曹操に、江南を孫権に譲り、荊州と西の益州を取って両者に対抗するという計略は、それまで場当たり的に逃げ回っていた劉備に、将来に対する明確なヴィジョンをあたえた。それが荊州での長い雌伏期間における劉備の最大の収穫であったろう。そしてその計略を実行に移す機会は意外に早くやってきた。三顧の礼を尽くして劉備が孔明を迎えた翌年の建安一三年は、すなわち赤壁の戦いの年である。

「赤壁」前夜

建安一三年の八月、曹操が大軍を率いて荊州に向かおうとするその矢先、劉表が死んだ。彼の死は絶妙のタイミングであったといわざるをえない。歴史の偶然であろう。跡を継いだのは次男の劉琮《りゅうそう》で、黄祖《こうそ》が敗死したあと江夏太守となっていた長男の劉琦《りゅうき》は父親の死に目にさえ会わせてもらえなかった。兄弟の対立が深まり、袁紹の死後の二の舞かと思われたが、長男が曹操に降伏した袁紹の場合とは逆に、荊州では跡継ぎとなった劉琮が参謀たちの意見をいれて、あっさりと曹操に降伏してしまった。

これは曹操にとってはうれしい誤算であったろう。河北ほどではないにしろ相当の困難を覚悟してやってきた荊州が、戦わずして手もとにころがりこんできたのである。しかしこのうれしい誤算がどうやら曹操の判断を狂わせたらしい。曹操の計画では、今回の南進の対象はあくまで荊州であり、その先の孫権までをも討つつもりはなかったであろう。玄武池での水軍訓練も荊州での水戦を予想してのことであった。しかしその荊州があまりにも簡単に降伏したため、気がかわった。彼は急遽、孫権討伐を決意する。参謀の賈詡《かく》と程昱《ていいく》は自重をうながしたが、曹操は聞き入れなかった。彼がこの時、孫権にあたえた手紙には、「近者辞《じ》を奉じて罪を討つに、旌麾《せいき》南を指し、劉琮束手《そくしゅ》す。今水軍八十余万を治め、まさに将軍と呉に会猟《かいりょう》せんとす」（皇帝の命を奉じて罪人を討伐しに来たが、戦旗が南を指すや、荆州の劉琮はすぐに降参した。今八十余万の水軍をつれて、あなたと呉の地で会ってともに狩りをしようと思う）とある。狩りをするというのは、皇帝が地方に巡幸することの比喩であるから、曹操はまさに皇帝気取り、彼の胸のうちで天下制覇への野望が一気に広がったのである。齢《よわい》すでに五〇なかばを過ぎ、焦りもあったであろう。

劉琮降伏の知らせは、劉備にとってはさらに寝耳に水であった。彼は大慌てで南方に逃走、それを曹操が逃さじと急追する。劉備は例によって、また妻子を棄てての逃避行で、趙《ちょう》雲《うん》が乱軍の中から息子の阿斗《あと》（劉禅《りゅうぜん》）を救いだし、当陽《とうよう》の長阪坡《ちょうはんは》の橋の上では、張飛が追っ手の曹操軍を大喝して嚇《おど》かしたが、焼け石に水である。逃げ上手の劉備も今度ばかりは袋の鼠、この先は逃げ場がない。

一方、孫権にとっても劉琮降伏は予想外の出来事であった。江夏の黄祖を亡ぼし、これから荆州に攻め入ろうというのに、その敵が忽然と消えて、そのかわりに想定外の大敵、曹操が突如あらわれたのである。八〇万の水軍と豪語する曹操の脅迫状を見て、孫権陣営は震撼した。張昭をはじめ大部分の部下は孫権に降伏を勧める。さらにこの時、ゆゆしき事件が発生する。孫権の従兄弟で豫章太守の重責にあった孫賁《そんふん》が曹操に降伏し、息子を人質に差しだそうとしたのである。すでに述べたように孫賁の娘は曹操の子、曹彰の妻である。曹操は使者を派遣して、孫賁を征虜将軍とした。孫権の討虜将軍と同格の称号であり、露骨な離間策

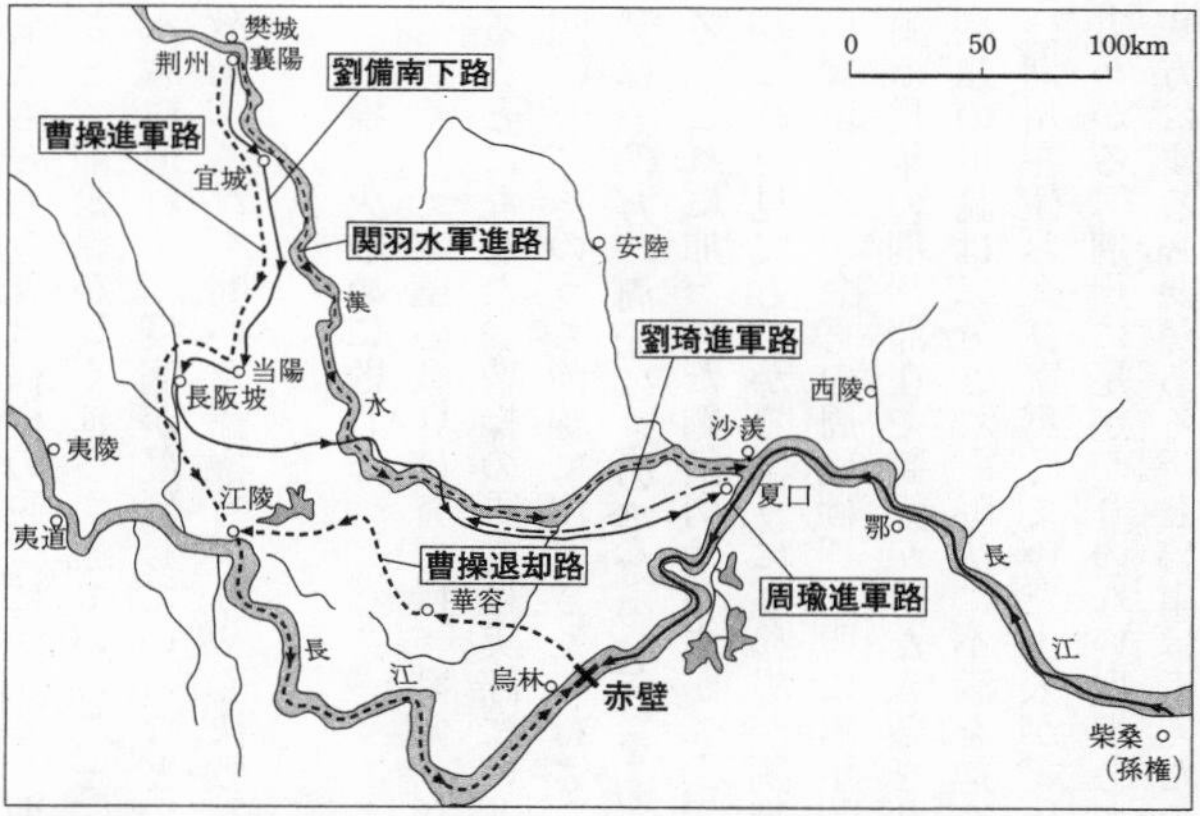

赤壁の戦い　曹操は長江を下って赤壁で周瑜・劉備軍と対決し、陸路を江陵へ敗走した

であろう。もし孫賁が寝返れば、孫権陣営は総崩れである。この時、孫堅以来の古参の部下で、呉郡太守として孫氏の本拠地を守っていた朱治《しゅち》がわざわざ出向いて、必死に孫賁を説得し、かろうじて降伏を思いとどまらせた。

この危機に際して、敢然と曹操討つべしと主張したのは、魯粛《ろしゅく》そして周瑜《しゅうゆ》である。特に魯粛は、劉表の弔問を名目にすぐさま当陽で窮地に陥っている劉備を訪ね、南方の辺地、蒼梧《そうご》（広西チワン族自治区の梧州）にでも落ち延びるほかはないと捨て鉢になっていた劉備に、孫権と同盟するよう説得した。劉備にとっては、これ以上ありがたい助け舟はない。劉備はさっそく南方への逃避行をやめて東の夏口《かこう》に移り、劉琦の軍勢と合流、魯粛は諸葛亮をともなって柴桑《さいそう》に帰り、周瑜とも今度は孫権の説得にかかる。曹操には涼州の韓遂《かんすい》と馬騰《ばとう》という後顧の憂いがあること、補給線が長く延びすぎていること、曹操軍は実際には八〇万の半分ぐらいで、しかも水戦に慣れず、疫病が蔓延しているなどの有利な条件をあげ、やや弱気になっていた孫権を激励、これを聞いた孫権もようやく決戦を覚悟する。

曹操、火攻めに敗れる

かくして赤壁の戦いは、曹操、劉備、孫権のいずれにとっても予想外の展開の中で戦われることになった。曹操の軍勢は実際には北方からきた三〇万に荊州で得た一〇万を加えて約四〇万、そのうち前線に出てきたのはさらにその半分の二〇万程度である。一方、孫権の軍勢は一〇万、周瑜はその半分の五万をあたえられたが、戦場に配備したのは三万程度である。これに加わった劉備勢はわずか二〇〇〇であった。

これを見てもわかるように、魯粛が劉備と同盟したのは、その軍事力を当てにしてではない。現に総司令官の周瑜は、同盟に消極的、いや内心はむしろ反対であったろう。しかし魯粛は長年の荊州滞在で劉備が得た人望を利用しようとしたのである。突然の降伏によって、荊州の世論は二分され、降伏に不満を抱く多くの人々が劉備に希望を託していた。そのことは荊州在住および寄寓していた士人が、後に魏と蜀にほぼ半々ずつ分かれて仕えたことからもわかる。荊州に足がかりのない呉としては、劉備との同盟によって、荊州の反曹操勢力を味方にする必要がある、と魯粛は考えたのであろう。

戦いは、江陵《こうりょう》から船団を組んで長江を下ってきた曹操軍と周瑜軍との間で、長江南岸の赤壁で火ぶたが切られた。しかしこの緒戦で、曹操軍はつまずく。おそらく曹操が利用した荊州の水軍が、思うように働かず、周瑜の水軍にかなわなかったためであろう。曹操軍は北岸の烏林《うりん》に引き上げ、両軍が江をはさんで対峙することになった。曹操軍では疫病が流行し、戦意は低下している。

赤壁古戦場　湖北省赤壁市。長江に面した岩壁の「赤壁」の文字は、周瑜の筆跡と伝えられる

ここで周瑜は、部将の黄蓋《こうがい》の意見により、黄蓋に偽の降伏状を書かせて曹操に投降させる。戦略にたけた曹操がこれを信じたのは、魔がさしたとしかいいようがない。黄蓋は油を染みこませた薪《たきぎ》を積み、それを幕で覆った一〇艘の小船を先頭に、南岸から北岸を目指し、投降と見せかけて途中で船に火を放ち、そのまま曹操の船団に突入した。おりしも東南の風が激しく吹き、水戦になれない北方の兵士のため船を互いに連結していた曹操の船団は、あっという間に火の海と化したのである。すべての船団と軍勢の大半を失った曹操は、わずかな手勢のみで華容《かよう》のぬかるみ道を惨憺たる強行軍で江陵にたどりつき、そこを曹仁《そうじん》にまかせると、ほうほうのていで北へ逃げ帰った。

七星壇で風を祈る諸葛亮　江戸時代の『絵本通俗三国志』より。赤壁の戦いをめぐる有名なフィクション

『演義』が語る赤壁の戦い

歴史書が記す赤壁の戦いの経緯は以上のようであった。しかし『演義』はこれをもとに壮大な物語を作りだす。まず黄蓋の偽の降伏のために苦肉の計、曹操の船団を連結させるために龐統《ほうとう》による連環の計、また曹操の使者の蔣幹《しょうかん》が、周瑜の陣営で荊州水軍の蔡瑁《さいぼう》、張允《ちょういん》からの降伏を示す偽の手紙をつかまされ、それを信じた曹操が蔡瑁、張允を処刑してしまう話、諸葛孔明が南屏山《なんぺいざん》に壇を築き、祈禱で東南の風を起こす話、華容で関羽が命乞いする曹操をわざと見逃してやる話、さらにその間に孔明と周瑜の智恵くらべを入れ、曹操対周瑜の明争と周瑜対孔明の暗闘が同時に進行して、まさに手に汗握り、巻措《お》くあたわざる興味津々の物語が展開するのである。『演義』中の圧巻といってよいであろう。しかしこれらはみなフィクションであった。蔣幹が周瑜の陣営に使者としてやってきたのだけは事実だが、それは赤壁の戦い以前、曹操がしきりに孫権を懐柔していた頃のことであると思える。

ところで史実と小説とをくらべてみると、ひとつの大きな疑問がわいてくる。それは、この戦いが行われたのは旧暦一一月の真冬なのに、どうして東南の風が吹いたのかという問題である。東南の風が吹かなければ、黄蓋の火攻めは成り立たない。東南の風は戦いの勝敗を決める最大のポイントであった。この点は『演義』の作者も気がついたとみえて、火攻めを心配する部下に曹操が、冬に東南の風が吹くはずがないから安心しろと述べる場面を設けてある。そのうえで孔明の魔法によってこの問題を解決してしまったのである。しかし実際に諸葛亮が魔法を使ったのでないことはいうまでもない。

これについては冬至のあと、この地方では一時的に東南の風が吹くことがあり、周瑜と黄蓋はそれを知っていたという説もあるが、ほんとうのところはわからない。予想外の事態からはじまったこの戦いは、案外、予想外の風で決着がついたのかもしれない。

ともかくこの戦いによって、曹操、劉備、孫権の三雄による天下三分の形勢の基礎ができた。三人以外で残っているのは、益州の劉璋《りゅうしょう》、漢中の張魯《ちょうろ》、そして涼州の韓遂《かんすい》と馬騰《ばとう》であるが、彼ら辺地の地方軍閥には天下を取る野望も実力もない。こうして郡雄割拠の時代は終わったのである。

第三章　三分天下

兵家必争の地――荊州攻防

周瑜の奮闘と死

赤壁《せきへき》の戦いのあった二〇八年から、曹操が死に曹丕《そうひ》が魏の皇帝に即位する二二〇年までは、三雄が互いにはげしい抗争を繰り広げた時期である。抗争はおもに三つの地域で行われた。まず中央では、赤壁の戦い後の荊《けい》州をめぐる孫権と劉備の攻防、西では劉備が蜀に入った後の漢中《かんちゅう》をめぐる曹操と劉備の攻防、そして東では合肥《ごうひ》をめぐる孫権と曹操の攻防である。そしてこの三つの攻防戦は互いに密接に関連していた。まず荊州の攻防から述べよう。

　本書冒頭の地図を見ればわかるように、荊州は中国の中心、心臓部に位置している。ここから北へ行けば、洛陽、太原《たいげん》を経てモンゴルの地に至り、南へ下れば、交《こう》州（広州）からベトナム、東南アジアへ通じる。そして東西交通の大動脈である長江が、その北部を横断する。また長江の支流の漢水を 遡《さかのぼ》 れば、四川盆地の北の漢中にいたる。まさに東西南北水陸交通の要衝であろう。そのため中国が分裂した時期には、必ずといってよいほどこの地をめぐる争奪戦が行われた。いわゆる兵家必争《へいかひっそう》の地である。

赤壁で大敗を喫した曹操は、荊州北部の江陵《こうりょう》と襄陽《じょうよう》にそれぞれ曹仁《そうじん》（曹操の従弟）と楽進《がくしん》を残して北に去った。周瑜《しゅうゆ》は勝利の勢いを駆って、程普《ていふ》、呂蒙《りょもう》、甘寧《かんねい》を率い、すかさず江陵を攻め、一年あまりの苦戦のすえにようやく曹仁を北に追い払い、江陵を占領した。周瑜はこの戦いで重傷を負ったが、孫権は江陵を中心とする南郡の太守《たいしゅ》に周瑜を任じる。

この間、劉備と諸葛亮は、周瑜が江陵戦で手が離せないどさくさに紛れて、荊州南部の武《ぶ》陵《りょう》、長沙《ちょうさ》、零陵《れいりょう》、桂陽《けいよう》の四つの郡を占領し、周瑜はやむなくこの四郡における劉備の支配権を認め、孫権は自分の妹を劉備に嫁がせた。この時また長沙郡にいた老将の黄忠《こうちゅう》が劉備の配下に加わる。こうして荊州は、北の南陽郡は曹操、真ん中の長江沿岸、南郡と江夏《こうか》郡は孫権、南部の四つの郡は劉備の支配地に三分されたことになる。まさに三国時代の縮図であろう（一〇三ページ地図参照）。

この中でいちばん得をしたのは、一見したところもっとも広い地域を手に入れた劉備のようにみえるが、実はそうではない。南方の四郡はなるほど土地こそ広いが、その大部分は武陵蛮《ばん》などの異民族のすむ未開の地であった。ここにいたのでは単なる地方軍閥におわってしまう。諸葛亮の天下三分の計を実行するためには、西の益州に進出する必要があり、そのためには益州への入り口である南郡（江陵）が是非ともほしい。劉備は四郡占領の後、その最北端にあたり、江陵とは長江をはさんでつい目と鼻の先である油江口《ゆうこうこう》を公安《こうあん》と改称して根拠地とした。そこには喉から手がでるほど南郡がほしいという劉備の気持ちが如実にあらわれている。

そのことはむろん周瑜も先刻承知であり、せっかく手に入れた南郡を劉備に渡すわけがない。南郡を得た以上、周瑜もまた益州進出をねらっていた。考えることはみな同じである。周瑜ではだめだと思った劉備は、孫権と直談判すべく、当時、長江下流の京《けい》（現在の江蘇省鎮江）にいた孫権のもとを訪れる。今や劉備は孫権の妹婿であり、直接話せばなんとかなると思ったのであろう。ここにも劉備の切羽つまった気持ちがあらわれている。これを知った周瑜は孫権に手紙を出して、劉備を京に抑留するよう進言したが、北方からの曹操の脅威にさらされていた孫権は、劉備に利用価値があると考えたのであろう、聞き入れなかった。その背後には魯粛《ろしゆく》の意見があったと思える。

周瑜は進言が却下されたと知るや、みずから江陵より孫権のもとへ赴き、孫氏一族の孫瑜《そんゆ》とともに益州を攻略することを提案、孫権の同意を得ると、さっそく軍勢をととのえて、江陵にもどる道中、先の古傷が悪化して巴丘《はきゆう》（現在の湖南省岳陽市）で死んだ。わずか三六歳である。周瑜の死は、孫権にとっては大きな痛手であったが、劉備にとっては幸いであった。周瑜は遺言で、盟友の魯粛を後継者として推薦した。しかし魯粛は、すでに見たとおり劉備との同盟論者である。大業のなかばで倒れた周瑜の心中は、さぞ無念であったろう。『演義』はこの間の経緯を、諸葛亮が、周瑜が苦心の末に手に入れた江陵を横取りするのをはじめ、ことごとく周瑜の裏をかいて、ついに周瑜を怒り死にさせることになっている。いわゆる「三気周瑜」（周瑜を三回怒らせる）であるが、これは事実のはなはだしい歪曲であり、荊州領有をめぐる緊迫したやりとりは、『演義』からはまったく見えてこない。

魯粛の深慮遠謀

魯粛《ろしゅく》は徐州の最南端に位置する東城《とうじょう》（現在の安徽省定遠県）の人である。周瑜《しゅうゆ》の祖父が後漢の太尉《たいい》であったのに対し、魯粛は父の名さえ記されておらず、名家の出身ではない。ただし彼の家は金持ちであった。若いころは剣術と騎馬の練習に明け暮れ、年寄りたちから穀潰しの「狂児」と言われた。評判を聞いた周瑜が部下を引き連れてやってきて、兵糧の無心をすると、魯粛は家に二つあった米倉のひとつを指して、それをぽんと周瑜にやってしまった。まことに気前がよい。しかしこの気前のよさは、お人好しの気前よさではなく、今風に言えば、一種の投資であった。やがて北方の混乱を目にした魯粛は、江南こそは楽土であると言って、一族郎党を連れて長江を渡った。そして周瑜の紹介で孫権に会う。投資のもとは取ったのである。

　孫権に会った魯粛は、後漢王朝の復興は不可能なこと、曹操の優位は揺るがないことを明確に述べ、まずは江南を確保したうえで、天下の情勢を観望し、すきを見て劉表を滅ぼし、長江以南を占領して帝王の業をなすよう孫権にすすめた。これは立場こそ異なるが、諸葛亮の天下三分の計と同じ発想であり、しかもそれを説いたのは諸葛亮よりも早い。また長江以南を占領するという点では、盟友の周瑜と同じであるが、周瑜がそれを単独で、かつ急いで成し遂げようとしたのに対して、魯粛はより長期的な展望をもって漸進的にすすめようとしていた。しかし彼のこの考えは理解されず、特に孫権幕下いちばんの名士で、後の赤壁《せきへき》の戦いに際して曹操への降伏を主張した張昭《ちょうしょう》は、魯粛を強く非難した。

この時点での魯粛は、曹操に対抗する第三のパートナーを具体的に想定していたわけではない。しかし赤壁の戦いの前夜、彼はそれが劉備であることをいち早く見抜いた。窮地に陥った劉備をたずねて同盟を説き、はじめて会う諸葛亮に、「私はあなたの兄、諸葛瑾の友である」と言って、諸葛亮を孫権のいる柴桑《さいそう》にともない、さらに周瑜を呼び出して孫権に抗戦を説いたのは、すべて魯粛の計略であった。

この時、彼は孫権に、「私は曹操に降伏しても、家柄からいって、郷里に帰り地方の役人ぐらいにはなれますが、あなたは曹操に降伏したら、どこへ帰るのですか」と言って、孫権を口説いた。しかし魯粛の家柄は、すでに述べたように名家ではなく、むしろ孫権と同じ程度であったろう。現にのちに呉の使者として魏に行った趙咨《ちょうし》は、孫権の長所を聞かれて、「凡品《ぼんぴん》」（低い家柄）から魯粛を抜擢したことを、そのひとつに挙げている。魯粛がここで言いたかったのは、降伏派の張昭のような名士たちのことであったろう。後漢以来の名士階層は、魏蜀呉のいずれに仕えていても、内心では漢王朝の正統性にこだわり、あるいはその正統な後継者としての魏を容認しようとする気分が強かった。しかし魯粛は彼らとは別の階層で、まったく別の考えをもっていたことを、このエピソードは物語っている。

第一次荊州分割

さて周瑜なき後、その後継者になった魯粛は、周瑜の政策を一変させ、劉備があれほどほしがっていた南郡をはじめとする荊州の支配権を劉備に貸し与えた。曹操に単独では対抗できず、また荊州の人心を掌握しきれない以上、劉備を利用して荊州を治めさせ、曹操の敵を一人でも増やすのが現下の得策であるというのが、魯粛の考えである。あたえるのではな

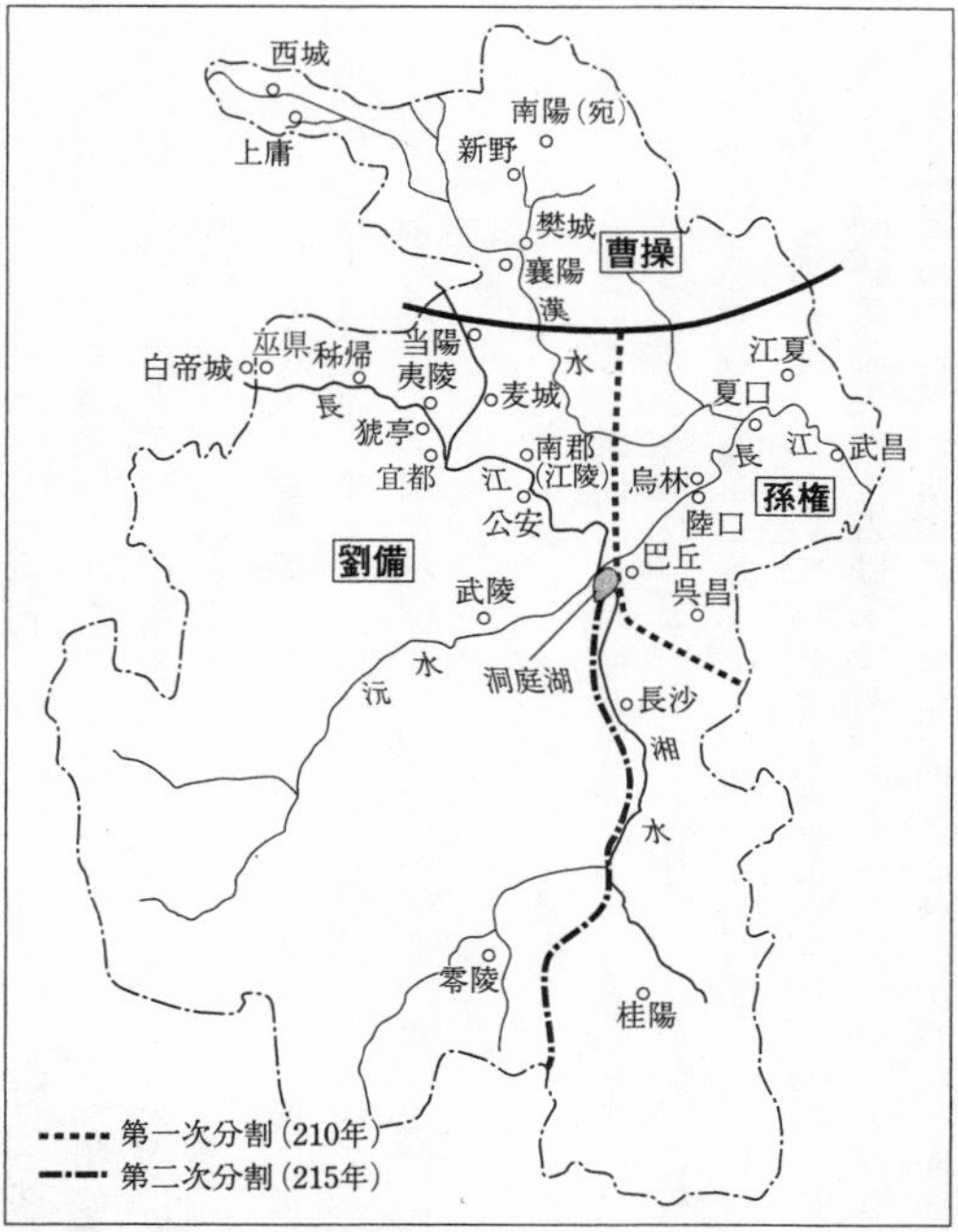

蜀と呉による荊州分割

く、あくまでも貸すのであるから、劉備がこの時点で実質支配している南の四郡をも含めて、荊州のすべてを将来取りかえすことが出来る。しかも荊州の東端の江夏郡と長沙郡の北部の漢昌《かんしょう》（後に呉昌《ごしょう》と改称、湖南省平江県）は、ちゃんと手中にとどめて、いわば首根っこを押さえてある。

これは周到にして大胆な計略であろう。自分が圧倒的に優位に立ちながら、大局的見地から弱い相手に大きく譲歩することは、むずかしい政治的決断である。かつて米倉ひとつをぽんと周瑜に差し出した魯粛なればこその大決断であった。これが孫権と劉備による第一次の荊州分割である。

この知らせを聞いた曹操は、ちょうど手紙を書いているところであったが、驚きのあまり筆を落としたという。劉備はかつて曹操の居候《いそうろう》となっている時、「天下の英雄は君と僕」と曹操に耳もとでささやかれ、驚いて箸を取り落としたが、これでそのお返しをしたことになる。それも魯粛のおかげであった。荊州とくに南郡を領有したことによって、劉備には益州に進出する道が開け、ひいては天下三分の計が実現することになる。そういう意味では、魯粛こそ三国時代最大の仕掛け人であったといっても過言ではない。

しかし魯粛のこの深慮遠謀は、正しく理解されなかった。孫権さえも、魯粛の死後その功績を回顧して、帝王の業を説き、赤壁の戦いで決戦を主張したのは魯粛の功績だが、劉備に貸したのは失策だったと述べている。しかしその後の歴史の経過を見ると、荊州をめぐる抗争のせいで呉と蜀の同盟関係がぎくしゃくしたことが、両者滅亡の大きな要因であったことは歴然としている。

さらに『演義』では、魯粛は徹底的に矮小化される。これまで見たとおり、赤壁の戦いでの同盟から荊州の貸与まで、一連の動きを主導したのは魯粛であった。しかし『演義』ではそれが主客転倒して、すべて諸葛亮の手柄とされ、魯粛は劉備側と孫権側の間を右往左往するお人好しの道化役にされているのである。『演義』では、蜀と魏というそれぞれ善悪を代表する主役の間で、呉は狂言まわし的な道化役を割り振られているが、それは魯粛においてもっともはなはだしい。

孫夫人の悲劇

ここで話を孫権の妹と劉備の結婚にもどそう。この二人が結婚したのは、劉備が荊州南部の四つの郡を占領して公安に駐屯した直後である。しかし孫権がなぜ妹を劉備に嫁がせたのかは、よくわからない。『三国志』の劉備の伝には、「権いささかこれを畏《おそ》れ、妹を進めて好《よし》みを固める」（孫権は劉備が少しこわくなって、妹と結婚させ同盟を強化した）とあるが、この時点で孫権がそんなに劉備をおそれていたかどうかは疑問であろう。

思うに、孫権は曹操の仕掛けた政略結婚によって、一族に離反者が続出し、痛い目を見ている。それで今度は、劉備に対して同じ手を仕掛けてみる気になったのではあるまいか。孫権の妹は女丈夫《じょじょうふ》であった。性格は兄と同じく豪邁《ごうまい》で、いつも侍女一〇〇人あまりに刀を持たせ護衛をさせていたので、劉備は妻のところに行くたびに、おっかなびっくりであったという。しかも呉から多くの役人や兵士を帯同して、勝手に不法を働かせ、劉備にとってはまるで脇の下につきつけられた刃のような存在であった。後に劉備が益州に進出した時、孫権は船を送ってこの妹を呼び返したが、その時、孫夫人は劉禅《りゅうぜん》を連れだそうとして、趙雲《ちょううん》と張飛に阻止される。劉禅は、先の荊州での逃避行の時と、二度までも趙雲に救出されたのである。

以上の経緯から考えて、孫権が妹を劉備に嫁がせたのは、荊州支配をねらう劉備を牽制する目的であったと考えられる。畏れていたのは、むしろ劉備の方であろう。なおこの孫夫人は、孫権の実の妹であったはずだが、『演義』では孫権の母の妹で孫堅の第二夫人となった呉国太《ごこくたい》の娘とし（したがって孫権とは異腹兄妹となる）、またこの結婚を劉備が京《けい》に孫権を訪問した時のこととして、呉国太や、孫策と周瑜の妻で、美人の誉れ高い二喬《にきょう》の父である喬《きょう》国老《こくろう》などを登場させ、諸葛亮の錦嚢《きんのう》の計による劉備夫妻と趙雲の逃避行などをおりまぜて、例によってにぎやかな話を作っている。

そして最後は、劉備が孫権の部将、陸遜《りくそん》との戦いで大敗した時に、劉備が死んだという誤報が流れ、孫夫人は悲しみのあまり、長江に身を投げて死ぬことになっているが、これも作り話である。『三国志』および裴注《はいちゅう》には、呉にかえった後の孫夫人については、一言も書かれていない。夫に殉じて自殺したとはとても思えないが、兄の荊州攻略の犠牲となった不幸な女性であったことだけはたしかであろう。『演義』はその名を孫仁《そんじん》とするが、これは孫権の異母弟の孫朗《そんろう》の別名であって、『三国志』は、孫権の二人の娘の名を魯班《ろはん》、魯育《ろいく》と記すのに、実の妹は名さえ書いていない。

単刀会――第二次荊州分割

建安二〇年（二一五）、劉備の益州平定が成功裏に終わると、孫権はさっそく諸葛亮の兄の諸葛瑾《しょかつきん》を派遣して、荊州の返還を要求した。これに対して劉備は、「涼州を得たら返しましょう」と答える。これは返さないと言っているにひとしい。怒った孫権は、呂蒙《りょもう》に命じて長沙、桂陽、零陵の三郡を取らせた。事態を重く見た劉備は、成都から公安にもどって、江陵を守っていた関羽に三郡を攻めさせる。孫権も魯粛の駐屯する陸口《りくこう》までやってきて、魯粛を関羽軍阻止に差し向けた。

　両軍あわや衝突の一触即発の危機であったが、この時、ちょうど曹操が益州の北の漢中を攻めようとしたため、あわてた劉備は孫権に和睦を申し入れ、孫権はふたたび諸葛瑾を派遣して講和条件の交渉に当たらせた。その結果、洞庭湖《どうていこ》に発し、荊州南部を南北に流れる湘水《しょうすい》を境界とし、東側の江夏、長沙、桂陽は孫権、西側の零陵、武陵、南郡は劉備が領有

単刀会　関羽（左から３人目）と魯粛（右から３人目）の講和のようすを描いた民間の年画。清代末期のもの

することになった。この講和で孫権が得たのは長沙南部と桂陽だけであり、南郡を確保するなど、劉備にとっては有利な条件である。それはおそらく同盟を維持しようとする魯粛の配慮があったからであろう。

荊州領有をめぐって関羽と対峙した魯粛は、関羽を呼び出し、双方とも兵馬は遠くにとどめて、互いの将校だけが刀一本だけをもって会見し、さんざんに関羽と劉備の不実をなじった。関羽は一言も返すことができなかったという。しかしこの時になんらかの妥協案がおそらく魯粛から示されたのであろう。そうでなければ魯粛がわざわざ関羽を呼び出す必要はない。関羽に対する激しい叱責は、関羽にではなく、むしろ後ろに並んでいた呉の将校たち、ひいては孫権をはじめとする呉の強硬派に聞かせるためであったろう。それ以前にも、魯粛は関羽のたびたびの挑発に乗らず、和平維持に努めてきたのであった。

しかしこれが『演義』になるとまったく逆に、関羽が魯粛に対して堂々と大義を述べ、魯粛はその威勢におされて、すごすごと逃げ帰ることになっている。いわゆる「単刀会《たんとうかい》」がそれで、この話は元代に芝居に仕組まれて以来、今日の京劇にいたるまで人気の演目となっている。ここでも魯粛は道化役を押しつけられてしまったのである。

後に魯粛が死ぬと、呉にはもはや蜀との同盟を重視する者がいなくなり、関羽の配慮を欠いた作戦のせいで、荊州はすべて孫権側に取られてしまう。

劉備の益州平定と漢中攻防

曹操の失敗と張松献図

益州、国名でいえば蜀、すなわち今の四川省は、長江の上流に位置し、四方を高い山脈に囲まれた盆地で、面積は日本の約一・五倍、天然資源にも恵まれ、ここだけで優に一国家を形成することが可能である。後漢初期に公孫述《こうそんじゅつ》がこの地に拠って皇帝を称して以来、多くの独立王国がここで形成された。近くは蒋介石《しょうかいせき》がここに立てこもり、日中戦争を戦いぬいた。

後漢末期、益州牧《ぼく》となったのは、荊州江夏郡出身の皇族、劉焉《りゅうえん》であった。彼は、益州には天子の気があるという予言を信じ、野望をもってこの地にやって来たのである。当時、中原《ちゅうげん》一帯の混乱により、益州にもご多分にもれず多くの流民が移住していた。特に荊州の南陽および長安一帯の三輔《さんぽ》からは数万家の移住民が来たが、劉焉は彼らを兵士としてとりこみ、これを東州兵と称した。移住民ともとからの住民の間には対立があり、さらにすぐ北の漢中にいた張魯《ちょうろ》とも紛争が絶えず、複雑な状況であったが、劉焉の跡をついだ劉璋《りゅうしょう》は優柔不断な性格で、これをうまく治めることができず、住民の間には次第に不安が広がっていた。劉備や周瑜がともに益州に進出しようとしたのは、このことを知っていたからである。

赤壁の戦いの前夜、劉璋は部下の張松《ちょうしょう》を荊州にいた曹操のもとに派遣して、様子をうかがわせた。しかし荊州を手に入れて有頂天になっていた曹操は、張松が風采のあがらない醜男であったこともあって、彼をぞんざいに扱い追い返してしまう。張松はその足で今度は劉備を訪ねたが、窮地にあった劉備は彼を手厚くもてなした。張松は益州に帰って、曹操との関係を絶ち、劉備と結ぶよう劉璋に進言する。その実、彼は劉璋にかわって劉備を益州の主にしようとひそかに考えていたのである。彼はすでに蜀の詳しい状況を劉備につげ、地図まで献上していた。

曹操が張松を追い払ったのは、赤壁での敗戦とならぶ曹操の大失敗であったろう。張松は醜男ではあったが大変な知恵者で、曹操幕下の楊脩《ようしゅう》が曹操の書いた兵書を彼にみせたところ、一度目を通しただけで暗誦してしまうほどの記憶力の持ち主であった。曹操は日頃、出身や容貌に関係なく、才能によって人材を抜擢する才能第一主義をモットーとしていたはずであり、しかも官渡の戦いの時にはわざわざ使者を送ってまで劉璋を懐柔しようとしたのに、この時は楊脩の推薦にもかかわらず張松を冷遇して、益州に進出する絶好の機会を逃し、劉備にその機会を譲ってしまった。荊州での曹操はたしかにどうかしていた。

『演義』では、この曹操と張松の会見を、劉備が益州に進出する直前の建安一六年（二一一）許都でのこととし、しかも張松が曹操の著作『孟徳新書《もうとくしんしょ》』を暗誦し、「こんなものは蜀では子供でも知っている」と言ったため、曹操はその本を焼き捨てたという落ちをつけている。

張魯の宗教王国

益州北部の漢中は蜀と長安一帯を結ぶ交通の要地であるが、ここを支配していたのは張魯である。張魯の祖父の張陵《ちょうりょう》は、豫《よ》州沛《はい》国の人であったが、蜀の鵠鳴山《こくめいざん》という霊山で修行して五斗《ごと》米道《べいどう》という宗教をはじめた。その内容は後にまた述べるが、要するにお札《ふだ》と呪術で病気を治すというもので、黄巾賊の太平道と大同小異である。治療の謝礼に五斗の米を取ったために五斗米道とよばれた。すでに述べたように益州には南陽からの移民が多かったが、南陽はまた黄巾賊の根拠地のひとつであったから、両者にはなんらかの関係があったかもしれない。現に益州の綿竹《めんちく》では、馬相《ばしょう》なる者が黄巾賊を名乗り、みずから天子を称して誅殺されたこともある。五斗米道と太平道の教祖がともに張という姓であるのも偶然とは思えない。

　張陵の孫の張魯のころには、おそらく相当に教勢を拡張していたであろう。張魯の母は「鬼道《きどう》」をよくし、益州牧の劉焉の家にしょっちゅう出入りしていた。「鬼道」といえば『三国志』では、邪馬台国《やまたいこく》の卑《ひ》弥呼《みこ》が「鬼道」をもって衆を惑わせたとあるのが思い出される。いずれも神降ろしなどの呪術を指すのであろうが、中国の中心部でならば邪教として取り締まりの対象となるこのような呪術が、辺境の地である益州ではわりあいに大目に見られ、州の長官の家にまで出入りしていた点が興味深い。

青城山　成都の西60キロにある道教の聖地。五斗米道の張陵はここで布教を始めたとの伝説があり、ユネスコの世界遺産にも登録されている

天子となる野望を抱いていた劉焉は、この五斗米道を政治的に利用しようとした。すなわち張魯を漢中に送り、北方との道路を封鎖したうえで、漢の朝廷からの使者を殺させ、朝廷には五斗米道の賊が道路をふさいでいると報告したのである。漢から離反して独立をはかろうという魂胆であろう。官渡の戦いの時、曹操の使者が益州に来ることができなかったのは、このためであった。

ところが張魯はやがて漢中で勢力を拡大し、劉璋の時代になると言うことを聞かなくなった。怒った劉璋は、張魯の母と弟を殺したため、両者は仇敵の間柄になってしまったのである。そこへ曹操の手がのびてくる。

曹操、関中征討へ

赤壁から逃げ帰った曹操は、身分にかかわらず才能ある者を登用するなど、しばらくは内政につとめ、また鄴都《ぎょうと》に銅雀台《どうじゃくだい》を築いて正式にここを根拠地とし、ついで息子の曹丕を副丞《じょう》相《しょう》格の五官中郎将《ごかんちゅうろうしょう》に任命するなど、漢王朝簒奪《さんだつ》に向けて着々と準備をすすめていった。そして南方征討にはもう懲りたのであろう、建安一六年（二一一）目を西に向け、洛陽一帯を治める司隷校尉《しれいこうい》、鍾繇《しょうよう》と将軍の夏《か》侯淵《こうえん》に漢中の張魯を討つよう命じた。ただしこれはおそらく曹操のポーズである。漢中を討つためには、途中の関中（長安一帯）を通らなければならないが、そこには馬超《ばちょう》、韓遂《かんすい》をはじめとする大小の軍閥がいる。これらの軍閥を一々撃破するためには、広い関中の各地を転戦せねばならず、時間と労力がかかる。しかし曹操が大軍をもって関中の先の漢中を討つと聞けば、軍閥たちは協力してそれを阻止しようとするだろう。それを一気にたたけばよい、というのが曹操の計略であった。配下の高柔《こうじゅう》は後に司空《しくう》にまで出世した男であるが、この時、まず関中を平定すれば、漢中は自然と治まるでしょう、としごくもっともなことを言って曹操を諫めたが、曹操の真の意図がわかっていなかったのである。現に鍾繇は漢中には行かなかった。

　はたして漢中討伐の知らせを聞いた関中の軍閥は動揺し、馬超、韓遂をはじめ一〇人の軍閥が連合し、一〇万の大軍をもって洛陽の西、関中の入り口である潼関《とうかん》まで出てきた。かつて董卓《とうたく》を討つために関東の諸侯が連合したが、今回は曹操を討つために関西の軍閥が連合したわけである。しかし関東諸侯の場合と同じで、しょせんはにわか所帯の烏合《うごう》の衆である。曹操の思うつぼであった。

　潼関まで軍勢を引き連れてみずから出向いた曹操は、潼関から北に黄河を渡り、そこから西に進軍して再度、黄河を西に渡って南下し、連合軍の側面を攻撃した。不意をつかれた連合軍は渭水《いすい》の南まで退却して、曹操に講和を申し出るが、曹操は承知しない。そしてここで離間策をつかう。

　軍閥の中でリーダー格は、馬超と馬超の父、馬騰《ばとう》のかつての義兄弟であった韓遂である。曹操はかつて若い頃、韓遂とは洛陽で顔見知りであった。曹操は戦場で韓遂と二人だけで会い、衆人環視の中、馬をならべて話し合う。話題はわざと戦争のことは避け、昔の思い出話に花を咲かせた。これを見た馬超らは、もどってきた韓遂に、なんの話をしたのかと尋ねたが、韓遂は、別にたいした話ではないと正直に答えた。しかし馬超はこれを聞いて、韓遂に疑念をいだく。もともと馬超の父の馬騰は、韓遂と仲違いして、曹操のもとに身を寄せていたのであるから、この二人の間はしっくりいかなかったのである。曹操はさらに韓遂に手紙を出すが、ところどころわざと字句を改めて、まるで韓遂が直したように見せかけた。これを盗み見た馬超は、さらに疑念を深める。こうして馬超と韓遂の間を裂いた曹操は一気に攻撃をかけ、連合軍は壊滅した。

曹操はさらに西に進み、長安の北の安定で、地方軍閥の楊秋《ようしゅう》の降伏を受け入れると、大勢は決したと見たのであろう、長安に夏侯淵を残して、東に帰った。夏侯淵はさらに西進して馬超らを追い、馬超は結局、関中にいられなくなり、漢中の張魯のもとに逃げ込み、さらにそこから成都攻略の最中であった劉備のもとへ亡命する。韓遂もやがて敗死し、こうして関中は曹操の思うとおりに平定されたのである。鄴都にもどった曹操は、馬超の父、馬騰とその一族を見せしめに誅殺した。

しかし『演義』では、曹操暗殺をねらう馬騰を曹操が一族もろとも誅殺したため、馬超が父の弔い合戦に兵を起こしたと、話をあべこべにしている。さらに潼関で馬超に大敗した曹操が逃げ回り、それを追う馬超の軍勢が、紅い陣羽《じんば》織《おり》を着たのが曹操だと叫ぶと、陣羽織をあわてて脱ぎ捨て、ひげの長いのが曹操だと言われると、剣でひげを切り捨て、今度はひげが短いのが曹操と言われ、切羽つまって旗をちぎって顔をおおって逃げるなど、曹操を徹底的に戯画化した。これは蜀の大将になった馬超を英雄に仕立てるための小細工であろう。

劉備の益州進出

　曹操の関中征討作戦は、予想どおりに成功したが、ここに予想外の波及効果が生じた。それは劉備の益州進出を許したことである。鍾繇《しょうよう》と夏《か》侯淵《こうえん》が漢中の張魯征討に向かうという知らせは、関中からさらに漢中、そして益州の劉璋のもとへもとどいた。征討される当の本人の張魯はむろん驚いたであろうが、劉璋もこの知らせに危機を感じた。漢中は益州のいわば北の衝立《ついたて》であり、漢中が落ちれば益州も危ない。かねて劉備と誼《よしみ》を通じていた張松は、ここで機会到来とばかり、曹操軍が来る前にいっそこちらから張魯を討ってしまおう、しかしそれは単独ではできないから、同じ漢の皇族同士の劉備の力を借りるのがよいと、劉璋をたきつけた。劉備を益州に引き入れようとの魂胆が見え透いた策だが、単純な劉璋は、多くの部下の反対にもかかわらず、張松のこの提案に乗った。張松はさっそく法正《ほうせい》を劉備のもとへ派遣し、益州に呼び寄せる。さすがの曹操もここまでは思い至らなかったであろう。

　荊州の劉備はむろんこの機会を待っていた。諸葛亮と関羽、趙雲を荊州の守りに残すと、龐統《ほうとう》とともにさっそく益州に向かう。龐統はかつて司馬徽《しばき》に鳳雛《ほうすう》と呼ばれ、臥龍《がりょう》の諸葛亮と並び称された知恵者である。彼を重用するよう劉備に勧めたのは魯粛であった。これ以前、益州進出派の周瑜らと劉備との同盟を主張する魯粛との間で判断に迷った孫権が、劉備に益州を討つようもちかけたことがある。しかし劉備は、同じ漢の皇族である劉璋を討つわけにはいかないと、これを断った。それならばと孫権が孫瑜《そんゆ》を益州討伐に向かわせると、劉備

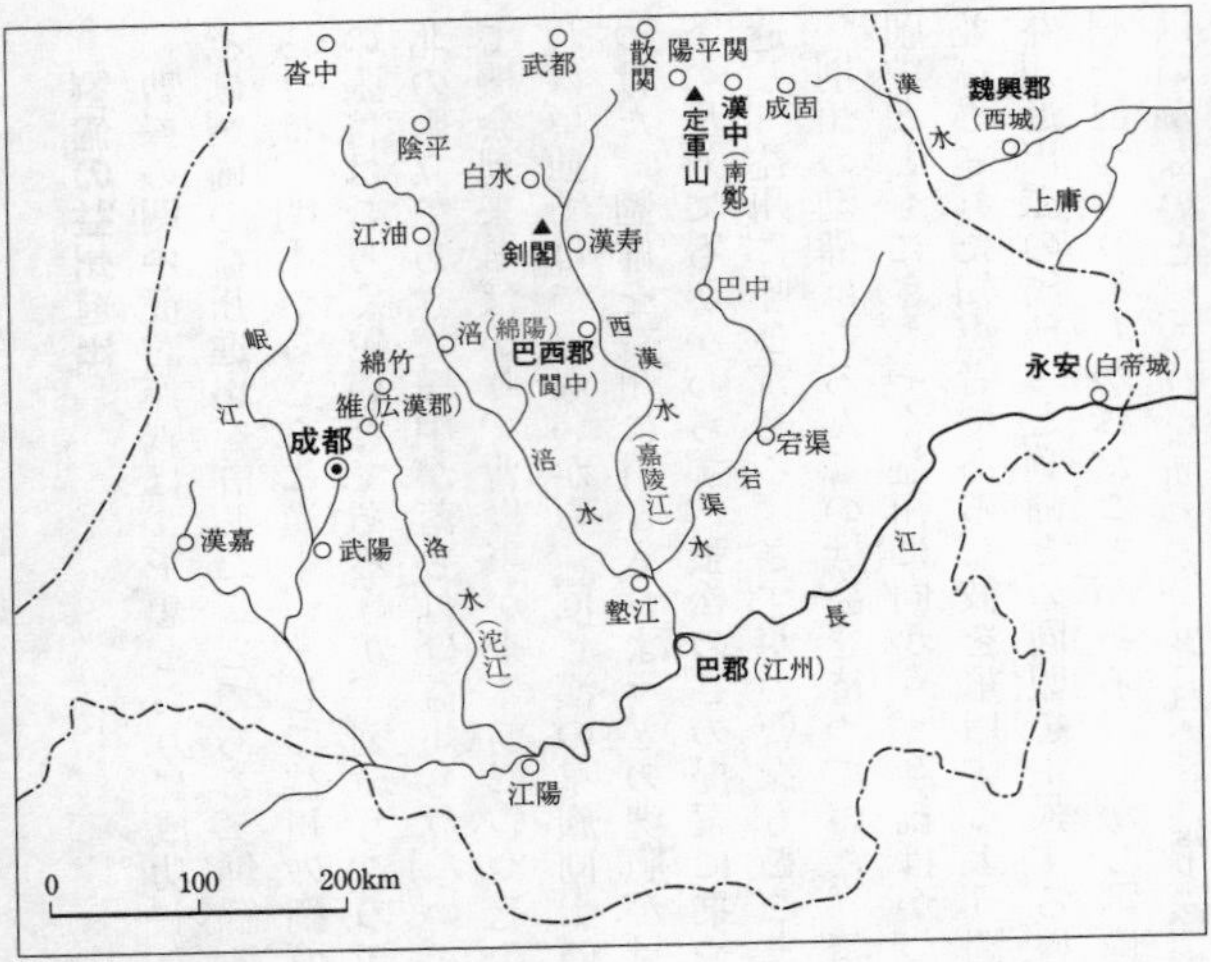

益州関連地図

は、ここで劉璋を討たせては同族として天下に面目がたたない、どうしても討つのなら、自分は髪をふりみだして山の中に隠れてしまおう、と大袈裟なせりふを吐き、軍勢を出して孫瑜の行く手をはばんだ。孫瑜はやむなく撤退する。劉備は益州を取るつもりはない、と孫権は思った。劉備の芝居にだまされたのである。劉備が手のひらをかえしたように益州に向かうと、孫権は怒って、「猾虜《かつりょ》」（ずるがしこい奴）と劉備を罵った。孫権が妹の孫夫人を呼びもどしたのはこの時である。

劉備一行が出迎えの劉璋と会うと、張松、法正そして龐統は、その場で劉璋をとらえてしまうよう劉備に勧める。しかし大義名分を重んじる慎重な劉備はそれにしたがわない。両者はなんと一〇〇日あまりも宴会に明け暮れたあげく、劉備はようやく重い腰をあげ、劉璋のあたえた軍勢を引き連れて北の葭萌《かぼう》（漢寿）に向かった。しかし張魯を討つ気はもとよりない。得意の人心収攬《しゅうらん》につとめながら、ひそかに成都の劉璋を討つタイミングをはかっていた。これが建安一六年（二一一）の暮れのことであった。曹操が関中征討から帰ったのとほぼ同じ時期である。

成都を無血開城

チャンスは翌年にやってきた。龐統《ほうとう》は、ただちに成都を襲うのが上策、緊急事態発生といつわっていったん荊州に帰るふりをして、劉璋の将軍で劉備を警戒する楊懐《ようかい》、高沛《こうはい》をとらえ、それから成都を取るのが中策、そのまま荊州に帰って出直すのが下策、このままここに居座れば破滅であると言って、劉備に決断を促した。劉備は中策を取る。おりしも合肥《ごうひ》で曹操と対峙していた孫権から、荊州にもどって曹操に備えるようにという呼びかけが劉備のもとにとどいた。しかし当時の情勢から考えて、孫権がそんなお節介をするとは思えない。これは劉備が孫権をだしにつかったのであろう。劉備は荊州の危急を口実に、劉璋に一万の増兵と兵糧を求めたが、劉璋はわずか四〇〇〇の兵しかあたえなかった。この時、劉備の荊州帰還を真に受けた張松が、益州にとどまるよう劉備に手紙を出したが、この手紙が劉璋に渡り、はかられたと知った劉璋は張松を斬る。化けの皮がはがれた劉備は、芝居もこれまでと劉璋に公然と反旗を翻し、楊懐、高沛を斬り、一斉に軍をかえして成都に向かった。

しかし成都攻略は劉璋側の執拗な抵抗に遭い、予想外に手間取った。途中で諸葛亮、張飛、趙雲も応援に駆けつけたが、特に成都の北の雒《らく》城では一年以上の攻城戦を強いられ、ここで龐統が流れ矢に当たって死んだ。ようやく雒城を落として、成都に迫った時、馬超が漢中に逃げてきたことを知った劉備は、ひそかに使者を送って帰順を促した。それを受けて馬超は成都包囲中の劉備の陣営にやってくる。馬超至るの知らせに、成都城中は震撼し、一〇日もたたないうちに、まだ十分な抵抗力を残しながら、劉璋は無血開城して劉備の軍門に降った。これが建安一九年（二一四）の夏、足かけ三年におよぶ攻防戦であった。ここで劉備は、最後の土壇場でうまく馬超を利用したわけであるが、これも間接的には曹操のおかげである。これを知った曹操はどう思ったであろう。

『演義』では、龐統が死んだ場所を落鳳坡《らくほうは》とし、鳳が落ちるを鳳雛《ほうすう》（龐統）の死にこじつけているが、これはむろん架空の地名である。また龐統が死んだ後に諸葛亮が応援に来たようになっているのも事実ではない。なお劉備は降伏した劉璋を公安に移したが、後に荊州が呉の所有となると、孫権は劉璋を名目上の益州牧とした。

漢中争奪戦「鶏肋」の謎

劉備が益州平定に奔走している間に、曹操は鄴都《ぎょうと》で魏公になった。しかし劉備の益州平定の知らせは、曹操にとって苦々しいものであったにちがいない。関中征討のために自分があげた漢中侵攻というアドバルーンが、めぐりめぐってもたらした結果だったからである。それならば本当に漢中を取ってやろう、と曹操は思ったのだろう。翌建安二〇年（二一五）の三月には、早くもみずから漢中攻略に乗り出した。思いたてば曹操の行動は早い。四月には、はや散関《さんかん》を越えて漢中に入り、陽平関《ようへいかん》を破って漢中の中心、南鄭《なんてい》に迫った。この時、先に曹操に敗れた韓遂《かんすい》が部下に斬られ、その首が曹操のもとにとどいた。張魯はもはやこれまでと降伏しようとするが、部下に押しとどめられ、南の巴中《はちゅう》に逃げた。

　この時、従軍した司馬懿《しばい》は、この機会に基礎の固まらない劉備を討つよう進言したが、かつての荊州での失敗に懲りたのであろう、「人は足る無きに苦しむ、隴《ろう》を得てまた蜀を望まんや」（人間の欲にはきりがない）というかつて後漢の光武帝が同じ状況で吐いた名言を残して、曹操は早々に引き上げる。実は東方での孫権との戦局が緊張を高め、益州を討つ余裕などなかったのである。この疾風のような漢中攻撃のため、成都はパニック状態となり、劉備が孫権との第二次荊州分割を強いられたことは、すでに述べた。その年の暮れ、張魯は曹操に降伏する。

　漢中を曹操に奪われた劉備は気が気でない。せっかく手に入れた益州が丸裸にされたも同然だからである。現に曹操が漢中に残した部将、張郃《ちょうこう》は、南下して巴《は》郡の宕渠《とうきょ》を攻める。しかしこれは張飛の奮戦で追い払うことができた。以後、四年にわたって曹操側の夏侯淵《かこうえん》、張郃、徐晃《じょこう》と劉備側とで、漢中をめぐる一進一退の激しい戦いがつづくが、戦況は次第に劉備に有利になってきた。それは、建安二一年（二一六）に、曹操が魏公からさらに魏王に進んだことによって、後漢王朝簒奪の最終段階に達し、国内にさまざまな矛盾が噴出したことと、東方での孫権との戦争に忙殺され、西方を顧みる余裕がなかったためである。

しかしここに大きな転機がおとずれる。曹操が魏王になったのをきっかけに、孫権が方針を転換して、建安二二年に曹操との和睦を申し入れたのである。これで東方の心配がなくなった曹操は、翌二三年にようやく劉備を討つべく長安まで出てきた。しかし時すでにおそく、曹操側の総大将、夏侯淵が定軍山《ていぐんさん》で劉備側の老将、黄忠に敗れて斬られたという知らせが曹操のもとにとどく。曹操は翌二四年の三月に斜谷《やこく》から再び漢中に入ったが、今回はすでに劉備の守りが堅く、死傷者が続出したため、五月には全軍総退却に追い込まれた。劉備は漢中を手に入れたのち、曹操の魏王の向こうを張って漢中王となる。漢中はかつて漢の高祖劉邦が項羽に追い込まれた後、この地を根拠としてやがて天下統一を成し遂げ、漢という国号の由来となっためでたい土地である。そのめでたい漢中を掌握した劉備は、漢王朝復活の夢に燃えていたであろう。この時が劉備の生涯で最良の日々であった。

ところで退却に際し、曹操は「鶏肋《けいろく》」、つまり鶏のあばら骨という謎めいた命令を出した。部下たちはなんのことかわからなかったが、楊脩がその謎を解いた。鶏のあばら骨は、棄てるには惜しいが、さりとて食べるところはない、漢中もそんなようなものだという意味だというのである。曹操の負け惜しみとも取れるが、実はそうではない。

曹操は張魯が降伏した後、張既《ちょうき》の提案によって漢中の住民数万を長安一帯に移住させた。またその後、漢中軍事として統治に当たった杜襲《としゅう》は住民をうまく手なずけ、さらに八万人あまりの住民が洛陽と鄴都に自主的に移住したのである。したがって劉備が得た漢中は、人のほとんどいない空の土地だった。劉備は曹操と漢中を争うに際して、蜀の学者、周羣《しゅうぐん》に成否を占ってもらったところ、周羣は、「その土地を得べきも、その民を得ず」と答えたというが、はたしてそのとおりになった。人口の激減したこの時代、人間はある意味で土地よりも貴い。土地の占領がむずかしいと知った曹操は、人間を連れ去ったのである。残った空の土地は、なるほど食べるところのない「鶏肋」であろう。後に諸葛亮が北伐をする時、漢中の人口不足からくる兵糧不足により、この地で軍人による屯田を開いたのはこのためであった。しかしともかく、劉備が漢中をふくむ益州すべてを領有したことで、天下三分の計は現実のものとなったのである。

曹操対孫権——合肥攻防

孫権、建業に遷都

合肥《ごうひ》は長江下流の南京《ナンキン》から西に約一五〇キロのところにある町で、今は安徽《あんき》省の省都である。長江との間に巣湖《そうこ》という大きな湖があり、巣湖は長江と濡須水《じゅしゅすい》という川でつながっていた。巣湖の北は施水《しすい》、肥水《ひすい》という二つの川によって淮水《わいすい》に通じ、淮水と肥水の分岐点に寿春《じゅしゅん》が、その南に芍陂《しゃくひ》という湖がある。さらに淮水に西北から流れ込む潁水《えいすい》を遡れば潁川郡の許《きょ》都《と》に、過《か》水を遡れば曹操の故郷である譙《しょう》県にたどりつく。つまり許都や譙県から船に乗れば、そのまま一気に長江まで南下することが可能である。寿春から合肥、巣湖にいたる一帯が呉と魏の主戦場になったのは、そのためであった。

赤壁の戦いが終わった建安一三年の冬、孫権はみずから軍勢を率いて合肥を包囲し、また張昭には合肥の北の当塗《とうと》を攻撃させた。一月あまり後、曹操の援軍が到着したので、孫権は兵を引いたが、この合肥包囲の目的は、江陵で曹仁と戦っている周瑜のための援護射撃であったと思える。長江中流の荆州と下流のこの地域での両面作戦は、呉の魏に対する攻撃の基本戦略であった。

ちなみにこの時、合肥城が孫権の包囲に一月以上も持ちこたえられたのは、それ以前に揚《よう》州刺史《しゅうしし》の劉馥《りゅうふく》が、元来は空城であった合肥を整備し、戦いの準備を整えておいたからであった。劉馥は赤壁の戦いの起こった建安一三年に合肥で死ぬ。おそらくそのせいであろう、『演義』では赤壁の戦いの前夜、曹操が矛を横たえて詩を詠んだ時、「月明るく星稀に、烏鵲《うじゃく》南に飛ぶ」という詩の文句が不吉だと言ったため、劉馥は酔った曹操に矛で殺されることになっている。とんだとばっちりであるが、『演義』の作者が人物を使うに当たって、いかに『三国志』を詳細に読んでいたかということが、こういうところからもわかるのである。

またおそらくこの前後の時期、曹操は長江沿岸の地域が孫権の攻撃を受けるのを心配して、住民を北に移住させようとした。ところがこれに驚いた住民十余万が長江を渡って東に逃げてしまった。そのため長江の西の曹操側の地域は、合肥の南の皖城《かんじょう》を除いて無人地帯になったという。どうやら孫権の支配地域の方が暮らしやすかったとみえる。後に曹操が漢中の住民を内地に移住させたのは、あるいはこの時の経験に学んだのかもしれない。

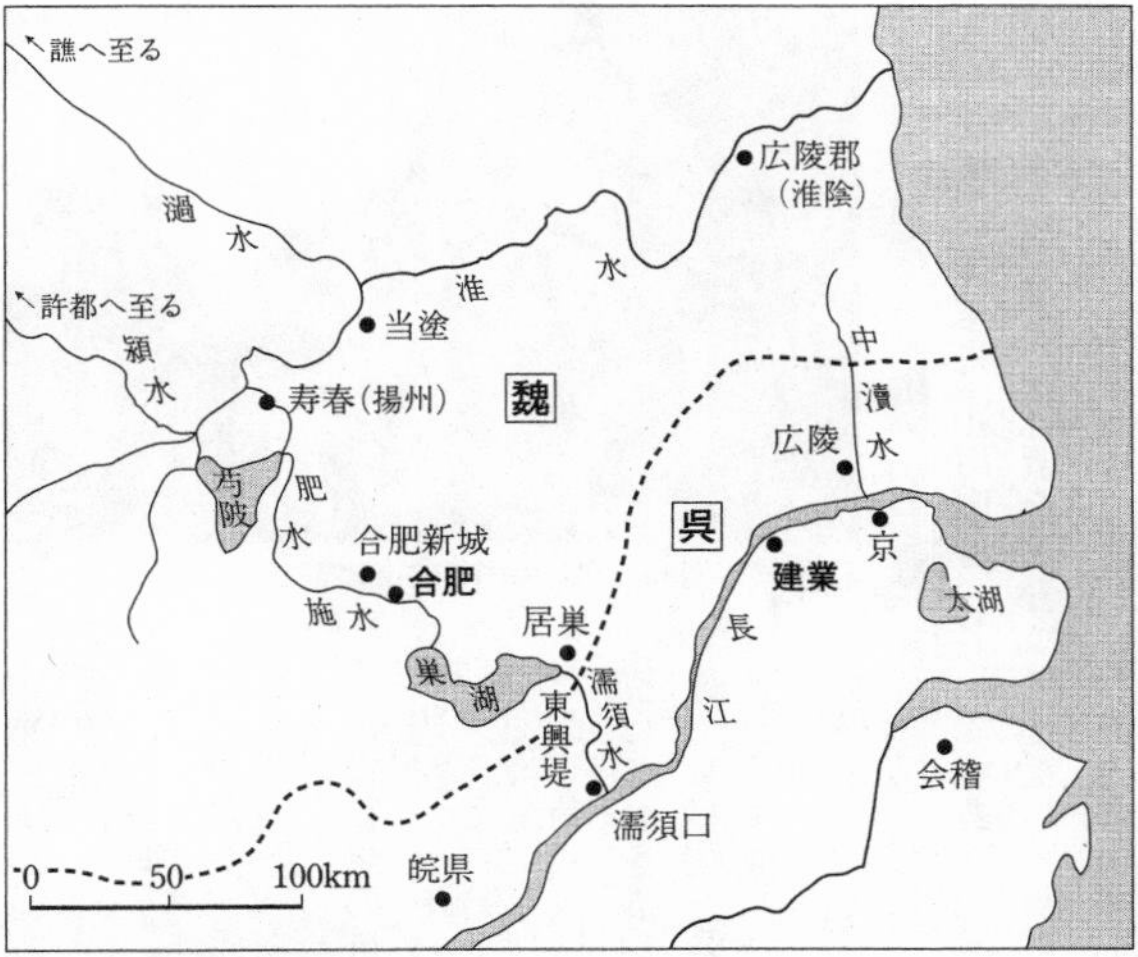

魏と呉のおもな戦場

建安一四年の三月、曹操は譙県で水軍を結成し、七月に淮水から肥水を通って合肥まで来ると、芍陵のあたりに屯田を開き、張遼《ちょうりょう》、楽進《がくしん》、李典《りてん》の三将を合肥に駐屯させ、自分は譙県に帰った。これは、この地域の住民がいなくなってしまったため、屯田により兵糧をたくわえ、来るべき戦争に備えるためであったろう。

一方の孫権もこのあたりが主戦場になることを見越して、建安一七年（二一二）、荊州での劉備との抗争が一段落すると、長江南岸の秣陵《まつりょう》に石《せき》頭《とう》城を築き、建業《けんぎょう》と改称して本拠地とした。これが現在の南京である。その後、南京には、南北朝時代の南朝の東晋、宋、斉、梁、陳、そして五代十国の南唐、のちの明、近くは

石頭城　孫権が現在の南京市に最初に築いた城

中華民国が首都を置くことになるが、その基礎はこの時、孫権が作った。さらに孫権は呂蒙の提案によって、濡須水が長江に流れ込む濡須口に砦を築く。これが濡須塢《う》である。これで曹操、孫権ともに戦いの準備が整ったことになる。

参謀荀彧の自殺

建安一七年の一〇月、曹操は満を持して濡須口にまで出兵した。この時、董昭《とうしょう》が曹操に魏公の位に就くようすすめたが、荀彧《じゅんいく》は婉曲《えんきょく》な言い回しながら、これに反対した。曹操はこれを面白くなく思い、荀彧を寿春にとどめたまま、後で食べ物を容れる器を送ったが、荀彧がこれを開けてみると、中は空っぽであった。曹操の意図を知った荀彧は、毒を仰いで自殺する。

荀彧は曹操配下随一の参謀であり、官渡の戦いをはじめ、つねに曹操のために働いてきた。しかし彼はまた潁川出身の名士でもあり、漢王朝には特別な思いがある。曹操が魏公となり、漢王朝簒奪の野望を露骨に見せたことが、彼には不安だったのである。このような心情は、荀彧だけではなく、曹操に仕える多くの名士階級の人々、たとえば後に魏の高官となった鍾繇《しょうよう》や華歆《かきん》、王朗《おうろう》などにも共通するものであった。彼らにとって荀彧の自殺は大きな衝撃であったはずである。と同時に、それは漢王朝の復活がもはやかなわぬ夢であることを実感させる事件でもあったろう。曹操は孫権との戦いから帰った翌年の五月に、はたして魏公となった。もはや反対する者はだれもいなかった。

息子をもつなら孫仲謀

四〇万の軍勢で濡須口に攻め入った曹操は、まず緒戦で孫権の西の陣を破った。しかし七万の兵でこれを防ぐ孫権も善戦し、両軍対峙のまま年を越す。曹操は孫権の陣立てが整然としているのを見て、「子を生まばまさに孫仲謀《ちゅうぼう》のごとくなるべし、劉景升《けいしょう》の児子のごときは豚犬たるのみ」（息子をもつなら孫権のような子をもちたいものだ、劉表の子などは豚や犬同然だ）と言って感嘆した。仲謀と景升は、それぞれ孫権と劉表の字《あざな》である。袁紹、劉表ともに死後の息子たちの跡目争いから自滅したのを見た曹操は、孫堅の死後にもそれを期待したのであろうが、後継者の孫権は曹操のその期待を裏切る英傑であった。

孫権は曹操に手紙を送り、「春水まさに生ず、公よろしく速やかに去るべし」（春になって川の水かさも増えたことだし、早くお帰りなさい）、さらに別紙に、「足下死なざれば、孤は安らかならず」（あなたが生きているかぎり、私は安心できない）と書いた。これを見た曹操は、「孫権はわしを馬鹿にしてはおらぬな」と言って、撤退して帰った。この年、曹操は五九歳、孫権は三二歳、息子ほども年がちがう孫権に、曹操は好敵手を見いだしたのであろう。

逍遥津公園　安徽省合肥市。建安20年に孫権が進攻して魏の張遼に敗れた古戦場。現在は公園になっている

この時、孫権は大きな船をしつらえて、大胆にも曹操の軍営を偵察にでかけた。曹操側は船めがけてさかんに矢を放ち、片側に矢を受けた船は大きく傾いた。すると孫権は船の向きをくるりとかえ、反対側にも矢を受けてバランスをとりもどし、悠々と引き上げたのである。『演義』の赤壁の戦いで、諸葛亮が周瑜に一〇万本の矢を三日でそろえると豪語し、船で曹操の陣営に出かけ、曹操軍が放った矢を船で受け止めて周瑜に渡す話は、この孫権の偵察行がモデルである。

なお劉備と曹操、孫権と劉備はそれぞれ面識があったが、孫権と曹操は会ったことがない。二人がもっとも接近したのは、この戦いの時であった。偵察に出た孫権とこれを迎えた曹操は、あるいは遠くからでも互いに姿を一瞥したかもしれない。曹操の孫権についての右の発言は、その可能性を思わせる。

二年後の建安一九年（二一四）、曹操はもう一度、孫権を攻めたが、この度も成果なく引き返す。その翌年の建安二〇年、今度は孫権の方が一〇万の大軍を率いて、合肥に打って出た。曹操は漢中討伐に出かけて留守であり、むろんその機会をねらって攻撃をしかけたのである。しかし曹操はこの孫権の行動を予測して、あらかじめ手筈を整えておいた。孫権は合肥を守る張遼の奮戦により逍遥津《しょうようしん》であやうく命を落とすところを、凌統《りょうとう》にからくも救出される。

二人の最後の対決は、曹操が魏王となった翌年の建安二二年（二一七）正月、曹操は巣湖の東の居巣《きょそう》から再び濡須口を討ったが、やはり成果がなく、曹仁、張遼らを居巣に残したまま、北に引き上げた。四回におよぶ合戦でも決着がつかないのは、要するに双方とも相手に決定的打撃をあたえることができないからであろう。まさに好敵手と言ってよい。孫権はこの時どうやらそれに気がついたらしい。彼はそれまでの方針をかえ、曹操に降伏の使者をおくる。彼の目は再び西を向いていた。この時、劉備は漢中攻略の真っ最中であり、荊州は関羽が守っている。しかもこの年、それまで関羽との間を調整していた魯粛が死んだ。孫権は曹操と和睦して、もう一度荊州に進出することにしたのである。かくして舞台は再び荊州にもどってきた。

ふたたび荊州攻防

樊城水攻めと関羽の威名

曹操を漢中から追い出した劉備は、その勢いに乗って、さらに東に兵を出し、部将の孟達《もうたつ》と義理の息子の劉封《りゅうほう》に命じて上庸《じょうよう》を攻め取らせた。ここから漢水を下れば、荊州北部に出ることができる。これに呼応して、江陵《こうりょう》にいた関羽が北上して、漢水北岸の樊城《はんじょう》を攻めた（一〇三ページ地図参照）。漢中王となって意気軒昂たる劉備は、一気に勝負に出たのである。

樊城および漢水をはさんでその南岸にある襄陽《じょうよう》は、後にモンゴルが南宋を攻めた時にも長期にわたる大攻防戦がくりひろげられた南北交通の要衝である。襄陽は元来、荊州の中心地で、荊州牧の劉表もここに駐屯していた。関羽はその襄陽を置いたまま、船で漢水を渡り、樊城の北側を攻撃する。樊城を守るのは、曹操の従弟、曹仁《そうじん》である。曹仁は曹操子飼いの勇将、于禁《うきん》とかつて馬超《ばちょう》の部将で曹操に降伏した龐徳《ほうとく》に、北側の出城を守らせた。

時に建安二四年（二一九）八月、おりからの大雨で漢水があふれ、樊城は陸の孤島となった。関羽は船に乗ったまま猛攻をかけ、出城は水没、万策つきた于禁は降伏し、龐徳は捕虜となったが屈せずに殺された。関羽は南岸の襄陽をも落としたうえ、いよいよ陸の孤島と化した樊城を包囲した。水は城壁のてっぺんにまで迫る。陥落は時間の問題とみえた。

樊城危うしの報に接した曹操は、漢中を守っていた徐晃《じょこう》を樊城の北、南陽郡の中心地である宛《えん》に急派した。しかしこの時期、南陽では重い労役に苦しむ民衆の間で不満がつのり、この直前に守将の侯音《こうおん》が反乱を起こして鎮圧されたばかりであった。関羽が樊城を攻撃すると、あちこちで民衆、盗賊が蜂起して関羽に内応する。南陽が落ちれば、許都はつい目と鼻の先である。万一許都にいる献帝が関羽に奪われるようなことにでもなれば、曹操の天下制覇の夢は根底からくつがえってしまう。曹操は一時、許都の献帝を避難させることを考える。関羽の威名は天下にとどろいた。

曹操と孫権が同盟

しかしここで関羽、そして劉備は大きな失敗を犯したのである。益州、漢中の平定に暇《いとま》のなかった劉備は、東方の孫権対策を怠った。ひとつには同盟を維持しようとする魯粛の存在に安心しきっていたのであろう。孫権が孫夫人を引き取ったのは、絶交のサインであったにもかかわらず、それにも無頓着であった。しかも荊州を守る関羽は傲慢な性格で、孫権が自分の息子と関羽の娘を結婚させようと提案した時、使者を罵って追い返してしまったこともある。二人とも魯粛なきあと、孫権が政策を変えたことに気がつかなかったのである。

魯粛の後継者となった呂蒙《りよもう》は、かつての周瑜と同じ考えの持ち主であった。彼は北方での曹操との戦いが無益であること、それよりも西の関羽を討ち、荊州を奪還することを孫権に提案する。孫権はそれを受け入れ、曹操と講和した。その後の呂蒙の計略は巧妙であった。彼にはかねて持病があったが、病状が悪化したと称して前線の陸口《りくこう》から建業にひきあげてしまい、後任に若い陸遜《りくそん》を派遣する。陸遜はかつての魯粛、いやそれ以上に関羽に対して下手にでた。陸遜を見くびり、すっかり安心した関羽は、荊州の呉との境界に配備していた軍隊を樊城《はんじよう》に投入する。これで関羽の背後はがら空きとなった。

一方、曹操も孫権と講和したことで、合肥の兵力を樊城救援に向かわせることができたが、救援はすぐにはやってこない。そこで司馬懿《しばい》などの計略によって、孫権に荊州南部をあたえるかわり、関羽を背後から攻撃させようとする。ここに両者の利害が一致し、同盟が成立したのである。孫権はさっそく曹操に手紙を送り、関羽を背後から攻撃することを知らせ、またそのことを秘密にするよう要請した。ところが曹操はその孫権の手紙を、樊城の城内と関羽の陣営の双方に知らせてしまったのである。

知らせを受けて、関羽の包囲と水の氾濫に苦しむ樊城の曹仁は勇気百倍した。苦しい籠城ももうすぐ終わりと思ったのである。一方の関羽は、孫権の裏切りがにわかには信じられない。それに落城寸前の樊城を今ここで放棄するのも惜しい。彼は躊躇して、そのまま樊城の包囲をつづけた。この躊躇が関羽の命取りになる。すべては曹操の思惑どおりであった。孫権と同盟を結ぶ一方、孫権と関羽を戦わせて漁夫の利を得ようとしたのである。このあたりの曹操の戦略はしたたかである。

関羽の死と三国の領土確定

呂蒙は、関羽の留守を秘密裏に急襲すべく、船の中に精兵を隠し、漕ぎ手は商人に変装させて、ひそかに荊州に舞いもどった。関羽の留守の公安と江陵を守るのは、士仁《しじん》と麋芳《びほう》であったが、二人はあっさりと呂蒙に降伏してしまった。樊城への兵糧輸送を自分の思うとおりに行わないこの二人に対して、関羽はかねて腹をたてており、帰ったら処罰すると公言していたため、二人は関羽に反感を抱いていたのである。ここでも関羽の傲慢さが仇になった。

江陵陥落の知らせに、関羽はあわてて樊城から兵を引く。江陵にもどる道中、関羽は何度も呂蒙に使者を送った。ことここにいたっても、孫権の裏切りがまだ信じられなかったのであろう。呂蒙は、江陵城内の民衆、特に樊城に出征している兵士の家族を厚く保護したうえで、関羽からの使者にその様子を見せた。使者は帰って、それを兵士たちにつげる。家族が無事と知った兵士たちは、戦意を失った。この時、みずから江陵に赴いた孫権は、民心を収攬するとともに、陸遜を江陵の西の宜都《ぎと》、夷陵《いりょう》まで進出させ、益州の劉備からの攻撃に備えさせた。

関林　洛陽市。曹操が関羽の首を葬ったとされる。特に明清代に尊ばれ、拝殿などが建てられて拡張された

江陵の北の麦城《ばくじょう》まで引き返した関羽は、すべてが終わったことを知った。孫権は関羽に降伏をすすめ、関羽はそれをいったん受け入れた後、さらに逃走したが、それを見越して孫権があらかじめ配置しておいた朱然《しゅぜん》と潘璋《はんしょう》に行く手を遮られ、息子の関平《かんぺい》ともども捕虜となり、ついに斬られた。時に建安二四年（二一九）の一二月、一世の英雄の哀れな末路であった。

関羽が樊城から退却した際、曹仁はその後を追撃しようとしたが、参謀の趙儼《ちょうげん》、そして曹操もそれを止めた。あくまでも関羽と孫権を戦わせて漁夫の利を得ようとのたくらみである。しかし曹操のその期待を裏切って、関羽はあっけなく斬られ、孫権はすばやく荊州を占拠してしまった。呂蒙の完全な作戦勝ちである。孫権は関羽の首を曹操のもとに送った。曹操はおそらくほぞを噛んだであろう。しかし仕方なく、孫権を荊州牧に任じた。

ところで関羽が斬られて間もなく、呂蒙はかねての持病が悪化して死んだ。そして年が明けて建安二五年の正月、曹操が死ぬ。この二人の死が関羽の死の直後であったのは、むろん偶然にすぎないが、この偶然は人々にある種の暗示をあたえたであろう。『演義』では、呂蒙そして曹操も、関羽の亡霊に祟られて死んだことになっているばかりでなく、朱然と潘璋まで、後の夷陵の戦いで、趙雲と関羽の遺児の関興《かんこう》に殺されて、仇を討たれてしまう。しかし実際は、朱然と潘璋はずっと長生きしたのであった。『演義』では、このほか関羽の亡霊が玉泉《ぎょくせん》寺に顕れ、かつて過《か》五関斬六将《ごかんざんろくしょう》の時に汜《し》水関《すいかん》で命を救ってもらった僧の普浄《ふじょう》と再会し、悟りを開く場面があるが、これもむろん関羽の神格化が進んだ唐代以降に出来た話である。普浄そして関羽の部下で運命をともにした周倉《しゅうそう》は、ともに架空の人物である。

関羽の死後、孫権が荊州南部を完全に掌握したことで、後の魏、蜀、呉の領土がほぼ確定した。この戦いでもっとも得をしたのは、荊州を手に入れた孫権であろう。そのため劉備との同盟を破棄し、曹操と手を組み、さらに魏に対して形式的ながら服従することになったが、これはさほど大きな損失ではない。一方、曹操も関羽と孫権を戦わせて漁夫の利を占めようという目論見こそはずれたが、孫権と講和したことにより、それまで東西で劉備、孫権との両面作戦を強いられていた状況から解放され、余裕が生まれた。この余裕が、翌年の曹丕の皇帝即位を可能にしたといえよう。もっとも損をしたのは劉備で、関羽と荊州の両方を失い、漢中王となり得意絶頂であったのもつかの間、曹操と孫権の同盟により大ピンチを招いてしまう。こうなるとわかっていたら、荊州を孫権に返して同盟を維持した方がよかったであろう。明らかに戦略上のミスであった。そしてこの失敗であせった劉備は、やがて夷陵の敗戦というさらなる過失をおかすことになるのである。

第四章　三帝鼎立

魏の文帝と蜀の昭烈帝

曹操の遺言

関羽を討つにあたって、孫権は曹操に手紙を送り臣従を誓った。この時、曹操は魏王となっており孫権より格が上であるから、同盟を結ぶには臣従というかたちを取らざるをえなかったのである。この手紙で孫権は、さらに曹操には天命があると説いた。天命を受け皇帝となるよう暗にうながしたもので、要はご機嫌とりである。曹操はその手紙を臣下に見せ、「この児《じ》は吾《われ》を炉火《ろか》の上に著《ちゃく》せしめんと欲するや（こやつめ、わしをストーブの上にすわらせようとしておるな）」と言ったという。

この曹操の言葉には二つの意味がある。ひとつは、後に述べるように、五行説では漢は火徳をもって王朝を開いたことになっており、火の上にすわるとは、漢王朝を乗っ取ることを意味する。もうひとつの意味は、言葉どおりにストーブの火の上にすわればやけどをするということであろう。曹操一流のユーモアであるが、そこには皇帝になりたいのはやまやまだが、しかしそれは困難であるという曹操のためらいがあらわれていよう。

この言葉を聞いた臣下の陳羣《ちんぐん》そして夏侯惇《かこうとん》は、皇帝に即位するよう曹操に決断をせまったが、曹操は、もし自分に天命があるなら、自分は周《しゅう》の文王《ぶんおう》になろうと答えた。周の文王は、天下の三分の二を領有しながら、なお殷《いん》王朝につかえ、その子の武王になってようやく殷にかわって天下を取った。要するに曹操は皇帝への夢を子供に託したのである。翌年の正月、六六歳で死ぬ曹操は、自分の余命がいくばくもないことを予見していたのであろう。

曹操の遺言として『三国志』に記録されているのは、葬儀を簡単にすること、役人も兵士も自分の持ち場を離れてはならないことなど、ごく簡単な内容にすぎないが、これとは別に興味深い資料がある。それは呉の陸遜《りくそん》の孫で、呉の滅亡後、晋につかえた陸機《りくき》の「魏の武帝を弔う文」である。陸機は当時、晋の宮中に秘蔵されていた曹操の遺令にもとづいてこの文を書いたという。そしてそこには、死ぬ間際の曹操が、まだ幼い末っ子の彪《ひょう》を指さし、他の息子たちに、「おまえたちに迷惑をかける」と言って涙をこぼしたとか、残された歌妓たちはみな銅雀台《どうじゃくだい》に住まわせ、朝夕供え物をし、月に二回は妓楽《ぎがく》をさせよ、みな折々には台の上から自分の墓を望め、また仕事のない側室たちには、組《くみ》紐《ひも》飾りつきの靴の作り方を学ばせ、それを売れなど、残された家族を案ずる曹操

魏の文帝　曹操の死後まもなく、息子の曹丕は皇位についた。「歴代帝王図巻」（ボストン美術館蔵）より

の姿と、細々《こまごま》した指示が縷々《るる》記されているのである。陸機は、天下をもって任じた英雄が、このように家族に未練を示し、些末なことまで言い残すのは、いたましいことであると、ややからかい気味に述べている。

陸機は、自分の祖国である呉のライバルであった魏や、呉を滅ぼした晋に強い対抗意識をもっていた人であり、この曹操の遺令も、あるいは故意に曹操を貶《おとし》めるためにでっちあげたものかもしれず、その信憑性にやや疑問がもたれる。もしそれが本当に曹操の遺言であったとすれば、そこには家庭人としての曹操の意外な一面が示されていることになろう。曹操は、残される家族の行くすえに一抹の不安をもっていたのかもしれない。なお『演義』では、この「魏の武帝を弔う文」は全面的に取り入れられ、曹操の人間性を矮小化するのに一役買っている。

曹氏兄弟の不和

曹操が自分の死後の家族の運命に不安を感じるには、それなりのわけがあった。それは息子たちの間がしっくりいっていなかったことである。曹操には多くの子があったが、後に正室とされた卞《べん》夫人が産んだ丕《ひ》、彰《しょう》、植《しょく》、熊《ゆう》の四人がいわば嫡出《ちゃくしゅつ》の子である。このうち四男の熊は早くに死んだが、あとの三人はみな聡明で、とりわけ三男の曹植は文才にもすぐれていたため、曹操の寵愛《ちょうあい》を受け、曹操はひそかに彼を跡継ぎにしようと考えていた。しかし長男をさしおいて三男を立てれば、かつての袁紹、劉表の二の舞である。迷った曹操は臣下たちに意見を求めたが、大部分は長男を立てるべきであると進言し、特に賈詡《かく》が袁紹と劉表の例をもちだして曹操を諫めたため、曹操もついにあきらめて長男の曹丕を太子とした。

曹操が曹丕を選んだのは、ひとつには危機を感じた曹丕が万事慎重に父の気に入るよう努力したのに対し、曹植は才能を恃《たの》んで勝手な振る舞いが多くなり、しばしば曹操の怒りを買ったからでもある。たとえばある日、曹操の出征を曹丕と曹植が見送った時のこと、曹植は父の功績を見事な言葉でほめたたえ、大いに気に入られたのに対し、曹丕は側近の呉質《ごしつ》が、「ただ泣くだけでよろしい」とそっと耳打ちしたのにしたがい、曹操の前でひたすら泣いた。これを見た曹操をはじめそばにいた人々はみな、曹植は言葉たくみだが、父を思う心は兄に及ばないと思ったという。また関羽が樊城《はんじょう》を攻めた時も、曹操は曹植を出征させようとしたが、曹植は酒に酔って命令を受けることができなかった。こうして曹植は父の寵愛を徐々に失ったのである。ただしこのような一連の曹植の行動は、彼がわざとやったとも考えられる。曹操が死ぬ直前、次男の曹彰が曹植に、「父はおまえを立てようとしておられる」と言ったところ、曹植は、「だめだ、袁氏兄弟の例を知らないのか」と答えたというから、彼が兄のために故意に乱行を重ねた可能性もあろう。

いずれにせよ曹丕が太子となってからも、兄弟の間にはしこりが残った。曹丕には呉質、曹植には楊脩《ようしゅう》、丁儀《ていぎ》、丁廙《ていい》兄弟など、それぞれ取り巻きがいて、対立を助長したことも否めない。兄弟の対立については、いくつかの面白いエピソードが残されている。ひとつは、後の劉宋時代にできた人物逸話集である『世説新語《せせつしんご》』にみえる話。ある時、曹丕が曹植に、七

歩あるくうちに詩を作らねば処罰すると言ったところ、曹植はたちどころに、

煮豆持作羹　豆を煮てもって羹《あつもの》を作り
漉菽以為汁　菽《まめ》を漉《こ》してもって汁となす
萁在釜下然　まめがらは釜の下でもえ
豆在釜中泣　豆は釜の中で泣く
本自同根生　もとおのずと同根より生じたるに
相煎何太急　相煎《い》ることなんぞはなはだ急なるや

という詩を作った。まめがらを兄に、豆を自分にたとえ、弟の自分につらくあたる兄を暗に非難した詩で、これを聞いた曹丕は大いに恥じ入った。兄弟の対立に曹植の詩才をからめたこの話は、むろん事実ではないが、『演義』には例によって取り入れられている。

もうひとつは女性にからむ話。曹丕はかつて曹操の河北平定に従軍した際、袁紹の次男、袁熙《えんき》の妻の甄《しん》氏を見そめて妻としたが、甄氏は後に曹丕の寵愛を失って殺された。これは事実である。ところがこの甄氏には曹植もひそかに心を寄せており、洛水《らくすい》の女神との出会いを描いた曹植の「洛神賦《らくしんのふ》」は、実は甄氏をモデルとしたものだというのである。この話は、「洛神賦」が収められた『文選《もんぜん》』の唐代の李善《りぜん》による注釈にはじめて見え、事実ではないが、甄氏の悲運に人々の同情が集まったせいもあり、名作「洛神賦」とともに喧伝され、事

実と誤認されるほどになった。ともあれいずれも兄弟の対立が深刻であったことから生まれた話である。

さらに兄弟間の後継者争いは、曹丕と曹植だけではなかった。次男の曹彰は、三男の曹植が文才にすぐれていたのに対して、武事に長じていた。建安二三年（二一八）には、曹操の代わりに烏丸《うがん》族の反乱を討伐して大勝を博し、父をよろこばせた。本人も得意であったろう。曹操が漢中で劉備と対決した時にも、劉備が義理の子の劉封《りゅうほう》を出陣させたのを見て、曹操はわざわざこの次男を呼び寄せたほどであるから、よほど信頼していたにちがいない。曹操が死んだ時、任地の長安から洛陽に駆けつけた曹彰は、魏王の印綬《いんじゅ》のありかを尋ねて、諫《かん》議《ぎ》大夫《たいふ》の賈逵《かき》にたしなめられた。おそらくはあわよくば自分が王になろうと恃むところがあったのであろう。このため彼は後々まで兄の曹丕に疑われ、鬱々として死んだ。なお曹彰の妻は、すでに述べたように孫権の従兄弟、孫賁《そんふん》の娘であった。彼がもし曹操の後継者になっていたら、その後の魏と呉の関係は異なる様相を呈していたかもしれない。

曹操の息子は三人ともそれぞれに出来がよかったが、それだけに曹操にとっては、死後の内紛が思いやられたのであろう。息子に帝王の大業という後事を託しながら、そこに一抹の不安を曹操がおぼえたのはこのためであった。

三国ヒゲ談義

ところで曹操の次男の曹彰は黄色いヒゲの持ち主であった。曹彰が烏丸族の反乱を見事制圧した時、曹操は曹彰のヒゲをつまみ、「黄鬚児《こうしゅじ》竟《つい》に大いに奇なり」（黄色いヒゲの子供が大手柄じゃ）と言ってよろこんだ。黄色は漢王朝の赤にかわる魏のシンボルカラーであるから、縁起がよいと思ったのかもしれない。

　この曹彰と好一対なのは孫権であろう。孫権のヒゲは紫色であった。魏の張遼が呉から降伏した兵士に、「向に紫髯《しぜん》の将軍あり、上は長く下は短く、馬に便にして射を善くするは誰ぞ」（さっきの紫のヒゲの将軍、胴は長く足は短く、弓馬にたくみなのはだれだ）と聞いたところ、兵士は「孫会稽《かいけい》」（孫権）と答えた。『演義』では「紫髯碧眼《へきがん》」とあり、ヒゲが紫なうえ目まで緑色であったことになっているが、「碧眼」はおまけで事実ではない。

　この二人がいわば異形であったのに対して、オーソドックスなヒゲの持ち主は関羽である。関羽の美しいヒゲはよほど印象的であったとみえ、諸葛亮は関羽にあたえた手紙の中で、関羽のことを「髯《ヒゲ》」と呼んでいる。ただし関羽が漢の献帝から美《び》髯公《ぜんこう》という称号をもらったというのは、『演義』の創作であった。関羽、孫権、曹彰の三人は三国時代のヒゲの三傑であろう。

　このヒゲの三傑に対して、劉備にはヒゲがなかった。後に劉備が蜀に入った時、劉璋《りゅうしょう》の部下であった張裕《ちょうゆう》は、劉備にヒゲのないことをからかっている。袁紹が宦官を皆殺しにした時、ヒゲがないばかりに誤って殺された者がいたという。劉備は宦官のようなつるんとした顔つきだったのであろう。ヒゲといえば、もう一人忘れてはならないのが張飛である。『演義』では張飛を、「彪《ひょう》の頭に環《まる》い眼、燕の頷《あご》に虎の鬚《ひげ》」と形容しているが、これは事実ではない。張飛のヒゲについて述べるのは、唐代の詩人、李商隠《りしょういん》が自分の息子のやんちゃ坊主を詠んだ「驕児《きょうじ》」詩に、「或いは張飛の胡《ひげ》を謔《あざけ》り、或いは鄧艾《とうがい》の吃《どもり》を笑う」とあるのがもっとも早い例であり、おそらく民間の芸能の中から生まれた説であろう。

九品官人法

閑話休題、話を曹操死後の歴史にもどそう。曹操が死んだ段階での魏の内情は、けっして穏やかなものではない。漢中は劉備に奪われ、関羽の攻撃はなんとかしのいだものの、荊《けい》州南部は孫権が占領してしまい、得るところはなにもなかった。そのうえ前年の九月には、曹操の同郷で側近でもあった魏諷《ぎふう》が、曹操の留守中の鄴都においてクーデターを企てるという大事件があった。幸い事件は未然に発覚し、留守をあずかる曹丕が魏諷を誅したものの、連座して殺された者は数千人におよび、魏諷を推薦した相国の鍾繇《しょうよう》が罷免された。このため鄴都の軍中では騒然たる空気がただよっており、曹丕の属官たちは一時、曹操の死を秘匿しようとしたほどである。そのうえ曹植、曹彰というライバルまでいるのであるから、曹丕が不安になったのももっともである。彼が父の葬儀がすむやいなや魏王に就任して年号を延康《えんこう》とあらため、さらにその年の一〇月には皇帝に即位し、まるで追い立てられるように自分の地位の確立をいそいだのはそのためであった。

　曹丕が魏王から魏帝になる間にやったことはふたつある。ひとつは曹植、曹彰をはじめとする兄弟たちをみなそれぞれの封地に監視人つきで追い返し、厳重に見張らせたことである。そのうえで彼は、曹植の側近であった丁儀《ていぎ》、丁廙《ていい》兄弟を誅殺した。以後、曹丕は一貫して兄弟たちに封地で幽閉同然の生活を送らせたのである。このことは曹丕および後の皇帝たちの孤立化をまねき、魏の衰退の一因となった。

もうひとつは陳羣《ちんぐん》の提案によって、九品官人法《きゅうひんかんじんほう》を施行したことである。これは、地方官が各地の人材を推薦する漢の制度をさらに整備したもので、各州郡にもっぱら人材推薦を任務とする中正《ちゅうせい》という官を置き、人材をランクづけして推薦させる方法である。ランクは上中下の三等それぞれをさらに上中下三等に分け、あわせて九等あった。しかしランクづけは決して人物本位に行われたわけではなく、実際には後漢時代を通じて世襲化した各地の豪族、名士階級の家柄の格を追認するものであった。この制度を考案した陳羣は、名士の中心地である潁川の名家の出身で、いわば名士の代表格であった。兄弟たちを信じず、幽閉同然の処分にした曹丕は、これら豪族、名士階級への依存を強めざるをえなかったのである。その結果、曹操がある程度試みた才能本位の人物登用は、大きく後退することとなり、この豪族階級への過度の依存が、やがて代表的豪族である司馬氏の台頭を許し、魏の滅亡をまねいた。

九品官人法によって確立した家柄本位の固定化した豪族支配は、その後、南北朝から隋、唐初までつづき、やがてその改良策として考案された科挙《かきょ》制度がそれに取って代わることになる。その意味で九品官人法の制定は、屯田制や次に述べる禅譲《ぜんじょう》とともに三国時代の制度が後世の歴史に大きな影響をあたえた代表的な例であるといえよう。

ちなみに陳羣は、かつて徐州時代の劉備につかえたことがある。この時期の官僚の頂点にあった王朗と華歆《かきん》が、ともに孫策のもとから曹操に帰順したことと合わせて考えると、当時の名士たちの魏、蜀、呉に対する考え方がうかがわれて興味深い。

曹丕の即位――禅譲という茶番

この年、延康元年（二二〇）の一〇月、漢の献帝は曹丕に皇帝の位を譲る詔《みことのり》を発し、曹丕は三度にわたりこれを辞退した後にようやく承諾して、許都に近い潁川郡潁陰《えいいん》の繁陽《はんよう》に壇を築いて皇位についた。魏の文帝である。このように皇帝の位を他人に譲り、武力によらず平和的に革命を行う形式を禅譲という。禅譲は古代の聖天子である堯《ぎょう》が、自分の子より徳のすぐれた舜《しゅん》に位を譲り、舜もまた同じく禹《う》に譲位した故事にちなむものだが、それは戦国時代に作られた伝説であって事実ではない。これに似た平和的政権委譲の例としては、前漢王朝を簒奪し新を立てた王莽《おうもう》の場合があるが、王莽は禅譲の儀式を行ってはいない。したがって曹丕は、歴史上はじめてこの儀式を行って即位した皇帝ということになる。

しかし伝説上の堯や舜は有徳の後継者に自主的に譲位したのに対して、献帝は強制されて、あるいは脅迫されていやいや譲位させられたことは明白であるから、これは理想的な禅譲の美談にかこつけた茶番劇であり、実態は簒奪である。漢の皇族の劉氏が堯の子孫とされたのに対して、曹氏は舜の子孫であるとの説をでっちあげたのも茶番の一環、曹丕が献帝の申し出を三度までも辞退したのも、茶番のシナリオにしたがったまでで、見え透いた芝居であろう。

さらにこの直後、曹丕は献帝の娘を二人娶るが、これも堯の娘二人が舜の夫人になったという伝説を実際にやってみせたのである。すでに述べたように、これ以前に曹操は娘を献帝の皇后とし、漢の外戚になっており、曹丕は皇后の兄である。したがって献帝の娘は、曹丕の妹の皇后が産んだのではないものの、曹丕にとっては一応、姪に当たるわけで、姪を娶るのは儒教倫理からいうと問題であるはずだが、そういうことはあまり気にならなかったらしい。

それほどまでにして禅譲という儀式にこだわり、茶番を演じたのは、そうでもしなければ漢王朝四〇〇年に取ってかわる名分が立たなかったからであろう。現に官僚たちの中には、曹丕の即位を手放しではよろこべないという空気があった。たとえば官僚群のトップにいた華《か》歆《きん》と陳羣は、曹丕の即位の時、あまりうれしそうな表情をしていなかったので、曹丕がそのことを咎めると、陳羣は、自分たちはかつて漢につかえた身であるから、心中うれしくても、それを表情に出すわけにはいかないのだという苦しい弁解をした。漢王朝の滅亡は時間の問題であることがわかっていても、その事実をなかなか受け入れることができない複雑な心中をうかがわせる話であろう。四世にわたって三公を輩出した名門の楊彪《ようひょう》にいたっては、曹丕の任官要請をはっきりと断っている。

皇帝となった曹丕が、兄弟を見捨てて頼ろうとした臣下たちとは、こういう人々であった。曹丕は重い荷を背負ったも同然である。生前の曹操が、皇帝就任をストーブの上にすわらされるようなものだと言ったのは、まさにこのことであろう。禅譲という儀式を行った以上、自分はあくまでも聖天子として振る舞わねばならない。しかも禅譲の理屈からいえば、譲ってくれた相手も聖天子であるから、これを殺すわけにもいかない。おかげで山陽公《さんようこう》となった献帝は、曹丕よりもずっと長生きした。針のむしろのような名ばかりの皇帝の地位から引きずりおろされて、献帝は案外ほっとしたかもしれない。

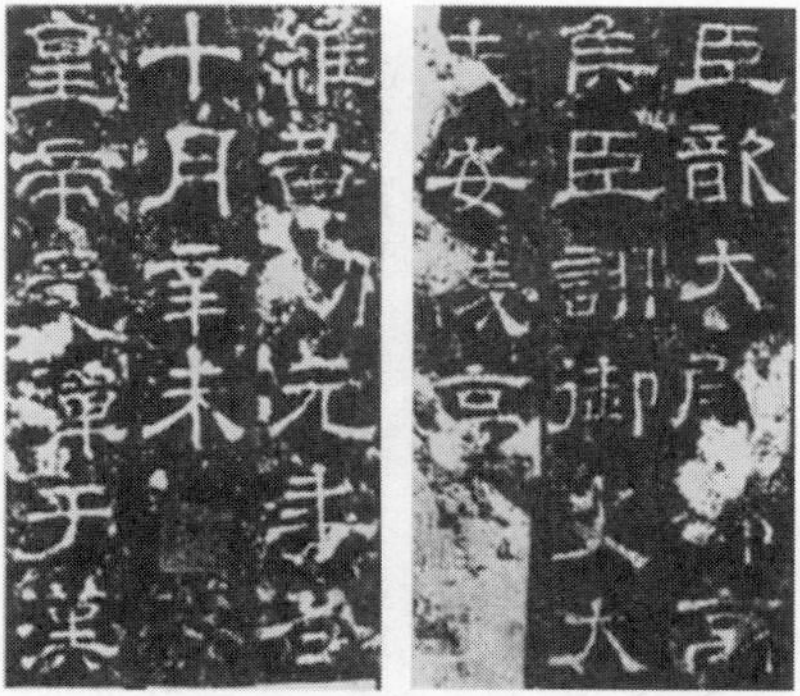

上尊号碑と受禅碑の拓本（東京・書道博物館蔵）　上尊号碑（右）は曹丕が皇位につくよう要請した臣下の上奏文を記したもの。受禅碑（左）には、新年号「黄初元年」「十月」の文字が見える

　禅譲の舞台となった受禅壇《じゅぜんだん》の前には、その後、臣下たちが曹丕に皇帝即位を要請した上表文と、禅譲の一部始終を記録した長大で大袈裟な文章が石碑に刻まれた。いわば茶番の総仕上げであろう。「上尊号碑《じょうそんごうひ》」、「受禅碑」とよばれるこの二つの巨大な石碑は、受禅壇の跡とともに現在でも残っている。これ以降、晋、南北朝から隋唐、そして宋の太祖が九六〇年に最後の禅譲を行うまで七百余年もの間、この欺瞞《ぎまん》に満ちた茶番劇は王朝交代の定番となって繰り返されたのである。

　皇帝即位とともに、年号は延康からさらに黄初《こうしょ》に変わった。これは火徳の漢を継ぐ魏は五行説では土徳となり、土のシンボルカラーは黄色だからで、黄巾賊が

「黄天まさに立つべし」をスローガンにしたのと同じ理屈である。この五行循環による王朝交代説も、禅譲と同じく、その後の歴史において長い間、王朝簒奪劇の理論的根拠となった。この年の年末、曹丕は洛陽に宮殿を営んで遷都を行う。これも漢王朝の伝統を引き継ぐためであったろう。

劉備の即位——漢王朝復興の欺瞞

　漢の滅亡と魏帝即位の知らせは、あっという間に中国全土に伝わる。そしてこのニュースにもっとも早く反応したのは、劉備であった。この時、献帝が曹丕に殺されたという誤報が流れたが、これを聞いた劉備はただちに喪に服して、孝愍《こうびん》皇帝という諡号《しごう》を献帝に奉った。献帝というのは、皇位を献上してくれたという意味で魏の側がつけた称号である。劉備はそのうえで群臣の推戴《すいたい》を受け、帝位につき、年号を章武《しょうぶ》とあらためた。これが蜀の昭烈帝《しょうれつてい》である。ただし蜀というのは益州の古名による他称であって、正式の国名はむろん漢であった。また章武の武は光武帝の武であり、光武帝にならって、王莽のような簒奪者、曹丕を討ち、漢王朝を復活するという意志のあらわれである。時に魏の黄初二年の四月、曹丕の即位からわずか半年しかたっていない。なんという早業であろう。

　ここで問題となるのは、献帝が殺されたというデマである。劉備はこれを信じて献帝のために喪に服した。ところでこの時、献帝が死んだと思い、その死をなげき悲しんだとされる人間が、魏の側にもいた。一人は後に曹丕の侍中《じちゅう》（侍従《じじゅう》職）になった蘇則《そそく》、もう一人は曹植である。蘇則は魏の禅譲の知らせを涼州の金城（現在の甘粛省蘭州）で聞いて、献帝が死んだと思い喪に服したが、後に生きていると知り、早まった行動を後悔した。一方の曹植は当時、臨菑《りんし》侯（臨菑は青州、現在の山東省淄博市）として封地にいたが、やはり献帝が死んだと思い、感極まって泣いたという。これを聞いた曹丕は、「わしは天命によって禅譲を受けたのに、それを聞いて泣いたやつがいるのはどういうわけだ」と不平をもらした。その時、侍中としてそばにいた蘇則は、てっきり自分のことを言われたと思い、弁解しようとしたが、そばにいた同僚が、「おまえのことではない」と耳打ちしたので思いとどまったという。当時、曹植は監視つきの幽閉の身の上であり、監視者は曹植が酒に酔って狼藉をはたらいているなど、曹植に不利な情報を文帝のもとにしきりに報告していた。曹植が献帝のために泣いたというのも、この監視者を通じて曹丕の耳に達したにちがいない。

蜀の昭烈帝　曹丕の即位を聞いた劉備はみずからも皇帝となった。「歴代帝王図巻」（ボストン美術館蔵）より

これらのことからわかるのは、当時、献帝が殺されたという噂が広く流布し、曹丕の側近さえもがそのために動揺していたこと、そしてこの噂を政治的に利用しようとする勢力があったことである。うがった見方をすれば、だれかが故意にデマを流したとも考えられよう。そしてこのデマを政治的に利用した最大の例

が、すなわち劉備の即位であった。劉備は、献帝殺害がデマであることをおそらく、いやまちがいなく知っていたであろう。彼が即位を急いだのはそのためであった。献帝が生きていることが広く知れ渡ってしまってからではおそいのである。そういう意味では、劉備の即位もやはり茶番劇にほかならない。しかもそれはいかにも拙速であったろう。

　劉備を皇帝に推戴する上表文に名をつらねた群臣の中には、黄権《こうけん》のようにかつて劉璋時代、益州に劉備を呼び入れることに強力に反対した者もおり、彼らが本心から劉備の即位を望んでいたとは思えない。費詩《ひし》にいたっては、即位は時期尚早であると公然と反対意見を述べ、劉備を不快にさせた。漢の皇族とはいえ、系図さえ明らかでない傍系のまた傍系である劉備の早すぎる即位は、彼が漢王朝の復興を口にしながらも、実は自分が皇帝になりたかっただけだということを暴露したに等しい。魏の国内で漢王朝をなお追慕する人々の心も、これによってかえって劉備から離れていったのである。

　それにもかかわらず劉備が即位を急いだのは、やはり荊州と関羽を失った焦りがあったからであろう。関羽を救援しなかったことを咎められた上庸太守《じょうようたいしゅ》の孟達《もうたつ》が魏に寝返ったことも、焦りをさらに掻きたてたにちがいない。曹丕は孟達の帰順をことのほかよろこんだ。なお諸葛亮は、この孟達離反事件にかこつけて、劉備の義理の子の劉封を殺し、将来起こるやもしれぬ後継者争いの芽をあらかじめ摘んでしまった。諸葛亮が劉備の即位に反対しなかったのは、彼の天下三分の計にとっても、漢の復興がしょせんは口実にすぎなかったことを物語っていよう。

のち夷陵《いりょう》の戦いにやぶれ白帝城《はくていじょう》に蟄居《ちっきょ》する劉備のもとを訪れた呉の使者、鄭泉《ていせん》に対して、劉備は、孫権は自分の皇帝即位に不満をもっているのではないかと言った。鄭泉は、曹操親子が漢を簒奪したのに、皇族である劉備がそれを討伐せず皇帝になったのは天下の議に合わないと、婉曲ながら劉備を非難した。これを聞いて、劉備は大いに恥じいったという。

孫権の戦略と野望

夷陵の戦いと劉備の死

曹丕、劉備の皇帝即位の知らせを相次いで聞いた孫権は、星占い師をよんで、呉の地方に天子の気があるかどうかをたずねた。彼とても皇帝への野望は十分もっていたが、漢の皇族でもなく、さりとて漢帝から禅譲を受ける便宜もない以上、星占いの予言ぐらいしか名目がなかったのであろう。しかも国内では山越《さんえつ》の反乱がつづき、外からは劉備が攻撃の気配をみせている。孫権はこの際、隠忍自重し、将来に期することに腹を決めた。

二二一年四月、劉備の即位の直後、彼は長江中流の鄂《がく》州に都を移し、武昌《ぶしょう》（現在の湖北省鄂州市）と改称した。来るべき蜀の攻撃に備えるためである。はたして七月、劉備はみずから軍勢を率いて攻勢を示した。趙雲《ちょううん》をはじめ多くの臣下は、敵は魏であって呉ではないと諫めたが、劉備は聞かない。孫権も諸葛亮の兄の諸葛瑾《しょかつきん》を派遣して和睦を申し出たが、劉備はこれも無視して、荊州最西端の巫《ふ》県を占領、長江を下って秭帰《しき》まで兵を進めた（一〇三ページ地図参照）。

劉備がなぜこれほど対呉戦争に執念を燃やしたのかについては、関羽の仇を討つためであるとふつう説明されている。出陣の間際に張飛が暗殺され、暗殺者が呉に走ったことも、彼の呉に対する憎悪を掻きたてたであろう。しかしそれだけでみなの反対する戦いを強行したとは思えない。劉備にとって荊州は、いわば第二の故郷であり、しかも彼の配下には荊州から従ってきた者が多かった。そのため彼はどうしても荊州を奪還せねばならぬという強迫観念にとらわれていたのであろう。

劉備との決戦が避けられないと知った孫権は、八月、魏に使いを送って臣従の意を示し、曹丕は孫権を呉王に封じた。呉としては、これで魏から攻められる心配がなくなったわけである。翌年の二月、劉備はさらに長江を南下し、夷陵《いりょう》（現在の湖北省宜昌市）の南、猇亭《おうてい》に陣取る一方、馬良《ばりょう》を派遣して南の山間地の蛮族を懐柔させた。従軍した黄権《こうけん》は、敵地深くに入りすぎたことを警告したが、劉備は耳を貸さず、黄権を長江北岸の警備に追いやってしまう。出陣からすでに半年以上がたち、軍の士気は弛緩《しかん》している。しかし荊州の地理はよく知っているという慢心が劉備にはあったのであろう、彼はなんと長江の南岸、四〇〇里にわたって延々と四〇もの陣営をしつらえた。迎え撃つ呉の総大将、陸遜《りくそん》は、それまで速戦を主張してはやる諸将をおさえていたが、この劉備の布陣をみて一気に攻勢に転じ、敵の陣営に火を放ったうえ一斉攻撃にでる。これで蜀軍は総崩れとなって、八万あまりの兵を失い、劉備はかろうじて白帝城に逃げ帰った。江北に取り残された黄権は、やむなく魏に降参した。

昭烈帝陵（左）　成都の武侯祠にあり、劉備の墓と伝えられ、恵陵とも呼ばれる。封土の高さは12mで、陵墓としては小さい
白帝廟（右）　劉備が没した白帝城の跡に建つ。現在は三峡ダムにより長江の水位があがり、長江に浮かぶ小島になっている

呉はかつて赤壁の戦いで火攻めにより、曹操軍を破ったのであるが、今度も同じ火攻めで勝利を収めたのである。赤壁の戦いを孫権とともに戦った劉備は、不明を恥じるほかないであろう。劉備は成都には帰らず、そのまま白帝城にとどまり、翌二二三年の四月、失意のうちに死んだ。曹操より三年短い六三年の生涯であった。この時、成都から諸葛亮を呼び寄せ、息子の劉禅《りゅうぜん》が暗愚なら代わりに皇帝になれと遺言したのは有名な話だが、よほど自信をなくしていたのであろう。

『演義』でのこの部分は、関羽の弔い合戦一色である。関羽の遺児の関興《かんこう》、張飛の遺児の張苞《ちょうほう》が出陣して、関羽を捕虜とした潘璋《はんしょう》、馬忠《ばちゅう》、朱然《しゅぜん》などを次々に血祭りにあげ、あげくは諸葛亮の八陣図にまどわされて、陸遜がすごすごと逃げ帰る。まるで蜀が勝ったかのような描き方である。魏を敵役、呉を道化役として描くのが、『演義』の一貫した筆法である。なお通行本の『演義』では、夷陵を彝陵と表記しているが、これは異民族出身の清朝では夷という字をはばかったためであり、明代のテキストではすべて夷陵になっている。

孫権の我慢

この夷陵の戦いの前後は、孫権にとって大きな危機であった。孫権が魏に臣従を申し出た時、曹丕の参謀の劉曄《りゅうよう》は、「孫権は劉備に攻められそうになり、そのうえ魏にまで攻撃されるのをおそれて、やむをえず臣従してきたのであるから信用できない、むしろ蜀とともに呉を挟み撃ちにする方がよい」と進言した。もし曹丕がこの劉曄の案にしたがえば、孫権は大ピンチである。しかし曹丕は、「臣従してきた者を討伐したり、帰順してきた者の心を疑って、きっとこわくなったからだと決めつけるのはよくない、それより孫権の帰順を受け入れ、蜀の背後を攻撃した方がよい」と答えた。もし魏が蜀を攻撃してくれれば、孫権にとってこれほどありがたいことはない。おそらく孫権はそれを半ば期待していたであろう。この曹丕の蜀攻撃案に対して、劉曄はさらに、もし蜀の背後を攻撃すれば、蜀は呉との戦線から兵を退いてしまうだろうと反論した。しかし曹丕は劉曄の意見を聞かず、孫権を呉王に封じた。

この時の曹丕の気持ちを考えてみると、彼はまず孫権の帰順が、率直にうれしかったにちがいない。自分の即位後すぐに対抗して即位した劉備が憎い分だけ、孫権の帰順はうれしかったであろう。さらに曹丕には、臣下たちが自分の即位を期待したほどよろこばず、依然として漢に心をよせているのではないかという苛立ちがある。これは臣下たちが実際にそうだったというよりは、むしろ漢の亡霊に悩まされていたのであり、いわば皇帝となった代償であろう。劉曄のいうことももっともだが、劉曄は劉備と同じく漢の皇族出身である。そこに一抹の疑念が生じなかったとはいえまい。「帰順してきた者の心をむやみに疑うな」という曹丕の言葉に、そのあたりの心理のあやがみえている。そういう曹丕にとって、孫権の帰順は即位以来最大の快事であり、皇帝としての威厳を天下に示す絶好の機会であったろう。孫権にあたえた呉王という称号は、この時、曹丕の兄弟たちがまだ公爵にすぎなかったことを考えれば破格であり、曹丕が孫権を政治的に最大限利用しようとしたことの証《あかし》である。

ただし曹丕とても孫権の臣従を全面的に信じていたわけではないから、この時期に蜀を討てば、ただ孫権を利するだけであることはわかっている。そこで高見の見物を決めこむことにしたのである。夷陵の戦いでの劉備の布陣のさまを聞いた曹丕は、それは兵法に合わないから、劉備は負けるであろうと、まるで評論家のようなことを言った。このあたりの駆け引きは、関羽の樊城《はんじょう》攻略の場合と同じく、三者それぞれの思惑がからみあい、三国時代ならではの興味深い展開となっている。ただし魏と呉がそれなりの外交戦略をもっていたのに対して、蜀はそれを欠いていたといわざるをえない。

この時期の孫権は、まさに忍の一字であった。魏から呉王に封じられた時、群臣たちは、むしろ九州伯を称して自立した方がよいと主張した。武将の中には憤激して、くやし涙を流した者もいたほどである。しかし孫権はだまってこれを甘受した。また魏が象牙《ぞうげ》や孔雀《くじゃく》、犀《さい》の角など、南方の特産品を貢《みつ》ぎ物として要求した時も、臣下たちは魏の非礼な要求に応じる必要はないと怒ったが、孫権は、そんなものは自分にとって瓦や石ころのようなものだ、と言って鷹揚《おうよう》をよそおった。しかし曹丕が長男の孫登《そんとう》を人質によこすよう要求して来た時には、これに応じず、かといって拒否もせず、のらりくらりとやりすごした。面従腹背《めんじゅうふくはい》である。

面従腹背の証拠　黄武という年号

孫権のこのあいまいな態度が曹丕を硬化させる。二二二年九月、曹丕はついに長江下流の広陵と濡須口《じゅしゅこう》、それに中流の荊州南郡の三方面に大軍を繰り出し、呉を攻め、人質が到着すればただちに兵を退こうといって、孫権を恫喝した。孫権は上書してあらためて恭順の意を示し、人質を送る約束をする一方、その言葉とは裏腹に軍勢を配備して魏の侵入を退けた。孫権にとっては最大の危機であったが、しかし曹丕のこの攻撃は一歩おそきに失したであろう。攻めるなら劉曄《りゅうよう》が言ったように、夷陵の戦いの時に攻めるべきだったのである。我慢をつらぬきとおし、曹丕をあざむいた孫権の戦略勝ちである。

曹丕が人質にこだわったのは、臣下の反対を押し切って孫権を呉王に封じたてまえ、孫権の服従の証がどうしてもほしかったからであろう。しかし彼の要求はあまりにも性急すぎた。曹丕は父の曹操に似て聡明であったが、弟たちに対する仕打ちからもわかるように、やや神経質で苛酷な性格であった。彼の性急すぎる態度が、結局は孫権をして魏呉同盟をあきらめ、ふたたび蜀と同盟する道へと向かわせたのである。魏の大軍をかろうじて退けた孫権は、白帝城にいる劉備のもとに使者を送って和睦の可能性をさぐらせる。

ところで孫権は、曹丕の大軍が長江に迫った時、黄武《こうぶ》という年号を立てた。年号は本来、皇帝のみが定めるものであり、皇帝でない孫権が勝手に年号を決めるのはおかしい。つまり孫権はこれによって、表向きは皇帝を名乗らないものの、内実は自分が皇帝であることを示そうとしたのであろう。これも孫権ののらりくらり戦略の一環である。性急に帝位についた曹丕、劉備とは対照的である。しかも黄武というのは、明らかに魏と蜀の年号、黄初と章武から一字ずつをとったものである。そこには隠忍自重の袖の下にかくされた孫権の野望がかいま見える。曹丕と劉備はこの年号を見てどう思ったであろう。

呉の大帝　曹操、劉備とも没後の229年、孫権は帝位についた。「歴代帝王図巻」（ボストン美術館蔵）より

孫権は魏に帰順し、呉王の称号をもらった以上、本来は魏の年号をつかわなければならない。ところが後に述べる呉の走馬楼木簡《そうばろうもっかん》には、建安二七年と書かれたものがあった。建安は二五年までで、二七年は魏の黄初三年（二二二）、つまり呉の黄武元年であり、呉では黄武の年号を立てるまで漢の建安をそのままつかっていたことになる。一方、呉で作られた鏡の銘文には魏の年号、黄初がしばしばみえている。これはおそらく国内では漢の建安をつかいつづけ、国外に出るおそれのある鏡には魏の年号を用いたのであろう。まさに面従腹背の動かぬ証拠である。ちなみに蜀では劉備が皇帝に

即位した建安二六年が建安を用いた最後で、この年、章武と改元される。漢の年号をもっとも長くつかっていたのが、漢を受け継いだ蜀ではなく呉であったのは歴史の皮肉であろう。

黄武はその後、八年もつづき、二二九年四月、孫権はようやく正式に帝位につき、黄龍《こうりゅう》と改元する。これが呉の大帝である。前後一〇年にわたる長い皇帝への道程であった。これによってようやく三人の皇帝がそろい、厳密な意味での三国時代がはじまるのである。

諸葛亮の南征北伐

第二次呉蜀同盟

劉備の死後、蜀のすべての権限は後事を託された諸葛亮に集中する。皇帝となった劉禅《りゅうぜん》は、当時まだ一七歳であり、しかも三国時代随一の暗愚な君主であった。以後、劉禅が政治に介入することはまったくない。後に魏や呉で起こるような皇室の内紛が蜀ではなかったのは、もともと皇族が少なかったうえ、皇帝に実権がなかったからである。

さて諸葛亮にとっての急務は、劉備晩年の失策を挽回すること、なかんずく呉との関係を修復することであった。すでに孫権の方は晩年の劉備のもとに鄭泉《ていせん》を使者として送り、講和の意志を伝えてきている。劉備の死んだ半年後の二二三年一〇月、諸葛亮は鄧芝《とうし》を呉に派遣し、蜀と同盟することこそが呉にとっての利益であることを孫権に力説する。曹丕の執拗な人質要求で、魏とのこれ以上の同盟が困難であると感じていた孫権にとって、蜀との同盟はすでに予定の行動であった。劉備が死んだこともあり、孫権はここにいたって魏との関係を完全に絶ち、蜀との同盟を決意した。かつての魯粛《ろしゆく》の路線の復活である。夷陵の戦いの勝利を通じて、孫権は呉の国力では蜀を合併することは不可能であることを痛感したであろう。三国の中の最強者である魏に対抗するには、呉と蜀が同盟するしかない。孫権は魯粛の先見の明に気がついたであろうか。

なおここで注意しなければならないのは、魏と呉の同盟が呉の魏に対する臣従というかたちをとったのに対して、呉と蜀は対等の関係で同盟を結んだことである。これは孫権がすでに黄武の年号を称し、実質的に皇帝を自任していたせいもあるが、蜀にとっては大きな譲歩であり、蜀の実権が劉禅にではなく諸葛亮にあったからこそできたことであろう。ただし両者の間には微妙な思惑のちがいもあった。

翌二二四年の春、再度使者として訪れた鄧芝に対して孫権は、「魏を滅ぼし天下太平の暁には、呉と蜀の二人の主人で分割統治するのも愉快ではないか」と言った。もしこれが孫権の本意ならば、中国は別に統一されなくともよいと彼が考えていたことになるが、どうであろう。これに対して鄧芝は、「天に二つの太陽がないように、地には二人の君主は並び立ちません。魏を滅ぼした後は大王との戦争あるのみです」と応じ、孫権はこれを聞いて大笑いしたという。同盟はあくまでも対立を含んだ同盟である。さらにこの時、後に述べるように、両国にはかつての荆州と同じく、蜀南部の帰属という領土問題の火種もあった。それにもかかわらず、大きな譲歩をして外交問題を円満に決着させたという点で、諸葛亮はかつての魯粛の同志であったといってよいであろう。

曹丕の親征と死

孫権の背信を聞いて、曹丕は激怒したであろう。皇帝としての面目をつぶされたに等しい。その年の秋、曹丕は臣下の反対を押し切り、みずから軍を率いて長江下流の広陵（今の揚州）までやってきた。長江をはさんで対岸は呉の建業（南京）である。この時、呉の将軍、徐盛《じょせい》は、一夜のうちに長江南岸数百里にわたって木材と葦で疑城をつくり、魏軍を驚かせた。曹丕は、「孫権は来るであろうか」と部下にたずねた。憎き孫権があらわれたら、一戦まじえようと血気にはやっていたのである。しかし孫権はついにあらわれず、曹丕はいたずらに長江の洋々たる流れを望んでため息をもらしただけで、退却した。しかし曹丕はこの失敗にこりず、翌年の秋にもう一度みずから広陵に出向いたが、やはり戦果のないままむなしく引き上げた。そして洛陽に帰って間もなく死ぬ。わずか四〇歳であった。

この二度にわたる曹丕の無謀な親征は、彼の執念深い性格と孫権に対する憎しみの深さを示すものであろう。そしてそれは彼のあまりにも早すぎる死とともに、魏の前途に不吉な暗雲を投げかけた。なおこの二度の親征で、曹丕が従来の合肥《ごうひ》、濡須口《じゅしゅこう》ではなく、さらに下流の広陵を選んだことは興味深い。合肥方面では決着がつかないと見て、敵の裏をかくつもりであったろうが、これは見事に失敗した。広陵から長江をわたるルートは、後に南北大運河が通る交通の要衝となるが、この時代には運河はむろんまだなく、淮水《わいすい》から長江までの船の運航は困難をきわめたのである。

曹丕の死を知った孫権は一転して攻勢に出て、みずからは魏の江夏《こうか》郡を攻め、また諸葛瑾には襄陽《じょうよう》を攻めさせたが、これはともに失敗におわる。以後、魏呉間の戦争は一進一退の膠《こう》着《ちゃく》状態がつづいた。

二帝並尊と領土分割案

さて呉蜀同盟にとっての新たな展開は、二二九年四月、孫権の皇帝即位とともに訪れる。一〇年の雌伏《しふく》をへて、この時に孫権が皇帝になったわけは、国内の山越《さんえつ》の反乱が一応終息したこと、魏との戦況が安定したことなどもあるが、おそらくこの前年から諸葛亮が魏に対する北伐を開始したことが大きな原因であろう。諸葛亮の北伐は、呉との同盟が前提となっている。したがってこの時期に孫権が即位しても、蜀は呉との同盟を破棄できず、さらに蜀との戦争に忙しい魏も呉を顧みる余裕はないと、孫権は読んだのであろう。即位後の孫権は、さっそく蜀に使いを送り、二帝並尊、すなわち呉と蜀の皇帝は対等な関係である旨を提案した。先に鄧芝《とうし》に笑い話めかして語ったことを正式に宣言したのである。

蜀にとって呉との対等の同盟はすでに譲歩であったが、孫権が皇帝に即位しなければ、問題はひとまずあいまいなかたちで棚上げできる。しかし孫権が正式に皇帝になれば、ことはそう簡単ではない。二帝並尊は諸葛亮にとっては難問である。はたして蜀の国内では、大義名分をもちだして同盟を破棄すべしとの意見が沸騰する。漢王朝の唯一の後継者を国是とする蜀としては当然であろう。しかし諸葛亮は群臣の名分論をおさえ、「権に応じ変に通じ、広く遠益《えんえき》を思う」（将来の利益のため臨機応変の処置をとる）と称し、孫権の帝位を承認して、陳震《ちんしん》を即位慶賀のため呉に派遣した。北伐中の諸葛亮には、実際それ以外に選択肢はなかったであろう。漢を簒奪《さんだつ》した魏の帝位を認めない蜀が、呉の帝位を認めるというのはむろん論理矛盾であり、自家撞着にほかならない。聡明な諸葛亮がそのことに気がつかないはずはない。ここにいたって蜀の大義名分は、実質上破綻したのである。

　慶賀使としてやってきた陳震に対して、孫権は二帝並尊の原則を説き、さらに具体的な盟約を結んだ。その内容は、まず魏を亡ぼした後の領土分割に関するもので、豫州、青州、徐州、幽州は呉に、兗《えん》州、冀《き》州、并州、涼州は蜀に、真ん中の司州は函谷関《かんこくかん》を境に東は呉、西は蜀で分ける。さらに呉が攻められた場合は蜀が、蜀が攻められた場合は呉が援軍を出し、また互いに領土を侵犯しないという攻守同盟、相互不可侵条約であった。このように領土分割までこまかく決められたのは、北伐によって魏の征服が具体的にタイムテーブルに上ったと考えられていたからであろう。

　この盟約は、中国史上、二つの帝国が完全に対等な立場で結んだ最初にして最後、唯一の相互不可侵条約であった。それは魏という共通の敵が存在する三国時代ならではの出来事であったろう。そしてそれを可能にしたのは、王朝の正統的地位と統一にこだわらず、蜀の正統論の大義名分を棚上げさせた呉の二帝並尊という現実的戦略だったのである。真の意味での三帝鼎立も、この二帝並尊の戦略によってはじめて可能になったといえよう。

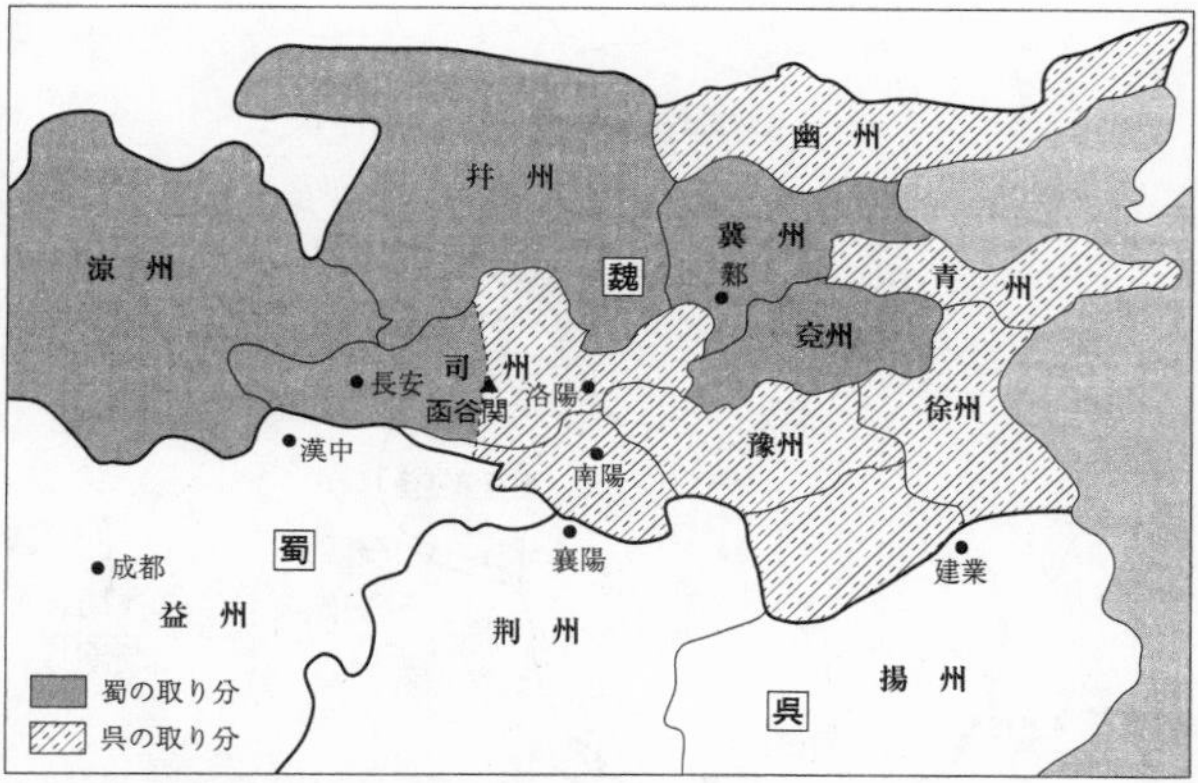

呉と蜀による魏の分割案

この時期、孫権は実際に魏の領地の占領を想定して、魏の各州の長官を任命していた。たとえば朱然《しゅぜん》は兗州牧《ぼく》、全琮《ぜんそう》と賀斉《がせい》は相次いで徐州牧に任じられた。取らぬたぬきの皮算用と笑ってはいけない。孫権は蜀との協定にもとづいて、朱然の兗州牧を解任した。兗州は蜀の取り分だからである。孫権は本気だったのである。一方の蜀でも後主の弟の魯王、劉永《りゅうえい》を甘陵《かんりょう》王に、梁王、劉理《りゅうり》を安平《あんへい》王にそれぞれ改めた。魯（青州）と梁（豫州）はどちらも呉の取り分だからである。これまた蜀が呉との同盟を真摯に受けとめていたことの証拠である。

　こうして蜀との同盟を確固たるものとした孫権は、武昌から首都をふたたび建業にもどした。長江を船でくだる孫権の得意な顔が見えるようである。

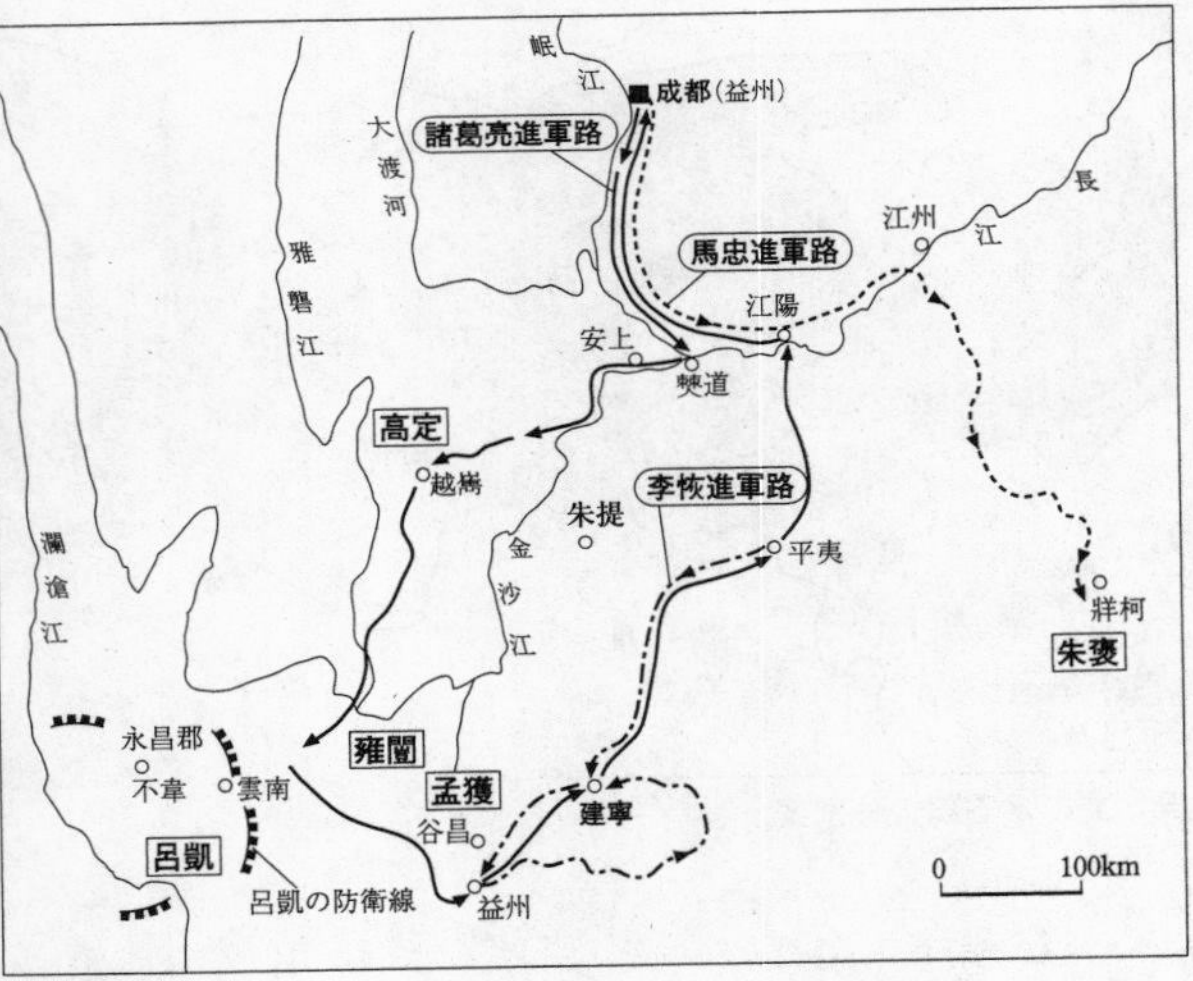

諸葛亮の南征

諸葛亮の南征

諸葛亮にとって、呉との関係改善以外のもうひとつの課題は南方問題であった。蜀の南方、現在の四川省南部および雲南、貴州の二つの省は、今でも少数民族の居住地である。当時はなおさらである。この南方の異民族地域の支配は、蜀にとってきわめて重要な問題であった。しかもこの時、益州郡の豪族、雍闓《ようがい》は、呉の交趾《こうし》（ベトナム北部）太守、士燮《ししょう》に内通して、呉に帰順しようとしていたのである。雍闓は、蜀が任命した益州郡太守の張裔《ちょうえい》を捕まえて呉に送り、さらに異民族の首長、孟獲《もうかく》を煽動して反乱を起こす。これを放置すれば、同盟交渉中の呉との間の紛争の火種となるであろう。さらに将来おこなう北伐のためにも、ぜひ南方を平定する必要がある。

蜀の建興《けんこう》三年（二二五）二月、諸葛亮は部将の李恢《りかい》、馬忠《ばちゅう》と軍勢を三路に分け、南方平定に向かい、異民族居住地の奥深くまで入った。諸葛亮の「出師表《すいしのひょう》」に、「五月に瀘《ろ》を渡り、深く不毛に入る」とあるのがすなわちそれである。しかしこの平定作戦は、反乱の首謀者である雍闓を武力で討ち取った以外は、『演義』で有名な孟獲の七縦七擒《しちしょうしちきん》（七たび逃がして七たび擒《とりこ》にする）の話からもわかるように、もっぱら異民族の慰撫《いぶ》につとめたものであった。

出師表　諸葛亮が北伐・南征の趣旨を記し、劉禅に奉じたもので、名文の誉れが高い。南宋の武将、岳飛の筆によるものが、成都の武侯祠にある

山間地深くに住むこれら異民族を直接統治する能力は、当時の蜀にはなく、またその必要もなかったからである。この地域が正式に中国の領土となったのは、はるか後、モンゴルのフビライがこの地に遠征した結果であり、漢民族による開発が進むのは、さらに明代を待たなければならない。

『演義』では、孟獲の七縦七擒の話が中心になるが、史書にはこれについての記述が乏しいため、いきおいフィクションにたよることとなり、飲めば口がきけなくなる啞泉《あせん》や、その毒を解く安楽泉《あんらくせん》の話、そして猛獣と妖術使いの木鹿大王などが登場し、まるで『西遊記』の妖怪退治のような内容になってしまっている。なお雲南、貴州一帯には現在でも諸葛亮の遠征にちなむ伝説が数多くのこされているが、それらはみな後世に発生したもので、史実としての諸葛亮の遠征とは無関係であろう。

孫権の南北政策と海洋への関心

諸葛亮が平定した地域のさらに南にあたる交州は、現在の広東、広西両地域およびベトナムの北部であり、漢の武帝の時以来、中国の領土となった。うち現在のハノイ一帯にあたる交趾《こうし》郡は、後漢末期より太守の士燮《ししょう》が支配しており、この時期は名目的に呉に服属していたが、なお独立王国の観があった。そしてそこには中原地帯の戦乱を避けて多くの学者、文化人が流寓しており、独自の文化を形成していたのである。士燮自身もひとかどの文化人であった。

黄武五年（二二六）、士燮が死ぬと、呉の交州刺史《しし》、呂岱《りょたい》は、士氏一族を滅ぼし、交趾郡の直接支配をはたす。そしてそれよりさらに南方の扶南《ふなん》、林邑《りんゆう》、堂明《どうめい》の諸王に、呉への入貢《にゅうこう》をうながした。扶南はカンボジア、林邑はベトナム南部である。堂明についてはよくわからないが、後の宋代の資料で東南アジアの地誌である『諸蕃志《しょばんし》』などにみえる単馬令《たんばれい》がこれに相当するという説があり、それならばスマトラ島、あるいはマレー半島となる。呉の国家戦略は、はるか東南アジアにまで及んでいたのである。孫権はこれらの地域に使者を送って交流をはかる一方、その風土、特産品などを調査させている。使者の朱応《しゅおう》が著した『扶南異物《ふなんいぶつ》志《し》』、康泰《こうたい》の『扶南土俗伝《ふなんどぞくでん》』、『呉時外国伝《ごじがいこくでん》』などは、その成果である。

またこの後、黄龍二年（二三〇）、孫権は、部将の衛温《えいおん》と諸葛直《しょかつちょく》に命じて、夷洲《いしゅう》と亶《たん》洲を探検させた。夷洲は現在の台湾であると考えられ、また亶洲は日本、すなわち当時の倭国のどこかであった可能性がある。この探検は失敗におわったが、孫権はどうやら海上交通に大きな興味をもっていたらしい。そしてその海上への興味は南だけではなく、北にも向かっていた。

黄龍元年五月、即位の直後、蜀の使者、陳震《ちんしん》が来る直前に、孫権は校尉《こうい》の張剛《ちょうごう》と管篤《かんとく》を遼東に派遣した。すでに述べたように当時、遼東から朝鮮半島北部にかけては公孫《こうそん》氏のなかば独立王国であり、当時の遼東太守は公孫淵《こうそんえん》であった。孫権の意図は、公孫氏と結んで魏の背後を脅かそうというもので、すなわち遠交近攻策にもとづく戦略である。孫権は西の蜀、北の公孫氏と同盟して、南北と西の三方から魏を攻撃しようという壮大なスケールの計画をもっていたのである。

遼東・高句麗へ

呉から遼東に行くには黄海を北上する海の道によった。先に述べた蜀との領土分割協定で、呉の取り分となった幽州と青州は陸路ではつながっていない。中間の冀《き》州は蜀の取り分である。このことは、当初より幽州（遼東）には船でいくつもりであったこと、そして蜀との同盟と公孫氏との同盟は一連のものとして構想されていたことを物語っていよう。ただしこの時に送った使者は受け容れを拒否された。おそらく公孫淵《こうそんえん》は魏への配慮から、呉との同盟に踏み切れなかったのであろう。しかし孫権はあきらめずに遼東との交渉をつづける。

次は嘉禾《かか》元年（二三二）三月、将軍の周賀《しゅうが》と、校尉《こうい》の裴潜《はいせん》を派遣、この度は遼東側に受け容れられ、公孫淵と交渉できたが、周賀らは帰路、山東半島の突端にある港、成山《せいざん》に船で立ち寄ったところを、待ち伏せしていた魏の将軍、田豫《でんよ》に襲われて殺された。魏も呉と公孫淵との交渉には神経質になっていたのである。しかし周賀らの交渉は成功し、この年の一〇月、公孫淵は使節を呉に送り、臣従の意をしめした。大喜びした孫権は、さっそく公孫淵を燕《えん》王に封じ、臣下たちの猛反対を押し切って、太常《たいじょう》の張弥《ちょうび》、執金吾《しつきんご》の許晏《きょあん》、将軍の賀達《がたつ》をはじめとする四〇〇人あまりの大使節団と一万の兵を遼東に送りこんだ。しかしながら公孫淵はその後、魏が攻撃の姿勢を見せたため心変わりし、張弥と許晏の首を斬って魏に差し出した。魏はその見返りに公孫淵を楽浪《らくろう》公に封じる。孫権はこの知らせに激怒して、みずから公孫淵を討つと息まいたが、臣下たちがかろうじて思いとどまらせる。遼東をめぐり魏と呉との間に熾烈な外交戦が繰り広げられたのである。

孫権の戦略は今回も実らなかったが、しかし思わぬ副産物があった。それは呉の使節団の一部が高句麗《こうくり》に逃げ出し、高句麗王の宮《きゅう》（東川王）に会見したことである。高句麗は彼らを呉に送り返し、臣従してきたので、孫権はやはり使節を送って、高句麗王に単于《ぜんう》の称号をあたえた。ところがここにも魏の手がまわり、魏の幽州刺史から呉の使者を殺すよう命令がとどいていた。そのため使節と高句麗王との間でいざこざが生じ、使節は馬を若干手に入れただけで引き上げた。

さらに魏の青龍四年すなわち呉の嘉禾五年（二三六）七月、高句麗王が呉の使者、胡衛《こえい》の首を魏にとどけてきた。これに対応する呉側の史料はないが、おそらく孫権はもう一度、高句麗に使節を送ったのであろう。

最後は赤烏《せきう》二年（二三九）三月、前年に司馬懿《しばい》によって公孫淵が滅ぼされたのを救うために軍勢を遼東に出したが、時すでにおそく、魏軍と小競り合いを演じ、若干の捕虜を得ただけで退却した。

要するに孫権の遼東経略は完全な失敗におわった。臣下たちの予想したとおりである。しかし海を通じて遠隔地と交流しようとした孫権の戦略構想自体はきわめて斬新かつユニークである。同時代はむろんのこと、後世においても孫権ほど海洋に関心のあった皇帝はおそらくいない。孫権の父、孫堅は海賊退治から身を起こした男であり、彼の一族は海に対して独特の感覚をもっていたのかもしれない。惜しむらくは、孫権の戦略は時代を先取りしすぎていた。当時の航海術では呉から遼東へは、風の関係で年に一回しか船を出せない。もし航海術がもう少し発達した時代に彼がうまれていれば、その戦略は実を結んだにちがいないだろう。

北伐開始

呉との再同盟をはたし、南方を平定した諸葛亮は、建興《けんこう》六年（二二八）正月、いよいよ魏をほろぼし中原《ちゅうげん》を回復すべく北伐を開始する。漢王朝の正統な後継者を自任する蜀にとっては、簒奪者の魏をほろぼすことこそが国家の至上戦略であり、いかなる犠牲をはらってもこれを敢行せねばならない。諸葛亮は前年から漢中に滞在して、周到な準備をすすめていた。かつて漢の高祖《こうそ》劉邦《りゅうほう》もこの漢中の地から中原に打って出て、項羽《こうう》をほろぼし天下を取ったのである。そのかがやかしい歴史の再現こそが、亡き劉備の遺志をうけつぐ諸葛亮の悲願であった。呉と対等の同盟を結ぶという譲歩をしたのも、すべては北伐というこの悲願成就のためである。出征にあたって諸葛亮が劉禅《りゅうぜん》にたてまつった「出師表《すいしのひょう》」には、「漢室を興復し、旧都に還《かえ》る」と、北伐の目的が明確に述べられている。

蜀の漢中と魏の関中（長安一帯、現在の陝西省中部）、隴右《ろうゆう》（涼州）両地方の間には、海抜二〇〇〇メートルを超え、黄河水系と長江水系の分水嶺をなす秦嶺《しんれい》山脈が東西に横たわっている。この秦嶺山脈を越えて北に出るにはいくつかのルートがある。まずもっとも東よりの子午谷道《しごこくどう》は、険峻ではあるが直接、長安の南に出ることができる。その西は駱谷《らくこく》道、ついで褒斜《ほうや》道で、渭水《いすい》の畔《ほとり》の五丈原《ごじょうげん》、さらに長安の西の郿《び》に出る。その西は散関《さんかん》から陳倉《ちんそう》に出るルートで、これが古来、蜀と関中を結ぶ大道であった。もっとも西は隴右の祁山《きざん》に出るルートであるが、ここからでは長安まで大きく西に迂回することになる。

なおこの他、漢水を東に下れば荊州に出ることができるが、その途中の要衝である上庸《じょうよう》を守る孟達《もうたつ》は、すでに魏に寝返っていた。諸葛亮はこの時、孟達に手紙を送り、再度蜀に帰順するよう懐柔し、曹丕の死後、みずからの地位に不安を感じていた孟達は、これに応じる気配をみせたが、これは司馬懿《しばい》にいち早く察知され、孟達は斬られてしまった。諸葛亮として

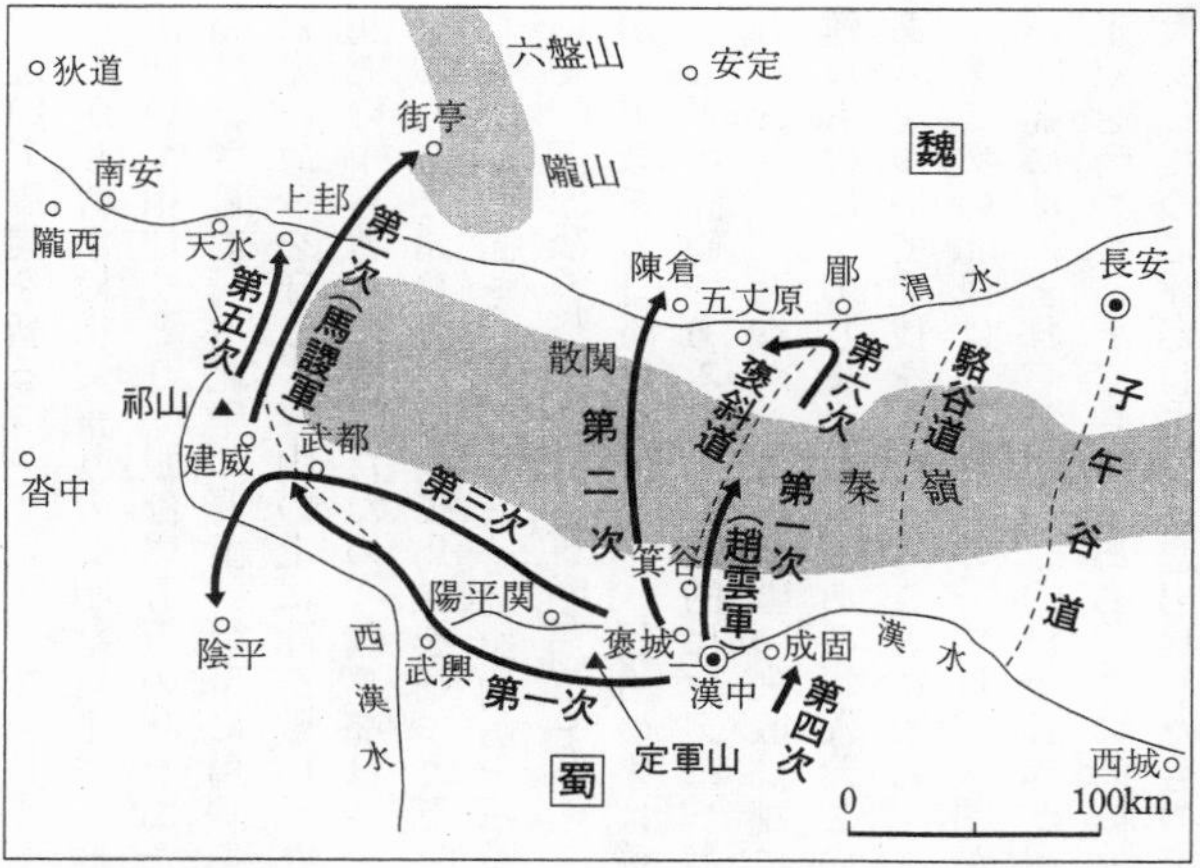

諸葛亮の北伐ルート

は出鼻をくじかれた格好である。

さて右の五つのルートのうち、武将の魏延《ぎえん》は東寄りの子午谷道から長安を奇襲するよう提案した。しかし諸葛亮は、それはあまりにも冒険であると考えたのであろう、褒斜道を通って郿を取ると揚言し、褒斜道の途中の箕谷《きこく》に趙雲《ちょううん》と鄧芝《とうし》を駐屯させて、長安を守る魏の曹真《そうしん》の軍を牽制させ、自分は本隊の大軍を率いてもっとも西の祁山に出た。魏延は、諸葛亮は臆病だといって悔しがったという。この時、魏では曹丕が死んで明帝曹叡《そうえい》が即位してまだ二年、蜀との戦争は長年なかっただけに諸葛亮の突然の北伐にあわて、しかも祁山付近の天水《てんすい》、南安《なんあん》、安定《あんてい》の三郡がみな蜀軍に呼応したため、にわかに緊張がたかまった。

泣いて馬謖を斬る

しかし曹叡《そうえい》は祖父譲りの英明な君主で、群臣の動揺をおさえるとともに、みずから長安に出向いて指揮をとり、張郃《ちょうこう》に五万の兵をあたえて蜀軍を防がせた。緒戦で優位を占めた諸葛亮は、さらに渭水北岸の要衝、街亭《がいてい》に馬謖《ばしょく》を派遣するが、実戦の経験にとぼしい馬謖は、諸葛亮の命令を守らず、山の上に陣を敷いたため、張郃に水の供給路を絶たれて大敗、東方の趙雲の軍も曹真に敗れたため、諸葛亮はやむなく漢中に退却した。

このあと諸葛亮が泣いて馬謖を斬った話は有名だが、考えてみれば、諸葛亮とても本格的な戦争の指揮をとったのはこれが初めてであった。『三国志』の著者、陳寿が、諸葛亮について、「治戎《ちじゅう》を長となし、奇謀《きぼう》を短となす、理民《りみん》の幹は将略《しょうりゃく》に優《まさ》る」（戦争の準備はうまいが、実戦での奇略にとぼしく、民治の才は将軍の才にまさっている）と述べるのは、おそらく公平な評価であろう。結果的にいえば、魏延のいうとおり長安を奇襲した方がよかったかもしれない。ともかくこの初戦の失敗は魏に警戒心をあたえ、それ以後の北伐をいっそう困難なものにしてしまったのである。なおこの時、魏から帰順してきた姜維《きょうい》は、後に諸葛亮のあとをついで北伐を続行することになる。

第二次の北伐は、同じ年の一二月、散関から出て陳倉を包囲したが、魏の守将、郝昭《かくしょう》の固い防備にはばまれ、わずか二〇日で兵糧が尽きて退却した。成果は退却時に追ってきた魏の王双《おうそう》を斬ったことぐらいである。この時の北伐は、その年の八月、呉の陸遜《りくそん》が石亭で魏軍に大勝したのに呼応して、急遽出兵したもので、いわば呉蜀同盟の産物であるが、その失敗は同盟をより強化し、呉と蜀が同時に出兵することの必要性を痛感させたであろう。

翌建興七年（二二九）の春、諸葛亮は陳式《ちんしき》を派遣して、魏の武都《ぶと》郡、陰平《いんぺい》郡を攻略させた。この二つの郡は魏の領土とはいいながら蜀の領土内に大きく張り出している。魏は雍州《ようしゅう》刺史《しし》の郭淮《かくわい》を救援に差し向けたが諸葛亮にはばまれ、蜀は結局この二郡を手に入れた。これは六次にわたる北伐の中で唯一の勝利らしい勝利であり、これによって前年の敗戦以来、丞相《じょうしょう》の職を退いていた諸葛亮はふたたび丞相に返り咲いた。

連年、蜀に攻め込まれた魏は、翌太和《たいわ》四年（二三〇）の正月、合肥に新城を築いて呉への防備を固めたうえで、七月に大挙、蜀に侵入した。蜀の漢中と魏の関中、隴右《ろうゆう》との間の諸道は、漢中から放射線状に延びている。そのため蜀から魏に出るとそれぞれの出口が遠く隔たっており各個撃破されやすいが、逆に魏から蜀に攻め込む場合は、すべてのルートが漢中で集合するので有利である。今回の攻撃は、曹真を総大将として子午谷道、褒斜道、祁山《きざん》―武都ルートから分けて攻め入り、さらに司馬懿が漢水を遡《さかのぼ》って西城を目指し、すべて漢中で集合する手筈であった。いわば全方位からの攻撃で、蜀にとっては危機であったが、さいわい大雨が三〇日にわたって降りつづいたため、魏軍は総退却した。

翌建興九年（二三一）の二月、今度は諸葛亮がふたたび祁山に出て、曹真にかわって総大将となった司馬懿と上邽《じょうけい》で対峙し、首級三〇〇〇をあげる勝利を収めたが、六月には兵糧が尽きて退却した。この時、蜀軍を追撃した張郃が戦死する。馬謖の仇を討ったことになろう。ところで諸葛亮はこの度の北伐である秘策を用いた。それは当時、北方で勢力を拡大しつつあった鮮卑《せんぴ》族の首長、軻比能《かひのう》に使者を送り、魏を挟撃するよう提案したことである。軻比能はこれに応じて長安の北の北地《ほくち》郡石城《せきじょう》にまで兵を出したが、蜀軍が退却したため挟撃作戦は不発におわった。

星落つ五丈原――諸葛亮の死

数回にわたる北伐が失敗した主な原因は兵糧不足にあった。そのことに気がついた諸葛亮は、その後二年間、兵糧をととのえ武器を一新するなど入念な準備をすすめ、建興一二年（二三四）二月、満を持して出兵、一〇万の大軍が褒斜道から渭水の南岸に出て、五丈原《ごじょうげん》（現在の陝西省岐山県）に陣取った。この度は木牛《もくぎゅう》、流馬《りゅうば》という一種の機械仕掛けの運送具で兵糧をはこぶ一方、五丈原一帯で屯田《とんでん》をおこない、長期戦にそなえる。

さらに諸葛亮は呉に使者を送り、同盟関係による呉の同時出兵をうながした。これをうけて孫権みずから一〇万の軍勢を引き連れ、巣湖《そうこ》から合肥の新城を目指し、陸遜《りくそん》と諸葛瑾《しょかつきん》は襄《じょう》陽《よう》にむかい、さらに孫韶《そんしょう》、張承《ちょうしょう》が広陵、淮陰《わいいん》へと攻め入る。まさに蜀と呉の総力をあげての攻撃である。二帝並尊の原則にもとづく魏の領土二分の協定が実現するかどうかが、この戦いにかかっているのである。

一方、呉と蜀の四方面からの総攻撃を受けて立つ魏の明帝も必死である。この時、対呉戦線の総責任者であった征東将軍の満寵《まんちょう》は、合肥の新城を放棄し、寿春《じゅしゅん》で敵を迎え撃つよう提言したが、明帝はそれを退け、みずから寿春まで出征する一方、西方の対蜀戦線の司馬懿《しばい》に援軍を送り、防備をかため、けっして戦わないよう厳命した。おりから孫権の軍中では疫病が流行り、また明帝がみずから出征してくるとは思わなかった孫権は、あてがはずれて軍を引き返し、これを聞いた東西両方面の呉軍も退却した。諸葛亮はしきりに司馬懿を挑発し、最後は婦人物の衣服を司馬懿に送って辱めたため、ついに司馬懿も怒って挑発に乗りそうになったが、明帝から送り込まれた辛毗《しんぴ》が、帝の厳命と言ってそれを引き留めた。

そして両軍一〇〇日あまりの対峙がつづき、八月になって諸葛亮はついに長年の心労のため陣中に没した。五四歳であった。諸葛亮の死を知った司馬懿は、この時とばかり追撃に出たが、整然と退却する蜀軍を見て引き返した。「死せる諸葛、生ける仲達《ちゅうたつ》を走らす」と言われたのはこの時である。

こうして呉と蜀との同時総攻撃はあっけなく終わり、諸葛亮の北伐の夢もついえさったのである。諸葛亮の死後まもなく、孫権は魏がさらに蜀に攻め込むのをおそれ、荊州の巴丘《はきゅう》の軍備を増強した。名目は蜀の援護であるが、場合によっては魏とともに蜀の領土を分けようという魂胆である。これに対抗して蜀の方でも白帝城の兵を増強して非常事態にそなえた。孫権が蜀からの使者、宗預《そうよ》をこのことでなじると、宗預はお互いさまではないかと切り返したので、孫権は例によって大笑いしてその場をごまかした。呉と蜀は同盟したとはいえ、荊州抗争以来の疑念は消えず、不安定なものであった。同盟による魏の同時攻略がちぐはぐなままに失敗したのは、そのためであろう。しかし魏はそれ以上、蜀を攻撃することはなかった。

以上、北伐の経過からわかることは、蜀と呉がたとえ同盟しても、魏が防備に専念すればそれをくずすことはできない、また逆にたとえ脆弱《ぜいじゃく》であっても蜀と呉の同盟が存在するかぎり、魏は両国をほろぼすことはできないということであろう。こうして三国の勢力は呉蜀同盟対魏というかたちで拮抗し、一種の膠着状態に落ち着いてゆく。これ以降、蜀では姜維《きょうい》がおもに隴右方面につづけて北伐を試みるが、大きな戦果はなく、また呉と魏の間でも相変わらず荊州と合肥の二方面で戦闘がつづくが、これまたどちらも決定的な勝利を得ることができなかった。

こうして三国は膠着状態の中でそれぞれ国内の内紛によって徐々に衰退してゆく。そして三国の中でもっとも体力の弱い蜀がまっさきに滅亡し、内紛によって魏から選手交代した晋がやがて呉を滅ぼすのである。しかしその晋も、三国が争う間に実力をつけた北方遊牧民族に追われ、かつての敵国であった呉の地域に逃げ込んだのは、歴史の皮肉であろう。曹操、劉備、諸葛亮と時代のヒーローが次々と舞台から消え、一人だけ残された孫権もすでに五三歳、かつての精彩はもはやなく、七一歳で死ぬまでの一八年間は、国内の内紛に頭を悩まされることになる。

「六出祁山」の真相

六度におよぶ諸葛亮の対魏戦争中、厳密な意味で北伐といえるのは第一、第二、第五、第六回の四回のみであり、さらにそのうち祁山《きざん》に出たのは第一回と第五回の二回だけであっ

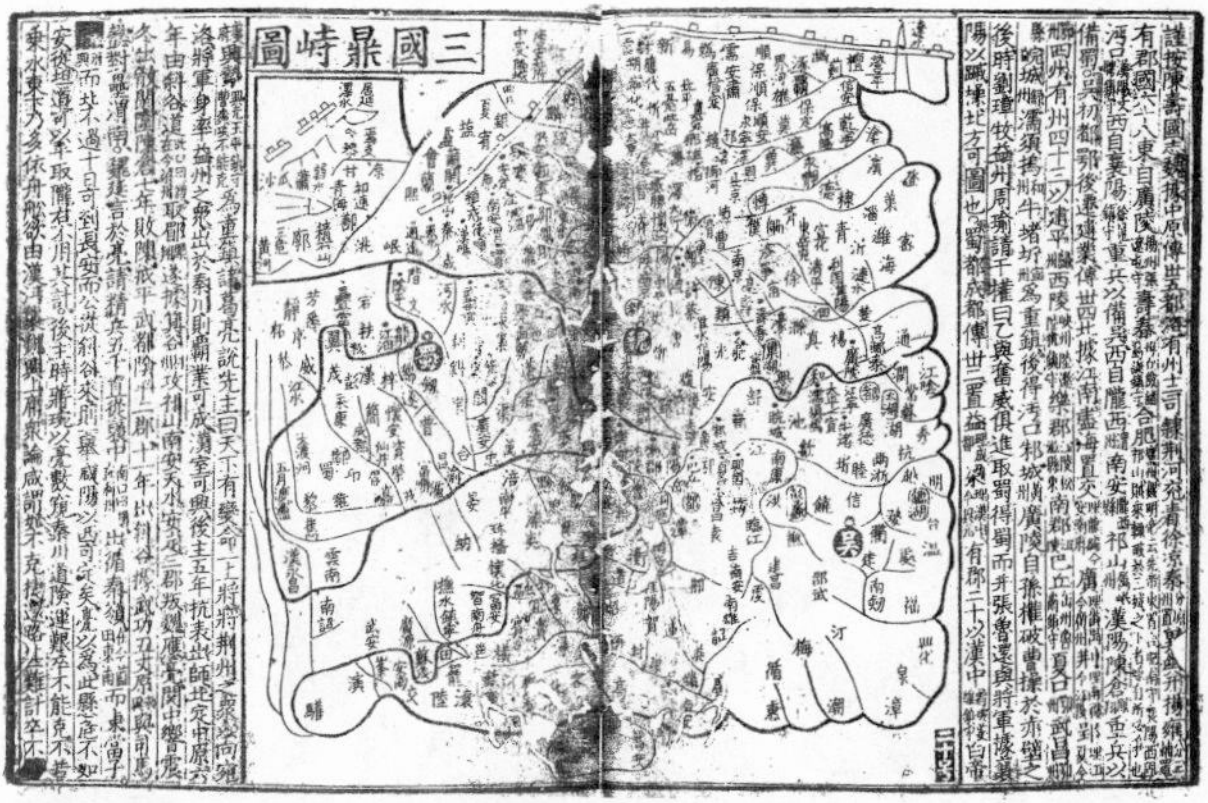

『歴代地理指掌図』の「三国鼎峙図」（東京・公益財団法人東洋文庫蔵）
宋代に出版された現存最古の歴史地図集。地理関係に誤りがあるが、『演義』もそうした地理認識に則って書かれている

た。ところが『演義』ではこれを「六出祁山」と称し、六回ともすべて祁山に出たように描いている。すでに述べたように『演義』の地理関係は特に北方について実際と合わないところが多いが、それはこの「六出祁山」の箇所でもっともはなはだしい。たとえば第一回の北伐で趙雲らが駐屯した箕谷《きこく》は、祁山よりずっと東側なのに、『演義』では箕谷と祁山が同じ方向にあるかのように述べられている。これはなぜであろうか。

宋代に出版された『歴代地理指掌図《れきだいちりししょうず》』は現存するもっとも古い歴史地図集であるが、その中にある「三国鼎峙図《さんごくていじず》」では、祁山の位置が実際よりずっと東寄りに描かれている。しかもその説明には、諸葛亮が「斜谷道《やこくどう》より郿《び》を取ると揚声し、遂に箕谷に拠って祁山を攻める」と書いてある。これだと箕谷と祁山はたしかに同じ方向にあることになろう。しかしこの文は、『資治通鑑《しじつがん》』の該当箇所の「斜谷道より郿を取ると揚声し、鎮東将軍の趙雲、揚武将軍の鄧芝をして疑兵をなし、箕谷に拠らしめ、……亮は身《み》づから大軍を率いて祁山を攻める」という文章を大幅に省略したものである。『演義』はおそらくこのような省略による誤りの多い地理書にもとづいて物語を構成したために、地理的混乱を招いてしまったのであろう。さらに宋代でも祁山一帯は、西夏《せいか》や金《きん》王朝との戦場に近く、軍事地域の地理が秘密とされたことも、『演義』の地理が混乱した一因であったと考えられる。

第五章　三国の外交と情報戦略

外交の駆け引き

三国の人口比較

これまで見てきたように、魏蜀呉の三国の抗争において外交戦略は実際の戦争以上に重要な意味をもっていた。そのおおまかな流れは、赤壁《せきへき》の戦い（二〇八）を契機とする呉蜀同盟から、関羽の樊城《はんじょう》攻略（二一九）による魏呉同盟を経て、劉備の死後（二二三）、再度の呉蜀同盟へと展開した。三国が三つ巴《どもえ》の争いをする以上、いずれか二国同盟を結んだ方が有利であることは自明の理である。そしてこの場合、魏と蜀は漢王朝の正統的後継者を争う不倶戴天の敵であり、両者の同盟は絶対にありえない。とすれば外交上の主導権を握っているのは呉ということになる。呉が魏と組むか、蜀と組むかによって、状況が変わってくる。

ただし三国の国勢は均一ではなく、魏がもっとも強大で、呉がそれに次ぎ、蜀がもっとも劣る。領土の比較をすれば、魏は幽《ゆう》、冀《き》、青《せい》、幷《へい》、徐《じょ》、兗《えん》、豫《よ》、司《し》（洛陽一帯）、雍《よう》（関中と隴右《ろうゆう》）、涼《りょう》の一〇州を領有しているのに対して、呉は揚《よう》、荊《けい》、交《こう》の三州（うち揚、荊二州は魏と分け合う）、蜀は益《えき》州ひとつにすぎない。また人口を比較すると、蜀が滅んだ時の人口は二八万戸、九四万人（『蜀書《しょくしょ》・後主伝《こうしゅでん》』裴注《はいちゅう》に引く王隠《おういん》『蜀記《しょくき》』）、呉が滅んだ時は五二万三〇〇〇戸、二三〇万人（『呉書《ごしょ》・三嗣主伝《さんししゅでん》』裴注に引く『晋陽秋《しんようしゅう》』）、これに対して魏は六六万戸、四四三万人（『後漢書《ごかんじょ》・郡国志《ぐんこくし》』注に引く『帝王世記《ていおうせいき》』にみえる魏が蜀を滅ぼした時の総人口から右の蜀の人口を引いた数字）であった。呉の人口は魏の半分、蜀はさらに呉の半分以下である。

ちなみにこれら三国の人口を総計した七六七万人は、後漢末期の人口、五六四八万人（『晋書《しんしょ》・地理志』）の七分の一にすぎない。ただしこれらはあくまで政府が把握していた数字であり、三国時代には政府の統制外の多数の流民がいたことを考慮しなければならないが、それにしても戦乱により人口が激減したことは否めないであろう。この時代、いかに人間が貴重であったかがわかる。屯田制や住民の強制移住が行われた背景には、この人口の激減という事実があった。また蜀の九四万の人口のうち、兵士は一〇万二〇〇〇、吏《り》（役人）は四万であり、呉の二三〇万のうち、兵士は二三万、吏は三万二〇〇〇いたという。いずれも人口の約一〇パーセントが兵士である。魏の兵士数はよくわからないが、おなじく人口の一〇パーセントとすれば、少なくとも四〇万以上、すなわち呉の二倍はいたであろう。呉と蜀が魏に同時攻撃をかけてもかなわなかったのは当然である。なお蜀の人口は呉の半分以下なのに、役人の数は呉よりも多い。このことは蜀の内政の困難さを暗示していると思える。

三国外交の基本構造

このような状況の中で、最弱者の蜀が最強の魏に勝つのはまさに至難のわざであり、そのためには呉との同盟が絶対必要である。呉と同盟して同時に東西両面から挟み撃ちにすることで、かろうじて互角の勝負が挑めるのである。この外交の基本を無視し、呉と争った劉備の失策は決定的であった。一方の呉は、外交上のキャスティングボートを握っているとはいえ、魏と組んで蜀を滅ぼせば、さらに強大となった魏の矛先が今度は自分に向かってくることは明らかであり、やはり蜀との同盟が最善の策である。にもかかわらず孫権もまた劉備と同じく、荊州という要衝の地に執着しすぎた結果、蜀との同盟を破棄した。その後、再度同盟を結んだものの、その同盟が十全には機能しなかったことが、結局は両国の滅亡を招く主因となったのである。

さらに魏にとっては、自力で蜀と呉を滅ぼすか、または呉と同盟して蜀をまず滅ぼすか、あるいは呉と蜀をまず争わせて、その勝者と対決するかの三つの選択肢があった。夷陵《いりょう》の戦いを傍観した曹丕は第三の道を考えたのかもしれないが、それには呉と蜀を離間させるために相当の外交努力が必要であり、蜀が北伐《ほくばつ》を国是《こくぜ》とする以上、それはむずかしい。したがってやはり呉と同盟するのが賢明な選択であったろう。しかし曹丕は、孫権を呉王に封じ、高圧的な態度で臨んだため、せっかくの機会を無にし、孫権をふたたび蜀との同盟に追いやってしまった。

むろんこのような見方は、後世のわれわれにとっては自明であっても、刻々と変化する状況に対応しなければならなかった当事者にとっては必ずしも自明ではなかったであろう。あるいはわかっていてもそうはできない複雑な事情もあったはずである。魏と呉、呉と蜀のどちらの同盟もうまくいかなかったからこそ、三国時代が存在しえたともいえよう。しかしそれだけに目先の利害に動かされず、大局的な見地から外交の基本を堅持し、荊州を譲るという大きな譲歩をあえてしてまで、蜀との同盟を優先させようとした魯粛《ろしゆく》のような人物の見識は貴重であったと思える。

以下、このような外交の基本構造のもと、三国の間で行われたさまざまな駆け引きについて述べてみよう。

往来する使者たち

外交の任務をになったのは、おもに各国の使者であった。魏と呉、呉と蜀の間には、それぞれが同盟関係にあった間に使者が頻繁に行き来し、外交戦のしのぎをけずった。魏と蜀の間では使者の往来はない。これらの使者は、一国の名誉と君主からさずかった使命をおび、相手方の君主と困難な交渉を行わなければならない。さらに相手国の情報を収集し、場合によっては貿易を行うなど、その任務は多端である。そのため使者には外交交渉の能力にすぐれ、特に相手方の君主と互角に堂々と渡り合える弁術の持ち主が選ばれるのが常であった。

孫権が魏に帰順した時に呉から魏に派遣された趙咨《ちようし》は、曹丕から、「呉を征伐しようと思うがどうだ」と聞かれ、「大国に征伐の軍があるなら、小国にも防御の固めがございます。一〇〇万の兵を擁し、長江、漢水を池とみなす我ら、なにをおそれましょう」ときっぱりと答え、曹丕をはじめ魏の群臣たちを感心させた。曹丕の高圧的な態度をみた趙咨は、呉にもどって、この同盟はながつづきしないから、独立するよう孫権に勧めた。また夷陵の戦いの後、白帝城《はくていじょう》に蟄居《ちっきょ》する劉備のもとに派遣された鄭泉《ていせん》は、むずかしい戦後処理の交渉を行い、のちの呉蜀同盟の基礎を作った。この二人があげた外交的成果は、呉に大きな利益をもたらしたといえよう。

蜀の外交官としては、呉に使いして同盟の必要性を説き、さらに孫権が、魏をほろぼした暁には呉と蜀で天下を山分けしようと言ったのに対して、天に二つの太陽がないように、地に二人の君主は並び立たない、魏の滅亡後は呉との戦争あるのみ、と答えた鄧芝《とうし》や、呉との不可侵条約を締結した陳震《ちんしん》なども、同じく君命をまっとうし、外交官としての責務を立派に果たしたといえよう。

これに対して、孫権の帰順や太子を人質に出すという約束が欺瞞であることを見抜けず、結果的に曹丕の判断を狂わせた魏の浩周《こうしゅう》などは、外交官としては失格である。さらにこれらの使者には、時に苛酷な運命が待ち受けていた。呉の馮熙《ふうき》は、蜀と魏の双方に使いした専門の外交官であったが、彼は潁川《えいせん》の出身であった。そのため魏に行った時、魏の大臣で、やはり潁川出身の名士、陳羣《ちんぐん》から魏に寝返るようもちかけられ、さらに大金を賄賂として贈られた。馮熙はこれを拒否したが、魏の圧力にたえきれず自害した。君命を辱めるよりは、死を選んだのである。

弁舌の機知を競う

さらに使者たちには、彼らをなんとかやりこめようと待ちかまえている相手国の君主の質問に対して、時に当意即妙に、時に寸鉄《すんてつ》人を刺す警句をもって応じる弁舌の才が求められた。たとえば呉の使者、趙咨《ちょうし》に対して、曹丕は、「呉王には学問があるか」と問うた。博学をもって自任する曹丕が、暗に孫権は無学とみくびったのである。これに対して趙咨は、「呉王は忙しい政務の余暇にも経書や歴史書を読むのを怠りませんが、ただし書生が詩の文句をひねるようなまねはいたしません」と答えた。これは文学好きで詩人としても後世に名をのこした曹丕にあてこすったのである。

また蜀の使者、伊籍《いせき》が孫権に対して拝礼して立ち上がるやいなや、孫権は、「苦労してまで無道の君主に仕えることはあるまい」と言った。孫権は伊籍が能弁家だと聞いていたので、やりこめようと思ったのである。「無道の君主」とは劉備を指している。伊籍はこれを聞くと、「いえ、一拝一起になんの苦労がありましょう」と即座に切り返した。これで「無道の君主」は、いま伊籍が拝礼したばかりの孫権にすりかわってしまった。孫権は伊籍の機知にいたく感心した。

宴会での問答

君主との公式の対面がおわると、使者を歓迎するための宴会が開かれるのが常である。宴会には君主だけでなく、相手国の主だった大臣たちも列席したが、そこでは酒を酌み交わしながら、使者と相手国の君主、大臣との間で、しばしば外交問題とは無関係なさまざまな問答が行われた。それは双方にとって、日頃の教養と知識、雄弁の才を披瀝《ひれき》する、個人と国家の名誉をかけた舌戦の場であった。

　呉蜀同盟成立の後、蜀にやってきた呉の使者、張温《ちょうおん》をもてなす宴会に、諸葛亮はわざわざ学士の秦宓《しんぷく》をよんで列席させた。張温はさっそく秦宓に、「あなたは学問をしたことがありますか」とたずねた。学士に対してずいぶんと無礼な質問である。秦宓は、「五尺の子供でも学問をします。私だけではありません」と切り返し、そこから両者の問答がはじまった。張温は、「天には頭があるか、耳があるか、足があるか」という難問、というよりも珍問をたたみかけるように問いかけたが、これに対して秦宓はすべて『詩経《しきょう》』の文句を引用してみごとに答えた。最後は張温の「天には姓があるか」という質問で、秦宓は「あります」、張温「なんという姓ですか」、秦宓「劉です」、張温「どうしてそれがわかりますか」、秦宓「天子さまの姓が劉だからです」とつづく。これでぐっと詰まった張温は、さらに「太陽は東からのぼりますか」と話題をかえたが、これにも秦宓は、「東からのぼりますが、西に沈みます」と応じた。すべて打てば響くような受け答えで、張温はついに降参した。

　このように一見、政治とは無関係な問答によって、その実、両国の優劣があらそわれたのである。東西が呉と蜀を指すことはいうまでもない。この場合、西に沈んだ太陽はまた東からのぼるではないかという理屈は問題にならない。それよりも即座に切り返すことで、相手の勢いをくじく問答の座の雰囲気が優先する。ちなみに聖徳太子が隋《ずい》の煬帝《ようだい》にあてた、「日出づる処の天子、書を日没する処の天子に致す」という例の有名な手紙の文句は、『三国志』に載るこの有名な問答を踏まえているとすれば、通説とは異なる解釈をしなければならない。もう二つばかり問答の例をあげよう。

蜀の李密《りみつ》は、やはり博学で機知にとんだ知恵者であったが、呉に使いした時、孫権や呉の群臣たちと、兄と弟のどちらがよいかという問答をした。孫権は弟の方がよいと言ったが、これは兄、孫策の死後をついだ孫権の実感であったかもしれない。これに対して李密は、「兄の方がよい」と主張し、そのわけを聞かれると、兄の方が親を長く養えるからと答えた。親への孝養は最高の道徳であり、人間にとって孝より重要なことはない、というのが当時の人々の考えである。孫権と呉の群臣は、みな李密の答えを称賛した。このように相対立する二つのテーマをめぐっての論戦を、当時、論難といった。今風にいえばディベートであるが、この論難が大いに流行し、さまざまな命題を設定して論戦が行われたことは、後にまた述べる。

呉と蜀の国柄比較

やはり蜀から呉に使いした張奉《ちょうほう》は、孫権の面前で、呉の大臣、闞沢《かんたく》の名前を酒の肴に冗談を言ってからかったが、闞沢はこれにうまく答えることができなかった。そこで同僚の薛綜《せっそう》が代わりに出て、張奉にまず酒をすすめ、「蜀なるものは何ぞ。犬あれば獨《どく》となり（獨は独の正字、蜀に犬偏をつけると獨になる）、犬なければ蜀となる。目を横にして身は苟《こう》（身をかがめる）、虫はその腹《ふく》に入る」と言った。これは蜀という漢字をつかっての字解き、一種の文字遊びで、かつ獨、蜀、腹が押韻《おういん》した韻文《いんぶん》になっている。張奉が、「では呉はどうですか」と言うと、薛綜はまた、「口なければ天（呉を異体字で口の下に天と書いた）、口あれば呉。君は万邦《ばんぽう》に臨み、天子の都《と》」と即座に言った。これも呉と都が韻を踏んでいる。これを聞いた一座はどっとわいたが、張奉はやりかえすことができなかった。彼には薛綜のように、咄嗟の間に韻文の文字遊びを作って、相手を嘲弄《ちょうろう》するだけの才覚と機知がなかったのである。このように即興で韻文の詩をつくることも、当時よく行われた。先にあげた曹植の七歩の詩の話なども、そういう当時の風潮から生み出されたと思える。なお右の問答は、一説では蜀の費禕《ひい》と呉の諸葛恪《しょかつかく》の間で交わされたものだともいう。異説ができるのは、この手の話が好んでもてはやされたからであろう。

　孫権は酒席でのこの種の冗談や諧謔《かいぎゃく》がことのほか好きであったといわれ、また群臣の中にも諸葛恪や羊衜《ようどう》のようなその道の名手がいた。ある時、孫権は群臣との宴会の場にロバを引いてこさせ、その顔に、「諸葛子《しょかつし》瑜《ゆ》」と書いた。子瑜は諸葛瑾《きん》の字《あざな》である。諸葛瑾は顔が長く、いわゆる馬づら、いやロバづらであったのをからかったのである。すると諸葛瑾の子の諸葛恪がすかさず進み出て、「諸葛子瑜」の下に「之驢《ろ》」の二字をつけ足した。これをみた一同はどっと笑い、孫権はそのロバを諸葛恪に贈った。

　このような君臣間のにぎやかなやりとりからは、呉の宮廷の陽気な気分がつたわってくる。これに対して蜀は、諸葛亮の薫陶《くんとう》をうけただけあって、まことに謹厳実直なお国柄であった。呉にしばしば使いした費禕は、後に諸葛亮の跡を継いで蜀の尚書令《しょうしょれい》（実質上の宰相）になった人物であったが、呉の君臣のこの手の冗談や悪ふざけには一切取り合わず、終始まじめな受け答えで押し通した。また孫権は、費禕にわざと酒を飲ませて酔わせたうえで、蜀の内情を聞いたり、議論をふっかけたりしたが、費禕は酔ったといってこれに応じず、あとで書面をもって答えたが、それにはひとつの遺漏《いろう》もなかったという。両国の国柄のちがいを示す話であろう。

　しかし孫権の晩年から死後、呉の宮廷ではこの種の陽気さが次第に消えてゆく。そして蜀の方も謹厳実直が惰性に流れて衰退に向かい、こうして両国の間での使者の頻繁な往来も途絶えがちになり、にぎやかな酒宴とそこでの丁々発止の問答もみられなくなる。かつて蜀からは伊籍《いせき》、馬良《ばりょう》、鄧芝《とうし》、陳震《ちんしん》、費禕などの大物が次々に呉を訪れ、孫権と個人的に親密な関係を結び、それが同盟関係の強化につながったのであるが、そういうこともなくなった。呉蜀同盟の形骸化である。孫権の子の孫休《そんきゅう》の時、馬を求めるために蜀に使いした呂珝《りょく》（呂岱《りょたい》の子）は、帰国後、孫休に蜀の混乱と衰退を報告している。やがて蜀と魏が相次いでほろびると、呉は今度は晋に使者を送るようになり、呉の張儼《ちょうげん》と晋の荀勖《じゅんきょく》の間などで、同じく論難が行われたようであるが、そこからはかつての孫権の時のような陽気な雰囲気はもはや伝わってこない。

　『演義』の赤壁の前夜、魯粛《ろしゅく》にともなわれて呉の柴桑《さいそう》を訪れた諸葛亮は、孫権と対面した後、張昭、顧雍《こよう》、闞沢などの群臣と次々に論戦して、彼らを説破することになっているが、

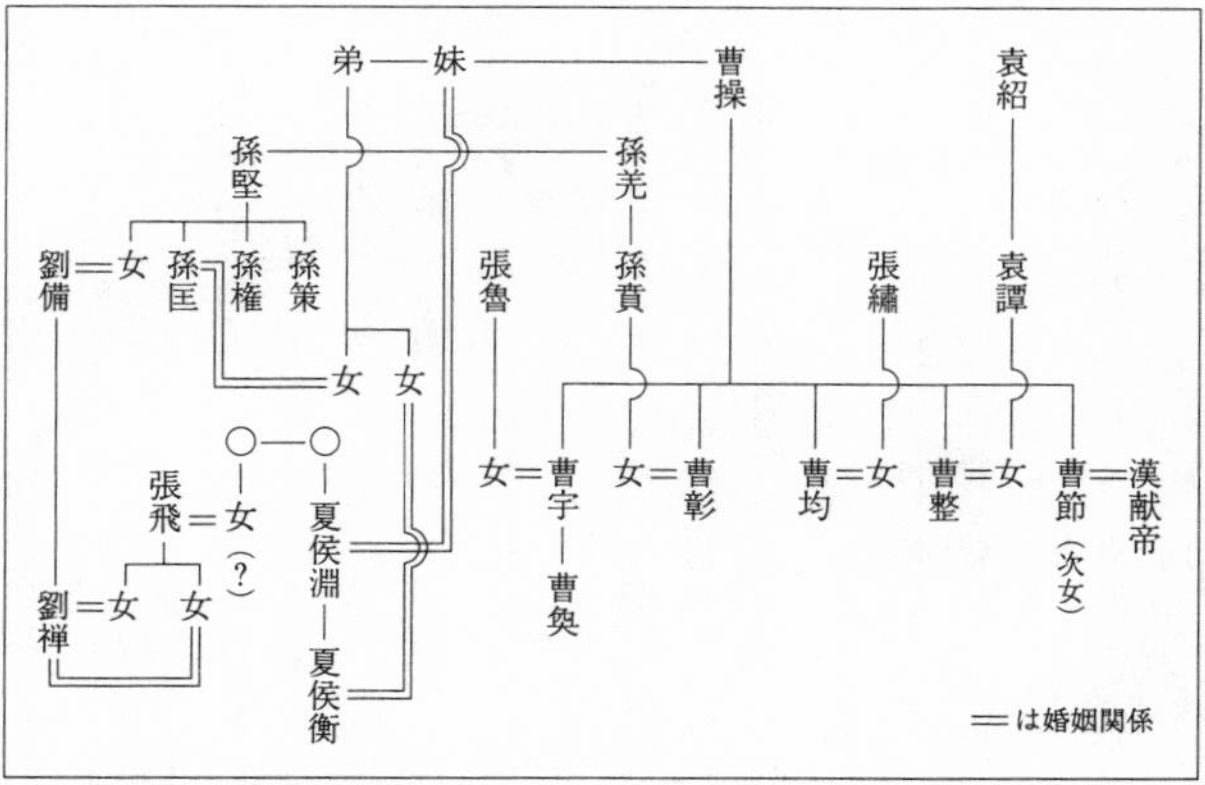

三国時代の政略結婚関係図

これは以上に述べたような史実から『演義』の作者が創作した場面で、事実ではない。また冒頭で述べた左思《さし》の「三都の賦《ふ》」のお国自慢も、やはりこのような当時の外交合戦を反映していよう。

三国間の政略結婚

曹操が官渡《かんと》の戦いの後、袁紹《えんしょう》の長男、袁譚《えんたん》の娘と息子の曹整《そうせい》を結婚させ、また孫策の弟、孫匡《そんきょう》と自分の弟の娘、また孫策の従兄弟、孫賁《そんふん》の娘と息子の曹彰《そうしょう》を結婚させたことはすでに述べた。前者は袁譚と弟の袁尚《えんしょう》の対立を激化させるため、後者は孫策との関係を強化し、かつは孫氏の親族内に親曹操勢力を作るためであり、いずれも外交手段の一環としての政略結婚である。これ以外にも、南陽の軍閥で曹操をたびたび手痛い目に遭わせた張繡《ちょうしゅう》の娘と息子の曹均《そうきん》を、また漢中の張魯の娘と息子の彭祖《ほうそ》を結婚させており、どちらも降伏者を完全に臣従させるための手段であった。なお張魯の娘と結婚した彭祖は、すなわち後の燕《えん》王、曹宇《そうう》であり、その息子が魏の最後の皇帝となった曹奐《そうかん》である。彼はあるいは張魯の外孫であったかもしれない。

　孫権の行ったもっとも重要な政略結婚は、荊州の攻防をめぐって妹を劉備に嫁がせたことであり、彼はまた同じ目的で関羽とも婚姻関係を結ぼうとしたが、これは関羽に拒否された。また曹丕から太子の登《とう》を再三人質に求められた時、登と曹氏もしくは曹氏の親族である夏侯《かこう》氏の娘との結婚を申し出ている。ただしこれは本気ではなく、人質の要求をはぐらかす手段であった。曹操の政略結婚攻勢によって親族内部に離反者を出した孫権としては、同じ方法で一矢報いるつもりだったのだろう。

　魏と蜀との間には本来、政略結婚などありえないはずであるが、両者の皇室が実は姻戚《いんせき》であったとする奇妙な話が伝わっている。曹操が元来は夏侯氏から出たらしいことはすでに述べたが、その夏侯氏の有力メンバーであった夏侯淵《かこうえん》の従妹が、ある時、山中に薪《たきぎ》をとりにいって偶然、張飛にとらえられた。張飛は夏侯氏の娘とは知らずに、その娘を妻とした。やがて生まれた娘が後に劉禅《りゅうぜん》の皇后となった。一方、夏侯淵は漢中での戦いで、蜀の黄忠に敗れて戦死する。その子の夏侯覇《かこうは》は、護軍右将軍として父の仇である蜀との戦争に参加するが、後に司馬《しば》懿《い》が政変を起こした時、みずからの地位に不安をおぼえ、蜀に亡命した。その時、劉禅は、夏侯覇に対して、夏侯淵の戦死は偶然の事故であると述べ、また張皇后の生んだ皇子たちを示して、夏侯氏の甥であると言ったという。

以上の話は、『魏志・夏侯淵伝』裴注が引く『魏略《ぎりやく》』にみえる。夏侯淵の妻は曹操の妹、またその長男の夏侯衡《かこうこう》（夏侯覇の兄）の妻は曹操の弟の娘であり、もし右の話が本当ならば、たしかに魏の曹氏と蜀の劉氏は姻戚ということになろう。しかし張飛が山の中で偶然みつけた夏侯氏の娘と結婚したというのは、あまりにも伝奇的でにわかには信じがたい。これは夏侯覇が蜀に亡命した時、彼を懐柔するために作られた話ではあるまいか。とすれば、それは政略のために作られた結婚話ということになる。ともあれ政略結婚は、三国の外交戦略の重要な手段のひとつであった。中国史上、分裂の時代は多いが、三国時代のように政略結婚がさかんに行われた例はほかにない。

ちなみに劉禅の前後二人の皇后がともに張飛の娘であり、孫権の歩夫人が宰相の歩騭《ほしつ》の一族であったように、蜀と呉の皇后は有力な臣下の家から出たが、魏ではそういうことはまったくなかった。また諸葛亮の子の諸葛瞻《しょかつせん》が劉禅の婿となり、また周瑜《しゅうゆ》の子の周循《しゅうじゅん》が孫権の婿、周瑜の娘は太子妃になったように、蜀と呉では臣下との通婚がしきりに行われたが、魏では曹操の娘と荀彧《じゅんいく》の子が結婚したのを除いて、そういう例はほとんどみられない。これは魏が外戚の跋扈《ばっこ》を嫌ったせいもあるが、魏の皇室と臣下との疎遠な関係を示すものであろう。

亡命・投降と情報攪乱

降伏した人々

三国抗争の時代には、夏侯覇《かこうは》のように敵国に亡命、投降する者、あるいは捕虜となる者が大勢でた。中には蜀から魏に亡命し、さらに魏から蜀に投降しようとして殺された孟達《もうたつ》のように、叛服《はんぷく》常ならざる者も少なくなかったのである。そして彼らも時に外交上の有力な手段として利用された。この亡命者の外交的利用にもっとも巧みであったのは、おそらく孫権であろう。

関羽が樊城《はんじょう》を水攻めにした時に降伏した魏の于禁《うきん》は、その後、関羽の死にともない、さらに呉に投降したが、この時、于禁とともに投降した一党の中に徐州刺史をつとめた浩周《こうしゅう》という男がいた。孫権は于禁および浩周を手なずけ、魏に臣従する際に彼らを魏に送り返したが、魏に帰った浩周は曹丕の前で、孫権の帰順は本物であると極力、孫権を弁護した。曹丕が孫権の帰順を信じたのには、この浩周の発言が大きくものをいったのである。後に太子を人質によこせという要求に孫権はなかなか応じず、業を煮やした曹丕は、ふたたび浩周を呉に送り、太子の入朝をうながした。この時、浩周は孫権に対して、自分の一族一〇〇人の命をもって太子の入朝を保証する旨を伝え、これを聞いた孫権は、感激の涙を流して必ず太子を送ると誓った。

しかしその後も孫権は、あれこれと口実を設けて、結局は太子を送らなかった。怒った曹丕は、浩周を罰しはしなかったものの、死ぬまで彼を二度と用いなかったという。孫権が太子と曹氏、夏侯氏との結婚を口にしたのは、この時のことである。要するに、孫権は浩周を徹底的に利用して、自己の目的を遂げたわけである。そのやり方はきわめて巧妙であったが、しかしあまりにも巧妙でかえって曹丕を必要以上に怒らせるという逆効果を招いた。もっともその結果、曹丕は冷静な判断を失い、呉に対する無謀な戦いを二度までも挑んだのである。もしそこまで計算したうえでの行動であったとしたら、孫権は外交の天才であったといえよう。

このような方法を用いたのは、むろん呉だけではない。たとえば魏は蜀を滅ぼした直後の咸熙《かんき》元年（二六四）、もと呉の南都督《なんとく》の徐紹《じょしょう》と孫氏の一族の孫彧《そんいく》がともに捕虜になっていたのを、呉に家族ごと送還して、魏の国威を宣揚し、早く降伏するよう呉の人々を説得させた。しかしこれはどの程度、効果があったかわからない。またこれと同時に、呉から降伏した王稚《おうち》を新附《しんぷ》都督に任命して、海路で呉の句章《こうしょう》（現在の寧波）に侵入させ、王稚は役人や人民二〇〇人を捕虜にして引き上げた。

これら国家によって利用され、運命に翻弄された亡命者たちの末路は、しばしば悲惨であった。たとえば浩周と同じく魏に送り返された于禁の場合がそうである。当初、于禁が関羽に投降したことを知った曹操は、新参の龐徳《ほうとく》が同じ戦いで関羽に屈せずに死んだのとくらべて、古参の于禁が降伏したことに不快感を示したが、曹丕の彼に対する仕打ちはさらに苛酷であった。曹丕は曹操の陵墓の霊屋に、于禁が関羽に降伏するさまを絵図に描かせたうえで、于禁に参拝させた。みずからの屈辱的な姿を絵図で見て、曹丕の冷酷な心を知った于禁は、憤りと恥辱の中で憂死したのである。

いつわりの降伏

亡命者や降伏した者を外交的に利用することができるのであれば、いつわりの降伏をして敵を欺《あざむ》く方がより効果的であろう。この手段をしばしば使ったのもやはり呉であり、もっとも有名な例は、赤壁の戦いにおける黄蓋《こうがい》であった。曹操は黄蓋のいつわりの降伏を信じたばかりに、火攻めに遭い大敗を喫したのである。孫権はこれに味を占めたのか、その後もしばしばこの方法を用い、魏はまた性懲りもなく、よくこの手に引っかかった。

その最大の例は、黄武七年（二二八）、魏が大挙、呉に侵入した時、呉の鄱陽太守《はようたいしゅ》、周魴《しゅうほう》が、魏の総司令官である大司馬兼揚州牧、曹休《そうきゅう》を欺いた事件であろう。周魴は曹休に対して降伏を申し入れたうえ、その手順などを七条にわたって細かく書いた手紙を送る一方、孫権にも経過を遂一知らせた。孫権はわざと周魴のもとに詰問の使者を送り、周魴はその使者の前で髪を切って謝罪してみせる。髪を切るのは、当時の人々にとってきわめて重い意味をもっていた。そのありさまはスパイによって曹休のもとに報告され、周魴の投降を完全に信じた曹休は、一〇万の大軍を動員したが、待ちかまえていた陸遜《りくそん》によって、石亭《せきてい》でさんざんに打ち破られ、かろうじて逃げ帰り、ほどなく憤死した。事後、孫権は宴会を開き、髪を切ってまで曹休を欺いた周魴の功績を讃えたという。

この周魴の髪を切る計略は、あるいは『演義』における赤壁の戦いでの黄蓋の苦肉の計のモデルになっているかもしれない。なお『演義』では、周魴が髪を切るのは曹休の面前でということになっている。これは黄蓋の苦肉の計との重複を避けたのかもしれないが、事実の奇なるに遠く及ばないであろう。

その後も孫権は、黄龍《こうりゅう》二年（二三〇）と赤烏《せきう》一〇年（二四七）にそれぞれ、孫布《そんふ》と諸葛壱《しょかついつ》をして、魏の王淩《おうりょう》と諸葛誕《しょかつたん》にいつわりの降伏をさせたが、これはどちらも不首尾であった。魏もそうそう同じ手にはのらないであろう。

これに対して魏も同じ手口を用いた。太和四年（二三〇）すなわち呉の孫布が王淩をだまそうとしたのと同じ年、魏の青州の人、隠蕃《いんばん》が呉に帰順してきた。隠蕃は魏の官吏ではなく、かつ能弁であったため、孫権は彼を信じて官職まであたえたが、後に謀反が発覚して誅殺された。ついで赤烏一三年（二五〇）、魏の文欽《ぶんきん》が呉の朱異《しゅい》に降伏を申し入れたが、これはすぐにいつわりと見破られる。魏はさらに蜀に対してもこれを用い、延熙《えんき》一六年（二五三）、魏からいつわって降伏してきた郭循《かくじゅん》が、蜀の宰相、費禕《ひい》を宴会の席で刺殺するという大事件が起きた。費禕の死は、蜀の滅亡を早める間接的な原因になったであろう。

このようにいつわりの降伏という計略で大きな成功を収めたのは呉であったが、それは呉から魏へ降伏する者が、孫氏の一族をもふくめて非常に多かったことの、実は裏返しである。呉では赤烏八年（二四五）に、将軍の馬茂《ばぼう》が孫権を暗殺して魏に走ろうとし、未遂に終わったというような由々しき事件さえ起きている。つまり本物の降伏者が多かったために、いつわりの降伏も成功しやすかったのである。そしてその背景には、呉からの内応をうながす魏の一貫した外交政策があった。したがって呉にとってのこの計略は、いわばみずからの弱みを逆手にとった苦肉の作戦であったといえる。そもそも孫権の曹丕に対する臣従自体が、いつわりの降伏であった。

一方、魏から呉への投降者はさほど多くなく、曹氏の投降などは一件もない。魏がこの計略を用いて失敗したのはそのためである。またそういう意味では、蜀も呉とおなじく、この弱者の計略を魏に対して積極的に用いてもおかしくないはずなのに、蜀はまったく行っていない。それはおそらく諸葛亮が、この手の謀略を嫌い、しかも得意でなかったためであろう。

手紙という外交手段

周魴《しゅうほう》がいつわりの降伏をした際、曹休に詳細な手紙を送ったように、手紙もまた外交上、重要な手段であった。孫権と曹操が対戦した時に、孫権が送った手紙をみて曹操が軍を引いたことや、曹操がわざとおかしな手紙を韓遂《かんすい》に送り、それを見た馬超《ばちょう》が疑念を起こして韓遂と不和になったのなどは、いずれも手紙を戦略上効果的につかった例といえよう。

曹操が韓遂に手紙を出したのは、曹操は韓遂の父と同じ年に孝廉《こうれん》に推薦された縁で、韓遂とも都での旧知の間柄であったためである。この時代、三国それぞれに仕えた官僚たちは、このようにもとは同じ仲間、あるいは同郷、あるいは諸葛亮と兄の諸葛瑾、さらに魏につかえた諸葛誕のように兄弟、同族であった場合が少なくない。彼らは互いに遠くはなれていても、頻繁に手紙のやりとりをした。

たとえば魏と蜀がはげしく対立していた時、魏の高官であった華歆《かきん》、王朗《おうろう》、陳羣《ちんぐん》はいずれも蜀の最高位である太傅《たいふ》の任にあった許靖《きょせい》に手紙を出し、家族の安否などをたずねている。許靖は、若き日の曹操を「治世の能臣、乱世の姦雄」と評した許劭《きょしょう》の従兄で、ともに人物鑑定をよくし、いわゆる汝南《じょなん》の月旦評《げったんひょう》の創始者であるが、華歆、王朗そして陳羣の父の陳紀とは若い頃からの友人であった。それが戦乱により、揚州から会稽、さらに遠く交州にまで逃げ、後に劉璋をたよって蜀に来て、結局は劉備に仕えたのである。許靖は成りゆきによって、やむなく蜀に仕えたともいえよう。おなじく蜀の高官で、劉備が皇帝になった時、天を祭る文章などをすべて書いた劉巴《りゅうは》も、荊州、交趾《こうし》から蜀への流浪組で、魏の陳羣は諸葛亮への手紙の中で劉巴の安否を問うている。呉に仕えた知識人のトップであった張昭もまた、王朗や魏の文士として有名な陳琳《ちんりん》と同郷の親しい友人であった。彼らはみな後漢以来の名士階級の出身であった。

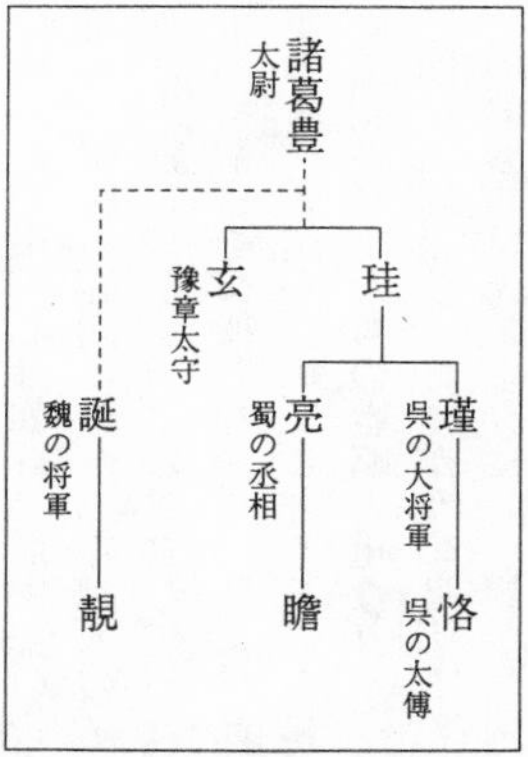

諸葛氏略系図　諸葛亮と諸葛誕は同族といわれるが、親族関係はわかっていない

知識人のネットワーク

このように戦乱によって知識人が各地に

分散した結果、北は朝鮮半島中部の帯方《たいほう》郡から南はベトナム北部の交趾《こうし》郡、西は敦煌《とんこう》にいたるまで、広い範囲にわたる知識人のネットワークが形成されたといえる。彼らは三国それぞれに仕官し、政治的には対立していたが、均一な文化的教養を共有しており、互いに手紙によって情報を交換しながら、時には彼らの仕える君主とは別の思惑をもって行動していたのである。張昭が孫権とことあるごとに対立したのは、そのもっとも顕著な例であろう。そこに三国の君主たちの戦略と重なりそうで、微妙にずれる全国的な一種の世論が形成される。三国が結局は統一に向かうのは、この知識人共通の世論に負うところが大きい。

中でも諸葛《しょかつ》氏のように、一族が三国それぞれで重要な地位についた場合、そのこと自体は戦乱による偶然の結果であったにせよ、それ以降は、あたかも日本の戦国時代の真田《さなだ》氏の場合のように、どちらが勝っても生き残れるようにとの氏族としての戦略がなかったとはいえまい。諸葛瑾《しょかつきん》が孫権から弟の諸葛亮の懐柔を命ぜられた時、自分が呉を裏切らないように、弟も蜀を裏切らないと答えて婉曲に拒否したのは、そのような配慮からであったとも考えられよう。諸葛瑾の子の諸葛恪《しょかつかく》が、呉の軍糧を管理する節度官になった時、叔父の諸葛亮はわざわざ呉の宰相の陸遜《りくそん》に手紙を出し、甥はその任には不適切であると忠告したが、そこには蜀の忠臣とは異なる、一族の繁栄を願う諸葛亮のもうひとつの顔がのぞいている。諸葛亮の子の諸葛瞻《しょかつせん》、魏の諸葛誕《しょかつたん》、呉の諸葛恪はともに非業の死を遂げたが、その子孫には次の晋になっても高官になった者がおり、一族生き残りの戦略は成功したのである。諸葛氏だけではなく、この時代の多くの氏族が同じように戦乱と王朝の興廃をくぐりぬけ、次の南北朝からさらに隋唐代にいたるまで名門貴族として栄えたのは、それなりの戦略があってのことであろう。このように国家と氏族の運命を分けて考える発想は、中国の知識人の間では後世にいたるまで見られる。現在、海外の華僑《かきょう》の一部に、子弟を複数の外国に移住させる習慣があるのも、その名残であろう。

さてこれら三国にちらばった知識人の間で交わされた手紙は、一応は私信のような形になっているが、実際にはなかば公開を期待したものであった。それらの手紙が史書に記録されて今日まで残っているのが、そのなによりの証拠である。そこに一見私信を装ったこれらの手紙の戦略的用途がある。魏の王朗が蜀の許靖に出した手紙には、家族の様子を尋ねる以外に、それとなく魏の正統性を説いて帰順をうながす内容があり、あきらかに戦略的効果をねらったものである。また華歆《かきん》、王朗、陳羣それに諸葛氏の一族の諸葛瑾《しょかつしょう》は、劉備が死んだ年、諸葛亮にそれぞれ手紙を書いて、天命が魏にあることを説き、投降を勧めた。諸葛亮はこれに対して直接の返書は出さず、正議という一種の公開状のかたちで反論している。これなども外交的駆け引きに手紙がつかわれた例であろう。

檄文と「罵倒の文学」

『演義』では、しばしば戦いの前に敵味方同士の罵《ば》倒《とう》合戦が行われる。また故意に敵を罵倒して相手を憤慨させ、ミスを誘うのも戦術の常套《じょうとう》手段であった。このようなことが実際に行われたかどうか、さだかではないが、諸葛亮が最後の北伐で、いっこうに戦場に出てこない司馬懿《しばい》に婦人物の服を送って挑発したことがあるから、あるいは罵《ののし》り合戦もあったかもしれない。現在残っているのは、檄文《げきぶん》の中の敵を罵倒する文章で、これは戦いの前に広くばらまいて、戦争を有利に運ぶための情報戦の一環である。

　三国時代随一の檄文の名手は陳琳《ちんりん》であった。陳琳はもと袁紹に仕えていた。官渡の戦いの前夜に、徐州にいた劉備を参戦させる目的で袁紹のために檄文を書いたが、この文章は曹操の祖父の宦官、曹騰《そうとう》から、父の曹嵩《そうすう》、そして曹操本人を、口をきわめて罵った檄文の傑作である。後に曹操に降伏した陳琳に対して、曹操は、自分のことはともかく先祖の悪口まで言わなくともいいではないかとなじったが、それでも陳琳の文才を愛して彼をゆるした。曹操には頭痛の持病があったが、横になったまま陳琳の檄文を読むと、寝床からむっくりと起きあがり、頭がすっきりしたと言ったという。

　のち曹操が漢中を平定し、張魯が降伏すると、陳琳は、今度は孫権を罵倒し、呉の将兵を恫喝する檄文を書いた。これはおそらくそれ以前に孫権が漢中に兵を進める姿勢をみせたのを牽制する目的であったろう。孫権はこの檄文を見て、なんと言ったであろうか。この二篇の檄文、すなわち「袁紹のために豫州（劉備のこと）に檄す」と「呉の将校部曲《ぶきょく》に檄する文」は、ともに六朝《りくちょう》時代の梁《りょう》の昭明《しょうめい》太子によって編纂された名詩文集『文選《もんぜん》』に収められている。罵倒の文学としてきわめてユニークな存在であり、ついでに頭痛薬にもなるかもしれない。中でも前者の出だしの、「非常の人あってしかる後に非常の事あり、非常の事あってしかる後に非常の功を立つ」という文句は、広く人口に膾炙《かいしゃ》している。

手紙偽造の横行

曹操が荊州で劉備に仕えた徐庶《じょしょ》を自分のもとに呼び寄せるため、徐庶の母親をつかまえ、さらに母親の手紙を偽造して徐庶をおびきよせる話は、『演義』の中でも曹操の狡猾さを示すものとして、とりわけ印象深いであろう。にせの降伏が戦略的に効果的であったように、偽造されたにせの手紙は、うまくゆけば高い戦略的効果を発揮する。徐庶の母親の手紙を偽造する話は『演義』の創作だが、三国時代には実際にそのような例があった。

まず魏の曹丕の寵臣《ちょうしん》であった呉質《ごしつ》が、曹丕と曹植の後継者争いから曹操の猜疑をこうむっていることを、魏の降伏者を通じて知った呉では、さっそく文臣の胡綜《こそう》に、呉質のにせの降伏状なるものを作らせて、それを魏の領土内でばらまいた。呉質を失脚させ、さらには魏の内紛を煽動するためであったが、それにしてもなんとも念の入った芸当である。その全文は、『呉書・胡綜伝』に転載されているが、三条からなるその文は、いわば火のないところに煙を立てたものであり、無から有を創作したという意味で、立派な文学作品であるといえる。しかしこれは呉質が侍中となったため、所期の目的を達成できなかった。

つぎに魏の江夏《こうか》太守《たいしゅ》の逯式《ろくしき》がしばしば辺境を侵したため、これを苦にした呉の陸遜《りくそん》は、逯式と、将軍文聘《ぶんぺい》の子の文休《ぶんきゅう》が不和であることを聞きつけると、逯式が呉の降伏の勧誘に答えた偽の返書をつくり、「あなたが文休と犬猿の仲であるため、こちらに帰順してくること承知しました。軍勢を引き連れ迎えに行きますから、すみやかに準備をして、帰順の時期を知らせてください」と書いて、その手紙を国境地帯に置いた。それを兵士がひろって逯式に見せると、逯式はあわてて洛陽に帰ってしまった。そのため逯式は兵士の信頼を失い、のちに罷免されたという。これはにせの手紙が成功した例である。

魏も同じ手口で成功を収めたことがある。それは諸葛亮と孫権が同盟協定によって同時に魏を攻撃しようとした時のことである。偶然、国境地帯の偵察兵が孫権の諸葛亮あての手紙を入手した。秘書監の劉放《りゅうほう》は、孫権の筆跡を真似てその手紙を改竄《かいざん》し、あたかも孫権が魏に降伏するかのような文面にして、それを諸葛亮に送りつけた。手紙を見て驚いた諸葛亮は、それを呉の大将、歩騭《ほしつ》に送り、歩騭はさらに孫権に見せた。孫権は諸葛亮に疑われたと思い、あわてて弁解したという。この事件が蜀と呉の同盟関係にどれほどの影響をあたえたかは不明であるが、のちには蜀と魏が同盟を結んだというありえないデマが飛んで、呉をあわてさせたこともあり、呉蜀同盟を攪乱する目的で、魏が諜報《ちょうほう》工作を行ったことはたしかなようだ。

またのちに魏の諸葛誕が寿春で反乱を起こした時、黄門侍郎《こうもんじろう》の鍾会《しょうかい》は、呉から投降してきた全輝《ぜんき》、全儀《ぜんぎ》の手紙を偽造して、諸葛誕応援のため寿春城内に入った呉軍の将軍で全輝、全儀の叔父にあたる全懌《ぜんえき》に送り、全懌を魏の側に寝返らせることに成功した。さらに鍾会は、のちに魏が蜀をほろぼす時の総大将となったが、ライバルの鄧艾《とうがい》を失脚させるため、鄧艾から都に送る報告書を偽造し、その中に無礼な文言をならべたて、見事に目的を達した。鍾会は他人の筆跡を真似る名人だったのである。曹操が徐庶の母親の筆跡を真似て手紙を偽造させ、徐庶をおびきよせる『演義』の話は、あるいはこの鍾会の手紙偽造からヒントをえたのかもしれない。

　このように手紙の偽造は、対外工作と国内の内紛を問わず、この時代しきりに行われたようである。現代のスパイも顔負けの熾烈な諜報戦であろう。それはこの時代が現代にも通じる情報化の時代であったことを示している。しかし『演義』では残念ながら、これらの諜報戦はほとんど取り入れられていない。それは『演義』が蜀を中心に物語を組み立てているからであろう。蜀は北伐一点張りで、このような面白い諜報戦はついぞ行わなかったのである。

魏呉蜀の異民族問題

魏の移住政策の功罪

三国にとって、各領地の内外にすむ異民族にどう対処するかは、内政や外交とともに、あるいはそれ以上に重要な課題であり、またそれは内政、外交、軍事の諸方面の問題と密接につながっていた。ここで三国それぞれの異民族対策を簡単にみておこう。

　前漢以来、中国の北方民族で中国の大きな脅威となったのは、匈奴《きょうど》であった。しかし前後漢を通じての征討と懐柔により、匈奴の勢力は大きくそがれた。後漢末期から匈奴に代わって活動しはじめたのは、西方の氐《てい》族や羌《きょう》族などのチベット系の民族、東北方面の烏《う》丸《がん》、鮮卑《せんぴ》などのモンゴル系民族であった。特に涼州から隴右《ろうゆう》地方の氐族、羌族は後漢王朝の大患となり、その平定に要した軍事費が財政を圧迫し、後漢滅亡の一因となったほどである。董卓《とうたく》や馬《ば》騰《とう》、韓遂《かんすい》など西方から起こった軍閥は、みな氐族、羌族の勢力を利用して中原に覇をとなえようとしたのである。

曹操がこれらの異民族に対してとった政策は、漢代と同じく討伐と懐柔、つまりアメと鞭であったが、その方法は巧妙であった。曹操は匈奴の於夫羅単于《おふらぜんう》を敗死させ、烏丸を討伐し、また鮮卑の首長、軻比能《かひのう》に刺客を送るなどの荒っぽい手も用いたが、おもには懐柔策につとめた。しかもこれら異民族を細分化して分割統合し、またその内地への移住を積極的にすすめ、その一部を義従《ぎじゅう》、勇力《ゆうりよく》などと称して、自分の軍隊に編入する一方、その指導者たちには中国式の教育をほどこし、同化をはかった。異民族の内地移住、同化推進政策は、辺境の安定と内地の人口不足を補うという一石二鳥の効果があったのである。このような曹操のきめ細かい政策のおかげで、魏一代の間、北方の民族統治はおおむね順調で大きな問題にはならなかった。

しかし曹操のこの巧みな政策には、思わぬ落とし穴があった。それは異民族の内地移住が進みすぎた結果、内地での漢民族との人口比に変化をきたし、場所によっては漢民族と異民族がほぼ同数、あるいは異民族の方が多数をしめることになってしまったことである。これは社会の根本を揺るがしかねない大問題であろう。晋代の江統《こうとう》によれば、当時、関中一〇〇万の人口のうち約半数は異民族であったという。現代アメリカの白人と黒人、ヒスパニック系、アジア系新移民との人口逆転現象を考えれば、だいたいの状況は想像できよう。江統、さらに早くは魏の鄧艾《とうがい》などはみなこの状況に警告を発し、異民族を塞外《さいがい》にふたたび追い返すよう主張した。

しかしその後も内地移住はつづき、ついにはそのために西晋はほろび、異民族が北方に乱入、占拠する五胡十六国《ごこじゅうろっこく》の大動乱時代を招いてしまった。ただし大局的な見地からみれば、この時代からはじまる異民族の大移動は、南北朝の混乱期をへて、やがて隋唐《ずいとう》時代の新文化を花開かせたのであるから、功罪どちらかといえば、功の方が多かったかもしれない。その後も、契丹《きったん》、女真《じょしん》、蒙古《もうこ》、満州《まんしゅう》など異民族の北方中国への侵入と定住はつづき、それによって今日の中国が形成されたのであった。

なお曹操は呉の国内の山越《さんえつ》に対しても積極的に懐柔策をすすめた。それは呉と魏の外交関係に大きな影響をあたえている。

孟獲の出世にみる蜀の異民族懐柔策

諸葛亮の南征が軍事的な征服と統治ではなく、この地域の異民族に対するたんなる慰撫策であったこと、またこの地域が中国の領土となり、中国化がすすむのは、はるか後の元明代以降であることは、すでに述べた。ただし諸葛亮もたんに慰撫を行っただけではなく、曹操と同じくこれらの民族に対する分割統治や移住策も実施している。まず従来は四つあったこの地域の郡を六つにふやして分断統治をすすめ、またその中から一万あまりの兵士を飛校《ひこう》と称して、蜀の軍隊に編入した。さらに指導者には蜀の官職をあたえており、七縦七擒《しちしょうしちきん》で有名な孟獲《もうかく》なども、諸葛亮の北伐に従軍し、のちに御史中丞《ぎょしちゅうじょう》という高官にまでなっている。これらの措置は、三国に共通であった人口不足、特に蜀で深刻であったろう兵士や人材の不足を補うためであった。

また北方では魏との国境地帯にすむ羌族に対して、その向背が魏との戦争に大きな影響をおよぼすため、極力懐柔につとめ、諸葛亮の跡を継いで北伐を続行した姜維《きょうい》は、それなりの成果をあげた。姜維はもと羌族の出身であったという説もある。劉備はもともと孫権に対して、涼州を取ったら荆州を返すと言っており、羌族の多くすむ涼州には野心をもっていたはずである。さらに涼州の先、シルクロード沿いのいわゆる西域諸国は、おおむね魏に朝貢《ちょうこう》していたが、諸葛亮が代筆した劉禅の詔には、西域の月氏《げっし》と康居《こうきょ》（シル・ダリヤ流域のタシケント一帯）が使者を派遣してきたという記述があり、魏との間には、これら西域諸民族の帰趨をめぐっても確執があったかもしれない。

これに関連して、すでに述べたように、諸葛亮が北伐に際して鮮卑《せんぴ》族の軻比能《かひのう》と通じ、魏を挟撃しようとした事実は興味深い。後世、諸葛亮が忠君愛国の鑑としてもちあげられ、さらにそれが漢民族の民族主義によって解釈されるようになると、この都合のわるい事実はあまり触れられなくなってしまう。しかしそれは、魏が呉の山越を懐柔し、呉が高句麗と結んで魏を挟み撃ちにしようとしたのと同じく、この時代の民族問題が実は外交政策の一環でもあったことの反映にすぎない。朝鮮半島や日本との関係も、このような三国の外交対策の中で考える必要がある。

呉の山越討伐

三国の中でもっとも深刻な民族問題をかかえていたのは呉であった。呉の領有する揚、荆、交の三州は、元来すべて異民族の居住地であった。うち荆州南部の五谿蛮《ごけいばん》、武陵蛮《ぶりょうばん》などとよばれた民族は、蜀の西南部の民族と同じく後々まで中国化されず、この時代まで漢民族との間に深刻なトラブルはない。また交州南部、すなわち今のベトナム北部は、いうまでもなくベトナム人が圧倒的多数を占め、少数の中国人が点の支配を行っていたにすぎない。問題は呉の本拠地である揚州の山岳地帯にすむ山越《さんえつ》である。

『晋書・地理志』によれば、呉がほろんだ時、揚州の人口は約三一万戸であったが、そのうちの半数近くは山越であったと考えられる。それ以前はもっと多かったであろう。元来は山越の居住地に、後から北方の漢民族が移住してきたのであるから、それは元来が漢民族の居住地であった北方中国に異民族が移住してきたのと、ちょうど逆の状況である。後者の状況が現代アメリカの白人とその他の新移住民との人口逆転に似ているとすれば、前者は先住民との戦いに明け暮れたアメリカの開拓時代に近いといえようか。

この時期に山越との衝突が激化したのにはいくつかの理由がある。ひとつは北方の戦乱により漢民族の移住者が急激に増え、開発が山越の住んでいる山岳地帯にまで進んだことであろう。山越はもともと山岳地帯でおもに焼き畑農業などを行い、宗族《そうぞく》ごとにまとまって自給自足の生活を送っていたものと思える。そのため彼らはまた宗民《そうみん》、宗部《そうぶ》などともよばれた。

それが平地の漢民族との接触によって自給自足体制がくずれ、平地民との抗争から共生、同化へと向かっていったことも、対立が激化した理由の一つである。このような山岳民と平地民の、抗争と共存からやがて同化にいたる関係は、世界の他の地域でもしばしば見られる。

さらに魏が呉を牽制するため、しきりに山越の離反を画策したことも衝突激化をうながした大きな要因である。曹操は建安二年（一九七）、孫策を討逆将軍、呉侯に任じると同時に、呉郡太守の陳瑀《ちんう》を安東《あんとう》将軍に任命し、ひそかに山越を煽動して会稽を襲わせている。また後にも丹陽郡の山越の指導者、費桟《ひさん》に印綬《いんじゅ》をあたえて反乱を起こさせるなど、たびたび山越を利用しようと画策した。周魴《しゅうほう》がいつわりの降伏をして魏の曹休をおびき出した計略（一九二ページ参照）も、元来は魏に内通した山越を、呉が逆に利用しようとしたものであったのである。

このような内政と対魏軍事行動の双方の理由から、呉は全力をあげて山越討伐に向かわざるをえなかった。呉の有力な武将で山越討伐に従事しなかった者はいないといってよい。呉が魏に一時的に臣従したのも、蜀との共同作戦を十全に行えなかったのも、実は山越討伐で余力がなかったことが大きな原因である。孫権は蜀に送った使者の張温をして、山越が片づいたら魏との戦いに専念できると率直に言わしめている。山越討伐の方法は、反抗する者は斬殺したうえで、全員を平地に強制移住させ、若者は兵士に徴発、その他は部民として役使するという苛酷なものであった。『呉志』の数字を総計すると、呉の軍隊に編入された山越の兵士は十五、六万にもなる。すなわち呉の軍隊の半数以上は山越の兵士だったのである。

長期にわたる山越討伐も、孫権が皇帝を称した頃まではおおむね終息し、漢民族による江南地帯の開発は大いに進んだ。後漢時代、揚州の長江以南には四つの郡があるだけであったが、呉ではそれが一〇に増えているのは、開発の結果であろう。そして呉の時代を頂点として、山越との衝突は急激に減り、唐代までには同化がほぼ完了した。その後の江南地方は、よく知られるように、中国随一の穀倉地帯、文化的先進地域となって今日にいたっているのである。

しかし漢民族の中に同化された山越の文化は、決して完全に消滅したわけではなく、今日でもその痕跡はいたるところに見ることができる。たとえば安徽《あんき》と江蘇《こうそ》の南部、浙江《せっこう》から福《ふっ》建《けん》、広東《カントン》にいたるかつての山越居住地域では、今日でも他の地域と異なる特殊な方言が使用されており、中には漢字では表記できない単語も少なくない。それらの多くは山越の言語の名残であろう。

山岳から海へ

山越はベトナムをはじめとするインドシナ半島の諸民族と同じ系統の民族であったと考えられる。ベトナムは漢字で書けば越南で、南の越という意味である（ベトナム語では修飾語が名詞の後につく）。とすれば中国にいる越人は、北の越ということになろう。越南という国名には、北方の中国にいる越人も本来は自分たちと同じ民族であるという意識があらわれている。呉がベトナムからさらには東南アジアの諸地域と交渉をもったのは、山越討伐の延

銅鼓に描かれた船の絵　広西チワン族自治区西林出土の青銅器時代のもの。広西壮族自治区博物館蔵

長であったといえよう。そして中国南部の広州などから東南アジアに行くには、陸路よりも海路が大きな意味をもっているのである。

また春秋戦国時代の呉や越、さらには近年発見された新石器時代の河姆渡《かぼと》文化の担い手も、おそらくは越人の先祖たちであったろう。河姆渡文化は浙江《せっこう》の海岸地帯から島嶼《とうしょ》部にまで広がっており、海と密接な関係があった。山人が海人と意外に近いつながりをもっていたことは、日本古代の山部と海部との関係をみてもわかる。中国の広東とベトナムを中心に、北は長江流域、南は東南アジア諸地域で広く出土する青銅器時代の銅鼓にしばしば船の絵がみえるのも、越人が実は海の民であったことを物語る。孫権が海上交通に熱心で、海を通じて東南アジアや遼東半島、さらに台湾や日本とまでも交流しようとしたのは、政治外交上の目論見があってのことであるが、これにもやはり越人文化の影響があったと考えられる。この点は、魏と倭との関係を考えるうえでも、無視できない重要性をもっていよう。

武将と軍隊

部曲制と三国の軍隊比較

三国の抗争の主体がそれぞれの軍隊であったことはいうまでもない。その軍隊の中に多くの異民族の兵士がいたことも、すでに述べた。しかしこの時代の軍隊は、近代的軍隊のように国家や政府に直属していたわけでは必ずしもない。後漢末期以来の戦乱により、各地の豪族たちは自衛のため多くの私兵をかかえていた。これを当時の用語で、部曲《ぶきょく》という。部曲はもと軍隊の編制用語であったが、この時代には広く軍隊を指す普通名詞となり、特に豪族の私兵集団を意味するようになる。

全国各地には大小無数の豪族私兵集団が割拠して離合集散をかさね、それらが次第に軍閥に成長してゆき、最終的に魏蜀呉の三つの国に統合されたというのが三国形成の実態であった。したがって三国の君主はその実、最大の軍閥であり、君主の配下の武将たちもまた実は豪族私兵集団の長であったのである。魏の武将の李典《りてん》が、官渡《かんと》の戦いに宗族《そうぞく》と部曲を率いて参戦したと『魏志』の李典の伝が述べるのは、この間の事情を物語るものであろう。同じく魏の武将であり曹操の信任のあつかった許褚《きょちょ》も、もとは宗族数千家を従えて城壁の中に立てこもっていた豪族私兵の長であった。江南の有力な豪族である呉郡の顧、陸、朱、張の四氏もまた孫権に仕える一面、多数の部曲をかかえていた。これらの部曲は、平時には農耕に従事し、戦時には主人とともに戦場にでる農民兼戦士だったのである。

三国形成後、魏は中央集権の原則のもと、これら武将の私兵集団を極力解散させ、中央の軍隊に再編成する一方、軍屯《ぐんとん》制度の実施によって国家自前の軍隊をもとうとした。これに対して呉は、国内の豪族が北方よりも強大で、かつ山越討伐という難問をかかえていたこともあって、配下の各武将の部曲をほぼそのまま追認した。そのため呉の軍隊は私兵集団的な性格がつよく、各武将の私兵は父から子へ、また兄から弟へと世襲される傾向があった。呉の政体は、表面上は中央集権の官僚制をとりながらも、実態は豪族の連合政権だったのである。そういう意味では、呉の君主の立場は日本の戦国大名やヨーロッパ中世の封建君主のそれに近い。そしてこの豪族連合政権的性格は、次の六朝時代の豪族統治へとうけつがれてゆく。

一方、蜀の軍隊は、劉備自身がもともと豪族出身ではなかったうえ、各地を転々と流浪したため、豪族部曲的な性格はうすく、むしろ流民による寄り合い部隊であったといってよい。蜀の現地人の目からみれば、その軍隊はほとんど外人部隊であったろう。蜀の軍隊、ひいてはその政権自体が魏や呉にくらべて脆弱であった理由のひとつはそこにある。

軍隊と商業

軍隊というのはそもそも一大消費集団である。戦争の遂行には軍糧や兵器をはじめ莫大な物資が消費される。戦争が軍需産業や商業の発展をうながすのは、いつの時代でも変わりがない。まして近代以前の時代にあっては、軍隊より大規模な組織は存在しなかったのである。軍隊がその内部に自前の軍需品生産工場をもち、また商業に従事したとしても不思議はないであろう。

魏の司馬懿《しばい》は、蜀との戦争の間、長安で軍市、つまり軍隊直営のマーケットを開き、軍市候という管理職をおいていた。また呉の潘璋《はんしょう》も同じく、戦争の合間には軍市を開いていたという。潘璋は分不相応な贅沢をし、不正な行為も多かったといわれるが、おそらく軍市でもうけていたのであろう。

呉の永安二年（二五九）、孫休は、州郡の吏民や諸営の兵士が長江に船を浮かべて商業に従事しているのに警告を発する詔《みことのり》を出している。当時、長江沿岸各地さらに上流の蜀との間では、しきりに物資の交易がおこなわれており、中には蜀の馬のように軍事物資も少なくなかった。兵士が商業に従事したのも当然であろう。まして軍隊は情報をにぎっている。呉では長江沿岸に狼煙《のろし》台をもうけ、武昌から建業まで一日で情報を伝達できたという。これはむろん軍事目的のためであって、まさか商業用途に使われたとは思われないが（江戸時代の日本では、大坂の米相場を各地に伝えるため狼煙台が使われた例がある）、しかし軍隊が商業用途にも有用な情報をふんだんにもっていたであろうことは想像にかたくない。呂蒙《りょもう》が荊州の関羽を奇襲する際、船に乗せた兵士を商人に変装させたのは、軍隊と商業の関係をはしなくも物語っている。

「呉下の阿蒙」武将の教養

この時代の武将には、大きく分けて二つのタイプがある。ひとつは諸葛亮、周瑜《しゆうゆ》のように文人出身の武将で、彼らは軍の指揮はするが、実際に戦場で武器をとって戦ったわけではない。もうひとつは関羽や張飛など専門的な職業軍人で、実際に戦ったのはむろん彼らである。

中国は古来、文を重んじて武を軽んじる国柄であり、この時代でも職業軍人の地位は文人官僚にくらべてはるかに低い。ある時、張飛が蜀の官僚中の名士であった劉巴《りゆうは》のところに出かけたが、劉巴は張飛にひとことも言葉をかけないので、張飛は憤激した。これを聞いた諸葛亮が、張飛は武人だがあなたを敬慕しているのだから、少し相手をしてやったらどうか、と劉巴に言ったところ、劉巴は、どうして兵子（兵隊ふぜい）などと共に語れようか、といって言下に断った。後にこの話を聞いた孫権は、劉巴が張飛と話をして劉備のご機嫌をとるようでは名士とはいえない、と評したという。張飛は知識人を尊敬していたというが、それでもこのありさまである。関羽がことさら尊大な態度をとったのも、武人に対する侮蔑に反発したためであったかもしれない。

おそらくそのためもあろう、武将の中には文士に負けないよう学問にはげむ者も少なくなかった。呉の呂蒙《りよもう》は兵士からたたきあげた根っからの職業軍人であったが、ある時、孫権に少しは学問もしろと言われ、発憤読書して大いに上達した。のち呂蒙は荊州の魯粛《ろしゆく》の配下となったが、呂蒙の学問上達を知った魯粛は、その肩をたたいて、「学識英博にして、また呉《ご》下《か》の阿蒙《あもう》にあらず（すっかり博識になって、もうむかし呉郡にいたころの無知な蒙さんではないな）」とほめた。呂蒙は、「士は別れて三日にして、すなわち更に刮目《かつもく》して相待つ（士は三日会わない間にも、あっと目を見張らせるような進歩をするものだ）」と胸をはった。

呂蒙が読んだ本は、『孫子《そんし》』『六韜《りくとう》』などの兵書のほか、『春秋左氏伝《しゅんじゅうさしでん》』『国語』『史記』『漢書《かんじょ》』などの歴史書である。とくに『春秋左氏伝』は武将たちの愛読書だったようで、関羽もこれをそらんじることができた。呂蒙が発憤したのは、ひとつには関羽へのライバル意識からである。このほか魏の李典《りてん》や賈逵《かき》なども『春秋左氏伝』の愛読者としてしられる。また蜀の王平《おうへい》は、字が書けず、読める字も一〇個もなかったといわれるほど無学であったが、人に『史記』『漢書』を読ませて、それを熱心に聞いたという。

武将たちが特に歴史書を好んだのは、教養のためもあるが、ひとつにはそこから実戦に役立つ戦略を学ぼうとしたのであろう。後世でも『資治通鑑《しじつがん》』などの歴史書、そしてほかならぬ小説『三国志演義』も、実は戦術の教科書として読まれることが少なくなかったのである。たとえば毛沢東も『三国志演義』を読んで、その知識を戦術に応用したという。

鼓吹曲にみる軍隊の宣伝合戦

中国の軍隊では、兵士の士気をたかめ、ついでに娯楽をも提供するために、古くから軍歌を歌う習慣があった。軍歌は太鼓と笛を伴奏としたため鼓吹曲《こすいきょく》とよばれ、古くは漢代の作品が残っている。三国時代にも各国競ってこの鼓吹曲を作っているが、漢代の鼓吹曲が一曲ごとに別の内容であったのに対して、三国のものはみな自国の歴史を歌った組曲形式になっている点に特色がある。これらの鼓吹曲は『宋書・楽志』に記載され、現在でも見ることができる。

たとえば魏の鼓吹曲一二篇は、漢末から魏の建国にいたるまでの主要な事件を時代順に歌った組曲であり、各々の曲は題と簡単な説明および歌の本文からなっている。以下、おもな内容をあらまし紹介しよう。

第一曲「初之平―魏を言うなり」は、いわば全体のプロローグ、第二曲「滎陽《けいよう》に戦う―曹公を言うなり」は、曹操と董卓軍との滎陽での戦いを描く。

戦滎陽　汴水陂　　滎陽の汴水《べんすい》の陂《つつみ》に戦う
戎士憤怒　貫甲馳　　兵士は憤怒し　甲冑《かっちゅう》をつけて馳せる
陳未成　退徐栄　　陣形が整わぬうちに　敵将の徐栄《じょえい》を退け
二万騎　塹塁平　　敵の騎兵二万の死骸が塹壕《ざんごう》を埋め尽くしたが
戎馬傷　六軍驚　　こちらの兵馬も傷つき　兵士たちは動揺
勢不集　衆幾傾　　援軍も来ず　全軍は危機に瀕《ひん》す
白日没　時晦冥　　日は落ちて　あたりは暗く
顧中牟　心屛営　　東のかた中牟《ちゅうぼう》を顧みれば　心はむすぼれる
同盟疑　計無成　　同盟した諸侯は疑心を抱き　董卓征伐の計は失敗

頼我武皇　万国寧　　我が武皇（曹操）のおかげで　万国は平和となる

滎陽の戦いで曹操は大敗を喫し、流れ矢に当たり従弟の曹洪《そうこう》の馬でかろうじて逃げ帰った。しかしこの歌では敵を退けた曹操の功績をまるで勝ち戦のように讃え、敗戦についてはわずかに被害甚大であったとのみ述べ、それも同盟諸侯のせいにしている。事実にもとることはなはだしいといわねばならない。

次の第三曲「呂布を獲《とら》う――曹公東のかた臨淮《りんわい》を囲み、呂布を生擒《いけど》りにするを言うなり」もあげてみよう。

獲呂布　戮陳宮　　呂布をとらえ　陳宮《ちんきゅう》をころす
芟夷鯨鯢　駆騁群雄　　鯨鯢《くじら》のような悪者を除き　群雄を走らせる
囊括天下　運掌中　　天下をたばねて　手のひらの中にめぐらす

敵をやっつけた曹操の功績をたたえた、すこぶる威勢のよい文句であろう。以下、官渡の戦いから荆州征討、関中平定とつづき、ついに文帝の禅譲による即位におよび、文帝をついだ明帝の徳をたたえるところで終わっている。すべて自国の栄えある歴史と敵に対するかがやかしい勝利を歌ったものであり、赤壁の敗戦のような都合のわるいことがらについては、ひとことも触れていない。

逆に呉の鼓吹曲では、赤壁の戦いの勝利は大々的に取り上げられている。呉の鼓吹曲の第四曲「烏林《うりん》（赤壁の対岸）―曹操すでに荊州を破り、流れにしたがいて東に下り、来りて鋒《ほう》を争わんとす。大皇帝（孫権）は将の周瑜に命じて、これを烏林にむかえて撃ち破り走らしむを言うなり」は、次のように歌う。

曹操北伐　抜柳城　曹操は北伐して　柳城を抜き
乗勝席巻　遂南征　勝ちに乗じて席巻し　ついに南征する
劉氏不睦　八郡震驚　劉表の子らは不仲で　荊州八郡は震え驚き
衆既降　操屠荊　みな降伏したが　曹操は虐殺を敢行
舟車十万　揚風声　舟車十万の軍が風声をあげて呉を攻め
議者狐疑　慮無成　臣下たちはためらうばかり　計略はならず
頼我大皇　発聖明　さいわい我が大皇帝さまの聖明なるご判断で
虎臣雄烈　周与程　虎のように勇猛な周瑜と程普《ていふ》が
破操烏林　顕章功名　曹操を烏林に破って　輝かしい功名をあげた

要するに、これらの鼓吹曲はみな自国の都合のよいように歴史を再構成したものであり、呉の第七曲「関は徳に背く―蜀将の関羽は呉の徳に背棄して、心に不軌をいだく。大皇帝、師を引いて江に浮かび、これを禽《とりこ》にするを言うなり」は、関羽を裏切り者扱いし、また晋の

説唱俑（上右、四川博物院蔵）　四川省郫県（現・成都市郫都区）の後漢代の墓から出土した、太鼓を叩いて演じ歌う説唱芸人の俑。高さ66.5cm。後漢から蜀の時代、この地域の陶塑は独特の写実性と活力、地方色をそなえた形に発達した

歌唱俑（上左、四川博物院蔵）　歌をうたっているらしい人物像。高さ41cm。蜀代の作で、重慶市忠県塗井５号崖墓出土

舞踏俑（左、四川博物院蔵）　軽快で優美な舞姿をみせる人物像。高さ25cm。蜀代の作で、重慶市忠県塗井５号崖墓出土

第二曲「宣は命を受く──宣皇帝《せんこうてい》（司馬懿《しばい》）は諸葛亮をふせぎ、威を養うこと重く、神兵をめぐらし、亮は震え怖れて死するを言う」では、諸葛亮が司馬懿の威勢をおそれて死んでしまったことになっている。

軍隊に芸人がいた

呉の将軍、甘寧《かんねい》は、魏軍との濡須口《じゅしゅこう》での戦いの際、曹操の陣営に夜討ちをかけ、大勝利をおさめて帰ると、鼓吹をなして万歳を叫んだという。また同じく呉の留賛《りゅうさん》は、戦いの前に髪を振り乱して天にむかって叫び、部下とともに大声で歌をうたってから出陣した。鼓吹曲は、そのような場合に士気を鼓舞するため歌われたのであろう。それだけでなく鼓吹曲はまた敵に対してこちらの優位をしめし、敵の威勢をくじくためのものでもあったと考えられる。すなわちそれは、檄文と同じように、敵に対する宣伝効果をねらったものであったろう。これらの鼓吹曲が、各国ともに皇帝じきじきの命令により、魏は繆襲《びゅうしゅう》、呉は韋昭《いしょう》、晋は傅玄《ふげん》という当時一流の文士によって作詞されていることは、各国がその効果をいかに重視していたかを示すものであろう。

さらにこれらの鼓吹曲がみな組曲形式をとり、かつ簡単ながら解説がついていることを考えると、それらがさらに詳しいせりふをともなって、通しで歌われることもあったのではないかと想像される。あるいは専門の芸人がそれを語り、歌ったかもしれない。中国の軍隊の中に芸人がいたことは、後世多くの史料がある。敦煌《とんこう》から発見された変文という唐代の語り物をはじめとする後世の語り物文芸は、みな歌とせりふを交互にくりかえすことによって、ひとつの物語をかたる形式であった。右の鼓吹曲では七言句が多く用いられているが、これもまた後世の語り物の形式と同じである。また後世の語り物は、唐代の変文のように、しばしば絵解きとして用いられたが、魏の曹丕が樊城の戦いの様子を絵図に描いて于禁に見せたという話から考えると、これらの鼓吹曲に絵解きとしての機能がすでにあった可能性もあろう。

『三国志演義』などの小説は、実は語り物から発展したものである。その点、気になるのは魏呉晋の鼓吹曲がみな残されているのに、蜀のそれがないことである。諸葛亮は諜報戦が苦手だったようであるが、各国がこれだけ力をいれた鼓吹曲を蜀だけが作らなかったとは考えがたい。もしそれがあったとすれば、その内容は当然、蜀に都合のよいものであったはずであり、蜀を中心に描く『演義』の原型のようなものであったろう。

第六章　かげりゆく三帝国

蜀の衰退と滅亡

群臣の内輪もめ

諸葛亮が死に、北伐《ほくばつ》が頓挫した後の蜀には、実はあまり述べることがない。諸葛亮の跡を継ぎ、尚書令《しょうしょれい》、大将軍など実質上の宰相《さいしょう》職となった蔣琬《しょうえん》、費禕《ひい》、董允《とういん》は、みなそれぞれに有能であり、蜀では諸葛亮をふくめたこの四人を四相《ししょう》と称した。しかし蔣琬は不幸にも早くに病死し、費禕はさらに不幸なことに魏の刺客によって暗殺された。その後は諸葛亮体制が惰性化、空洞化し、蜀は徐々に衰退へと向かう。

そもそも蜀の群臣たちは、簡雍《かんよう》、糜竺《びじく》、孫乾《そんけん》など当初から劉備にしたがって北方から来た者、諸葛亮、蔣琬、伊籍《いせき》、馬良《ばりょう》のように荊州で劉備の陣営に加わった者、費禕、董和《とうわ》とその子の董允のように、もとは劉璋の部下だった者などからなる寄り合い所帯で、その内部はさらに複雑であった。そこに不協和音が生じるのは当然であろう。

諸葛亮が五丈原で死んだ直後、蜀の軍中では北伐を続行しようとした魏延《ぎえん》と撤退を主張する楊儀《ようぎ》が対立、楊儀は魏延を殺したが、ほどなく楊儀も失脚して死んだ。この二人はもともと仲が悪く、ことあるごとに対立し、生前の諸葛亮もこれには手を焼いていたのである。魏延を殺した楊儀は、その首を足で踏みつけにして、「庸奴《ようど》、またよく悪をなすやいなや（愚か者め、これでもまだ悪さができるか）」と言い、魏延一族を誅殺した。よほど怨んでいたのであろう。

　蜀ではこの種の内輪もめ、諍《いさか》いが絶えなかった。劉備が即位当初、諸制度を整えるため学士に任命した許慈《きょじ》と胡潜《こせん》も仲が悪く、意見のちがいから互いに罵りあい、あげくのはては鞭を手にして相手を威嚇する始末であった。業を煮やした劉備は、宴会の席で二人の喧嘩のさまを俳優に演じさせて、それとなくたしなめた。それでも劉備がこの二人を用いざるをえなかったのは、蜀には人材が不足していたからである。

　この他にも、魏延と劉琰《りゅうえん》、楊儀と劉巴《りゅうは》、諸葛亮と黄元《こうげん》、張裔《ちょうえい》と岑述《しんじゅつ》、姜維《きょうい》と張翼《ちょうよく》、姜維と楊戯《ようぎ》など、『蜀志』の群臣の伝の中には、不和についての記述が多い。魏と呉でも権力をめぐっての内紛、内乱が絶えなかったが、蜀のこの種の対立は、権力闘争というよりはむしろたんなる個人間の喧嘩といった方が適切である。劉備や諸葛亮が生きていた間は、それをなんとかおさえていたが、この二人の強力な指導者を失った後の蜀は、寄り合い所帯の内輪もめで、物事が思うように進まないというありさまであった。

　しかし皇帝の劉禅にはそれを打開するだけの能力も気迫もない。彼は宦官の黄皓《こうこう》を寵愛したものの、呉の最後の君主、孫晧《そんこう》のような暴君にならなかったのは、むしろ立派であるといってもよいが、しかし彼には暴君になるだけの気力すらなかったのであろう。宦官の黄皓も私利私欲をむさぼる小悪党にすぎず、政治への野心はなかった。要するに蜀の君臣はともにやる気を失い、座して滅亡を待つ状況へずるずると陥っていったのである。

その中でただ一人気を吐いたのは、諸葛亮の遺志をついで北伐を続行した姜維であった。彼は隴右《ろうゆう》方面にしきりに出兵し、その地の羌《きょう》族を手なずけるなどして、それなりの戦果をあげたが、いかんせん衆寡《しゅうか》敵せず、そのうえ元来が魏からの投降者である彼には、蜀の内部にも敵が多く、孤立していたため、次第に魏においつめられていったのである。

名士世論の圧迫

劉備が皇帝に即位した時、群臣の名目上のトップにいた許靖《きょせい》と劉巴《りゅうは》は、ともに当時の名士《めいし》であり、魏の高官となった王朗《おうろう》、陳羣《ちんぐん》などの名士とも交際があったことは、すでに述べた。この二人はともに避難先の交州から蜀に来て、成りゆき上やむをえず劉備につかえたといっても過言ではない。

特に劉巴は、かつて荊州で劉備が人望を集めていた頃、多くの人士が劉備のもとにはせ参じたにもかかわらず、一人だけ劉備にしたがわず、かえって曹操のもとに走った。劉備は彼を深く怨んだという。まもなく曹操から荊州南部の攻略を命じられてふたたび荊州に来た劉巴は、劉備がその地を占領したため、北方に帰れなくなり、交阯《こうし》に逃げ、そこからさらに劉璋を頼って蜀に来たところへ、劉備が蜀に入ってきたのである。劉備から逃げ回っていた劉巴は、内心しまったと思ったにちがいない。しかたなく劉備に詫びを入れ、劉備も過去を不問にして彼を登用した。

それはなによりも劉巴が当時の名士であったからである。この時代、全国の知識人たちが形作る世論は、これら名士たちの言動に大きく左右された。名士を多くかかえる魏に対抗するためにも、劉備は劉巴や許靖のような名士を必要としていた。許靖を官僚の最高位の太傅《たいふ》とし、劉備の皇帝即位の誥命《こうめい》を劉巴が書いたのは、そのなによりのあらわれであろう。『演義』を読んでいると、なにごとも諸葛亮がいちばんであるかのような印象を受けるが、名士としての彼の地位は劉巴や許靖に遠くおよばず、この二人には相当に気をつかっている。

しかしこのような名士に対する遠慮は、かえって蜀の弱みになっていたであろう。劉巴は劉備に重用されると、次第に尊大になっていった。彼が諸葛亮の取りなしにもかかわらず、張飛と口をきかなかったのは尊大のあらわれである（二一二ページ参照）。この話を聞いた劉備は、劉巴は自分の統一事業に協力せず、本心は北の魏に帰りたいのだろう、と不平を言う一方、いや劉巴を使いこなせるのは自分だけだとももらした。そこに名士を重用せざるをえなかった劉備の苦しい胸のうちがある。蜀にはまた漢の司空《しくう》をつとめた来豔《らいえん》の子の来敏《らいびん》という人物が、やはり劉璋の縁でつかえていたが、この来敏は名士という以外になんの取り柄もなく、しかも言動はしばしば常軌を逸していた。それでも名士ということで、ずっと高官に任じられていたのである。名士の重視は、漢王朝の後継者をもって任じる蜀の宿命であった。

このような名士重視の姿勢が、蜀のその他の官僚たちに影響をおよぼさないはずがない。腰掛け気分の北方の名士が優遇されるのであれば、やる気もなくなるであろう。それに名士の数では、蜀はとうてい魏にかなわない。漢王朝の正統な後継者は、やはり蜀ではなく魏ではないか、という悲観的な気分が次第に広がってゆく。魏の名士、陳羣や王朗が、許靖や諸葛亮にしきりに手紙攻勢をかけたのも、ひとつにはこの点をねらい、いわば蜀の世論に圧力を加えるのが目的であった。蜀が魏に降伏した時、魏の大将の鄧艾《とうがい》は、蜀の臣僚に手紙を送り、「古の聖帝より漢、魏にいたるまで、命を受けて王たる者は、中土《ちゅうど》にあらざるはなし」と、正統の皇帝は北方中国から出ることを強調した。蜀の群臣たちは、おそらくこの鄧艾の主張に内心、納得したであろう。蜀は軍事的に負ける前に、この世論に負けたのである。

このような蜀あるいは魏の名士重視の姿勢と対照的なのは、呉の孫権である。呉の名士の代表は張昭《ちょうしょう》であったが、孫権は張昭の意見をほとんど聞かず、赤壁の戦いの時にもし張昭の意見を聞いていれば、自分は乞食になっていたであろうとまで言った。劉巴が張飛と口をきくようでは名士とはいえないという孫権のコメントも、名士に対する彼なりの皮肉であろう。しかしそういう孫権も、張昭の名士としての地位を完全に無視することはできなかった。彼は張昭とするどく対立しながらも、終生礼遇を怠らなかったのである。そこに名士を中心として全国規模で形成された、この時代の知識人の世論の重さをみることができよう。呉も結局は、蜀と同じくこの世論に敗れるのである。

冷淡な在地世論

蜀にとってさらに不幸であったのは、北方から逃げてきた名士たちだけでなく、蜀の在地の知識人たちもまた、それ以上に蜀の前途に対して冷淡で、むしろ魏に好意的であったことであろう。

蜀の学問の中心は、成都の北東にある広漢《こうかん》郡であった。その特徴は、讖緯《しんい》すなわち予言の学がさかんであったことである。広漢は、近年発見された三星堆《さんせいたい》文化という特異な青銅器文化の本拠地で、その後この地方が中国化し、儒教が普及してからも、古代の特異な文化がかたちを変えて継承され、予言の重視となったのではないかと想像される。王莽《おうもう》が前漢王朝を簒奪《さんだつ》した時に、王莽に有利な「金策書」という予言をでっちあげたのは、広漢の讖緯学者、哀章《あいしょう》であった。その後も後漢一代を通じて、広漢からはこの方面の学者が輩出する。劉璋の父の劉焉に、蜀には皇帝の気があると言ったのも、やはり広漢の学者、董扶《とうふ》であった。

また董扶についで有名な周舒《しゅうじょ》は、「漢に代わる者は当塗《とうと》高《こう》なり」という例の『春秋緯』の予言に対して、「当塗高」とは魏のことであると言い、郷党の学者はみなその言葉をひそかに伝え、董扶と名声を等しくした任安《じんあん》の弟子の杜瓊《とけい》は、漢代に官吏のことを曹と言ったのは（現在の日本語でも法曹という言葉にその名残がみられる）、曹氏が天下をとる予兆であったと、こじつけのようなことを言った。

この杜瓊の教えを受けたのが、当時の蜀における最高の学者、譙周《しょうしゅう》である。譙周は杜瓊にならって、劉備と劉禅の名前について、準備して人に禅譲するという意味であると言い、蜀が魏に受けつがれることを暗にほのめかした。こうなると予言というよりは、劉備、劉禅親子に対するいやがらせであろう。悪意があったとしか思えない。やはり広漢出身の彭羕《ほうよう》は、劉備のことを蔭で「老革《ろうかく》（おいぼれ、またはおいぼれの兵士）」とよんで殺された。

譙周はさらに魏に対する北伐にも批判的であった。彼に「仇国論《きゅうこくろん》」すなわち仇同氏の国についての議論という寓意《ぐうい》的文章がある。それは因余《いんよ》の小国と肇建《ちょうけん》の大国が争うという設定になっているが、因余、つまりついでにあまった小国というのは蜀を指し、肇建、すなわちはじめて建てた大国とは魏のことである。そして因余国の高賢卿《こうけんきょう》と伏愚子《ふくぐうし》が問答をすることになり、高賢卿が、かつて漢の高祖が弱勢で強大な項羽を打ち負かしたように、因余国も肇建国に勝てると言うのに対し、伏愚子はそれよりも人民を休ませるべきだと主張する。高賢卿が北伐を敢行する蜀の高官たち、伏愚子が譙周自身であることはいうまでもない。当時の蜀はたびたびの北伐のためにすっかり疲弊し、人民は過重な負担に苦しんでいた。外からやってきた人は、それがいわば生き甲斐であるからよいが、巻き添えになって苦しむ在地の人間はたまったものではない。譙周の「仇国論」は、蜀の人民の苦しみを訴える在地の世論を代表するものであった。蜀という外人政権は、在地の人々の支持をすでに失っていたのである。

魏の大軍が蜀に侵入した時、名分と利害を説いて劉禅に降伏を強くすすめたのはこの譙周である。蜀の群臣たちの中に、譙周の降伏論に反論できる者は一人もいなかった。『三国志』の著者、陳寿は、この譙周の弟子である。彼が魏を正統として『三国志』を書いたのは、あながち魏の後継者である晋に遠慮してのことではなかったであろう。

あっけない自滅

　景元《けいげん》三年（二六二）、すでに魏の実権をにぎっていた司馬昭《しばしょう》（司馬懿《しばい》の次男）は、ついに蜀の討滅を決意した。その情報を察知した姜維《きょうい》は、防備の強化を進言したが、巫《ふ》の占いを信じた宦官の黄皓《こうこう》は姜維の報告を握りつぶし、蜀の群臣はだれもこのことを知らなかった。翌景元四年八月、大軍が洛陽を進発、征西将軍の鄧艾《とうがい》は三万の軍勢で、もっとも西の狄道《てきどう》から姜維の駐屯する沓中《とうちゅう》をめざし、雍州刺史《ようしゅうしし》の諸葛緒《しょかつしょ》がやはり三万の兵を引き連れ姜維の退路を断つべく、祁山《きざん》から武都《ぶと》に入り、鎮西将軍鍾会《しょうかい》ひきいる一〇万の本隊が褒斜道《ほうやどう》、駱谷道《らくこくどう》、子《し》午谷道《ごこくどう》の三道から漢中になだれこんだ（一六九ページ地図参照）。

　魏軍の計画では、鄧艾と諸葛緒が蜀の主力である姜維軍を西の方で引き留めさえすれば、鍾会の本隊はそのまま順調に成都まで行けるはずであった。ところが姜維は退路をふさぐ諸葛緒の軍をうまくまいて退却し、漢中から蜀に入る要衝である剣閣《けんかく》を固めた（一一六ページ地図参照）。そのため鍾会の本隊は漢中から南下できなくなり、一時は撤退をも考える。ところが鄧艾は蜀軍の意表をついて、陰平から山間の険路を越え、剣閣と成都の中間にある江《こう》油《ゆ》にあらわれた。おどろいた成都では、諸葛亮の子の諸葛瞻《しょかつせん》を急派して鄧艾軍に当たらせたが、諸葛瞻は江油の手前の涪《ふう》まで兵をすすめ、そこで止まったまま動こうとしない。鄧艾が諸葛瞻の前軍を撃破すると、諸葛瞻は綿竹《めんちく》まで後退し、そこで戦死をとげた。綿竹から成都は指呼《しこ》の間《かん》である。成都は大混乱におちいり、劉禅は南方あるいは呉への逃亡を考えたが、結局、譙周に説得されて降伏する。同時に、姜維ら各地の将兵にも無条件の投降を命じた。姜維はやむをえず武器をすてて降伏したが、兵士たちは刀を石にたたきつけて口惜しがったという。魏軍の侵入からわずか二ヵ月後のことであった。

この時の情勢を客観的にみてみると、まず成都には当初、四万の守備兵がいた。そのうち諸葛瞻がどれほどの兵を引き連れて出征したかはわからないが、半数としても、成都にはなお二万の兵がいたはずである。一方、鄧艾とともに山越えをした兵力は、当初の三万の一部であったはずであり、しかも兵糧をもっていない。かつこの時、呉は蜀の援軍要請を受けて寿春に兵を出していた。もし姜維が、兵糧不足に苦しみ、一度は撤退を考えた鍾会の本隊を剣閣でくいとめ、成都の蜀軍が籠城をおこない持久戦にもちこめば、蜀にはまだ十分に勝ち目があったはずである。しかし蜀の君臣にはもうそれだけの気力が残っていなかったのであろう。鄧艾の山越えの軍をすぐに攻撃せず躊躇して時機を失った諸葛瞻がよい例である。蜀は魏に敗れたのではなく、自滅したのである。ただ一人徹底抗戦を主張した北地《ほくち》王《おう》の劉諶《りゅうじん》は、祖父である劉備の廟《びょう》で、妻子を殺し自害した。

鍾会の謀反

劉禅が思いの外、簡単に降伏したため、成都に無血入城した鄧艾《とうがい》は有頂天になり、蜀を滅ぼした勢いで次は呉を帰順させるべし、と司馬昭に手紙で進言した。成都への一番乗りを鄧艾に奪われた鍾会《しょうかい》は面白くなかったであろう。彼は鄧艾が洛陽に送った報告書を偽造するなどして鄧艾をおとしいれ、ついに鄧艾を逮捕させ洛陽に護送した。これ以前に、鄧艾の山越えに同調せず、鍾会に合流してきた諸葛緒も、鍾会によって戦意がないと罪に問われて洛陽に送還されている。これで鍾会は名実ともに討蜀軍の唯一の総司令官になった。

鍾会は魏の太傅《たいふ》鍾繇《しょうよう》の子で、やはり魏の高官であった鍾毓《しょういく》の弟である。鍾氏は潁川《えいせん》出身の名士の家柄で、魏での序列からいえば司馬氏より上である。この時期、魏の実権は完全に司馬氏にうつっており、司馬氏の簒奪はすでに時間の問題であった。蜀の討滅もそのための準備の一環として行われたといってよい。知恵者で野心家でもあった鍾会は、蜀の討伐に向かう当初から、おそらくひそかに期するところがあったであろう。しかも司馬昭もさるもので、鍾会のそのような心の動きをとっくに見越したうえで、彼を蜀に送ったのである。

鄧艾に代わって成都に入った鍾会は、降伏した姜維と共謀して、ついに謀反を起こす腹をかためた。うまくゆけば天下をとり、失敗しても劉備ぐらいにはなれると思ったのである。一方、姜維は鍾会を利用して蜀を再興する目論見《もくろみ》で、ひそかに劉禅にあと少しの辛抱であると告げた。しかし鍾会が成都入りしたと知った司馬昭は、すかさずみずから長安におもむき、賈充《かじゅう》を蜀に派遣する。司馬昭の予想外のすばやい行動に驚いた鍾会は、討蜀軍の諸将を呼び集めて監禁し、姜維は彼らを皆殺しにするよう勧めたが、鍾会が躊躇するうちに消息が漏れ、二人は乱入した兵士たちに殺され、その野望はあえなくついえ去った。鍾会亡きあとの責任者となった監軍の衛瓘《えいかん》は、洛陽護送途中の鄧艾を綿竹で殺し、こうして魏と蜀の主将であった鄧艾、鍾会、姜維の三人が、わずか半年に満たない間にみな死んでしまったのである。『演義』ではこれをすべて姜維の陰謀であったかのように述べるが、真の黒幕は司馬昭であったろう。

鍾会のクーデターのため成都城内は無法状態となり、蜀の太子の劉璿《りゅうせん》が殺されたほか、かつて関羽に父の龐徳《ほうとく》を殺された龐会《ほうかい》が関羽の一族を誅殺した。殺されて当然の宦官、黄皓は、賄賂をつかって難を免れたという。

蜀のあまりにも早い降伏にあわてた呉では、鍾会の死を知って蜀を攻略すべく、西に兵を出したが、魏の援軍をあおいだ蜀の巴東太守《はとうたいしゅ》、羅憲《らけん》にはばまれ、蜀に入ることができなかった。羅憲はかつて使者として呉に行ったこともあるが、呉と協力して蜀を再興する道を選ばなかったのである。呉蜀同盟が形骸化し、蜀の人心がすでに魏になびいていたことが、この一事からもわかるであろう。

楽しみて蜀を思わず

蜀滅亡後、劉禅《りゅうぜん》は家族とともに洛陽にうつされた。臣下として随従したのは郤正《げきせい》、張通《ちょうつう》などわずか数名である。司馬昭は劉禅を安楽県公《あんらくけんこう》に封じたほか、子孫五十余人を諸侯に取り立てて優遇した。これは呉の孫氏が帰順しやすいようにとの配慮からであろう。

ある日、宴会の席で蜀の音楽が演じられ、蜀から来た者はみなこれを聞いて泣いたが、劉禅だけは楽しそうであったので、司馬昭はあきれて、人間とはこれほどまで無情になれるものであろうかと語った。また別の日、司馬昭が劉禅に、蜀がなつかしくないかと尋ねたところ、劉禅は、「此の間楽しく、蜀を思わず（こちらが楽しいので、蜀のことは思い出しません）」と答えた。あとでこの話を聞いた郤正は、次からは、「父祖の墓は蜀にありますので、一日とて蜀のことを思わないことはありません」と泣きながら言って、目をつぶりなさいと劉禅に教えた。他日、劉禅が郤正に教えられたとおりに答えると、司馬昭は、郤正の言うことそっくりですな、と言ったので、劉禅はおどろいて、そのとおりでございます、と答え、一座は大笑いになったという。

この話は劉禅の暗愚さをしめすものとして有名であるが、はたして本当であろうか。あるいは劉禅が安楽県公に封じられたことから作られた話かもしれない。安楽県は今の北京の北にある地名であるが、劉禅が実際にそこに行ったわけではない。おそらく降伏後の劉禅が安泰であることを示すために、わざわざこの地名が選ばれたのであろう。とすれば劉禅もそれにしたがって気楽そうな態度をとるほかはなかったであろう。なまじ蜀がなつかしいなどと言えば、疑われること必定である。それとも北伐の過重な責務から解放されて、本当に楽しかったのであろうか。劉禅の内心の思いは知るよしもない。

魏の内乱と司馬氏の簒奪

明帝の苦悩と死

魏の明帝《めいてい》曹叡《そうえい》の生母、甄《しん》氏は、もと袁紹《えんしょう》の次男、袁熙《えんき》の妻であった。それを父の曹丕がみそめて妻としたのである。しかし曹丕は後に郭《かく》氏を寵愛し、それを怨んだ甄氏を殺してしまった。曹丕が皇帝になった後、皇后となったのは郭氏である。父によって母を殺されたことは、幼い曹叡の心の傷となったであろう。ある日、曹丕と曹叡の父子は狩りに出て、鹿の母子をみつけた。曹丕は母鹿を射て、曹叡に子鹿を射るよう命じた。しかし曹叡は、父上が母鹿を殺されたのに、そのうえ私が子鹿まで殺すに忍びません、と言って泣いたという。父子の間には甄氏の死をめぐっての葛藤があったであろう。曹丕は死の間際にようやく曹叡を太子にたてた。

二四歳で即位した明帝は、さっそく母の甄氏に皇后の位を追贈し、さらに皇太后となっていた郭氏に甄氏の死ぬ時の様子をしきりにたずねた。かつて甄氏を死に追いやった郭氏は、不安になり憂死したとも、あるいは明帝に殺されたともいう。明帝は、母の甄氏が口に糠《ぬか》をつめられ、髪で顔を覆われて埋葬されたことを知ると、それと同じ方法で郭氏を葬った。しかも不幸なことに、明帝は最初に娶った毛《もう》皇后を、後に郭《かく》皇后（文帝の郭皇后とは関係がない）に寵愛がうつったことで殺してしまったのである。父の母に対する仕打ちを恨みながら、結局は父と同じことをしたわけである。父子ともに寵愛したのが郭氏であったのは、運命のいたずらであろうか。明帝は聡明で沈着果断、容貌も美しかったが、口吃《こうきつ》のため寡黙であったのは、子供のころの心の傷のせいであったかと思える。

明帝の時代は諸葛亮の北伐の時期とほぼ重なっている。彼は司馬懿《しばい》をはじめとする将軍たちをたくみに指揮して、蜀と呉からの攻撃に冷静に対処し、つけいる隙をあたえなかった。またこの時期にはかつて父、文帝のライバルであった叔父の曹植《そうしょく》がまだ生きており、諸葛亮の第一次北伐に応じて明帝が長安に行幸した時には、明帝は死に曹植が即位するというデマが飛んだこともあるが、そのような内政上のさまざまな圧力にも彼はよく耐えた。

しかし諸葛亮が死んで北伐が終わりを告げたころから、緊張がゆるんだのか、わがままが出はじめる。まずは洛陽の宮殿、御苑《ぎょえん》を大々的に造営したことである。戦乱による財政の窮迫と人民の疲弊を顧みず、大規模な工事を起こすことは大きな負担であり、群臣たちはこぞって反対したが、明帝はそれを聞かなかったばかりか、逆に御苑の築山を作るのに群臣たちを動員して土を運ばせた。これは暴挙といってよいだろう。

ついで明帝は景初《けいしょ》元年（二三七）、暦を改めた。この時代の儒家の考えでは、暦には夏《か》、殷《いん》、周《しゅう》の古代三王朝の用いた三種の暦があり、夏暦では旧暦の一月、殷暦では一二月、周暦では一一月がそれぞれ正月となる。これはまた天地人に対応し、夏暦は人統、殷暦は地統、周暦は天統、あわせて三統と称し、王朝の交代によって暦も変わるべきであるというのが、前漢の学者、董仲舒《とうちゅうじょ》以来の儒家の主張である。漢は夏暦人統を用いたので、それを継いだ魏は殷暦地統になるべきであったが、文帝の時には実施できなかったのを、この時期に採用したのである。これは学者の意見にしたがったので暴挙ではないが、しかし一二月が正月となるのでは諸事不便が多いことは知れている。三統によるこのような改暦を行ったのは、前には王莽《おうもう》、後には則天武《そくてんぶ》后《こう》だけであった。

さらには後宮に大勢の宮女を集めて贅をつくし、また軍人の娘で軍人以外の官吏などに嫁いだ者を強制的に離縁させて軍人と結婚させ、その中で容色にすぐれた者は後宮に入れるなど、無理な政策をかさねて猛反発を買う。

しかし明帝はけっして政治を忘れていたわけではない。思うに彼はなんとかして帝王の威厳を内外に示したかったのであろう。景初元年（二三七）には毋丘倹《ぶきゅうけん》（毌丘倹《かんきゅうけん》ともいう）に命じてかねて懸案であった遼東《りょうとう》の公孫淵《こうそんえん》を討たせた。公孫淵は、すでに述べたように呉と気脈を通じていたのである。しかしこれは大雨にたたられて失敗する。しかし公孫淵が燕王を称して自立の気配をみせると、翌年、司馬懿を派遣してついにこれを討滅した。そしてその翌年、景初三年（二三九）の正月一日、明帝は三五歳で死んだのである。この明帝の死をもって、魏は実質上ほろんだといってよい。

曹爽と司馬懿の権力闘争

明帝の死後、太子の曹芳《そうほう》がわずか八歳で即位した。明帝の皇子はみな早死にし、曹芳は明帝の実の子ではなく素性は不明とされる。ここにも明帝晩年の苦悩があった。おさない曹芳を補佐したのは、曹爽《そうそう》と司馬懿《しばい》である。曹爽は曹氏一族の実力者であった曹真《そうしん》（もとは秦《しん》姓であったが、曹操との縁でのちに改姓した）の子である。明帝は元来、曹操の子で子供の頃から親しかった燕王《えんおう》、曹宇《そうう》を後見役にするつもりであったが、皇族の政治参加を嫌う側近の劉放《りゅうほう》らが画策して燕王を退け、代わりに曹爽が指名され、さらに遼東の公孫淵《こうそんえん》を滅ぼしてなお北方にいた司馬懿が急遽よびもどされたのである。曹爽を中心とする曹氏一族と司馬懿を中心とする官僚勢力との権力闘争のはじまりである。

この年の一二月、暦がもとの夏暦《かれき》にもどされた。表向きは明帝が元旦に死んだので、元旦が忌日になるのを避けるためとされたが、これは口実であろう。要するに明帝の政治の否定である。

実力者となった曹爽は、何晏《かあん》、丁謐《ていひつ》、李勝《りしょう》などの取り巻きを登用する一方、年長者の司馬懿を太傅《たいふ》に祭り上げて政権から遠ざけ、自分たちのグループだけで都合のよい政治をやりはじめる。曹爽は二代目のお坊ちゃん育ちで、その取り巻きもみな名士気取りの軽佻浮薄《けいちょうふはく》な人物であった。何晏は、後漢末の外戚であった何進《かしん》の孫で、母が曹操の側室となったため宮中で曹操の子と同じように育てられた。

三国の皇帝の結婚観

この何晏と同じ境遇であった者に、明帝の側近、秦朗《しんろう》がいる。秦朗の父は、呂布《りょふ》の部下、秦宜禄《しんぎろく》である。呂布が曹操に攻め滅ぼされた時、関羽は秦宜禄の妻を自分の妻にしたいと曹操にしきりに申し出た。関羽があまりしつこく言うので、秦宜禄の妻はそんなに美人なのかと疑った曹操は、彼女をよびだして自分の側室にしてしまった。関羽はきっとくやしがったであろう。ここには『演義』などの英雄、関羽像とは異なる関羽の一面がのぞいている。秦宜禄はその後、妻を曹操に取られたことを張飛に揶揄《やゆ》されて殺された。子の秦朗は何晏とともに曹操の宮中で育てられ、二人の母、尹《いん》夫人と杜《と》夫人もそれぞれに曹操の子を産んでいる。

ちなみに後世、この秦宜禄の妻が呂布の妻と錯覚され、それがさらに董卓《とうたく》誅殺に一役買った貂蝉《ちょうせん》（架空の人物である）と同一視された結果、関羽と貂蝉が恋仲であったとか、あるいは関羽が貂蟬を斬ったとかいうでたらめな話が生まれた。この話は『演義』には取り入れられなかったが、元代以来、「関大王月下に貂蟬を斬る」など演劇や語り物の題材となり、民間では広く伝えられた。

他人の妻を横取りして側室にするのは感心できないが、鷹揚《おうよう》な曹操はそんなことには無頓着で、秦朗と何晏を我が子同様に可愛がったという。そもそも曹操の正室、卞《べん》夫人はもと娼家の出であった。曹操は、名族同士の結婚がふつうであったこの時代の豪族官僚たちとは異なる結婚観をもっていたらしい。卞夫人は息子の曹丕が皇帝に即位した後、皇太后になった。その曹丕も袁熙《えんき》の妻、甄《しん》氏を娶《めと》ったが、甄氏は後に寵愛を失ったため生前に皇后にはならなかった。

他人の妻だった女性を皇后にしたのは劉備である。劉備にはもと甘《かん》夫人と糜《び》夫人また孫権の妹の孫《そん》夫人がいたが、皇帝即位後に皇后とした呉氏は、劉璋《りゅうしょう》の兄、劉瑁《りゅうぼう》の未亡人である。これは占い師が呉氏に貴人の相があると言ったためで、あるいはもと劉璋につかえていた部下たちを手なずける手段であったかもしれない。しかし劉備と劉瑁は遠縁とはいえ、同じ劉氏で漢の皇族同士である。同族の妻を娶ることは、儒教倫理ではきびしく禁じられたタブーである。劉備が本当に漢の皇族であったかどうか疑われるのは、こういうところにも一因がある。さらに劉禅の皇后は二人とも張飛の娘で、姉の死後、妹が皇后になった。このように姉妹が相次いで一人の男に嫁ぐのは、日本では今でもままみられる習慣で別にどうということもないが、これまた儒教倫理ではご法度である。蜀の皇帝の結婚は異常であったといえよう。

姪を娶った孫権

　では呉はどうであろう。孫権には複数の夫人がいたが、うち徐《じょ》夫人は孫権の姑母《おば》（父の姉妹）の孫娘、すなわち孫権にとっては従姪にあたる。また孫権の第六子で、弟の孫亮《そんりょう》が廃されたあと三代目をついだ孫休《そんきゅう》の皇后、朱夫人もまた、孫休の姉の娘、すなわち姪であった。中国では姓の異なるいとこ同士の結婚は認められるが、姪を娶るのはもってのほかで、儒教倫理ではこれを禽獣《きんじゅう》の行いとまでいってタブー視している。呉の皇帝の結婚もまた蜀と同じく異常であろう。

　三国時代にはまだ後世のように儒教倫理が民間にまで普及しておらず、民間ではよりおおらかな結婚が行われていたであろう。三国の皇帝の結婚がともに儒教の家族倫理からはずれているのは、ただ民間の習慣にしたがっただけかもしれない。しかし彼らの臣下たちの中核をしめる名士、豪族階級の人々は、すでに熱心な儒教倫理の信奉者となっており、その中には二夫にまみえるのを嫌い、再婚をかたくなに拒否する貞女さえ少なからずいたのである。このような君主と臣下たちの倫理観の相違は、君臣間の齟齬《そご》をうみ、三国がともに短期間でほろびた一因となったであろう。そしてそれがもっとも顕著であったのは、臣下の中にもっとも多くの豪族階級をかかえこみ、儒教主義による統治を標榜していた魏であった。曹氏一族と官僚たちとの権力闘争の背景には、このような倫理観の相違があったと思われる。

なお何晏《かあん》は曹操の娘の金郷公主《きんきょうこうしゅ》と結婚したが、その母は何晏自身の母、尹《いん》夫人であったという。つまり何晏と金郷公主は同母兄妹である。もしこれが本当なら、まさに禽獣の行いである。これに対して『三国志』の注釈者、裴松之《はいしょうし》は、まさかそんな非倫理的なことが行われるはずはなく、金郷公主の母は秦朗の母の杜夫人であったろうと述べている。しかしいずれにしても司馬懿《しばい》をはじめとする当時の大多数の官僚にとって、このような結婚はいまわしいものであったにちがいない。ちなみに儒教倫理が伝来する以前の朝鮮半島の王族や日本の天皇家では、近親結婚がむしろ原則であった。このことは、儒教というベールをとってしまえば、中国と朝鮮、日本の間には多くの共通性があることを示唆している。

司馬懿の反撃

大将軍となった曹爽とその一党は、幼い皇帝をあやつり、自分勝手な改革を断行し、あまつさえ蜀に対して無謀な攻撃をしかけて大損害を出すなど失点をかさねた。しかし司馬懿は曹爽との対立を極力さけ、病気と称して引き籠もり、隠忍自重の日々を送る。曹爽の方でも、そんな司馬懿に対する警戒をまったく解いていたわけではない。

ある日、曹爽一党の李勝が荊州刺史として赴任する際、暇《いとま》乞いと称して司馬懿の様子を見に出向いた。司馬懿は二人の侍女にわきを支えられてあらわれたが、手にもった服を落としたり、喉がかわいたと指で口をさして侍女に粥《かゆ》をもってこさせ、それをだらだらと胸までこぼしながら食べたりした。李勝が荊州に行くというと、「そうですか、并州は辺地なので用心されよ」と言う。李勝が、「いえ、幷州ではなく荊州です」と訂正しても、「そうですか、幷州ですか」と言う始末。早々に退散した李勝は、司馬懿は生きた屍同然、と曹爽に報告し、曹爽はこれを聞いてすっかり警戒心をなくした。まさに迫真の演技である。劉備や孫権も芝居がうまかったが、司馬懿にはかなわないであろう。

　曹芳即位以来ほぼ一〇年が経った正始《せいし》一〇年（二四九、のち嘉平《かへい》と改元）、司馬懿はついに行動を起こした。この年の正月、皇帝は父の明帝の陵墓に参拝にでかけ、曹爽たちがそれに随行したすきに、司馬懿は皇太后の命令と称して城門を閉じ、曹爽の罪を数えあげ、即刻罷免する旨の上奏文を発表する。城外でこの知らせを聞いた曹爽は、予想外の事態になすすべを知らず、皇帝を擁して許都《きよと》に行き、もう一旗あげるべきだという側近の桓範《かんはん》の言うこともきかず、あっさりと司馬懿に投降してしまった。まさか殺されることはあるまい、と思ったのは坊ちゃん育ちの甘さである。司馬懿は一党を監禁した後、口実を設けてすべて処刑した。

　事後、司馬懿は丞相に任命されたが、これを固辞する。しかし政界に復帰し、実権をしっかり手中におさめたことはいうまでもない。曹爽と親しく、姻戚でもあった夏侯覇《かこうは》が蜀に亡命したのは、この時のことである。

皇帝みずからのクーデター

嘉平三年（二五一）に司馬懿が死んだ後、権力を継承したのは、子の司馬師《しばし》である。司馬師は三年後の嘉平六年、皇帝の曹芳を廃して斉王《せいおう》に降格した。表向きは乱行がすぎるということであったが、二三歳になった皇帝はロボットとしてすでに操りにくくなっていたのであろう。それに皇后の父、張緝《ちょうしゅう》が、司馬氏の専政に反旗をひるがえそうとしたことも一因である。

代わりに皇帝に迎えられたのは、文帝曹丕の孫である高貴郷公《こうききょうこう》の曹髦《そうぼう》で、まだ一四歳の少年である。しかしこの少年は、司馬師の案に相違し、曹氏一族の例にたがわず聡明で、しかも気概に富んだ人物であった。司馬師から今度の皇帝はどうだと聞かれた鍾会は、「才は陳思に同じく、武は太祖に類す」すなわち文才は曹植と同じ、武勇は曹操なみと答えた。司馬師は、もしそうなら国家の幸せと言ったというが、これはおそらく本心ではあるまい。

はたして新皇帝は学問と文芸に熱心で、群臣たちを集めて詩を作り、また儒教の経典について議論を戦わせ、学者たちは皇帝のするどい質問にしばしば答えをつまらせた。この間、正元《せいげん》二年（二五五）に司馬師が死んだが、弟の司馬昭が跡を継ぎ、権力は依然として司馬氏の掌中にある。司馬氏の操り人形であることに不満をつのらせていった皇帝は、甘露《かんろ》五年（二六〇）五月ついに前代未聞の一大決心をする。皇帝みずから司馬氏に対してクーデターを起こそうというのである。

皇帝はまず側近の王沈《おうちん》、王経《おうけい》らをひそかに呼び、「司馬昭の心は路人の知るところ（司馬昭が簒奪《さんだつ》の意志をもっていることは、道行く人でも知っている）、われは坐して辱《はずかし》めを受けるあたわず、今日まさに卿等とともにみずから出てこれを討つべし」と決起を告げた。驚いた王経らが自重をうながしたが、皇帝は、「これをも忍ぶべくんば、なにをか忍ぶべからざらん」と手ずから書いた詔《みことのり》を地に投げ捨て、「もう決心したのだ。たとえ死んでもこわくはない、まして死ぬと決まったわけではないぞ」と言って、ついに宮中にはたらく奴僕数百人をひきつれて打って出た。

これにはさすがの司馬昭も仰天したであろう。とりあえず部下の賈充《かじゅう》に兵をさずけて宮中に向かわせたが、みずから剣を握った皇帝をみて、兵士たちは手出しができない。賈充が配下の成済《せいせい》をけしかけて、「おまえたちを養ったのはなんのためだ、今日のことは不問に付すぞ」と言ったので、成済は思い切って前に進み、皇帝を刺し殺した。時に弱冠二〇歳、皇帝としては空前絶後の壮烈な死にざまであった。「今日のことは不問に付す」と言われた成済は、その約束を反故にされ、大逆罪に問われ一族もろとも処刑された。

次に皇帝に迎えられたのは燕王曹宇の子、曹奐《そうかん》である。やはり一六歳の少年で、しかもこの時、父の燕王はまだ在世であった。年号は景元《けいげん》と改まり、司馬昭は相国、晋公となる。あとは簒奪の機会をまつばかりであった。

うちつづく反乱

司馬懿がクーデターを起こした頃から魏では反乱があいつぐようになる。それは魏に対してではなく、司馬氏に対する反乱であったといってよい。

最初は嘉平《かへい》三年（二五一）、征東将軍として対呉戦線の最高指揮者であり、司空《しくう》の重任にあった王淩《おうりょう》が、曹操の末子の楚王曹彪《そおうそうひょう》を擁立しようと企てた事件である。王淩は、かつて董卓を誅滅した王允《おういん》の甥である。しかしこの陰謀は事前に察知され、王淩は自殺、楚王も死を賜った。

二回目は嘉平六年（二五四）、中書令《ちゅうしょれい》の李豊《りほう》と皇后の父、張緝《ちょうしゅう》が、曹爽の盟友で親戚でもあった夏侯玄《かこうげん》をかついで司馬氏に反抗しようとして、みな誅殺された。これは曹爽の残党が起こした事件である。夏侯玄は夏侯覇が蜀に亡命する時に誘われたが、したがわなかった。この事件が曹芳《そうほう》廃位の一因となったことはすでに述べた。

三回目は翌正元《せいげん》二年（二五五）、やはり対呉戦線の最高責任者であった揚州刺史《ようしゅうしし》の文欽《ぶんきん》と鎮東《ちんとう》将軍の毌丘倹《ぶきゅうけん》が寿春で起こした反乱である。毌丘倹は高句麗《こうくり》討伐などで戦功をあげた魏の宿将であった。二人はそれぞれ曹爽および李豊、夏侯玄と親しかったため挙兵したのだが、司馬師が直接、寿春まで出向いてかろうじて鎮圧し、毌丘倹は敗死した。この時、呉の宰相、孫峻《そんしゅん》は軍をひきいて寿春に向かったが、反乱失敗と聞いて引き返し、文欽とその子の文鴦《ぶんおう》が呉に亡命した。文欽はかつて呉にいつわりの降伏をしかけたが、この度は本当に降伏したわけである。司馬師はこの時の心労がもとで、まもなく死ぬ。

四回目は甘露《かんろ》二年（二五七）、同じく対呉戦線の最高責任者、諸葛誕《しょかったん》が寿春で反乱を起こした。諸葛誕は先の毌丘倹と文欽の反乱の時に誘いをうけたが断り、討伐に力をつくしたのであるが、やはりもとは夏侯玄と親しく、しかも賈充《かじゅう》が様子を見に洛陽からやってきて、都ではみな司馬氏への禅譲を望んでいると言ったのを、色をなして叱って追い返したため、司馬昭から召喚され、ついに挙兵したのである。

諸葛誕は毌丘倹と文欽の失敗を教訓として、あらかじめ呉に内通し、息子の諸葛靚《しよかつせい》を送って臣従を誓った。呉ではさっそく先に降伏してきた文欽父子と将軍、全懌《ぜんえき》、全端《ぜんたん》などを寿春の救援に向かわせ、ついで将軍の朱異《しゆい》、丁奉《ていほう》さらには大将軍の孫綝《そんちん》までもが大軍を率いて続々と出征した。一方の司馬昭もすわ一大事と皇帝、皇太后の親征をあおいで、二六万の大軍で寿春に向かう。しかも魏が関中にいた軍隊を寿春に振り向けたため、蜀の姜維《きようい》は好機とみて攻勢に出る。まさに呉蜀と魏との大合戦がはじまろうとしたのである。

ところがこの時、呉の荊州夏口《かこう》を守っていた孫壱《そんいつ》と都の建業《けんぎよう》にいた全懌の甥、全輝《ぜんき》、全儀《ぜんぎ》があいついで魏に投降した。これは偶然とは思えず、おそらく魏の工作の結果であろう。そしてすでに述べたように鍾会《しようかい》が全輝らの手紙を偽造したため（二〇〇ページ参照）、寿春城内の全懌が魏に寝返り、さらに諸葛誕と文欽が争いを起こして、文欽が殺され、息子の文鴦が今度は魏に投降した。こうして敵味方、投降者入り乱れての大混戦となったが、結局は諸葛誕が敗死し、司馬昭はあぶないところを僅差で勝った。一方の蜀に対しても、鄧艾《とうがい》らがかつての諸葛亮に対する司馬懿と同じく、防備を

毌丘倹紀功刻石の拓本　毌丘倹の高句麗討伐を記念して、正始6年（245）頃に建てられた石碑。清末の光緒32年（1906）に現在の吉林省集安市で発見された

晋の武帝　司馬懿の孫の司馬炎は魏から禅譲を受けて皇帝になった。「歴代帝王図巻」（ボストン美術館蔵）より

かためて挑発に乗らない作戦で姜維をしりぞけた。この諸葛誕の乱をめぐる戦いは、三国が総力をあげて戦った最後の天下分け目の戦いであった。

そして最後は景元《けいげん》五年（二六四、のち咸熙《かんき》と改元）、蜀平定後の鍾会の反乱で、これで司馬氏の対抗勢力は一掃されたことになる。司馬昭は晋王にすすみ、いよいよ簒奪の機会をうかがうばかりとなった。

二度目の禅譲劇

ところが翌咸熙二年八月に司馬昭は死んだ。跡を継いだ長男の司馬炎《しばえん》は、一二月に魏から禅譲《ぜんじょう》を受け皇帝となった。これが晋《しん》の武帝《ぶてい》である。魏の建国以来四五年後に、かつてと同じような茶番劇がまた演じられたのである。しかし魏の文帝は父の曹操が死んだ一〇ヵ月後に即位したのに対して、晋の武帝の場合は、司馬昭死後わずか四ヵ月後の即位である。これはあまりにも性急ではあるまいか。しかしこれには訳がある。

司馬炎の弟、司馬攸《しばゆう》は伯父の司馬師の跡取りとなっていた。彼は人望家で才能にも恵まれ、その評判は兄をしのぐほどであった。父の司馬昭も彼を寵愛し、一時は自分の跡取りにしようと考えたが、長幼の序を考えてやめたという。ただしもともと晋王の位は兄の司馬師のものであるから、自分の死後は兄の家に返すと言っていた。つまり司馬攸に継がせるという意味である。これでは司馬炎は不安でたまらない。かつての曹丕と曹植の場合と同じである。司馬炎が即位を急いだのは、おそらくそのためであろう。司馬攸はのち斉王に封じられたが、兄の武帝の嫌疑をうけて憤死した。

元来、司馬昭の計画では、蜀をほろぼした三年後には呉もほろぼすはずであった。彼は天下を統一してから即位するつもりであったろう。しかし司馬炎の早すぎる即位は、父のこの計画をくるわせた。王朝建設直後に大規模な軍事行動を起こすことはできないからである。呉がその後、一五年にわたってなお余脈を保つことができたのは、むろん呉自身の国力が蜀にくらべて強固であったせいもあるが、司馬炎の性急な即位もその大きな原因であったろう。

呉の内政と内紛

孫権晩年の憂鬱

孫権の不幸は、あまりにも長生きしすぎたことであったにちがいない。三七歳で死んだ父の孫堅、二六歳で死んだ兄の孫策をはじめ、かつて苦難を共にした周瑜《しゅうゆ》、魯粛《ろしゅく》、呂蒙《りょもう》、ライバルの曹操、劉備、さらには曹丕とその子の曹叡《そうえい》や諸葛亮までもがみな彼より早く死んでしまった。それなのに彼は七〇年も生きなければならなかったのである。晩年の孫権は、孤独で憂鬱であったろう。その孫権に追い打ちをかけたのは、あれほどまでにして魏の人質要求から守りぬき、将来を嘱望していた太子の孫登《そんとう》が、わずか三三歳で死んでしまったことである。彼が六〇歳の時のことであった。その後の孫権はかつての闊達さを失い、偏屈で判断力の鈍いただの老人になったのである。

もっとも不可解なのは、孫登の死後、寵愛する王夫人の子の孫和《そんわ》を太子に立てながら、その弟の魯王孫覇《そんは》を太子とまったく同じように待遇したことである。このため家臣たちは太子派と魯王派にまっぷたつに割れて争い、その過程で多くの無実の臣下が殺され、宰相の陸遜《りくそん》も心痛のあまり死んだ。この無益な争いは前後およそ九年もつづいたあげく、赤烏《せきう》一三年（二五〇）、孫権はついに太子を廃し、魯王に死を賜って決着をつけ、あらたに末子の孫亮《そんりょう》を太子とした。そしてその翌々年にようやく死んだのである。

長沙走馬楼簡牘

一九九六年、湖南《こなん》省の省都、長沙《ちょうさ》市の中心部、五一広場付近の走馬楼《そうばろう》街で、日本資本のデパートの建設工事中にみつかった三国時代の古井戸の中から、一〇万枚にもおよぶ大量の簡《かん》牘《とく》が発見された。簡牘というのは、紙のなかった時代に書写のために使われた木や竹の板のことで、それを紐でつないで巻物の形にした。冊という字はその形をあらわした象形文字である。近年、中国ではこの種の発見が相次いでいるが、これだけまとまった量の簡牘がみつかることはめずらしく、かつ三国時代のものとしては他に例がない。

現在の長沙市は戦国時代以来、その位置がほとんど変わっていない。走馬楼という名は明代の王府に由来するというが、三国時代にも同じ場所に官庁街があったはずである。簡牘にはまま年号がみえるが、そのもっとも古いものは漢の建安《けんあん》二五年（二二〇）、もっとも新しいものは呉の嘉禾《かか》六年（二三七）であった。これらの簡牘は、呉の地方官庁文書であると考えてよいであろう。

孫堅はかつて黄巾《こうきん》の乱のあと一時、長沙太守になったことがあるが、この地方が正式に呉の領土になったのは建安二〇年（二一五）、呉と蜀との第二次荊州分割以降のことである。簡牘の中には「歩侯」「呂侯」「呂岱」などの文字がみえるが、これはこの時期に長沙一帯で活躍した呉の武将、歩《ほ》騭《しつ》と呂岱《りょたい》である。特に歩騭は臨湘侯《りんしょうこう》に封じられたが、その封地は長沙

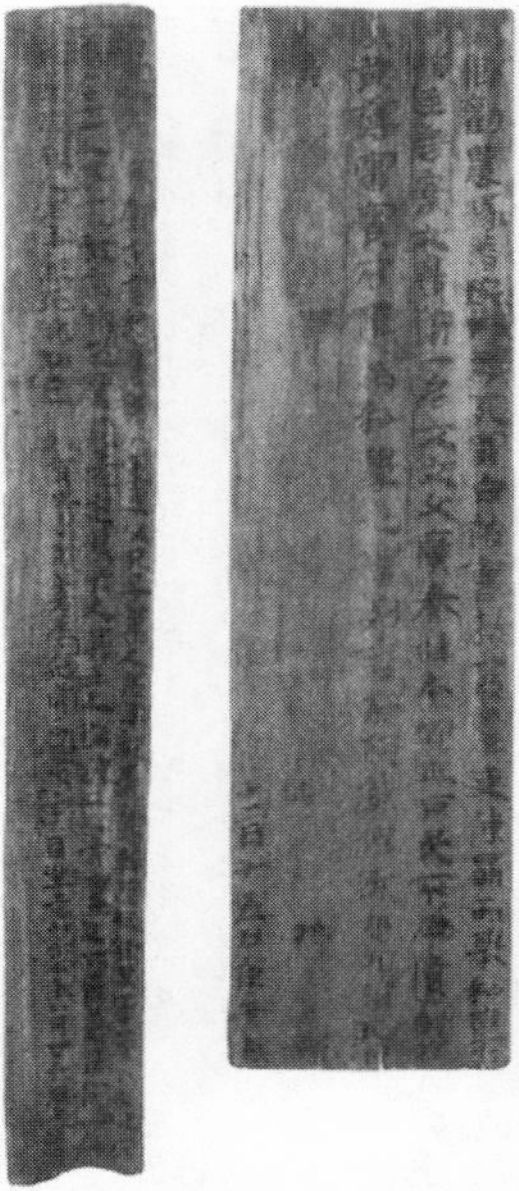

戸籍木牘（長沙市文物考古研究所蔵）　1996年、長沙市走馬楼街の井戸から大量に発見された呉の戸籍で、当時の民衆の家族構成や、地方行政の実態、戸籍管理の方法などを知ることができる一級資料。左のものは長さ26.5cm、厚さ5mm

にあった。簡牘には、「臨湘侯の相の靖」という歩騭の部下の名もみえている。なおすでに述べたように、簡牘の年号には魏の黄初《こうしょ》がみえず、その代わり建安がずっと用いられており、孫権の魏への帰順が表向きだけのいつわりであったことを示している（一五五ページ参照）。

呉の租税戸籍文書

簡牘《かんとく》の内容は、租税、戸籍、上級官庁への報告、個人の手紙、名刺など多岐にわたるが、中でも重要なのは租税と戸籍に関するものであろう。農地の租税については「吏民田家莂《りみんでんかへつ》」という通常より長めで縦が五〇センチほどの杉の木簡に記されており、その年代は嘉禾《かか》四、五年のものが大部分である。「莂」というのは割り符のことであり、同じ内容を一枚の木簡の左右に二回書き、それを割って片方は納税者に領収書として渡し、片方を役所に保管したのである。「吏民田家莂」の木簡には片側に、のみなどで割った跡があり、かつ上部に「同」という字かまたはそれに相当する符号が書いてあり、これが役所に保管された割り符の片割れであることがわかる。その内容から知れる当時の納税方法はおよそ以下のようであった。

まず吏や民が耕作する農地は、国から貸しあたえられた二年常限田《じょうげんでん》と、自分で開拓した余《よ》力田《りきでん》に分けられ、両者はさらに旱田《かんでん》（不作）か熟田《じゅくでん》（豊作）かによって、決められた税額を米と布、銭で納める。ただし布、銭は米に換算することもでき、不作の場合には免除された。そして米は役所の倉吏《そうり》、布と銭は庫吏《こり》に別々に納め、そのたびごとに竹簡の領収書を出すが、年度末にそれらを総計したものをもう一度、木簡に書いて発行した。それが「吏民田家莂」である。木簡にはそれぞれの税額と納税の日付、納税者と受け取った役人の名前が記されている。なお余力田には、「余力火種田」と書かれたものがあり、この地方で焼き畑農業が行われていたことがわかる。

次に戸籍は、その地域の役人が住民構成を報告したもので、やはり割り符の体裁になって

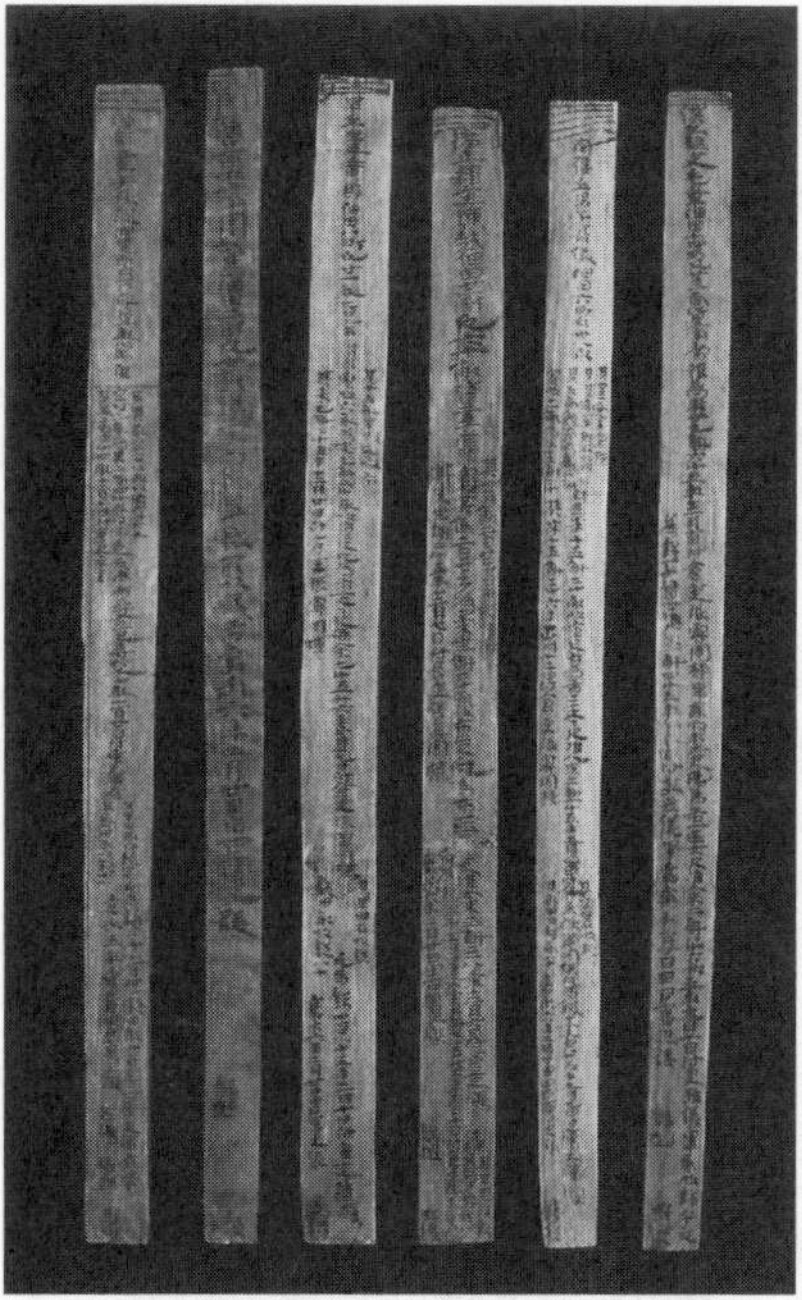

長沙走馬楼簡牘（長沙市文物考古研究所蔵）
1996年に湖南省長沙市の井戸で発見された、三国時代の呉の社会を知る貴重な文字資料。10万枚を超える量が発見されている。写真は、そのうち吏民田家莂大木簡とよばれ、農家の租税調査の記録。長さは50cm前後

おり、しばしば「破莂保拠（割り符にして証拠保存）」の文字が最後にあるほか、記載内容に誤りがあった場合は甘んじて処罰を受けるという文言が記されている。戸籍の内容に、氏名、年齢、吏民軍などの身分、家族構成などが記されていることはむろんだが、面白いのはそのほかに、「長五尺」「長六尺」など身長、「盲両目（両目が見えない）」、「聾耳眇目（耳が遠く目がかすむ）」、「腫両足（両足のむくみ）」、「腹心病」など身体や病気の状況、さらに「刑右足」「刑左手」など受けた刑罰についても書かれていることである。これらは別に国民の健康状況を気づかったわけではなく、兵役や賦役に徴用する時の参考資料であろう。若い女性の年齢の下に、「美」と一字だけ書いてあるのは、都の後宮にでも送るつもりであったろうか（ただしこれは「筭《さん》」の字の誤りとも思える）。

これらの官庁文書がいったいなぜ古井戸の中に保管されていたのかについては、不要の文書を廃棄処分したという説や、呉の滅亡の時に秘密保持のため埋めたのだろうという説などがあってよくわからない。いずれにせよ、これまで三国時代の研究は、『三国志』などの文献資料や少数の碑文などに頼っていたため詳しいことは不明であったのが、この長沙走馬楼簡牘の発見によって、呉の統治の実態を知る手がかりができたことは貴重である。しかし厖大な簡牘の本格的解明は、さらに将来の研究をまたねばならない。

諸葛恪の野望

孫権の死後、太子の孫亮《そんりょう》がわずか一〇歳で即位した。後見役の諸葛恪《しょかつかく》は諸葛瑾《しょかつきん》の子、すなわち諸葛亮の甥である。彼はかつての叔父と同じく、幼い皇帝を補佐して名宰相になろうと内心期するところがあったにちがいない。ちなみに孫亮の字は子明《しめい》という。これはあるいは孫権が、諸葛亮にあやかろうとして自分の子に亮という同じ名前をつけたのかもしれない。叔父と同名の皇帝をいただき、諸葛恪の気持ちはいやがうえにも高ぶったであろう。ただし彼は、目から鼻にぬけるような才子ではあったが、慎重さに欠ける性格であった。かつてこの点を心配した諸葛亮が、わざわざ手紙で陸遜に忠告したこともある。名士気分のぬけない二世のお坊ちゃん育ちという点では、魏の曹爽に似ているかもしれない。

　彼がまずやったことは、巣湖《そうこ》の東側、魏の領土内にある東興《とうこう》に城を築いたことである。これに刺激された魏は、孫権の死を好機とみたこともあったのであろう、諸葛誕に東興を攻めさせ、さらに王昶《おうちょう》を荊州の南郡、毌丘倹《ぶきゅうけん》を武昌に向かわせ大攻勢に出た。諸葛誕と諸葛恪、この魏と呉に分かれた同族同士の勝負は、魏軍の慢心もあって、諸葛恪の勝利におわり、王昶と毌丘倹も退却した。

　凱旋した諸葛恪はすっかり有頂天になり、天に二日《にじつ》なく、土に二王なし、王者となって天下統一を目指さない者はいない、また近ごろ叔父（諸葛亮）のかつての上表（出師表《すいしのひょう》）を読んで感動したと言って、天下統一の野望をあらわにした。諸葛亮が成し遂げられなかった夢を、自分がかわりに実現しようと思ったのである。そして翌建興二年（二五三）三月、二〇万の大軍を起こして魏の合肥新城を攻める。群臣の多くは反対し、大軍の動員に民衆の怨嗟《えんさ》の声があがったが、彼はまったく意に介さない。

　合肥新城は、合肥の旧城が水辺にあり、船で攻撃してくる呉軍に侵されやすいため、太和六年（二三二）、揚州都督《ようしゅうととく》、満寵《まんちょう》の提議により旧城の西北三〇里の地に築かれた（一二三ページ地図参照）。呉軍がここを攻めるためには船から陸にあがらなければならず、かつて孫権が二度攻めていずれも失敗している。魏と呉の戦いは、水辺では呉が有利、陸戦では逆に魏が有利で、決着がつかなかったのである。はたしてこの時も諸葛恪は二〇万の大軍で包囲したものの城は落ちず、軍中に疫病が蔓延して多くの士兵が死んだため、七月には撤退に追い込まれた。いたずらに国力を消耗しただけで、遠征は失敗に終わったのである。なおこの時、諸葛恪の呼びかけに応じて蜀の姜維《きょうい》も狄道《てきどう》に出兵したが、軍糧が尽きてまもなく撤退し、これまた不成功に終わった。呉と蜀が連合しても、もはや国力のうえで魏にはかなわなかったのである。都にもどった諸葛恪は、宴会の席で孫氏一族の孫峻《そんしゅん》によって殺された。

　諸葛恪の代わりに権力者となった孫峻は、孫堅の末の弟、孫静《そんせい》の曽孫である。孫峻はその三年後に死んだが、従弟の孫綝《そんちん》がひきつづき権力をにぎった（五三ページ系図参照）。この孫峻、孫綝の執権時期は、ちょうど魏で毌丘倹、文欽《ぶんきん》および諸葛誕の反乱が起こった時に当たっており、特に諸葛誕の反乱時には、魏と呉の間で最後の大決戦が行われたことはすでに述べた。

　魏では司馬懿が曹爽を殺して曹氏一族から権力をうばい、蜀では劉禅の時から劉氏一族にはまったく権力がなかったのに対して、呉では最後まで孫氏一族が権力を掌握していた。ただし孫氏内部での権力闘争が激化する。孫亮は成長するにつれ次第に孫綝の専横を憎むようになり、ついに孫綝を謀殺しようとしたため、孫綝は孫亮を廃し、代わりにその兄で孫権の第六子の孫休《そんきゅう》を立てた。永安元年（二五八）のことである。しかし孫休は即位するやいなや孫綝を誅殺し、さらにその翌々年には廃帝の孫亮を自殺させた。

　孫休、後の呼称でいえば景帝の在位期間は、すでに魏との間に大きな戦争もなく、比較的平和な時期であった。孫休は学問好きで、学校を建て五経博士《ごきょうはかせ》を置き、官吏や軍人の子弟の教育に力をそそぐなどした。しかしこれは嵐の前の静けさであったろう。永安六年（二六三）には蜀がほろび、呉はその救援に失敗、その翌年に孫休は死んだ。

三国時代一の暴君・孫晧

　呉の最後の皇帝となった孫晧《そんこう》は、かつて魯王との抗争から太子の位を追われた孫和の庶出の子である。景帝には四人の子がいたにもかかわらず、あえて孫晧を皇帝に迎えたのは、景帝の子はみな幼く、幼帝では蜀滅亡後の非常事態に対応できないと考えられたからである。このことはまた呉には皇帝に比肩できるほどの実力のある臣下がいなかったことをも示している。孫晧はこの時、二三歳、才識、判断力に富み、しかも学問好きとの評判であった。しかし即位した孫晧は、たちまち暴君に豹変する。彼の父の孫和は、その妃が諸葛恪《しょかつかく》の姪であったため、諸葛恪誅殺の時に巻き添えをくって殺されており、不幸な境遇に育った孫晧は性格的に異常なところがあったのであろう。

　彼はまず手始めに、自分を擁立した景帝の時の丞相《じょうしょう》、濮陽興《ぼくようこう》と、左将軍の張布《ちょうふ》を殺し、

天発神讖碑の拓本（奈良・寧楽美術館蔵） 276年に呉が瑞祥によって天璽と改元したおり、その功徳を記すために造られた石碑だが、原石はすでになく、拓本しか現存しない

さらに景帝の皇后、朱氏および四人の子の上二人をも殺した。そのほかにも暴虐の振る舞いは数限りない。臣下たちにむりやり酒を飲ませ、それを横から監視させて、少しでも落ち度があれば容赦なく処罰し、あげくのはては顔の皮を剝いだり、目をえぐったりしたという。三国時代にこれほどの暴君はほかにいない。

ただし彼は、暴君ではあっても劉禅《りゅうぜん》のような暗君ではなかった。蜀が亡びる直前、反乱により一時的に晋《しん》に占領されていた交趾《こうし》を奪還するなど、できることはやっている。しかし蜀がすでに亡んだ今、呉の独力で魏あるいは晋に立ち向かうことはもはや不可能である。そのことが彼にははっきりと見えていたであろう。蜀の滅亡直後、魏の司馬師がかつて呉から投降した徐紹《じょしょう》と孫彧《そんいく》を送って、「大きい者は小さい者をいつくしみ、小さい者は大きい者につかえるのが当然」と大勢を説き、暗に降伏をすすめてきた時、彼は毅然とした返答ができなかった。すでに心理的に屈していたのである。

そしてそのことは、彼だけでなく、彼の臣下たちにもよくわかっていた。呉の最後の宰相、張悌《ちょうてい》は、呉が亡びる直前に、「呉がやがて亡びることは、賢者も愚者も前から予想していたことで、今はじめてわかったのではない」と言ったという。孫皓には、自分の臣下たちが実は自分と同じ気持ちであることも見えていたであろう。その苛立ちが、彼を臣下に対する異常な猜疑心と暴行に駆り立てた、と思える。

軍事力ですでに晋にかなわないと知った孫皓がたよったのは、讖緯《しんい》思想であった。呉郡の臨平《りんぺい》湖から「皇帝」と刻した石が出ただの、鄱陽《はよう》の歴陽山《れきようざん》から出た石にめでたい文句が見られただの、はたまた呉興《ごこう》の陽羨山《ようせんざん》の石室で瑞祥《ずいしょう》があったなど、山岳や石を崇拝する民間信仰に附会したでたらめな報告があるたびに、彼はよろこんで天冊《てんさく》、天璽《てんじ》、天紀《てんき》と次々に年号をかえ、石碑を立て、陽羨山では封禅《ほうぜん》という本来は皇帝のみが行える儀式を臣下にやらせたりした。この時に立てられた「天発神讖碑《てんぱつしんしんひ》」と「禅国山碑《ぜんこくさんひ》」には、おびただしい数の神讖《しんしん》を記す異様な文章が奇異な書風の文字で書かれており、あたかも孫皓の異常な心理を見る思いがする。

あるいはそれ以前に、魏の寿春《じゅしゅん》で「呉の天子が来る」という童謡が流行っていると聞いた時は、母親と妻子、それに後宮の数千人の宮女を引き連れ、洛陽にゆくと言って宮殿を飛び出した。おそらく集団ヒステリー状態であったろう。かと思うと、寵愛する側室が死んだ時には数ヵ月も閉じこもって外に出ず、そのため巷間では孫皓は死んだという噂が流れた。一種の鬱《うつ》状態といってよい。こうして呉の上下が自信を喪失し、あたかも滅亡の日を待っているような状況の中、天紀三年（二七九）一一月、ついに晋の大軍がやってきた。

三国時代の終焉

晋では対呉作戦をめぐって、北方の異民族の侵入を危惧する立場からの慎重論と、呉の衰退を好機とみる積極論の対立があったが、即位以来すでに一四年がたち、国情も一応落ち着いたこともあり、武帝はついに積極論にくみしたのである。攻撃は数路に分かれ、司馬伷《しばちゅう》と王渾《おうこん》はそれぞれ建業の対岸の涂中《とちゅう》と横江《おうこう》、王戎《おうじゅう》は武昌《ぶしょう》、胡奮《こふん》は夏口《かこう》、杜預《とよ》は江陵《こうりょう》に向かい、蜀からは王濬《おうしゅん》の水軍が長江を下って建業を目指す。総勢二十余万、総司令官は対呉慎重派であった老臣の賈充《かじゅう》である。魏と呉とのかつての常戦場であった合肥から巣湖へ至るラインは、わざとはずしてある。そしてもっとも早く建業に到達したのは、もっとも遠くから出た王濬の水軍であった。このことは蜀を占領して船を建造した晋の水軍力が呉の水軍を圧倒したことを意味しよう。呉では丞相《じょうしょう》の張悌《ちょうてい》などが捨て身の戦いを挑んだが、すでに大勢は決しており、翌年の三月、孫晧はついに王濬の軍門に降った。

南京郊外の江蘇《こうそ》省江寧《こうねい》県（現・南京市江寧区）で発見されたこの時代の墓からは、後に述べる呉特有の神亭壺《しんていこ》が出土しているが、その墓室の磚《せん》には、「太歳庚子、晋平呉、天下太平」の文字が刻されていた。庚子《こうし》は呉が亡んだ二八〇年である。呉が晋に平定されて天下太平になるという文句からは、孫晧の恐怖政治からようやく解放された呉の人々の安堵の気持ちが感じられよう。

この時、孫晧は群臣に手紙を送り、呉が亡んだのは自分の責任であるから、みな気兼ねせず晋につかえて大いに才能を発揮すればよいと述べた。またその後、晋の都、洛陽に連行さ

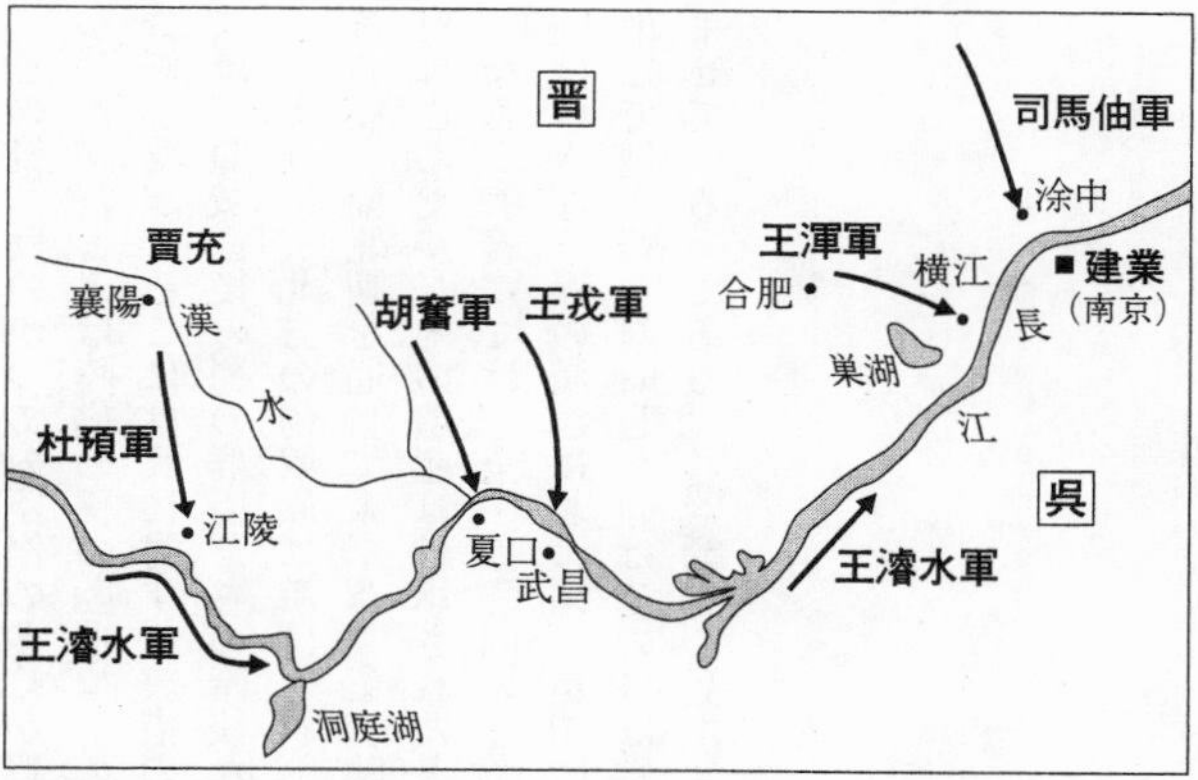

晋軍の呉への侵入ルート

れ、帰命侯《きめいこう》に封じられた時、武帝が、「朕は久しくここに席を設け、そなたが来るのを待っていたぞ」と言うと、孫晧は、「私も南方で同じく席を設けて陛下をお待ちしていました」と答えた。そばにいた賈充が孫晧の暴君ぶりを詰《なじ》ってやりこめようとして、「あなたは人の顔の皮を剝いだり、目をえぐったりしたそうですが、それはなんという刑罰ですか」と尋ねると、「人臣にしてその君を弑《しい》し、姦邪不忠《かんじやふちゆう》の者にこの刑を加えます」と平然として答えたので、賈充は返す言葉を失った。賈充はかつて魏の高貴郷公《こうききようこう》を弑した不忠者だったからである。いずれも痛快な応対であろう。これを見ても孫晧が実は凡庸な人物ではなかったことがわかる。呉の滅亡と天下統一は、逆らえない時代の流れだったのである。孫晧も蜀の劉禅とはまた別の意味でほっとしたかもしれない。

その後、呉のかつての臣僚の多くが晋につかえたが、彼らには呉をなつかしむ気持ちが強かった。たとえば陸遜《りくそん》の孫の陸機《りくき》は、のち晋につかえて「弁亡論《べんぼうろん》」を書き、呉滅亡の原因を分析したが、そこには呉に対する哀惜の情と呉人であることの誇りがにじみでている。この点は、蜀滅亡後の蜀の群臣たちの冷淡な態度と対照的である。晋はやがて対呉慎重派がおそれたように、北方の匈奴《きょうど》族に滅ぼされ、呉の故地である江南に逃げ込んで東晋王朝を立て、その後、南北朝を通じて宋、斉、梁、陳の四つの漢民族王朝がこの地でつづくことになる。呉は亡んだが、その遺産は継承されたというべきであろう。

なお『演義』では、全一二〇回のうち、第一一九回で蜀の滅亡と晋の受禅《じゅぜん》を述べ、最後の回はいきなり呉の滅亡におよぶ。黄巾の乱から呉の滅亡まで九六年、うち蜀が滅亡して呉が単独で魏、晋と対峙したのはそのほぼ六分の一の一七年であるが、それをたったの一回ですませているのである。『演義』がいかに呉を軽視しているかがわかるであろう。

第七章　三教鼎立の時代

儒教の綜合化

儒教の新旧対立

中国の宗教といえば、まず孔子《こうし》の教えにもとづく儒教《じゅきょう》、中国独自の民間宗教である道教《どうきょう》、そしてインドから伝わった仏教ということになろう。歴史上この三つの宗教が出そろったのは、ほかならぬこの三国時代においてである。三国時代はまさに三教鼎立《ていりつ》の最初の時代であった。ただし鼎立といっても、三国鼎立の魏蜀呉の国力が同じではなかったように、三教の勢力にも差がある。道教はこの時代に産声をあげた新しい宗教で、その後、急速に勢力を拡大してゆく。後漢時代に伝わったばかりの仏教も、この時代からようやく定着化への道をあゆむ。もっとも歴史が長いのは、いうまでもなく儒教であるが、その儒教もこの時代におおきな変革をとげた。

儒教には二つの新旧対立がある。ひとつは新注《しんちゅう》と古注《こちゅう》、もうひとつは今文《きんぶん》と古文《こぶん》である。新注とは一三世紀の朱子《しゅし》一派による経典解釈で、性理《せいり》学とも呼ばれるように哲学的、思弁的な解釈を特徴とする。これに対して朱子以前の古注は、経典の文章に密着したより具体的な注釈である。そして古注が成立したのは、ほぼ後漢末から三国にかけての時期であった。具体的には、『毛詩《もうし》』（詩経《しきょう》）および『周礼《しゅらい》』『儀礼《ぎらい》』『礼記《らいき》』の鄭玄注《じょうげんちゅう》、『春秋公羊伝《しゅんじゅうくようでん》』の何《か》休《きゅう》注、『孟子』の趙岐《ちょうき》注はみな後漢末、『周易《しゅうえき》』（易経《えききょう》）の王弼《おうひつ》注、『論語』の何晏《かあん》注、『春秋《しゅんじゅう》左氏伝《さしでん》』の杜預《とよ》注は三国の魏晋時代のものである。『尚書《しょうしょ》』（書経《しょきょう》）は前漢の孔安国《こうあんこく》の注と称するが、これも魏晋間の偽作であると考えられている。ただ『春秋穀梁伝《しゅんじゅうこくりょうでん》』の注を書いた范甯《はんねい》のみが東晋の人であった。これをみれば、三国時代が経典解釈史上、重要な意味をもっていることがわかるであろう。

次に今文と古文は、注釈ではなく経典のテキスト自体の区別であり、それは秦《しん》の始皇帝《しこうてい》の焚書坑儒《ふんしょこうじゅ》によって生まれたとされる。漢になって儒教を復活しようとした時、書物はすべて始皇帝に焼かれてしまったため、経典を暗記している学者を呼び出して筆授させた。それらは漢代の通用字体である隷書《れいしょ》で書かれているため今文経書といわれる。ところが後に孔子の旧居の壁の中から、秦以前の本が発見された。焚書を逃れるためだれかが隠したらしい。それらは秦以前の古い字体である籀文《ちゅうぶん》（大篆《たいてん》）で書かれていたため古文経書という。今文と古文はたんに字体が異なるだけでなく、内容にも異同があり、さらに『周礼』や『春秋左氏伝』などは古文にのみあるテキストである。

もっとも右の話のどこまでが本当なのかは、特に古文の素性をめぐって議論がやかましいが、ともかく漢代の経典のテキストに今文と古文の区別があったことは事実である。そしてそれはさらにテキストの相違に由来する今文学派、古文学派という学派の対立を生むのであるが、その両者の綜合がはかられたのが、やはり後漢末、三国時代であった。

通儒・鄭玄の経典解釈

前漢の武帝が儒教を国教とした時のテキストは今文《きんぶん》であった。都の学校に置かれた博士たちもみな今文学者である。今文学者の特徴は、家伝や師承《ししょう》を重んじること、そして一人がひとつの経典を専門に治めることである。さらに国教である以上、当然ながら漢王朝の統治に奉仕するのが目的であり、一種の御用学問であったといってよい。後漢になって王朝の前途を予言する讖緯《しんい》の学がさかんになると、これと結びついて、その傾向はさらに強くなった。

これに対して古文学派は、王莽《おうもう》の簒奪《さんだつ》に協力した劉向《りゅうきょう》、劉歆《りゅうきん》父子が顕彰したこともあり、当初はやはり政治性の強いものであったが、後漢に入って流行したにもかかわらず、政府公認にはいたらなかった。在野の学問であるといってよいであろう。そしてこの在野の古文学派の中から、後漢末に経典解釈を集大成する大学者がでた。それが鄭玄《じょうげん》である。

鄭玄は、それまでの今文学者が一経専門であったのに対して、今古文のすべての経典、さらに緯書までをも広く研究し、経典全体の綜合的、体系的な理解をめざした。具体的には、ある経典の文句を解釈するのに、関連する別の経典を引用する、いわゆる経を以て経を注す、という方法を用いたのである。鄭玄はこの方法で、『春秋』と『孟子』以外のすべての経典の注釈を書いた（『孟子』はこの時期、まだ経典とはみなされていない）。このように諸経にまたがる綜合的な解釈をすれば、それ以前の家伝や師承は意味をもたなくなる。鄭玄の師の馬融《ばゆう》は、「学に常の師なし」と喝破《かっぱ》したが、鄭玄こそは家伝や師承にこだわらず諸経のさまざまな学説に通じた通儒《つうじゅ》の代表であろう。現に彼の学説は、多くの点で師の馬融とは異なっている。

鄭玄は一生、官途につかず在野の学者として終わった。それは彼の学問がある特定の政治目的や王朝に奉仕するものではなく、客観的な学術研究であったことと表裏一体の関係にある。にもかかわらず何進《かしん》、袁紹《えんしょう》、孔融《こうゆう》、陶謙《とうけん》など当時の多くの権力者、有名人が彼に敬意をはらい、彼を招聘《しょうへい》しようとした。蜀の姜維《きょうい》が鄭玄の学を好んだというのは、その影響力の大きさを示すものであろう。

『演義』では劉備もかつて鄭玄に師事したとするうえ、劉備が曹操に敗れて袁紹のもとに走る時、鄭玄が袁紹への紹介の手紙を書いたことになっている。劉備が袁紹を頼ったのは、実際には袁紹の子の袁譚《えんたん》をかつて推薦した縁によるのだが、それよりも鄭玄のような大物がここで出て来る方がたしかに話としては面白い。『演義』はさらにそこで、鄭玄の家では召し使いの侍女さえも『詩経』の文句を知っていたという『世説新語《せせつしんご》』にみえるエピソードをさりげなく挿入している。『演義』はこの種の小道具の使い方がなかなかうまい。

鄭玄の学問は今文、古文を綜合したものであるが、その主体は古文であった。そのため後漢以来の今文、古文の論争は終息し、以後は古文学派が優勢となる。後漢末の熹《き》平石経《へいせっけい》は隷書で書かれた今文のテキストであったが、魏の正始《せいし》年間に立てられた正始石経は、古文、篆《てん》書《しょ》、隷書の三種の字体で書かれた古文派のテキストである。関羽、呂蒙など当時の武将が

正始石経の拓本（京都大学人文科学研究所蔵）　儒教の経典を古文、篆書、隷書の三つの字体で刻んだ石碑。左は部分拡大

『春秋左氏伝』を愛読したことはすでに述べたが、『春秋左氏伝』は古文学派の代表的なテキストであり、やはり古文学派の優勢と関係があるだろう。

当時、たとえば魏の高官、王朗《おうろう》の子の王粛《おうしゅく》のように、鄭玄の学説に反対する者もいたが、しかし王粛の経典解釈も諸経を綜合するという点では鄭玄とかわらない。それが当時の潮流だったのである。なお王粛の娘は司馬昭の妻となり、司馬炎つまり晋の武帝を産んだため、晋では王粛の注釈がもっぱら用いられた。鄭玄の孫の鄭小同《ていしょうどう》は高貴郷公の侍従となったが、司馬昭に殺されている。これはあるいは王粛のさしがねであったかもしれない。王粛は『古文尚書』の孔安国《こうあんこく》注を偽造したと言われるなど、あまり評判の芳しくない学者である。

儒家と道家を結ぶ「玄学」

鄭玄《じょうげん》が経典の間の垣根を取り払い、今文《きんぶん》古文を綜合的に研究したことは、さらに儒教自体の垣根をも越えて、儒教と他の学派とが交流する道を開いたといえよう。そもそも国教となる前の儒教は、儒家として諸子《しょし》百家《ひゃっか》のひとつに過ぎなかったのである。たび重なる戦乱により漢帝国の権威がゆらぐにつれ、国教としての儒教の地位も動揺し、人々の関心はふたたび諸子百家の多様な世界へと向かう。

中でも『老子《ろうし》』『荘子《そうじ》』など人間存在の根本的意味を哲学的に思索しようとする道家思想は、実践道徳に終始する儒家にあきたらない人々を強く魅了した。当時、道家思想と儒家思想を結びつけて理解しようとする学問を玄学《げんがく》といった。

玄学は魏の時代におおいに流行したが、その中心は正始《せいし》年間に実権を握った曹爽《そうそう》一派、特に何晏《かあん》と王弼《おうひつ》であった。何晏は「道徳論」を著して儒家と道家は同一であると説き、また王弼は『老子』と『周易《しゅうえき》』の注釈を書いたが、うち『周易』注は道家思想によって『周易』を解釈したものである。儒教経典の中でも哲学的色彩の濃い『周易』と道家の『老子』『荘子』を三玄というが、この三玄を主題とする議論が当時しきりに行われた。彼らの主張の核心は、世界の根本原理は道家のいう「無」であるという点にある。これに対して裴頠《はいぎ》は「崇《すう》有論《ゆうろん》」を著して儒家と道家は別物であると主張して、儒教を擁護しようとした。

曹爽一派の何晏、夏《か》侯玄《こうげん》はまた、諸子百家のうち法律によるより効果的な統治を説く名家や法家にも関心をもち、人間の才能と徳性とは無関係であると主張した。これは、才能さえあればたとえ道徳的に欠陥があっても人材としてどしどし登用した曹操の考えを受けつぐものであろう。これに対して司馬懿《しばい》の一派は、才能と道徳の一致を主張した。当時、道徳や品性に対する評価はその人の家柄と密接な関係があり、したがってこのような主張は、結局は門閥主義、名門主義につながる。これら一見、抽象的な議論は、正始年間の曹爽一派と司馬懿一派の政治闘争と密接な関係があったのである。

清談の流行

玄学の流行により、右にみたようなさまざまな哲学的、抽象的議論がしきりに行われたが、当時これを清談《せいだん》といった。世の中の俗事とは無関係な清高な議論という意味である。たとえば玄学派の代表である何晏《かあん》と王弼《おうひつ》は、聖人に喜怒哀楽の感情があるかないかという問題をめぐって討論し、何晏は聖人には感情はないと主張し、王弼は聖人にも感情はあるが、それをうまく調和させるのだと言った。まあどっちでもいいような、またどっちともいえないような問題であるが、当時の人々はこのような議論に熱中したのである。

清談を行う場合は、相対する両者がしばしば手に払子《ほっす》をもって、それを振りながら問答を戦わせたらしい。そこではたんに議論の正しさだけでなく、言葉遣いの巧みさ、特に相手をぎゃふんと言わせるような機知的な表現、さらにその場での態度や容貌が重視された。何晏はつねに手から白粉《おしろい》をはなさず、いつも自分の容姿を気にしていたという。

また後の東晋《とうしん》の時代の阮瞻《げんせん》は、宰相の王戎《おうじゅう》に会った時、儒家と道家の異同を聞かれて、即座に「将無同」（同じようなものではないですか）と答え、その答えに感心した王戎は、阮瞻を役人に取り立てた。これは正式の清談ではないであろうが、清談の雰囲気をよく伝える話である。つまり清談とは、論理の応戦というよりは言葉の応戦、もしくは言葉、態度、容貌をも含めた表現力の戦いであったといってよい。そういう意味では、それはすでに紹介した、この時代の外交交渉でのやりとりともよく似ている（一八二ページ参照）。また後漢以来、名士たちの間で流行した人物批評とも密接な関係がある。人物批評は、相手の言動、容貌などを綜合的に判断して、それを短く適切な言葉で即座に表現するものだからである。そして右の阮瞻の例からもわかるように、一見俗事とは無関係なようにみえる清談は、その実、当時の政治と微妙にかかわっていたのである。

清談は魏だけでなく、この時代の名士たちの間でおおいに流行し、蜀につかえた許靖《きょせい》などもこれを好んだとされるが、名士をあまり重んじなかった呉では行われた形跡がない。なおこれら清談や人物批評にまつわる逸話は、のちの劉宋《りゅうそう》時代にできた『世《せ》説新語《せつしんご》』に集められているが、それ以降、この清談の伝統は中国社会から消えてしまう。唯一の例外はおそらく禅宗で行われたいわゆる禅問答であろう。禅問答もまた論理ではなく、人間のトータルな能力をぶつけあい、一瞬のうちに勝負を決するものである。

ゲームとしての問答

清談は、聖人の感情の有無、儒家と道家の異同など、相反する二つの命題をめぐって問答を戦わせるものであった。そしてこのような問答は、清談のような哲学的論議以外にも、この時代にしばしばみられるものである。たとえば魏では、かつて漢の文帝が廃止した肉刑《にくけい》（足斬りなどの刑罰）を復活させるかどうかをめぐって群臣の間で討論が行われ、鍾繇《しょうよう》と陳《ちん》羣《ぐん》は賛成し、王朗《おうろう》は反対した。これなどはまだ現実の政治と関係する実用的な議論であるが、中には実用的でもなく、かといって哲学的ともいえない議論もある。孫権が蜀の使者、李密《りみつ》と、兄と弟のどっちがいいかを議論したのはその類であろうが（一八四ページ参照）、これは結論を出すよりもむしろ議論自体を楽しむのが目的であったろう。

　さらに興味深いのは、魏の文帝の寵臣《ちょうしん》であった呉質《ごしつ》の例である。呉質はある時、重臣の曹《そう》真《しん》と朱鑠《しゅしゃく》が同座した宴会で、俳優を呼んで「肥痩《ひそう》」を説かしめた。これは肥っている曹真と痩せている朱鑠をからかうのが目的の座興であったらしい。おそらく俳優が肥った人と痩せた人の特徴を面白可笑しく述べて、両者を対比し、あるいは優劣を争ったものであろう。しかし曹真と朱鑠どちらもがかんかんに怒ってしまい、座興どころか宴会はめちゃくちゃになってしまった。

　このように二つの相反する命題をめぐる問答は、当時、芸能にもなっていたのである。その背景には、さまざまな命題をめぐってゲームとしての問答を楽しむ風潮があったことが考えられる。清談の流行もおそらくそのような風潮と無関係ではあるまい。この時代の人々の伝記にしばしば「機捷談笑《きしょうだんしょう》」（座談での咄嗟のユーモア）、「滑稽」などの形容がみられるのも、やはりこのような風潮の反映である。左思《さし》の「三都の賦《ふ》」のように三者の問答で優劣を競う形式は漢代からあったが、これも二者問答のヴァリエーションであろう。

敦煌《とんこう》から発見された唐代の民間文学の中に「茶酒論」という面白い作品があるが、それは擬人化された茶と酒が登場してどっちがえらいかを問答で争い、最後は水がまあまあとなだめるという一種の遊戯文学である。これと同じ形式の作品を、はるか後の明代末期の文人、鄧志《とうし》謨《ぼ》という人が、「争奇《そうき》」（奇を争う）というテーマで色々つくっている。たとえば「花鳥争奇」、「山水争奇」、「風月争奇」、「童婉《どうえん》争奇」（男色と女色）などである。孫権の兄弟談義や呉質がやらせた肥痩論争は、これら後世の遊戯文学の源流であろう。なおこの形式は室町時代末期におそらく五山の禅僧によって日本にも輸入されたらしく、「酒茶論《しゆちやろん》」、「酒餅論《しゆへいろん》」、「酒飯論《しゆはんろん》」など同類の作品が日本でも作られている。

大切なのは忠か孝か

鄭玄と同郷でやや後輩にあたる邴原《へいげん》は、やはりこの時代の高名な学者であった。太子時代の曹丕が、ある時の宴会で、君主と父親がともに重病にかかり、薬が一錠しかなくどちらか一人しか助けられない場合、父親と君主のどちらを救うべきか、という問題を出して出席者に議論させた。父という者、君という者、議論は分かれたが、邴原はだまっているので曹丕が意見を聞くと、邴原はやおら「父である」と一喝したので、議論はそれで決着がついた。これは機知的な会話とはとてもいえないが、当時の人々が君主に対する忠義よりも親に対する孝行を重んじていたことが、この話からわかるであろう。孫権の兄弟談義で、李密が「兄の方が親に長くつかえられる」と答えたのも、やはり孝行を重んじたものである。

　忠と孝では、忠の方が公的な性格をもっているように思われるが、実は逆で、忠は個人が君主に尽くすものにすぎないが、孝はその実践によって一族全体の繁栄をめざすものであった。王朝がめまぐるしく変わるこの時代、いちいち忠義を尽くしていたのでは身がもたない。それよりは一族の安泰が重要で、そのためには孝行が大切である。この時代、儒教の権威は衰えたといわれるが、孝を中心とする儒教の実践道徳は、かえって普及したのである。

　孝行を説いた儒教の経典に『孝経《こうきょう》』がある。経典の中でもっとも広く読まれたのは実はこの『孝経』で、それはまた単に読むだけではなく、お経のようにその文句を唱えれば、病気や災難を免れるとまで考えられた。黄巾の乱の時、向栩《しょうく》という官吏は、『孝経』を唱えれば賊はおのずと消滅すると言ったという。

後漢・三国時代の孝行息子たち

　しかし孝を普及させるためには、『孝経』のようにただ孝行の大切さを説くよりも、親孝行を実践した孝子《こうし》の行動を具体的に述べた方がわかりやすくまた有効であろう。そこで生まれたのが「孝子伝」である。「孝子伝」は六朝《りくちょう》以降多くの書物が作られ、その代表は近世になって普及した「二《に》十四孝《じゅうしこう》」であるが、これらの「孝子伝」に取り上げられた孝子には、後漢から三国時代にかけての人物が多い。中でも三国時代の孝子には錚々《そうそう》たる有名人がそろっている。

その第一は、魏から晋につかえて太保《たいほ》となった王祥《おうしよう》である。王祥は子供のころ継母に虐待されたにもかかわらず孝養を尽くし、冬の寒い日、継母が生の魚が食べたいと言ったので、凍りついた川に裸になって魚を求めに行ったところ、氷が割れて中から鯉が二匹とびだしてきたという。また継母が雀の焼き鳥が食べたいと言うと、雀が何十羽も部屋に飛び込んできた。王祥の孝心を天がめでた結果というわけだが、実話というよりはおとぎ話の類であろう。王祥は六朝時代の代表的貴族である瑯琊《ろうや》王《おう》氏の元祖的存在であり、これは一族の始祖神話であるといってよい。先祖がこんなに親孝行だったおかげで、子孫が繁栄したというわけである。

次は呉の末期に司空《しくう》となった孟宗《もうそう》である。孟宗は母親が好物の筍《たけのこ》を真冬に食べたいと言ったので、竹林に行って泣いたところ筍が生えてきた。孟宗竹《もうそうちく》の語源になった話であるが、王祥の話と同工異曲でやはり実話とは思えない。なお孟宗は孫権の時代、親の喪に服するため官職をやめてはならないという法律を守らなかったため、あやうく死刑になるところ罪一等を減じられた。儒教の礼法では、親が死ねば三年の間、喪に服さねばならず、官吏ならば当然その間は休職となる。しかし三年もの間、休職すれば職務に支障が生じるのは知れている。それでも礼法を重んじる魏ではなんとか三年の服喪規定を守ったが、呉はそれを法律で禁止してしまったのである。将軍の胡綜《こそう》は、この法令を支持して、「忠臣たらんとすれば孝子たるをえず」と言っている。呉が魏とは異なる国家理念をもっていたことが、この一事からもわかるであろう。

三番目は呉の名族、陸《りく》氏の一員で、陸遜《りくそん》の叔父にあたる陸績《りくせき》である。陸績は六歳の時、袁《えん》術《じゅつ》のところに挨拶に行った。袁術は子供が来たのでみかんを出してあげたところ、陸績はそれを三つそっと懐に入れたが、暇《いとま》乞いのお辞儀をする時にぽろりと落ちた。袁術はそれをみて、「陸のお坊ちゃんは人の家に客に来て、みかんを懐に入れるのか」となじったところ、陸績は、「帰ってお母さんにさしあげるのです」と答えた。

「二十四孝」のうち王祥の図　氷上に裸で横になり、鯉をつかまえたという。江戸時代の『二十四孝稚講釈』より

これはまた前の二人の話にくらべて、いやに現実的であるが、親孝行としてはありきたりすぎるようにも思える。これくらいのことを親孝行と言ってわざわざ顕彰するまでもないであろう。陸績の父の陸康《りくこう》は袁術と仲がわるかった。おそらくこの話は本来、子供が大人のようにうまい応対が出来たという夙慧《しゅくけい》（早熟）の話であったのが、孝行譚に転用されたのであろう。陸績はのちに大学者となり、特に天文学にすぐれていた。

三国以前に孝子として知られる人物には、舜《しゅん》や漢の文帝など皇帝、孔子の弟子の曽子《そうし》や閔損《びんそん》などを除くと有名人はいない。それがこの時代になって王祥、孟宗のような高官や陸績のような学者に

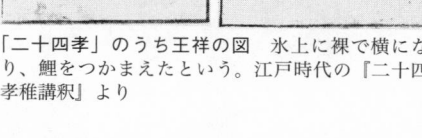

ついて孝行譚が語られるようになったのは、それだけ孝の道徳が普及し、またそれが一身の栄達や氏族の繁栄と結びつけて考えられるようになったためであろう。また王祥、孟宗の非現実的な話の背景には、後に述べる志怪《しかい》小説の流行、あるいは道教、仏教の影響があったかもしれない。

「二十四孝」の中の三国時代の人物としては、このほか学者の王裒《おうほう》やのちに仙人になったとされる呉猛《ごもう》がいる。呉猛は、親ができるだけ蚊に刺されないよう、自分のところに来た蚊を追い払わなかった。王裒は父親の墓のそばの木にすがりついて泣いた。これくらいならまずだれにでも出来そうである。

道教の誕生

厚葬から薄葬へ

香港や台湾に行くと、今でも町のあちこちの赤青黄色の極彩色を施した廟《びょう》の中に線香の煙がただよい、人々が熱心に祈っている姿をみることができる。簡単にいえば、それが道教である。道教は現世での幸福を祈る現実志向の強い中国独自の民間宗教であるが、その起源は、三国時代、黄巾《こうきん》の乱の原理となった太平道《たいへいどう》と、漢中に宗教的半独立政権をうち立てた張《ちょう》魯《ろ》の五斗米道《ごとべいどう》にあった。

三国以前の中国古代信仰の特徴は、長生術あるいは死後の生命の永続を希求するところにあり、西方の聖なる山、崑崙山《こんろんさん》にすむという不死のシンボル、西王母《せいおうぼ》や、東方の海上の仙山にあるとされた不死の仙薬が憧憬の対象となった。秦の始皇帝や漢の武帝が仙薬を求めて東方海上に使者を派遣し、それぞれ自分のために宏大な墳墓を営んだのはそのためである。また、湖南省長沙市で発掘された漢初の馬《ま》王堆《おうたい》の墓の中から、生前と変わらぬ肉体で現れ、われわれ現代人を驚かせた軑侯《だいこう》夫人や、そこから出土した帛画《はくが》に描かれた崑崙山への昇仙図、さらに漢代の墳墓によくみられる西王母とそれと対をなす東王公《とうおうこう》の画像石《がぞうせき》などは、みなこのような古代信仰の姿をあらわしたものであろう。

しかし人間は結局死ぬし、死体の永遠の保存も不可能である。まして仙薬や死体保存術は一部の王侯貴族の特権で、一般民衆とは無縁であろう。時代の変遷と民衆の自覚の高まりの中で、物理的な永生を求める古代信仰が破綻するのは必然の成りゆきであった。漢代は馬王堆に代表されるように、立派な墓を作る厚葬《こうそう》の風がさかんであったが、後漢後期から知識人の間で、普段着のまま埋葬する薄葬の主張がみられるようになるのは、そのひとつのあらわれである。

また三国時代には、前代の墓の画像石を再利用した墓がしばしば作られるが、その中に西王母と東王公の東西の位置が逆になっているものがあることは、古代信仰の風化を端的に示している。この時代、戦乱の多発により、墳墓を暴《あば》いて軍事目的に転用することがさかんに行われたらしい。諸葛亮の北伐の時に陳倉城を死守した魏の郝昭《かくしょう》は、死に際に、自分は武将として多くの墓を暴いて、その木を攻城具に使い、厚葬が死者にとって無益であることを知つたと述べている。曹操と曹丕はともに自分の陵墓を簡素にするよう命じ、曹丕にいたっては、古《いにしえ》より暴かれない墓はないとまで述べている。これがこの時代の人々の実感であり、これを反映して薄葬令もたびたび出されている。

このような気運の中で、死後よりも現世での救済を求める新しい宗教が生まれた。それが太平道と五斗米道だったのである。

黄巾賊と太平道

黄巾の乱の首謀者、張角《ちょうかく》は、「蒼天已《そうてんすで》に死す、黄天《こうてん》まさに立つべし」をスローガンに、漢王朝の打倒をめざして反乱を起こした。彼は信者を「方」という一種の軍事集団に組織している。しかしその活動の中心は、罪の懺悔《ざんげ》と呪符《じゅふ》による病気の治癒であり、張角ら三兄弟はまずみずから大医《たいい》と名乗ったのである。

『演義』の孫策が死ぬところで、妖術使いの于吉《うきつ》という道人が孫策に殺される場面がある。ところが『後漢書《ごかんじょ》・襄楷伝《じょうかいでん》』によれば、それより六〇年以上前の後漢の順帝の時代に、宮崇《きゅうすう》という人物がその師の干吉《かんきつ》が得た『太平清領書《たいへいせいれいしょ》』という神書を朝廷に献上したが、内容がいかがわしいというので採用されなかったという。しかしその後、桓帝《かんてい》の時、この書は陰陽家の襄楷によってもう一度、皇帝に推薦された。この干吉と于吉は同一人物とされるが、そうすると孫策に殺された時、彼は少なくとも一〇〇歳以上であったことになる。おそらく伝説的な人物なのであろう。そしてこの『太平清領書』を張角が用いたというのである。

えが太平道とよばれたのはそのためであった。

『太平清領書』は現在、『太平経』という名でその一部が残されている。そこには、おもに問答形式によって、太平道のさまざまな教義が述べられているが、中に罪の懺悔とその効用、呪符による病気の治癒についての記載があり、その内容は基本的に張角の教えと一致する。それは現世での太平理想の国の実現と人々の救済を目的としたもので、死後の世界にまったくふれない点に特徴がある。

ただし『太平経』には「蒼天已に死す、黄天まさに立つべし」というスローガンに象徴される漢王朝打倒の革命思想はみられない。『太平清領書』は陰陽五行《ごぎょう》について述べたものであったというから、元来はそれに類するものもあったのかもしれないが、この書は皇帝に献上されたものであり、そこに革命思想が書かれていたはずはないであろう。したがってそれは張角があらたに加えたものであると考えられる。うち黄天は、魏の禅譲の場合と同じく、漢王朝は火徳《かとく》、次の王朝は土徳《どとく》という五行思想にもとづいている。しかしそれだと漢は赤天《せきてん》でなければならず、蒼天というのはおかしいことになる。これについては、蒼天は赤天の誤りとする説、蒼天は天を意味する一般名詞で、漢王朝は五行思想を超越した天そのものと意識されていたとする説、姓の発音を五行で解釈する五音説によるという説などが出されているが、結局のところはよくわからない。

ともかく張角とその黄巾集団は、この革命思想にもとづく反乱によって弾圧を受け、壊滅した。そのためその教団組織は後世に残らず、ただ教義を説いた『太平経』という書物のみが残されたのである。

五斗米道と「老子想爾注」

一方の五斗米道《ごとべいどう》は、張魯《ちょうろ》の祖父の張陵《ちょうりょう》または張道陵が、順帝のころ故郷の沛《はい》国から蜀の鶴鳴山《かくめいざん》または鵠鳴山《こくめいざん》に入って修行を積み、道書を作って教えを広めたところからはじまった。張陵の教えは、その子の張脩《ちょうしゅう》（または張衡《ちょうこう》）を経て孫の張魯に伝えられる。その教義は、病人に静室の中で罪を反省し、懺悔させ、符水《ふすい》（呪術をかけた水）を飲ませ、あるいは姓名と罪状を書いたものを三通つくり、一通は山に置いて天にささげ、一通は地に埋め、一通は水に流すこと（これを三官手書《さんかんしゅしょ》という）で病気の平癒を祈るというもので、やはり罪の懺悔と呪術によって病を治した太平道と基本的にはかわらない。治病の謝礼に五斗の米をささげたため五斗米道とよばれたのである。

沛国は曹操の出身地であり、黄巾賊の勢力範囲でもあった。黄巾賊は蜀にも入った形跡があり、太平道と五斗米道との間にはなんらかの関係があったと考えられる。教主の姓がどちらも張であるのも偶然ではないかもしれない。ただし五斗米道には太平道と異なる点もあった。

太平道の教団が軍事組織をとっていたのに対して、五斗米道のそれはより行政組織に近かった。太平道の組織である「方」の長は将軍に相当するが、五斗米道の役職である祭酒は行政官である長吏に代わる者であったという。祭酒は宗教的指導者であると同時に行政官でもあり、信者の戸籍を管理していた。いわば江戸時代の檀家組織のようなものであろう。この他、義舎という旅行者のための無料宿泊施設を設け、また軽い罪を犯した者には道路を作らせたというが、旅行者や交通施設に特に配慮したのは、当時多かった流民を教団に吸収するためであったろう。このような宗教と行政が一体となった組織によって、張魯の五斗米道は漢中地方をほぼ二〇年の間、支配したのである。

五斗米道と太平道の最大の相違は、五斗米道が漢王朝打倒をはかる革命思想をもっていなかったことである。張魯は、民衆が地中から玉印が出たといって漢寧王《かんねいおう》に即位するよう求めた時、それにしたがわなかったし、曹操に攻められた時も、ほとんど抵抗しないで降伏している。彼が漢中一地方の支配者以上のものを望まなかったことは明らかである。曹操も降伏した張魯一族を諸侯に取り立て、張魯の娘を自分の息子と結婚させたほどで、張魯降伏後も存続したであろう五斗米道の教団を弾圧した形跡はまったくない。このことから逆に考えれば、太平道の黄巾賊が弾圧されたのは、その政治的革命思想のせいであって、宗教的教義のためではなかった。

このほか五斗米道の特色として、信者に『老子』を学習させたことがあげられる。太平道も黄老《こうろう》（黄帝と老子）の道を重んじたといわれるが、その教義や『太平経』からは『老子』の思想との直接的関連は認められない。後漢の桓帝は老子をしばしば祭っているが、それは古代信仰の風化にともない、老子があらたに信仰の対象となったことを物語っているであろう。そしてその場合の老子は、玄学派のような哲学的解釈とは無縁な、現世的利益をもたらす存在であった。五斗米道での『老子』学習もまた、そのような信仰対象としての老子像を反映している。

敦煌《とんこう》から発見された『老子』の「想爾注《そうじちゅう》」は、張魯の時代に五斗米道で使用された『老子』の注釈書であると考えられる。その『老子』解釈は、戒律と一体となったきわめて実践的なもので、同時代の玄学派、王弼の哲学的な『老子』解釈などとは趣を異にするものである。しかし五斗米道が、知識人の尊重する『老子』をその教化の手段として用いたことは、太平道とは異なるこの教団の体制的あるいは文化的な性格を物語るものであろう。

張天師と孔子の子孫

張魯の子孫は、その後、龍虎山《りゅうこざん》（現在の江西省貴渓市）に本拠を移して張天師《ちょうてんし》と称し、歴代王朝の尊崇《そんすう》をうけるようになる。またその教団は天師道《てんしどう》または正一道《せいいつどう》とよばれ、道教各派の中でも最大の勢力へと成長した。小説『水滸伝』の冒頭で、都に流行《はや》る疫病退治のために使者が龍虎山の張天師のもとへ派遣され、そこから一〇八人の盗賊がこの世に出てくる話は、あまりにも有名であろう。張天師はその後も張氏の子孫によって綿々と受けつがれ、第六三代の張天師、張恩溥《ちょうおんふ》（一九〇四？―一九六九）は、一九四九年に台湾に渡り、その死後、甥の張源先《ちょうげんせん》（一九三〇？―二〇〇八）が第六四代を継いだ。

ちなみに孔子の子孫は漢代から褒成侯《ほうせいこう》の称号をもらい、代々孔子の故郷である曲阜《きょくふ》（山東省）に住んでいたが、魏の文帝の時に宗聖侯《そうせいこう》に改められ、その後いくたの名称の変更をへて

孔廟の大成殿　孔子の故郷である山東省曲阜市の孔廟では、孔子を祀る儀式が今も行われている

北宋の時に衍聖公《えんせいこう》に決まり、それが清朝までつづく。清朝を打倒した中華民国はやはり儒教を尊崇し、孔子第七七代の子孫、孔徳成《こうとくせい》（一九一八—二〇〇八）を大成至聖先師奉祀官とした。孔徳成は、人民中国成立後に張天師と同じく台湾に移り、総統府資政、考試院院長などを歴任、また台湾大学教授を長くつとめた高名な古典学者でもある。現在は孫の孔垂長氏（一九七五—）が跡を継いでいる。孔子と張天師、この儒道両教の開祖の子孫は、世界でも屈指の古い家柄であるといえよう。中国は革命の国であり王朝は永続しないが、宗教的指導者は王朝の興亡をのりこえて万世一系だったのである。

『演義』にも出てくる孔融《こうゆう》は、直系ではないが孔子の第二〇代の子孫である。彼は子供の時、当時の名士であった李膺《りよう》を面識もないのにいきなり訪ね、あなたの家とは先祖以来のつきあいだと言ったので、李膺がそのわけを聞くと、老子（姓は李とされる）と孔子は師弟関係ではありませんかと答えて、李膺を感心させた。この話を聞いた人が、聡明な子供は大人になると得てして凡庸になるものだ、といやみを言うと、孔融はすかさず、あなたは子供のころさぞ聡明だったでしょうね、とやりかえした。要するにこの時代一流の機知の持ち主である。しかしその機知をもってしばしば曹操に逆らい、さらに子供は両親の欲望の結果生まれたのであるから、親孝行などする必要はないなどという孔子の子孫にあるまじき過激な論を吐いたため、ついに曹操に憎まれ殺されてしまった。

関羽はなぜ神になったか

ところで道教の数ある神々の中で現在もっともポピュラーなのは関帝《かんてい》である。中国国内はむろんのこと、海外の華僑《かきょう》居住地には必ずといっていいほど関帝廟《びょう》がある。日本でも横浜や神戸の中華街にある関帝廟はよく知られていよう。関帝は、すなわち関羽である。しかし関羽はなぜ神に祭りあげられたのであろう。劉備でさえも神にはならなかったのに、弟分の関羽が神になっては義理にもとるではないか。

これについては日本の菅原道真《すがわらのみちざね》と同じく無念の死を遂げた者に対する怨霊信仰であるとの考え方もあるが、無念の死といえば、張飛、劉備、それに諸葛亮も同じことである。関羽が殺された後、呂蒙と曹操が相次いで死んだという偶然もあるが、それだけで関羽を怨霊とすることはできないであろう。第一、後世の華僑などが信仰した関帝は金儲けの神様である。『演義』の中で関羽についての話には、青龍刀《せいりゅうとう》や赤兎馬《せきとば》のようにフィクションが多いことはすでに述べた。これらは関羽にまつわる伝説にもとづくものであると考えられるが、関羽についての民間伝説の中には水に関するものが多い。たとえば、関羽は故郷で悪代官を殺してお尋ね者となり逃亡したが、関所が越えられずに困っていると、水中の聖母（または観音）の助けにより顔が真っ赤に変わったため、無事に関所を通ることができ、その時、名前を聞

関帝廟　関羽の出身地、山西省運城市にある関帝廟（右）と、廟内に祀られた関羽像（左）

かれて出まかせに関と言ったため姓が関となったので、もとの姓は関ではなかったという。また関羽の誕生日とされる五月一三日には、毎年雨が降るが、それは関羽が青龍刀を水で磨《みが》くためで、これを磨刀雨《まとうう》とよぶという伝説も広くみられる。

そして『三国志』の中の関羽についての記述をみると、そこにも水との関連が見いだされるのである。まず赤壁の戦いの前夜、関羽は水軍を率いて劉備とは別行動をとっていたし、樊城《はんじょう》では于禁《うきん》らを水攻めにしている。さらに『三国志・甘寧《かんねい》伝』によると、呉の魯粛が荊州の益陽で関羽と対峙した時、関羽が五〇〇〇の兵で川の浅瀬を渡ろうとするのを甘寧はわずか八〇〇の兵で防いだ。この浅瀬はのちに関羽瀬《らい》と名づけられたという。この関羽瀬という地名は、陳寿が『三国志』を書く以前、すなわち関羽の死後まもなく出来ていたことになる。関羽はこの浅瀬を渡れなかったのに関羽瀬という名前がついたのは不審であるが、それはおそらく関羽が水と関係が深く、水神としての性格を当時すでにもっていたからであろう。なお、四川一帯では、後に張飛も水神として祭られている。

山西商人と関羽

そう考えるもうひとつの理由は、関羽の出身地である。関羽は今の山西《さんせい》省運城《うんじょう》市解《かい》州鎮の人である。解州には中国最大の塩湖である解池《かいち》があり、古くから塩の産地として有名で、また解池にまつわる水神信仰が盛んであった。解州出身の有名人である関羽がこの解池の水神と結びついたことは、関羽が解池にすむ妖怪の蚩尤《しゆう》を退治したという伝説や芝居が残されていることからもわかる。

解池産の塩は、漢代以来、政府の専売品あるいは統制品であった。三国時代でも解池の近くの安邑《あんゆう》出身の衛覬《えいき》は、塩の統制監売を曹操に進言している。そして政府の委託を受けて塩の販売にたずさわった山西一帯の商人たちは、後世さらに金融業に手を広げ、中国全土の経済を支配するようになる。関帝信仰が普及したのは、この山西商人の全国的な活動と無関係ではない。たとえば四川省の山奥の町、自貢《じこう》市には、現在、塩業歴史博物館というのがあるが、これはもと関帝廟で、同時に山西商人の会館だったのである。

要するに、関羽はその非業の死と水との関連から水神的な性格をもつようになり（中国では屈原《くつげん》や伍子胥《ごししょ》のように非業の死を遂げた英雄が、水と関連づけられ水神となるケースが多い）、それが彼の故郷、解池の水神信仰と結びつき、さらに解池一帯の山西商人の活動によって全国に広まり、商業神としての性格をもつようになったと考えられるのである。『演義』は蜀を中心に書かれた小説であるが、さらに個人に即していうならば、蜀の人物の中でも特別の扱いを受けているのは関羽である。『演義』の古いテキストでは、関羽だけは名前を避けて、関公、関某と書かれている。そして多くの伝説とフィクションに彩られ、『演義』の中でもっとも英雄らしい英雄として描かれているのは関羽である。そういう意味では、『演義』もまた関帝信仰の産物であったといえるであろう。

なお関羽に関羽瀬を渡らせなかった甘寧《かんねい》は、その功によって長江中流の陽新《ようしん》、下雉《かち》の二県を領地として孫権からもらった。そしてその地方では甘寧を神として祭り、宋代以降その祠《ほこら》は呉将軍廟、俗に呉王廟とよばれた。呉王は船の安全を守ったというから、やはり水神であろう。清代の伝奇小説集『聊斎志異《りょうさいしい》』に「竹青」という作品があるが、それは呉王の神使であるカラスと人間が結婚する話で、呉王廟は洞庭湖《どうていこ》にあったことになっている。それにしても孫権をさしおいて呉王になったのでは、甘寧もさぞ心持ちがわるいであろう。

仏教の普及

仏教の伝来

インドの仏教がいつ中国に伝わったのかについては、周の穆王《ぼくおう》の時、孔子の時、秦の始皇帝の時、漢の武帝の時など早い時期に設定する説があるが、それらは時代がくだる資料ほど

白馬寺　仏教伝来の伝説で知られる洛陽の古刹

時期を早める傾向があり、すべて信用できない。もっとも有名な説は、後漢の明帝が永平《えいへい》一〇年（六七）に、西方の金人を夢見て使者を送ったところ、途中で白馬に仏典を積んだ迦葉摩騰《かしょうまとう》と竺法蘭《じくほうらん》という二人の僧に出会い、彼らを迎えて洛陽城外に白馬寺《はくばじ》を建立したという話であるが、これもどうやら後世の伝説であるらしい。

信頼できる史書にみえる記録としては、『三国志』の裴注《はいちゅう》が引く『魏略《ぎりゃく》・西戎伝《せいじゅうでん》』に、前漢末の哀帝《あいてい》の元寿《げんじゅ》元年（紀元前二）、博士弟子の景盧《けいろ》が大月氏国《だいげっしこく》（現在のアフガニスタンにあったクシャン王朝）の使者から浮屠経《ふときょう》を口受したという記述、そして明帝の異母弟にあたる楚《そ》王英《おうえい》が浮屠《ふと》の斎戒《さいかい》と祭祀の法を学んだという『後漢書』の記載である。浮屠は仏陀と同じくブッダの訳語である。明帝の夢の話は伝説であるにしても、ほぼ前漢末から後漢初期の間には、なんらかのかたちで仏教が伝わっていたと考えてよいであろう。ただしその仏教はインドから西域諸国を通じて中国にもたらされたため、インド仏教そのものではなく西域でやや変化したものであった。

後漢末の桓帝《かんてい》、霊帝《れいてい》の頃には、安息国《あんそくこく》の太子であったという有名な安世高《あんせいこう》や大月氏国から来た支婁迦讖《しるかしん》などによって、かなりの数の仏典が中国語に翻訳されている。安世高は小乗仏教の禅学を、支婁迦讖は大乗仏教の般若学を伝えた。しかし一般にその教義が広く理解されるまでには至らず、この時期の仏教は、当時民間で流行していた老子信仰と結びついたかたちで受け入れられていたらしい。楚王英は仏教を学ぶと同時に、黄老の道を熱心に信じていたし、桓帝は老子と浮屠を合わせて祭っている。彼らは現世での利益を得るために物珍しい西方の神を祭ったにすぎないであろう。

孔望山摩崖像の仏涅槃図　岩肌の浮彫を描き起こした摸写図。江蘇省連雲港市にあり、中国最古の仏教の人物画像とされる。『漢代画像石綜合研究』（文物出版社）より

中国最古の仏陀像

江蘇《こうそ》省北部の沿岸地域、連雲港《れんうんこう》市に孔望山《こうぼうさん》という山がある。むかしここから孔子が東の海を眺めたというので孔望山という名前がついた。『論語』によれば、孔子は自分の信じる道が中国で行われないのに失望して、筏《いかだ》に乗って東海にこぎ出そうと言ったという。それがここでのことだというのであろうが、むろん伝説にすぎない。この孔望山の南側斜面の岩肌に多くの人物像の浮彫があることは以前から知られていたが、一九八〇年代の調査で、それらが後漢時代の道教、仏教に関するもの、具体的には老

子や黄帝《こうてい》とおぼしき像、仏像、さらに仏陀《ぶつだ》の涅槃《ねはん》図、捨身飼虎《しゃしんしこ》図などであることがわかった。道教、仏教の人物画像としては、現在知られるかぎり中国最古のものである。

連雲港市一帯は漢代の徐州東海郡にあたる。この地域は古くから、海上の仙山《せんざん》で不老長寿の薬を求めようとする方術《ほうじゅつ》の盛んなところで、秦の始皇帝もここに巡幸してきて石を立て、それを秦東門《しんとうもん》と呼んだという。現在それらしき巨石が孔望山の近くに残されている。また道教の発生もこの地方と密接な関係があった。干吉《かんきつ》が太平道のバイブルとなる『太平清領書《たいへいせいれいしょ》』を得たのは、東海郡の曲陽《きょくよう》というところであったとされるし、黄老《こうろう》の術と仏教を両方信じた漢の楚王英《そおうえい》の封地《ほうち》、楚国の彭城《ほうじょう》は連雲港市のすぐ西にあたる。さらに後漢時代にはこの地に東海の神を祭る東海廟《とうかいびょう》があり、熹平《きへい》元年（一七二）の「東海廟碑」が、古い碑文を集めた『金石録《きんせきろく》』などに収められているが、中国の学者、信立祥《しんりつしょう》氏は、この孔望山こそは東海廟の遺跡であるとする。東海の神、東海君はのちの道教でも重要な神であった。

孔望山の摩崖《まがい》画像は、古代の神仙《しんせん》思想と後漢時代の道教信仰を基礎として受容された初期仏教の姿を反映したものであり、またこの一帯が初期仏教の一つの中心地であったことをしめしている。後漢の最末期、徐州刺史の陶謙《とうけん》のもとに笮融《さくゆう》という仏教信者がいた。彼は陶謙から彭城、広陵一帯の物資運送をまかされ、その地に三〇〇〇人をも収容する大きな浮屠祠《ふとし》（寺院）を建て、金銅《こんどう》の仏像を安置して読経《どきょう》、浴仏《よくぶつ》を行い、多数の信者を集めたという。これが仏教寺院に関する最初の記録である。笮融はその後、曹操が徐州を攻撃した時に、信者数万を連れて南の揚《よう》州豫章《よしょう》郡に逃れ、そこで殺された。孫策が江南を平定する直前のことである。このようにして仏教はさらに南の地に広まっていったのであろう。もっとも笮融は殺《さつ》戮《りく》をほしいままにし、信者に酒飯を振る舞ったというから、その仏教信仰はやはり桓帝《かんてい》などと同じく、現世利益を追求するものであったろう。

なお連雲港市付近には、小説『西遊記《さいゆうき》』でおなじみの孫悟空《そんごくう》の花果山水簾洞《かかざんすいれんどう》にまつわる伝説なども伝わっている。そういえば孫悟空が如意棒《にょいぼう》をもらったのは、東海の龍王のところであった。

「仏陀は老子」説

このように初期の仏教は、道教信仰と結びつくことで受け入れられたのであるが、そこからさらに一歩進んで、仏陀は実は老子の化身《けしん》であるという説が生まれた。老子という人物は、その著書とされる『老子』が神秘的思想に彩られているのとおなじく、神秘のベールに包まれている。司馬遷《しばせん》の『史記・老子伝』では、名前は李耳《りじ》、楚国苦《こ》県の人で周《しゅう》の役人となり、孔子と問答を交わしたりした後、周王朝の衰退を見て関所（函谷関《かんこくかん》とも散関《さんかん》ともいわれる）を西に出て、どこかへ消えてしまったとされる。その時、関を守る関令《かんれい》の尹喜《いんき》の求めに応じて書きあたえたのがすなわち『老子』である。ただし実在の人物かどうかを含めて謎が多い。

謎のひとつは、関所を出た老子はいったいどうなったのかということであろうが、そこから老子は実は西のインドに行って、胡人《こじん》（外国人）を教化したという奇抜な説が生まれた。

それが老子化胡《けこ》説である。先に引いた『魏略《ぎりやく》・西戎伝《せいじゆうでん》』には、「老子西のかた関を出て、西域の天竺《てんじく》を過《よ》ぎりて胡を教う」、また『後漢書《ごかんじよ》・襄楷伝《じようかいでん》』には、「老子は夷狄《いてき》に入りて浮屠《ふと》となる」とあり、この考えが仏教受容の初期の段階ですでに生まれていたことがわかる。老子がインド人に伝えた教えというのは、つまり仏教のことであるから、仏陀は実は老子であり、仏教の中国伝来は里帰りのようなもので、道教と仏教は同じ教えということになる。のち西晋《せいしん》の時代、道士《どうし》の王符《おうふ》は、この説にもとづいて『老子化胡経』という道教経典を作った。その目的は、すでに独立した強大な教団となっていた仏教に対抗し、道教を仏教より優位な立場に置くことであり、その後、道仏両教の間でこの問題はしばしば論争の種となる。しかし元来が根拠のない説であり、仏教側の猛攻撃を受けて、元《げん》代に『老子化胡経』はついに禁書《きんしよ》処分となった。

ちょうどその頃、鎌倉時代の神道《しんとう》では、仏や菩薩は日本の神の化身であるとする、いわゆる反本地垂迹説《はんほんちすいじやくせつ》が生まれる。この反本地垂迹説は、日本の神は仏や菩薩の化身であるとする仏教側の本地垂迹説に対抗して生まれたものであるが、発想は『老子化胡経』と同じである。当時の日本人は『老子化胡経』をおそらく知らなかったであろうが、固有宗教と外来宗教の葛藤と融合をめぐって、同じような方法が採られたことは興味深いであろう。

中国初の仏教著作

仏教は北方の陸路とは別に、南方の海路によっても、かなり早い時期に伝来したと思える。インドとベトナム、南中国の間には古くから海上交通が開けていた。桓帝の延熹《えんき》九年（一六六）には、大秦《だいしん》王安敦《あんとん》（ローマ皇帝マルクス・アウレリウス・アントニヌス）の使者がベトナムにあった日南《にちなん》郡から象牙などを献上しているが、この使者はインド商人であったといわれる。

　後漢末から呉にかけてベトナム北部の交趾《こうし》郡には、北方の戦乱を避けて多くの知識人が寄《き》寓《ぐう》して一種の避難地文化が栄えた。それはインドの仏教と中国の儒教、道教が出会う恰好の場となったであろう。そのころやはり交趾郡に避難していた牟子《ぼうし》という人物が『理惑論《りわくろん》』という問答体による仏教の概説書を書いた。「理惑」とは、惑いを理《おさ》めるという意味で、仏教に対するさまざまな疑問点について、著者の牟子が、儒教や道教の考えを援用しながら仏教の立場から答えたものである。たとえば、仏には三十二相、八十種好《しゅごう》といわれる異相があるとされるが、そんなのは嘘だろうという疑問に対して、孔子や老子にも異相があるではないかと反論する。これなどは単純な例であるが、中には教理に深く踏み込んだ問答もあり、著者が儒仏道の三教について相当の知識をもっていたことがわかる。

　またこの書物は三七条から成るが、それは仏教の三十七道品《どうほん》および『老子』三七篇にならったものであるといい、ここにもやはり老子と仏教を結びつけようとする発想が見られる。『理惑論』は仏教に関する中国人の最初の著作であるが、著者の牟子がどういう人物なのかがわからないこともあって、後人の偽作ではないかという説が根強くあった。しかし現在では、少なくともその主要部分は後漢末期から三国にかけてのものと認められているようである。『理惑論』や『太平経』がどちらも問答体で書かれているのは、この時代の清談流行と無関係ではないであろう。

ちなみに仏のいわゆる三十二相の中に、正立手摩膝相《しょうりゅうしゅましっそう》、つまり直立して手が膝にとどくというのがある。『三国志』によると、劉備の手は垂れると膝の下までとどいたというが、仏さまならともかく、そんなテナガザルのような人間がいるはずはない。これは仏教の影響であろう。

孫権と仏僧たち

呉は北に孔望山のある徐州、揚州、南に交阯《こうし》郡と仏教の盛んな土地にはさまれ、三国の中では仏教がもっとも栄えた。三国の君主の中で仏僧との関係が知れるのは孫権だけであるし、またこの時代に寺院があったことが確認できるのも呉だけである。呉の都、建業《けんぎょう》では多くの仏教信者、僧侶が活躍したが、その代表は支謙《しけん》と康僧会《こうそうえ》であろう。

支謙は、その祖父が後漢の霊帝の時に大月氏国《だいげっしこく》から国人数百人とともに中国に移住してきたため、中国で生まれた。そして同じく大月氏国から来た支婁迦讖《しるかしん》の中国での弟子である支亮《しりょう》に学んだが、のち献帝の時、北方の戦乱を避けて呉に来た。孫権はその博識を聞いて、彼を博士に任命したという。胡漢両語に通じていた彼は『維摩詰経《ゆいまきつきょう》』、『大明度無極経《だいみょうどむきょくきょう》』、『瑞応本起経《ずいおうほんぎきょう》』、『法句経《ほっくきょう》』など多くの仏典を翻訳し、後の老荘《ろうそう》思想による仏教理解に大きな影響を及ぼした。なお支謙は僧ではなく在家の信者、すなわち居士《こじ》であった。

支謙が北から来たのに対して、康僧会は南からやってきた。その先祖は西域の康居《こうきょ》の人で、代々インドに住んでいたが、父は商人で交趾に移住した。康僧会はインド商人の子として交趾で生まれたのである。そしておそらく交趾に避難していた知識人であったろう南陽の韓林《かんりん》、潁川《えいせん》の皮業《ひぎょう》、会稽《かいけい》の陳慧《ちんけい》に教えを受け、赤烏《せきう》一〇年（二四七）に布教のため建業に来た。孫権は彼の教えを聞いて大いに感心して寺院を建立し、最初の寺だというので建初寺《けんしょじ》と名づけ、またその場所を仏陀里《ぶつだり》とした。康僧会はその建初寺で『六度集経《ろくどじつきょう》』をはじめとする仏典を翻訳する一方、儒仏道教に対するその豊富な知識を利用して『安般守意経《あんぱんしゅいきょう》』、『法鏡《ほつきょう》経《きょう》』などに注釈を施した。現在その注釈は失われ、右の両経の序文のみが残されているが、そこからうかがえる彼の仏教の特徴は、初期の禅学《ぜんがく》思想にある。そして彼はくしくも呉が亡んだ二八〇年に死んだ。

仏像が描かれた銅鏡（中国国家博物館蔵）　三国時代、呉のもので、湖北省鄂州市出土。神獣などとともに座仏がみえる

彼らの活動によって仏教は呉の君臣の間にも相当に浸透したようで、特に天文学者としても有名であった闞沢《かんたく》（『演義』では赤壁《せきへき》の戦いの時、黄蓋《こうがい》のいつわりの降伏状を曹操にとどける重要な役割をはたしているが、むろんフィクションである）は、自分の私宅を寺とし、その字《あざな》にちなんで徳潤寺《とくじゅんじ》となづけたという。また孫権の死後、実力者となった孫綝《そんちん》は、浮屠祠《ふとし》（寺

院）を壊し、道人《どうにん》（僧侶）を斬ったというが、これは中国史上最初の仏教弾圧であった。呉では弾圧されるほど仏教が盛んであったということであろう。また呉で作られた神亭壺《しんていこ》（三二七ページ参照）や鏡にも仏教をあしらったものがある。

魏・西晋の仏教

魏でも仏典の翻訳は呉におとらず盛んで、多くの訳経僧が活躍した。たとえば中インドの僧で嘉平年間（二四九―二五四）に洛陽にやってきた曇柯《どんか》迦羅《から》は『僧祇《そうぎ》戒心《かいしん》』を翻訳し、中国にはじめて仏教の戒律を伝えた。それまでは戒律がわからないため、たとえ出家した者がいたとしても正式のものではなかったのであるが、曇柯迦羅によって受戒《じゅかい》による正規の僧侶が生まれる基礎ができたのである。また西晋代に入ると、大月氏《だいげっし》国《こく》の人で代々敦煌《とんこう》に住んでいた竺法護《じくほうご》が、『正法華経《しょうほけきょう》』の訳出によって法華思想をはじめて紹介したのをはじめ、一五〇を超える大量の仏典を翻訳し、その後の仏教の発展に大きく貢献した。

しかし魏、西晋の時代には玄学《げんがく》が流行していたにもかかわらず、呉のように君主や著名な知識人が仏教と接触したという記録はない。唯一の例外は曹植で、彼は山東の魚山《ぎょざん》で空中に梵音《ぼんおん》（サンスクリット音楽）の響くのを聞いて、はじめて梵唄《ぼんばい》（仏教の歌）を作ったという。しかしこれは伝説にすぎないかもしれない。中国の著名な知識人が仏僧と交際し、仏典から大きな影響を受けるようになるのは、次の東晋の時代を待たねばならない。それは東晋が仏教のより盛んであった呉の地域に移ったことと無関係ではないであろう。

ただしだからといって、魏や西晋の宮廷や知識人の間に仏教の影響がまったくなかったわけではない。曹操の子の曹沖《そうちゅう》（幼名は倉舒《そうじょ》）が五、六歳の時、孫権が曹操に象を贈ったことがある。そこで曹操は群臣に、象の重さをどうやって測ったらよいかと尋ねたが、だれも答えられなかった。すると曹沖が、象を船に乗せて船が沈んだところに印をつけ、あとで別の物を印のあるところに船が沈むまで載せてから重さを測ればよいと言ったので、曹操はじめみなその聡明さに感心したという。このことは『三国志・武文世王公伝《ぶぶんせいおうこうでん》』にみえているが、もとは『雑宝蔵経《ぞうほうぞうきょう》』の「棄老国因縁《きろうこくいんねん》」に出る話であって事実ではありえない。おそらくこの時代に流行した夙慧《しゅくけい》、神童の話に仏典が利用されたのであろう。先の劉備の手の例やこの話のように、仏典の話がさりげなく、あるいは無意識につかわれているということは、それだけ仏教が普及していたことの証拠である。

　なお右の曹沖は惜しいことに一三歳で死んでしまった。聡明な子を失った曹操の悲しみはひととおりでなく、父を慰める長男の曹丕に向かって、この子が死んだのは自分にとっては不幸、おまえたちにとっては幸いであるといやみを言うほどであった。そして曹沖の亡骸を学者の邴原《へいげん》（二六八ページ参照）の娘がそれより先に死んでいたのと合葬しようとしたが、邴原は礼に合わないと拒否したため、仕方なく曹丕の夫人、甄《しん》氏の一族の死んだ娘と合葬した。このように死んだ未婚の男女を合葬するのは、あの世に行って結婚しろという意味で、冥婚《めいこん》といい、今日でも中国ではよく見られる習慣である。しかし儒教の礼法には合致しない。

麻浩崖墓の仏像　崖に洞窟を掘って墓にした麻浩崖墓（右）の内壁には、仏陀とみられる図像（左）がある。蜀の領域では最初期の仏像と考えられている。四川省楽山市

蜀の仏教遺跡

蜀では魏や呉のような訳経事業は行われず、仏教に関係するような記録もない。しかし同時代の魏と呉でこれだけ仏教が行われていたのに、蜀にそれがまったく入っていなかったとは考えられないであろう。文献記録はないが、それを示す遺跡はある。

漢代から蜀にかけて、この地方では山の崖に洞窟を掘って墓を作り、そこにさまざまな画像を彫刻する独特の風習があった。その代表的な例のひとつである四《し》川《せん》省楽山《らくざん》市麻《ま》浩崖墓《こうがいぼ》に、蜀時代に作られたと推定される仏陀と僧侶の図像がある。また彭山《ほうざん》県崖墓では、神樹の葉に銭の形をあしらった揺銭樹《ようせんじゅ》とよばれる副葬品の基台にやはり仏像がみられる。蜀でもやはり民間では仏教が在来の信仰に融合するかたちで受け入れられていたのである。ただし支配階層の間に仏教が入った形跡はまったくない。

『維摩詰経』と居士仏教

以上みてきたように、三国時代には後漢時代にもまして多くの仏典の翻訳が行われた。しかしその中で後世にまで残ったものは意外に少ない。それはのちに鳩摩羅什《くまらじゅう》や玄奘《げんじょう》のような訳経の大家がでると、初期の不完全な訳経は次第に読まれなくなったことが主な原因であろう。その中にあって今日まで伝わり、かつかなりの影響力をもったと考えられるもののひとつに支謙《しけん》訳の『維摩詰経《ゆいまきつきょう》』がある。『維摩詰経』にも鳩摩羅什訳と玄奘訳があるが、現存する最古の訳は支謙のものである。

『維摩詰経』は居士《こじ》で大富豪の維摩詰が病気になった時、釈迦の命により智慧第一の文殊菩《もんじゅぼ》薩《さつ》とその他の弟子が見舞いに行って、維摩詰と問答を交わすという体裁になっている。問答ではさまざまな事柄が議論されるが、その中でもっとも重要なのは般若《はんにゃ》思想の空《くう》の概念によ

揺銭樹　後漢・三国時代の四川地域でしか出土しない揺銭樹（銭のなる木、写真上、四川博物院蔵）の基台にも、仏像のあしらわれたものがある（写真下、南京博物院蔵）

って不二《ふに》の法門に入ることである。不二の法門とは、簡単にいえば、自他、生死など現実世界の二つの対立する事象は空の立場からみれば、実は不二同一であるという仏教的悟りの境地である。

すでに述べたように、この時代の中国では上は清談の哲学談義から下は宴会での芸能にいたるまで、二つの対立物の優劣を問答で争うことが流行っていた。それが当時の人々の発想の基本的パターンであったといっても過言ではない。ところが『維摩詰経』は、対立する両者の矛盾が実は同一であると説いているのである。これは当時の中国人にとって新しい考えであったろう。むろん中国にもそれに似た考えはすでにあった。たとえば『荘子』の斉物論《せいぶつろん》などはその代表的な例である。しかし斉物論は、荘子が夢に蝶となり、夢が覚めてから、自分が蝶になったのか、それとも蝶が自分になったのかわからなくなったという有名な譬《たと》えが示すように、対立する両者を相対化することで統一しようとしたものである。これに対して『維摩詰経』の立場は、空という絶対的概念によって矛盾を止揚《しよう》するものであった。問答体によってこの不二の法門を説く『維摩詰経』は、当時の中国知識人にとって、馴染みの深い形式と論理展開によって、新鮮な概念を提示したものであったにちがいない。

しかも『維摩詰経』は主人公の維摩詰自身が居士であり、在家のままで悟りに達する可能性を説いている。これまた儒教の倫理に身を置きながら、それに飽き足らず、より根元的ななにかを仏教に求めようとする多くの中国知識人にとっては魅力的であったろう。こうして『維摩詰経』はその文学性豊かな表現と相まって、仏教信者だけではなく、より広範囲な知識人を引きつけたのである。唐代の有名な詩人、王維《おうい》は字《あざな》を摩詰《まきつ》という。つまり王維摩詰であり、彼は維摩詰に自分を同一化させようとしたのである。

最初の求法旅行者

後漢以来の訳経事業はすべてインドおよび西域から来た外国人およびその子孫によって行われた。ところが三国時代にはついにこちらから西方に求法の旅に出る者があらわれる。それが朱士行《しゅしこう》である。

朱士行は後漢以来、名士の中心地であった潁川《えいせん》の人である。彼は般若思想を説く『道行般《どうぎょうはん》若経《にゃきょう》』を洛陽で学んだが、それは不完全なものであったため、より完全な経典を求めて、魏の甘露《かんろ》五年（二六〇）、西域の于闐《ホータン》（現在の新疆ウイグル自治区ホータン地区）に行った。そして于闐で『放光《ほうこう》般若経』の原本を手に入れ、西晋の太康《たいこう》三年（二八二）、弟子の弗如檀《ふつじょだん》にそれを中国にもって帰らせた。朱士行自身は中国に帰ることなく于闐で死んだが、弟子が将来した『放光般若経』はのちに于闐の沙門無《しゃもんむ》羅《ら》叉《しゃ》と竺《じく》叔蘭《しゅくらん》によって翻訳される。以後、法顕《ほっけん》や玄奘な

青磁羽人紋仏飾盤口壺（南京市博物館蔵）　肩に仏像が二体配してある、呉の末期から晋前期の壺。仏教は当時、伝来してまもない外来思想だった。南京市雨花台区出土。高さ32.1cm

飛来峰造像の人馬像　最初の求法者、朱士行が彫られていたが、のちに朱八戒すなわち猪八戒に変わってしまった。浙江省杭州市。著者撮影

ど西方に求法の旅に出た僧は数知れないが、朱士行はその最初のパイオニアだったのである。また彼以前にも中国で出家した僧はいたが、正式に受戒《じゅかい》して僧となった中国人は、彼がはじめてであったといわれる。

朱士行は猪八戒か

浙江《せっこう》省の杭州《こうしゅう》市にある西湖《せいこ》は、中国随一の景勝地として広く知られる。その西湖の畔《ほとり》に、飛来峰《ひらいほう》というインドから山ごと飛んできたという伝説をもつ岩山があるが、そこに宋代のものとされる三組の人物像の浮彫がみられる。ひとつは三蔵法師玄奘がサルの行者を連れている姿で、孫悟空が登場する早い例として有名である。つぎは「朱八戒」と記された人物とその従者、最後は中国にはじめて仏典をもたらしたという伝説の主人公、迦葉摩騰《かしょうまとう》と竺法蘭《じくほうらん》である（二八四ページ参照）。

このうち「朱八戒」の「八戒」の二字は、もと「士行」になっていたのを、のちにだれかが「八戒」に改めたといわれる。つまりもとは朱士行だったのである。そうするとこの三組の図像は、最初に仏典をもたらした者、最初の求法者、もっとも有名な求法者という構成に

なっていることになり、わかりやすい。おそらくそれがもとの形であろう。

朱八戒は猪八戒《ちょはっかい》のことで、『西遊記』の古い資料では猪八戒はみな朱八戒になっている。それをのちに北方の発音では朱と猪がどちらも zhū と同じ発音になるのを利用して、だれかが猪にかえ、ブタにしてしまった。猪は中国ではブタのことである。つまりこの飛来峰の浮彫によると、猪八戒の原型はなんと朱士行であったことになる。

仏教の孝子物語

孝は儒教の重要な徳目であるから、孝子《こうし》物語に登場する孝子はみな中国人であるはずだが、「二十四孝《にじゅうしこう》」の中には一人だけインド人の孝子がいる。それは睒子《せんし》である。睒子は、年老いた盲目の父母のため、鹿の乳が目にきくというので、鹿の皮をかぶって山に入り鹿の群れに近づくが、猟師が本物の鹿と勘違いして矢で射ようとしたので、あわててわけを話して難を免れることができた。

この話の原型は、インド古代の叙事詩『ラーマーヤナ』や釈迦の本生譚《ほんじょうたん》（ジャータカ）などに見えるシャーマ（Syama　睒の古音は siam）の話で、中国では呉の康僧会が訳した『六度集経』にみえるのがもっとも古い。また魏の曹植が作ったとされる梵唄にも「睒頌《せんしょう》」があったといわれ、三国時代にはすでに広く知られていたらしい。その後『仏説睒子経』なども翻訳されて、この話はますます有名になった。

もっとも有名になるにつれ、睒子は字形の類似から『春秋左氏伝《しゅんじゅうさしでん》』などに見える山東の小国の君主、郯子《たんし》と混同され、「二十四孝」などではもはやインド人とは意識されていない。「二十四孝」の中には、のちに道教の仙人とされた呉猛《ごもう》などもおり、中国人にとってもっとも重要な道徳であった孝の概念が、儒仏道の三教でひとしく重視されたことがわかる。

第八章　文学自覚の時代

詩と小説——個性の文学

漢詩は歌だった

中国の古典文学といえば、多くの人が杜甫《とほ》や李白《りはく》などの唐詩《とうし》をまず思い浮かべるであろう。唐詩をはじめとする中国の古典詩いわゆる漢詩《かんし》は、そのほとんどが五言詩か七言詩である。しかし漢詩ははじめから五言、七言であったわけではない。もっとも古い先秦時代の『詩経《しきょう》』の詩は四言が主体であり、『楚辞《そじ》』は字数が一定しない。五言、七言詩が主流となったのは後漢末から三国時代のことであり、それには曹操父子およびその側近の詩人たちが大きな役割をはたしたのであった。

中国の詩の起源は民間の歌謡にあり、もとはみな歌われたものである。したがって四言、五言、七言など詩形のちがいは、それがもとづく音楽の変化によって生じたのである。歌は世につれというが、音楽の流行り廃《すた》りによって詩の形が変化したというわけである。漢代の民謡は、それを集めて民意を知り、政治の参考とするために設けられた役所の名前にちなんで、ふつう楽府《がふ》とよばれるが、その形式はおもに五言であった。これに対して七言詩は、鏡の銘文によく用いられるように、宗教的な歌謡であったと考えられる。道教経典の『太平《たいへい》経《きょう》』にも七言詩がみえている。

後漢末からこの五言の楽府詩の体裁をまねた文人による作品がしきりに作られるようになる。その代表作「古詩十九首《こしじゅうきゅうしゅ》」では、「行き行き重ねて行き行き、君と生きながらに別離す。相去ること万余里、各々天の一涯にあり」（第一首）のような別離の感情、あるいは「生年は百に満たざるに、常に千歳の憂いを懐く。昼は短く夜の長きに苦しむ、何ぞ燭《しょく》を秉《と》りて遊ばざる」（第一五首）と、たまゆらの人生に対する感慨が簡潔で力強い言葉で歌われている。特に後者には、人生は短く死後のことはわからないから、生きているうちに楽しもうという一種の享楽主義がみられ、永生を信じた古代信仰の動揺と死生観の変化を反映している。「古詩十九首」は詠み人知らずであるが、後漢末の代表的文人である蔡邕《さいよう》やその娘、蔡文姫《さいぶんき》の作品なども同じ傾向をもつ。

詩人・曹操の作風

しかし五言の楽府詩《がふし》に新風を吹き込み、文学としての完成度を高めるきっかけを作ったのはなんといっても曹操である。曹操はその多忙な政治生活にもかかわらず、書道、音楽、囲碁など多彩な趣味の持ち主であったが、詩人としても一流であった。曹操が音楽や歌謡に造詣が深かったのは、祖父で宦官《かんがん》の曹騰《そうとう》がかつて宮中の音楽を担当する小黄門《しょうこうもん》であったことと関係があるかもしれない。次に、董卓《とうたく》に対する関東諸侯の連合が失敗した頃の心境を詠んだ作品「蒿里《こうり》行《こう》」を紹介しよう。

関東有義士　興兵討群凶
初期会孟津　乃心在咸陽
軍合力不斉　躊躇而雁行
勢利使人争　嗣還自相戕
淮南弟称号　刻璽于北方
鎧甲生虮虱　万姓以死亡
白骨露于野　千里無鶏鳴
生民百遺一　念之断人腸

関東に義士あり
　兵を興して群凶《ぐんきょう》（董卓一味）を討たんとす
初め孟津《もうしん》に会するを期し　その心は咸陽《かんよう》（長安）にあり
軍は合するも力ととのわず
　躊躇して雁行《がんこう》（前に出ようとしない）す
勢利《せいり》は人をして争わしめ　ついでまた自ら相そこなう
淮南《わいなん》の弟は称号し　（兄は）北方にて璽《じ》を刻む
鎧甲《がいこう》には虮虱《しらみ》生じ　万姓もって死亡す
白骨は野に露《あらわ》れ　千里に鶏の鳴くことなし
生民は百に一を遺すのみ
　これを念ずれば人の腸を断たしむ

五行目の「淮南の弟」とは皇帝を自称した袁術《えんじゅつ》を指し、兄とは袁紹《えんしょう》のことである。董卓討伐を誓って集まったはずの関東の諸侯が内輪もめを起こし、袁術などが勝手に帝号を称したことでの挫折感、戦乱による荒廃と民衆の苦しみに対する悲嘆が率直な言葉で歌われており、同じ事柄をうたった鼓吹曲《こすいきょく》（二一四ページ参照）とは大きなちがいがあることがわかるであろう。

このように曹操は、戦争に明け暮れる日々の中、折にふれ自分の感慨を詩歌に託した。詠み人知らずの「古《こ》詩十九首《しじゅうきゅうしゅ》」が民謡の特徴をより濃厚に残し、だれのものとも特定できない普遍的なテーマを詠んでいるのに対して、曹操の詩は、具体的な状況に際しての曹操個人の情感を表現したものである。こうして個人の文学、個性の文学とでもよぶべきものが、中国史上はじめてこの時代に誕生したのであった。

曹操のこのような詩歌愛好は、その子の曹丕、曹植兄弟にもうけつがれ、特に曹植は、この時代のみではなく唐以前の六朝《りくちょう》期におけるもっとも重要な詩人のひとりに数えられている。また曹操父子の作品は、しばしば彼らの幕僚、側近との応酬、宴会での即興の作としてつくられた。中でも孔融《こうゆう》、陳琳《ちんりん》、王粲《おうさん》、徐幹《じょかん》、阮瑀《げんう》、応瑒《おうよう》、劉楨《りゅうてい》の七人は、曹丕がその著『典論・論文』の中で七子とよんで特に高く評価したため、後世彼らの活躍した時期の年号を冠して建安七子《けんあんしちし》とよんでいる。曹操父子と建安七子の文学は、この時代特有の悲愴感と個性の自覚からくる力強い表現を特徴としており、その詩風はのちに「建安の風骨《ふうこつ》」とよばれ、唐の杜甫や李白の称賛の的となった。

「銅雀台賦」をめぐる矛盾

『演義』には多くの詩が引用されているが、そのほとんどは人物や事件を批評した後世のもので、作中人物みずからの詩は、赤壁の戦い前夜の曹操の詩（一一二ページ参照）、偽作ではあるが曹植の七歩の詩（一三八ページ参照）ぐらいである。このほか劉備の三顧《さんこ》の礼のところで、諸葛亮の舅《しゅうと》の黄承彦《こうしょうげん》が婿の作である「梁甫吟《りょうほぎん》」という詩を吟詠《ぎんえい》する場面がある。諸葛亮が「梁甫吟」を作ったことは『三国志』の伝にみえ、また彼の作とされる詩も伝わっているが（ただし後世の偽作である）、それは春秋時代の賢者、晏子《あんし》が計略をめぐらし、二つの桃で三人の勇士を殺したという故事を歌ったものである。『演義』の作者は、おそらくこの詩が三顧の礼での諸葛亮の隠士然とした雰囲気に合わないと考えたのであろう、「梁甫吟」とはなんの関係もない雪中の梅を詠んだ詩に置き換えてしまった。

なお諸葛亮が赤壁の戦いの前にわざと周瑜《しゅうゆ》を怒らせるため、曹操が攻めてきたのは、ほかでもなく孫策と周瑜の夫人の大喬《だいきょう》、小喬《しょうきょう》姉妹が美人だと聞いたので、この二人を手に入れ、鄴都《ぎょうと》の銅雀台《どうじゃくだい》に置いて晩年の楽しみにするためであると言って、曹植の「銅雀台賦《ふ》」をそらんじてみせる場面がある。その中の文句に、「攬二喬兮東南、楽朝夕兮与共（二喬を東南よりとりて、朝夕楽しみて共にせん）」というのがあったので、これを聞いた周瑜は激怒してついに曹操との戦いを決心したということに『演義』ではなっている。

この「銅雀台賦」は、正しくは「登台賦《とうだいふ》」といい、たしかに曹植が銅雀台のために書いた作品である。ただし右の二句は曹植の原作にはない。これは『演義』の作者が、唐の杜牧《とぼく》の詩「赤壁《せきへき》」に、「東風周郎のために便ぜずんば、銅雀春深くして二喬《にきょう》を閉ざさん（東風が吹かず周瑜がもし赤壁で負けたならば、二喬は曹操につかまって銅雀台に閉じこめられたであろう）」とあるのにヒントを得て、原作にない右の二句をでっちあげたのである。それを諸葛亮にそらんじさせて周瑜を怒らせるというのはなかなかうまい趣向であろう。しかも『演義』の古いテキストでは、この二句は、「挟二橋於東南兮、若長空之螮蝀（二つの橋を東南にはさみ、長空の虹のごとし）」と表面上は橋のことをいいながらその実、二喬の意を寓していたのを、後に改訂版を作った毛宗崗《もうそうこう》が、さらにわかりやすく改めた。『演義』の作者、改訂者ともに芸がこまかい。

しかしここにひとつの矛盾がある。曹操が銅雀台を築いたのは赤壁の戦いの二年後の建安一五年（二一〇）である。『演義』でも赤壁の戦いの終わった後の五六回に「曹操大いに銅雀に宴す」があり、そこで建安七子の陳琳《ちんりん》、王粲《おうさん》が詩を作ることになっている（ただし詩は載せていない）。したがって赤壁の戦いの前に曹植の「銅雀台賦」が存在するはずはないのである。もし『演義』が一人の作者によって最初から最後まで構想されたのであれば、このような矛盾が生じるはずはない。諸葛亮が「銅雀台賦」をそらんじる場面は、後からつけ加えられた可能性が高いであろう。

それはともかく、『演義』に引かれる詩賦の中で、作中人物の本物の作品は、曹操の詩と曹植の賦だけである。諸葛亮は「出師表《すいしのひょう》」がむろん採られているが、彼の詩とされる「梁甫吟」は題名のみで中身は偽物である。このように三国時代当時の作品として魏の人物のものだけが取り上げられたのは、新しい文学運動が起こったのが曹操を中心とする魏においてであって、蜀や呉には文学作品とよべるものがなかったからにほかならない。新しい文学が新しい時代を切り開く象徴的現象であったとするならば、それは魏においてのみ見られたので

竹林の七賢と栄啓期（拓本、南京博物院蔵）　南京市近郊の西善橋宮山墓出土。七賢に春秋時代の栄啓期を加えた８人を描いた墓室の壁の磚画。七賢を描いた絵としては、初期のもの

ある。

竹林の七賢

阮籍《げんせき》、嵆康《けいこう》、山濤《さんとう》、王戎《おうじゅう》、向秀《しょうしゅう》、劉伶《りゅうれい》、阮咸《げんかん》の「竹林の七賢」が活動したのは魏の正始《せいし》年間以後、すなわち司《し》馬《ば》氏の簒奪《さんだつ》劇が徐々に進行してゆく時期であった。阮籍は、建安七子の一人、阮瑀《げんう》の子であるから、ほぼ建安七子の次の世代とみてよい。「竹林の七賢」というと、竹林の中で酒と清談にふける隠者、俗世間を超越した奇行の士というイメージが強いが、それは後世に作られたものである。彼らが実際に生きたのは、司馬氏と反司馬氏との間で熾烈で陰惨な政争が繰り広げられた暗い時代、一歩まちがえば死がまちかまえている危険な時代であった。し

かも七賢の代表である阮籍、嵇康などは、もともと曹氏との関係が深い。彼らの酒と奇行は、暗く危険な時代を生き抜くための韜晦《とうかい》の手段であったといってよいであろう。司馬昭が息子の司馬炎のために阮籍の娘を娶ろうとしたが、阮籍がいつも酔っぱらっているので、ついに縁談話を切り出せなかったという逸話などは、その好例である。嵇康は司馬氏派の鍾会《しょうかい》の陰謀によって非業《ひごう》の最期をとげた。

建安の文学が悲哀の中にも豪放激越の調子を帯び、いわゆる「建安の風骨」を特徴とするのに対して、七賢の文学がより深刻な悲哀と沈痛な孤独感をただよわせているのは、このような時代相のせいであろう。しかしそれだけに彼らの作品はより強烈な個性の光を放っている。その代表は阮籍の「詠懐詩《えいかいし》」八二首の連作である。いまその中の一首をあげてみよう。

独坐空堂上　誰可与歓者　ひとり空堂の上に坐す　だれかともに歓《たのし》むべき者ぞ
出門臨永路　不見行車馬　門を出でて永き路に臨めば　車馬の行くを見ず
登高望九州　悠々分曠野　高きに登りて九州を望めば　悠々として曠《むな》しき野の分かる
孤鳥西北飛　離獣東南下　孤鳥は西北に飛び　離獣は東南に下る
日暮思親友　晤言用自写　日暮れて親友を思い　晤言《ごげん》してもって自ら写《のぞ》く

ここには曹操の詩のような白骨が野ざらしとなった戦乱の光景はなく、代わりに鳥と獣が鳴き駆ける無人の曠野《こうや》が眼下に広がる。それは実景というよりはむしろ孤独な作者の心象風景であろう。心を許して語り合える友もなく、ただ独り言で心の憂さをまぎらわそうとするその姿には、董卓討伐を誓った同志の離反を率直に憤る曹操にくらべて、より沈鬱で屈折した心情がみなぎる。このような絶望的な孤独は「詠懐詩」の全篇を覆っており、そこからは孤独にじっとたえる作者の内面的な強さが読む者に伝わってくるのである。「詠懐詩」が中国の詩の中でも、もっとも格調の高い個性的な詩であるといわれるのはそのためである。ここにいたって五言詩は、その源である民謡風の楽府と袂《たもと》をわかち、個人の内面を表現する文学として自立したといってよいであろう。

文豪・魯迅の評価

曹丕がその著『典論・論文』冒頭で、「文章は経国の大業にして不朽の盛事」と述べたことは有名である。この場合の文章とは文学だけではなく、歴史や哲学をも含む広い概念であるが、その後で「文は気をもって主となす、気の清濁に体あり、力強《つと》めて致すべからず」と言うのは、文学における個人の気、すなわち個性の重要性を説いたものにほかならない。近代の文豪、魯迅《ろじん》は、「魏晋《ぎしん》の風度、文章と薬、酒の関係」というエッセイで、この時代を「文学自覚の時代」と言っている。

阮籍《げんせき》には、気に入った相手には青眼《せいがん》で、気に入らない相手には白眼《はくがん》で対したとか、母親の葬儀で酒を飲み肉を食べたなどの奇行が多く伝えられる。それらの奇行は、儒教的礼節の仮面の下で陰湿な政権争奪劇が行われた時代の欺瞞に対する痛烈な皮肉であり、感情の真率を重んじる思想の表白であったとともに、それ自体が乱世を生き抜くための韜晦《とうかい》的智慧《ちえ》でもあった。その危ういバランスから来る緊張感が彼の孤独を鋭敏なものとし、すぐれた文学作品を生み出したのである。この点は、山濤《さんとう》からの仕官の勧めに対して、自分は怠け者で宮仕えなどできないと断って絶交書をたたきつけた嵆康《けいこう》、いつも酒びたりで、酔って倒れたらそのまま埋葬してほしいと言って「酒徳頌《しゅとくしょう》」を書いた劉伶《りゅうれい》などにも共通する。彼らの個性的な言動は、のちの人物逸話集『世《せ》説新語《せつしんご》』に収められている。

竹林の七賢という呼び名は、のちの東晋時代になってできたものであり、そのころには七賢の姿はしばしば絵の題材ともなって、超俗の隠者としてのイメージが次第に定着してゆく。南京で発見された六朝《りくちょう》時代の墳墓の磚画《せんが》に、竹林の七賢と春秋時代の隠者、栄啓期《えいけいき》、あわせて八人の姿を描いたものがあり、当時の人々の七賢に対するイメージを知ることができる。

幽霊を売る話

曹操も多才であったが、その子の曹植は父以上に多芸博識であったらしい。ある時、邯鄲《かんたん》淳《じゅん》という文士が曹植を訪ねたところ、曹植はもろ肌脱ぎになって西域《せいいき》風のダンスをおどり、曲芸や剣術をやってみせ、さらに俳優のやる「小説」数千言を朗唱したかと思うと、次は服装をあらためて威儀をただし、天地開闢《かいびやく》以来の歴史と人物の優劣、古今の文章、時政の是非はては兵法までをも説いて邯鄲淳を大いに感嘆させたという。

ここでいう小説とは、現代の小説とは異なり、政治や哲学などに関する重要な言説ではないが、ちょっと面白い話というほどの意味である。このような小説は戦国時代からすでにあったと思えるが、この時代には社会と価値観の多様化、死生観の変化、道教、仏教の影響などによって、特に幽霊や霊界にまつわる怪異譚《かいいたん》が流行した。曹植が邯鄲淳に語った小説もおそらくそのようなものであったろう。

怪異譚を集めた作品として今日知られるもっとも早いものに、曹丕の『列異伝』がある。これは曹丕個人の著作ではなく、おそらく彼のサロンで語られた話をのちに編集したものであろう。本自体はすでに散逸《さんいつ》したが、その中の何篇かが後世の書物に引用されている。中でもよく知られているのは、宋定伯《そうていはく》が幽霊を売る話であろう。

宋定伯は夜道で幽霊に逢い、自分も幽霊だと偽って同行する。途中互いにおんぶをして行くことになったが、幽霊は重さがないのに対して宋定伯は重い、川を渡る時、幽霊はなんの音もたてないが、宋定伯はじゃぶじゃぶとやかましい。不審に思った幽霊が、どういうわけだと尋ねると、いや死んだばかりでまだ馴れていないからだとごまかす。ついでに幽霊がこわいものはなんだと宋定伯が聞くと、それは人間の唾《つば》だとのこと、さっそく唾をかけると幽霊は羊になってしまったので、市場でその羊を売って金を儲けたという、まことに人を喰った、いや幽霊を喰った話である。このように幽霊に対する人間の優位が語られるのは、やはり死生観の変化による人間中心、現世中心主義の現れであろう。しかしより印象的なのは、幽霊を売るという奇抜さと、どことなくとぼけたようなユーモアである。

もうひとつ今度は仙人を茶化した話。仙女の麻姑《まこ》があるとき蔡経《さいけい》の家に降ってきた。麻姑は爪を長く伸ばしていたので、それを見た蔡経は、あの爪で背中を掻いてもらったらさぞ気持ちがよかろうと言ったところ、麻姑は怒って蔡経を殺してしまった。背中を掻く竹の棒を日本で「孫の手」というのは、この麻姑が訛《なま》ったものである。この話も神仙を冒瀆《ぼうとく》して罰が当たるおそろしさよりも、むしろ神仙に背中を掻いてもらうという奇抜さとユーモアに主眼がある点、宋定伯の話と共通している。

笑話と怪異譚

この時代の人々が会話の機知を好んだことはすでに述べた。孫権の冗談好きは有名であるが、劉備も駄洒落《だじゃれ》で人をからかったという記録があり、ユーモアはこの時代全般を覆う気分である。そこからもっぱら人を笑わせるための笑話が生まれるのは当然であろう。戦乱の時代ほど人は笑いを求めるのかもしれない。先に名をあげた邯鄲淳《かんたんじゅん》の編とされる『笑林《しょうりん》』は、もっぱら笑話ばかりを集めた中国最初の書物である。これもいくつか紹介してみよう。

北方人が南方の呉に行ったところ、呉の人が筍《たけのこ》をご馳走してくれた。筍を食べたことのない北方人が、これはなんだと尋ねると、呉の人は竹だと答えたので、帰ってさっそく竹の簀《す》の子を煮てみたが、とても筍のようにやわらかくはならない。そこで言った。「呉のやつはずるかしこい、まんまとだまされたわい」。次は逆に、呉の人が北方に行ったところ、ヨーグルトが出た。なんだかわからないがとにかく無理をして食べたところ、宿に帰ってから気持ちが悪くなり吐いてしまった。てっきり毒をもられたと思い、息子に言った。「あの毒入りの変な食べ物は北方のやつもわしといっしょに食べた。北方のやつめと相打ちで死ぬのは本望じゃ。しかしおまえはくれぐれも気をつけろよ」。南北の食べ物のちがいと対抗意識をネタにしたこれらの笑話は、魏と呉の間を往復した使者たちをもてなす宴会の座興として、あるいは語られたかもしれない。

三国時代から盛んになる怪奇譚をのちに志怪《しかい》小説、また『世説新語《せせつしんご》』に見えるような人物の逸話を志人《しじん》小説とよぶ。志怪小説、志人小説には明確なフィクションという概念がまだない点、後世の小説とは異なるが、しかし『三国志演義』や『水滸伝《すいこでん》』、『西遊記《さいゆうき》』など近世の小説は、これらの志怪小説、志人小説をひとつの源流として発達してきたものであった。

なおこの時代には曹丕が呉質《ごしつ》にあたえた手紙や、陸機《りくき》、陸雲《りくうん》兄弟の往復書簡など文学的内容をもった手紙があらたに散文文学として登場するが、これはこの時代における紙の普及と関係があると思える。

科学と医学

三つの暦——天文学と数学

三国時代が魏、蜀、呉の三人の皇帝の鼎立《ていりつ》した時代であったことは今さらいうまでもない。ところで皇帝の仕事の中でもっとも重要なことは、実は暦《こよみ》の管理であった。中国の皇帝は天子、すなわち天の子として、天の意志によって人民を統治するのであるから、人民に対してはまず天が正常に運行するよう責任を負っていたのである。したがって歴代王朝は原則として、自分が天の代表であることの証《あかし》として新しい暦をつくる。そしてその王朝に服従するということは、とりもなおさずその王朝の暦を使用することにほかならない。いわゆる「正朔《せいさく》を奉じる」というのがそれである。三国時代に三つの王朝があったということは、つまり三つの暦があったということである。劉備の死後、蜀の南方で反乱を起こした雍闓《ようがい》は、蜀将、李《り》厳《げん》の詰問の手紙に対して、天に二日なく、地に二王なきはずなのに、今は正朔が三つあるので、遠方の者はどれにしたがうべきか迷ってしまうと答えている。

まず蜀は、後漢以来の四分暦《しぶんれき》を用いた。四分暦の一年は三六五と四分の一日でかなりおおざっぱである。蜀建国の時にはすでに一〇〇年以上も使用していたので、かなりの狂いが生じていたはずであるが、漢王朝の正統的後継者をもって任じる蜀は、あえて四分暦をそのまま使ったのである。これに対して呉は孫権が独自の年号を使った黄武《こうぶ》元年（二二二）に、後漢末期に劉洪《りゅうこう》があらたに作った当時最新の暦法である乾象暦《けんしょうれき》をいち早く採用している。それは呉の学者、闞沢《かんたく》が劉洪からその暦法を受けついだためであった。乾象暦の一年は、三六五と五八九分の一四五日で四分暦にくらべて精密であるばかりでなく、月の運行の遅速《ちそく》を計算するなど中国天文史上画期的な暦であった。魏では明帝の景初《けいしょ》元年（二三七）に暦を改訂したことはすでに述べたが、それは楊偉《ようい》が乾象暦をさらに改良したもので、一年の長さは三六五と一八四三分の四五五日と乾象暦にくらべてさらに精密になっている。また景初暦では日食の計算などにもより綿密な工夫がこらされており、劉宋《りゅうそう》の元嘉二二年（四四五）あらたに元嘉暦ができるまで、南北朝の歴代王朝はみな景初暦を使っていたのである。

このような暦の使用状況からうかがえるのは、古い暦をそのまま使った蜀の保守性、最新の暦をいち早く取り入れた呉の先見性、そして結局はもっとも精密な暦を作った魏の先進性であろう。特に呉では天文学の研究がさかんで、闞沢が乾象暦の注を書いたのをはじめ、陸《りく》績《せき》は渾天図《こんてんず》、王蕃《おうはん》は乾象暦にもとづく儀象《ぎしょう》を作った。渾天図、儀象は当時最新の天文知識を反映した天体図で、いずれも後世に大きな影響をおよぼした。

またこのような天文学の発達は数学の進歩と密接な関係があった。中国古代の数学の到達度をしめすのは、後漢初期に成立したとされる『九章算術《きゅうしょうさんじゅつ》』で、これには連立方程式の解法や負の数、分数の概念がすでにみられるが、これらは古代インドやギリシャの数学にくらべても進歩したものであった。そしてこの『九章算術』はこの時代の劉徽《りゅうき》が注を書いたことで後世に伝わったのである。劉徽の注は魏の景元四年（二六三）に完成したが、そこで彼は円を一九二辺形とすることで円周率を三・一四と六二五分の六四と計算した。このように円を多辺形とし辺数をふやすことで円周率の近似値を得る方法は、ギリシャのアルキメデスのやり方と同じである。このほか劉徽の著作に『海島算経《かいとうさんけい》』があるが、これは測量の方法を述べたものである。

名医・華佗の獄死

三国時代に人口が激減したのは戦乱のせいもあるが、また疫病の流行もその主要原因のひとつであったと考えられる。黄巾賊《こうきんぞく》の太平道《たいへいどう》や張魯《ちょうろ》の五斗米道《ごとべいどう》がいずれも病気の治療を布教の第一手段としたのはそのためである。太平道や五斗米道の治療は呪術によるものであったが、そこにはおそらくある程度の医学的治療法も含まれていたであろう。戦乱と疫病によって人々が死に直面したこの時代は、また医学の進歩した時代でもあった。

三国時代随一の名医は、なんといっても華佗《かだ》であろう。『演義』での華佗は、まず重傷を負った呉の将軍、周泰《しゅうたい》を薬で治し（一五回）、ついで毒矢に当たった関羽の腕の骨を荒療治で削り取り（七五回）、最後は曹操の頭痛を治すのに、麻肺湯《まはいとう》という麻酔薬を使って開頭手術をするよう提案するが、曹操に疑われて牢屋に入れられ獄死し、その後間もなく曹操も死ぬことになっている（七八回）。このうち周泰と関羽の件は『演義』の創作であって事実でない。周泰が瀕死の重傷を負ったのと関羽が毒矢に当たったという史実に名医の華佗を登場させたのである。最後に曹操によって獄死を遂げるのは事実であるが、それは華佗が、妻が病気といつわって故郷に帰ったのが発覚したためであった。曹操は持病の頭痛が完治しないのは、華佗がわざと手抜きをしているからだと疑っていたらしい。しかし可愛がっていた息子の倉舒《そうじょ》（曹沖《そうちゅう》。二九三ページ参照）が死んだ時には、華佗を殺したことを後悔したという。曹沖が病死したのは建安一三年（二〇八）であるから、華佗の獄死はさらにその前である。関羽の腕の治療などできるはずがない。

華佗の事績として有名なのは、麻沸散《まふつさん》（『演義』が麻肺湯とするのは誤り）を使っての麻酔手術を行ったこと、および虎、鹿、熊、猿、鳥の動作を模倣した五禽戯《ごきんぎ》という一種の体操を編み出したことである。しかしその具体的内容は、彼が獄死する時、みずから著書を焼いてしまったといわれることもあって、明らかでない。ちなみに華佗は曹操と同郷であり、かなり早い時期から曹操の治療にあたっていたらしい。しかし彼は自分が士人として遇されず、ただの医者と見られることが大いに不満であった。それが曹操との間に葛藤を生み、彼が獄死する遠因となったのである。著書を焼いたのも、その屈折した心理のなせるわざであったろう。中国では現在でも医者の社会的地位は、日本などにくらべても驚くほど低い。医学をはじめとする科学技術全般にわたって、古代より世界でもっとも先進的な地域であった中国が、近世にいたってすべてヨーロッパに追い越されてしまったのは、科学技術に従事する人々の地位が、儒教的教養を身につけた士人階級にくらべてきわめて低かったことが、そのひとつの原因である。

　著書が失われ半ば伝説上の人物となった華佗はさておき、この時代の医学的著述としてももっとも有名なのは、華佗よりやや後輩の張仲景《ちょうちゅうけい》が著した『傷寒雑病論《しょうかんざつびょうろん》』であろう。傷寒というのは伝染性の熱病のことで、『傷寒雑病論』にはこの時代の人々を苦しめた疫病その他さまざまな病気について、臨床体験にもとづく詳しい治療法が記されている。また魏の太医《たいい》令《れい》であったとされる王叔和《おうしゅくか》の『脈経《みゃくけい》』、西晋《せいしん》の人、皇甫謐《こうほひつ》（黄巾の乱を平定した皇甫嵩《こうほすう》の一族）の『黄帝三部鍼灸甲乙経《こうていさんぶしんきゅうこうおつけい》』は、それぞれ診脈《しんみゃく》と鍼灸《しんきゅう》について系統的に説いたはじめての書物であり、『傷寒雑病論』とともにその後の中国医学において基本的な経典とみなされた。

錬丹術と薬物学

玄学《げんがく》と清談《せいだん》で有名な魏の何晏《かあん》は、また五石散《ごせきさん》という五種の鉱物を用いた一種の幻覚剤を好んで服用したことでも知られる。この五石散は、その後、晋から南北朝にかけて大流行し、この時代の人々の気風を考えるうえで欠かせない要素となっている。魯迅《ろじん》が「魏晋の風度、文章と薬、酒の関係」で、酒とならんで薬をあげたのはこの五石散のことであった。

このような鉱石の薬物を服用することは、また南北朝時代に流行した錬丹術《れんたんじゅつ》と密接な関係にある。錬丹術とはおもに丹沙《たんさ》（硫化水銀）と鉛を炉の中で熱して金を作りだすことで、これを不死の霊薬として服用するのである。その方法は、後漢の魏伯陽《ぎはくよう》『周易参同契《しゅうえきさんどうけい》』、東晋の葛洪《かっこう》『抱朴子《ほうぼくし》』に見える。漢代までの長生術では、不死の仙薬を遠い仙人のすむ東海の仙島に求めたのに対して、この時代の人々は、それをみずからの手で作りだそうとしたのである。ただし金ができるはずはむろんなく、かつ水銀は毒物であるから、これを多用すれば死んでしまうことはいうまでもない。

錬丹術は、西洋の錬金術と同じく不死の霊薬を作ることには失敗するが、その副産物として化学や薬物学の発達をもたらした。中国における薬物学の基本経典は、後世にいたるまで『神農本草経《しんのうほんぞうきょう》』とよばれる書物である。本草とはいうものの、そこでは植物だけではなく動物、鉱物など薬の材料となるありとあらゆる物質の効用が説かれている。この書物は太古の伝説的帝王、神農《しんのう》氏の作ということになっているが、実際にできたのはおそらく後漢のころで、『傷寒雑病論《しょうかんざつびょうろん》』の著者である張 仲景《ちょうちゅうけい》などの手が加わっていると推測される。なお『演義』で妖術をつかって曹操を嘲弄《ちょうろう》した仙人の左慈《さじ》（六八回）は、のちに錬丹術の元祖とみなされた人物である。また倭《わ》の女王卑弥呼《ひみこ》が魏に派遣した使者に対する下賜品の中にも鉛丹《えんたん》五〇斤が含まれていた。

三国時代の都城

鄴都と洛陽――中国都城のモデル

左思《さし》の「三都《さんと》の賦《ふ》」は、蜀の成都《せいと》、呉の建業《けんぎょう》、魏の鄴都《ぎょうと》を描いたものである。うち鄴都は、曹操が袁紹《えんしょう》一族を滅ぼした建安《けんあん》九年（二〇四）に建設され、黄初《こうしょ》元年（二二〇）曹丕が皇帝に即位して都を洛陽と定めるまで、魏公、魏王としての曹氏の都であった。したがって鄴都は厳密にいえば魏の首都ではなく、その発祥の地である。

鄴都の遺跡は、現在の河北省最南端、臨漳《りんしょう》県にある。発掘調査によれば、それは東西約三キロ、南北約二キロの長方形の城郭都市で、東西各一つ、南に三つ、北に二つ、あわせて七つの城門をもっていた。特徴的なのは、それまでの秦漢代の都城では、宮殿が都城内の各地に分散していたのに対して、鄴都では宮殿が北部に集中され、かつ全体が東西と南北の中軸線によって分けられ、北部は宮殿および戚里《せきり》（外戚居住区）、南部が官庁および一般居住区とされていた点である。このような都市計画はのちの魏の洛陽、さらに隋唐《ずいとう》代の洛陽、長安にうけつがれてさらに整備され、日本の平城京、平安京の模範ともなった。すなわち魏の鄴

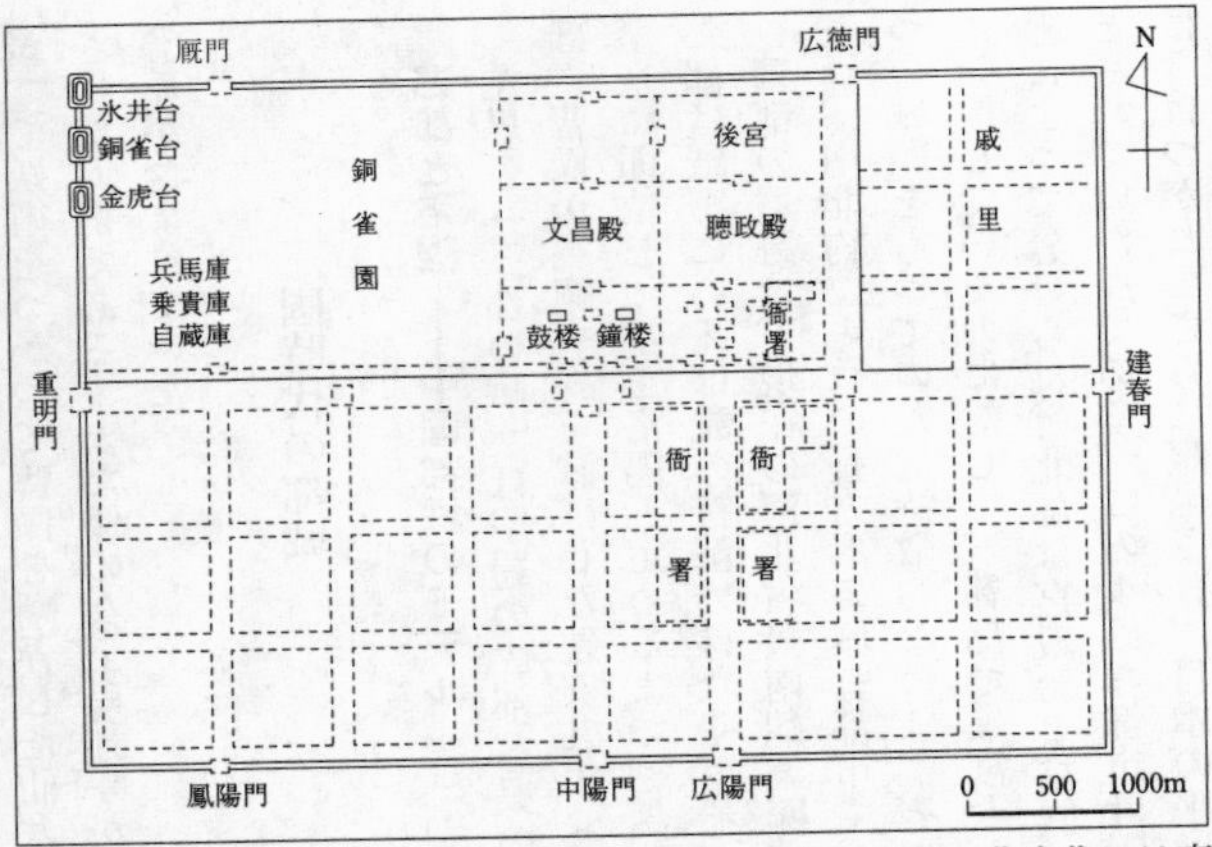

魏の鄴都　鄴は魏の後も後趙などの国都になり、東魏、北斉代には南に大きく拡張された

都は、今日の北京にまでおよぶ歴代首都の都市計画の原点となったのである。なお鄴都の西北部には、氷井台《ひょうせいだい》、銅雀台《どうじゃくだい》、金虎台《きんこだい》の三つの楼台が築かれた。これらの楼台でしばしば宴会がおこなわれたことは、すでに銅雀台について述べたが（三〇五ページ参照）、その真の用途は軍事的な利用にあったと考えられ、洛陽にも同じような楼台が建設された。鄴都にはのちに後趙《こうちょう》（三三五―三五〇）、冉魏《ぜんぎ》（三五〇―三五二）、前燕《ぜんえん》（三五七―三七〇）および東魏《とうぎ》、北斉《ほくせい》（五三四―五七七）が都を置き、城郭の拡大がはかられた。

魏の都、洛陽は、現在の洛陽市の東方約一五キロの地点にあり、周漢以来の洛陽城（後漢では雒陽《らくよう》）を継承したものである。洛陽は後漢末の戦乱、特に董卓に

成都の武侯祠　諸葛亮を祀る武侯祠（右）は、現在、成都市内で最も人気の高い観光スポット。諸葛亮（中）、劉備（左）らの像が祀られ、劉備の墓・恵陵が隣接している

よる長安遷都の際に大きな破壊を受けたが、漢王朝を継承した魏の文帝および明帝によって修復され、明帝は鄴都の三台にならって、都城の西北に三つの小城を築き、これを金墉城《きんようじょう》と称して防備の一助とした。明帝による都城、宮殿の建設が、魏にとって過重な負担となり、その滅亡を早める一因となったことはすでに述べたとおりである（二三三ページ参照）。しかしそれは西晋《せいしん》を経て、のちの北魏《ほくぎ》の時代（四九四年から五三四年まで洛陽を首都とした）にさらに整備され、隋唐の洛陽（魏の洛陽の西約七キロの地点）や長安の直接のモデルとなった。

呉の建業と蜀の成都

呉の都、建業は、現在の南京《ナンキン》市で、長江南岸の要衝の地である。建安一七年（二一二）孫権はこの地に石頭城《せきとうじょう》を築いて建業と称し、水軍の要塞としたが、黄龍《こうりゅう》元年（二二九）皇帝に即位した後、都を長江中流の武昌《ぶしょう》からここに移し、のちに石頭城の東に新城を築いた。その位置は、現在の南京市のほぼ中心部である。三一七年、遊牧民族に追われた晋は南に逃れて東晋となるが、この建業を都として建康《けんこう》と改称し、以後、宋斉梁陳《そうせいりょうちん》の各王朝が三六〇年間にわたってここを首都とした。呉から陳までこの地に都を置いた六つの王朝を六朝《りくちょう》とよび、華麗な王朝文化を花開かせ、建康は六朝の古都として李白《りはく》をはじめとする唐代の多くの詩人たちのあこがれの地となり、詩歌に詠まれた。さらに唐が滅んだのちの五代には南唐《なんとう》が、また明代初期および中華民国もここに首都を置いた。明代の宮城があった紫《し》金山《きんざん》の南、梅花山《ばいかさん》には、孫権の墓が今も残っている。

蜀の成都は、すなわち現在の四川省成都市である。蜀の時代には宮殿官庁地区である西側の小城と居住区である東側の大城に分かれていた。章武《しょうぶ》元年（二二一）、劉備が即位した武《ぶ》担山《たんざん》は小城の西北にあり、その南が宮殿地区であった。劉備の墓である恵陵《けいりょう》、西晋の末年、この地に成《せい》という国を建てた李雄《りゆう》の創建にかかるという劉備を祀った昭烈廟《しょうれつびょう》、そして城外南には諸葛亮が呉に使いする費禕《ひい》を送り、「万里の行も此の橋より始まる」と言ったという万里橋《ばんりきょう》が今も残されている。ただし建物や橋はむろん後世のものである。

美術と工芸

三国時代の画家たち

樊城《はんじょう》で関羽に降伏し、その後、呉から魏に帰された于禁《うきん》に、曹丕が樊城での戦いの様子を描いた絵をみせて于禁を憤死させたことはすでに述べた（一九一ページ参照）。この事実からも、当時、人物やある特定の情況を描いた絵画が存在したことがわかる。しかし当時の絵画の実物は、近年の考古学の進歩によって発見された壁画などをのぞいて、残念ながらのこっていない。出土品では、たとえば曹操一族の墓から発見された奔馬《ほんば》の画像や敦煌仏爺廟湾《ぶつやびようわん》の西晋画像磚《せん》などは、この時代の高度な絵画技術の一端をうかがわせるものであろう。

唐代の張彦遠《ちょうげんえん》『歴代名画記』には、この時代の絵画の大体の傾向と主要な画家が記されている。それによると中国絵画の本流ともいうべき山水画《さんすいが》が誕生したのは魏晋時代のことであった。これはこの時代の詩歌が好んで山水を題材としたこととも無関係ではないであろう。

奔馬の図　安徽省亳州市の曹一族の墓から出土した磚画。当時の絵画技術がうかがえる

また画家としては、魏では高貴郷公《こうききょうこう》の曹髦《そうぼう》、楊脩《ようしゅう》、桓《かん》範《はん》、徐邈《じょばく》の四人、呉では曹不興《そうふこう》と呉王の趙《ちょう》夫人、蜀では諸葛亮、諸葛瞻《しょかつせん》父子をあげている。うち張彦遠がもっとも高い評価をあたえたのは呉の曹不興で、彼は孫権のために屏風《びょうぶ》絵を描いた時、あやまって墨を白い画面に一滴落としてしまったので、それを蠅に描いたところ、孫権は本物の蠅と思い手で弾いたというエピソードを紹介している。ただしこのエピソードは楊脩についても伝えられているので、雪舟の鼠とおなじ類の伝説にすぎないであろう。曹不興は呉の八絶に数えられたが、八絶とは、人相占いの鄭嫗《ていう》、星占いの劉惇《りゅうとん》、

風占いの呉範《ごはん》、算術の趙達《ちょうたつ》、囲碁の厳武《げんぶ》、夢占いの宋寿《そうじゅ》、書道の皇象《こうしょう》および絵画の曹不興で、呉では技芸がさかんであったことがうかがわれる。

諸葛亮が画家としてあげられているのは、彼が南方を平定した時、「夷図《いず》」を描いて原住民の教化に用いたためだが、これもおそらくは伝説にすぎないであろう。このほか趙夫人は、孫権のために魏と蜀の地形を描き、さらにそれを刺繍《ししゅう》にもした。孫権が天下制覇の夢をもっていたことを物語るエピソードである。ちなみに西晋の裴秀《はいしゅう》が作った「禹貢《うこう》地域図」は中国ではじめて縮尺を用いた科学的な地図であったとされるが、それにはこの時代の数学的な知識が活用されている。

朱然墓中の絵画

一九八四年、長江沿岸の安徽《あんき》省馬《ば》鞍山《あんざん》市で呉時代の墳墓《ふんぼ》が発見された。その中から出土した木製の名刺に、「故鄣　朱然再拝問起居　字義封」と書かれていたため、この墓が関羽をとらえた呉の名将、朱然《しゅぜん》のものであることがわかった（二九ページ写真参照）。墓からは他にも漆器、陶器、銅鏡、銅銭など多数の副葬品がみつかったが、中でも漆器には、皇后と長《ちょう》沙《さ》侯《こう》などが臨席する宮中の宴会で鼓吹《こすい》（楽隊）や弄剣《ろうけん》、弄丸《ろうがん》などの曲芸を演じる場面を描いたもの、また春秋時代の呉の賢人の季札《きさつ》が死んだ友人の墓に自分の剣を掛けるさまを描いた「季札挂剣《けいけん》図」や二人の子供が手に棒をもって戦う「童子《どうじ》対棍図《たいこんず》」、後の「二十四孝《にじゅうしこう》」にも入った孝子《こうし》、伯兪《はくゆ》とその母の像など多くの彩色画がみられた。いずれも生き生きとしたタッチ

敦煌仏爺廟湾（ぶつやびょうわん）の墓室　甘粛省敦煌市街から東南約５kmのところに点在する墓群で、新廟台墓群ともよばれる。1944～45年の調査で、魏～唐代の文物が出土している。右は39号墓の墓室。魏の時代のもの。『敦煌仏爺廟湾西晋画像磚墓』（文物出版社、1998年）より（３点とも）

仏爺廟湾の画像磚（上２点）　墓室の壁面を造る磚には当時の風俗などが描かれている。下は、母と遊ぶ子どもの絵

で人物を巧みに描いており、この時代の絵画の水準の高さを知りうる。

ことに興味深いのは、「季札挂剣図」と「童子対棍図」の背面に、それぞれ「蜀郡《しょくぐん》造作《ぞうさく》牢《ろう》」、「蜀郡作牢」の銘がみられることである。すなわちこれらの漆器の少なくとも一部は蜀で作られたものなのである。蜀は漢代から漆器の製作のさかんな土地として知られており、これらの漆器は長江を通じての交易によって蜀から呉にもたらされたのであろう。朱然の墓からは、「大泉（銭）当千」、「大泉（銭）五百」など、当時通行の五銖銭《ごしゅせん》一〇〇〇枚、五〇〇枚に相当する高額貨幣がみつかっているが、これらは呉が交易の便宜のために鋳造したも

朱然墓出土の漆絵盤（安徽省文物考古研究所蔵）　安徽省馬鞍山市の朱然の墓からは、60点におよぶ漆器のほか、青磁、木製の名刺など、三国時代の社会と文化を知ることのできる多くの資料が出土している。上は、２人の子どもが棍棒で遊ぶようすを描いた「童子対棍図漆絵盤」。裏には「蜀郡作牢」の銘があり、現在の四川省で作られたことがわかっている。口径14.0cm。下は「季札挂剣図漆絵盤」。口径24.8cm

のであった。朱然の墓の副葬品は、三国時代の工芸、美術の水準の高さを示すだけでなく、呉と蜀との交易の活発さをしめす資料としても貴重である。

神亭壺の謎

漆器は高級品であるが、この時代により普及したのは陶器であった。ただし北方では戦乱の影響もあって漢代以来の灰陶《かいとう》の生産が主であったが、呉の地域では特異な発展がみられる。現在の浙江《せっこう》省一帯は古代の越《えつ》の地域であり、後に越窯《えつよう》とよばれる青磁《せいじ》生産の中心地である。その浙江省を中心とする長江南部の後漢末期、呉、西晋時代の墳墓から、神亭壺《しんていこ》または魂瓶《こんぺい》と後に命令された奇妙な形状の壺が多数発見されている。

神亭壺は後漢時代のこの地域の墳墓から発見される五聯罐《ごれんかん》とよばれる壺の上部に小型の壺

仏像のある神亭壺（南京市博物館蔵）　江蘇省江寧区の呉代の墓から出土。高さ37.2cm

紅陶飛鳥人物飾罐（南京博物院蔵）　この時代の呉に特有の「神亭壺」とよばれる青磁の壺。祭祀用と考えられる。南京市趙士崗出土。高さ34.3cm

を四つ付けたものから変化したと考えられ、五聯罐の基本的形態を維持しながら、さらに壺の肩の部分に人物や小動物の像を飾りとして附着させ、上部は多く楼閣状になっている。また後期の人物像にはしばしば仏像がある点も注目される。楼閣もあるいは仏塔をかたどったものかもしれない。神亭壺の用途は明らかではないが、葬礼に関連して死者の魂を宿すものと考えられたのではないかと推測されている。

神亭壺は呉の揚州地域からのみ出土し、同じ呉の領土でも西の荊州や南の交州からは見つかっていない。また東晋以後にはぱったりと見られなくなることから、呉、西晋時代のこの

青磁熊形灯（中国国家博物館蔵）　後漢から南北朝期の華南では、青磁が発展した。熊の子が油皿を支えるこの灯器は、南京市清涼山の出土で、受け皿の底に「甘露元年」の銘があり、265年の作。青磁の編年を研究する基準器にもなっている

青磁の羊（南京博物院蔵）　南京市西崗西晋墓出土。呉から西晋時代の陶磁器には動物をかたどったものが多い

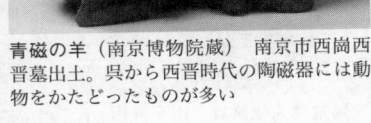

地域のみで発達した特異な文化を反映したものといえる。なお神亭壺が発見された墓には同時出土の文字資料によって墓主《ぼしゅ》がわかるものがある。うち江蘇《こうそ》省宜興《ぎこう》の周墓墩《しゅうぼとん》一号墓からは、「元康七年九月廿日、陽羨所作周前将軍磚」と書かれた墓磚《ぼせん》が見つかっているが、この周前《しゅうぜん》将軍とは周魴《しゅうほう》（一九二ページ参照）の子の周処《しゅうしょ》であると考えられる。周処は呉滅亡の後、晋につかえて元康七年（二九七）に死に、平西《へいせい》将軍を追贈された。周氏は呉郡陽羨《ようせん》（宜興）の豪族であり、神亭壺に反映された葬礼文化が呉郡をはじめとする江南の豪族のものであったことがわかる。またこの墓からは多数の青磁器も出土している。

神獣鏡と水神信仰

神亭壺《しんていこ》に仏像があしらわれたことは在来の信仰が仏教を取り入れていたことを意味するが、このことは呉で作られた神獣鏡《しんじゅうきょう》に仏像の絵柄があることによっても確認される。神獣鏡とは、鏡の背面に竜や虎などの霊獣と東王公《とうおうこう》、西王母《せいおうぼ》などの神仙像を浮き彫り風に配したもので、さらに車馬や舞人など漢代墳墓の画像石《がぞうせき》に似た図像をもつものを画像鏡ともいう。神獣鏡は後漢中期に四川《しせん》で創出されたとされるが、後漢末期以降はその多くが呉の地域で製作された。

後漢末期以降、呉で作られた神獣鏡、画像鏡のうち、特に浙江省紹興《しょうこう》付近で出土したものの神仙像には、初期の東王公、西王母だけではなく王喬《おうきょう》、赤松子《せきしょうし》、伍子胥《ごししょ》など多彩な顔ぶれが登場するようになる。伍子胥は春秋時代の呉の英雄だが、非業の最期をとげ、死体が川に

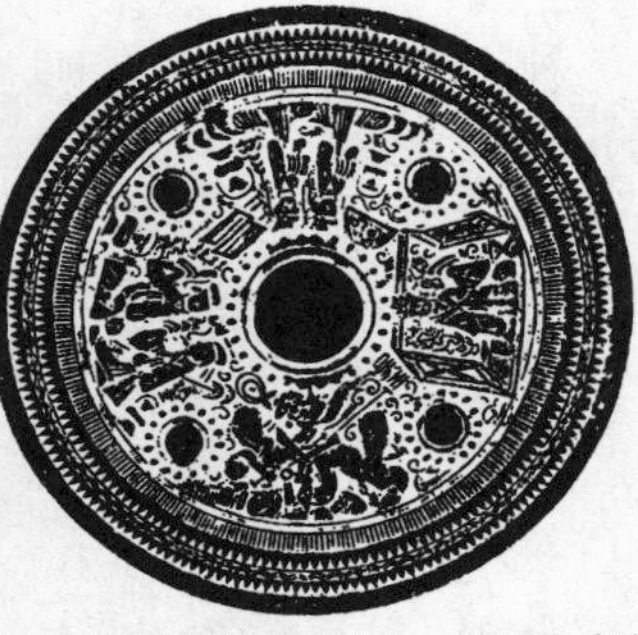

呉王伍子胥画像鏡の拓本　伍子胥（下方）が、「吴（呉）王」の前で自害する場面をえがく。鏡は浙江省紹興出土と伝えられ、上海博物館蔵

流されたことから水神として信仰された。呉の孫綝《そんちん》が建康の仏寺を破壊したことは前に述べたが（二九一ページ参照）、その時に伍子胥の廟《びょう》もいっしょに焼いている。この伍子胥廟はおそらく水神廟であったろう。王喬、赤松子は有名な仙人であるが、呉地方ではやはり水神とされていた。先に述べた関羽と甘寧《かんねい》の水神化からもわかるように水神信仰は広い範囲で分布しているが、呉の地方ではことのほかそれがさかんであったらしい。神亭壺の肩に付けられた装飾には蛇《へび》や蛙《かえる》などの水生動物が多くみられ、また神亭壺と同時にみつかった買地《ばいち》券《けん》（神から墓の土地を買うための文書）には河伯《かはく》や魚についての記述がある点から考えて、神亭壺もあるいはこの地方の水神信仰を反映したものであったかもしれない。そしてその水神信仰は、この地方の原住民であった越人《えつじん》の文化におそらくはさかのぼることができるであろう。このようにきわめてローカルな文化を背景とする在地信仰と仏教という外来の宗教が結合したことは興味深い。

武器開発競争

戦乱の世であるこの時代に武器が発達したことは想像にかたくない。中でも諸葛亮には武器にまつわる逸話が多い。たとえば彼は、刀匠《とうしょう》の蒲元《ほげん》に三〇〇〇本の神刀を作らせたが、それは鉄をも斬ることができたという。また五折剛鎧《ごせつごうがい》という頑丈な鎧《よろい》や、長さ八寸の鉄の矢を一度に一〇本発射できる弩《いしゆみ》を作ったと伝えられる。弩は機械仕掛けで矢を遠くまで飛ばせる、この時代の最新強力武器であった。魏の技術者、馬鈞《ばきん》は諸葛亮の連弩《れんど》を見て、うまくできているが自分ならその五倍の性能のものを作れると豪語したという。各国の間で武器の開発競争が行われていたのであろう。

弩　漢中付近から出土した三国時代の銅製の弩の部品。『三国志展記念図録』より

弩の実物は魏、蜀、呉のものがみな発見されているが、中でも蜀のものがもっとも多い。成都近辺の郫《ひ》都区からは、景耀《けいよう》四年（二六一）に作られた「十石機」の銘をもつ銅製の弩機《どき》が発見されているが、これは弓を引く力が二六〇キロの重さに相当する強力なものであるという。ちなみに諸葛亮はこれらの武器をはじめ木牛《もくぎゅう》、流馬《りゅうば》を作ったことから、一種の魔術師であるかのようなイメージが後世に生まれ、ついに風を自由に操ることができるということにまでなり、それが『演義』に取り入れられたのである。

三国の文化を比較すると、文学や哲学の領域で新たな文化を創り出したのは魏であるが、美術、工芸、民間宗教などの分野で多彩な文化を花開かせたのはむしろ呉であった。後世この地域が中国文化の中心となる素地は、この時代に開かれたといってもよいであろう。これに対して蜀は、独自の地方文化をもち、また漆器や鏡などの製作にも高い技術をもっていたが、よそ者政権であった劉備、諸葛亮の政府は、軍備偏重の政策もあってその特色をうまく育てられず、文化的には新味にも多様さにも乏しい。

紙と情報の役割

字体革命と書道の誕生

漢字には、篆《てん》書、隷《れい》書、行《ぎょう》書、草《そう》書、楷《かい》書などさまざまな字体がある。うち篆書は戦国時代以前に用いられ、漢代の通用字体は隷書であった。後漢末の熹平石経《きへいせっけい》は、隷書の一体である八分書によって書かれている。ところが後漢末期に隷書からあらたに行書が生まれ、ついで行書からさらに楷書が生まれた。楷書はいうまでもなく現在ふつうに使われている正字体である。曹丕が即位した時の「受禅碑《じゅぜんひ》」「上尊号碑《じょうそんごうひ》」などは八分書で書かれているものの、すでに幾分楷書化しており、朱然の名刺は隷書風をやや残した楷書で書かれている。また亳《はく》州市の曹操一族の墓から出土した墓磚《ぼせん》の字体は、初期の行書の風格を示しており、三国時代に漢字の字体が隷書から行書、楷書に次第に移行していったことがうかがわれる。

現在のわれわれの感覚からすれば、楷書がもっとも整った字体、それをややくずしたのが

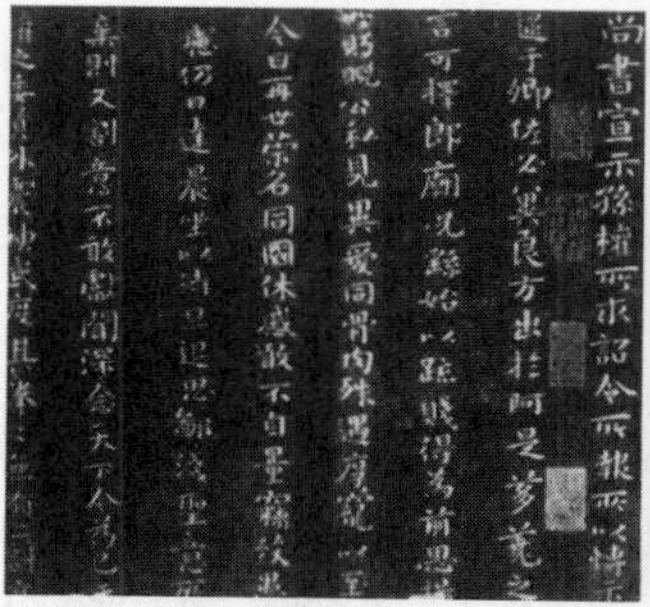

宣示表の拓本（奈良・寧楽美術館蔵）鍾繇の代表作。黄初２年（221）、臣従を申し入れてきた孫権を受け入れるよう、魏帝に勧めたもの

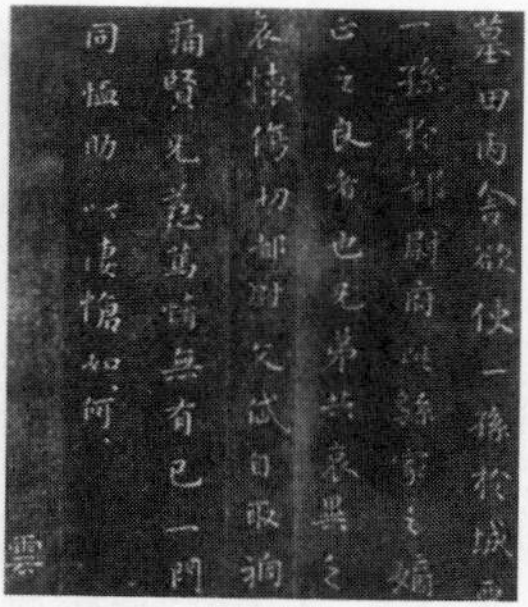

墓田丙舎帖の拓本　書家として名高い魏の鍾繇の書。行書から楷書に移る段階を示す

行書、さらにくずしたのが草書と思いがちだが、事実はその逆である。草書は行書よりもさらに早く、初期の隷書から生まれたもので、前漢にはすでに存在した。ただし漢代の草書は章《しょう》草《そう》とよばれ、現在の草書とはやや異なるものである。現在の草書は、章草に対して今草《きんそう》というが、今草は行書や楷書の影響をうけて章草から変化したものであり、それが誕生したのはやはり後漢末から三国時代のことである。

　この時代の書家としてもっとも有名なのは魏の鍾繇《しょうよう》であり、「受禅碑」「上尊号碑」についても鍾繇が筆者であるという説がある。彼の真跡《しんせき》は後世の模本によってしか伝わらないが、そのうち「墓田丙舎帖《ぼでんへいしゃちょう》」は行書から楷書に移る段階を示し、「宣示表《せんじひょう》」は楷書のもっとも古い作例とされる。また呉の「八絶」に数えられた皇象《こうしょう》の作品としては、やはり模本ではあるが章草で書かれた「急就篇《きゅうしゅうへん》」が伝わり、呉の陸遜《りくそん》の孫

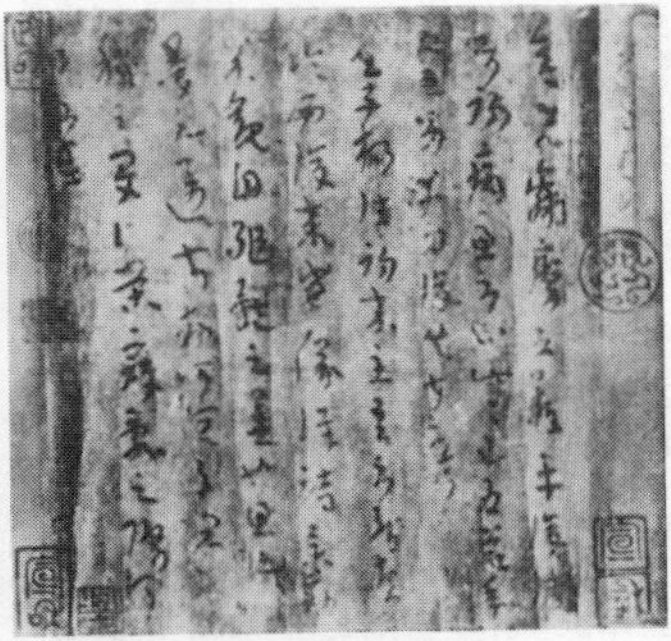

平復帖（故宮博物院蔵）　署名はないが、晋の陸機の書とされ、第1行目に「平復」の字があることから「平復帖」という

で晋につかえ、詩人としても有名な陸機《りくき》の真跡といわれる「平復帖《へいふくちょう》」からは、章草から今草への過度期の書体をみることができる。

後漢末から三国時代にかけては、このように行書、楷書、今草というあらたな字体が生み出されただけでなく、この時代を境としてそれ以前の篆書や隷書は印章の文字や石碑、建物の額など特殊な用途に使われるだけで、実用の字体としては淘汰《とうた》されてしまう。つまりこの時代に字体革命とでもいうべき現象が起きたのである。さらにこの時代以前にも、秦の始皇帝の宰相であった李斯《りし》のように能書家として名前をのこした人物がいないわけではないが、今日的な意味での芸術としての書道や書家が誕生したのはやはりこの時代で、鍾繇や皇象のほかにも、それぞれ行書と楷書を創始したとされる劉徳昇《りゅうとくしょう》と王次仲《おうじちゅう》、草聖《そうせい》（草書の名人）と称された張芝《ちょうし》をはじめ、邯鄲淳《かんたんじゅん》、蔡《さい》邕《よう》、梁鵠《りょうこく》、胡昭《こしょう》など、書家として名をとどめる人物はこの時代から急激に増える。曹操も草書をよくしたことで知られる。漢字の字体の変遷、あるいは書道史のうえでも三国時代は画期的な時代であった。この時代に生まれた書道は、次の東晋時代、書聖《しょせい》とよばれる王羲之《おうぎし》の出現によって芸術として大成することになる。

包むための紙から書くための紙へ

　この時代に字体革命が起こり、芸術としての書道が誕生したのは決して偶然ではない。それは書写材料の変化によってもたらされたと思える。よく知られるように紙は、後漢の和《わ》帝《てい》、元興《げんこう》元年（一〇五）に宦官《かんがん》の蔡倫《さいりん》によって発明されたとされる。しかしむろんこのような発明が一個人によってなされたとは考えにくく、現に蔡倫以前の紙も発見されている。ただし初期の紙は、冨谷至《とみやいたる》氏によると、文字を書くためではなく、おもに物を包むために用いられたらしい。おそらく初期の紙は表面が十分になめらかではなく、字を書くには適さなかったのであろう。蔡倫はそれを改良して、書写に適したなめらかな紙を作ったのである。後漢末期の学者、劉熙《りゅうき》が書いた『釈名《しゃくみょう》』という字書には、「紙は砥なり」とあって、砥石《といし》のように表面がなめらかなことを紙の特徴としている。こうして紙は、高価な帛《はく》（白い絹）や重い竹簡《ちくかん》、木簡《もっかん》にかわって、軽くて安価な書写材料として登場し普及してゆくのである。

　書写材料としての紙の改良と普及は、行書、楷書の誕生と同じ時期に起こっており、両者の間にはなんらかの関係があったと考えられる。行書、楷書の特徴は、隷《れい》書にくらべて筆画の線が美しく軽やかな点にある。線の美しさ、軽やかさは、なめらかな紙の上をスピーディーに運筆することによって生まれたものであろう。

　線の軽快な美しさがもっとも強調されるのは、いうまでもなく草書においてである。ただし漢代の章草《しょうそう》は隷書の中に補助的に用いられるのが常で、章草のみによって書かれたものはあまりない。また草書の軽快さを形づくるうえで重要なつづけ書きも章草では今草《きんそう》ほど用いられず、特に字と字を連続して書く書き方は章草にはみられない。章草の章は、ととのっているという意味で、この字体が今草ほどには字形をくずしていないことから、この名がついたといわれる。つづけ書きを多用し、全篇を草書のみで書く今草の書き方は、やはり紙の使用から生まれたものであろう。やや図式的にいえば、篆書、隷書は竹簡、木簡、帛書の文字で、行書、楷書、今草は紙の文字である。

三国、晋代に書写に用いられた紙は、その実物の断片がシルクロードの楼蘭《ろうらん》遺跡などから出土しているが、それらは漢代の紙よりさらに改良がすすみ、より薄く、また表面に糊と鉱物によるつや出しが施されており、墨がにじむのを防止し、線の美しさが表現しやすいようにできている。草聖と称された張芝《ちょうし》は、家中の衣服の帛に字を書いたが、また自分の作品は寸紙も残らぬよう留意したので、人々は残された作品をとりわけ珍重したという。彼の草書はおそらく紙に書かれたであろう。

手紙と筆跡の鑑賞

紙が竹簡《ちくかん》や木簡《もっかん》、帛《はく》に完全にとって代わるのは五世紀の東晋以降のことであるといわれ、三国時代には呉の走馬《そうば》楼《ろう》の簡牘《かんとく》にみられるように、まだ竹簡、木簡が多く使用されていた。しかし紙もむろん相当に普及していたのであり、特に手紙には紙が多用されたらしい。紙が竹簡や木簡にくらべて郵送に便利であることはいうまでもない。孫権が曹操に送った手紙、呉の周魴《しゅうほう》が魏の曹休《そうきゅう》にあてた偽の降伏状、蜀の李厳《りげん》が雍闓《ようがい》にあてた手紙などは、みな紙に書かれていたことが『三国志』の記述でわかる。この時代に手紙による情報戦が活発に行われたのも、紙の普及と無関係ではないであろう。そして行書や草書はおもに個人の手紙に用いられた書体であった。鍾繇《しょうよう》の「墓田丙舎帖《ぼでんへいしゃちょう》」、陸機《りくき》の「平復帖《へいふくちょう》」の帖というのは手紙のことである。この時代の手紙は、その内容が文学的に鑑賞されただけではなく、またその筆跡が芸術的に賞翫《しょうがん》されたのである。

鍾繇の子の鍾会《しょうかい》は父譲りの能書家であったが、彼はまた他人の筆跡を真似るのがうまく、二度までも手紙の偽造を行った。また劉放《りゅうほう》が孫権の手紙を偽造したこともすでに述べたとおりである（二〇〇ページ参照）。このように他人の筆跡を真似て手紙を偽造するということは、裏をかえせば、ある個人特有の筆跡というものが認識されていたことになる。漢代の隷書においてもむろん字の上手下手はあったであろうが、しかし個人の筆跡が強く意識されていた形跡はみられない。個人の筆跡が意識されるようになるのは、やはり行書、楷書、今草が生まれたこの時代のことであった。そしてそれは、いうまでもなく芸術としての書道が誕生するための前提となる。この時代以降の人々は、自分が好む書家の筆跡を臨模《りんも》することでそれを鑑賞し、書を学ぶようになる。個人の手紙である鍾繇の「墓田丙舎帖」などが模本によって今日に伝わるのはそのためであった。能書家の鍾会が他人の筆跡の模倣に巧みであったのは当然であろう。

洛陽の紙価を貴からしむ

紙の使用によって手紙以上に大きな影響を受けたのは書物である。書物が広く流通するうえで紙が決定的な役割をはたしたことは説明の必要すらないであろう。後漢の人、呉恢《ごかい》は交州の南海太守になった時、経書をもって行こうとしたが、それは車で二台分にもなったため取りやめたという。これは蔡倫の紙が献上されてから一〇年ほど後のことである。また蔡倫よりやや前の会稽《かいけい》の学者、王充《おうじゆう》（二七—？）は、その独自の合理主義的な思想によって『論《ろん》衡《こう》』という書物を著したが、それはむろん竹簡《ちくかん》か木簡《もつかん》に書かれたものであった。王充は家の門や柱のところに簡牘《かんとく》を置いて、思いつくとすぐそれに書きつけたという。『論衡』は長い間、北方の人々には知られていなかったが、後漢末に蔡邕《さいよう》が会稽に避難した時にそれを読んで感心し、北方に伝えた。蔡邕がもって帰った『論衡』はおそらく紙に書かれていたであろう。さらに曹丕は自分の著作である『典論《てんろん》』や詩文をあちこちに配ったが、孫権には素《そ》（白絹）のものを、呉の重臣である張昭には紙に書いたものを贈っている。あるいは呉の闞沢《かんたく》は、若いころ貧乏で人に雇われて筆耕《ひつこう》をしたが、紙筆で書物を写し、写し終わるとその内容をおぼえてしまったという。これら『後漢書』、『三国志』およびその注の記述からは、後漢後期から三国時代にかけて、紙による書物の書写が急速に普及してゆく様子がうかがえる。

三国時代はふつう戦乱によって書物が多く失われた時代であったといわれる。その代表的な事件は、董卓《とうたく》が都を洛陽から長安に移した時、混乱の中で多くの書物が散逸したことである。しかしそれは帛書《はくしよ》による宮中の蔵書のことであった。たしかに戦乱によって書物は大きな損害を蒙《こうむ》ったかもしれないが、紙の普及を物語る右の記述から考えれば、おそらくそれ以上に多くの書物が紙に書写され普及していたであろう。帛書による書物の喪失は、あたかも印刷術の発明によって写本が反故《ほご》と化し、コンピューターの普及によって原稿用紙が不要となったように、古い書写形態との訣別を意味するものであったかもしれない。鄭玄《じょうげん》による儒学の総合化や仏教の急速な伝播なども、紙の書物が簡便に見られるようになったことの産物であったと考えられる。

曹丕はさまざまな書物からの抜き書きを内容別に分類した『皇覧《こうらん》』という一種の百科全書を編纂《へんさん》させた。中国ではこのような百科全書的な書物を類書とよぶが、『皇覧』は史上はじめての類書である。このような百科全書が出現したのは、さまざまな方面について多様で大量の書物が存在し、かつそれらが簡単に参照できることが前提となろう。それはやはり紙の普及によって可能になったと思える。

後漢初期の王充は、家のあちこちに簡牘を置いて、『論衡』を完成させたが、本書の冒頭で取り上げた晋の左思《さし》は、家中に紙を置いて「三都《さんと》の賦《ふ》」を書いた。そしてその「三都の賦」が発表されるや、都の人々はあらそってそれを写したために、洛陽の紙の値段が

三国志写本残巻（東京・書道博物館蔵）　1924年に新疆の鄯善県で出土した「呉書」の部分で、『三国志』の現存最古の写本。1965年には、ほぼ同時期の写本がトルファン市で発見されている

あがったという。「洛陽の紙価《しか》を貴《たか》からしむ」という今でもベストセラーの形容に使われる成語の由来である。左思の「三都の賦」が書かれた十数年後に、陳寿《ちんじゅ》が『三国志』を著す。現在見られる『三国志』のもっとも古い写本は、シルクロードの鄯善《ぜんぜん》から発見された四世紀ごろの紙の残巻であるが、陳寿はおそらく最初から彼の著作を紙に書いたであろう。もしそうだとすれば『三国志』は中国の正史の中で、はじめて紙に直接書かれた書物であったことになる。

情報革命と政治革命

　以上に述べた紙の使用による書物や手紙の普及を一言でいうならば、それはこの時代に情報革命が起こったということにほかならない。この時代の人々はそれ以前にくらべて大量の情報をたやすく入手することができるようになったのである。それが知識の拡大と新たな知識の探求につながり、やがて社会全般の構造的変革をもたらしたであろうことは想像にかたくない。四〇〇年つづいた漢という大帝国が崩壊し、三国の地方ごとの再編成を経て、あらたな統一帝国が誕生する原動力となったのは、この情報革命であろう。すなわち情報革命が政治革命をもたらしたのである。

　中国史においてこの時代につづく次の大きな変革期は、唐と宋の交代期にあったとされるが、それもまた唐末の印刷術の発明による情報革命と無関係ではない。さらに最後の王朝である清が滅亡し中華民国が誕生したのも、清末以来、西洋印刷術の導入によって、最新の知識がそれ以前とは比較にならない規模と早さで全国に普及した事実抜きには語れないであろう。三国時代は、情報革命が政治革命をもたらした中国史上最初の時代、あるいは少なくともそれが確認できる最初の時代であった。この時代の歴史と文化の考察が、きわめて今日的な意味をもっているのはそのためである。

第九章　邪馬台国をめぐる国際関係

朝貢と中国皇帝の正統性

三国時代の政治情勢は、魏、蜀、呉の三国の関係だけではなく、また三国をとりまく周辺諸民族、国家の動向によっても左右された。と同時に三国間の抗争が周辺諸民族に大きな影響をおよぼしたこともまた事実である。すなわち、三国を中心とする東アジア世界全体の複雑な相互関係が、時代を動かしていったのである。卑弥呼《ひみこ》の邪馬台国《やまたいこく》もむろんその中の一員であった。

ベトナムと朝鮮

中国の地図をみると、東と南に大海が広がり、北と西は砂漠と山脈によって遮られ、この国が他の外部世界から隔絶していることがわかるであろう。中国が古くから独自の文化を綿々と維持し、みずからを世界の中心とみなす中華思想をもつに至ったのは、このような地理環境と無縁ではない。その中にあって比較的簡単に行ける外部世界が東北と西南にある。それは朝鮮とベトナムである。この両地域には中国から陸路、海路によって簡単に到達することができる。山東《さんとう》半島の北部から飛び石状につながる廟島《びょうとう》群島を船で北上すれば、遼東《りょうとう》半島突端の旅順《りょじゅん》（現在の大連市）に至り、そこからさらに沿岸を東進すれば朝鮮半島の平壌《ピョンヤン》である。また広東《カントン》から海岸沿いに南下すれば、ベトナムの首都ハノイ（河内）の外港、ハイフォン（海防）に着く（冒頭の地図参照）。古来この地域は中国と密接な関係にあり、現在でもベトナムと朝鮮は中国にとってもっとも親密な、あるいは親密ゆえに特殊な外国である。

紀元前一一一年、漢の武帝は広東からベトナム北部にかけての地方政権、南越《なんえつ》をほろぼし、ベトナム北部の地に交趾《こうし》、九真《きゅうしん》、日南《にちなん》の三郡を置いた。ついで紀元前一〇八年、今度は朝鮮半島北部の地方政権、衛《えい》氏朝鮮をほろぼして、楽浪《らくろう》、臨屯《りんとん》、真番《しんばん》、玄菟《げんと》の四郡を置く。その後まもなく臨屯、真番の両郡は廃止され、玄菟郡は北方に撤退し、朝鮮半島には楽浪郡のみが残るが、漢代を通じて朝鮮半島北部とベトナム北部のふたつの地域は基本的に中国の支配下にあった。

中国の混乱と独立政権

ところが後漢末に中国本土が混乱すると、この地域にふたたび独立政権が生まれる。遼東を本拠とし朝鮮半島北部、また山東半島の北端の環渤海《かんぼっかい》地域に勢力をおよぼした公孫《こうそん》氏政権と、ベトナム北部の士燮《ししょう》の政権がそれである。公孫氏は魏に、士燮は呉にそれぞれ名目的に服属しながら、両政権はそれぞれの地域を実質的に支配し、三国時代の政治状況にも微妙な影響をあたえることになる。公孫氏が呉と関係をもったことはすでに述べたが（一六五ページ参照）、士燮については、蜀南部の雍闓《ようがい》が反旗を翻《ひるがえ》し、呉に内通しようとした時、その仲介役をはたしている。漢初からここまで、この両地域の歴史的展開はきわめてよく似ているといえるであろう。しかしちがうところもある。

ベトナム南部にあった林邑《りんゆう》、扶南《ふなん》などの国、さらにその西の東南アジア一帯は、中国文化が入る以前すでに西方のインド文化の強い影響を受けていた。そのため中国文化の南進はベトナム北部でとまり、むしろそこからインド文化つまり仏教が中国に入ってくるのである。これに対して朝鮮半島以東にはインドに匹敵するような文明国がなく、中国からみれば野蛮な非文明地域であった。孔子《こうし》は自分の道が中国で行われなければ筏《いかだ》に乗って東方に行こうと言ったが、まさにその言葉どおり、この地域ではひとたび中国文化が伝わるや、あたかも綿が水を吸いこむように、その文化は朝鮮半島から日本列島まで短時間で浸透する。その結果、この地域では中国の国家体制を模倣した、いわばミニ中国のような国々が早い時期に誕生することになる。一方、ベトナムが中国の支配を脱し国家を形成するのは、はるか後の一○世紀のことであった。

また後漢末から三国にかけての時期、本土の戦乱を避けて多くの人々がこの両地域に移住するが、ベトナム北部には多数の文化人が流寓《りゅうぐう》し、牟子《ぼうし》『理惑論《りわくろん》』のような中国とインドの文化交流を物語る書物がこの地で生まれているのに対して、北方では邴原《へいげん》や管寧《かんねい》など少数の学者が遼東に避難した例はあるが、その東の楽浪《らくろう》に文化人が行った形跡はない。朝鮮半島はこの時代の人々にとって、官吏と軍人そして商人と流刑者のみが赴く未開の地である。その先の日本にいたっては、ほとんど未知の地であった。

職貢図巻（中国国家博物館蔵）　各地からの使節の姿を描いた6世紀前半の図巻で、12人の人物が描き分けられている。左から倭国、亀茲国、百済国、波斯国の国使

このほか中国西北部、いわゆる西域の砂漠地帯に点在するオアシス都市国家は、古来シルクロードとして知られるところで、漢の武帝の時、張騫《ちょうけん》が交通路を開き、後漢初期の班超《はんちょう》により漢の勢力が及ぶようになって以来、中国とは良好な関係を保っており、それは三国時代になっても基本的に変わらない。仏教がはじめて伝わったのもこのルートによってであった。匈奴《きょうど》や烏《う》丸《がん》、鮮卑《せんぴ》など北方遊牧民族の侵略と反乱に悩む当時の中国にとって、比較的平和な外交関係の対象となったのは、以上の三つの地域である。

三国の朝貢誘致合戦

平和的な外交関係とは、漢代以降の中国にとっては冊封《さくほう》朝貢《ちょうこう》関係にほかならない。中国の皇帝は全世界の唯一無二の支配者であるから、外国の君主との対等の関係などはありえないのであって、実質支配が及ばない地域については、その土地の君主が中国皇帝の正統性を認め、それに服従して貢ぎ物をささげ（朝貢）、その代わりに中国皇帝がその地の支配権を容認する（冊封）ことによってのみ平和な外交関係が可能になる。

したがって中国の皇帝にとって、朝貢国があることは自分が正統な皇帝であることのなによりの証《あかし》であった。向こうから進んで朝貢にやってくればよいが、そうでない場合はこちらから働きかけることも辞さない。朝貢する側にとっても、朝貢による貿易は圧倒的に朝貢国に有利であり、また中国の権威を借りて自国民もしくは周辺地域ににらみをきかせることもできるから、積極的にこれに応じる場合が多い。いずれにせよ皇帝は朝貢に来た国の使節を盛大に迎え、それを臣下や国民に誇示するのが常であった。現在でも中国のテレビニュースを見ていると、外国の国家元首が訪問した場合、それがどんなに小さな国であっても、また他にどんなに重要なニュースがあっても、トップで報道されるのは必ずといっていいほどその元首と中国の指導者の会見場面である。これはむろん朝貢に来たわけではないが、多くの外国が中国と良好な関係にあることをできるだけ国民にアピールする必要があるという点では、昔とあまり変わらない。それは広大な領土を統治してゆかねばならない中国政治の宿命といってもよいであろう。

朝貢国誘致は統一王朝においても重要であった。まして皇帝が三人もいたこの時代はなおさらである。できるだけ多くの朝貢国を獲得することは、国内および敵国にみずからの優位を示すことになるだけでなく、時には軍事、外交面での直接の利害にも結びついていたのである。遼東の公孫《こうそん》氏が朝貢してきた時に孫権が狂喜したのはそのことをよく物語っていよう。そのような観点から先の三つの地域を見るとどうなるか。

まず西域は漢を継承した魏の地盤といってよい。文帝の黄初《こうしょ》三年（二二二）には、鄯善《ぜんぜん》（後の楼蘭《ろうらん》）、于《う》闐《てん》（ホータン）、亀茲《きじ》（クチャ）の各国が朝貢し、ついで太和《たいわ》三年（二二九）に、大月氏《だいげっし》国王の波調《はちょう》の使者が訪れ、魏は波調を親魏《しんぎ》大月氏王に封じた。また景初《けいしょ》三年には、西域諸国から火《か》浣布《かんぷ》（燃えない布）が献上されている。ただし諸葛亮の文集に載せる建興《けんこう》五年（二二七）の詔に、「涼州諸国の王おのおの月氏、康居《こうきょ》の胡《こ》侯《こう》、支《し》富《ふ》、康植《こうしょく》等二十余人を遣《や》りて詣《いた》り、節度を受けしむ」とあるのを信じれば、蜀もこの地域になんらかの権益をもっていたことになる。劉備は孫権に、涼州を得たら荊州を返そうと言ったように、この方面に野望をもっていた。資料はないが、蜀が西域各国になんらかの働きかけをした可能性は高いであろう。とすれば魏の方ではそれを排除する必要があったはずである。

正統問題と外交戦

次に南方のベトナム北部は地理的条件から考えても呉の独壇場である。黄武《こうぶ》五年（二二六）、士燮《ししょう》の死に乗じて士氏政権をほろぼした呉の呂岱《りょたい》が、扶南《ふなん》、林邑《りんゆう》、堂明《どうめい》の各王の朝貢を促したことはすでに述べたが（二六四ページ参照）、赤烏《せきう》六年（二四三）には、扶南王范《はん》旃《せん》の使者が戯《ぎ》楽人《がくじん》（曲芸人や楽士）と方物（地方の名産）を献じている。『三国志』にみえる記録はこれだけだが、おそらくより頻繁に朝貢があったであろう。そしてこの呉の独壇場にも魏や晋の介入が皆無であったわけではない。蜀がほろんだ直後（二六四）、交阯《こうし》で反乱を起こした呉の呂興《りょこう》に対して、魏は都《と》督交州諸軍事《とくこうしゅうしょぐんじ》の称号をさずけ、交阯太守《たいしゅ》をあらたに送り込んでこの地方の攻略をはかったが、これはまもなく失敗におわった。その四年後の泰始《たいし》四年（二六八）、晋はついにこの地域の占領に成功し、それまで呉に朝貢していた林邑と扶南がそろって晋に朝貢に来ている。ただしこの時も激戦の末、呉はこの地域を奪還した。

もっとも激しい戦いは、いうまでもなく遼東と高句麗《こうくり》をめぐる魏と呉の争奪戦である。魏にとってのこの地域は、いわば頭上にせまった庇《ひさし》であり、その重要性は外庭の西域諸国の比ではない。それが一時的にせよ孫権の外交攻勢によって呉になびいたことは、魏にとっては大ショックであり、あらゆる方法を講じて両者の翻意をうながしたことは想像に難くない。その結果、両者ともに呉の使者の首を魏に差し出したのだが、魏はそれでも安心できず、軍事的余力ができた景初二年（二三八）、まず司馬懿《しばい》が公孫氏をほろぼし、ついで将軍、毌丘《ぶきゅう》倹《けん》が高句麗を完膚なきまでにたたいたのである。

このように三国の周辺諸国、諸地域をめぐる外交戦は、三国相互間の外交戦の重要な一環であった。現在、おもに中南米諸国などとの国交締結をめぐって、中国と台湾の間ではげしい外交戦が行われていることはよく知られていようが、時代こそことなれ、ひとつの中国という中国内部の正統問題を外交問題に反映させているという意味では、それも三国時代と大きなちがいはないであろう。

さてここで問題となるのは、遼東と高句麗のさらに先にある朝鮮半島、特にその南部の三韓諸国、そしてそこから海を渡った倭国である。これらの地域は、はたして『三国志』の記述のように魏の外交の独壇場であったのか、それともなんらかのかたちで呉がかかわっていたのか、あるいは遼東や高句麗に呉が介入してきたように、この地方にも呉が手を伸ばしてくるかもしれないという可能性を、魏がどの程度真剣に考えていたのか、これらの問題は、邪馬台国について考えるためにはむろんのこと、三国時代の政治情勢を分析するうえでも重要な意味をもつであろう。

倭の使節到来

朝鮮半島の情勢

前漢の武帝以来、朝鮮半島の北部は楽浪《らくろう》郡の支配地であった。楽浪郡の郡治朝鮮県は今の平壌《ピョンヤン》の南、大同江《だいどうこう》の南岸である。楽浪郡の東には沃沮《よくそ》、濊貊《わいばく》などの民族がおり、北は高句麗《こうくり》である。高句麗は中国東北（旧満州）北部にいたツングース系の夫餘《ふよ》から分かれた部族国家で、漢の四郡のうち玄菟《げんと》郡が移転したのが、すなわちその地であった。建国は紀元前三七年とされる。王莽《おうもう》は高句麗が服従しないのを怒って、その名を下句麗《かくり》に改めたというから、当時すでに相当の勢力に成長していたであろう。その後も後漢に名目上は服属しつつ遼東方面に進出をはかったが、公孫《こうそん》氏政権が成立すると、これに敗れて南下し、中国と朝鮮の国境を流れる鴨緑江《おうりょくこう》中流北岸の国内城《こくないじょう》（現在の吉林省集安市）に移った。呉に一時朝貢《ちょうこう》したのはこの頃のことである。

高句麗は、魏が公孫氏をほろぼした時にはこれに協力するが、その後もしばしば魏の辺境を侵したため、魏将の毌丘倹《ぶきゅうけん》はこれを討って国内城を陥落させた。さらに逃げる国王の宮《きゅう》（東川王《とうせんおう》）を部将の王頎《おうき》に追跡させて、沃沮から粛慎《しゅくしん》の南界、すなわち現在の北朝鮮東北部から沿海州あたりまで追ったが、ついに国王を取り逃がす。高句麗は二度の危機を切り抜け、しぶとく生き残ったのである。ちなみに『三国志』の「魏志・東夷伝《とういでん》」の記述は、毌丘倹のこの時の遠征における見聞が重要な材料となっている。

一方、半島南部の今の韓国には、西から馬韓《ばかん》、弁韓《べんかん》、辰韓《しんかん》の三韓があり、それらはまた多くの部族小国家に分かれて、楽浪郡の統制下にあった（冒頭の地図参照）。馬韓は後の百済《くだら》、弁韓は伽耶《かや》諸国、辰韓は新羅《しらぎ》である。後漢後期に楽浪郡が衰退すると、三韓諸国はそれに乗じて勢力を伸ばすが、公孫氏政権の公孫康《こうそんこう》が二一〇年頃、楽浪郡の南部に帯方《たいほう》郡を新設し支配を強化したため、その後は公孫氏に服従する。帯方郡は今のソウルという説もあるが、実際の郡治は平壌の南約六〇キロの黄海道鳳山郡にあったらしく、そこから土城の跡や「帯方太守張撫夷塼」の銘のある墓磚《ぼせん》などが発見された。

その後、三一三年、楽浪、帯方二郡を支配していた張統は、高句麗の圧力によって中国国内に撤退し、半島南部では、百済と新羅が国家形成をとげる。やがて六世紀に伽耶諸国は新羅に併合され、朝鮮半島でも三国時代が出現することになる。現在の朝鮮半島は南北に分裂し、南の韓国では西の全羅道《ぜんらどう》（昔の百済）と東の慶尚道《けいしょうどう》（昔の新羅）の地域間対立があるといわれるが、その原型はこの三国時代にまでさかのぼることができるのである。

漢と倭人の交渉

「楽浪の海中に倭《わ》人《じん》有り、分かれて百余国と為る。歳時を以て来たりて献《けん》見《けん》す」。中国の史書に倭の名前がはじめて現れるのは、この『漢書《かんじょ》・地理志』の有名な記録である。この記述は「地理志」の燕《えん》の条にあるもので、楽浪郡は燕の領域(現在の北京一帯)に属するから、ついでにその先の倭について触れたのである。したがって「来たりて献見す」とは、楽浪郡に来たのであった。つまり前一世紀ごろには、おそらく北九州あたりの倭の使節がほぼ毎年のように楽浪郡に来ていたわけである。その後、倭の使節は漢の都にまで朝貢《ちょうこう》に訪れるようになるが、それについての記録は以下の三条である。

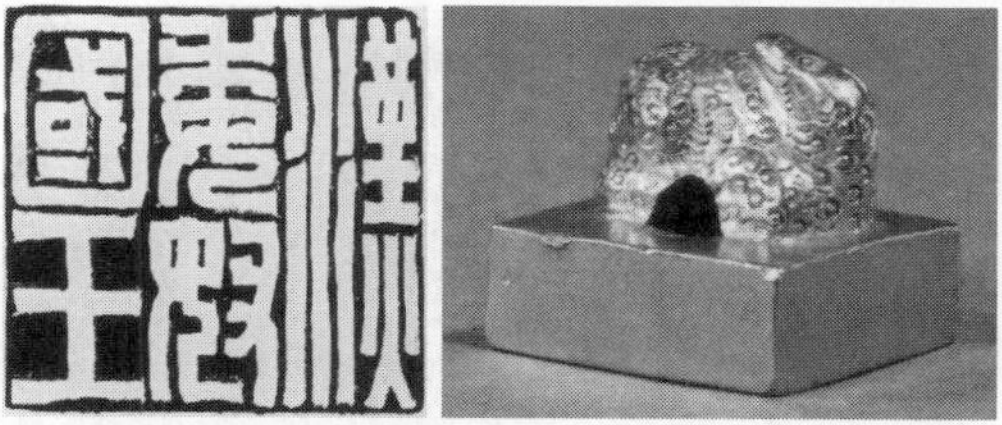

漢委奴国王印(福岡市博物館蔵)　福岡市の志賀島で発見された金印で、奴国王が後漢の光武帝から与えられたもの。左は印影

①前漢末元始《げんし》五年(五)の王莽《おうもう》の上奏文に、「東夷《とうい》の王、大海を渡りて国珍《こくちん》を奉ず」(『漢書・王莽伝』)とみえる。この東夷の王がだれなのかは不明だが、「大海を渡る」というからには、倭の王を指すかもしれない。ただし王自身がやって来たとは思えず、またこの上奏文は王莽が安漢公《あんかんこう》となって漢の簒奪をたくらみ、四方の外夷が臣従してきたことを強調したものであり、多分に誇張がある。おそらく

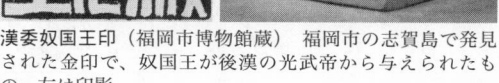

事実ではないであろう。王莽のこの言葉は、朝貢というものが中国の国内政治の事情によって演出されるものであることを物語っている。

②次は、後漢光武帝の中元《ちゅうげん》二年（五七）正月、「倭の奴《な》国、貢を奉じて朝賀す」（『後漢書・東夷伝』）という記録である。奴国は福岡平野の中央、春日市一帯にあった国であり、志賀《しかの》島《しま》から発見された有名な「漢委奴国王《かんのわのなのこくおう》」の金印は、この時に光武帝からあたえられたものである。奴国がこの時期に朝貢したのは、漢王朝が復活し、楽浪で起こった反乱も鎮圧され、三韓諸国がふたたび楽浪に服従して、高句麗、夫餘《ふよ》、烏丸《うがん》、鮮卑《せんぴ》などが相次いで朝貢したのに連動したものであったと考えられる。

③最後は、安帝の永初《えいしょ》元年（一〇七）一〇月の「倭国王帥升《すいしょう》等、生口《せいこう》百六十人を献じて請見を願う」（同右）である。この記述には、倭王の名が「帥升」かそれとも「帥升等」かなど色々と問題がある。またこの時期なぜ倭王が朝貢してきたのかについては、倭の内部にまとまった部族国家ができたため自発的にやって来たとする倭の国内要因説（大庭脩氏）、後漢政府が内政の危機を打開するために演出したとする漢の国内要因説（岡田英弘氏）などがある。

　このあと、二世紀の後半になると漢の国内の混乱によって楽浪郡の支配は衰え、倭国も大乱状態を迎えて朝貢は途絶えるが、やがて倭の内乱はおさまり、女王、卑弥呼《ひみこ》が立てられ、朝鮮半島では公孫氏が新設した帯方郡が魏にうけつがれる。こうして卑弥呼の使節が帯方郡から魏を訪れる環境がととのったのである。

卑弥呼の使節は景初二年か三年か

『三国志』の「魏志・東夷伝」によると、景初《けいしょ》二年（二三八）六月、卑弥呼の使者、難升米《なんしょうまい》と副使の都市牛利《としごり》が帯方郡に来て、天子に朝貢したいと申し出たため、太守の劉夏《りゅうか》は二人を都の洛陽に送り、その年の一二月、洛陽に着いた二人は貢ぎ物の生口男女一〇人と班布《はんぷ》二匹《ひき》二丈《じょう》を献じた。これに対して、魏の方では卑弥呼を親魏倭王《しんぎわおう》、難升米を率善中郎将《そつぜんちゅうろうしょう》、都市牛利を率善校尉《こうい》に封じ、金八両、五尺刀《ごしゃくとう》二口、銅鏡一〇〇枚、真珠、鉛丹《えんたん》各五〇斤などの回賜《かいし》品をあたえる旨の詔書を出す。そして翌々年の正始《せいし》元年（二四〇）、帯《たい》方太守《ほうたいしゅ》の弓遵《きゅうじゅん》は建中校尉《けんちゅうこうい》の梯儁《ていしゅん》を倭に送って、親魏倭王の印綬《いんじゅ》および下賜《かし》品を卑弥呼に授けた。難升米たちは梯儁とともに帰国したであろう。

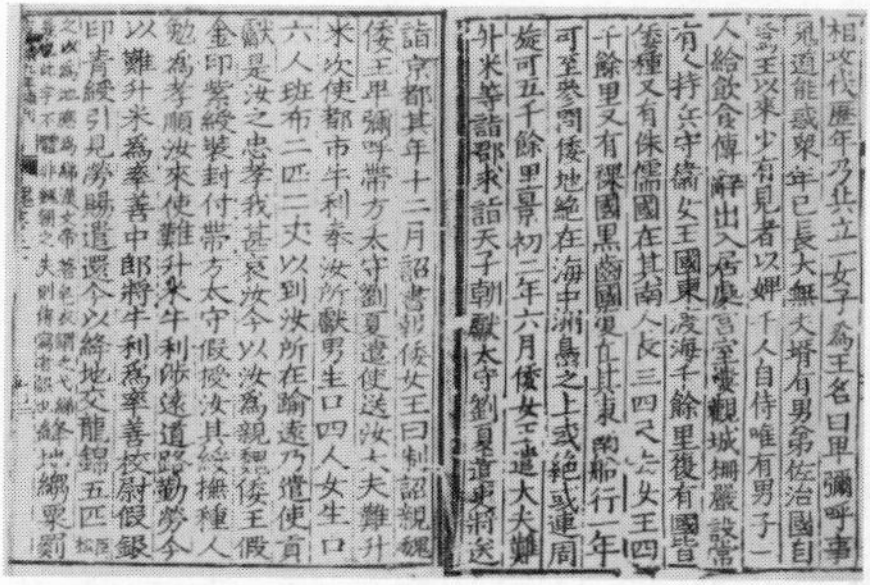
相攻伐歷年乃共立一女子為王名曰卑彌呼事
鬼道能惑衆年已長大無夫壻有男弟佐治國自
為王以來少有見者以婢千人自侍唯有男子一
人給飲食傳辭出入居處宮室樓觀城柵嚴設常
有人持兵守衛女王國東渡海千餘里復有國皆
倭種又有侏儒國在其南人長三四尺去女王四
千餘里又有裸國黒齒國復在其東南船行一年
可至參問倭地絶在海中洲島之上或絶或連周
旋可五千餘里景初二年六月倭女王遣大夫難
升米等詣郡求詣天子朝獻太守劉夏遣吏將送
詣京都其年十二月詔書報倭女王曰制詔親魏
倭王卑彌呼帶方太守劉夏遣使送汝大夫難升
米次使都市牛利奉汝所獻男生口四人女生口
六人班布二匹二丈以到汝所在踰遠乃遣使貢
獻是汝之忠孝我甚哀汝今以汝為親魏倭王假
金印紫綬裝封付帶方太守假授汝其綏撫種人
勉為孝順汝來使難升米牛利涉遠道路勤勞今
以難升米為率善中郎將牛利為率善校尉假銀
印青綬引見勞賜遣還今以絳地交龍錦五匹

「魏志倭人伝」「景初二年」に卑弥呼の使者が帯方郡に到来したと記す。上は、元代の刊本（東京・内閣文庫蔵）

ところで日本の学界では、明治時代の学者、内藤《ないとう》湖南《こなん》の「卑彌呼考」（明治四三年）以来、この景初二年六月は三年六月の誤りとする説が有力で、ほぼ定説となっている。その理由は、まず第一に、のちの『梁書《りょうしょ》・諸夷伝《しょいでん》』、『日本書紀』神功皇后《じんぐうこうごう》三九年の条および唐の張楚金《ちょうそきん》『翰苑《かんえん》』倭国の条の注に引く「魏志」では景初三年になっていること、第二に、卑弥呼の使節が魏に来たのは、公孫《こうそん》氏がほろんで、帯方郡が魏のものになった景初二年八月以後のことであるはずで、難升米らが来たのが景初二年六月であれば、いまだ戦闘中であったこと、第三に、景初二年に来て正始元年に帰ったのでは間が一年あいてしまい、それを説明できないことの三つで、このうち第二の理由が主要な根拠である。しかし『三国志』の現在みられるすべてのテキストは景初二年になっているのであって、異文はない。これを景初三年に改めるためには、景初二年に使節が来ることが、はたして本当に不可能かどうかが厳密に検証されねばならないであろう。たかが一年の差と言ってはいけない。景初二年の皇帝は明帝《めいてい》、三年の皇帝は斉王《せいおう》で、情況がまったく異なるのである。もし景初三年であれば、当時の執権者はすでに述べたように曹爽《そうそう》であり、二年か三年かによって、倭の使節のとらえ方、また鏡一〇〇枚をはじめとする破格の回賜品の意味づけも、おのずと異なってこよう。以下この問題を検討するため、公孫氏滅亡前後の事情をややくわしく述べてみたい。

太和《たいわ》六年（二三二）、明帝は呉と公孫氏が通じたのに刺激され、田豫《でんよ》と王雄《おうゆう》に命じて、水陸両面から公孫氏を攻撃したが失敗、ただ田豫は呉の使節を山東の海岸で待ち伏せして斬った。ついで景初元年（二三七）七月、幽州太守の毋丘倹《ぶきゅうけん》を遼東に派遣するが、今度も失敗、公孫淵《こうそんえん》は燕王《えんおう》を称し紹漢《しょうかん》の年号を立てて、公然と魏に反旗を翻す。そこで明帝は、青《せい》、兗《えん》、冀《き》、幽《ゆう》の四州に命じて海船を造らせ、翌景初二年正月、今度は司馬懿《しばい》に遠征を命じ、司馬懿は同年八月に遼東および海東諸郡（楽浪と帯方）を平定した。なおこの時、公孫淵は呉に援軍を要請し、孫権はそれに応じるが、呉の援軍は景初三年四月にようやく到着したため、すでに手遅れであった。以上はおもに『三国志』の「明帝紀」および「孫権伝」にみえる。

これとは別に「東夷伝」の序に、景初中、大いに師《し》旅《りょ》を興して公孫淵を誅《ちゅう》し、またひそかに軍を海に浮かべて楽浪と帯方郡を収めたとあり、同じく「韓」の条によると、景初中に明帝は帯方太守の劉昕《りゅうきん》と楽浪太守の鮮于《せんう》嗣《し》に命じて、ひそかに海を渡って両郡を平定させ、二人は韓国の部族長たちに邑君《ゆうくん》、邑長《ゆうちょう》の印綬《いんじゅ》をさずけたが、その数は一〇〇〇人に達したという。

ここでいう景初中というのは、元年七月に海船を造らせて以降、二年八月に公孫氏がほろぶ以前を指すにちがいない。それ以後であればひそかに渡る必要がないからである。『三国志』の記述どおり、景初二年の六月に難升米《なんしょうまい》が帯方郡に来ているとすれば、劉昕と鮮于嗣による楽浪、帯方平定が完了したのはそれ以前、おそらく二年の春ごろであったろう。それは陸路から遼東を攻めた司馬懿の作戦に先んじて、かつそれを有利なものにしたにちがいない。つまり公孫氏討滅作戦は、太和六年の場合と同じく水陸両面、司馬懿の陸路による遼東攻略と劉昕らの海路による朝鮮攻略が、別々に並行しておこなわれたのであった。なおこの時、明帝は呉の公孫氏に対する援軍が本当にやってくるかどうかを気にして、部下の蔣済《しょうせい》の意見を求めている。明帝が海路、楽浪と帯方の攻略をはかったのは、海路でやってくるはずの呉の援軍に対する牽制の意味もあったであろう。さらにその延長線上に、呉と倭との関係が脳裏をよぎったかもしれない。

ではこの水陸両方面の攻撃という事実が、『三国志』ではなぜまとめてきちんと書かれていないのであろうか。理由は二つある。ひとつは『三国志』に「司馬懿伝」がないことである。司馬懿は魏の重要人物であるから本来「魏志」に伝があって当然だが、『三国志』は晋代に書かれたため、晋の初代皇帝の祖父である司馬懿を列伝の中に入れるわけにはゆかないのである。第二の理由は、公孫氏討滅と楽浪、帯方の獲得は魏にとっての大きな戦果であると同時に、司馬懿にとっても最大の功績であるため、これを司馬懿一人の功績に帰そうとする意図がはたらいたことである。その証拠に、司馬懿の軍には実は副将として毌丘倹がついて行ったことが、「毌丘倹伝」および「明帝紀」の裴注《はいちゅう》によってわかるのであるが、「明帝紀」などはそのことに一切ふれていない。これは毌丘倹がのち司馬氏に背いた謀反人だからである。司馬懿はそれ以前に遼東に行ったことがないのに対して、毌丘倹は失敗したとはいえ遼東攻略の経験があり、この度の作戦でも毌丘倹は副将として重要な役割をはたしたはずである。司馬懿に対する美化は、そのまとまった伝である『晋書・宣帝紀』ではより露骨である。

難升米の目的

次に、難升米《なんしょうまい》らが帯方郡にやってきた景初二年六月は、ちょうど劉昕《りゅうきん》と鮮于《せんう》嗣《し》が楽浪、帯方を平定した時に当たっている。三〇年にもおよぶ公孫氏の支配が終わり、魏というあらたな支配者がやってきたのであるから、倭が様子をうかがいに使節を送っても不思議はない。

ただし公孫氏がまだほろんでいないこの段階で、難升米たちが天子への朝献《ちょうけん》を求めたというのは早すぎはしまいか。光武帝が楽浪を平定してから、倭奴国王の使者が朝貢に来るまでには二七年かかっている。これはおそらく『三国志』のレトリックであって、難升米たちは実際には帯方郡に来たのであって、それを魏の方から帯方を獲得した証として洛陽に送り込んだのであろう。

もしかりに景初三年、帯方郡が完全に平定された時期に、難升米らが当初から皇帝に朝貢する目的で来たのであれば、倭の使節が朝貢に来たと簡単に書けばよいのであって、使節がまず帯方に来て、皇帝への朝貢を求めたので太守《たいしゅ》の劉夏《りゅうか》が彼らを都に送ったというようなまわりくどい書き方をする必要はない。これは帯方郡が平定されたばかりの二年六月に帯方郡に来た難升米らを、劉夏が自分の判断で都に送ったことを意味するものではないだろうか。そう考えるもうひとつの理由は、彼らの貢ぎ物の貧弱さである。

生口一〇人、班布二匹二丈

難升米の献上品のうち班布《はんぷ》は縞《しま》の織物のことで、二匹《ひき》二丈《じょう》は約二〇メートルである。生口《せいこう》というのは一種の奴隷であるが一〇人はいかにも少ない。倭国王帥升《すいしょう》等が献上したのは生口一六〇人、卑弥呼が正始四年（二四三）に送った使節は、生口の数こそ書いていないが、そのほかに倭錦《わきん》、綿衣、帛布《はく》、丹木《たんぼく》、短弓矢などさまざまな品をもってきたし、さらにその後、卑弥呼を継承した壱与《いよ》の使節は、男女生口三〇人、白珠五〇〇〇、孔青大勾珠二枚、異文雑錦二〇匹を献上している。これらにくらべて難升米の場合はあまりにも貧弱であろう。曹操は部下の楊沛《ようはい》に、生口一〇人と絹一〇〇〇匹をあたえたことがある（「賈逵《かき》伝」裴注）。卑弥呼が献上したのは、曹操が一介の部下にあたえたものにも及ばない。

生口と班布は、おそらく元来は帯方郡に献上するためのものであって、難升米らは当初は洛陽まで行くつもりはなかったであろう。それが魏の都合で急遽、天子に献上することになったのである。朝貢は服従の儀礼であり、献上品の多寡などは問題ではないが、それにしても地方への貢ぎ物を皇帝に献上させてまでも難升米らを洛陽に送りこんだのは、倭の使節の政治的効果がよほど大きいと考えたからであろう。

ここで問題になるのは、明帝が送り込んだ帯方太守は劉昕なのに、難升米らを洛陽に送った帯方太守は劉夏であることである。景初三年説では、二年の太守が劉昕で三年には劉夏に代わったと考える。この点は景初二年のままで考えようとする場合にはたしかに具合がわるい。

帯方太守の劉夏

帯方太守になぜ劉昕と劉夏の二人の名前があがっているのかは、史書に説明がないため、わからない。二人のうち劉昕は他にその名が見えないが、劉夏については、『晋書』の「侯《こう》史《し》光《こう》伝」に、侯史光が幼いころ、「同県の劉夏に学を受けた」とある劉夏が、あるいはその人であるかもしれない。侯史光は魏末晋初に官職についた人物であり、その幼年期に教育を受けた劉夏は、景初ごろの人として矛盾はない。侯史光、劉夏はともに東莱《とうらい》郡の掖《えき》県の人であった。東莱郡は山東半島の突端にあり、朝鮮半島にもっとも近い地である。

当時、楽浪や帯方の役人には、当地の地理事情に詳しい近接地の出身者が用いられたようで、たとえば劉昕と同時に楽浪太守であった鮮于嗣は、のちに范陽郡（河北省涿州市）の太守になった（『晋書』「張華伝」）が、この人は、後漢末に幽州牧の劉虞の従事をつとめ、魏に入って渡遼将軍、輔国将軍、虎牙将軍などを歴任した漁陽郡（北京の北東）出身の鮮于《せんう》輔《ほ》と同族であると思える。そうであれば、やはり朝鮮半島近接地の人である。『晋書』の「東夷伝」にみえる護東夷校尉の鮮于《せんう》嬰《えい》も同族であろう。このほか劉夏に教えを受けた侯史光の子の侯史玄は、のちに高句麗と隣接する玄菟郡（遼寧省沈陽市）の太守になっている。劉夏については、「侯史光伝」以外に資料がないが、朝鮮半島の情勢に詳しく、かつ侯史光を教えるほどの学識を備えた劉夏が、帯方太守として卑弥呼の使者を洛陽に送ったとするのが、現存する資料に依拠するかぎり、もっとも妥当な考えであると思える。

陸路か海路か

景初二年を三年の誤りとする主要な根拠は、公孫氏の遼東が平定された後でなければ難升米たちは洛陽に来ることができないということであり、それには難升米たちが陸路、遼東を通って洛陽に来たことが暗黙の前提になっている。しかし以上の記述からも明らかなように、難升米たちは海路によって朝鮮半島から遼東半島の突端を通って山東半島北部まで来て、そこからは陸路で洛陽に来たと考えられる。したがって楽浪と帯方が魏の手に入りさえすれば、公孫氏の本拠の遼陽一帯で司馬懿との戦闘が行われていても、彼らが洛陽に来ることは可能であった。ただし彼らが朝鮮半島を船で出発したのは、やはり公孫氏がほろんだ八月以降のことであろう。

　六月に帯方郡にやってきた難升米らは、八月に公孫氏が完全にほろんだ後、船で出発し一二月以前に洛陽に到着した。それは翌年の正月の朝賀《ちょうが》に間に合わせるためであったろう。朝貢は正月の朝賀の時に行うのが原則であり、倭から中国への使者の到着した月をみると、光武帝の時の倭奴国王《わのなのこくおう》の使節は一月、次の倭国王帥升《すいしょう》等の使節は一〇月、難升米らが一二月、卑弥呼が次に送った伊声耆《いせいぎ》らも一二月とすべてこの時期になっている。

　ただし翌年の朝賀の儀式はなかった。それは正月の元旦に明帝が死んだからである。しかも明帝の死に際しては、すでに述べたように次の皇帝となる斉王《せいおう》の補佐役をめぐって宮廷内部の争いがあった。魏の役人たちには倭の使節などにかまっている暇はなかったであろう。これがおそらくは難升米らの帰国が一年おくれた原因であった。そしてそれにはもうひとつ、難升米らが船で帰るための風の都合もあったと思える。

　この当時は航海術が未発達のため、船の運航はもっぱら季節風に頼らざるをえなかった。具体的には、中国の東海岸を北上するのは南風の吹く春から夏、南下するのは秋から冬である。孫権が公孫氏に送った使節はいずれも三月と五月に出発しており、逆に公孫淵の使者が呉にやってきたのは一〇月である。公孫氏援助のため孫権が船を出したのは、公孫氏がほろんでから半年もたった景初三年の三月であった。それ以前には船を出したくとも出せなかったのである。むろん漢の武帝が朝鮮攻略のために出した艦隊が秋に出発したというような例外もあるが、それは楼船という大型船であったからであり、通常の場合は、山東から遼東へ船で行くのはやはり春が好ましい。ところが明帝死後の混乱によって難升米たちは船出の好機を逃してしまった。そうでなくとも銅鏡一〇〇枚などの下賜品の準備には時間がかかる。建中校尉《けんちゅうこうい》の梯儁《ていしゅん》による倭への返使が、景初三年でなく翌年の正始元年にずれこんだのはそのためであろう。

なお大庭脩氏、佐伯有清氏はともに、建中校尉を建忠校尉の誤りとされるが、浙江《せっこう》省嵊《じょう》県浦《ほ》口鎮《こうちん》（現・嵊州市浦口街道）で発見された呉の太平二年（二五七）の墓からは、「建中校尉」と書かれた墓誌がみつかっている（『考古』一九九一年三期）。これはむろん呉の官名だが、三国の官職名は多く共通しており、魏にも建中校尉はあったであろう。したがってこれも『三国志』の文字を改める必要はないのである。

「親魏倭王」の称号

景初三年説から景初二年に対するもうひとつの疑問として、景初二年一二月に難升米らが洛陽に着いた時、明帝はすでに危篤であったのだから、詔《みことのり》が出せないのではないかということがあるかもしれない。しかし詔は皇帝が出すものではあっても皇帝が書くものではない。現にこの時、危篤となった明帝は、天下の男子に爵位をあたえるなどの命令を下しているが、それには詔が出されたはずで、それは役人が書いたのである。それよりもこの時の

『三国志』の記述にはやや奇妙な点がある。

よく知られるように、卑弥呼にあたえられた親魏《しんぎ》倭《わ》王《おう》という称号は外夷《がいい》への称号としては最高のもので、ほかに親魏王の称号をもらったのは親魏大月氏《だいげつし》王の波調《はちよう》だけである。大月氏国は今のアフガニスタンにあったクシャン朝で、波調はガンダーラ美術で有名なカニシュカ王の二代後のヴァースデーヴァ王のことである。大月氏国はまさに西方の一大文明国で中国との歴史的関係も深く、仏教はおもにこの国から中国に伝わったのである。その国王に最高の称号をあたえるのは当然であろう。ただしすでに大庭脩氏が指摘されたように、親魏の称号は同じく西域の車師《しやし》後部《こうぶ》王《おう》に対してもあたえられた可能性がある。また難升米およびその後に来た掖邪狗《えきやく》などにあたえられた率善中郎将《そつぜんちゆうろうしよう》も、佐伯有清氏などが述べられたように、呉に仏教を広めた支謙《しけん》（二九〇ページ参照）の祖父が、後漢末に大月氏国から移住してきた時、すでにこの称号をもらっており、倭の使者にだけあたえられたわけではない。しかし東方諸国で親魏の称号があたえられたのは卑弥呼だけであり、しかも邪馬台国は大月氏国とは比較にならない未開未知の国であった。これはやはり異例であろう。

これについては、東西のもっとも遠い国に親魏の称号をあたえてバランスをとったという説、呉に対する牽制であるという説、また最近では曹爽《そうそう》と司馬懿の政争を反映したものとする岡田英弘氏の説などがある。いずれにせよ当時の魏をめぐる内外の情勢に対する判断から授与されたもので、卑弥呼の側にこれをもらうだけの実質があったわけではない。そしてここでも魏が呉と倭の関係をどうみていたかが、ひとつの問題となろう。

日本で発見された「景初三年」銘の銅鏡　右は大阪府黄金塚古墳出土の画文帯神獣鏡（東京国立博物館蔵）。左は島根県加茂町神原神社古墳出土の三角縁神獣鏡（文化庁蔵）。縁の断面が三角形になっている

『三国志』本紀に記されない理由

卑弥呼を親魏倭王に封じ、銅鏡一〇〇枚などを下《か》賜《し》するという内容の詔は、「東夷伝」にその全文が載っているが、ふつうこのような場合は内容をかいつまんで記述するのが一般的であり、全文もれなく記載するのはこれまた異例である。さらに異例なのは、「東夷伝」にこれだけ詳細な記述がありながら、この使節について明帝の本紀ではまったく触れられていない点であろう。

『三国志』もそのひとつである紀伝体による正史の書き方では、重要な事件はまず皇帝の年代記である本紀に簡単に書き、さらに関連する伝の部分で詳しく説明するのが原則である。倭の使節についていえば、倭奴国王《わのなのこくおう》の使節、倭国王帥升《すいしょう》等の使節についての『後漢書』、卑弥呼が次に送った伊声耆《いせいぎ》についての『三国志』、ともに本紀と伝の双方に記載がある。それなのに伝でくわしく記述する難升米の使節

について、本紀が一言もふれていないのは奇妙であろう。親魏大月氏王については本紀にのみ記載があるが、それは『三国志』に「西域伝」がないからであった。

もっともこういう例がほかにないわけではない。正始八年に朝鮮半島東部の南濊《なんわい》が朝貢して不耐濊王《ふたいわいおう》に封ぜられたが、このことは「東夷伝」のみに見え本紀には記載がない。したがってこれらは単なる陳寿《ちんじゅ》の不注意、体裁の不統一とみることもできるが、伝であれだけ詳しく書いたことを本紀に記載しないのはやはり不審であり、一応の理由を考えてみることも無駄ではないであろう。

本紀に記載されなかった理由として考えられるのは、難升米らが皇帝に正式に謁見していない、少なくとも朝貢のあるべき姿としての朝賀の儀礼において謁見しておらず、正式の使節とはみなされなかったのではないかということである。実際、難升米らが危篤状態の明帝やその後に即位した幼帝に正式に謁見することは不可能であったろう。『晋書・宣帝紀』の正始元年正月の条には、東倭および西域諸国などがこの時に朝貢に来たと見える。もしこれが事実ならば、その前年に来た各国の使節たちが（西域の使節が景初三年に来て火浣布を献上したことは、すでに述べた）、翌年になってはじめて朝賀の儀礼を行ったことになる。この時に難升米も朝賀の儀礼を行ったと考えれば、難升米らが正始元年に帰った理由は、これによっても説明できるであろう。それではなぜ景初二年一二月に親魏倭王に封じる詔が出されたのであろうか。

「景初二年」は不可能ではない

これには当時の政治情勢のほか、明帝のこの時の心境が関係していたかもしれない。危篤に陥った明帝が天下の男子に爵位をあたえたのは、延命祈願のためであったと考えられる。またこの時、明帝は、呪術を施した水で病気をなおすと称した女性を、効き目がないというので殺している。想像をたくましくすれば、鬼道《きどう》をもって国を治めるという東方の女王の使節に、瀕死の明帝は一縷《いちる》の望みを託したのではないだろうか。鬼道を使う女性として『三国志』が述べるのは、卑弥呼のほか張魯《ちょうろ》の母がいるが、その鬼道は病気治癒のためのものであった。卑弥呼への下賜品に真珠と鉛丹各五〇斤という不死の薬を作る材料が含まれているのも、そのためではなかったか。むろんこれは想像にすぎないが、陳寿がこの詔を全文記録したのは、貧弱な献上品とはあまりにも不釣り合いな下賜品の豪華さが印象的であったからではないかと思える。

それはともかく、以上のべてきたように、卑弥呼の使節が景初二年に洛陽に来て正始元年に帰ることは、当時の情勢から考えてなんら無理はないのである。もちろん三年に来ることも同じように可能である。しかし『三国志』には二年と書かれているのであるから、よほどの矛盾がないかぎり二年で考えるのが筋であろう。後世の『梁書』などは、公孫氏がほろんでから卑弥呼の使いが来たというきわめて大雑把な考えによって二年を三年に改めているのであって、それを根拠に原典である『三国志』の文字を改めるのは学問的な態度ではない。

現在、邪馬台国に関して書かれたほとんどの書物、および高校の教科書や辞書の類も、すべて景初三年を自明のこととし、あたかも『三国志』にそう書かれているかのような記述になっているのは、さらに問題であろう。

その後の卑弥呼の使節

正始元年、梯儁《ていしゅん》が印綬《いんじゅ》と下賜《かし》品をとどけて来たのを受けて、四年、卑弥呼はさらに伊声耆《いせいぎ》、掖邪狗《えきやく》ら八人の使節を送り、今度はそれ相応の献上品を捧げた。最初から魏に朝貢に行くつもりだったからであろう。掖邪狗らはみな率善中郎将《そつぜんちゅうろうしょう》に封ぜられた。しかしこのころから朝鮮半島では魏の支配に対する反抗が激化する。六年には東濊《とうわい》が高句麗に属したため、楽浪太守の劉茂《りゅうぼう》と帯方太守の弓遵《きゅうじゅん》がこれを討ち、濊《わい》の不耐侯《ふたいこう》を入貢させ不耐濊王とした。このことが本紀に記されていないのは、元来は漢の四郡に属する濊の君侯を王とするのは例外的処置であったためかもしれない。同年、かつて入貢した倭の難升米に黄幢《こうとう》（使者にあたえる一種の旗）を授けたが、これらはみな公孫氏滅亡後、力を強めた高句麗に対する牽制であろう。しかしその後、今度は韓の諸国が楽浪、帯方郡を攻め、帯方太守の弓遵が戦死した。

そのような中、正始八年、あらたに帯方太守として王頎《おうき》が赴任した。王頎は、その前年まで毋丘倹《ぶきゅうけん》の部将として高句麗王を追撃した人物であり、この人事は明らかに高句麗対策である。そこへ狗奴国《くなこく》の男王、卑弥弓呼と内紛を起こした卑弥呼が、帯方郡まで訴えに出たため、王頎は部下の張政《ちょうせい》を送って両者を調停させた。しかし張政が邪馬台国に至った時には卑弥呼はすでに死し、宗女の壱与《いよ》が跡を継いだので、張政は壱与を説諭し、その使節の掖邪狗ら二〇人とともに魏にもどった。

　これら一連の動きからわかることは、楽浪、帯方両郡を接収した魏が、高句麗と韓との南北からの圧迫に苦しみ、これに対して倭の力を利用しようとしたことである。しかし倭でもこの時、分裂が起こり、しかも卑弥呼が死んだため、魏が期待したほどの役割をはたすことはできなかった。前任者が死んで後継者が朝貢してきた場合、通常であれば前任者の地位をそのまま認めるのが慣行である。この場合ならば、壱与に親魏倭王の称号を継承させることになるが、しかし魏はそうはしなかったのである。

　それだけでなく、壱与の使節、掖邪狗らはかつての難升米にくらべればはるかに立派な献上品をもって来たにもかかわらず、「台に詣でて」それらを献上した。この「台」というのは、外交をつかさどる官である謁者が属する蘭台《らんだい》のことと思える。ただし謁者が蘭台に所属するようになったのは晋の武帝の時のことであって、陳寿はここで晋代の制度にもとづいて記述しているのであるが、その言わんとするところは、壱与の使節が皇帝に謁見せず、ただ外交担当官に会っただけということである。この使節のことが本紀に載っていないのもそのためであろう。あるいは張政が倭に行ったのは正始八年で帰ったのが九年とすると、彼とともに来た掖邪狗らは、翌年の嘉平元年の正月に朝貢するつもりであったのかもしれない。しかし嘉平元年の正月には司馬懿のクーデターが起こっているから、この時にも朝賀の儀礼は行われなかったであろう。「台に詣でて」というのは、そういうことであったかもしれない。

現在にいたる国際関係の原型

『三国志』に見える倭の魏に対する遣使はこれでおしまいであるが、『晋書・東夷伝』倭の条には、「文帝相となるに及んで、またしばしば至る」とあり、文帝（司馬昭）が宰相であった魏の最末期にも倭の使節はつづけて来ていたらしい。そして晋の武帝が魏の禅譲《ぜんじょう》を受けて即位した翌年の泰始《たいし》二年（二六六）一一月、倭人が方物を献じたことが『晋書』に見える。『日本書紀』神功皇后《じんぐうこうごう》の条に引く『晋起居注《しんききょちゅう》』によると、この時の使節は倭の女王が派遣したものであったとされるから、それはおそらく壱与であったろう。

この倭の使節は、晋の建国後はじめてやってきた外国の使節であって、これにつぐのは泰始四年（二六八）の扶南《ふなん》と林邑《りんゆう》であるが、これはすでに述べたように晋がベトナム北部を一時的に呉から奪った時のことであった（三四八ページ参照）。馬韓《ばかん》や辰韓《しんかん》あるいは西域諸国はみな晋が呉をほろぼした翌年の太康《たいこう》二年（二八一）以降、はじめて朝貢に訪れる。

このように倭が魏、晋ときわめて親密な関係にあったことは、逆にいえば魏、晋が朝鮮半島の情勢、あるいは呉との対立関係の中で、倭を外交的に利用しようとしたことを意味しよう。そしてそれはさらに倭と韓あるいは倭と高句麗の拮抗関係を生み出してゆく。こうした中国との複雑な関係の中で、朝鮮半島そして日本では急速に国家形成への動きが強まり、やがて朝鮮半島での三国時代の出現、日本での畿内政権の成立をみることになる。それがその後の東アジア諸国およびその国際関係の原型となったことはいうまでもない。現在この地域では、中国と台湾、南北朝鮮、また日中、日韓の関係をめぐってさまざまな問題が存在するが、それらの問題も、もとをただせばやはりこの時代に形成された国際関係にその淵源があるといえよう。

呉・韓・倭の交通の可能性

最後に、呉と朝鮮半島南部の韓、そして倭との交通の可能性について簡単に述べてみたい。呉が魏や遼東半島、朝鮮半島北部を介さずに、直接韓や倭と関係をもつことができたかどうかが、この時代の外交情勢を考えるうえでひとつの重要な鍵になることは、すでに述べたとおりである。

『三国志』の「孫権伝」黄龍《こうりゅう》二年（二三〇）の条に、孫権が将軍の衛温《えいおん》と諸葛直《しょかつちょく》を夷洲《いしゅう》、亶《たん》洲《しゅう》に派遣したことを述べたところで、亶洲は海中にあり、かつて秦の始皇帝のために仙薬を求めて航海に出た徐福《じょふく》が到着し、そのまま住み着いたところで、そこの人民が時々、会稽《かいけい》郡（現在の浙江、福建地域）に布を売りに来ることがあり、また会稽郡東県の人が海に出て風に流され、その地に至ることもあるという記事がある。この夷洲は台湾、亶洲は日本の種子島もしくはフィリピンとする説があるが、いずれも確実な証拠があるわけではなく、単なる推測にすぎない。一方、「東夷伝」の倭の条には、「その道里を計るに、まさに会稽東冶《とうや》の東にあるべし」とあり、両者合わせて考えると、陳寿はあるいは倭すなわち亶洲と考え、呉と倭の民間の交易を想定していたのかもしれない。陳寿のこの認識は、また当然ながら魏の権力者の認識でもあったろう。とすれば魏が遼東の公孫氏や呉との交渉をめぐって、呉と倭との関係を考慮することは、おおいにありうることであった。ただし東冶とは現在の福州のことであり（「孫権伝」の東県は東冶県の誤りであろう）、倭が北九州一帯だとすると、福州からでは遠すぎるので、亶洲はやはり種子島あるいはその南の琉球（沖縄）諸島、またはフィリピンあたりを想定するのが妥当である。なお衛温と諸葛直は亶洲にはたどりつけず、夷洲のみから数千人を連れて帰ったが、孫権はこれを命令違反として二人を処刑してしまった。孫権は亶洲との交通路開拓をよほど切望していたらしい。あるいは彼もまた亶洲が倭であると考えていたのかもしれない。

呉と倭との関係を示唆する文献資料は残念ながらこれだけであるが、しかしここに興味深い実験がある。一九九七年、中国の杭州大学（現在の浙江大学）韓国研究所と韓国の探検協会、東国大学は共同で、古代の筏《いかだ》によって東シナ海を横断するという実験をおこなった。その結果、竹で編んだ長さ一〇メートル、幅五メートルの本体に布製の帆をつけた古代さながらの筏は、中韓両国の五人を乗せて六月一五日、浙江省の舟山島を出発、途中黄海に浮かぶ黒山列島を経て、七月八日に韓国西海岸の仁川港に到着した。これで古代の筏によって、中国南部から朝鮮半島南部まで直接航海することが可能であることが証明されたわけである。孔子が筏で東海に乗り出そうと言ったのは、決して根拠のないことではなかったことになる。

この航海の記録をまとめた金健人編『中韓海上交往史探源―中韓跨海竹筏漂流学術探険研

究報告』（二〇〇一年　北京学苑出版社）は、この両地域の直接の交流について、実験の結果をふまえてさまざまな角度から検討したものであるが、その中に、東アジアにおける支《し》石《せき》墓《ぼ》についての報告がある。支石墓とは、新石器時代末期から金石併用時代にかけて世界的にみられる巨石を積んだ墳墓形式、いわゆるドルメン（dolmen）のことである。東アジアでは日本の九州、朝鮮半島、中国の遼東地域などに分布しており、九州と朝鮮半島南部のものは背の低い碁盤式、朝鮮半島北部から遼東地域にかけては背の高いテーブル式と南北でその形式が異なる。ところで一九九〇年代に、浙江省の海岸地域からも多くの支石墓が発見されたが、それらはすべて朝鮮半島南部と同じ碁盤式であった。これはこの両地域の間に、遼東や朝鮮半島北部を介さずに直接交流があった証拠であろう。

文献資料にあらわれない貿易

これらの点から考えて、呉の時代に中国東南海岸から朝鮮半島南部まで直接航海することは不可能ではなかったはずである。朝鮮半島南部から九州まではさらに簡単に行ける。したがって呉が倭と交渉をもつことも可能であったわけである。ただし航海術の未発達であったこの時代には、両地域の交流は民間による偶然の不安定なもので、外交的、軍事的に意味をもちうるような安定したものではなかったと考えられる。文献にはっきりとあらわれないのはそのためであろう。

邪馬台国と中国との関係をめぐる目下の最大の問題点は、よく知られるように三角縁神獣《さんかくぶちしんじゅう》鏡《きょう》の存在である。この日本でのみ出土する特異な鏡が、はたして魏で作られ、卑弥呼の使者に魏があたえた一〇〇枚の鏡がその中に含まれるのか、それともそれとは関係なく日本で作られたのか、あるいは最近、中国の学者、王仲殊《おうちゅうしゅ》氏が主張するように呉の工人が日本に来て作ったものなのか、現段階ではまだ決着がつかないようである。この問題をめぐる議論は文献と考古学的発見資料をつきあわせることで行われているが、文献が記す事実は実際に起こった事実のほんの一部分のみであり、それと発見資料との間には大きな距離がある。三角縁神獣鏡は現在すでに三〇〇枚以上が発見されており、たとえその中に魏が卑弥呼の使節にあたえた一〇〇枚が含まれるとしても、残りの二〇〇枚以上はそれ以外のルートで日本にもたらされたものである。そしてそれらは、おそらく公的な外交関係ではなく、民間の交易によった可能性が高いであろう。民間の交易関係は文献にはあらわれない。文献資料と発見資料の間隙を埋めるためには、さまざまな可能性を慎重に想定してゆくことが必要である。呉と倭との交渉もそのような想定作業の中でのひとつの仮説たりうるであろう。

終章　三国時代と現代の東アジア

正統をめぐる理念闘争

三国時代のもっとも重大な事件は、魏の文帝が禅譲の儀式によって漢の献帝から皇帝の位を譲り受け、漢王朝が滅亡し、魏が成立したことであろう。ではこの事件はいったいどのような思想的背景のもとに起こったのであろうか。

まずその第一は、中国の唯一無二の正統な皇帝とその王朝こそが世界全体の支配者であるとの考えで、これを正統論という。「天に二日なく、地に二王なし」という言葉は、この正統論の考えを述べたものにほかならない。文帝は正統な皇帝である献帝から、きちんとした手続きを踏んで帝位を譲り受けたのであるから、文帝こそは世界の唯一の支配者でなければならない。したがってこの立場からすれば、蜀や呉の皇帝はみな偽物であって、それは現実には存在しているかもしれないが、理念的には存在しないも同然である。この点は、文帝の翌年に即位した蜀の劉備にとっても同じである。したがってこの三国の戦いは、領土をめぐる現実の争いであると同時に、正統をめぐる理念闘争でもあった。さらにこの正統論が、中国とその周辺諸民族、諸国家との関係を規定していることはいうまでもない。

もしこのような正統論の立場がなく、複数の皇帝、国家が対等に存立することができるとすれば、三国時代の歴史はまったく別のものになっていたであろう。たとえば魏と蜀が平等な立場で相互承認しあうような事態を想像できるであろうか。それはありえないことである。しかし実際には、蜀と呉との間にそれに似た同盟関係、二帝並尊《へいそん》の状態が存在した。三帝鼎立時代の面白いところであろう。呉の孫権が主張した二帝並尊の原則は、正統論の立場からみればまさに異端そのものである。そして三国時代の人々が、統一か諸国分立かの岐路に立たされていたとすれば、孫権のこの主張は後者を志向するものであったといえるかもしれない。

また同じようなことは周辺諸国との関係についてもいえるであろう。卑弥呼や大月氏《だいげつし》王《おう》がもらった親魏《しんぎ》王《おう》という呼称は、中国史全体からみればきわめて奇妙なものであった。たとえば「漢委奴国王《かんのわのなのこくおう》」というのは、漢に服属する委（倭）奴国王という意味で、これが中国的秩序からいってのあるべき称号である。これに対して親魏というのは、魏に親しい、つまり魏とは一応別の存在というニュアンスであり、相手の独立をある程度、認めたことになってしまう。親魏という呼称は、後漢時期に一部の周辺国に親漢侯の称号を贈ったのにはじまり、晋でも親晋王の例があるが、中国史全体からみれば、この時代のみに存在した異例の称号である。それはやはり中国自体が三つに分裂し、朝貢国獲得のために激しい争奪戦を繰り広げた時代の産物であったろう。

二帝並尊と親魏王は、中国の中か外かのちがいはあるにせよ、ともに他国の存在と独立を認めようとする現実的な思考の産物である。しかしそれは正統論の立場とは決して相容れないものであった。そしてその後の歴史を動かしたのは正統論の理念であって、二帝並尊、親魏王的な発想は、歴史の舞台から姿を消したのである。

五行思想と王朝交代の原理

次に、では正統的な王朝はどのようにして継承されるのであろうか。ここで登場するのが五行《ごぎょう》思想である。五行思想というのは、天地万物はすべて木火土金水の五つの基本要素から構成され、またこの五つの要素のもつ原理によって生成運行するという中国古代人の世界観である。したがってすべての物質と概念はみなこの五行によって分類されるのであり、たとえば方向なら、東は木、南は火、西は金、北は水、中央は土になり、色であれば、青は木、赤は火、白は金、黒は水、黄色は土になる。五行による生成の原理には、相克《そうこく》説と相生《そうせい》説があるが、木から火が、火から土が、土から金が、金から水が、水から木が生まれ循環するという相生説が前漢代から主流となる。

この五行思想と相生説によるその運行は、さらに王朝交代の原理にも利用され、ある王朝は五行のうちのひとつの要素を自らの徳として天下に君臨し、

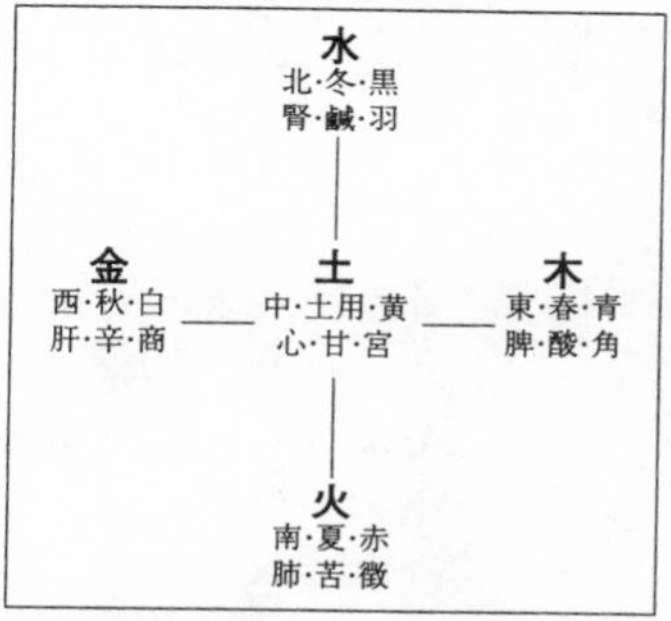

五行配当図　季節、方角、色、臓器など、万物を木火土金水に対応させる

相生説によって順々に交代してゆくという考えを生んだ。それは正統なる王朝が天の摂理とその運行の原理にかなったものである証《あかし》であると考えられたのである。したがって王朝交代は、天の摂理にのっとった天命が革《あらた》まることによって起こる。これがすなわち革命の原義であり、革命を行うための儀式が禅譲であった。

この考え方の面白いところは、ある王朝が、たとえば自分は木の徳であると宣言したとしよう、するとそのとたんに、その王朝はおそかれはやかれ、次の火の徳の王朝に取って代わられることを認めたことになってしまうことである。つまり中国では、日本の天皇のような万世一系の君主制は理念上ありえないことになる。そして天命の革まるサインは、その王朝が悪政を行ったことによる天変地異や気候不順によって示されるというのであるから、結局は政治の善し悪しである。したがってこの考え方をさらに発展させれば、悪政を行って民意

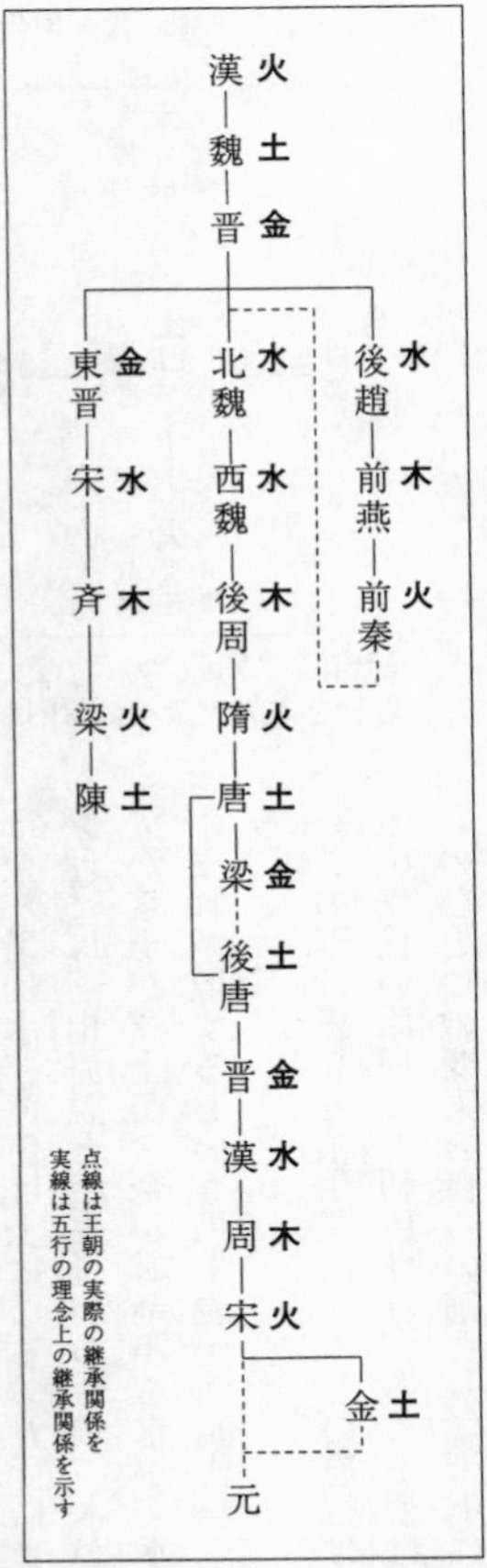

王朝の五行継承　歴代王朝も五行に対応させるが、元代以降は、その考え方は見受けられなくなる

を失った王朝や君主は、民意にかなったよりよい政治の実行が期待される次の王朝、君主と交代するという、民主主義に似た制度を生み出す可能性すらあったのである。しかし現実には、むろんそうはならなかった。

「亡びない国はない」

この考え方を最初に実行に移したのは、前漢を簒奪した王莽《おうもう》であったが、王莽は禅譲の儀式までは行っていない。禅譲の儀式を行って、五行思想の相生説による革命を実行した史上はじめての人物、それが魏の文帝であった。当時、漢王朝は火の徳と考えられており、したがって魏は土の徳、五行の配当で色は黄色となる。黄初という年号が用いられたゆえんである。これに対して、蜀は漢の延長であるから、火徳のままで色は赤である。黄巾賊の革命も基本的には、これと同じ原理に立っていることはすでに述べた。

文帝は黄初三年、自分の陵墓を作った時に、「古《いにしえ》より今におよぶまで、いまだ亡《ほろ》びない国なく、また掘られない墓はない」と言って、薄葬を命じた。「掘られない墓はない」というのは、盗掘の多かったこの時代を反映した言葉だが、「亡びない国はない」というのは、皇帝、しかも初代皇帝の言葉としてはおだやかでないだろう。これは史上はじめて禅譲を行った皇帝として、彼が五行思想による王朝革命をきわめて真摯に考えていた証拠であるかもしれない。わが王朝は万世までつづくと言った始皇帝とは大違いである。文帝のこのわりきった発言は、この時代の詩歌にみられる無常観とも共通するが、それにしても初代皇帝がこんなにさばけたことを言ったのでは、魏が長つづきしなかったのも当然であった。

『三国志演義』の誕生

魏の文帝が行い、さらに晋の武帝によって繰り返されたこの禅譲の儀式は、その後、一〇世紀の宋の太祖《たいそ》の即位までほぼ八〇〇年の間、歴代王朝によって延々とつづけられた。その間、五行思想の相生説による徳の循環的継承も同じように行われたのである。それとは別に、この方法がはじめて実行された三国時代の正統な王朝は魏なのか、それとも蜀なのかという論争も、また延々とつづくことになる。

西晋時代の『三国志』は魏を正統として書かれているが、次の東晋に書かれた習鑿歯《しゅうさくし》の『漢晋春秋《かんしんしゅんじゅう》』は、はじめて蜀を正統と認めた史書であった。東晋は北方を異民族に取られて、江南に逃げ込んだ政権であるため、みずからを蜀の立場に置いたのである。江南は本来、呉の土地であったが、漢から禅譲を受けた魏と漢を継承した蜀に対して、呉はそのどちらでもなく、正統論の論争ではいわば蚊帳の外である。

次にこの論争が再燃したのは、南宋の時代であった。南宋は女真《じょしん》族の金に追われて、北方から逃げて来たという点で東晋と同じ立場にある。北宋時代に書かれた通史として名高い『資治通鑑《しじつがん》』は、三国時代についてどの王朝をも正統と認めず、ただ便宜上、魏の年号によって記述を行ったが、南宋の朱子《しゅし》はこれを非とし、『通鑑綱目《つがんこうもく》』を著して蜀を正統とする立場を強く主張し、また尊皇攘夷《そんのうじょうい》の立場を明確に打ち出した。ここに至って、本来、民族問題とは無関係であったはずの正統論に、漢民族の北方民族に対する抵抗という視点がもちこまれることになる。その結果、魏は異民族国家と同一視されることになり、悪役としての曹操のイメージが形成される。諸葛亮が匈奴《きょうど》と提携して魏を攻めようとしたことを考えると、まことに皮肉な成りゆきであろう。

この問題をめぐる論議がピークに達したのは、次の元代であった。史上はじめて異民族として中国全土を征服したモンゴル人の元朝は、中国人に大きな衝撃をあたえた。そこで元は北方の女真族の金と南方の漢民族の宋のどちらを継承したものなのかという論争が起こり、それが魏と蜀との正統論争にも反映する。蜀を正統とする立場から書かれた『三国志演義』は、この時代の雰囲気の中から生まれたものであった。

『三国志平話』の奇妙な結末

元の末年の至治《しじ》年間（一三二一―二三）、当時商業出版の盛んであった福建省建陽《けんよう》の本屋が『三国志平話《へいわ》』という絵入り本を出版した。「平話」はまた「評話」ともいい、この時代に流行した小説のスタイルで、『三国志平話』はのちの『三国志演義』の種本となった三国志を題材とする現存最古の小説である。ただし『三国志平話』と『三国志演義』は、内容にいくつかの重要なちがいがある。

たとえば『三国志平話』では最初の物語の発端に、漢王朝建国の功臣でありながら、のちに漢の高祖《こうそ》劉邦《りゅうほう》に殺された韓信《かんしん》、彭越《ほうえつ》、英布《えいふ》が、それぞれ曹操、劉備、孫権に転生し、劉邦

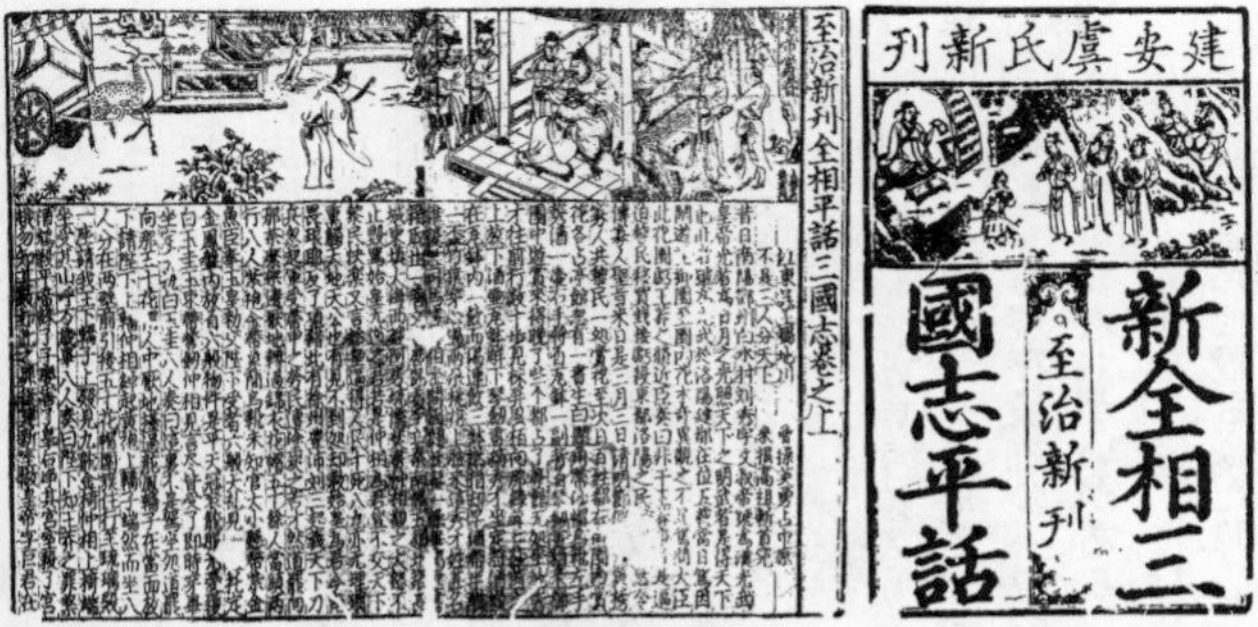

『三国志平話』（東京・内閣文庫蔵）　元代に出版された最古の小説版『三国志』

は献帝に転生して罪の償いをするというエピソードが語られている。これはおそらく仏教的な輪廻転生、因果応報思想の反映で、儒教的正統思想にもとづく『三国志演義』は、この話を採用していない。

もうひとつの重要な相違は結末部分である。『三国志演義』は、晋が呉を滅ぼし三国が統一されたところで終わっているが、『三国志平話』はそうではない。その結末は、蜀が滅んだ時に逃亡した漢帝の外孫、劉淵《りゅうえん》がやがて漢王となり、晋を滅ぼして漢王朝を復活させることになっているのである。

この劉淵とは三〇四年、西晋内部の混乱につけいって山西《さんせい》の平陽《へいよう》で漢王の位につき、さらに三〇八年には漢の光文帝《こうぶんてい》と称した人物である。その族子の劉曜《りゅうよう》の代になって、三一六年に西晋最後の皇帝、愍帝《びんてい》を殺し、これで西晋は滅亡する。まさに晋が亡んで漢王朝が復活したわけである。ただし劉淵は漢民族ではなく、匈奴の族長であった。それが漢王、漢帝を自称したのは、漢代には匈奴との和平のために、公主、すなわち皇女の名目で漢民族の女性が匈奴の族長である単于《ぜんう》と政略結婚をしていたからであり（そのもっとも有名な例が後世の詩歌や物語で知られる王昭君《おうしょうくん》である）、『三国志平話』が劉淵を漢の外孫といっているのもそのためであった。したがって劉淵および劉曜が漢王朝を復興したといっても、それは劉備や劉禅の蜀とはなんの関係もないのであって、『三国志平話』の結末は、一面では歴史事実に合致するが、一面ではこじつけである。

民族問題を反映

『三国志平話』のこの奇妙な結末を、それが生まれた元という時代状況の中で考えてみると、この結末が、匈奴と同じく北方遊牧民族であるモンゴル人の元王朝が漢民族の南宋王朝の継承者であるとする主張と微妙に関連していることがわかるであろう。しかも宋は漢と同じく火徳をもって立つ王朝であった。元代に流行した一種の民間百科全書である『事林広記《じりんこうき》』には、元王朝は宋と同じく火徳をもって王となったと書かれている。これはむろん事実ではないが、『事林広記』は『三国志平話』と同じく旧南宋領内の建陽で出版されており、その主張は旧南宋領内の一部の漢民族知識人の願望を反映したものと考えられる。つまり匈奴の劉淵が漢王朝を復興したという『三国志平話』の筋立ては、モンゴル人の元朝は宋王朝を継承したものであるという主張を暗に示唆しているのである。元を滅ぼし、モンゴル人を北方に追いやって、漢民族の王朝を復活させた明代にできた『三国志演義』が、このような結末を受け容れるはずはない。このように三国志の小説化には、元明代における正統思想と民族問題が複雑にからんでいたのである。のち清朝初期に『三国志演義』を改訂した毛宗崗《もうそうこう》父子の場合も、やはり満州族の王朝である清朝における漢民族の主体性の問題が密接に関係している。

なお『三国志平話』は現在の中国には伝存せず、日本の内閣文庫（江戸時代の幕府の蔵書）所蔵本および天理図書館が所蔵するその異本が知られるだけである。また高麗時代の朝鮮半島で作られた当時の中国語の会話教科書『老乞大《ろうきつだい》』には、高麗の商人が元の大都（北京）の本屋で『三国志平話』を買う場面がある。中国の書物には、『三国志演義』の現存最古のテキストである嘉靖本の序文以外、この本に対する言及はかえって見られない。このように日本や朝鮮では、早い時期から三国志の小説に対して中国人以上とも思える関心がもたれていたことは興味深い。

東アジアの正統論

正統論の面白いところは、この考え方が本家の中国だけではなく、中国を模倣してできた周辺のミニ中国国家にも広まったことであろう。その代表は日本である。日本は、みずからを天下とみなし、天皇を中国の皇帝と対等の地位において、国内の周辺部、たとえば東北地方の人々を夷《い》狄《てき》とよび、また朝鮮などからの外交使節を朝貢扱いにした。これは海を隔てて中国から遠くはなれ、その実態が中国に知られなかったために可能となったのであり、また時には中国にその実態を隠蔽することすらあった。江戸時代に幕府の許可のもと琉球（沖縄）を支配した薩摩藩が、その事実を隠したまま琉球を中国に朝貢させたのは、その典型的な例であろう。西洋人を夷狄視した幕末の尊皇攘夷も、むろんこの考え方の延長上にある。またベトナムは、長い間、中国の支配を受けたが、国家形成を遂げると、中国に朝貢する一方、みずから皇帝を名乗って、周辺地域に対してはあたかも中国皇帝のように振る舞った。

もっとも奇妙なのは朝鮮であろう。朝鮮は中国の朝貢体制下のいわば優等生であったが、一七世紀、中国が満州人の清に征服されると、中華文明はほろび、自分こそがその後継者であると考え、小中華をもって自任し、清朝に朝貢しているにもかかわらず、これを夷狄視するという観念による現実の転倒をやってのけた。中国が周辺諸国を夷狄視したのがまわりまわって、今度は周辺国が中国を夷狄視するにいたったのである。こうして東アジアでは隣国との対等の関係を認めず、互いに相手を見下す、実に厄介な国際関係が出来上がってしまったのである。

このいびつな関係は決して過去の遺物ではなく、現代にも大きな影を投げかけている。その好例は、朝鮮戦争（一九五〇）以後、長期にわたって韓国が中国を中共オランケとよんでいたことであろう。オランケ（오랑캐）とは韓国語で夷狄のことである。中国共産党という夷狄、つまり中国は夷狄であるという、この自家撞着的な言辞には、正統論が東アジア諸国の国際関係におよぼした深刻な影響が端的に示されている。

東アジアの現代

第二次世界大戦後に生まれた分断国家のうち、中国、朝鮮、ベトナムと三つまでもが東アジア地域にあったのは、歴史のいたずらというほかないであろう。歴史的に正統論の影響を強く受けたこれらの国々では、分断後、たんに相手国と敵対するだけでなく、自分の政府のみが唯一の合法的政府であって、相手の政府は非合法で存在しないものとみなす、正統論の昔さながらの情況が現出した。たとえば中華人民共和国と台湾に逃げ込んだ中華民国は、互いの政府を偽の政府と決めつけ、どちらが中国の正統的な政府であるかをめぐって激しく対立したのである。南北朝鮮においても事情は変わらない。

そのことをもっともわかりやすく示しているのは、これらの地域で出版された自国の地図であろう。北京で発行された中国地図では、台湾省はあっても中華民国は存在しない。またつい最近まで台北で発行された中国地図では、中国全土が中華民国で、首都は南京になっているばかりでなく、モンゴルまでもが中国の領土であるかのように描かれていた。これは一九四九年以前の中華民国の情況そのままである。このように現実を反映していない理念的地図は、南北朝鮮の場合も同じである。同じ分断国家でも、かつての東西ドイツでは分断の情況がそのまま地図に反映されていたのとは対照的であろう。

しかしこのような情況にも近年おおきな変化が訪れた。まず一九九一年、台湾の国民党政府は、大陸政府を反乱団体とみなすのをやめ、その存在を承認した。これは三国時代の例にたとえれば、北伐を行う蜀の立場を断念して、二帝並尊の呉の立場に転換したものといえよう。これにつづいて朝鮮半島では、南北朝鮮が国連に同時加盟して、実質上、互いの存在を承認した。もっとも現段階ではこれは便宜的なもので、たとえば韓国の憲法は、今でも朝鮮半島における唯一の合法政府であるとの立場を放棄していない。その証拠に、ソウルで発行された朝鮮半島の地図では、依然として全土が大韓民国、首都はソウルのみとなっているのである。逆に平壌発行の地図では、全土が朝鮮民主主義人民共和国、首都は平壌で、大韓民国はどこにも存在しない。

それはともかく、この南北朝鮮の相互承認をうけて、中国政府は韓国とも国交を結び、朝鮮半島にふたつの国家が存在することを事実上認めた。にもかかわらず中国については依然として「ひとつの中国」の原則を堅持し、諸外国に対してもそれへの同意を強く求めている。そして台湾政府に対しては、その合法的存在を認めない代わりに、香港と同じく一国両制を提案しているが、これは北京政府の正統性を認め、時々報告に来さえすれば、あとは自由にやってよろしいということで、かつての中国王朝の朝貢国に対する態度と変わらないと言わざるをえない。

むろん現在の中国政府は正統論的な立場をとっているわけではないから、単純な比較は慎まなければならない。また中国が平和裏に統一されることは、全世界の人々の願いでもある。しかしそのプロセスにおいて、中国が現実的な方法をとるのか、それともあくまでも理念に固執するのかは、統一後の中国が、広大な国土の多様な文化と地方の自主性を尊重する国家になるのか、それとも王朝時代あるいは現在と同じく、強度の中央集権国家でありつづけるのかを占う重要な試金石であり、特に中国周辺の国々としては関心を寄せざるをえないであろう。

現在の世界はグローバル化の波の中、欧州連合（ＥＵ）、東南アジア諸国連合（ＡＳＥＡＮ）など歴史的に関係の深い文化圏の連合化が大きな潮流となりつつある。その流れの中で、世界でもっとも交流の歴史が長く、かつ今でも漢字をはじめとする多くの文化を共有する日本、中国、朝鮮・韓国の三国が、連合化への第一歩さえ踏み出せずにいるのは、なぜであろうか。多くの人々はその理由を、日清戦争、日中戦争あるいは日本による台湾、朝鮮の植民地化という一九世紀以来のこの三国間の不幸な歴史に帰するであろう。しかし問題の根は、それほど浅くはない。一八〇〇年前の三国時代の歴史を、今日的な視点からもう一度見つめなおす必要があるのはそのためである。

学術文庫版あとがき

本書が二〇〇五年に『中国の歴史』第四巻として刊行されてから、すでに一五年の歳月が流れた。この間二〇〇九年に、中国河南省安陽市で曹操の墓（曹操高陵）が発掘され、二〇一九年には東京と九州の国立博物館での特別展「三国志」で、墓の内部が再現されるなど、三国時代をめぐっては注目すべき新たな発見があり、話題にもなった。しかし今回の文庫化に際しては、紙幅の関係、またそれらの新発見によって私の考えが大きく変わることもなかったため、誤字や明らかな間違いを訂正するにとどめた。

ただひとつだけ、第九章「邪馬台国をめぐる国際関係」のうち、「帯方太守劉夏《りゅうか》の評判」において、私は劉夏について、『晋書』の「劉寔《りゅうしょく》伝」に見える劉寔の子の劉夏と推定したのだが、これは刊行後、一読者の方からの手紙によるご指摘で、誤りと判明した。この劉夏は卑弥呼の使者が来た時、まだ生まれていないか、生まれていたとしても子供であったはずだからである。これは明らかに私の勇み足であった。そこでもう一度調べてみると、同時代にもう一人、『晋書』「侯史《こうし》光《こう》伝」に、侯史光が幼い時に師事した劉夏がおり、こちらの劉夏であれば、年代的に問題がないため、今回は「帯方太守の劉夏」と見出しの題も変えて、全面的に書き改めた。むろんこれも一仮説にすぎないが、劉夏がだれであるのかは、これまで問題にされたことがなく、かつ卑弥呼の使者が帯方郡に来たのが景初二年か三年かという、今なお決着をみない問題とも間接的に関係するので、あえて仮説を述べることにした。ご指摘いただいた読者の方に、この場を借りてお礼を申し上げたい。

この一五年の間に起こった本書にとっての最大の出来事は、韓国語と中国語の翻訳が出版されたことである。韓国語版は、宋浣範、辛炫承、全成坤訳『삼국지의 세계—역사의 이면을 보다』（『三国志の世界—歴史の異なる面をみる』、成均館大学校出版部 二〇一一）、中国語版は、何暁毅、梁蕾訳『三国志的世界—后汉三国时代』（広西師範大学出版社 二〇一四）と、林美琪訳『三國志的世界—東漢與三國時代』（台湾商務印書館 二〇一八）である。韓国語版は当時、私が成均館大学校東アジア学術院の碩座教授の任にあった縁で出版された。中国語版はどちらも『中国の歴史』シリーズ翻訳版の一環である。本書が日中韓三国および一地域で刊行されたことは、著者としてはもとより大きな喜びであった。

うち二つの中国語版は、前者には北京師範大学歴史学院の黎虎教授による「推荐序—一部値得中国读者阅读的三国史」（推薦序—中国の読者が読むに値する三国史）、後者には台湾大学歴史学系の甘懐真教授による「導讀—三國時代這一百年的主要歴史課題」（読書ガイド—三国時代この百年の主要な歴史課題）がそれぞれ巻頭に附されている。両者とも日本で目にするのは困難なうえ、中国大陸と台湾における本書の受け止め方の微妙な相違が窺われ、興味深いので、ここで内容を簡単に紹介してみたい。

まず黎教授の「推薦序」は、中国史に関する一般向け書物は中国にもたくさんあり、かつ三国時代について中国人はみなよく知っているのに、このような本を中国で翻訳出版する必要があるのか、当初は疑問に思ったが、本書の第一章を読んで、考えが変わったという感想から説き起こし、本書の特色について、第一に三国時代の歴史と小説『三国志演義』を比較して、その相違点を分析したこと、第二に三国時代の歴史を東アジア世界の古今の状況から読解したこと、第三に原典資料と考古学的資料などに依拠した厳密な意味での学術的著書である点をあげ、特に呉からの観点を重視するなど、本書の内容を具体的に紹介している。

そして最後に、本書の問題点として、呉と蜀の「二帝並尊」の条約について、本書が「中国史上、二つの帝国が平等な立場で締結した最初で最後の条約」であるとした点を批判し、前漢初期に漢の皇帝（高祖）と匈奴《きょうど》の単于《ぜんう》が結んだ和親条約も同じであるとして、読者の注意を促している。

最後の点についてコメントすると、『史記』「匈奴列伝」では、漢と匈奴の関係は「約して昆弟と為り以て和親す」とあり、「昆弟」（兄弟）の関係であって完全に平等ではない。また匈奴の支配地域は今日のモンゴルからロシアにまで及んでおり、中国国内の呉蜀と同列に扱うのは適当でない。なお中国大陸版では、第九章の「正統問題と外交戦」の「現在、おもに中南米諸国などとの国交締結をめぐって」以下の一段（文庫版三四八ページ）、また終章の「東アジアの現代」の「まず一九九一年、台湾の国民党政府は」以下の一段（文庫版三八四ページ）が訳されていない。これは目下の中国の状況からすればやむをえないであろう。

一方、台湾の甘教授の「読書ガイド」は、本書の特色を四点にまとめている。第一は黎教授と同じく三国の歴史と『三国志演義』の比較検討、第二は統一と分裂についての従来とは異なる見方、第三は呉を中心とする視座、特に呉の海洋志向への着目、第四は儒仏道の三教や文学についての言及で、第二、第三については甘教授自身の見解も述べられている。そして最後は、『三国志演義』冒頭の「古今多少《おおく》の事、都《すべ》て笑談に付す」（古今の歴史上の多くの興亡も、今から見ればすべて笑い話とするほかない）という詩句を引用したうえで、「もし読者が本書から、歴史を学ぶことによる人生の智慧を得ることができるなら、それが著者、金文京の望むところであろう」という、やや謎めいた一文で締めくくられている。甘教授がこの文にどのような思いを託されたのか、それは私がここでみだりに論評すべきことではないであろう。

この「あとがき」を書いている現在、新型肺炎の蔓延がつづき、昨年まで日本各地で見られた中国、台湾、韓国からの観光客の姿が消えて久しい。まるで日中、日韓国交回復以前の一九六〇年代、あるいは江戸時代の鎖国状態にもどったかのようである。このコロナ禍がいったいいつまで続くのか、今後の東アジア情勢はどうなるのか、現時点ではおそらく誰にも見通せないであろう。ただし本書の最後に、「三国時代の歴史を、今日的な視点からもう一度見つめなおす必要がある」と書いた私の考えは、それによって変わることはない。

二〇二〇年　九月

金　文　京

主要人物略伝

劉協《りゅうきょう》（一八一―二三四）後漢《ごかん》第一四代、最後の皇帝、献帝《けんてい》。字《あざな》は伯和《はくわ》。霊帝《れいてい》の次男。

兄の少帝《しょうてい》が董卓《とうたく》によって廃された後、即位。一九〇年、董卓の長安《ちょうあん》遷都により長安に連行され、一九六年、曹操《そうそう》により許都《きょと》に迎えられる。二〇〇年、董承《とうしょう》に密詔を授け、また二一四年には伏《ふく》皇后が父の伏完《ふくかん》に密書をあたえて曹操打倒を目指したが、いずれも失敗、伏皇后と皇子は殺され、曹操の次女、曹節が皇后となる。二二〇年、禅譲《ぜんじょう》により退位、山陽《さんよう》公に封ぜられる。その子孫は晋《しん》になっても山陽公を継承したが、四代目の劉秋《りゅうしゅう》が西晋《せいしん》滅亡時に胡《こ》族に殺され、断絶した。蜀では孝愍《こうびん》皇帝と称す。

曹操《そうそう》（一五五―二二〇）魏《ぎ》の実質上の創立者、「治世の能臣、乱世の姦雄《かんゆう》」と評された。字は孟徳《もうとく》、幼名は阿瞞《あまん》。死後、太祖武帝《たいそぶてい》とおくり名される。

沛《はい》国譙《しょう》県（安徽省亳州《はくしゅう》市）の出身。祖父は後漢末の宦官《かんがん》の曹騰《そうとう》、その養子で夏侯《かこう》氏の出といわれる曹嵩《そうすう》の長男。黄巾《こうきん》の乱制圧、ついで対董卓戦で頭角をあらわし、一九二年、兗《えん》州を平定、黄巾賊の残党、青州兵《せいしゅうへい》を配下にくわえ、さらに一九六年、献帝を迎えて政権を握り、二〇〇年、官渡《かんと》の戦いでライバルの袁紹《えんしょう》を破り華北での覇権を確立したが、二〇八年、赤壁《せきへき》の戦いに敗れる。以後、能力主義の人材登用など内治に努め、二一三年に魏公、二一六年に魏王となったが、皇帝まであと一歩のところで病死。文学、音楽、書道、囲碁などに多彩な才能を示し、詩人としても一流。その詩文を収める『魏武帝集《ぎぶていしゅう》』のほか兵書の古典『孫子《そんし》』の注が今に伝わる。

曹丕《そうひ》（一八七―二二六）魏の初代皇帝、文帝《ぶんてい》、字は子桓《しかん》。曹操の次男だが、長男、曹昂《そうこう》が早くに戦死したため後継者となった。

二一七年に太子、二二〇年、曹操の死後、魏王となり、同年、献帝から禅譲を受け皇帝となる。九品官人《きゅうひんかんじん》法を定め、はじめての類書『皇覧《こうらん》』を編集させ、またみずから『典論《てんろん》』を著し多くの詩文を残したが、呉《ご》への親征には失敗。弟の曹植《そうしょく》をはじめ皇族を冷遇したのは王朝短命の一因となった。

曹植《そうしょく》（一九二—二三二）字は子建《しけん》、曹操の三男。魏の陳思王《ちんしおう》。「植」は「ち」とも読む。

若いころからその飛び抜けた文才を父の曹操に愛され、一時は後継者とも目されたが、兄の曹丕との後継争いに敗れ、兄の即位後は監禁同然の処遇を受け、失意のうちに死んだ。三国時代を代表する詩人で、後の文学に大きな影響をあたえた。また仏教の歌、梵唄《ぼんばい》を作ったといわれる。『曹子建集』が伝わる。

孫堅《そんけん》（一五五—一九一）呉の孫氏の初代、字は文台《ぶんだい》。破虜《はりょ》将軍、のち武烈《ぶれつ》皇帝と称せられる。

呉郡富春《ふしゅん》（浙江省富陽《ふよう》区）の出身。海賊退治で名を揚げ、会稽《かいけい》で起こった陽明天子《ようめいてんし》の反乱鎮圧、黄巾の乱平定で勇名を馳せる。のち長沙太守《ちょうさたいしゅ》となり区星《おうせい》の反乱を鎮圧、一九〇年、対董卓戦でも戦果をあげる。その後、袁術《えんじゅつ》の配下に入り、荊《けい》州の劉表《りゅうひょう》の部将、黄祖《こうそ》との戦いで戦死、わずか三七歳。

孫策《そんさく》（一七五—二〇〇）孫堅の長男。字は伯符《はくふ》、討《とう》逆《ぎゃく》将軍。死後、長沙桓王《ちょうさかんおう》をおくられる。

一九一年、父にしたがい劉表を討つ。父の死後、袁術から兵を借り、長江《ちょうこう》以南を支配下に収め、呉国建設の基礎を作る。官渡の戦い前夜、曹操を討とうとしたが、自分がかつて殺した呉郡太守、許貢《きょこう》の食客に襲われて死んだ。二六歳。闊達な性格の快男児で、みなから孫郎《そんろう》とよばれた。

孫権《そんけん》（一八二—二五二）孫堅の次男。字は仲謀《ちゅうぼう》、呉の初代皇帝、大帝。

兄、孫策の急死後、跡を継ぎ、二〇八年、宿敵、黄祖を討ち、同年、劉備《りゅうび》と同盟して曹操の大軍を赤壁《せきへき》で破る。その後も曹操と争う一方、荊州の帰属問題で劉備と対立、二一九年、曹操と結んで荊州の関羽《かんう》を討ち、さらに二二二年、夷陵《いりょう》で劉備を敗走させるが、その直後、蜀《しょく》との和議が成立、二二三年、劉備の死後、二帝並尊の原則で蜀と同盟、二二九年に武昌《ぶしょう》で帝位につき、建業《けんぎょう》（南京《ナンキン》市）に遷都。

この間、国内では山越《さんえつ》討伐、屯田《とんでん》制の整備などに努める一方、遼東《りょうとう》の公孫《こうそん》氏を懐柔し、蜀の北伐と連携してしばしば魏を討ったが不成功。晩年は後継者問題などに悩まされ、多くの臣下を殺した。紫のヒゲの持ち主。

劉備《りゅうび》（一六一—二二三）字は玄徳《げんとく》、蜀の昭烈《しょうれつ》帝、先主。
　幽《ゆう》州涿《たく》県（河北省涿州市）の出身、前漢第六代の皇帝、景帝の子の中山靖王《ちゅうざんせいおう》の子孫と称する。同郷の大学者、盧植《ろしょく》に師事、のち黄巾討伐に参加、一九四年、陶《とう》謙《けん》の死後、徐《じょ》州牧《ぼく》となるが、一九八年、呂布《りょふ》に奪われ曹操を頼る。翌年、曹操から離れ小沛《しょうはい》で自立しようとしたが、曹操に敗れ、袁紹《えんしょう》のもとに逃亡、ついで袁紹が曹操に敗れる直前、荊州の劉表に身を寄せ、そこで諸葛亮《しょかつりょう》に出会う。二〇八年、魯粛《ろしゅく》の勧めで孫権と同盟、赤壁で曹操を破り、荊州を領有。二一四年、劉《りゅう》璋《しょう》から益州を奪い、二一九年、漢中《かんちゅう》を占拠、漢中王を名乗るが、同年、関羽の敗戦によって荊州を失う。翌年、後漢が亡ぶとすぐに帝位につき、二二二年、関羽の敵討ちのため呉を討つが、夷陵で呉将、陸遜《りくそん》のために大敗、白帝城《はくていじょう》に逃げ込み、諸葛亮に後事を託して死んだ。

劉禅《りゅうぜん》（二〇七—二七一）字は公嗣《こうし》、幼名は阿斗《あと》。劉備の子、蜀の後主《こうしゅ》。
　荊州で生まれる。母は甘《かん》夫人。二〇八年、曹操が荊州を攻めた時、劉備は妻子をすてて敗走したが、趙雲《ちょううん》に救われる。二二一年、劉備の皇帝即位と同時に太子となり、二二三年、劉備の死後、即位。しかし政治は諸葛亮をはじめとする宰相たちに任せ、宦官の黄皓《こうこう》を寵愛して政治の腐敗を招いた。二六三年、魏軍に降伏、翌年、洛陽《らくよう》に連行され、安楽《あんらく》県公に封じられた。

董卓《とうたく》（?—一九二）字は仲穎《ちゅうえい》。後漢末の群雄割拠のきっかけを作った。
　隴西《ろうせい》郡臨洮《りんとう》（甘粛省岷《びん》県）の出身、チベット系羌《きょう》族の勢力を背景に頭角をあらわすが、黄巾賊掃討には失敗。一八九年、霊帝が死に少帝が即位、外戚の何進《かしん》が董卓を都に呼び寄せる。何進が宦官に殺され、袁紹が宦官を誅殺した後の政治的空白に乗じて実権を掌握、少帝を廃して献帝をたて、みずから相国《しょうこく》となる。一九〇年、長安遷都を強行、関東連合軍を退けるが、暴虐のふるまい多く、司徒《しと》の王允《おういん》らの計略により、部将の呂布《りょふ》に殺される。

袁紹《えんしょう》（?—二〇二）字は本初《ほんしょ》、曹操のライバル。
　汝南《じょなん》郡汝陽《じょよう》県（河南省商水県）の四世三公を輩出した名家の出身。外戚の何進に宦官撲滅を勧め、何進死後、宮中に乱入して宦官を誅殺、董卓執権後は洛陽から逃れ、一九〇年、董卓討伐軍の盟主となる。翌年、冀《き》州を韓馥《かんふく》から奪い、一九九年、公孫瓚《こうそんさん》を破り河北を掌握するが、二〇〇年、官渡の戦いで曹操に敗れる。死後、長男の袁譚《えんたん》と三男の袁尚《えんしょう》が争い、ともに曹操に滅ぼされた。

諸葛亮《しょかつりょう》（一八一—二三四）字は孔明《こうめい》、蜀の宰相。死後、忠武侯《ちゅうぶこう》。

徐《じょ》州琅邪《ろうや》郡陽都《ようと》県（山東省沂《き》南《なん》県）の出身。叔父の諸葛玄《しょかつげん》が豫章《よしょう》太守になったのに従って南方に移り、荊州の南陽《なんよう》郡隆中《りゅうちゅう》（湖北省襄陽市西）に隠棲し、二〇七年、劉備に出会う。翌年、魯粛に誘われて孫権に会い、曹操と戦うよう孫権を説得、赤壁の戦いの後、軍《ぐん》師中郎将《しちゅうろうしょう》として荊州南部を統治、二一一年、劉備が蜀に入ると、関羽とともに荊州に残るが、二一四年、蜀に入り成都《せいと》を平定、軍師将軍として劉備出征の陣後を守る。二二一年、劉備即位後に丞相《じょうしょう》となり、劉備の死後、呉と再び同盟、二二五年に南方を平定、二二七年以後、魏への北伐を行うが、五丈原《ごじょうげん》で司馬懿《しばい》と対戦中に病死、定軍山《ていぐんざん》に葬られる。

関羽《かんう》（?—二一九）字はもと長生《ちょうせい》、のちに雲長《うんちょう》。蜀の武将。死後、壮繆侯《そうぼくこう》。

河東郡解《かい》県（山西省運城《うんじょう》市）の出身。劉備が故郷の涿県で募兵した時に張飛《ちょうひ》とともに従う。二〇〇年、劉備が曹操に敗れた時、捕虜となり偏《へん》将軍に封ぜられ、官渡の戦いの直前、白馬《はくば》で袁紹の部将、顔良《がんりょう》を斬ったが、劉備が袁紹側にいると知って曹操のもとを辞す。赤壁の戦いの後、襄陽《じょうよう》太守となり、劉備が蜀に入ると荊州を守る。二一九年、前将軍となり、魏の樊《はん》城を水攻めにし、于禁《うきん》を捕らえるが、その留守を呉の呂蒙《りょもう》に急襲され、斬られる。赤兎馬《せきとば》に乗り、青龍刀《せいりゅうとう》を使い、華雄《かゆう》、文醜《ぶんしゅう》を斬り、五関で六将を斬った話などはみな小説の創作。また関羽と張飛は劉備と「恩は兄弟の如く」であったが、義兄弟となったことはない。後世の道教、民間宗教では関帝《かんてい》とよばれ、もっとも人気のある神となり、また仏教でも寺院を守る伽藍神《がらんしん》とする。

張飛《ちょうひ》（?—二二一）字は益徳《えきとく》（小説では翼徳《よくとく》）。蜀の武将。死後、桓侯《かんこう》。

涿県の出身、劉備と同郷。関羽より数歳年下で、関羽に兄事する。二〇八年、劉備が曹操に追われ荊州から逃走する際、当陽の長阪坡《ちょうはんは》で追っ手の曹操軍を一喝、危機を救う。赤壁の戦いの後、宜都《ぎと》太守となり、劉備の入蜀に際して、敵将、厳顔《げんがん》を破り降伏させる。蜀平定後、巴西《はせい》太守として魏将、張郃《ちょうこう》を退ける。二一九年に右将軍、関羽の弔い合戦の直前、部下に暗殺される。二人の娘はともに劉禅の皇后となる。

周瑜《しゅうゆ》(一七五—二一〇)字は公瑾《こうきん》。呉の武将。
　廬《ろ》江《こう》郡舒《じょ》県(安徽省舒城《じょじょう》県)の名門の出身。孫策と同年で親友、妻の喬《きょう》氏の姉は孫策夫人。孫策死後は孫権を補佐、二〇八年、前部《ぜんぶ》大督《だいとく》として孫権とともに黄祖を討ち、曹操の侵攻に際して主戦論を唱え、赤壁で曹操軍を大破、ついで南郡に残った曹仁《そうじん》を敗走させたが、重傷を負う。南郡太守となり、劉備を抑留するよう孫権に進言、さらに蜀を討とうとしたが傷がもとで死んだ。音楽に詳しく演奏に誤りがあると必ず気がついたので、「曲に誤りあれば、周郎顧みる」といわれた。娘は太子、孫登《そんとう》の妃《きさき》、息子の周循《しゅうじゅん》は孫権の婿《むこ》。

魯粛《ろしゅく》(一七二—二一七)字は子敬《しけい》。呉の武将、政治家。
　臨淮《りんわい》郡東城《とうじょう》県(安徽省定遠《ていえん》県)の富家の出身。周瑜の推薦で孫権に仕える。二〇八年、劉表死後、弔問の名目で荊州に行き、孫権と同盟するよう劉備に勧め、諸葛亮をともない孫権と会見させ、劉備と同盟して曹操と戦うよう孫権を説得、また周瑜を呼び寄せ全軍を任せ、赤壁での勝利の基礎を作った。戦後は荊州を劉備に貸すよう進言、周瑜の死後、その遺言により奮武《ふんぶ》校尉《こうい》として全軍を統轄、二一四年、横江《おうこう》将軍に転じ、荊州の関羽との関係を調整、劉備が蜀を奪取したのにともない翌年、孫権が荊州南部の返還を求め、劉備と対立すると、関羽と単独会見してこれを叱責し、結果的に湘水《しょうすい》を境として荊州を東西に分割した。彼は一貫して劉備と結んで曹操に対抗する策を取り、三国鼎立《ていりつ》の推進者であったが、その死後、孫権は呂蒙の意見を容れ、魏と同盟し荊州の関羽を討った。

司馬懿《しばい》(一七九—二五一)字は仲達《ちゅうたつ》。魏の武将、政治家。死後、晋《しん》の宣帝《せんてい》。
　河内《かだい》郡温《おん》県(河南省温県)の名門の出身。二〇一年、曹操の招きを一度は辞退したが、二〇八年、再度よばれて文学掾《ぶんがくえん》となる。二一五年、漢中を平定した曹操に蜀を奪うよう進言、二一九年、関羽が樊《はん》城を包囲した時は、孫権に背後を襲わせる計略を提案するなどで、曹操の信任を得る。翌年、文帝が即位すると、尚《しょう》書《しょ》、御史中丞《ぎょしちゅうじょう》となり、文帝死後は遺命により、曹真《そうしん》、陳羣《ちんぐん》とともに明帝《めいてい》を補佐、二二七年、蜀に寝返ろうとした新城《しんじょう》太守の孟達《もうたつ》を斬り、諸葛亮の北伐の出鼻をくじく。二三〇年、大将軍となり曹真とともに蜀を討つが雨のため退却、翌年、曹真が死んだため、対蜀戦線の責任者となり、二三四年、諸葛亮が死ぬまで対峙する。二三八年、遼東の公孫氏を滅ぼし、翌年、明帝が死ぬと、曹爽《そうそう》とともに斉《せい》王を補佐するが、曹爽一派により政権から遠ざけられ、病と称して蟄居《ちっきょ》、しかし二四九年、クーデターにより政権を奪取した。二五一年、王淩《おうりょう》の謀反を事前に阻止したが、まもなく病死。死後は長男の司馬師《しばし》、ついで次男の司馬昭《しばしょう》が執権、二六五年、司馬昭の長男、司馬炎が魏から禅譲を受け、晋を建国した。

歴史キーワード解説

清流派知識人と名士　後漢《ごかん》時代は各地に一族で大土地を所有する豪族《ごうぞく》の勢力が拡大したが、彼らはまた儒教国教化の影響で儒教的知識を共有する在地の名望家であり、さらにその多くは官吏推挙制度によって地方、中央の官僚の主体となった。しかし政治の実権は外戚《がいせき》、宦官《かんがん》が握っていたため、彼らの一部は儒教的理想を標榜し、みずからを清流、外戚、宦官およびこれに追従する者を濁流とみなした。その背景には人を君《くん》子《し》と小人《しょうじん》に二分する儒教的な人間観がある。彼らの中の代表的人物は名誉を重んじ、また互いに人物批評を行って、「八俊《はっしゅん》」「八顧《はっこ》」などのランクづけを行い、知識人の世論を担った。これが名士である。三国時代になってもこれら名士たちは各国に分かれて仕えつつ共通の世論を形成し、三国統一の原動力となる。

なお、これら儒教知識人的豪族は、官僚を輩出することによって次第に世襲化し、のちの六朝《りくちょう》貴族へと展開し、唐《とう》代以降も形をかえ、近代にいたるまで中国社会の中核となった。

党錮《とうこ》事件　清流派知識人と宦官勢力の矛盾が激化し、一六六年、清流派リーダー、李膺《りよう》が徒党を組んで政治を誹謗したとして告発され、一斉逮捕令が出される。翌年、彼らは釈放されるが、その代わり郷里に帰り禁錮処分にあう。これが第一次の党錮。一六九年、李膺を筆頭に一〇〇人あまりの清流派が処刑され、関係者が禁錮処分にあった。これが第二次党錮事件である。中国史上はじめての知識人に対する大規模な政治的弾圧事件。

黄巾《こうきん》の乱　第二次党錮事件から一五年後の一八四年、鉅鹿《きょろく》（河北省平郷《へいきょう》県）の人で、呪術によって病気を治療する太平道の教主、張角《ちょうかく》が「蒼天《そうてん》已《すで》に死す、黄《こう》天《てん》まさに立つべし」をスローガンに起こした反乱、短期間に華北一円で数十万の信徒が一斉に蜂起した。信徒は黄色の頭巾をまとっていたので黄巾賊とよばれる。信者を一万人単位の大小三六の「方《ほう》」に分け、「方」ごとに将軍を置く組織をもっており、党錮事件によって高まった不平知識人の参加があったと推測される。反乱自体は年内に鎮圧されたが、残党の活動は長くつづき、後漢滅亡と群雄割拠の引き金となった。中国史上最初の全国規模の宗教的反乱。

屯田制度 一九六年、戦乱による人口激減と農地の荒廃のため、曹操《そうそう》が流民を募集して農地をあたえ、牛や農具を支給して、農業に従事させて租税を納めさせた制度。二一三年には呉《ご》との交戦地域である淮河《わいが》流域、蜀《しょく》との国境地帯の関中《かんちゅう》で、軍人による屯田が実施された。魏《ぎ》が呉と蜀との長期にわたる戦争を有利に遂行できたのは、屯田制度により兵糧を安定確保できたことが大きな要因。このため呉と蜀でものちに実施される。晋《しん》は軍人による軍屯のみを残し、一般人による民屯を廃止した。内地で一般人民による屯田を大規模に行ったのは、中国史上この時代だけ。のち唐代の律令制下における均田《きんでん》制へと受け継がれる。

天下三分の計 二〇七年、劉備《りゅうび》の三顧の礼に応えて諸葛亮《しょかつりょう》が述べた三国時代の基本戦略。北方の曹操と江南の孫権《そんけん》はすでに強固な基盤を築いているので、まず荊《けい》州を根拠地として益《えき》州（蜀）を取り、孫権と連合して曹操を攻め、漢王朝を復興させるというもの。これより七年前、魯粛《ろしゅく》は孫権に対して、漢王朝の復活は不可能であり、曹操を除くことは困難であると述べ、江東に鼎足《ていそく》してまず荊州を取り、ついで益州を取って帝業を興すよう勧めた。また赤壁の戦いの後、周瑜《しゅうゆ》が劉備を捕らえ、単独で荊、益州を支配しようとしたのに対して、魯粛はむしろ荊州を劉備に貸して、曹操の敵をふやすよう主張する。魯粛と諸葛亮の考えは、立場の相違はあるが基本的に一致しており、以後の歴史はおおむねこの構想にそって展開する。

赤壁の戦い 二〇八年、荊州の劉表《りゅうひょう》が死に、後継者で次男の劉琮《りゅうそう》は曹操に降伏、荊州にいた劉備は南方に逃走する途中、魯粛の斡旋で孫権と同盟し、孫権は周瑜と魯粛の主戦論を容れ、曹操との対決を決意、かくして曹操軍約二〇万と周瑜の軍約三万が赤壁（湖北省赤壁市）で長江《ちょうこう》を挟んで対峙したが、黄蓋《こうがい》の偽りの降伏と周瑜の火攻めによって曹操軍は大敗した。これによって曹操の南方進出の野望が断たれ、またこの直後、魯粛の進言により孫権が荊州を劉備に貸したことにより、三国鼎立の基礎ができた。

九品官人法 二二〇年、即位前の曹丕《そうひ》が、名士の代表格である陳羣《ちんぐん》の提議によって施行した官吏登用制度。地方官が人材を推薦する漢の制度をさらに整備し、各州郡に人材推薦を任務とする中正官を置き、人材をランクづけして推薦させた。ランクは上中下の三等それぞれをさらに上中下三等に分け、あわせて九等あったが、実際には世襲化した各地の豪族の家格の追認であった。

これによって確立した家柄本位の固定化した豪族支配は、その後、南北朝から隋、唐初までの門閥《もんばつ》貴族支配への道を開き、その改良策として考案された科挙《かきょ》制度がそれに取って代わる。

禅譲《ぜんじょう》　皇帝の位を他人に譲り、武力によらず平和的に王朝交代の革命を行う形式。古代の聖天子である堯《ぎょう》と舜《しゅん》が、自分の子より徳のすぐれた舜と禹《う》にそれぞれ譲位したという戦国時代に作られた伝説にもとづく。二二〇年、後漢の献帝《けんてい》は曹丕に皇帝の位を譲る詔《みことのり》を出し、曹丕は三度これを辞退した後にようやく承諾、潁川《えいせん》の繁陽《はんよう》（河南省臨潁県）に受禅壇《じゅぜんだん》を築いて禅譲の儀式を行い即位した。これが魏の文帝《ぶんてい》である。似た例として、前漢を簒奪《さんだつ》した王莽《おうもう》の場合があるが、王莽は禅譲の儀式を行っていない。曹丕は史上はじめてこの儀式を行った皇帝である。二六五年、晋《しん》の武帝《ぶてい》（司馬《しば》炎《えん》）によって同じ儀式が行われ、以後、南北朝から隋《ずい》唐《とう》、そして宋の太祖《たいそ》が九六〇年に最後の禅譲を行うまで七百余年の間、王朝交代のたびに繰り返された。受禅壇の跡には、その経緯を記す「上尊号碑《じょうそんごうひ》」、「受禅碑」が現在なお残されている。

二帝並尊　二二九年、皇帝となった孫権が蜀との同盟で提示した原則。呉と蜀の皇帝が対等の立場で同盟し、協力して魏を討つというもので、魏滅亡後の領土分割まで具体的に決めていた。皇帝は世界の唯一の支配者であるという伝統的な考えに反するものであるが、魏と対峙する蜀はこの条件で妥協せざるをえなかった。中国史上、二人の皇帝が完全に対等な立場で結んだ唯一の条約である。

五行思想と正統論　万物はすべて木・火・土・金・水の五つの元素からなり、またこの五つの元素の運行によって変化するという戦国時代に形成された思想。漢代にはこれが王朝交代の理論にも応用され、後漢では五行運行のいくつかの理論のうち相生説、すなわち木↓火↓土↓金↓水の考えが有力となり、漢は火徳の王朝とされたため、禅譲によってそれを受けついだ魏は土徳、さらに晋は金徳を称した。このように五行の中の一つの徳を天から受けた王朝は、唯一の正統王朝として中国および世界に君臨し、周辺の諸民族国家はその正統性を認めて、中華の皇帝に朝貢《ちょうこう》すべきであるとされた。ある王朝が五行の一つの徳を称することは、おそかれ早かれ次の徳の王朝に取って代わられることを意味する点に妙味がある。以後、この制度は一三世紀の金王朝が土徳を称するまで続いた。

讖緯《しんい》思想　孔子《こうし》が編定したとされる儒教の経書《けいしょ》に対して、孔子に仮託された王朝興亡についての神秘的な予言（讖《しん》）を緯書《いしょ》という。経はタテ糸、緯はヨコ糸の意味。後漢時代に流行し、当時の儒教あるいは三国時代の野心的な群雄たちにも大きな影響をあたえた。その文句は曖昧であるため、どのようにも解釈できる。たとえば当時の讖緯書に「漢に代わる者は当塗高《とうとこう》」とあったが、袁術《えんじゅつ》はそれを自分のことと考え（術と塗はともに道の意味）、後には魏のこととされた（魏は高に通じる）。呉の最後の皇帝、孫晧《そんこう》は特にこれに熱心で、また魏晋革命の際にも利用されたが、晋は讖緯書を禁止した。

三教（儒・仏・道）鼎立　儒教経典の注釈には古《こ》注《ちゅう》と一三世紀の朱子《しゅし》による新注《しんちゅう》の二つの系統があるが、古注はすべて後漢末から三国、東晋時期に書かれたものである。代表的な学者の鄭玄《じょうげん》は、それまでの今《きん》文《ぶん》と古文《こぶん》という二つの異なる系統のテキストを総合的に理解し、すべての経典に通暁したうえで注釈を著し、その後の経典解釈に絶大な影響をあたえた。一方、現世利益の追求を特色とする中国の民族宗教である道教は、黄巾賊の太平道と張陵《ちょうりょう》の五斗米道《ごとべいどう》に淵源し、この時代にはじめて教団として組織化された。太平道は黄巾の乱失敗により壊滅したが、五斗米道は張陵が曹操に降伏した後も存続し、のちに知識人にも多くの支持者をえた。張陵の子孫は代々、張天師を名乗り、第六四代が台湾に在住した。さらに後漢初期に西域を通じて伝来したインドの仏教も、当初は在来の老《ろう》子《し》信仰などと融合して理解されていたが、後漢末から三国にかけて安世高《あんせいこう》や支婁迦讖《しるかしん》など西域人の活躍によって経典が翻訳され、徐々に知識人の間にも浸透し、儒教の立場から仏教を解釈した中国最初の仏教著作である牟子《ぼうし》『理惑論《りわくろん》』などがあらわれた。また西晋の朱《しゅ》子行《しぎょう》は中国人としてはじめて正式の戒律によって僧となり、経典を求めて西域の于闐《うてん》（新疆ウイグル自治区ホータン地区）に行き、はじめての取経僧となった。このようにして儒・仏・道の三教が鼎立する状況がこの時代に形成され、それは現代にまでつづいている。

玄学《げんがく》と清談　鄭玄を代表とする儒教経典の総合理解の風潮は、儒教典籍以外の文献にも広がり、それが漢王朝衰退による国教としての儒教の地位低下や戦乱の中での人心不安と結びつき、より哲学的な思弁へと向かい、特に『老子』『荘子』を中心とする道家思想に関心が集まった。道家思想と儒家思想を結びつけて理解しようとする学問を玄学といい、儒教経典の中でも哲学的色彩の濃い『周易《しゅうえき》』および『老子』『荘子』を三玄と称した。その代表は正始年間に実権を握った曹《そう》爽《そう》一派、特に何晏《かあん》と王弼《おうひつ》である。彼らの間では玄学をテーマとする問答である清談が流行するが、そこでは当時の名士たちの嗜好を反映して、態度や容貌、咄嗟の機知などが議論の内容以上に重んぜられた。清談は次の六朝《りくちょう》時代にも流行して、貴族文化に華を添える。

文学の自立　漢代の文学の主流は、賦《ふ》とよばれる散文、韻文を結合した朗唱のための作品であったが、後漢末から楽府《がふ》（民謡）の五言《ごごん》詩の形式を利用して、生活に根ざした真率な感情を歌うことが流行《はや》りはじめる。この傾向に拍車をかけたのは曹操・曹丕・曹植《そうしょく》父子およびその周辺の詩人たちであり、その詩風はのちに「建安《けんあん》の風骨《ふうこつ》」とよばれ（建安は後漢末の年号）、唐の杜甫《とほ》や李白《りはく》などにも大きな影響をあたえた。この建安文学を機として詩はようやくたんなる娯楽の域を脱し、次の世代の阮籍《げんせき》（竹林の七賢の一人）などの活動によって文学として自立し、五言詩および七言《しちごん》詩がその後の文学の主流となった。またこの時代には、曹丕編の『列異伝《れついでん》』など、後に志怪《しかい》小説とよばれる怪異譚を集めた作品があらわれるが、これは後世の『三国志演義』や『水滸伝《すいこでん》』などの小説にもつながる中国虚構文学の萌芽である。

魏の鄴都《ぎょうと》の都市計画　曹操が袁紹《えんしょう》一族を滅ぼした二〇四年に袁氏の本拠地に建設した鄴都（河北省臨漳県）は、宮殿が都城内の各地に分散していた秦漢代の都城制度を改め、宮殿を北部に集中し、かつ全体を東西と南北の中軸線によって分ける整然とした都市構造をもっていた。このような都市計画はのちの魏の洛陽、さらに隋唐代の洛陽、長安にうけつがれ、日本の平城京、平安京の模範ともなった中国式都城の原点である。

字体革命―書道の誕生　漢字の字体には、篆《てん》書、隷《れい》書、行《ぎょう》書、草《そう》書、楷《かい》書があるが、うち篆書は戦国時代以前、隷書は漢代に用いられた。後漢末に隷書からあらたに行書が、ついで行書からさらに現在の通行字体である楷書が生まれる。現在の草書は、漢代の章草《しょうそう》が行書や楷書の影響をうけて変化した今草《きんそう》とよばれるもので、その誕生もやはり後漢末から三国時代である。このような新しい字体の誕生は、この時代に普及しはじめた紙の使用と密接な関係にあり、行書、草書、楷書は紙に書く字体であるといえる。専門の書家があらわれるのもこの時期であり、書道史のうえでも三国時代は画期的な時代であった。また紙の使用は一種の情報革命をもたらし、時代変革の原動力となった。

親魏《しんぎ》倭《わ》王《おう》　二三八年、魏の洛陽を訪れた邪馬台国《やまたいこく》の使節、難升米《なんしょうまい》を通じて女王、卑弥呼《ひみこ》にあたえられた称号。似た例に親魏大月氏《だいげつし》王がある。大月氏国は今のアフガニスタンにあったクシャン朝で中国に仏教を伝えた大国。親魏の呼称は、後漢が一部の周辺国にあたえた親漢侯《しんかんこう》に由来し、晋にも親晋王の例があるが、魏に親しいというのは、魏とは一応別の独立した存在というニュアンスであり、中国の皇帝が世界の唯一の支配者であるとする考えからすれば異例。この時代以外には例のない、三国時代の複雑な外交関係を反映した称号である。

三角縁神獣鏡　縁の部分が三角に突起し、鏡背に神仙や霊獣の絵柄をあしらった鏡。日本ではこれまで三〇〇面以上が発見されているが、中国や朝鮮半島では出土例がない。邪馬台国の女王、卑弥呼に魏があたえた一〇〇面の鏡と関連づける魏鏡《ぎきょう》説、日本国内で鋳造されたとする説、呉《ご》の工人が渡来して作ったとする説などがあり、現在も論争がつづいている。

参考文献

原則として日本語による単行本および単行本に収められた論文を挙げたが、出土資料・発掘調査については中国語の文献を掲げる。

『三国志』『後漢書』『三国志演義』の翻訳

陳寿／今鷹真・井波律子・小南一郎訳『三国志』、筑摩書房「世界古典文学全集」第二四巻（全三冊）、一九七七—八九年。ちくま学芸文庫、全八冊、一九九二—九三年▼陳寿『三国志』と裴松之の注（底本は中華書局標点本）の全訳に訳者の補注、解説、地図、年表、官職表、裴松之注引用書目を附したもの。

吉川忠夫訓注『後漢書』全一〇冊別冊、岩波書店、二〇〇一—〇七年▼清代の王先謙『後漢書集解』を底本とし、本文とその訓読、脚注（李賢注の訓読と訳者の解説）からなる。司馬彪『続漢書』から補った志の部分、三〇巻は収めない。

渡邉義浩・岡本秀夫・池田雅典編『全譯後漢書』全一八冊別冊、汲古書院、二〇〇一—一六年▼南宋慶元四年（一一九八）黄善夫刊『後漢書』（汲古書院「古典研究会叢書」影印本）を底本とし、本文と原注、その訓読、現代語訳および訳者補注からなる。

羅貫中／湖南文山訳・落合清彦校訂・葛飾戴斗挿画『絵本通俗三国志』、第三文明社、一九八二年▼江戸時代の天保七—一二年刊『絵本通俗三国志』の表記を新字・新仮名づかいに改めた活字本。

羅貫中／小川環樹・金田純一郎訳『三国志』全一〇冊、岩波文庫、一九五三—七三年。改訂版全八冊、一九八八年▼羅貫中作の小説『三国志演義』を上海亜東図書館本（清代の毛宗崗本に句点をつけたもの）を底本とし、最も古いテキストである弘治本（嘉靖本）によって一部内容を補い、全訳して訳注を附したもの。旧版には小川氏による『三国志演義』の版本、内容についての解説があるが、改訂版では省かれている。

羅貫中／立間祥介訳『三国志演義』、平凡社「中国古典文学大系」第二六・二七巻、一九六八年。コンパクト版全七冊、一九九八年▼同じく『三国志演義』を、中国の作家出版社版『三国演義』（一九五五年、毛宗崗本に基づき嘉靖本を参照）を底本としての全訳。

羅貫中／井波律子訳『三国志演義』全七冊、ちくま文庫、二〇〇二年▼同じく『三国志演義』を、中国の人民文学出版社版『三国演義』（一九五七年、毛宗崗本に句点をつけたもの）を底本としての全訳。

二階堂善弘・中川諭訳注『三国志平話』、光栄、一九九九年▼『三国志演義』の前身である元代『三国志平話』の全訳。

『三国志』『三国志演義』についての解説・研究

沈伯俊・譚良嘯編著／立間祥介・岡崎由美・土屋文子編訳『三国志演義大事典』、潮出版社、一九九六年▼中国の『三国演義辞典』（巴蜀書社、一九八九年）の編訳。『三国志演義』に登場する人物、主要事件、関連遺跡、演劇など関連作品について、史実と対照しながら解説したもの。付録に三国志外伝、故事成語、関連地図、年表がある。

渡辺精一『三国志人物事典』、講談社、一九八九年▼『三国志演義』の登場人物の事績をまとめたもの。

小川環樹『中国小説史の研究』、岩波書店、一九六八年▼岩波文庫版『三国志』の訳者による研究論文集。「『三国演義』の発展のあと」、「『三国演義』における仏教と道教」、「『三国演義』の本づいた歴史書」など先駆的業績を収める。

金文京『三国志演義の世界』、東方書店、一九九三年▼『三国志演義』の成立、歴史書と小説の相違、演劇その他の作品、テキストの種類などについての概説。

井波律子『三国志演義』、岩波新書、一九九四年▼歴史書から小説への展開、小説の文学性、物語の構造、登場人物の魅力などを平易に説く。

井波律子『読切り三国志』、筑摩書房、一九八九年。ちくま文庫、一九九二年井波律子『「三国志」を読む』、岩波セミナーブックス、二〇〇四年▼『三国志』と『三国志演義』双方の訳者である著者が、三国時代の歴史を小説の内容をもまじえながら、わかりやすく解説したもの。

中川諭『「三国志演義」版本の研究』、汲古書院、一九九八年▼中国明清代に出版された各種テキストについての実証的研究。

中林史朗・渡邉義浩編『三国志研究要覧』、新人物往来社、一九九六年▼三国時代の歴史、思想宗教、文学および『三国志演義』に関するこれまでの研究の概要と研究論文目録。

後漢・三国時代の政治と社会について

川勝義雄『魏晋南北朝』、講談社「中国の歴史」第三巻、一九七四年。講談社学術文庫、二〇〇三年▼六朝史研究の権威による通史。

川勝義雄『六朝貴族制社会の研究』、岩波書店、一九八二年▼後漢から六朝時代にいたる社会を貴族制の成立という観点から考察した名著。後漢末期の清流派知識人の動向、その黄巾の乱との関係、曹操軍団の構造、孫呉政権の開発領主制とその崩壊から江南貴族制への展開などを論じ、この分野の研究に大きな影響をあたえた。

狩野直禎『後漢政治史の研究』、同朋舎出版「東洋史研究叢刊」、一九九三年▼光武帝から献帝にいたる後漢時代の政治史を概述し、後漢末の巴蜀の動向など個別の問題をも論じている。

東晋次『後漢時代の政治と社会』、名古屋大学出版会、一九九五年▼中国古代の共同体などの歴史的展開についての従来の研究をふまえ、後漢時代の郷里社会、貴戚政治、儒教官僚、党錮などの問題を論じる。

渡邉義浩『後漢国家の支配と儒教』、雄山閣出版、一九九五年▼後漢の政治史を儒教主義による統治ととらえ、外戚、宦官、儒教官僚知識人など各勢力の内実と相互関係を分析する。

越智重明『魏晋南朝の貴族制』、研文出版、一九八二年▼曹魏から西晋、東晋その後の南朝社会における貴族制の展開を論じる。

渡邉義浩『三国政権の構造と「名士」』、汲古書院、二〇〇四年▼三国時代を理解するキーワードのひとつである名士の存在について、後漢以来の名士層の形成を論じ、蜀、呉、魏三国それぞれにおける名士の実態を詳論する。

宮崎市定『九品官人法の研究—科挙前史』、東洋史研究会、一九五六年。同朋舎、一九七四年▼三国時代の魏から六朝時代にかけての貴族制を支えた人物登用法である九品官人法についての基礎的で詳細な研究。

川本芳昭『魏晋南北朝時代の民族問題』、汲古書院、一九九八年▼魏晋南北朝における北方遊牧民族と漢民族との対立と融合を考察し、また南方の山越民族問題をも論じている。

三国時代の宗教について

宮川尚志『六朝史研究—宗教篇』、平楽寺書店、一九六四年▼後漢から六朝時代における宗教と社会の関係を概説し、後漢末の道教と仏教およびその交流を論じる。

大淵忍爾『初期の道教—道教史の研究　其の一』、創文社、一九九一年▼黄巾の乱、張陵の漢中政権の背景となる太平道と五斗米道の教義、思想、組織、仏教との関係などについての研究。

前田繁樹『初期道教経典の形成』、汲古書院、二〇〇四年▼『太平経』、『老子化胡経』を含む初期道教経典についての研究。

塚本善隆『中国仏教通史』、鈴木学術財団、一九六八年▼仏教研究の碩学による通史。第二、三、四章で後漢から三国、西晋にいたる初期仏教の発展を概説している。

鎌田茂雄『中国仏教史』、「岩波全書」、一九七八年▼同じく、第一部で後漢、三国における仏教の伝来と受容について解説する。

三国時代の学術・文化について

狩野直喜『魏晋学術考』、筑摩書房、一九六八年▼明治時代の中国学の泰斗である著者の講義記録。

吉川幸次郎『三国志実録—曹氏父子伝』、筑摩書房、一九六二年。筑摩書房「吉川幸次郎全集」第七巻、一九六八年▼曹操、曹丕、曹植父子の生涯をたどりながら、その文学活動にも触れたもの。

伊藤正文訳注『曹植』、岩波書店「中国詩人選集」三、一九五八年▼三国時代を代表する詩人である曹植の作品の訳注。

伊藤正文『建安詩人とその伝統』、創文社、二〇〇二年▼曹操と曹植および建安七子の王粲、劉楨などの作品を論じる。

吉川幸次郎「阮籍伝」「阮籍の詠懐詩について」、筑摩書房「吉川幸次郎全集」第七巻、一九六八年▼「竹林の七賢」の代表であり詩人でもある阮籍の評伝と、その代表作「詠懐詩」の一部の作品についての解説。

松本幸男『阮籍の生涯と詠懐詩』、木耳社、一九七七年▼阮籍以外の「竹林の七賢」や当時の名士についても触れている。

大上正美『阮籍・嵆康の文学』、創文社、二〇〇〇年▼阮籍、嵆康のほか、劉伶、山濤、鍾会の作品をも論じる。

佐藤利行『西晋文学研究—陸機を中心として』、白帝社、一九九五年▼呉滅亡後、西晋に仕えた陸機の作品を中心に、当時の北方と南方の文学の相違とそれぞれの文学集団について論じる。

佐竹保子『西晋文学論』、汲古書院、二〇〇二年▼皇甫謐、夏侯湛、張華、郭璞の作品についての研究。

魯迅／今村与志雄訳『中国小説史略』、学習研究社「魯迅全集」第一一巻、一九八六年

魯迅／中島長文訳注『中国小説史略』全二冊、平凡社、東洋文庫、一九九七年▼中国近代の代表的な文学者である魯迅による中国小説史の古典的名著の翻訳。第五、六篇で三国六朝の志怪小説、志人小説について述べる。

川勝義雄・福永光司・村上嘉実・吉川忠夫他訳『中国古小説集』、筑摩書房「世界文学大系」七一、一九六四年▼『世説新語』をはじめとする三国六朝時代の小説の翻訳。

森三樹三郎訳『世説新語』、平凡社「中国古典文学大系」第九巻、一九六九年

目加田誠『世説新語』上中下、明治書院「新釈漢文大系」七六―七八、一九七五―七八年▼魏晋六朝時代の人物逸話集である宋・劉義慶編『世説新語』の全訳。

井波律子『中国人の機知―「世説新語」を中心として』、中公新書、一九八三年▼『世説新語』を素材として、そこにみえる問答のレトリックを、遊戯精神、比喩、逆説的機知表現などの観点から分析し、さらにその魯迅への影響に説きおよぶ。

曽布川寛・岡田健編『世界美術大全集・東洋編三・三国南北朝』、小学館、二〇〇〇年▼三国南北朝の絵画、書、工芸、仏教美術など多方面についての概説。図版多数。

『書道芸術』別巻第三「中国書道史」、中央公論社、一九七三年▼中田勇次郎「三国・西晋・五胡十六国・東晋」は、出土資料などもふまえて、この時期の書の発達を概述する。

中田勇次郎編『中国書道全集2―魏・晋・南北朝』、平凡社、一九八六年▼同じく、この時期の書の展開を述べる。

冨谷至『木簡・竹簡の語る中国古代―書記の文化史』、岩波書店、二〇〇三年▼紙使用以前の書写材料である木簡・竹簡の形態とその実際的用途について、最新の出土資料によって詳述し、最後に簡牘から紙への移行がもたらした文化的意味について述べ、書記文化の変遷とその社会への影響を考える。

邪馬台国と魏の関係について

佐伯有清編『邪馬台国基本論文集』全三冊、創元社、一九八一―八二年▼邪馬台国関係の主要論文を集めたもの。

岡本健一『邪馬台国論争』、講談社、一九九五年▼邪馬台国をめぐる諸問題についての論争を紹介、解説したもの。

大庭脩『親魏倭王』（増補版）、学生社、二〇〇一年▼法制史家である著者の立場から、卑弥呼とその使節が魏からもらった親魏倭王などの称号の意味、魏の倭に対する辞令の内容を詳しく検討し、さらに当時の国際関係にまで説きおよぶ。

岡田英弘『倭国の時代』、文藝春秋、一九七六年

岡田英弘『倭国―東アジア世界の中で』、中公新書、一九七七年▼東アジア史、特に満州、蒙古の歴史に詳しい著者が、三国時代の国際関係と三国の国内政治事情についての独自の見解から倭との関係を考察したもの。

佐伯有清『魏志倭人伝を読む』上下、吉川弘文館、二〇〇〇年▼「魏志倭人伝」の記述にそって、個々の問題をこれまでの研究史をふまえて、わかりやすく解説する。

近藤喬一『三角縁神獣鏡』、東京大学出版会、一九八八年

岡村秀典『三角縁神獣鏡の時代』、吉川弘文館、一九九九年▼両書とも考古学者の立場から、これまでの研究史と最新発掘成果をふまえ、三角縁神獣鏡の問題にせまる。ともに魏鏡説の立場をとるが、異説も丁寧に紹介している。

出土資料・発掘調査について

「安徽馬鞍山東呉朱然墓発掘簡報」、文物出版社「文物」、一九八六年第三期

「よみがえる三国志の世界―発見された呉の名将・朱然の墓」、東方書店「人民中国」（日本語版）、一九八六年一二月号

「亳県曹操宗族墓葬」、文物出版社「文物」、一九七八年第八期

「読曹操宗族墓磚刻辞」、同右

「漢魏洛陽城初歩勘査」、科学出版社「考古」、一九七三年第四期

「河北臨漳鄴北城遺址勘探発掘簡報」、科学出版社「考古」、一九九〇年第七期

『長沙走馬楼三国呉簡―嘉禾吏民田家莂』上下、文物出版社、一九九九年

『長沙走馬楼三国呉簡・竹簡』上中下、文物出版社、二〇〇三年

信立祥『漢代画像石綜合研究』、文物出版社、二〇〇〇年▼第八章で後漢時代の仏教、道教の人物像のある孔望山摩崖画像について詳述する。

学術文庫版の追加

三国志学会編『三国志研究』、第一号（二〇〇六年）～第十四号（二〇一九年）
三国志学会編『狩野直禎先生傘寿記念三国志論集』、汲古書院、二〇〇八年
石井仁・渡邉義浩・津田資久・伊藤晋太郎・田中靖彦『漢文講読テキスト三国志』、白帝社、二〇〇八年
三国志学会編『林田愼之助博士傘寿記念三国志論集』、汲古書院、二〇一二年
三国志学会編『狩野直禎先生米寿記念三国志論集』、汲古書院、二〇一六年
三国志学会編『狩野直禎先生追悼三国志論集』、汲古書院、二〇一九年
三国志学会監修『曹操』、山川出版社、二〇一九年
関尾史郎『三国志の考古学―出土資料からみた三国志と三国時代』、東方書店、二〇一九年▼最新の出土資料により三国時代の諸問題を考察する。

年表

西暦	年号	中国	東アジアと世界
一五五	永寿 元	曹操生まれる（—二二〇）。孫堅生まれる（—一九一）	この頃、クシャン朝のフヴィシカ王即位
一五九	延熹 二	外戚の梁冀自殺。宦官の単超など県侯となり宦官の専横が強まる	
一六一	四	劉備生まれる（—二二三）。天竺国、夫餘国入貢	ローマ皇帝マルクス・アウレリウス・アントニヌス即位。ゲルマン族の侵入この頃より激化
一六五	八	桓帝が苦県に宦官を派遣して老子を祀る	高句麗の新大王即位
一六六	九	桓帝が濯龍宮で老子を祀る。党人を逮捕する。大秦王安敦（ローマ皇帝アントニヌス）の使者が来る	
一六七	永康 元	党人を終身禁錮とする（第一次党錮事件）。桓帝死去。霊帝即位	この頃、卑弥呼即位
一六八	建寧 元	外戚の竇武、太傅の陳蕃が宦官を一掃しようとして失敗、殺される	
一六九	二	第二次党錮事件	
一七二	熹平 元	太学生千余人を逮捕。会稽の許昌が反乱、陽明皇帝を名乗る 魯粛生まれる（—二一七）	
一七四	三	孫堅などの活躍で許生敗死	
一七五	四	五経の石碑を太学に立てる（熹平石経）。孫策（—二〇〇）、周瑜（—二一〇）生まれる	
一七六	五	党人の取り締まりを強化する一方、六〇歳以上の太学生に官職をあたえる	
一七七	六	鮮卑族が大挙侵入、これを討つが大敗。王粲生まれる（—二一七）	

一七八	光和 元	鴻都門学を設立。蔡邕が朔方郡に配流される	
一七九	二	司徒の劉郃が宦官を誅せんとして失敗。龐統（―二一四）、司馬懿（―二五一）生まれる	高句麗の故国川王即位
一八〇	三	何氏が皇后となり、兄の何進は侍中となる	暴君コンモドゥスがローマ皇帝となり、政治が乱れる
一八一	四	朱儁が交趾の乱を平定。諸葛亮生まれる（―二三四）	
一八二	五	孫権生まれる（―二五二）	
一八三	六	陸遜生まれる（―二四五）	
一八四	中平 元	黄巾の乱起こる。党錮を解く	
一八五	二	黒山賊の張燕が投降。張温、董卓らが辺章、韓遂を討つ。王祥生まれる（―二六九）	
一八七	四	王国、韓遂、馬騰が反乱を起こし関中を攻略。河北の張挙、張純が烏丸族と結んで反乱、張挙は天子を称す。曹丕生まれる（―二二六）	
一八八	五	黄巾賊の余党が各地を乱す。劉焉の提案で州に牧を置く。西園八校尉を置き、袁紹、曹操が校尉となる。皇甫嵩、董卓が王国を討つ。公孫瓚が張純を破る	
一八九	六	4霊帝死去。少帝が立つ 8宦官の張譲らが外戚の何進を殺し、袁紹が宦官を一掃する 9董卓が洛陽に入り、少帝を廃し献帝を立てる 11董卓、相国となる。袁紹、曹操ら東に逃亡 この年、年号が中平から光熹、昭寧、永漢、そしてまた中平へと変わる	
一九〇	初平 元	1関東諸州郡、袁紹を盟主として董卓を討つ 3董卓、長安に遷都 董卓が公孫度を遼東太守に任命。度は自立して遼東侯を名乗る	
一九一	二	2孫堅、董卓軍を破り洛陽に入る	

		4董卓、長安に至る 7曹操が黒山賊を破る。袁紹、冀州牧となる 11公孫瓚が青州黄巾賊を破る。劉備、平原相となる 孫堅、黄祖を討って戦死	
一九二	三	1袁紹が公孫瓚を界橋で破る 4王允、呂布が董卓を殺す。曹操が兗州刺史となる 6李傕、郭汜が王允を殺し、呂布は東に逃亡	ローマ皇帝コンモドゥス暗殺される
一九三	四	曹操、徐州牧の陶謙を攻め虐殺を敢行	
一九四	興平　元	2劉備、陶謙を援助 4張邈が呂布を迎え、曹操に背く 8呂布と曹操、濮陽で戦う 12益州牧の劉焉死し、劉璋が跡を継ぐ。陶謙が死に、劉備が徐州牧となる	
一九五	二	5呂布、曹操に敗れ、劉備を頼る。長安では李傕と郭汜が争い、献帝は東へ逃亡 王粛生まれる（―二五六）	
一九六	建安　元	6袁術が劉備を破り、呂布が徐州牧となる 8曹操が献帝を許都に迎える。孫策が会稽郡を攻略 11曹操、屯田制を行う。劉備が呂布に追われ、曹操のもとに身を寄せる	この頃、クシャン朝ヴァースデーヴァ王即位
一九七	二	1袁術が皇帝となる。曹操、張繡に敗れる 5袁術、呂布に敗れる。孫策、呉郡を攻略 9袁術、曹操に敗れ逃亡	高句麗の山上王即位。王の兄発岐が反乱、遼東の公孫度がこれを援助するが失敗
一九八	三	4李傕、郭汜死し、董卓の残党尽きる 12呂布、曹操に敗れ殺される。曹操、孫策を討逆将軍に任じる	
一九九	四	3公孫瓚、袁紹に敗れ自殺	

		6袁術が死ぬ 8袁紹が許都をねらい、曹操は黎陽で防ぐ 12劉備、小沛で独立	
二〇〇	五	1董承、曹操暗殺に失敗。劉備、曹操に討たれて袁紹のもとに逃げる 4孫策が暗殺される 10官渡の戦いで、曹操が袁紹を破る 張魯が漢中を占拠。鄭玄死去（一二七—）	この頃、区連が林邑王となる
二〇一	六	劉備が劉表のもとに身を寄せる。譙周生まれる（—二七〇）	范蔓が扶南大王を称す
二〇二	七	5袁紹死去。子の袁譚と袁尚が対立 9曹操、袁譚と袁尚を破る。劉備が曹操軍を破る 姜維生まれる（—二六四）	
二〇三	八	8袁譚が袁尚に敗れ、曹操に援助を求める 孫権が豫章郡を平定	
二〇七	一二	曹操が烏丸を大破。遼東太守の公孫康が袁尚と袁熙を斬る。袁氏滅亡。 劉備、諸葛亮を得る	
二〇八	一三	6曹操が丞相となる。孫権、黄祖を破る 8荊州刺史の劉表が死に、劉琮が跡を継ぐ 9劉琮、曹操に降伏。劉備、南に逃走 10赤壁の戦い 12孫権、合肥を包囲するも成果なし。劉備が武陵、長沙、桂陽、零陵を占拠	
二〇九	一四	7曹操、芍陂で屯田開始 12周瑜が曹仁を破り南郡を占拠 劉備、孫権の妹と結婚	高句麗が丸都に遷都
二一〇	一五	春、曹操は能力主義による人材登用を宣言。鄴都に銅雀台を建設。劉備	

		が孫権と京で会見、荊州借用を申し入れる。益州攻略を目指した周瑜が死ぬ。魯粛が後任となり第一次荊州分割
二一一	一六	孫権、歩騭を交趾刺史とし、嶺南を平定 9曹操が漢中を討つと称して、関中の韓遂、馬超を破る 12劉璋が劉備を益州に迎える
二一二	一七	5曹操が馬騰一族を誅殺 9孫権は秣陵に石頭城を築き、建業と命名 10曹操が濡須口で孫権と対戦 12劉備、劉璋に対して軍事行動を起こす
二一三	一八	5曹操、魏公となる 9馬超、漢中の張魯のもとへ身を寄せる
二一四	一九	5馬超が劉備のもとへ走る。劉璋、劉備に降伏 11曹操、伏皇后を殺す
二一五	二〇	1曹操の次女が皇后となる 3曹操、漢中の張魯を討つ 5劉備と孫権、第二次荊州分割 8孫権、合肥を攻め、大敗 11張魯、曹操に降伏 12張飛、巴郡で曹操軍を破る
二一六	二一	5曹操、魏王となる
二一七	二二	1曹操、再び濡須口で孫権を討つが、すぐ撤退 魯粛が死に、孫権は呂蒙を後任とする
二一八	二三	1耿紀が曹操を誅殺しようとして失敗 9曹操は長安に進出、劉備との戦いに備える 9烏丸族の反乱を曹操の子、曹彰が平定。鮮卑族の軻比能が投降

西暦	魏	呉	蜀	中国	東アジアと世界
二一九	二四			1南陽の侯音の反乱が平定される。劉備は定軍山で魏の夏侯淵を斬る 3曹操は漢中で劉備と対峙するが、まもなく撤退 7劉備、漢中を平定し、漢中王となる 8関羽が樊城を攻める 9魏諷が鄴都を襲おうと計画するが失敗 11呂蒙が荊州を急襲 12関羽、斬られる。孫権が曹操に臣従	
二二〇	黄初 元			1曹操が死に、曹丕が魏王、丞相となる。延康と改元 2九品官人法を実施 7孟達が魏に降る 10曹丕が皇帝に即位、黄初と改元。漢王朝滅ぶ	
二二一	黄初二		章武元	1魏は孔子の子孫、孔羨を宗聖侯とする 4劉備、皇帝に即位。孫権、都を鄂に移し武昌と改称 6曹丕、甄夫人を殺す。張飛、暗殺される 7劉備、呉に対して軍を起こす 8孫権、魏に使節を送り臣従、呉王に封じられる	
二二二	三	黄武元	二	2鄯善、亀茲など西域諸国、魏に入貢 閏6劉備、陸遜に敗れ白帝城に逃げ帰る 9孫権が人質を送らないため、魏は呉に出兵 10孫権、黄武の年号を立てる 11蜀と呉の外交関係が修復 杜預生まれる（―二八四）	

二二三	四	二	建興元	2呉の朱桓、魏軍を濡須口で破る 4劉備、死去し、翌月、劉禅が即位 10蜀の鄧芝、呉に赴き同盟する。呉は魏と断絶す 蜀の益州郡、雍闓が呉に内応。嵆康生まれる（―二六二）	
二二四	五	三	二	4魏は太学を立て博士を置く。呉の張温、蜀に使いす 9曹丕が呉を親征、広陵に進軍するが失敗 鮮卑族の軻比能、河北に侵入	
二二五	六	四	三	3魏の梁習が軻比能を破る 7諸葛亮の南征開始、雍闓を破る 10曹丕、再び広陵に親征するも失敗 鍾会生まれる（―二六四）	この頃、扶南王の范蔓死に、甥の范旃が王となる
二二六	七	五	四	5曹丕死去。子の曹叡（明帝）が即位 8孫権、江夏、襄陽に出兵するも失敗 交趾太守の士燮が死に、呉が直接支配	ササン朝ペルシャ建国（―六五一） ペルシャがパルティアを滅ぼす
二二七	太和元	六	五	3諸葛亮、出師表を奉り漢中に出兵 10焉耆国の王子が魏に入貢 12魏の孟達、蜀に内応	高句麗の山上王死し、東川王が即位
二二八	二	七	六	1司馬懿が孟達を斬る。諸葛亮、第一次北伐 8呉の周魴が魏に偽の降伏、陸遜が曹休を石亭で大破 12諸葛亮、第二次北伐 遼東の公孫康が死に、公孫淵が立つ	
二二九	三	黄龍元	七	春　諸葛亮第三次北伐、武都、陰平の二郡を占拠 4孫権が皇帝に即位（大帝）	ペルシャがローマを破る

二三〇	四	二	八	9孫権が建業に遷都 12大月氏王の波調が親魏大月氏王に封ぜられる 春 孫権が夷洲と亶洲を探索させる。魏が合肥新城を築く 7魏の曹真、司馬懿が蜀を攻め、諸葛亮は成固で対峙(第四次北伐)。魏軍は九月に雨のため撤退	
二三一	五	三	九	2諸葛亮第五次北伐、司馬懿が長安で対抗 6諸葛亮、兵糧が尽き撤退	
二三二	六	嘉禾元	一〇	3孫権、遼東に周賀らを派遣 9魏の田豫、遼東を討つも成果なく撤退 10遼東の公孫淵、呉に使節を派遣 11田豫、成山で呉の使節の周賀を斬る。曹植死去 張華生まれる(—三〇〇)	
二三三	青龍元	二	一一	3孫権は使節を送って公孫淵を燕王に封ず 12公孫淵は呉の使者を斬る。魏は公孫淵を楽浪公に封ず。呉の使節の従者、高句麗に至る 陳寿生まれる(—二九七)	
二三四	二	三	一二	3山陽公(後漢の献帝)死去 4諸葛亮第六次北伐 5孫権、合肥新城、襄陽に出兵 7魏の明帝が親征、呉軍は撤退 8諸葛亮、五丈原で死去 高句麗王が呉に使節を送り臣従、呉も使節を送る	
二三五	三	四	一三	4蜀の蔣琬が大将軍、費禕が尚書令となる 魏の王雄が鮮卑の軻比能を暗殺	ローマに軍人皇帝時代はじまる

二三六	四	五	一四	3呉の張昭が死去 7高句麗王が呉の使者を斬り首を魏に送る	
二三七	景初元	六	一五	3魏は暦を改め景初暦を用いる 7魏の毌丘倹、公孫淵を討つも失敗。公孫淵は燕王を自称、紹漢の年号を用いる。明帝、海船を建造させる 9明帝が毛皇后を殺す	高句麗が魏に使節を送る
二三八	二	赤烏元	延熙元	1司馬懿が遼東を征伐。劉昕、鮮于嗣が海路、楽浪、帯方郡を攻める。公孫淵は呉に援助を求める 6倭の卑弥呼の使節、難升米ら帯方郡に至る 8遼東の公孫氏滅亡 12明帝、重病。このころ難升米ら洛陽に到着 魏は卑弥呼を親魏倭王とし、鏡などを下賜する	高句麗が遼東討伐に援軍を出す
二三九	三	二	二	1明帝死去。曹芳（少帝）が即位 2曹爽が実権を握り、司馬懿を太傅に祭り上げる 西域諸国が火浣布を献上 4呉の遼東援助部隊が到着、すでに時機を逸す 12魏は景初暦を廃止。呉の武将、廖式が反乱を起こす	
二四〇	正始元	三	三	帯方郡太守の弓遵が建中校尉の梯儁を倭に送る	この頃、扶南王の范旃が殺され、范尋が王となる。ササン朝ペルシャのシャープール一世即位
二四一	二	四	四	4孫権は四路に分けて魏を攻撃するが失敗 蜀の蔣琬が漢水沿いに出兵	
二四二	三	五	五	孫権が儋耳、朱崖に兵を送る。また孫和を太子、孫覇を魯王とし対立を招く	

二四三	四	六	六	12倭の卑弥呼の使節、伊声耆ら洛陽に到着	
二四四	五	七	七	1呉の陸遜、丞相となる 3魏の曹爽、漢中を攻めるも失敗	
二四五	六	八	八	7呉の将軍、馬茂の謀反、未然に発覚 呉の太子と魯王の対立激化。蜀では宦官の黄皓が政治に口を出すようになる 陸遜、蔣琬死去	
二四六	七	九	九	2魏の毌丘倹、高句麗を攻め、丸都を陥落させる 部将の王頎は高句麗王を粛慎の境界まで追いつめる 蜀の姜維が衛将軍となる	
二四七	八	一〇	一〇	王頎が帯方太守となり、張政を倭に送る	倭に内紛が起こり、卑弥呼は帯方郡に訴える
二四八	九	一一	一一	9蜀の涪陵属国の異民族反乱、鄧芝が鎮圧	高句麗の東川王死し、中川王立つ
二四九	嘉平元	一二	一二	1司馬懿がクーデターを発動、曹爽一派を誅殺 夏侯覇が蜀に亡命 姜維が魏の雍州を攻めるが、郭淮に撃退される。王弼死去（二二六—）。倭の女王、壱与の使節、掖邪狗らが入貢	この年までに卑弥呼が死去、壱与が女王となる。ローマでキリスト教徒に対する大弾圧が行われる
二五〇	二	一三	一三	孫権が太子を廃し、魯王を自殺させ、孫亮を太子とする。魏が呉を攻める 姜維が魏の西平を攻めるも失敗	インドの仏教学者、ナーガールジュナ（龍樹）死去
二五一	三	太元元	一四	4魏の王淩の謀反発覚 8司馬懿死去。司馬師が跡を嗣ぐ	
二五二	四	建興元	一五	4孫権死去。太子の孫亮が即位	

				10呉の諸葛恪が東興堤を築く 12諸葛恪が東興で魏軍を破る	
二五三	五	二	一六	1蜀の費禕が暗殺される 5諸葛恪が合肥新城を包囲するも成果なく撤退 10孫峻が諸葛恪を誅殺	
二五四	正元元	五鳳元	一七	2魏の中書令の李豊、外戚の張緝らが誅殺される 9司馬師が皇帝を廃して斉王とする 10高貴郷公の曹髦を皇帝に立てる	
二五五	二	二	一八	1魏の毌丘倹、文欽が反乱を起こすが、司馬師に平定され、文欽は呉に亡命。司馬師死去（二〇八—）、司馬昭が執権 2孫峻が寿春を攻めるが、魏の諸葛誕が撃退	
二五六	甘露元	太平元	一九	7姜維が魏の祁山を攻めるも鄧艾が撃退 8呉の孫峻が死に、孫綝が実権を握る	
二五七	二	二	二〇	5魏の諸葛誕が反乱を起こし、呉に内応する 6呉の孫壱が魏に亡命。姜維が駱谷を攻める 7孫綝が諸葛誕救援のため寿春に出兵するが失敗	
二五八	三	永安元	景耀元	2寿春城内で内紛、諸葛誕が文欽を殺すが、司馬昭に攻められ敗死 9孫綝が孫亮を廃し、孫休を皇帝とする 12孫休が孫綝を誅殺	鮮卑族が雲中の盛楽に都を定める
二六〇	景元元	三	三	5魏帝曹髦がクーデターを起こし殺される 6司馬昭は常道郷公の曹奐を皇帝とする（元帝）	ローマ皇帝ウァレリアヌスがペルシャの捕虜となる
二六一	二	四	四	7韓、濊貊が魏に入貢 鮮卑族の拓跋力微が息子とともに魏に入貢。陸機生まれ	

				る（―三〇三）	
二六三	四	六	炎興元	5呉の交趾郡吏、呂興が反乱を起こす 8魏の鍾会、鄧艾、諸葛緒が蜀を攻撃 11劉禅、魏に降伏。蜀滅ぶ 阮籍死去（二一〇―）	

西暦	魏	呉	中国	東アジアと世界
二六四	咸熙元	元興元	1鄧艾が逮捕され、鍾会が成都で謀反を起こそうとして姜維とともに殺される。監軍の衛瓘が鄧艾を殺す 3司馬昭が晋王になる。劉禅が洛陽に移され、安楽県公に封ぜられる 7呉の孫休が死去。孫晧が帝位につく 9魏が呉の呂興を都督交州諸軍事に任命し反乱を援助、蜀の降将、霍弋を交趾太守として交趾を占拠する 11孫晧が濮陽興と張布を殺す	

西暦	晋	呉	中国	東アジアと世界
二六五	泰始元	甘露元	8司馬昭が死去（二一一―）。司馬炎が跡を嗣ぐ 12司馬炎が魏帝曹奐を退位させ、皇帝となる（晋武帝） 冬　孫晧が武昌に遷都	
二六六	二	宝鼎元	1呉が司馬昭の弔問の使者を送る 11倭の使節が晋に貢物を献ず 12孫晧が都を建業にもどす	この頃、范能が林邑王となる
二六七	三	二	9晋は孔子の子孫を奉聖亭侯とし、讖緯の学を禁ず	この頃からゴート族がトラ

二六八	四	三	10呉が魏の江夏、襄陽、芍陂を攻撃、撃退される	キア、ギリシャに侵入
二六九	五	建衡元	11林邑、扶南が晋に入貢する 11呉が晋に占拠された交趾に出兵	
二七〇	六	二	9大宛、焉耆が晋に入貢 12呉の夏口督、孫秀が晋に亡命	高句麗の中川王死し、西川王立つ
二七一	七	三	1孫晧が讖言を信じて後宮数千人と西に向かい、途中で引き返す。孫秀の部下、数千が晋に投降 7呉が交趾、九真、日南三郡を奪還 劉禅死す（二〇七—）	
二七二	八	鳳皇元	1晋の王濬が益州刺史となり戦艦を建造 10呉の西城督、歩闡が晋に降伏しようとするのを陸抗が討って誅殺	
二七三	九	二	4孫晧が学者の韋昭を殺す	
二七四	一〇	三	7呉の大司馬、陸抗死去（二二六—）	
二七五	咸寧元	天冊元	6拓跋力微が息子を派遣して晋に入貢	
二七六	二	天璽元	10晋の羊祜、呉を討つよう建議	
二七七	三	天紀元	5呉の武将、邵顗が晋に投降 12呉が晋の江夏、汝南を攻め千余家を略奪 東夷三国が晋に入貢	
二七八	四	二	3東夷六国が晋に入貢 10晋が呉の皖城を攻撃、損害をあたえる 11羊祜死去、杜預が都監荊州諸軍事となる 東夷九国が内附する	
二七九	五	三	1匈奴左部師、劉彪が死に、子の劉淵が跡を嗣ぐ	

二八〇	太康元	四	8桂林で起こった反乱のため、呉は大軍を派遣する 10汲冢書（竹書紀年）発見される 11晋が水陸六路から呉を攻める 3孫晧が晋に降伏、呉滅亡 4帰命侯に封ぜられた孫晧が洛陽に護送される 6東夷十国が内附する 7東夷二十国が入貢	高句麗が粛慎を破る

改元のため一年のうちに複数の年号がある場合は、原則として新しいものを表示した。

ワ行

マ行

ヤ行

ラ行

ナ行

ハ行

タ行

サ行

索引

魏、呉、蜀、後漢、曹操、孫権、劉備、諸葛亮、『三国志』、『三国志演義』など、本巻全体に頻出する用語は省略した。

見出しに＊を付した語は、巻末の「主要人物略伝」か「歴史キーワード解説」に項目がある。

ア行

カ行

黒龍江
黒龍江省
チチハル
チャムス
ハルビン
長春
吉林
吉林省
内モンゴル自治区
ウラジオストク
赤峰
遼寧省
瀋陽
遼陽
朝鮮民主主義
人民共和国
日本海
張家口
承徳
フフホト
黄河
北京市
北京
秦皇島
大同
天津
天津市
大連
平壌
河北省
石家荘
黄河
煙台
威海
ソウル
太原
淄博
山東半島
山西省
済南
青島
大韓民国
泰山
釜山
臨汾
山東省
黄海
臨沂
洛陽
開封
連雲港
鄭州
徐州
函谷関
日本
河南省
江蘇省
安徽省
南京
無錫
合肥
蕪湖
蘇州
上海
上海市
湖北省
長江
武漢
杭州
紹興
洞庭湖
浙江省
東シナ海
南昌
長沙
江西省
湖南省
那覇
福州
福建省
台北
廈門
台湾
広東省
広州
高雄
マカオ
香港
太平洋
海口
南シナ海
フィリピン

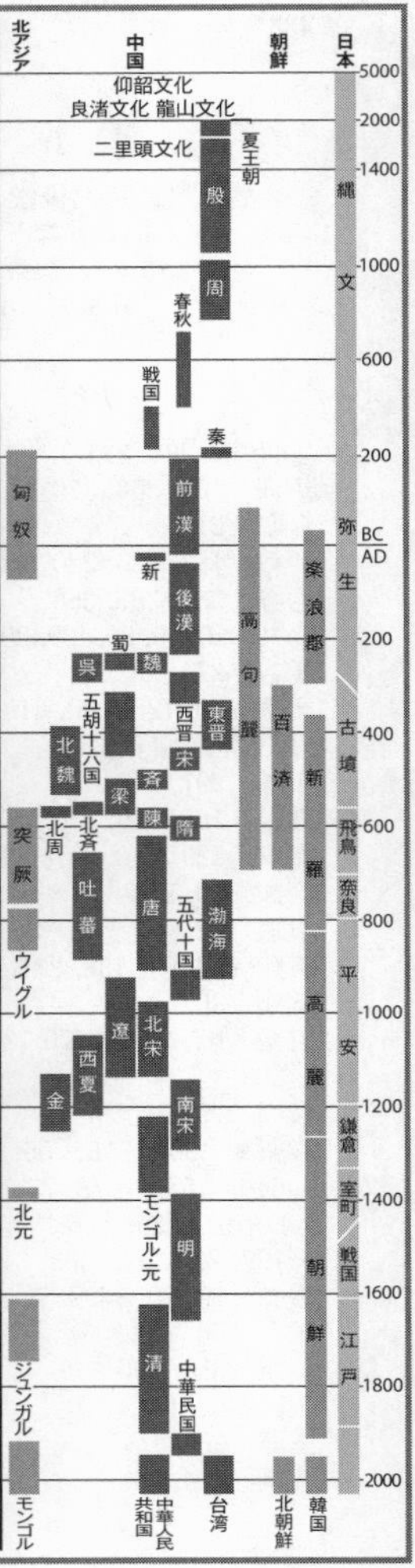
北アジア
中国
朝鮮
日本
5000
2000
1400
1000
600
200
BC
AD
200
400
600
800
1000
1200
1400
1600
1800
2000
仰韶文化
良渚文化 龍山文化
二里頭文化
夏王朝
殷
周
春秋
戦国
秦
匈奴
前漢
新
後漢
蜀
呉
魏
西晋
東晋
五胡十六国
北魏
宋
斉
梁
陳
隋
北周
北斉
突厥
吐蕃
唐
五代十国
渤海
ウイグル
遼
北宋
西夏
金
南宋
モンゴル・元
北元
明
清
中華民国
ジュンガル
モンゴル
中華人民共和国
台湾
高句麗
百済
楽浪郡
新羅
高麗
朝鮮
北朝鮮
韓国
縄文
弥生
古墳
飛鳥
奈良
平安
鎌倉
室町
戦国
江戸

現代の中国

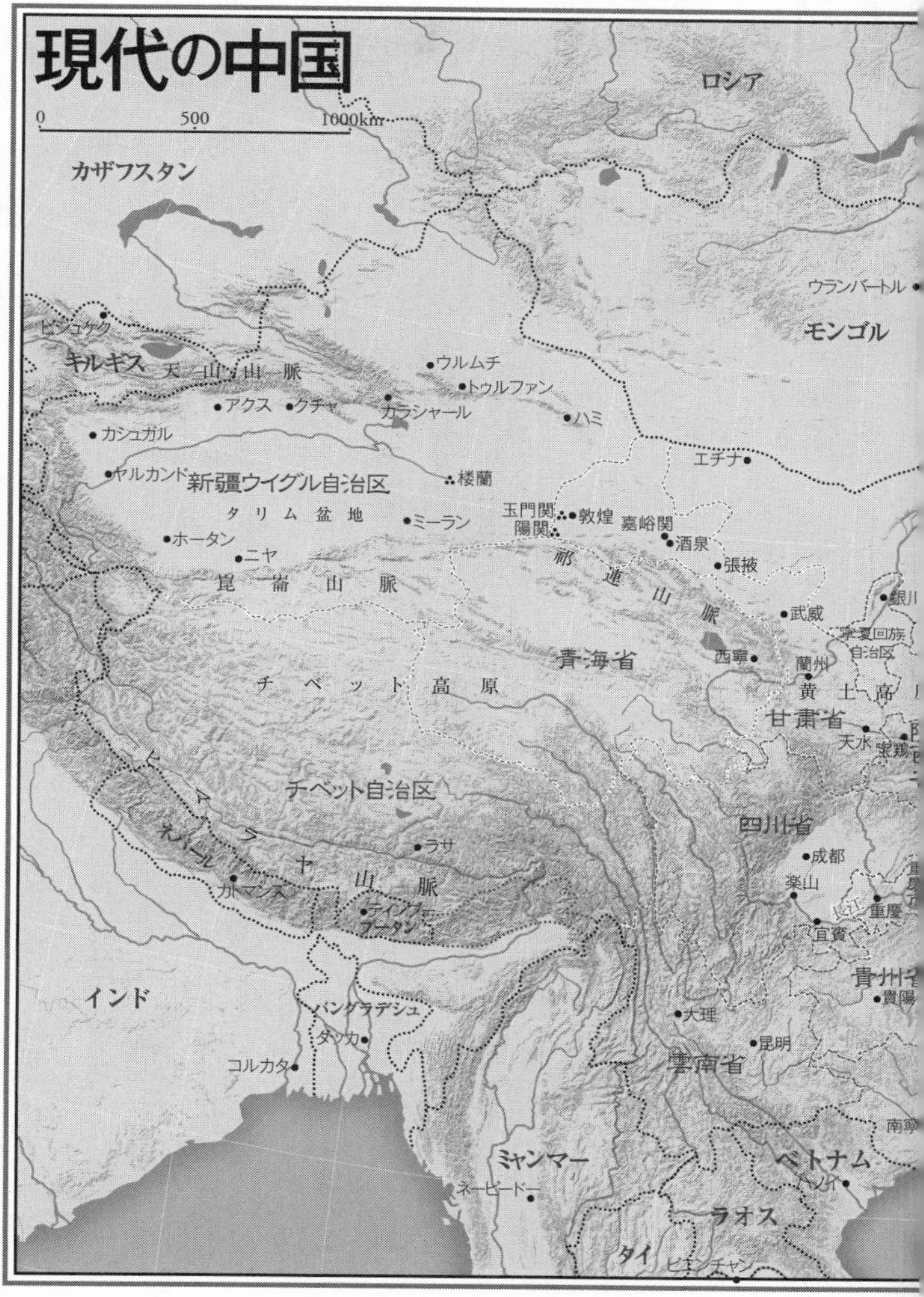

0
500
1000km
ロシア
カザフスタン
ウランバートル
モンゴル
ビシュケク
キルギス
天山山脈
ウルムチ
トゥルファン
アクス
クチャ
カラシャール
ハミ
カシュガル
エチナ
ヤルカンド
新疆ウイグル自治区
楼蘭
タリム盆地
玉門関
敦煌
嘉峪関
陽関
ミーラン
酒泉
ホータン
ニヤ
祁連山脈
張掖
崑崙山脈
銀川
武威
寧夏回族自治区
西寧
青海省
蘭州
チベット高原
黄土高
甘粛省
天水
宝鶏
チベット自治区
ヒマラヤ山脈
四川省
ネパール
ラサ
成都
楽山
カトマンズ
ティンプー
ブータン
長江
重慶
宜賓
インド
貴州省
貴陽
バングラデシュ
大理
ダッカ
昆明
コルカタ
雲南省
南寧
ミャンマー
ベトナム
ハノイ
ネーピードー
ラオス
タイ
ビエンチャン

KODANSHA

本書の原本は、二〇〇五年一月、小社より刊行されました。

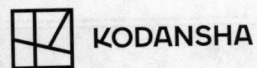

金　文京（きん　ぶんきょう）

1952年東京都生まれ。慶應義塾大学文学部卒業。京都大学大学院中国語学文学専攻博士課程修了。慶應義塾大学助教授，京都大学人文科学研究所教授などを経て，現在，京都大学名誉教授。主な著書に『三国志演義の世界』『教養のための中国語』『漢文と東アジア――訓読の文化圏』『水戸黄門「漫遊」考』『李白――漂泊の詩人　その夢と現実』など。

講談社学術文庫

定価はカバーに表示してあります。

中国の歴史4

三国志《さんごくし》の世界《せかい》　後漢《ごかん》　三国時代《さんごくじだい》

金《きん》　文京《ぶんきよう》

2020年11月10日　第１刷発行
2021年６月３日　第３刷発行

発行者　鈴木章一
発行所　株式会社講談社
東京都文京区音羽 2-12-21 〒112-8001
電話　編集（03）5395-3512
販売（03）5395-4415
業務（03）5395-3615

装　幀　蟹江征治
印　刷　豊国印刷株式会社
製　本　株式会社国宝社
本文データ制作　講談社デジタル製作

ISBN978-4-06-521568-5

「講談社学術文庫」の刊行に当たって

これは、学術をポケットに入れることをモットーとして生まれた文庫である。学術は少年の心を養い、成年の心を満たす。その学術がポケットにはいる形で、万人のものになることは、生涯教育をうたう現代の理想である。

こうした考え方は、学術を巨大な城のように見る世間の常識に反するかもしれない。また、一部の人たちからは、学術の権威をおとすものと非難されるかもしれない。しかし、それはいずれも学術の新しい在り方を解しないものといわざるをえない。

学術は、まず魔術への挑戦から始まった。やがて、いわゆる常識をつぎつぎに改めていった。学術の権威は、幾百年、幾千年にわたる、苦しい戦いの成果である。こうしてきずきあげられた城が、一見して近づきがたいものにうつるのは、そのためである。しかし、学術の権威を、その形の上だけで判断してはならない。その生成のあとをかえりみれば、その根は常に人々の生活の中にあった。学術が大きな力たりうるのはそのためであって、生活をはなれた学術は、どこにもない。

開かれた社会といわれる現代にとって、これはまったく自明である。生活と学術との間に、もし距離があるとすれば、何をおいてもこれを埋めねばならない。もしこの距離が形の上の迷信からきているとすれば、その迷信をうち破らねばならぬ。

学術文庫は、内外の迷信を打破し、学術のために新しい天地をひらく意図をもって生まれた。文庫という小さい形と、学術という壮大な城とが、完全に両立するためには、なおいくらかの時を必要とするであろう。しかし、学術をポケットにした社会が、人間の生活にとってより豊かな社会であることは、たしかである。そうした社会の実現のために、文庫の世界に新しいジャンルを加えることができれば幸いである。

一九七六年六月

野間省一